KB166850

일제강점기 영화자료총서—03

신문기사로 본 조선영화

1921~1922

일제강점기 영화자료총서—03

신문기사로 본 조선영화

1921~1922

| 한국영상자료원 영화사연구소 엮음 |

Korean Film Archive
한국영상자료원

일러두기

1. 이 책은 영상자료원이 발간하는 "일제강점기 자료총서" 세 번째 권으로 기획된 것입니다. 이 책의 발간을 위하여 연구기획 및 진행에 조준형, 공동 연구에 최은숙, 김수현이 연구진으로 참여하였습니다.

2. 이 책은 1921년에서 1922년까지 매일신보, 조선일보, 동아일보의 영화 및 (부분적으로) 연예관련 기사를 망라하고 있습니다. 영화기사를 중심으로 하되, 초기 영화사를 이해하는데 빼놓을 수 없는 극장, 극단, 환등회 등과 관련된 기사 및 광고를 포함하였고, 구극을 포함한 연극 및 극단의 구체적 활동, 기생 관련 등에 대한 기사는 선별적으로 수록하였습니다. 다만 1922년 조선일보는 12월 외에는 남아 있지 않아 부득이 수록되지 못했음을 양해 바랍니다.

3. 이 책에 실린 기사는 맥락 이해를 위해 띄어쓰기와 쉼표, 마침표를 첨가하였을 뿐 대부분의 표기는 가능한 원문에 따랐습니다. 부분적으로 통일성이 부족하거나 당시와의 어법 차이로 인하여 독해에 불편함이 있더라도 이해해주시기 바랍니다.
   다만 가독성을 높이기 위하여 원문 한자 중 한글로만 표기해도 될 것은 한글로 표기하였고, 나머지는 한글과 한자를 병기(한자를 괄호 안에 배치)하였습니다. 한자에 대한 오늘날의 음가와 당대의 음가가 다른 경우(중부와 중부, 임성구와 림성구 등), 당대 한글 표기가 통일되어 있지 않은 경우(사진, 샤진, ᄉ진 등)에는 복수의 표기가 혼재되어 있습니다. 독자 여러분의 양해 바랍니다. 또한 광고면의 가독성을 높이기 위하여 영화제목은 굵은 글씨체로 표기하였습니다.

4. ᄽ는 앞의 글자가 반복될 때, ᄾ는 앞의 단어가 반독될 때 쓰이는 일본어 표기입니다.

5. 기사 제목과 부제는 " / " 표시로 구분하여 병기하였고 코너 제목이 없는 광고의 경우 "〈광고〉" 표시를 붙였습니다.

6. 이 책은 2차 저작물이므로 본문에 실린 기사를 참조하실 경우 기사 원문의 출처와 더불어 이 책에서 인용하였음을 표기하여 주시기 바랍니다.

발간사

'일제강점기 영화자료총서: 신문기사로 본 조선영화' 시리즈는 일제강점기 36년간 식민지 조선의 신문들에 실린 영화 관련 기사들을 연대순으로 발굴·정리하는 기획입니다. 2008년에 시작한 이 시리즈가 올해로 세 번째 권을 내게 되었습니다.

1921년에서 1922년 사이 매일신보와 조선·동아일보의 기사를 모은 《신문기사로 본 조선영화 1921~1922》에는 조선총독부의 활동사진을 통한 계몽과 선전활동 기사들이 특히 눈에 띕니다. 3·1운동 이후 일제의 조선지배 정책변화를 읽을 수 있게 하는 대목입니다. 그 외에도 조선극장의 건립 과정에 대한 기사나 흥행취체규칙 제정과 관련된 기사 등 초기 한국영화사에서 가치 있는 사료들을 다수 포함하고 있습니다.

일제강점기 영화사연구에 가장 중요한 사료라 할 수 있는 영화 텍스트가 거의 남아 있지 않은 척박한 현실을 감안할 때 문헌자료를 발굴·정리해내는 것은 한국영상자료원의 중요한 임무이기도 하거니와 영화사 연구의 질적 양적 발전을 위한 필수적인 단계라 생각합니다. 모쪼록 이 책이 한국영화사 연구에 조금이라도 도움이 되기를 바랍니다.

이병훈
한국영상자료원장

차례

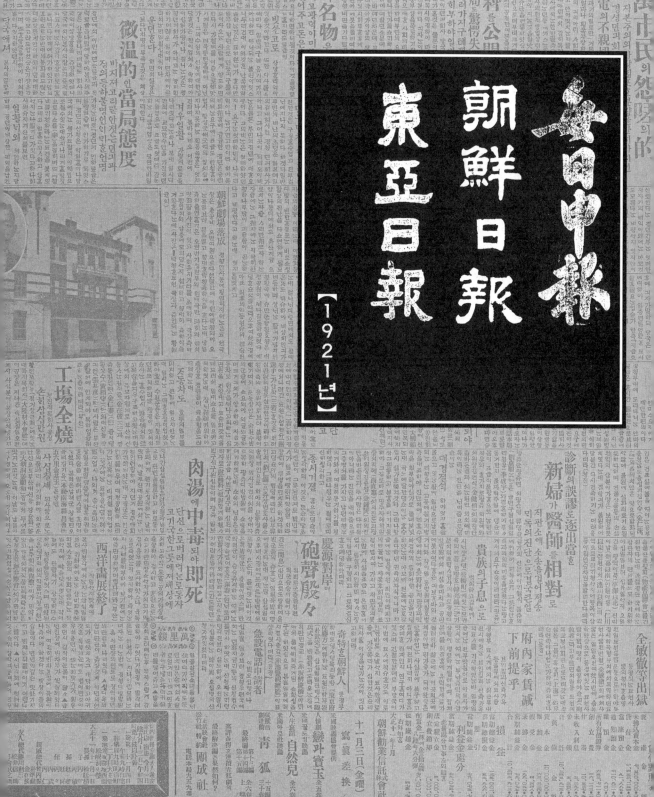

每日申報
朝鮮日報
東亞日報
【1921년】

微溫的인 當局態度

工場全燒

西洋畵展終了

肉湯에 中毒되야 即死

慶源對岸에 砲聲殷々

急設電話申請者

新婦가 醫師를 相對로
診斷의 誤謬로 逐出當함
貴族의 子息으로

府內家賃減下 前提乎

奇特한 朝鮮人

全徹徹等出獄

1921 년 초 매일신보 활동사진 광고면에는 단성사와 우미관의 상영 프로그램이 실렸으나 2월 말부터 우미관 광고는 보이지 않고 단성사 광고만이 계속되었다. 매일신보 외에 활동사진 광고가 실리는 곳은 동아일보와 조선일보가 있었는데, 동아일보에는 단성사 광고가, 조선일보에는 우미관 광고가 지속적으로 실렸다. 동아일보에는 활동사진 기사보다는 연극 기사가 더 빈번하고 중요하게 다뤄졌다. 활동사진의 경우 지방 순회 활동사진대 소식과 활동사진을 통한 문화, 위생, 교육에 관한 선전 내용이 주를 이룬다. 당대 대표적인 극장 중 하나인 광무대에서는 활동사진보다는 전통춤과 씨름 등 주로 전통 연희나 특별 행사에 대한 내용이 매일신보 연예계 소식란에서 다루어졌다. 지방 극장으로는 인천의 애관 광고가 조선일보와 동아일보에 일시적으로 실린다.

1921년, 영화는 활동사진 상설관에 국한되지 않고 종교 단체에서 상영하는 경우가 매우 빈번해졌고, 총독부를 비롯한 지방 행정 단체에서 주관하는 각종 선전을 위한 비정기적인 특별 영화 상영이 두드러지게 늘었다. 이런 형태의 활동사진 상영은 강연이나 음악회 또는 환등회 등과 함께 이루어지는 경우가 많았으며, 각 신문사의 독자위안 상영도 수차례 이어졌다. 또 조선 총독부 활동사진반이 활동하기 시작하여 조선 및 간도 등 일본 식민지 사정 및 시정 선전에 관한 사항들을 영사하고 상영하는 경우가 많았다. 특히 총독부의 문화정치가 시작되면서 시정 선전을 위한 활동사진 상영회와 강연은 도별로 각 도청이 주도하여 지방을 순회하며 거의 정기적으로 이루어져 그 중요성이 부각되었다. 각 지역 공립학교의 강당이나 운동장이 상영장으로 선택되었고, 순회 상영 전에 신문에 일정이 보도되어 대대적으로 선전되었다. 각 도청은 지방과에 선전반을 따로 설치하여 실업장려, 교통정리, 저축사상 고취, 위생과 화재 혹은 도난예방에 교육, 식림 선전, 사회 교화, 전염병 예방, 농사법 개량 및 농사 사상 함양 교육 등의 일환으로 활동사진회를 열거나, 사회봉사 선전과 고아 구제를 위한 자선 활동 등 다양한 목적으로 활동사진을 활용했다. 도청이나 총독부에서 주관하는 활동사진회에는 각 해당 관청의 고위 공무원들이 직접 나서서 강연하거나 관중을 조직적으로 동원했으며, 각 학교와 관청 강당 등이 장소로 섭외되었다. 활동사진회나 강화회의 일정과 개최 장소 등이 신문—특히 매일신보 ─ 에 기사란에 보도되었으며, 그 결과나 성적에 관한 내용도 빈번하게 기사화되었다.

1921년에는 경성과 지방에 새로운 활동사진 상설관이나 상영 극장이 신축되었으며, 각 신문에서 주목하여 그 상황을 전했다. 3월에는 조선활동사진주식회사가 창립을 위해 주식을 판매하기 시작했다는 소식과 조선활동사진관 설립이 추진되고 있다는 기사가 실렸으며, 4월에는 창립총회를 개최할 예정이라는 소식도 전해졌다. 매일신보 3월 24일자에서는 부산에서 활동사진 상설관이 신설된다는 기사를 다뤘다. 동래 온천장에 부지를 확정하고 건축에 착수할 예정이며, 주식을 모집하는 일은 동래 온천장과 부산진 방면에서 각각 분담하고, 상영할 영화 필름은 경성 우미관과 연계하여 조달할 예정임을 알렸다. 동아일보 5월 2일자 신문에서는 평안도에 안주극장이 출연했다는 기사가, 5월 10일자에서는 평양 신구 시가의 중심에 해락관이라는 활동사진 상설관 건축 상황과 극장 소개가 자세히 다루어졌다. 조선일보 7월 19일자에서는 용산에 일본군 연병장 내에 새로 들어선 경룡관(京龍舘)이라는 활동사진관 소식이 실렸으며, 8월 19일자 조선일보와 매일신보는 장사동에 새로 들어설 극장인 중앙극장 인가 내용을 관심있게 다루었다.

1921년 5월에 경기도 경찰 보안과에서는 흥행물과 흥행장에 대한 취체 규정을 제정하여 일반 흥행에 대한 검열을 실시함과 동시에 활동사진 변사에도 제한을 가해 검정 면허를 발부하는 방침을 세웠다. 상영 필름이나 연극의 각본을 검열과 동시에 상영장 안의 풍기와 상영 시 행해지는 실제 공연 행위 자체를 취체한다는 방침을 천명한 것이다. 이어 6월 말에는 활동 변사의 시험을 실시했다는 기사가 실렸다.

1921년에 연극 영화 관련 기사 중 가장 두드러지게 많이 다루어지는 것이 여러 단체들의 소인극(素人劇) 공연이다. 아마추어 극이라는 뜻의 소인극은 종교 단체, 유학생이나 고학생 극단, 교육과 위생 등 여러 가지 계몽을 추진하는 단체 등에서 매우 활발하게 추진되어 지방을 순회하며 많은 호응을 얻었는데, 신문에서도 '지방통신란'을 통해 이들의 소식을 자세히 다루고 있다. 동경 유학생들을 중심으로 조직된 동우회 순회연극단, 함남 홍원(洪原) 청년회원으로 조직된 미성단(美成團), 동경에 유학 중인 개성 학생들의 송경극(松京劇), 고학생 갈돕회 순극단(巡劇團), 상주(尙州) 빙우회(聘又會) 문사극(文士劇), 불교 순회 연극단, 공주청년 연극단, 함평(咸平) 유년 소인극, 대전청년회 문예극, 고려(高麗) 청년 소인극(素人劇) 등 각지에서 여러 청년회와 학생들 중심의 아마추어 극단이나 회의 연극 상연이 일 년 내내 이어졌고, 신문들은 교육계몽에 주안점을 둔 이들의 활동에 많은 관심과 격려를 보내는 기사를 지속적으로 실었다.

1921년에 새로운 극단이 출현하여 많은 관심을 받았는데 10월에는 예술협회가, 12월에는 여성 단원들로 조직된 동광단이 처음으로 관중 앞에서 공연한 기사가 실렸다. 민대식(閔大植), 박승빈(朴勝彬), 윤교중(尹敎重), 이기세(李基世) 등이 발기하여 조선극계의 새로운 흐름을 만들어갈 것으로 기대를 받으며 조직된 예술협회의 시연은, 전문 극비평가의 많은 관심과 질타를 모았으며, 여성들로만 조직된 여우단(女優團)인 동광단 역시 특별한 대중적 관심을 끌며 공연을 이어갔다.

1921년에는 연극계의 선구적 인사들의 타계가 있었다. 신파신극계의 거두로 각기 신극좌와 혁신단을 이끌었던 김도산과 임성구가 7월과 11월에 병사했다는 소식이 자세하게 다루어졌다. 여러 신파극단에서 이들을 추도하기 위해 연합으로 장례식을 거행하고 추도 연극을 상연한다는 기사가 실렸다.

또한 이 해에는 각 신문에서 영화와 연극에 대한 전문 비평글이 연속으로 게재되어 영화와 연극에 대한 전문 식견과 당대 영화계와 연극계의 당면 과제나 전망 등이 본격적으로 제기되었다. 대표적인 기사로는 조선일보 6월 28일과 30일자 4면에 실린 "야소(耶蘇)* 일대기의 활동사진을 보고"(봄바람)와 매일신보 11월 12일 4면에 실린 "예술협회극단의 시연(試演)에 대한 현철(玄哲)군의 극평"(이기세), 매일

---

* 예수

신보 12월 17일부터 21일까지 5회에 걸쳐 게재된 "문예협회 연예부의 제이회 시연(試演)을 보고서"(수정탑) 등이 있다. 전문 비평글과는 별도로 일반 관객들의 영화나 연극에 관한 관심과 의견도 실렸는데, 매일신보는 [독자구락부]에, 조선일보는 [동서남북]이나 [엑쓰광선]이라는 난을 따로 마련하여 독자들의 의견과 요구 등을 받아들였다.

— 최은숙(한국영상자료원 객원연구원)

매일 21.01.01 (2) 〈광고〉

십이월 이십구일부터 특별 대공개

우우(又又) 신 연속사진 래

미국 씨듸알 회사 고급 대영화

전율가공홀 탐정대활극

침묵의 비밀 전십구편 삼십팔권

제일편 애급(埃及)[1]의 복수 제이편 가공할 와사(瓦斯)

명금배우 기시구려 후레데릿쑤 공연(共演) 활동

독일 유니듸 회사 대걸작

신비 탐정 대대활극

마인(魔人) 전십육편 삼십이권 제삼, 제사편 사권 상장

기타 희극 사진 등

경성 수은동

단성사 전화 구오구번

일월 일일부터 특별대흥행

일일부터 오일까지 주야 이회 개연

주간 영사의 사진

이태리 이다라 회사 고심의 걸작

대사극 **가비리아** 일만오천척

기타 실사 니고니고극 등

야간 영사의 사진

미국 유사(社) 지유에루 영화

연속사진의 대왕

탐정대활극 **심야의 인(人)** 삼십육권 내 제오편, 육편 사권

기타 실사 희극 등

유사(社) 특약

우미관 전화 이삼이육번

----

1) 이집트

매일 21.01.01 (3) [정초의 연예계]

▲ **단성사** 일월 일일부터 닷시동안 쥬야 흥힝ᄒ기로 되엿는대 련속 샤진 중에는 처음 본다는 명평 갈치잇는『침묵의 비밀』여섯권과 쏘 련속사진의『마의 인』여섯권과 희극 실샤등이 잇셔 정초의 관긱을 쓸녀고 대고심을 ᄒ고 번화히 쟝식ᄒ엿고

▲ **광무대** 됴선구파 연극에는 죠종이라 홀만ᄒᄃ 더욱이 신춘의 자미잇는 것을 흥힝홀 초로 박춘지의 시로 연구ᄒ 익살마진 노름거리와 노러가 잇셔 보고 들을만ᄒᄃ ᄒ며 남녀 비우의 고대 소설 연극이 시로 하야셔 볼만ᄒᄃ ᄒ며

▲ **우미관** 여긔도 역시 닷시동안 쥬야 흥힝을 ᄒᄂᄃ 영사ᄒᄂ 활극샤진 중에 련속사진『심야의 인』이란 것이 가장 ＊＊＊야 정초의 인긔를 미우 끌켓더라

매일 21.01.01 부록긔일(其壹) (2) 〈광고〉

근하신년
모범적 활동사진영사
경성 창덕궁 입구 단성사 전화 구오구번

조선구극 원조
경성 황금유원 광무대
박승필

매일 21.01.03 (1) 〈광고〉

단성사 1월 1일자와 동일

매일 21.01.03 (1), 21.01.05 (4), 21.01.08 (3), 21.01.09 (4), 21.01.10 (4), 21.01.11 (1), 21.01.12 (3), 21.01.15 (4) 〈광고〉

우미관 1월 1일자와 동일

매일 21.01.05 (3) 갑상션 주사 한 번에 / 노파가 묘랑(妙娘)으로 홀변(忽變) / 론돈 데일 일류 희극 녀비우가 금년 오십에 쏘 다시 졀머져 / 거즌말 갓흔 = 진긔ᄒ 사실
『코니ᅳ예지스』양이라ᄒ면 금년 오십세 된 늙은 녀비우『女俳優』이라 그러나 어렷슬 ᄶᅵ부터 오날ᄭᅡ지『예지스』양은 영국 론돈에셔 데일류가는 희극 녀비우로 영국 텬지

〈 17 〉

에셔는 끌는 듯흔 환영을 밧어왓지만은 황금갓흔 머리털은 차차로 빅발을 재촉흐느라고 겸겸 짓빗이 되어가여 쏘동쏘동흐게 살진 피부도 겸차로

쥬름이 잡혀 들어오니 일반 관긱의 환영도 전일보다 감흐야젓다. 총명흔 『예지스』양도 자긔의 아름답든 틱도는 날로 쇠퇴홈을 스사로 쎄닷고 인연이 김흔 사랑흐든 무대『舞臺』도 흐직흐고 일즉이 숨어지너려 흐엿다. 그리흐야 어느날은 단단히 결심흐고 그 쟈틱를 무딕로부터 숨겨바리여 영국 론돈에셔는 『예지스』양의 얼골을 무딕에셔는 다시 엇어볼수 업다고

셥셥히 넉이는 사람도 여긘 만치 안튼 가운딕 어느날 뜻박게 『예지스』양은 쏘다시 무딕 우에 그 쟈틱를 나타너엿는딕 늙고 쇠흐여가든 피부는 밤버레 갓치 살이 쎄고 졂엇슬 쎄에 어엽부든 월틱가 쏘 다시 회복되야 아침 이슬을 먹음은 장미꼿『薔薇花』갓흐며 진록식 눈동자는 영치가 휘황흐야 오십된 『예지스』양은 흐참 묘흔 시절을 만난 이십셰 가량의

졂믄 여자로 다시 회복이 되엿다. 그리흐야 일반 관긱은 누구를 막론흐고 놀닉기를 마지아니흐며 『오-이것이 엇젼 일이냐』고 쎠들어딕며 『예지스』양이 깅쇼년 『更少年』이 되엿다고 야단법셕을 흐며 전일보다 더욱 더욱 예스지양에 딕한 환영은 오죠 빅녈뎍『白熱的』에 달흐엿는딕 딕톄 늙엇든 『예지스』양은 엇지흐야 쏘다시 졂엇느냐고 무러본 즉 예지스는 말되[2]

닉가 졀멋슬 쎄부터 우금ᄭ지 무대 우에 사람이 되어 지닉왓스나 별로히 피로흔 줄을 몰낫는데 이즘에는 근력이 겸겸 쇠퇴흐야 가셔 쏘흔 머리털도 차차 빅발을 지촉홈으로 약 일기월 시안을 엇던 훌륭흔 의사 흔 분에게 밝은 진찰을 바더가지고 갑장션『甲狀腺』의 침츌익『浸出液』을 쥬사흐얏는대 그 결과는 싱각도 흐지안은 다시 청춘의 쏫다 * 동졀이

회복되엿다. 아죠 넘어 깃버셔 방글방글 우스며 이것이 꿈인가? 싱시인가 흐며 잇는 터이라. 그리흐야 지금 영국 전톄는 이 말을 듯고 늙은 것을 바리고 다시 졂어보랴고 야단인 즁에 더욱 늙은 마누라님들이 다시 졂어보랴고 밋칠쑷 야단이라 혼다. 만약에 갑장션의 쥬사로셔 『예지스』와 갓치 쏫다운 청춘이 회복되엿다흐면 이것은 세계 의학계에

---

2) '말하되'의 오식인 듯하다.

가장 큰 발견이라ᄒᆞ지 안을 슈업ᄂᆞᆫ 비랴. 우에 대ᄒᆞ야 경응대학『慶應大學』[3] 피부과에 이퇴학사『伊澤學士』ᄂᆞᆫ 말ᄒᆞ되 최근 독일에셔ᄂᆞᆫ 원숭이의 불알 속의 침츌익을 취*야 그것으로 우리 사람에게 쥬사ᄒᆞ야 쇼위 불로쟝수ᄒᆞᄂᆞᆫ 비법을 발견ᄒᆞ엿다 ᄒᆞ며 ᄯᅩᄒᆞᆫ 미국의 쿨리 박사도 역시 이와갓흔 방법으로 사람의 늙지 안ᄂᆞᆫ 방법을 발견ᄒᆞ엿다 ᄒᆞ즉

갑쟝션 쥬사로쎠 영국에셔 일류가ᄂᆞᆫ 희극 녀비우『예지스』를 다시 졂게ᄒᆞ엿다 홈이 졍말이라 ᄒᆞ면 결코 거짓말이라고 ᄒᆞᆯ 수 업ᄂᆞᆫ 일이며 일본에셔도 갑쟝션 쥬사익 갓흔 것은 발견ᄒᆞ야 임의 각 약방에셔 판미도 ᄒᆞ여 오ᄂᆞᆫ 것이라. 그러나 그 약이 만 사람에게 쓰면 만 사람이 그 효능을 모다 보ᄂᆞᆫ 것은 아니며 오직 사람마다 타고난 톄질에 ᄯᅡ라셔 모다 달은 것이라 ᄒᆞ니 졍말 이런 일이 잇다 ᄒᆞ면 이 글을 쓰ᄂᆞᆫ 나부터 이 약을 먹고 쟝셩불사를 ᄒᆞ여 보ᄋᆞ야겟네……

매일 21.01.05 (4) 〈광고〉

일월 사일부터 특별대공개

미국 씨듸알 회사 고급 대영화

……전율가공ᄒᆞᆯ 탐정대활극……

침묵의 비밀 전십구편 삼십팔권

제삼편 용락(龍絡) 제사편 죄악의 소굴 제오편 환영(幻影)

명금 배우 기시 구례 후레데릿쑤 공연(共演)활동

독일 유니듸 회사 대걸작

신비 탐정 대대활극

마인 전십육편 삼십이권(제육 제칠편 사권 상장)

기타 희극 실사 등

경성부 수은동

단성사 전화 구오구번

매일 21.01.07 (1) 〈광고〉

단성사 1월 5일자와 동일

---

3) 게이오 대학

매일 21.01.07 (3) 활동여우(活動女優) 유품 경매 / 사랑이 준 담뱃갑 인긔를 만이 끌어

향자에 파리에셔 죽은 유명훈 활동사진 녀비우『올리버 토마쓰』의 가졋던 보셕과 모 *과 쏘흔 의복들과 자동차 등물을 지는 달 이십이일 오후 뉴욕 이십삼뎡목『사미율 말크쓰』군의 집에셔 경미를 ᄒ얏다. ▲ 그런디 당일 그 곳에 모혀온 사람들은 모다 활동사진광과 쏘는 고물상ᄒᆞᆫ 사람과 쏘는 보셕상들이엿다는디 미우 셩황을 일우엇셧다고 ᄒᆞᆫ다. ▲ 보셕만 판 돈이 약 이만 쌀라이요 자동차 두디에 오쳔 쌀라에 팔니엿는디 그러셔 모다 팔닌 총익이 삼만 쌀라에 달ᄒᆞ얏다고 ᄒᆞᆫ다. ▲ 그 중에 사람의 인긔를 만이 잇슬고셔 닷호아 사자흔 것은『토마쓰』양이 그 남편『짝크 픽프오드』에게 밧은 담비에 갑에『나의 사랑은 오직 ᄒᆞ나 뿐』이라고 글씨를 쓴 것이엿셧는바 그것의 갑은 륙빅오십 쌀라로셔『푸잇슈』라고ᄒᆞᆫ는 부인이 삿다. ▲ 그리고 그 외에는『토마쓰』양의 가장 친ᄒᆞ던 친구라고 일컷는『마뗄노만드』가 일쳔 사빅 이십오 쌀라를 쥬고 산 황금의 화장 *구에는『짝크 픽푸오드』의 초상이 부터잇다. ▲ 양의 의복은 탁자 속에 모다 범벅이 되야잇는디 그 중에셔는 일쳔팔빅 쌀라에 팔닌 검은 털옷이 뎨일 갑이 만엇셧다더라.

조선 21.01.08 (3) 〈광고〉

일월 팔일부터 사진 전부 차환
미국 유뉴ᄋ –사루 회사
실사 **마가진 육십이호** 전일권
미국 유사 세ㄴ지유리 –영화
희극 **여통령** 전이권
미국 유사 지유에루 영화
인정극 **유수(幽愁)** 전육권
미국 유사 지유에루 영화
연속 대활극
탐정 제사회 **심야에 인(人)** 제칠, 팔편 사권
제칠편 전기공 제팔편 공포에 영(影)
우미관

매일 21.01.09 (4), 21.01.10 (1), 21.01.11 (3), 21.01.12 (4) 〈광고〉
단성사 1월 5일자와 동일

조선 21.01.09 (3) 취성좌 인천 순연 / 인천서 연극하고 경성으로 간다고
신파정극이라 일홈을 가지고 조선 각지로 단이며 큰 환영을 밧던 취성좌 김쇼랑 일
힝은 지금 인천 축항좌에서 흥힝을 ᄒ는디 그 연제는 일청 전징시에 일본셔 제일 쩌
들든 덕부노화가 지은 쇼셜 부려귀를 지난 칠일브터 흥힝하ᄂ디 일반 *인들은 비상
한 환영과 다대한 흥미로 자미잇게 구경하ᄂ 즁이며 현금과 갓치 활동사진이나 모々
연쇄극이 천편일율로 모다 활극이니 정탐극이니 ᄒ야 판 박은 듯이 간 *무미한 즁에
도 특히 취성좌 일힝이 연극에 바른 길을 발바 인정 *극이니 정극이니 하며 연극장
양심을 *혁옴은 가히 치하홀 일이라고 *반 칭송이 자々ᄒ며 인천에셔 마치고는 곳
셔울노 가셔 더々뎍으로 흥힝을 긔시한다더라. (인천 긔자)

조선 21.01.10 (4), 21.01.11 (3) 〈광고〉
우미관 1월 8일자와 동일

매일 21.01.11 (4) [지방통신]
개성 신파 연예단
개성 청년 십수명으로 신(新)히 조직혼 신파연예단은 일작(日昨)부터 개성좌에서 흥
행혼다ᄂ대 입장료의 수입으로ᄂ 당지(當地) 노동대회와 노동공제회에 기부혼다더
라『개성』

매일 21.01.13 (3) 〈광고〉
일월 십삼일부터 특별대공개
미국 씨듸알 회사 영화
전율가공홀 탐정대활극
침묵의 비밀 전십구편 삼십팔권
제육편 애급야(埃及夜)의 유혹 제칠편 무법률(無法律)의 사막지대
독일 유니듸 회사 대걸작
신비 탐정 대활극

마인 전십육편 삼십이권

팔 시계폭탄 구 유리옥(琉璃獄) 십 공중에셔 서면(書面) 육권 상장

희극 **싸려죽인다** 전일권

실사 **리지나의** * 전일권

경성부 수은동

단성사 전화 구오구번

매일 21.01.14 (1), 21.01.17 (1) 〈광고〉

단성사 1월 13일자와 동일

조선 21.01.15 (3) 〈광고〉

일월 십오일 사진 전부 차환

미국 유뉴아사루 회사

사진 **후오－쏘 주보** 전일권

미국 유사 비쑤다－ 영화

희극 **사인련(四人連)** 전일권

미국 유사 부리유－바쏘 영화

사회극 **고도의 랑(孤島의 娘)** 전오권

미국 유사 지유이루 영화

연속 대활극

탐정 **심야의 인(人)** 제구 제십편 사권

제구편 야회 중(夜會中)의 강도 제십편 연(燃)ᄒᆞᄂᆞᆫ 거화(炬火)

우미관

조선 21.01.16 (1), 21.01.17 (1), 21.01.18 (4), 21.01.19 (4), 21.01.20 (4) 〈광고〉

우미관 1월 15일자와 동일

조선 21.01.16 (3) **문화선전의 활동사진회**

디구 도쳥에셔는 오는 십팔, 십구 량일(日)간 디구좌에셔 문화선전에 관한 활동사진
회를 기최ᄒᆞ고 부니 일반에게 공람홀 예뎡이라더라.

매일 21.01.20 (4) 〈광고〉

일월 이십일브터 신사진교환

진진유미(珍珍有味)훈 이대사진

미국 씨듸알 회사 영화

전율가공홀 탐정대활극

침묵의 비밀 전십구편 삼십팔권

팔편 아의 조(牙의 爪) 구편 묘물? 인?(妙物?人?)

독일 유니듸 회사 대걸작

신비 탐정 대활극

마인 전십육편 삼십이권

십일 혼혈아의 원한 십이 비행기의 진사(珍事) 십삼 잠항선의 밀탐 육권 상장

대골계극 **좌푸링의 야유(野遊)** 일권

대희극 **도로라미타불**

경성부 수은동

단성사 전화 구오구번

매일 21.01.21 (4), 21.01.22 (1), 21.01.23 (4), 21.01.24 (4), 21.01.25 (3), 21.01.26 (1) 〈광고〉

단성사 1월 20일자와 동일

조선 21.01.23 (4) 〈광고〉

일월 이십이일 전부 차환

미국 유뉴아－사루 회사

실사 **주보** 전일권

미국 유사 에루쏘 영화

희극 **일가의 주(一家의 主)** 전일권

미국 유뉴ㅇ소루 회사 특작

인정극 **애(愛)의 부활** 전육권

미국 유사 지유에로 영화

연속대활극

탐정 제육회 **심야의 인(人)** 제이, 제삼편 사권

제십일편 사의 승주(死의 乘走) 제십이편 공포의 타도(墮道)

우미관

매일 21.01.24 (3) 열차로 통학ㅎ눈 남녀학생 취체(取締) / 풍긔 문란을 막고자ㅎ 눈 쥬의 사항

됴선션 렬차에 의ㅎ야 각 디방으로부터 부근 도시 학교에 통학ㅎ눈 학싱과 경성에 통학ㅎ눈 즁등 이상의 학싱 즁에눈 남녀가 홈끠 승차홈으로 엇지ㅎ면 풍긔상 자미업 눈 결과를 이루음이 업다홀 슈 업스며 부형 즁에눈 위험훈 싱각을 품은 사롬이 적지 안음으로 경관국『京官局』은 이에 디훈 취례 방법에 관ㅎ야 총독부 학무당국의 량히 를 엇고 좌의 방법에 의ㅎ야 그의 취례를 힝ㅎ기로 되얏다더라.

일, 즁등 이상 학교 싱도의 승차눈 될 슈 잇눈디로 좌긔 구별에 의홀지니라 (가) 삼등 챠 가두챠 이상에 편성훈 렬차눈 사닌 싱도눈 압헤 틱고 녀싱도눈 뒤에 타게ㅎ야 그 차를 구별홀 일 (나) 삼등챠가 하나로 편셩렬차눈 사닌 싱도눈 읍에 녀싱도눈 뒤에 타 게ㅎ야 좌셕을 써러지게 홀 일

이, 모든 싱도로 좌의 힝위를 ㅎ눈 자를 발견훈 써눈 그 소속 학교의 일홈과 싱도의 일홈을 본국 운수과『本局 運輸課』에 보고홀 일 (가) 젼긔 안질자리의 규뎡에 ＊지 아 니 홀 째 (나) 렬차를 운뎐 즁 타던지 나리던지 홀 써 (다) 렬차 즁 승긱이 타지 아눈 쳐 소 쏘눈 우등차에 탄 써 (라) 우등차 실을 함부로 단기눈 써 (마) 듯기 실케 노리ㅎ야 승긱에게 폐를 끼칠 써 (바) 긔타 학싱으로셔 ㅎ지 못홀 힝위를 훈 써

조선 21.01.24 (1), 21.01.26 (4), 21.01.27 (4) 〈광고〉

우미관 1월 23일자와 동일

조선 21.01.24 (3) 신파 김소랑 일행

취셩좌 단장 김쇼랑 일힝은 당디 니착한 후 일반인 사찬＊ㅎ에 본월 십칠일부터 십 일간의 예정으로 동락좌에서 풍속 긔량극을 우리 사회에 쇼기ㅎ눈 바 미일 밤마다 시군 전에 만원이 되는 셩황을 이루운다더라. (원산 지국)

매일 21.01.27 (4) [지방통신] 활동사진대 조강(造講)

강원도의 주최인 지방 개량 활동사진대는 대충(大塚) 지방과장이 통솔ᄒ고 홍천 횡성(橫城)을 경(經)ᄒ야 원주에 도착ᄒ얏는디 십팔, 십구, 이십의 삼일간을 구내(區內)에셔 개최ᄒ얏는바 활동사진은 당 지방이 초유홈으로 매야 이천여명의 관람자가 유(有)ᄒ야 미증유흔 성황을 정(呈)ᄒ얏스며 또 대충(大塚) 지방과장은 해박흔 사례를 거(擧)흔 설명과 시국에 적절흔 강화(講話)는 일반에게 심각흔 인상을 여(與)ᄒ얏다더라. (원주)

매일 21.01.27 (4) 〈광고〉

일월 이십칠일브터 신사진교환

진진유미(珍珍有味)흔 이대사진

미국 씨듸알 회사 영화

전율가공홀 탐정대활극

침묵의 비밀 전십구편 삼십팔권

십편 슨가집 십일편 황영(黃影)

독일 유니듸 회사 대걸작

신비 탐정 대활극

종편 **마인** 전십육편 삼십이권

십사 혼의(婚儀)의 방해 십오 사(死)의 광선 십육 최후 소요(騷擾) 육권 상장

대골계극 **공가의 수직군(空家의 守直軍)**

경성부 수은동

단성사 전화 구오구번

매일 21.01.28 (4), 21.01.30 (4), 21.01.31 (4) 〈광고〉

단성사 1월 27일자와 동일

조선 21.01.28 (4) 〈광고〉

일월 이십팔일 전부 차환

미국 정부위탁 영화

실사 **히스도파데 주보** 전일권

미국 유사 네스다— 영화

희극 **중기한 노야(中氣한 老爺)** 전일권

미국 유사 지유에루 영화

미루도레스도 하리스 양 주연

정화(情話)비극 **의사와 녀(女)** 전육권

미국 유사 지유에루 영화

연속탐정 **심야의 인(人)** 제십삼 제십사편 사권

제십삼편 역전분투 제십사편 재々흔 염(災々흔 焰)

우미관 전화 이삼이육번

조선 21.01.29 (3), 21.01.30 (3), 21.01.31 (1), 21.02.01 (1) 〈광고〉

우미관 1월 28일자와 동일

매일 21.01.29 (4) 〈광고〉

현상당선발표

{답} 「침묵의 비밀의 수(手)」

당선인 씨명 (이하 기사 생략)

＊투서 수천이십육매 중 이상 당선

경성부 수은동 단성사

매일 21.02.01 (3) 김소랑 신파극 / 광무대에셔 작 삼십일일부터 상연

디방을 슌업ᄒ고 잇던 신파연극 취셩좌 김소랑『金小浪』 일힝은 작 삼십일일부터 일주간 동안을 광무대『光武臺』에셔 미야 흥힝을 혼다더라.

매일 21.02.02 (3) 슌회 (니약이) 활동사진 / 시동무사 주최로 이약이회를 혼다

『시동무』론 잡지를 발힝ᄒ는 활문사『活文社』에셔는 셔북디방 슌회 강연을 ᄒ기 위ᄒ야 금월 ᄉ일부터 기셩 평양 장연『長淵』 샤리원『沙＊院』 영변『寧邊』 북진『北鎭』 운산『雲山』 진남포 지녕『載寧』 안악『安岳』 평산『平山』 등디로 슌회홀 터인대 그리스도의 힝젹 활동샤진도 영샤혼다ᄒ며 이월ᄒ슌부터는 삼남디방으로 슌회혼다더라.

조선 21.02.03 (4) 〈광고〉

이월 삼일 전부 차환

미국 유뉴오 −사루

실사 주보 전일권

미국 유사 영화 네스다

희극 어객양(御客樣) 전일권

미국 회사 작 단호 −사−

유사 지우에루 ＊매(＊賣)

미담물어(美談物語) 의용병 전육권

미국 유사 지우에루 영화

연속탐정대활극

제팔회 **심야의 인(人)** 제십오편 제십육편 사권

제십오편 공포의 차륜(車輪) 제십육편 고소(高所)부터 낙하

우미관 전화 이삼이육번

조선 21.02.04 (3) 김도산, 김소랑 합동 공연회

광무디에서 금삼일붓터 삼일간만 흥힝한다는디 츌연자가 오십여명에 달ᄒ야 미우 쟝
관이라더라.

예제는 신각본 터셔활극에 신춘(젼 십이막)

조선 21.02.04 (4), 21.02.05 (4), 21.02.06 (4), 21.02.07 (4) 〈광고〉

우미관 2월 3일자와 동일

매일 21.02.05 (3) 선전 활동사진대 대성공 / 근도방면에셔 뒤성황을 일우엇다

됴션 총독부 소속 션뎐용 순회 활동사진은 일월 이십이일에 북션으로부터 근도에
들어와셔 이십삼일은 공회당에셔 데일회에 영사회를 기최ᄒ고 이십사일은 국자가
이십오일은 동불사『銅佛寺』에 나가셔 련보산 두도구와 각디 순회 중인 바 룡정촌과
갓흔 곳에셔는 됴션 사람이 압흘 닷호와가며 와셔 립츄의 틈이 업시 셔셔 회당이 터
질만치 셩황을 일우어셔 당사자는
회장이 좁은 것을 혼탄ᄒ고 그 쳐지에 디ᄒ야 엇더ᄒ 줄을 몰낫다고 ᄒ며 쏘는 그 영

사에 나타나는 것이 일일이 모다 감동을 쥬어서 대갈치로 환영ᄒᆞ얏스며 더욱이 활동 사진에 사소ᄒᆞᆫ 덤 ᄶᅵ지도 관즁에 ᄃᆞᆯᄒᆞ야 안젼에 나타나는 실경에 경탄홈을 금치 못ᄒᆞ 도록 깁흔 인상을 준 일은 이 활동사진으로ᄂᆞᆫ 쳐음으로 본능의 큰 것을 발휘ᄒᆞ야 셕 면상 효과가 현져ᄒᆞ엿다더라.

매일 21.02.05 (3) 칠십여명의 배우대합동극 / 광무ᄃᆡ에셔 사일부터 삼일ᄭᅡᆫ 흥힝

광무대에셔는 이번에 김소랑에 일힝이 신파연극을 흥힝ᄒᆞ던 바 작 수일밤부터는 문 예단 일힝과 김도산 일힝과 김쇼랑 일힝 등 ᄇᆡ우 칠십여명이 대합동을 ᄒᆞ야 삼일ᄭᅡᆫ 대대뎍 흥힝을 혼다더라

조선 21.02.06 (3) 삼파 합동 연극 / 출연 ᄇᆡ우가 칠십여명

요사이 광무ᄃᆡ에셔 흥힝ᄒᆞᄂᆞᆫ 김소랑 일힝의 신파연극은 ᄆᆡ일 만원이 되야 셩황으로 써 진힝ᄒᆞᄂᆞᆫ 즁 지작일 밤브터 문예단 일힝과 김도산 일힝과 김쇼랑 일힝이 합동ᄒᆞ야 ᄇᆡ우 칠십여명이 츌연ᄒᆞᄂᆞᆫᄃᆡ 삼일ᄭᅡᆫ을 합동흥힝홀 터이며 관람자는 립추의 여디가 업시 드러와 비샹한 호황을 일운다더라.

조선 21.02.06 (3) 대구 조선관 / 활동사진 성황

활동사진반 리병조(李丙祚) 일힝은 ᄃᆡ구 조선관에셔 활동사진을 영소ᄒᆞᄂᆞᆫ 즁인ᄃᆡ 밤 마다 관롬자가 츙만ᄒᆞ야 셩황을 이루며 ᄯᅩ ᄃᆡ구 기싱조합으로브터 찬셩ᄒᆞᄂᆞᆫ 뜻을 표 ᄒᆞ기 위ᄒᆞ야 기싱 샹남수(尙南秀), 최송쥭(崔松竹) 외 십여명의 긔부금이 잇셧더라.

매일 21.02.07 (1) 〈광고〉

이월 삼일브터 신사진을 공개홈.
이 유일무이ᄒᆞᆫ 문예사진 급(及) 장절쾌절ᄒᆞᆫ 사진엇던가.
실사 **함대의 진수식**
희극 **대식한(大食漢)**
활극 **흑상(黑箱)의 비밀**
문예사진 **명예를 존즁히 여기ᄂᆞᆫ 남아**
십분간 휴식에 본관에 올케스트라를 홈니다
미국 씨듸알 회사 영화

전율가공홀 탐정대활극

침묵의 비밀 전십구편 삼십팔권 십이, 십삼사권

경성부 수은동

단성사 전화 구오구번

매일 21.02.08 (1) 〈광고〉

단성사 2월 7일자와 동일

매일 21.02.08 (4) 〈광고〉

음(陰)정월일일부터 특별흥행ᄒᆞᄂᆞᆫ

조선구파연극

초삼일 낫부터 『씨름』 주(晝)흥행

황금유원내 광무대

조선 21.02.08 (4) 〈광고〉

이월 팔일(구(舊)정월 원일(元日)) 사진 전부 차환

주간 영사의 부(映寫의 部)

실사 **마가징** 전일권

희극 **해상 십팔리** 전일권

＊명(＊明) 기＊ 전이권

활극 **진일문자(眞一文字)** 전이권

연속 **심야의 인(人)** 최종편 사권

제십칠편 동굴의 암괴 제십팔편 파란만장의 ＊＊

야간 영사의 부

희극 ＊화(＊花) 전일권

하리 게－리 출연

인정극 **련의 투승(戀의 投繩)** 전육권

미국 오리－우아 회사 걸작

연속탐정 **공중마(空中魔)** 제일 제이편 오권(원명 가－다 사건)

제일편 기괴훈 비행기 제이편 불사의에 음청기(不思議에 音聽器)

우미관 전화 이삼이육번

매일 21.02.09 (3) 구정월 연예계

▲ **단성샤 활동사진관** 음력 정월 *로 날부터 쵸닷시 날ᄶᅵ지 참신긔발ᄒᆞᆫ 최근 국제 활영회샤에서 직수입ᄒᆞᆫ 걸작 ᄉᆞ진으로 쥬야 흥힝을 ᄒᆞᆫ다ᄂᆞᆫ딕 련속사진 『침묵의 비밀』은 물론ᄒᆞ고 기타 다셧 문예ᄉᆞ진이 쳐음보는 명ᄉᆞ진이라고……

▲ **광무딕 됴션 구연극** 됴션의 구극은 이것이 한아인바 정월 초날부터는 ᄌᆞ미잇고 볼만ᄒᆞᆫ 극이 만흐며 쵸삼일 낫부터 보름동안은 년례대로 씨름대회를 열고 유명ᄒᆞᆫ 력ᄉᆞ의 씨름이 잇다고……

매일 21.02.09 (3), 21.02.10 (3) 〈광고〉

단성사 2월 8일자와 동일

매일 21.02.10 (3) 음력 정월 번화한 시중(市中) / 밤이 되믹 쳐쳐 연극장에ᄂᆞᆫ 문원의 대문원이 된 대성황 / 경황(景況) 죠흔 구정월

기다리고 기다리던 신유년도 벌써 쵸하로날을 치루게 되엿다. 아참부터 시즁은 어른 아히 홀 것 업시 인산인히를 일우어 복잡ᄒᆞᆫ 즁 알연ᄒᆞᆫ 긔운은 도쳐에 홀 편만ᄒᆞ다. 밤에 들어셔도 여젼이 휘황찬란ᄒᆞᆫ 뎐등의 빗과 ᄒᆞ가지로 시즁은 의연이 변화를 더ᄒᆞ야 골목ᄉᆞ이 슐취ᄒᆞᆫ 사름의 쩌드는 쇼리 ᄲᅮᆫ이요 각 연극쟝에는 더욱

관긱이 모어 전부 만원이 된 모양이다. 그 즁에는 ᄯᅡ뜻ᄒᆞᆫ 부모의 슬하를 쪄나 차고 찬 려관 부인방에 홀로 외로온 흔등을 벗삼아 향ᄉᆞ가 유유ᄒᆞ야 능히 잠을 일우지 못ᄒᆞ고 칙을 덥고 산란ᄒᆞᆫ 마암을 위안코자 드러온 싀고올 학ᄉᆡᆼ도 만코 져녁 밥을 일즉 지어먹고 일가족이 하도 죵용ᄒᆞᆫ 틈을 타셔 셔로 손에 손을 잡고 구경 온 사람도 만은 듯ᄒᆞ며 죵일 각쳐로 도라단이며 벌어 모흔

세비돈으로 동모ᄭᅵ리 ᄶᅡᆨ을 지어 구경ᄒᆞᆫ는 아히들도 만타. 밤 열두시가 지닉도록 거리거리 도소에 취ᄒᆞᆫ 흥을 못 익이여 노릭를 부르고 집으로 도라가는 사람들도 만어 뎐차마다 만원이요 길가마다 웃둑웃둑 슨 거시 모다 사람 ᄲᅮᆫ이다. 골몰 * ᄉᆡᆼ활 * 츄신 치 못ᄒᆞ던 사람들은 밤이 넘오 ᄶᅡ름을 ᄒᆞ하는 듯 집에 일즉 도라가기를 쥬져ᄒᆞ야 신명 등디로 발을 돌리는 사람도 만코

여흥이 미진ᄒᆞ야 친구의 집을 다시 챠져 토쥬ᄒᆞ는 사람도 만타. 이날은 엇짓든지 쥬

야를 물론ᄒ고 시즁은 참으로 파련황의 대활긔를 씌어 양춘의 깃붐이 쳐쳐에 가득하더라.

조선 21.02.10 (4), 21.02.11 (4), 21.02.13 (1), 21.02.14 (4) 〈광고〉
우미관 2월 8일자와 동일

매일 21.02.11 (1) 〈광고〉
이월 십일 목요일부터 최종편의 연속사진
미국 씨리알 회사 영화
문제의 괴수 해결의 세＊안(世＊眼) 최종편
침묵의 비밀 전십구편 삼십팔권
제십사편 총후의 인(銃後의 人) 제십오편 염의 설(焰의 舌)
활극 **여(女)로로** 전이권
제육편 토지쟁(土地爭)의 권
주점의 일야(一夜)
정서극 **수평(手平)** 전오권
희극 **양산 속의셔**
경성부 수은동
단성사 전화 구오구번

매일 21.02.11 (3) 소인(素人)[4] 신파극 / 흥인 비지학교 경비를 보충할 목뎍으로
동대문 흥인비지학교『興仁培材學校』ᄂᆫ 경비의 부족으로 인ᄒ야 항상 군속히 지니오던 바 그 학교 교원들은 이것을 기탄ᄒ야 이번 음력 정죠를 리용ᄒ야 이월 십일일 음 쵸닷시날 오후 칠시부터 즁앙기독교 청년회관 닉에셔 소인신파극『누구의 허물』이라는 것을 ᄒ야 일반의 다디호 환영을 바란다ᄂᆫ대 임의 광고에ᄂᆫ 입장료를 일등이 삼원 이등에 이원 삼등에 일원으로 ᄒ얏스나 넘오 ＊티 과홉으로 일등에 일원 이등 칠십젼 삼등 삼십젼으로 나리여 아모죠록 다수히 동졍ᄒ야 쥬기를 ᄀᆫ졀이 바란다더라.

---

4) 아마추어

매일 21.02.13 (1), 21.02.14 (3) 〈광고〉

단성사 2월 11일 광고와 동일

매일 21.02.14 (4) [지방통신] 명금(名金)대회 성황

경성 단성사의 활동사진 지방 순업부 일행은 금회 당지에 래(來)ᄒ야 거(去) 팔일(음 일월일일)부터 전주좌에서 흥행중인대 변사는 사계에 일류의 칭예가 유(有)ᄒ 서상호(徐相昊)군 외 수명이오, 영화는 탐정소설로쎠 세계에 유명ᄒ 최대장척의 명금과 천하절승의 조선 금강산 실경이며 기타 막간의 여흥에는 서상호군의『바오링』등이 유(有)ᄒ야 매야 만원의 성황리에 대환영 대갈채를 박(搏)ᄒ더라.『전주』

매일 21.02.15 (3) 〈광고〉

래(來) 십칠일부터 특별대공개
신연속모험 대대적 활극 명사진
미국 짜이다그라부 회사 고급영화
세계적 모험 대탐정활극
곡마단 비밀 전십오편 삼십일권
원명 …… 철(鐵)의 취미
세계에 유명ᄒ 권투가
(안쏘니니아 쑤레미)씨 주역
단성사

조선 21.02.15 (3) [동서남북]

일전 밤에 광무디 구경을 좀 할가 하고 갓더니 엇지 문간에 사롭이 만이 드러가는지 발들여 놀 길이 업겟기로 고만두고 왓는디 쇼문을 들은 즉 근일 음력 정쵸이기 * 평시에 츌입도 안이ᄒ든 남녀가 어린 ᄋ히를 다리고 답지 * 는 모양이고 음력 정월은 금년이 근년 그 중 잘 지닉 모양입듸다. 정초 지난 지가 몃칠인디 이집 뎌집에서 친구를 청ᄒ야 비반이 랑 * ᄒ니 기역인심인지는 알 슈업스나 이젼 습관을 도로 직히는 거야요『엇던 사람 투셔더로』

조선 21.02.15 (3) 〈광고〉

이월 십삼일 전부 차환

미국 유뉴아—사루 회사

실사 **마가징 오십팔호**

미국 유사 비구다—

희극 **쓰본의 행위**

미국 유사 바이슨

활극 **생포**

미국 유사 쑤루—바—도

인정극 **엄봉(嚴封)의 밀서**

미국 유류아— 회사 특작

연속 탐정 대활극

제이회목(目) **공중마(空中魔)** 십오편 삼십일권 내

제삼편 대뇌우 제사편 제이의 박해

우미관 전화 이삼이육번

매일 21.02.16 (4) 〈광고〉

래(來) 십칠일부터 특별 대공개

신연속 모험 대대활극 명사진

미국 싸이다그라부 회사 고급영화

세계적 대모험 대탐정 활극

곡마단의 비밀 전십오편 삼십일권

제일 화의 윤비(火의 輪飛) 제이 화차의 재해

안토니오몰예오 군 절세미인 칼로롯홀오웨 양 공연(共演)

오는 십칠일만 기다리시오

활극 **푸람의 랑(娘)** 전일권

희극 **괴아?손(怪我?損)** 전일권

경성부 수은동

단성사 전화 구오구번

조선 21.02.16 (4), 21.02.17 (4), 21.02.18 (1) 〈광고〉

우미관 2월 15일자와 동일

매일 21.02.17 (4) [독자구락부]

▲ 일전에 단성샤 구경을 가셔 일등표를 사가지고 덧신을 흐아 달나흔 즉 특등이 안이면 안이된다 흐길니 그대로 올나갓더니 죠금 잇다 벌건 테[5]흔 나리가 구두에 흙무든 치로 시웃 입고 안진 데를 흠부로 져버거리고 단이는 것을 보닛가 엇지도 분흔지 몰으겟셔요. 『비목생(比目生)』

매일 21.02.17 (4) 〈광고〉

단성사 2월 16일자와 동일

조선 21.02.17 (3) 취성좌(聚星座) 일행 / 본사 진남포 지국 후원 아래에 흥힝

우리 사회를 위흐야 헌신뎍으로 로력흐는 연극계의 패왕인 취성좌 일힝(취星座 一行)은 본사 진남포 지국 후원 흐 * 우러에서 오는 십팔일부터 진남포 항좌(항座)에서 흥힝홀 터인디 당디 인사의 고뎌흐든 중에셔 일뎌 성황을 일우을 것은 미리 츄측 * 밋더라. (진남포 지국)

매일 21.02.18 (3) 총독부 활동사진반 / 곤도섯지 촬영

됴션 총독부 활동사진반은 곤도 소정을 박이기 위흐야 일월 십소일 경성을 출발흐야 약 흔달동안 그 방면에 잇는대, 일힝은 먼져 원산 부두동 됴션히안 청진 황로 등의 상항을 박인 후 일월 이십 일일 흠경북도 경성군 상삼봉에셔 간도로 드러가셔 곤도에 잇는 됴션인 칙 지나인 칙 등의 각 상황을 박이엿고, 쏘 봉뎐성에 갓가운 방면 혼츈시가를 박여 젼부 일천 륙빅 쳑 소진을 엇고 이월 십일에 귀경흐엿다는디, 일힝은 그 소이 최근에 박인 됴션 소정과 밋 니디 상황을 영소흐야 곤도에 잇는 됴션인에게 관람케 흐엿다는대 모다 만원의 성황을 일우어셔 관람을 소졀싯지 흔 일이 잇는대, 쏘 곤도로 와셔 그곳 보통학교에셔 두 번이나 영소한 터이라는대 이로 인흐야 오날싯지 됴션에 대흔 문화를 의심흔 그들도 그 소진에 대흐야는 오히를 풀엇다흐며 일힝은

---

5) '취한'의 의미이다.

왕복ᄒᆞᄂᆞᆫ 길에 홈놉 경성회 ＊ 쳥진 디방에셔 영사ᄒᆞ엿다더라.

매일 21.02.18 (3) 지방자치 지방개량에 관ᄒᆞᆫ 경긔도의 대션젼 / 관광단과 활동사진과 명사의 강연으로 크게 션뎐홀터 / 예산은 오십만원(圓)

경긔도에셔는 대졍 십년도에 디방자치 디방기량에 관ᄒᆞ야 대션뎐을 거힝홀 계획을 세워 임의 예산에도 계산ᄒᆞᆫ 모양인대 십오일에 도텽의 산닉디방과장『山內地方課長』은 그에 디ᄒᆞ야 가로디 디방자치 디방기량의 대션뎐을 힝ᄒᆞ기 위ᄒᆞ야 계획을 세웠는대 예산으로 약 오만원의 션뎐 비용이 승인되얏습니다.

그런고로 계획대로 대대뎍으로 실힝ᄒᆞ오. 위션 션뎐부를 독립케 ᄒᆞ야 젼담 리원 칠팔명을 두고 쎄이지 안이ᄒᆞ고 관닉 슌회 션뎐에 로력홀 터이며 사업은 명사의 강연회와 닉디 명촌리원을 촉탁ᄒᆞ야 모범촌 등의 묘사를 힝ᄒᆞ야 션뎐코자 닉디 관광단을 조직ᄒᆞ며, 활동샤진을 션뎐ᄒᆞᄂᆞᆫ 등인대 관광단은 십년도에 륙십명식 한 단톄로 ᄒᆞ야 네 단톄를 닉디로 보닐터이며 션뎐부에셔 다쇼의 보죠금을 교부ᄒᆞ야 닉디의 문화에 접촉케 ᄒᆞ며 명촌 자치의 실졍에 접촉케 홀 터이며 활동샤진 션뎐은 오쳔원으로 촬영긔계를 구입ᄒᆞ야 닉디의 모범촌과 우량촌에 현상을 명시ᄒᆞ야 대션뎐을 힝홀터이라더라.

매일 21.02.18 (3) 고학생을 위ᄒᆞ야 / 소인(素人) 신극 상연 / 쳥년회관 내에셔

운니동에 잇는 고학싱 갈돕회에셔는 그동안 회원 일반이 흔련을 불고ᄒᆞ고 만쥬 힝상에 젼력을 다ᄒᆞ얏슴에 불구ᄒᆞ고 나날이 판미익이 쥬러드러가셔 최근에 이르러셔는 도져히 여려 회원들이 부지ᄒᆞ야 갈 방칙이 묘연홈으로, 회원 일동이 협의ᄒᆞᆫ 결과 만쥬 힝상을 쳘폐ᄒᆞ고 시로히 다른 공장을 셜치ᄒᆞ야 활로를 엇고자 ᄒᆞ다는 말을 드른 젼일에 쳥년회관에셔 운명극『運命劇』을 힝연ᄒᆞ야 갈돕회를 원조ᄒᆞ던 일부 쳥년 유지 계시는 두 번지 그 회를 위ᄒᆞ야 좌긔 시일에 죵로 쳥년회관에셔 연극을 흥힝ᄒᆞ야 그 수입 젼부를 갈돕회로 긔부ᄒᆞ기로 ᄒᆞ다더라.

시일 이월 이십 이삼 양일 구력 십오 십육 양일 하오 칠시

장소 중앙기독교 쳥년회관

극제『승리』사막

희극 일막

입장료 일원 오십젼

매일 21.02.18 (3) 〈광고〉

래(來) 십칠일부터 특별 대공개

신연속 모험 대대활극 명사진

미국 싸이다그라부 회사 고급영화

세계적 대모험 대탐정 활극

곡마단의 비밀 전십오편 삼십일권

제일 화의 윤비(火의 輪飛) 제이 화차의 재해

안토니오몰예오군 절세미인 칼로롯홀오웨양 공연(共演)

오는 십칠일만 기다리시오

활극 푸람의 랑(娘) 전일권

희극 철방의 급사(凸坊의 給仕) 전일권

희극 괴아?원(怪我?損) 전일권

경성부 수은동

단성사 전화 구오구번

조선 21.02.18 (3) 만천하 동포는 동정하라. 갈톱회 학생 / 우리 살님살이에 혁々흔 쥬인이 될 더들에게 우리가 동정을 쥬지 안으면 누구이랴 = 본사 후원하에셔 =

갈톱 만주노[6] 호야々々 쇼릐가 동지 셧달 설흔풍에 치운 것과 밤가는 쥴도 모르고 이곳 져곳에 쓴치 안코 들니는 것은 우리 됴션에셔 보는 특식이다. 곳 됴션덕 정신을 발휘홀

됴선 청년의 굿쇠고 또흔 ○름다운 긔긔를 나타님이다. 그네들은 흔참 조흔 학령에 잇스나 쇼위 학비라는 지정에게 무셔운 피째ㄱ을 면치 못흐는 청년 학싱들이도. 그러나 어대까지든지 빅결불굴흐는 긔긔로써『무엇이든지 홀 슈 잇다 흐면은 ○니 될 것이 업다』정신으로 용왕직젼흐는 그네들이다. 그들은 지금 운니동(雲泥洞) 한 편 조그만 집에셔 흔근 방에 오륙인식 모히여 낫에는 학교＊을으며 밤에는

갈톱만쥬를 들너메에고 나○가셔 멧기라도 팔어야 조밥에 짠지 쪽이라도 어더 먹으며 학교를 가게 되는 이러흔 처디＊셔 비샹한 고싱을 흐는 청년들라. 이것을 보고

---

6) '갈톱 만주의'의 '의'를 일본어 '노'로 표기한 듯함.

들을 써에 따듯한 방 속에셔 편안이 은져잇는 우리가 엇지 한줄기 동졍의 눈물이 업스리요. 과연 그네들은 자긔의 비를 불니고 등을 쓰듯이 ㅎ기 위ㅎ야 갈톱만주를 파는 것이 안이다. 곳 우리의 살님사리에 혁々한 쥬인이 되랴고 ㅎ는 그네들이다. 그리ㅎ야 그들은 만쥬로 팔며

미약 힝상도 ㅎ며 혹은 양말 갓흔 것도 팔며 심지어 연극(演劇)까지 흥힝ㅎ야 아모조록 조금의 힘이라도 엇어가지고 허다 못ㅎ야 밤이면 거리에 나셔々 싸구려 쟝사의 밋천이라도 엇어셔 학비의 보태임을 *랴고 고심에 고심을 ㅎ여 오는 것이로다. 지난번에도 갈톱회 학성들은 운명(運命)이라는 연극으로 청년회관에셔 쇼인극(素人劇)을 흥힝ㅎ야

다대호 환영을 밧은 바어니와 이제 또다시 이달 이십이일과 이십삼일 량일밤(즉 음력 정월 십오일, 십륙일)을 두고 청년회관 안에셔 춤신호 현딕극(現代劇) 중에 조흔 각본으로 연극을 흥힝할 터인딕 이번에는 특별히 본사(本社)의 다딕호 후원 하에셔 더々덕 흥힝을 ㅎ야

본보 이독자에 딕ㅎ야는 모다 할인권을 발힝ㅎ야 관람ㅎ는 졔군의 경졔를 도울 터인 바 학성에게는 보통 오십젼을 삼십젼으로 학성 외에는 모다 일원 균일로 ㅎ되 독자 졔위에게는 칠십젼으로 관람권을 발미할 것이라. 그런딕 이번 연극을 흥힝ㅎ는 목뎍은 십칠일부터 갈톱만쥬를 팔지 안키로 된 고로 이번 쇼득이 잇스면 그것으로 무삼 도움을 어더보랴는 것인 즉, 우리 일반 사회는 뜨거운 사랑을 갈톱회에 부어쥬기를 바라는 바이라.

조선 21.02.18 (3) 평양 남산현(峴) 예배당에 활동사진대회 / 문예뎍 사진과 음악 연쥬회로

평양 남산현 례비당(平壤 南山峴 禮拜堂) 닉에셔 셔울(京城) 쇼년쇼녀 잡지(少年少女雜誌) 시동무사(社) 쥬최(主催)와 밋 시동무사 평양지사(平壤支社)의 후원(後援)으로 본월 십오일 하오 칠시에 활동사진 연예딕회를 *최ㅎ엿는딕 뎡한 시간* 이르러 사회쟈(司會者) 시동무 평양지사장 김긔연군(金基演君)으로브터 오늘 밤 모임은 여러분 부형님들을 위홈보다도 특히 시동무 애독자(愛讀者) 쇼년쇼녀를 위홈이로라는 간략한 취지 셜명이 잇슨 후 곳 슌셔를 발바 광셩고등보통학교 양악딕(光成高等普通學校 洋樂隊)의 쳥으한 주악(奏樂) 쇼리와 홈긔 활동사진을 영사ㅎ얏는딕 남산현 찬양딕(南山峴 讚揚隊)와 밋 중앙 찬양딕(中央 讚揚隊)의 으름다운 남녀 합창과 박셩심양(朴聖

心孃)의 독창이 잇셔 더욱 관＊의 흥미를 도도엇는 바, 만장이 긴장홀 태＊로 기다리던 예슈 힝적의 사진을 영사홈에 이르러셔는 현황하던 당녁가 갑자기 종용ᄒ고 엄슉한 긔＊을 씌우며 부활ᄒ사 텬국(天國)을 향ᄒ야 올나가실 쩌는 벽력갓히 이러나는 박수 쇼리가 회당이 문허질 듯ᄒ는 셩황을 이루오고 폐회ᄒ얏더라. (평양 지국)

매일 21.02.19 (3), 21.02.20 (4), 21.02.21 (3), 21.02.22 (4), 21.02.23 (4) 〈광고〉
단성사 2월 18일자와 동일

조선 21.02.19 (3) 대구좌에 음악회, 현대극
ᄃᆡ구노동공졔회(大邱勞動共濟會)의 쥬최로 금 이월 십구일부터 이월 이십이일까지 ᄃᆡ구좌(大邱座)에셔 음악회와 현ᄃᆡ극(現代劇)을 홀 터이라는ᄃᆡ 연뎨(演題)는 윤빅남(尹白南)군의 지은 바 운명(運命)과 박태원(朴泰元)군의 지은 『젹 목슘』과 그 외에 『마음』, 『두 그림쟈』를 고쳐셔 흔두는ᄃᆡ 입장료(入場料)는 보통 일원 이라더라.

조선 21.02.20 (3) 〈광고〉
이월 십구일 전부차환
희극 악승부(惡勝負) 전일권
졍극 **구토에 서(仇討에 誓)** 전이권
사회극 **불사의한 도(不思議한 盜)** 전이권
활극 **비밀의 심(心)** 전삼권
연속탐정 대활극
제삼회 **공중마(空中魔)** 십오편 삼십일권 내
제오편 기괴흔 수지(手紙) 제육편 이상한 실험실
우미관 전화 이삼이육번

조선 21.02.21 (3), 21.02.22 (1), 21.02.25 (1), 21.02.26 (1) 〈광고〉
우미관 2월 20일자와 동일

동아 21.02.23 (3) 〈광고〉
매일 2월 18일자 단성사 광고와 동일

매일 21.02.23 (3) 불교선전극 / 불교를 선뎐ᄒᆞᄂᆞᆫ 연극을 흥힝ᄒᆞᆫ다

영셩문 안에 잇는 불교 진흥회『佛敎 振興會』에셔는 이번에 불교 선젼을 딕딕뎍으로 ᄒᆞ기 위ᄒᆞ야 히동 혁신단『海東 革新團』이라는 것을 죠직ᄒᆞ야 일긔월 군을 관텰동 우미관에서 불교 션뎐극을 ᄒᆞᆫ다는대 연극의 ᄂᆡ용은 불경의 진리를 극화『劇化』ᄒᆞ야 불가의 리상과 셕가의 교의를 션뎐홈이라더라

동아 21.02.24 (3) 〈광고〉

단성사 2월 23일자와 동일

매일 21.02.24 (1) 〈광고〉

이십오일부터 사진영화

미국 싸이다그라부 회사 걸작

세계적 대모험 대탐정 대활극

곡마단의 비밀 전십오편 삼십일권내 사권 상장

제삼편 증오의 암륜(暗輪) 제사편 계제(係蹄)

이태리 야마 회사작

활극 **악마의 성** (사권)

희극 **쎄트의 모험** (이권)

미국 가림 회사 걸작

연속활극 **여(女)로로** (이권)

경성부 수은동

단성사 전화 구오구번

동아 21.02.25 (3) 부인 관객의 감격 / 지환을 쌔여셔 학싱에게 긔부

본보에 임의 보도한 바와 갓치 고학싱「갈돕회」에서는 학비들이 군졸ᄒᆞ야 여러 사람의 원조로 연극을 흥힝하야 수입되는 돈을 학비에 보태여 쓸 목뎍으로 지나간 이십이일과 이십삼일군 잇틀동안을 흥힝하얏는대, 의외에 성대한 동정을 어덧스며 이십삼일 밤에 연극을 맛치고 관긱들이 도라갈 지음에

부인 관객 중에서 엇더한 졀믄 부인 하나가 자긔가 씨고잇든 반지를 앗김업시 쎄여서 문 압헤 섯든「갈돕회」학싱에게 주며, 자긔는 여러분의 고학싱을 위하야 도와드

리고 십흐나 금전은 업는 사람이오, 지금 끼고잇는 반지가 한 게 잇슬 뿐이나 반지로 말하면 사치품에 지내지 못하는 것인 즉, 이것을 긔부하야 동정을 드린다하고 도라 간 독자 부인이 잇섯다는대, 동회에서는 감사한 동정을 긔념하기 위하야 영원히 그 반지를 보관한다더라.

매일 21.02.25 (1), 21.02.26 (1), 21.02.27 (1), 21.02.28 (2), 21.03.01 (4), 21.03.02 (1) 〈광고〉

단성사 2월 24일자와 동일

매일 21.02.25 (3) [사면팔방]

▲ 자식을 여럿을 두면 익구눈이도 싱긴다고 이 세샹의 문화는 진보되는 동시에 혼 편으로 퇴보되는 것뿐만 안이라 사회의 풍긔를 물란케 ᄒᆞ는 일이 적지 안은 바이 혼 두 가지가 안이다. ▲ 그것을 슌셔력으로 드러서 말홀 수도 안겟지만은 위션 급혼 것 으로 말ᄒᆞ면 요지음에 시로히 싱긴 쇼위 히동 혁신단이라 ᄒᆞ는 것이 잇는대 이십삼일 부터 우미관에서 연극을 흥힝ᄒᆞ게 되얏다 ▲ 그 히동 혁신단의 취지를 드러보면 됴 션 불교를 연극으로 션뎐코자 일천여원의 경비로 시작된 것이라고 그 단쟝되는 쟈는 말ᄒᆞ는딕 아모리 부픠ᄒᆞ얏던 됴션 불교가 과도 시긔를 당ᄒᆞ얏다고 ᄒᆞ여도 연극으로 불교를 션뎐혼다 홈은 취지부터 틀닌 것. ▲ 그런대 취지는 쏘 엇지되얏던지 추후에 다시 말ᄒᆞ겟거니와 연극을 흥힝ᄒᆞ더라도에 뎍당혼 것으로 가히 젼세계 인류로 ᄒᆞ여 금 불교의 진의에 감하케 홀만혼 능이 잇스면 모르겟거니와 ▲ 그 연극을 죵도ᄭ지 보지도 안이ᄒᆞ고 벌셔 염즁이 싱기여 극장은 현화ᄒᆞ기 호량이 업스며 대자대비의 불 교 진의를 션뎐혼다ᄒᆞ면서 죄인을 잡어다가 무참ᄒᆞ게 치죄ᄒᆞ는 광경을 보건대 아조 진의와 모슌되는 것이 안인가. ▲ 관긱들은 흡흠만ᄒᆞ고 어셔 들러가라는 쇼리 뿐이니 장차 혼달 동안을 엇지홀 모양인지……

매일 21.02.25 (3) 〈광고〉

불교 선전ᄒᆞ는 해동 혁신단
우리네가 항시에 말로 죽으면 극락 세계에 가노니 디옥으로 가느냐 ᄒᆞ나 극낙세계 지옥이 엇더혼 곳인 줄은 알지 못ᄒᆞ는 바 *즈에 감동홈이 유ᄒᆞ야 명부에 가셔 심판 ᄒᆞ는 것을 가셔 보는 것과 갓치 대뎍적 활극으로 자미가 다락다락ᄒᆞ게 실연ᄒᆞ겟소오

니 문히 왕리후심을 망홈니다

권선징악

예일 진광대왕 제이 쵸강대왕 졔삼 송졔대왕 졔ᄉ 오관대왕 졔오 염라대왕 졔륙 셥

졍대왕 졔칠 틱산대왕 졔팔 평등대왕 졔구 도시대왕 졔십 뎐륜대왕

명부십부대왕 나렬 심판

우두나찰 일직사쟈

마두나찰 원직사자

사자 직부사쟈

귀왕 악귀

판관 샤션상 죄인 심판

록사 자미졔군 지장보살 귀졸

판관나렬 졔인동

협문 귀왕

졍문 사쟈

장소 우미관 {작일(昨日)부터 매야 개연}

동아 21.02.26 (3) 격감한 조흥세(助興稅) / 폐업한 기생이 이빅여 명 / 조흥셰도 엄청나게 줄어

작년 삼월 이러로 졔계의 공황으로 말매암어 모든 사업의 방면이 자드시 앗침 져녁 싱활에도 업을 일코 곤난하게 지내는 사람이 얼마나 만흔 것은 다 아는 바이어니와 그 중에도 화류계(花柳界) 갓흔 금젼을 랑비하는 사회에 대하야서는 세계의 공황이 다른 방면 보다도 일층 더 그 영향을 속히 밧는 것이오. ᄯ 이에 ᄯᆞ라서 그 압박도 더 욱 심한 것인대, 경성 시내의 화류계로 말하면 작년 이러로 재계의 영향을 입어 오빅 명에 갓가운 조선 기싱은 몃칠을 기대려 수가 조와야 겨우 한 두 번식 료리집을 츌 입하고 그 중에도 일홈이 나지 못한 기싱들은 공연히 헛되인 단장만 하고 침침한 방 속에서 공연히 턱업는 기대림에 세월을 허비하고 오직 하나의 자본인 노러도 사는 사람 업슴으로 이에 ᄯᆞ라서 수입을 하지 못하는 ᄭᆞ닭에 그리지 아니하야도 싱활의 랑비가 만히 잇는 기싱들의 살림사리는 점점

엇지할 수 업는 곤경에 이르러 의복은 전당집으로 한 가지식 두 가지식 옴겨가고 나 종에는 다시 전당국에도 보닐 것이 업시되야 허영의 꿈을 ᄭᅮ든 기싱 영업은 폐지하

고 다른 방면으로 싱활할 방도를 차져가는 기성도 적지 아니하야, 요사이는 경성에 잇는 기성의 수효가 반이나 넘어 쥬러 이빅 열여섯명에 지나지 아니하나 남어잇는 기성들도 일월경짜지는 한숨만 수이고 안졋더니 구력 정초에야 웃 노는 손님들에게 불니여 보름동안은 그럭저럭 여간 수입이 잇섯스나 구력 명월도 선 보름이 지내간 요사이는 역시 세월이 업다는대, 이에 짜라서

경성부에서 바다드리는 조흥세금도 작년 칠월에 시작하야 바다드릴 쌔보다는 점점 감하야 오는 현상이라 하며 경성부에서 작년 칠월 이러로 금년 일월짜지 일곱달 동안에 바더드린 세금의 총익이 이만 일천백구십삼원 십륙전인대, 그 중에 조선 기성의 시간 수효가 오만 삼천륙십이시간이요, 일본 기성의 시간 수가 일빅륙십만 사천 칠빅구십이시근요, 중국 기성의 시근 수효가 일만 구백팔십일시간이라더라.

동아 21.02.26 (4) 〈광고〉

이십사일부터 사진영사

미국 짜이다그라부 회사 걸작

세계적 대모험 대탐정 대활극

곡마단의 비밀 전십오편 십일권 내 제사권 상장

제삼편 증오의 암륜(暗輪) 제사편 계제(係蹄)

이태리 야마 회사 작

활극 **악마의 성(城)** (사권)

희극 **쎄트의 모험** (일권)

미국 가림 회사 걸작

연속활극 **여(女) 로로** (이권)

실사 **서서(瑞西)[7] 베룬시(市) 전경(全景)**

경성 수은동 단성사

전화 구오구번

---

7) 스위스

매일 21.02.26 (3) 예기 박멸 운동 / 교풍회와 쳐녀회에서

기성 박멸 운동을 다년 계속 ᄒ야오던 교풍회『矯風會』에서는 이번에 예긔를 공연영업『公演營業』으로 둘 써는 짜라셔 사챵『私娼』도 업시ᄒ기 어려울 뿐만 안이라 일본의 명예를 손상케 ᄒ는 일이 만타는 리유로 예긔 털폐의 큰 운동이 긔시되야 일본 전국의 빅만의 쳐녀회『處女會』와 홈의 전국이 일졔히 당국에 대항홀 터인대

그 문뎨를 이르켜닉인『예긔라는 것은 무엇이냐?』ᄒ는 젹은 최자의 닉용을 곳쳐셔 귀즁량 의원을 위시ᄒ야 디방관에게 비부ᄒ고져『무레스톤』양교풍회 회장이 쥬장ᄒ야 이 준비에 분망ᄒ며 젹판류지『赤阪溜地』의 교풍회 본부에셔는 말ᄒ되 예긔가 지죠를 파는 사롬이 안이라 현지의 상퇴로는 일본의 수사를 젼멸되게 홈은 예상의 밧인대 다년 쥬장ᄒ던 즁의도 예긔를

젼폐ᄒ지 안이ᄒ면 도뎌히 셩공치 못홀 뿐만 안이라 혹은 예긔라는 것은 무엇인지를 아지 * ᄒ다. 셔양사람이 일본에 왓슬 써에 일본의 유명ᄒ 것 즁 ᄒ아이라고 기성집에 가기 시작ᄒ야 놀닉일 뿐 안이라 일본을 됴치 안케 비평ᄒ난 일이 젹지 안이혼 ᄭ 닥에 전국 빅여만의 쳐녀회와 홉 * 아 일졔히 이러혼 쥬챵을 혼 것이라 마포영화녀학『麻浦英和女學』의『푸레스톤』녀사가

쥬장ᄒ야『긔싱이 무엇이냐?』는 젹은 최자를 영화[8] 량문으로 급히 인쇄 즁인 즉 되는 대로 귀즁량 의원을 위시 디방 관직자에게 넓 * 비부ᄒ리라더라

매일 21.02.26 (3) 경셩도내의 예챵긔 / 일반으로 증가히

예긔 챵긔 쟉부의 싱활의 어두운 리면에는 눈물을 흘릴만혼 사실이 불쇼ᄒ다. 경긔도 경찰부에셔 됴사혼 바에 의ᄒ건대 경긔도 닉에만 이러혼 싱활을 ᄒ고 잇는 여자가 만삼쳔을 활신 넘게 되여 대정 구년 현지로 경셩에는 일본인 예긔가 삼빅십명 됴션인 예긔가 사빅칠십명이요, 챵긔가 일본인에 오빅칠십이오 됴션인이 샤빅륙십구이며, 쟉부도 역시 이와 근사혼 슈효를 보이며 디방에는 인쳔이 뎨일 위에 잇는 바, 일본인 예긔가 오십오. 됴션인 십칠, 챵긔는 일본인 구십이. 됴션인 일빅사명이나 되며, 믜년 다쇼식 증가ᄒ는 모양이며 그 다음에는 기성인바 일본인 예긔가 칠십이오 됴션인이 십일, 일본인 쟉부가 십팔명이며 그 외에 영등포 안셩 슈원 리쳔 진위 련

---

8) 영어와 일본어

천 각디에는 일본인 예기가 십이명식 산지ᄒ야잇고 작부는 기타 평양 강화 가평 등의 소부락에도 잇스며 됴선인 창기 작부는 업는데 업시 분포되여 잇서 엇더ᄒ 곳을 물론ᄒ고 일반으로 증가ᄒ는 경향이 잇는 바 쟝소에 의ᄒ아 다쇼 셩쇠가 잇다더라.

동아 21.02.27 (4), 21.02.28 (3), 21.03.01 (3), 21.03.02 (3) 〈광고〉
단성사 2월 26일자와 동일

동아 21.03.02 (2) 활동사진 회사 발기
관＊태랑(關＊太郎)씨 등 수인의 발기로 자본금 오십만원의 조선활동사진주식회사를 발기하야 주식 인수 중인 바, 내월 상순 경에 창립되리라더라.

동아 21.03.03 (1) 〈광고〉
삼월 삼일브터 사진 차환
아메리카양(孃) 상하 이권
희극 **집안이 가득**
미국 버짜이다구라부 회사 작
제삼회 **곡마단의 비밀**
오권 사(死)의 격류 육권 염(焰)의 운명
우라루드 회사 작
흑륜단(黑輪團) 오권
실사 **인도의 제례**
경성 수은동
단성사 전화 구오구번

매일 21.03.03 (4) 〈광고〉
삼월 삼일부터 사진영화
미국 짜이다그라부 회사 걸작
세계적 대모험 대탐정 대활극
곡마단의 비밀 전십오편 삼십일권내!
제오편 사(死)의 조류 제육편 염(焰)의 운명 사권 상장

미국 우와르트 회사 걸작
대탐정대활극 **흑륜단(黑輪團)** (오권)
미국 가럼 회사 대걸작
대활극 **아미리가양(阿美利加[9]孃)** (이권)
희극 **집안이 가득** (일권)
실사 **인도의 제례** (일권)
경성부 수은동
단성사 전화 구오구번

동아 21.03.04 (4), 21.03.04 (4), 21.03.05 (3), 21.03.06 (3), 21.03.07 (3), 21.03.08 (1), 21.03.09 (1) 〈광고〉

단성사 3월 3일자와 동일

매일 21.03.04 (4), 21.03.05 (4), 21.03.06 (4), 21.03.07 (2), 21.03.08 (3), 21.03.09 (4) 〈광고〉

단성사 3월 3일자와 동일

조선 21.03.05 (2) 조선 활동사진관

경성 ＊＊태랑(＊＊太郎), ＊기반조(＊崎半助), 남＊병위(南＊兵衛), 좌야＊무(佐野＊茂), 일색선태랑(一色善太郎), 송본민조(松本民助), 성청죽송(成淸竹松), 암본선문구(岩本善文舊)씨의 발기로 금회 조선활동사진주식회사를 설립코져 목하 계획이 진행중인데 자본금은 오십만원의 사분지일 불입으로 영락정(永樂町) 상품진열관 전(前) 공지에 건치(建置)ᄒᆞ고 일반 활동사진 흥행을 ᄒᆞᆷ과 공(共)히 ＊ 부대사업ᄭᆞ지도 행ᄒᆞᆯ 터인데 상설관은 오백평 오만원의 공비(工費)로써 난방장치와 통풍설비를 완전히 ᄒᆞ고 지하에는 간이 식당을 설(設)＊아 간이ᄒᆞᆫ 연회ᄭᆞ지도 개최ᄒᆞ기 가득(可得)ᄒᆞᆯ 설비로 ᄒᆞ고 식당의 여흥으로 활동사진의 관람을 허ᄒᆞᆯ 계획이오. 조선 사정을 전키 위ᄒᆞ야 조선의 풍속 경색(景色)과 기타를 촬영ᄒᆞ야 광＊(廣＊) 각지에 소개ᄒᆞᆯ 예정이고

---

9) 아메리카

＊히 당국의 허가를 득(得)ᄒ얏슴으로 거(去) 이월 이십칠일 발기인회를 개(開)ᄒ고 주식을 모집중인 즉 ＊ᄒ더러도 사월 상순에는 창립되리라더라.

조선 21.03.07 (3) 고금동서 미증유(未曾有)한 오억만원의 대박람회 / 미국은 건국ᄒ 지 일빅오십년 긔념을 ᄒ긔 위ᄒ야 셰계뎍 박람회를

오는 일천구빅이십륙년 즉 뎡십오년은 미국 국죠 『國祖』 『와싱튼』씨의 건국 긔념일 빅오십년에 상당ᄒᆷ으로 미국사람들은 이번 긔회를 타셔 젼세게를 놀내일 만ᄒ 큰 규모로써 여러가지로 립안 즁이더니 비로쇼 비부 『費府』에다가 고금에 미증유ᄒ 딘 박람회 『大博覽會』를 긔최ᄒ기로 결뎡ᄒ고 이 사업에 디ᄒ야 큰 경험이 잇는 슈십명의 유력자가 준비위원이 되어가지고 이졔로부터 오기년 동안을 두고 셜비를 할 터이라는디 그 예산 총익은 젹어도 오억만원 『五億萬圓』 이상에 달홀만ᄒ 긔념 사업을 할 터인 바 공사비는 약 오쳔만원의 원형극장 『圓型劇場』을 건셜ᄒ고 특별히 영구한 건축물로 동 박람회를 건죠할 터인 바 이번 계획으로 말ᄒ면 이와 갓흔 세계뎍 딘 박람회임으로 구쥬딘견란 당시 곳 일쳔구빅십오년의 상항딘박람회 『桑港大博覽會』의 경비와 규모를 타파하야 텬디기벽 이후의 쳐음가는 신긔록이 될 만ᄒ 큰 박람회가 출현할 것이라더라.

조선 21.03.07 (4) 〈광고〉

삼월 오일 사진전부 차환

미국 유사 네쓰다 – 영화

희극 소사지거(小舍芝居) 전일권

미국 유사 네쓰다 – 영화

골계 돈다 증물(贈物) 전일권

미국 유사 지유에루 영화

인정극 지시논 지(指示논 指) 전오권

미국 오리우아 회사 연속탐정대활극

제오회 공중마(空中魔) 삼십일권 내의 사권

제구편 지하실 제십편 맹화(猛火)

예고

차주부터 당관에 현(現)홀 미국 유사 대활극 연속 사진은 하(何)?

우미관 전화 이삼이육번

매일 21.03.08 (2) 조선 활동 진보(進步)

경성 영락정(永樂町) 상품 진열관 전(前)에 상설관을 건설ᄒ고 활동사진 급(及) 차(此)에 부대ᄒᄂ 영업을 행홀 조선활동사진 주식회사ᄂ 기보(己報)와 여(如)히 창립사무가 진보ᄒ야 발기인의 부담주(負擔株)를 정혼 후 찬성주의 할당에도 착수ᄒ얏ᄂ디 하여간 자본금 오십만원으로 총 주수(株數) 일만주에 불과홈으로 주주를 광(廣)히 일반 시민에 모집ᄒ고 발기인의 독점의 폐를 피키 위ᄒ야 발기인의 특주(特株)ᄂ 백오십 주식 사천주로 정ᄒ얏ᄂ대 발기인 중에 다수히 주를 요구ᄒᄂ 자가 유(有)ᄒ야 점차 주식 분배상 부심중(腐心中)인바 여하간 유화(有和)혼 활동사진 흥업의 영리 회사임으로 찬성인이 속출ᄒ야 기(旣)히 이배반(二倍半)의 신립(申立) 성적을 거ᄒ얏스며 일양일(一兩日) 중에 찬성주의 할당을 료(了)ᄒ고 일천주를 할(割)ᄒ야 일반에 모(募)ᄒ기로 홀터이며 창립 사무소를 영락정 경매조합에 치(置)ᄒ야 창립사무를 급속히 하ᄂ 중이라더라.

조선 21.03.09 (4), 21.03.10 (4), 21.03.11 (4) 〈광고〉

우미관 3월 7일자와 동일

동아 21.03.10 (1) 〈광고〉

삼월 십일브터 사진 차환
미국 버짜이다구라부 회사 작
연속대활극 제사회 **곡마단의 비밀** 제칠팔편 사권
인정극 **산당(山堂)의 비밀** 전오권
실사 **사당(沙糖)**[10]**의 제작** 전일권
희극 **내주장(內主張)**
경성 수은동
단성사 전화 구오구번

---

10) 설탕

조선 21.03.10 (2) 활동사진 주(株) 호황

조선활동사진주식회사 기후(其後) 상황을 문(聞)ㅎ건데 작(昨) 팔일까지 신청ㅎ 찬성주는 오천사백주에 대ㅎ야 기(其) 삼배에 달ㅎ으로 *당(*當)에 자못 고심ㅎ는 모양이 잇고 우(又) 공모 일천주는 현물 *에셔 전부 인수하고 교섭이 *홈으써 혹은 전부를 동단(同團)에 수(手)의 위임ㅎ고 『푸레마암』[11]부 매출을 행홀가 ㅎ는 *론(*論)이 잇셔 목하 협의중으라더라.

동아 21.03.11 (3), 21.03.12 (3) 〈광고〉

단성사 3월 10일자와 동일

매일 21.03.11 (2) 활동사진 영사

조선 총독부 활동사진반은 동경에셔 영사중인대 팔일은 화족 *관(華族 *舘)에셔 조선 사정 급(及) 간도지방의 영사를 행ㅎ는 바 화족 백삼십명의 관람자가 유(有)하얏스며 본부에셔는 정무총감 외 육명이 임장ㅎ얏다더라.

매일 21.03.11 (4) 〈광고〉

삼월 십일 (목요)
신사진 교환
제사회의 연속사진
진(眞) 제삼회의 에디스와 바―드가 철선(鐵線)가에셔 추락흔 해결과 탐정의 활약
미국 우왈드 영화
설국정화(雪國情話) **산장의 비밀** (전오권)
태서희극 **수션스런 케트** 전권
미국 쌔이다크라부 특제 영화
제사회 연속 모험 대활극
곡마단의 비밀
제칠편 상속흔 계제(係蹄)의 계략 제팔편 식인종
경성부 수은동 단성사

---

11) 프리미엄

동아 21.03.12 (1) 〈광고〉

당 삼월 십이일부터 전부 차환

미국 쌔이다구라부 회사 대걸작

제이회 모험 탐정 대대활극

철완의 향(鐵腕의 響) 십오편 삼십권 내 육권

사편 공포의 험애 오편 산도의 춘사(山道의 椿事) 육편 악령의 주(呪)

미국 유니바쌀 회사

실사 **쓰구링 마가징 칠십호** 전일권

미국 유사 스다 영화

희극 **황의 물(慌의 物)** 전일권

미국 유사 청조(靑鳥) 고급 영화

메히마구라런양 출연

인정비극 **박명의 녀(薄命의 女)** 전육권

인천부 외리(外里)

유사 특약 활동사진상설 애관(愛舘)

매일 21.03.12 (3), 매일 21.03.13 (4), 21.03.14 (4), 21.03.15 (1), 21.03.16 (4), 21.03.17 (4) 〈광고〉

단성사 3월 11일자와 동일

매일 21.03.12 (4) [지방통신] 부산 신연극단 / 십사일 부산좌에셔 흥행

초량 청년회에셔 발기혼 동서 음악회는 구일 오후 칠시브터 창립총회를 조직ᄒ얏눈
딕 회장 김규(金珪), 역원(役員) 이근용(李瑾鎔) 윤찬이(尹贊伊) 최석봉(崔錫鳳)씨 등
은 신파 연극단을 갱설(更設)키 위ᄒ야 경찰서에 허가신청을 위(爲)ᄒ얏스며 본월 십
사일 신파＊은 부산좌에셔 연극을 개최혼다더라. 『부산』

조선 21.03.12 (1) 〈광고〉

동아 3월 12일자 애관 광고와 동일[12]

---

12) 다만 〈철완의 향〉 제작사가 동아일보에서는 쌔이다구라부로 조선일보에서는 쎄ㅡ데 지사로 되어 있다.

조선 21.03.12 (2) 활동사진반 공람(供覽)

조선총독부 활동사진반은 목하 내경(來京)에서 영사중인 바 팔일에는 화족(華族)회관에서 조선사정 급(及) 간도 *방* 영사가 유(有)ᄒ미 화족 백삼십명의 관람자가 잇섯고 본부측으로는 수야(水野) 정무총감 외 육명이 임장(臨場)ᄒ얏더라.

조선 21.03.12 (3) 부령군 청년 연극 호황

부령군 하무산면 고무산동(富寧郡 下茂山面 古茂山河[13]) 청년 일동은 일반 모범뎍신 연극을 흥힝ᄒ얏다ᄂ디 관람자가 무려 사오빅명에 달ᄒ야 성황을 이루엇다더라. (부령)

조선 21.03.12 (4) 〈광고〉

삼월 십일일부터 사진전부 차환
미국 뉴니우아—사루 회사
실사 **마가진** 전일권
미국 유사 에루쏘—영화
희극 **신녀(新女)** 전일권
미국 유사 비구다—영화
희극 **천막여행** 전일권
미국 유니우ㅇ—사루 회사
예데 쏘로— 주연
대활극 **천공마(天空馬)** 전이권
미국 유니우ㅇ사루사
서부극 **신(身)을 연(挻)ᄒ야** 전이권
미국 오리우아— 회사
연속 탐정 대활극
제육회 **공중마** 삼십일권 내의 사권
제십일편 이상한 상(箱) 제십이편 에끼스 광선
우미관 전화 이삼이육번

---

13) '洞'의 오식

동아 21.03.13 (3) 〈광고〉

삼월 십일브터 사진 차환

미국 버싸이다구라부 회사 작

연속대활극 제사회 **곡마단의 비밀**

제칠편 상속한 계제(係蹄)의 계략 제팔편 식인종

노국정화(露國情話) **산장의 비밀** 전오권

실사영국 **사당(沙糖)의 제작의 실황** 전일권

희극 슈션스런 케틔

경성 수은동 단성사 전화 구오구번

동아 21.03.13 (4) [지방통신] 노동야학교 동정금

고학생과 기타 노동자를 교육하기 위하야 진주에 설립된 노동야학교는 교사(校舍)와 기타 경비 곤난이 막심한 바, 유지(有志) 청년의 발기로 소인(素人)연극을 흥행한 결과, 행(幸)히 유지 신사숙녀의 다대한 찬성이 유(有)하야 육백칠십이원의 동정금이 유하얏다더라. (진주)

동아 2.03.13 (4) [지방통신] 김도산 일행의 기부

원산에서 흥행중이던 김도산 일행은 원산 제이 공립보통학교 설립에 대하야 기부의 의미로 금 오원을 원산부에 제정(提呈)하얏다더라. (원산)

매일 21.03.13 (3) 경성악대 연주회 / 오권번 기싱 오십명의 응원으로 시작회

우리 됴션의 서양계에 큰 은인인 『에켈드』 씨의 뎨자로 리왕직에 잇셔셔 일홈이 히외에짜지 빗나셔 우리 됴션의 호낫 큰 자랑거리던 것이 히산이 되야 지금은 경성악대『京城樂隊』라고 일홈호야 가지고 종로 청년회에 호편 방을 빌어가지고 지니며 엇더호 회셕이던지 초빙홈에 응호야 유지히 나가는 즁, 항상 그에 딕호 경비로 곤는이 막심호 즁인 바 이번 오는 십사일부터 십륙일짜지 삼일근을 단성사에셔 대연쥬회를 홀 터인바 시너에 잇는 다섯 권번의 기싱 오십명이 자비로 나와셔 긔부 출연을 홀 터인바 실로 츼미잇는 연쥬회이겟더라.

매일 21.03.13 (3) 한남기생의 연주 / 십구일 단성사에서

오릭동안 기성 연쥬회가 업서서 일반이 보고 십흔 성각도 만턴 즁 한남권번『漢南券
番』에서는 그것을 알고 오는 십구일 토요부터 단성사를 빌녀가지고 대규모의 연주
회를 열차로 요사이 동 죠흡에서는 크게 련습을 ᄒᆞ는 즁이라더라.

조선 21.03.13 (1) 〈광고〉

우미관 3월 12일자와 동일

조선 21.03.13 (2) 활동사진 주(株) 공모

조선활동사진주식회사 주식은 십일일부터 금(今) 십삼일ᄭᆞ지 경성시장 중매점(仲買
店)에서 매출을 개시ᄒᆞ는데 매출 총주는 일천주이오 신청 ＊＊금은 일주에 대ᄒᆞ야
이원 오십전이며 평가 이상 고＊(高＊) 신입자(申込者)로서 모입(募入)ᄒᆞ다더라.

조선 21.03.13 (3) 만천하 동포여 동정하라 경성악대에 / 경성악ᄃᆡ의 젼신은 무엇이냐 / 한국시ᄃᆡ의 군악ᄃᆡ임을 알나 / 우리가 아니면 뉘라 동정하랴

만련하 조선 동포가 모다 ᄋ는 바와 갓치 경성악ᄃᆡ(京城樂隊)라는 단례의 젼신(前身)
은 전＊ 구한국(舊韓國) 시ᄃᆡ에 군악ᄃᆡ(軍樂隊)로 잇던 후신이라. 이제 그 경성 악ᄃᆡ의
연혁을 좀간 쇼기ᄒᆞ건ᄃᆡ 구한국 츙정공(忠正公) 민영환(閔泳煥)씨가 특구 공사로 구
미에도 거ᄒᆞ야 구쥬문명을 시찰ᄒᆞ고 귀국한 후에 군ᄃᆡ에는 반다시 군악ᄃᆡ가 업슬 수
업다 ᄒᆞ야 황뎨폐하의 칙지를 밧들어 가지고 광무(光武) 오년 삼월 각 영문으로브터
총준한 자 一百인을 션퇵ᄒᆞ야 시위련ᄃᆡ(侍衛聯隊) 룩군々악ᄃᆡ(陸軍々樂隊)를 편성하
고 보로셔(普魯西)[14) 사롬 『에ㄱ케르토』씨를 고빙ᄒᆞ야 빅우용(白禹鏞)군으로 통역관
을 임명ᄒᆞ야

군악을 교수ᄒᆞ니 이것이 비로쇼 조선에 처음으로 셔양악(西洋樂)이 수입된 것이라.
총준한 군ᄃᆡ 일백명의 악ᄃᆡ는 일취월장의 형셰로 진취되여 교수ᄒᆞ는 『에케르트』씨도
조션인의 긔특ᄒᆞᆫ 지조에 탄복을 ᄒᆞᆫ 것이엿다. 그러나 륭희원년(隆熙元年) 팔월에 일
으러 조션의 군ᄃᆡ를 히산식힘에 ᄯᅡ러셔 군악ᄃᆡ도 히산이 되는 비운에 ᄲᅡ지인 바 일백
명 즁에 오십인만 초집ᄒᆞ야 음악ᄃᆡ(音樂隊)라 일커러 궁ᄂᆡ부 장례원(宮內部 掌禮院)

---

14) 프로이센

부속이 되어 지니다가 명치 사십사년 봄에는 오십인을 사십인으로 쏘 감쇼하야 명칭을 양악디(洋樂隊)라 하야 리왕직 장시사(掌侍司)에 부속이 되어 지니엿스며 디졍 삼년에 외국인 교사를 히임 식히고 빅우용군이 젼임으로 교수ᄒ며 지니더니 그것도 쏘 한 비운을 맛나느라고 디졍 팔년 구월에 리왕직 경비상 관계로써 젼부를 히산ᄒ야 오러ᄉ 동안 젹공ᄒ든 군악디의 후신을 ᄋ조

죠션 텬디에 업스라고 ᄒᄂᆫ 것이 되고 말엇다. 그리ᄒ야 빅군은 크게 분발ᄒ야가지고 편일디 * 이십여명을 쇼집ᄒ고 경성악디라고 명칭ᄒ야가지고 종로중앙청년회관에다 사무쇼를 두고 오날ᄭᄭ지 양악을 보젼ᄒ야 오는 터이라. 그러나 그 악디ᄂᆫ 원톄 젹수공권으로 홀 수 업ᄂᆫ 경우 * 셔 이십명 단원 * 용젼분투로써 아직ᄭ지 명믹을 보젼ᄒ야 가지만은 엇지

장구ᄒᆫ 세월을 이러케 곤란ᄒᆫ 즁에셔 지나갈 수 잇스리요. ᄋ못조록 우리 사회에 디ᄒ야 다디ᄒᆫ 동정을 어드랴고 각금ᄼᄼ 연주회도 기최ᄒ야 젹지 안은 사회 동정도 잇섯도. 그러나 이것도 역시 동족 방요에 불과ᄒ엿슴으로 이번에ᄂᆫ 경성 악디의 운명을 위ᄒ야 본사ᄂᆫ 동 단톄를 후원ᄒ야 오는 십사일 져녁부터 슈은동

단성사에셔 삼일동안의 양악 연쥬디회를 기최홀 터인디 이번에 경성 니에 잇는 다셧 권번(五券番)으로부터 경성악디를 위ᄒ야 각 권번의 데일류 가는 기성들이 총출ᄒ야 각ᄼ ᄋ럿다온 가무를 졍제ᄒ야 공젼절후ᄒᆫ 연쥬회가 기최될 터인 즉 만 * 인사는 특별히 경성 악디의 운명을 위ᄒ야 쓰거온 동정을 앗기지 말기를 바라는 바 입장료와 독자에 디ᄒᆫ 우디ᄂᆫ 러일 곳 발표홀 것이라. 그런데 특별히 이번 경성악디 연쥬회를 위ᄒ야 단성사(團成社) 쥬인 박승필(朴承弼)군은 막디한 수입을 불고ᄒ고 삼일간을 단성사를 니여 노앗슴을 군의 셩의를 위ᄒ야 찬 * 홈을 앗기지 안는 바라.

조선 21.03.13 (4), 21.03.15 (4), 21.03.18 (4) 〈광고〉

애관 3월 12일자와 동일

동아 21.03.14 (3), 21.03.15 (1), 21.03.16 (1), 21.03.17 (1) 〈광고〉

단성사 3월 13일자와 동일

조선 21.03.14 (2) 도사진선전반 신설

경기도청에서는 지방과에 선전반을 치(置)ᄒ고 십년도부터 시졍 주지(周知)와 일본

정황 소개 등을 행홀 계획으로 기(旣)히 고원(雇員) 일명을 용입(傭入)호고 도리원(道吏員) 소암무(小岩茂)씨를 사진기수로 임명호야 소산(小山)기수는 선월(先月) 말 동도(東渡)호야 목하 활동사진기 일*를 구입코져 체재중인데 금월 말경에 구입, 귀도(歸道)호면 경(更)히 동반(同班)에 촉탁리원(吏員)을 치(置)호고 *년도부터 활동에 착수 호기 가득(可得)호도록 준비중이라더라.

조선 21.03.14 (2) 〈광고〉

흥행광고

본 악대에서 금반 조선일보사 후원하에서 삼일간 대흥행을 시내 수은동 단성사에 개(開)호옵는 바 경성 내 오권번 기생 칠십여명이 총출호와 각종 품재(品才)와 서남(西南)가곡으로 대대적 주연(奏演)하오니 내외국 애연첨위(愛演僉位)는 특별 입장하시와 일차 관람하심을 천만무망(千萬務望)하옵내다

시내 인사동

경성음악 일동 고백(告白)

후원 조선일보사

특등 이원 일등 일원 이등 칠십전 삼등 오십전

군인 소아 학생 각등 반액

본사 할인권 지참자는 각등에 이십전 감하되 단 삼등은 십전

조선 21.03.14 (3) 본사 후원의 경성악대의 연주대회는 금일 / 다섯권번 기싱이 총출호야 삼일동안 쳥가묘무를 알션 / 금일부터 삼일간 단성사에셔

작보에도 임의 보도호얏거니와 사히 동포가 모다 ㅇ시는 바와 갓치 삼십만 인구가 살아잇는 큰 경성에 오직 하나 잇는 경성악디(京城樂隊)는 그 명믹을 능히 보존할 수 업는 비운에 쌔지여 이십명 디원(隊員)들은 피눈물을 쑤리면셔 엇더케호든지 * * 것을 보존호리라— 업든 것을 새로히 건설은 못할지라도 잇는 것으로 업새바리는 디경은 업도록 호리라는 결심으로 용전분투 호엿다. 그러나 우리 사회는 넘어도 무심호얏스며 넘어도 릭ㅇ정호야 경성악디라는 것은 닉것이 안이라 눕의 것으로 알엇스며 쏘는 경성악디라는 것이 디톄 엇더한 것인지 잇스면 잇나보다 업스면 업나보다 호야 넘어도 우리는 야속호게 호얏다. 그러나 우리는 다시 분긔호야 불가불 쓰러져 가는 경성악디를 다시 일으켜 쥬어야겟스며 쯧까지 닉것으로

사랑ㅎ여야 ㅎ겟다. 우리눈 다시 한번 젼일 시뎌를 회고ㅎ야 보올시다. 우리도 우리의 톄명을 보죤ㅎ고 지니든 그 시졀에는 지금에 경셩악뎌눈 황은을 *터이 입어 찬란ㅎ 복장*로써 항*을 지어 장츙단『奬忠壇』이 *ㅎ가 류랑ㅎ 옹락으로 슌졀* 츙혼을 위로도 ㅎ엿스며 어젼에도 나ㅇ가 셩수만셰국가도 알위엿스며 어느 찌든지 국가의 간셩인 병사들을 위ㅎ야 기션가로 알위*뎌를 기다려도 보앗도다. 그러나 시뎌눈 변ㅎ눈 것이라. 이와 갓흔 군악뎌눈 여러가지 어려운 력사를 가지고 변ㅎ고 쏘 변ㅎ고 여러번 변ㅎ야 오날의 경우를 가지고 근々히 톄면의 존지를

보죤코자 함이로다. 그리ㅎ야 여러번 울어도 보왓스며 여러번 우리 사회를 향ㅎ야 하쇼연도 ㅎ엿다. 그 긋헤 *번 여러 유지의 알션으로 동악뎌를 위ㅎ야 연주회『演奏會』를 열게 된 바 이 쇼식을 접한 경셩 닉에 잇눈 오권반『五券番』으로부터 밍연히 일어나면서 우리도 경셩악뎌를 위ㅎ야 한번 분발지 안을 수 업다 ㅎ야 다섯 권반으로부터 가무에 일류가눈 기싱들이 찬란ㅎ 셩장으로 총츌ㅎ야 사흘 동안의 수고를 앗기지 안키로 되어 임의 작명한 바와 갓치 오날 젼역 일곱시브터 시내 슈은동 단셩사(團成社)에셔 연쥬뎌회*** 각 권반 특색뎌로 가무를 올션ㅎ며 일반 사회의

쓰거운 동졍 을 구ㅎ게 되엿눈뎌 우리 본사눈 이번 경셩악뎌 연쥬뎌회의 셩공을 위ㅎ야 만분의 이이라도 후원을 ㅎ기로 되야 만도 형뎨자미에게 크게 동졍을 어더 경셩악뎌의 운명을 보젼코자 ㅎ눈 비이며 싸러셔 본보 독자 졔씨를 위ㅎ야 본지 샹이 독자 할인권(讀者 割引券)을 발힝ㅎ야 그 활인권을 지참ㅎ신 관람긱에 더ㅎ야눈 각 등에 이십젼(二十錢)식의 활인이 잇게 되얏사오니 사히 동포눈 단슌히 구경으로만 ㅇ시지 말으시고 오직 쓰러져 가눈 경셩악뎌를 우리의 힘으로써 다시 일으켜 쥬쟈눈 쓰거운 동졍심으로써 다수히 티림ㅎ야 쥬심을 희망ㅎ눈 바

한가지 부탁할 것은 시간이 느지면 만원이 되어 허황이 되지 안토록 ㅎ심을 바라눈 바이라.

조선 21.03.14 (3) 연명단(演明團)의 미거(美擧) / 입장료 일부분 평강 쳥년회에 긔부ㅎ여

신파연극에 유명한 연명단 일힝은 지나군 삼일 평강군에 리도ㅎ야 일쥬군을 흥힝흔 바 동일힝은 평강 쳥년회를 위ㅎ야 하로밤 수입흔 것은 쳥년회 경비로 긔부ㅎ얏슴으로 동 쳥년회에셔눈 그 감사ㅎ 쓰ㅅ을 찬셩ㅎ얏스며 흥힝ㅎ눈 즁에눈 미야 입장자가 만원되야 비상히 조흔 셩젹을 엇덧눈뎌 연명단 일힝을 위ㅎ야 쳥년회로부터 셩뎌흔

위로회를 기최ㅎ얏다더라. (평강)

조선 21.03.14 (4), 21.03.16 (4), 21.03.17 (3), 21.03.24 (1), 21.03.25 (4), 21.03.26 (4), 21.03.27 (4) 〈광고〉
우미관 3월 12일자와 동일

매일 21.03.16 (2) 조활(朝活) 창립 총회
조선 활동사진 회사는 래(來) 십구일부터 이십삼일ㅅ지에 제일회 불입을 료(了)ㅎ고 래 사월 칠일 창립 총회를 개최홀 터인대 창립 총회 종료와 공(共)히 직(直)히 상설관 건축에 착수ㅎ다더라.

조선 21.03.16 (4) 〈광고〉
경성악대 연주회 3월 14일자와 동일

매일 21.03.17 (3) 활동상설관의 합동과 조선인 전문 상설관 신설 / 이번에 창립 되는 활동사진 회사에 황금관은 극장 겸용으로 기축홀 터 / 됴션인 상설관은 엇지될가
경성니 유지자들이 단합ㅎ야 창립된 됴션 활동사진 쥬식회사에서는 지나근 십사일 로써 팔이니이는 주『賣出株』의 마감을 맛치고 불원근 창립총회를 열게 되얏는대 그 발긔인 근부는 발서 이 회샤 설립훈 뒤에는 엇더케 ㅎ여야 지금 잇는 상설관과 딕항 ㅎ여갈가 ㅎ는 경영상 문데로 자조 머리를 모도아 온갓 협의를 련속ㅎ는 모양인대 슈일 전에 부니
황금관 주인과 손을 잡아 이로부터 황금관 경영은 전혀 이 회사에 의탁ㅎ기로 결명 ㅎ고 연ㅎ야 부니 딕정관과 인천에 잇는 표관『瓢箍』쥬인 신뎡경시『新田耕市』씨는 이러한 일을 눈치 빠르게 알고 즉시 이 회샤에 교섭을 시작ㅎ야 두 편이 셔로 양보뎍 으로 이 회사 셩립된 뒤에 곳 구톄뎍의 됴건을 결뎡ㅎ야 대정관과 표관을 이 회사에 양도ㅎ게 ㅎ고 지나근 십스일 셔류를 작셩ㅎ야 보니엿는듸, 종리로
대정관이 일활『日活』회샤에 대ㅎ든 관계는 젼부 이 회샤에셔 인계ㅎ야 부산과 대 구와 원산 등 긔타 여러 지방에 일활회샤의 련락ㅎ든 상셜관을 챠지ㅎ야 널니 사진 을 공급ㅎ는 동시에 황금관의 건물을 긔조ㅎ야 극장 겸용으로 ㅎ게ㅎ고 됴션인 편에

상설을 신설ᄒ게 된 바 이에 대ᄒ야 다소 념려되ᄂᆫ 것은 방금 고립ᄒᆫ 위치에 셔잇ᄂᆫ 희락관은 일반이 모다 익히 아ᄂᆫ 바와 갓치 일활의 직접 경영ᄒᄂᆫ 것임으로 이 회샤에 리임의

일활이 디뎡관에 대ᄒᆫ 관계를 인계ᄒᆫ 이상에ᄂᆫ 가히 자미나 형뎨의 관으로 볼만ᄒᆫ 이상에 관계를 미쳣다고 홀ᄂᆫ지 모르겟스나 엇더튼지 경셩에셔ᄂᆫ 여러 상설관의 『트라스트』로 볼만ᄒᆫ 것이 완비된 고로 비경으로 일활의 큰손이 더욱더욱 됴션 활동샤진계에 천리마의 거름을 지촉ᄒ더라.

매일 21.03.17 (3) 활동사진 촬영회 / 경일[15] 쥬최로 됴션 사졍을 소기

오ᄂᆫ 십구일에ᄂᆫ 동경 대수뎡『＊手町』사립 위싱회관에셔 경셩보＊ 동경 지국의 쥬최로 요사이 ＊경에 출장ᄒᆫ 됴션 총독부 사진 상영회를 열고 됴션 사졍과 근도 ＊＊의 소기를 힝ᄒ올터이라더라.『＊＊특뎐』

조선 21.03.17 (3) 중앙전도단 연예회 / 세께뎍 구일근씨도 이번 처음으로 참가ᄒ회

금츈에 젼션을 순힝ᄒ올 즁앙젼도단에셔ᄂᆫ 즁앙쳥년회관에셔 연이단예회를 기최ᄒ올 터인디 특별히 ＊도 단니에 조직된 양악디 일동의 자미ᄂᆫ 순셔도 만을 터이며 그 외에 조션 유명ᄒᆫ 악사들의 음악도 만으며 겸ᄒ야 우리 조션에 처음되ᄂᆫ 구일근씨로 말ᄒ면 수년 젼에 일본과 미국에 건너가 깁싱의 쇼리로 다수한 환영을 밧고 ᄯᅩ한 수년 젼에 십여죵의 수셩(獸聲)을 축음긔에 너흔 일도 잇다ᄂᆫ디 구일근씨ᄂᆫ 우리 조션에셔ᄂᆫ 처음으로 쳥년 ＊연단에셔 발표ᄒᆫ다ᄒ며 기외에 ＊브터 다디ᄒᆫ 찬셩을 조긔의 기릉을 맛든 쇼녀가극『열셰집』『일장츈몽』등 외 자미로운 순＊가 만을 모양인디 아마 슈입은 젼도사업에 쓸 모양인디 일반은 만이 동졍할 바이며 당 삼일근은 셩황을 일울 모양인디 십팔일 이십일은 오후 칠시브터 쳥년회관에셔 십구일은 오후 ＊시브터 광무디에셔 흥힝ᄒ다더라.

매일 21.03.18 (3) 〈광고〉

삼월 십칠일 (목요일)
신사진 교환 제공

---

15) 경성일보

금번 활약은 하여홀는지

미국 바이구라부 회사 일대 걸작 명화

제오회 연속대활극 **곡마단의 비밀**

구편 절망의 함(陷) 십편 선의 중(線의 中)

미국 루빙 회사 우수 영화

복수미담 **분격(憤激)** 전삼권

화형(花形) 후란셰리아비링돈 양 출연

미국 가렴 회사 특걸작

태서활극 **금화의 적(金貨의 跡)** 전이권

화형 마린사이스 양 출연

태서희극 **내직(內職)** 전일권

경성부 수은동

전화 구오구번 단성사

동아 21.03.19 (1) 〈광고〉

삼월 십칠일(목요일) 사진 전부 교환 제공

미국 루빙 회사 우수 영화

복수미담 **분격(憤激)** 전삼권

화형(花形) 후란쎄리아비링돈양 출연

태서희극 **내직(內職)** 전일권

미국 가렘 회사 특작 영화

태서활극 **금화의 적(金貨의 跡)** 전이권 (일명 아메리가랑(娘))

화형(花形) 마린사이스양 출연

미국 바이다구라부 회사 일대 걸작 영화

제오회 연속대활극 **곡마단의 비밀** 제구, 십편 사권 상장

제구편 절망의 함정 제십편 선의 중(線의 中)

아루바-도 스미스씨 사이라스부렛데이씨 합작

구라하무베-가씨 촬영 쏀-르하-스드씨 감독

안도니오 모레노씨 가로-로 호로우에양 공연

경성 수은동 단성사

전화 구오구번

동아 21.03.19 (3) 조선일보 후원의 독자 위안 연주 / 우미관에서 오일간

동업자 조선일보샤 대구 지국(朝鮮日報 大邱 支局)의 주최로 십칠일부터 오일간 시
내 우미관에서 남선 디방의 유명한 기성으로 하야금 연주회를 열게하고 경성 독자
와 고학싱 갈돕회를 위하야 대연주를 한다난대, 입장료 급은 일등 일원 오십전, 이
등 일원, 삼등 칠십전이라더라.

**매일 21.03.19 (4), 21.03.20 (4), 21.03.21 (3), 21.03.23 (4), 21.03.24 (3),
21.03.25 (4), 21.03.26 (3), 21.03.27 (4) 〈광고〉**

단성사 3월 18일자와 동일

조선 21.03.19 (2) 활동관 통일 계획

조선 활동사진 주식회사의 설립은 극구 * 황리에셔 창립사무를 진행ㅎ는데 확문(確
聞)한 바를 거(據)한 즉 동사(同社)는 경인간(京仁間)의 활동사진관 통일계획을 유(有)
ㅎ고 기(旣)히 황금관의 * 영(* 營)을 인수ㅎ 외에 신전경일(新田耕一)씨와 정관(正
館) 급(及) 인천의 표관까지도 합병ㅎ랴고 목하 양자간에 교섭중이라는데 구 *(具 *)
가 대략 합치홈과 여(如)ㅎ고 자(玆)에 동사(同社)는 장래 경인간 일선인(日鮮人) 측의
각 상설관 * 통일을 행 * 라는 계획은 착々 진보중이라더라.

**조선 21.03.19 (3) 남선(南鮮) 명기 연주 / 초일의 대성황 / 비가 옴을 불고ㅎ고 만
장 성황으로 과연 잘 ㅎ다 소릭 부절ㅎ며 뒤정권번의 기묘한 팔금무 = = 고학생
갈톱회를 위ㅎ야 = =**

본보 독자 졔위를 위안하며 일방으로는 경성에 잇는 고학싱 갈돕회를 위ㅎ야 만분의
일이라도 도와주겟다는 셩의로써 예명과 갓치 십칠일 밤부터 관텰동 우미관에서 긔
연한 바 당일은 공교히 텬긔가 침음ㅎ며 약간의 셰우가 쓴치지 안코 나리엿득. 그러
나 남션의 명물되는 유명한 명기 명창들이 멀니 경성까지 왓슴으로 경성의 인사는
모다 우미관으로 인긔가 긴장되여 긔연 * 주를 손곱으 고딕ㅎ던 것이라, 텬긔 불량을
불고ㅎ고 문이 메여들어오는 관람킥은 만장의 성황을 일우엇는딕 여덜시부터 긔막이
되면서 보고십허 고딕ㅎ던 남션 미인들의 주틱가 무딕 우에 * 현되미 위션 만장의 박

슈갈치 쇼리는 쟝녀가 무너지는 듯 ᄒ엿다. 김쇼옥(金小玉), 리산옥(李山玉), 리미화(李美花), 빅금옥(白錦玉), 우달경(禹達卿) 등의 가야금 병창은 일반 관긱의 혼담을 살＊을 쏘스ᄒ엿고, 됴선에 뎨일가는 명창이라고 ᄒ는 화중 계화중즁(李花中仙),[16] 김록주(金綠珠)의 단가는 과연 조선명창이라는 큰 일홈을 앗기지 안을 만 ᄒ엿다. 그리ᄒ야 일반 관긱의 렬광뎍 갈치소리와『과연 잘한다 과연 조선에 쳐음가난 명창이다』쇼리는 끈치지 안엇스며 그 즁에도 특식이라 ᄒᆯ 것은 김정문(金正文)의 판쇼리난 경성 가무계에셔 흔히 들어보지 못ᄒ던 창이엿스며 뎌정권번의 응원뎌에서난 동 권반 특식인 어린 기싱들의 팔금무(八劍舞)와 셔양 무도(西洋 舞蹈)가 잇셔 크게 일흥을 위ᄒ야 싁치를 더ᄒ야 쥬엇난디, 압흐로 나흘 동안에 이번 일흥의 무진장으로 가지고 온 포부를 한앗토 남기지 안코 모다 토ᄒ야 ᄒᆫ번 경셩 텬디에다가 일흥의 명(名)을 니여 놋코 도라갈 작뎡이며 ᄋ못조록 일반 경셩인사들은 첫지난 고학싱들을 위ᄒ야 불과 오일동안에 하로도 결ᄒ지 마시고 만쟝의 셩황으로 더ᄒ야 들어보기 어려운 명창의 쇼리를 들녀 쥬기를 바라난 바이며, 둘지난 멀니 디구로부터 경성의 인사들을 위안코쟈 올나온 일흥의 특지에 크게 찬조ᄒ야 쥬지 안이치 못ᄒᆯ 일이라.

조선 21.03.19 (3) 진남포에셔 흥행ᄒ는 / 취셩좌 일행

신파연극계에 명셩이 놉은 취셩좌 일흥은 본사 진남포 지국 후원으로 당지 항좌에셔 흥연한다 흠은 임의 본보에 긔지한 바 져근 ＊정오＊인ᄒ야 평양 평안극장에서 다＊ 흥연ᄒ다가 지는 십오일부터 진남포에 와셔 당지 항좌에셔 흥흥 즁인디, 이 일흥의 쳥렴, 친졀흠과 활발한 흥흥은 참으로 연극계 픠왕＊ 되깃스며 본 일흥을 오러 고디ᄒ던 당지 애극가 졔씨의 무한ᄒᆫ 환영 속에서 셩디히 흥행하는 즁, 좌쟝 김쇼랑군(座長 金所浪君)은 지금 재계공황을 십분 참작ᄒ야 관람료는 가급뎍 쇼익으로 흔다한 즉 죠흔 긔회를 일치 말고 애극가 졔씨는 다수 관람흠을 희망한다더라. (진남포 지국)

동아 21.03.20 (1), 21.03.22 (1), 21.03.24 (1), 21.03.25 (1), 21.03.27 (4), 21.03.28 (3), 21.03.29 (3), 21.03.30 (1), 21.03.31 (4), 21.04.05 (3), 21.04.06 (1), 21.04.07 (1) 〈광고〉
단성사 3월 19일자와 동일

---

16) 한자의 독음은 '이화중선'이지만, 한글로 '계화중중'으로 표기되어 있음.

동아 21.03.20 (1) 〈광고〉

당 삼월 십구일부터 전부 차환

미국 유사

실사 **마가진** 전일권

미국 유사 쓰다 영사

희극 **이상한 증물(贈物)** 전일권

미국 유사 지우에루 대작품

인정비극 **지시한 지(指示한 指)** 전오권

미국 쌔니다구라후 대작품

제삼회 연속 **철완의 향(鐵腕의 響)** 삼십권 내 육권

제칠편 파멸의 계곡 팔편 장중(掌中)의 함락 구편 도주

인천부 외리(外里)

유사 특약 활동사진상설 애관

조선 21.03.20 (2) 활동 주식 불입기(期)

조선활동사진주식회사 제일회 불입기한은 십구일부터 이십삼일ᄭ지로 결정ᄒ고 주주의게 일각기(一各其) 통지장을 발송ᄒ엿는듸 불입은행은 백삼십(百三十) 경성지점 급(及) 실업은행이라더라.

조선 21.03.20 (3) 만도인사의 인기눈 우미관으로 집중 / 록쥬 화중션의 무르녹은 가곡은 밤시도록 들어도 낫불만치 = 거처할 집이 업셔 도로에 방황케된 고학싱들을 위ᄒ야 렬성으로 동정 =

본사 후원 독자위안 연쥬회는 만도 인사의 후의로써 데이일에는 쟝니에 발을 들여노을 틈이 업시 만장의 성황으로 기연되엿셧다. 사롬마다 헌 것을 실혀ᄒ고 시것을 조와ᄒ는 것은 샹정이라 원톄 조선에셔 명창으로 유명ᄒᆫ 일힝이 경셩ᄭ지 올나온 고로 사롬마다 이번 갓치

조흔 긔회를 놋치지 말고 조선에 데일가는 명창의 소리를 한번 으니 들어볼 슈 업나ᄒ야 모든 인긔가 본ᄉ 후원 독자위안회로 집중이 되어 남녀 관긱은 됴수 밀니여 들어오듯 ᄒ야 어셔々々 기막ᄒ기롤 지촉ᄒ느라고 박수의 쇼리는 ᄭᆫ칠 사이가 업셧다. 기다리고 기다리든 무대의 장막이 열니면셔 죠션에 진＊들인 늅션 명창들의 자태가

출현되미 만쟝의 환영ᄒᆞᄂᆞᆫ 갈치쇼리ᄂᆞᆫ 실로 일힝을 위ᄒᆞ야 큰 영광이엿다. 김록쥬『金綠珠』, 리화즁션『李花中仙』, 김쇼옥『金小玉』, 리산옥『李山玉』, 리미화『李美花』, 빅금옥『白錦玉』, 우달경『禹達卿』 등의 명기들이 차례로 출연ᄒᆞ야 단가『短歌』＊자 빅에

가야금 명창 판쇼리 남도 명창과 츈향『春香』의 노＊ 등을 하ᄂᆞᆫ디 디구 기싱들도 ＊보ㄴ 이지만은 디톄 김녹쥬의 쟝고치ᄂᆞᆫ 것은 과연 관긱으로 억게가 졔절로 웃슥거리게 되엿스며 셩쥬푸리에 무르녹은 춤놀이며 화즁션과 녹쥬의 스러져 가는 쇼리에는 사롬으로 ᄒᆞ야금 쎠가 녹ᄂᆞᆫ 듯 련에 련방 일어나는 잘 한다 소리ᄂᆞᆫ 쟝녀가 쎠나라 갈 듯 만쟝의 ＊＊뎍 갈치＊ 실로 밋칠 쯧 ᄒᆞ얏고 김졍문『金正文』 군의 명창도 과연 뎨일이엿다. 그리ᄒᆞ야 막이 두치면 닷지 말고 야단이 일으며 한번 다시 나오기를 지촉ᄒᆞ야 각금 다시 나ᄋ기를 몃번식 ᄒᆞ엿스며 ᄯᅩᄒᆞᆫ 김쇼옥의 리도령『李道令』과 화즁션의 방ᄌᆞ『房子』노름은 실로

익살스러워 만쟝은 박쟝디쇼를 ᄒᆞ엿셧고 그 외에 디졍권번『大正券番』으로부터 리쇼도『李小桃』, 리단심『李丹心』, 김롱옥『金弄玉』, 김도화『金桃花』, 신치션『申彩仙』, 김옥엽『金玉葉』, 오비연『吳飛燕』, 송치봉『宋彩鳳』, 셔산호쥬『徐珊瑚珠』, 현미홍『玄梅紅』, 최홍련『崔紅蓮』, 김쇼희『金素姬』, 윤치운『尹彩雲』, 김옥랑『金玉娘』, 김반도츈『金蟠桃春』, 승옥설『承玉설』 등의 다슈한 쳥군홍상들이 무디에 츌현ᄒᆞ여 봉리의『蓬萊儀』, 사고무『四鼓舞』와 디구 기싱의 승무『僧舞』와 디졍의 삼졀무『三絕舞』흥무『興舞』오인도『五人蹈』와 가족 려힝원유『家族 旅行遠遊』등의 흥미 진々한 츔이 잇셔

만쟝의 갈치를 박득ᄒᆞᄂᆞᆫ 즁에 디졍권번의 기쇼로 오비연 리단심 김롱옥 등의 남장을 치리고 무디에 나슨 것은 실로 쟝관의 쟝관이엿스며 특별히 경셩악디『京城樂隊』로부터 동 일힝을 위ᄒᆞ야 의무로 쥬악을 ᄒᆞ야 일반의 흥미를 유감업시 도왓ᄂᆞ디, 특별히 경셩 고혹싱『苦學生』갈돕회를 위ᄒᆞ야 ᄯᅳ거운 동졍을 앗기지 안으신 여러 독자가가[17] 게셧ᄂᆞᆫ 바 지금 당쟝에 들어잇ᄂᆞᆫ 집을 니여놋코 일＊ 학싱들이 갈 곳이 업게 된 갈돕회 학싱에게ᄂᆞᆫ 적지 안은 늣김이 잇셧더라.

뎨일일로부터 뎨이일에 일으기까지 동 연쥬회와 갈돕회를 위ᄒᆞ야 동졍ᄒᆞ신 유지의 씨명과 금익은 ᄋᆞ리와 갓흠. (이하 생략)

---

17) '독자가'의 오식

조선 21.03.20 (3) 〈광고〉

삼월 십팔일 전부 차환

미국 유사

실사 **마가진** 전일권

미국 유사 쓰다

희극 **이상한 증물(贈物)** 전일권

미국 유사 지우에루 대작품

정원극(情怨劇) **지시한 지(指示한 指)** 전오권

미국 쌔니다 구라후 대작품

제삼회 연속 **철완의 향(鐵腕의 響)** 삼십권 내 육권

칠편 파멸의 계곡 팔편 장중(掌中)의 함(陷)ㅎ야 구편 도주

인천부 외리(外里)

유사 특약 애관

동아 21.03.24 (4) 강경 교육환등회

공주 거(居) 미국 선교사 우리암(禹利岩)씨는 교회 발전상 동서양 물질적 문명의 색채를 특히 일반 교우에게 환등으로써 완상(玩賞)케 하기 위하야 삼월 십구일 강경에 내도(來到)하야 하오 팔시 당지(當地) 황금정 야소교회내에서 개막되엿는대 만당(滿堂) 관람자로 하야금 대갈채를 박(博)하얏다더라. (강경)

매일 21.03.24 (4) [지방통신] 부산상설관 문제

부산 지방에서는 조선인측에 일개의 활동사진관도 업슴을 심히 유감으로 지녀오던바 금반(今般) 송태관(宋台觀)씨의 발기로셔 주식으로 건축ㅎ기로 결정ㅎ얏는대 문제이든 장소에 대ㅎ야 초량 방면에 부지를 선정ㅎ얏다가 당지(當地)에는 내지인측에 경영ㅎ는 사관(四舘)이 유(有)홈으로 형편에 의ㅎ야 부산진 방면에 선정ㅎ얏다가 동(同) 지방에도 불편리홈으로 동래 남문 방면에 선정ㅎ얏다가 동 지방에도 부적당홈으로 결국에는 동래 온천장에 부지를 확정ㅎ고 목하 건축에 착수홀 예정인디 주식의 총액은 이만 오천원으로 ㅎ고 일주에 이＊원 오십전으로 주식을 모집하는대 천오백 주는 동래 온천장에서 부담ㅎ고 천오백 주는 부산진 방면에셔 모집ㅎ는디 경성 우미관과 연결ㅎ야 사진을 사용홀 예정이라더라. 『부산』

조선 21.03.24 (1), 21.03.25 (4), 21.03.26 (3), 21.03.28 (1), 21.03.29 (4) 〈광고〉
애관 3월 20일자와 동일

동아 21.03.26 (4) 청년단 신사업
통영청년단에서는 활동사진 기구 일태(一台)와 교육 기타 신문화의 개발에 적당한
사진을 매입하야 우리 사회의 교육사상을 고취하며 생활개선의 필요를 일반의게 보
급케할 신계획을 안출하얏스나 차(此)에 존(尊)한 자금을 구득치 못하야 고심 불소
(不少)하던 바, 금반 당지 원융(元融)상회주 강형노(姜衡魯)씨와 유신(維新)상회주 김
덕담(金德澹)씨는 각기 금 천원식을 무이자로써 대부하기로 자발적 허락하얏슴으로
지육부(智育部)에서는 기구 매입에 관한 제준비를 완료하얏다더라. (통영)

매일 21.03.26 (3) 〈광고〉
독자위안연주대회
시일 = 삼월 이십팔일 이십구일 양일 오후 육시부터
장소 = 단성사 활동사진관
출연권번 = 한남권번 예기 총출
입장권 본지 * * 반액권이면 각등 반액
여흥 신연속사진 급(及) 변사의 대희극 일막
(차(此) 양일 초대권은 일절 사절홈)
주최 매일신보사

조선 21.03.26 (2) 활동주(活動株) 불입 경과
조선활동사진주식회사 제일회 불입은 거(去) 이십삼일로써 종료ᄒ얏는디 백삼십은
행은 팔백, 실업은행은 * 천이백의 불입이 잇고 발기인의 인수한 삼천육백주롤 합ᄒ
야 육천육백주의 불입을 료(了)ᄒ 바 잔여 삼천사백주의 미불입이 유(有)ᄒ되 차역
(此亦) 월말에는 전부 불입이 완료홀 모양이라더라.

**조선 21.03.26 (3) 지나(支那) 극계에 유명ᄒ 매란방의 처 자살 / 원인은 이뵉오십
만원 뎌금에 관ᄒ야 뉘외간 싸온 셰문**
지나군 디졍 팔년 수월 일본 동경에 건너가 뎨국극장(帝國劇場)에셔 리상직무용극을

흥힝ㅎ야 여러 사람의 이목을 놀니이든 지나 연극계에 큰 인물 미란방(梅蘭芳)은 요사이 봉텬장군 장작림(張作霖)씨의 초빙에 의ㅎ야 봉텬에도 가셔 흥힝중 자긔 쳐 왕씨 * *에 이빅오십만원 뎌금 사건에 딕ㅎ야 여러번 싸홈한 일이 잇는디 왕씨는 삼월 십팔일 밤 봉텬 엇든 여관에셔 돌연히 자살ㅎ얏다는 정보가 잇다더라.

조선 21.03.26 (3) [동서남북]

미일신보의 지면을 빌어가지고 쇼위 현당극단이라는 뎨목 하에 여러날 글을 쓰든 『케에쓰』성우, 나는 요사이 류힝ㅎ는 말로 찰완고이며 온셰상 머리를 싹거도 나는 머리롤 까ㄱ지 안엇스며 온 조션 사람이 뎨일 흔ㅎ게 말ㅎ는 일본말 흔 마듸도 몰으고 오직 하날님 품부ㅎ신 디로 조션말 밧게는 몰은다.

그려기에 나는 나를 완고라 한다. 그러나 신문이란 것은 미우 애독ㅎ는 긔벽이 잇는 터에 미일신보 뎨일면에다가 쇼위 현당극담이란 문뎨로 여러날 두고 쓰든 글은 딕톄 무슨 의사인지 올 수가 업다. 너는 일문『日文』에 즁풍이 들넛느니야! 영문『英文』에 즁풍이 들엇느니야! 놈의 써노은 글을 론박ㅎ랴거든 졍々당々ㅎ게 너의 성명을 분명히 긔록할 것이지, 케에쓰란 무엇이니야.

너는 밤츌입을 죠와ㅎ는 박쥐『蝙蝠』의 힝동이다. 네가 스사로 성각ㅎ야 보우라. 네 맘에도 붓으러우리라. 그와 갓치 싱겨가지고 현텰군의 조션극계의 가치 업는 것을 우모조록 기션ㅎ야 가랴는 논문에 딕ㅎ야 문리도 업는 억설과 인신공격과 부랑픠한 이 휘욕 등을 신성ㅎ고 공々한 신문지상에 긔지ㅎ야 만텬하 독자에게 공기ㅎ얏스나 너의 글을 보고 누구든지 너롤 타미 * 얏스며 쥬먹을 부르쥐엿스리라. 너도 극계에 나슨 비우(俳優)의 한 사롬인 즉 반도극계가 싱긴지 십여 셩샹에 너도 극다온 극을 흥힝홀 쥴 우느냐! 극다온 극을 힝ㅎ얏거던 ㅎ얏다 썬々스럽게 딕답 좀 ㅎ여보우라! 너의 오장 속에는 츄혼 인식과 더러운 욕설만 잇는 자로 너는 연극으로 우리 동포를 긔만한 죄인이며 위션자(僞善者)의 큰 죄명을 가진 전과자이다.

바라건디 너는 긔인 근사홈으로 그와 갓치 더러온 우론을 ㅎ지 말고 기즁ㅎ여라. 이번 긔회를 타셔 너난 반도 극계에 한낫 혁명우『革命兒』가 되기롤 바라며 인습뎍으로 견일 츄태를 혁거하지 안으면 너는 조션극계에셔 멸망아『滅亡兒』롤 면치 못ㅎ리라.
『삼월 이십이일 문동화(文東嘩)』

동아 21.03.27 (3) 대극장에 폭발탄 / 이십 명이 즉사 / 중상자가 다수

이태리 『미란』 시에 잇는 『지이나』라는 연극장은 이십삼일 밤에 폭탄으로 인하야 파괴되야, 사망자가 이십명이오, 다수한 중상자를 내이엇는대, 그 중에도 약 이십명은 싱명이 위독하게 되얏는대, 이는 아마 무정부당의 악힝인 듯 하다더라. (『미란』 이십사일 뎐보)

매일 21.03.28 (2) 대정(大正) 촬영과 선활(鮮活) / 선활과 제휴

조선활동사진 주식회사는 기보(旣報)와 여(如)히 대반(大半)의 불입을 료(了)ㅎ고 사월 십일 경에 창립 총회를 개(開)ㅎ게된 바 조선 활동사진관 통일문제는 동경 방면에셔도 계획ㅎ던 터임으로 취중(就中) 대정촬영 주식회사는 래월(來月) 중순에 업무담당자가 도선(渡鮮)ㅎ야 상설관을 설치홀 예정이더니 선활 설립을 문(聞)ㅎ고 동사(同社)와 제휴코자 ㅎ는 의(意)로 동사(同社) 주식의 대반을 인수코져 ㅎ는 의향이 잇셔 혹은 실현됨에 지(至)홀듯도 ㅎ다더라.

매일 21.03.28 (3) 독자위안회 / 내회(來會)ㅎ라 독자 졔씨! / 금일 밤부터 단셩亽에셔 / 굉장훈 연주대회를 긔최

오날 져녁 여셧시부터 닉일 져녁에ㅅ지 잇흘동안 본사에 쥬최로 동구안 단셩사에서 독자 위안 연쥬회를 훈다 흠은 임의 보도훈 바와 갓거니와 일난풍화훈 양츈 시졀을 당ㅎ야 일반 우리 이독자 졔씨를 위ㅎ야 이러훈 쥬최를 ㅎ게됨은 참으로 ㅅ를 어덧다 홀 수 잇다. 그러흠으로 여러 기싱 죠흡 중 가무가 오즉 그의 쇽쳐라 홀만훈 한남권번 기싱을 특히 틱ㅎ야 여러가지에 연쥬를 홀 터인 바 흐남권번 기싱은 젼부 츌연홀 터이며 그 외에도 일반 학싱게에 다대훈 환영을 밧아오는 세계 야구극(野球劇)이라는 참신 쟝쾌훈 사진이 잇슬터이요, 그 뒤에 변사 일동에 희극 일막이 잇셔 엇의ㅅ지던지 아모조록 여러 독자에게 다디훈 위안을 드리도록 힘을 쓰오니 일반 독자는 져녁을 되도록 일즉 잡수시고

만원되기 전에 속히 입쟝ㅎ야 두번 엇기 어려운 이러훈 죠흔 긔회를 일치말기를 바라나이다. (구경 가실 ㅅ에는 본지에 잇는 활인권을 쪠여가지고 가시면 특히 각둥을 반익ㅎ야 드리오!)

매일 21.03.28 (3) 〈광고〉

각등반액권

시일 = 삼월 이십팔일 이십구일 양일 오후 육시부터

장소 = 단성사

출연권번 = 한남권번 기(妓) 총출

독자우대할인권

차(此) 반액권을 절취ᄒᆞ야 가지고 가시면 각등 반액으로 입장홀 수 잇소.

(권번의 초대권은 사절홈)

매일신보사

매일 21.03.28 (3) 〈광고〉

삼월 이십팔일 (목요일)

신사진교환제공

금번 활약은 하여(何如)홀눈지

미국 바이다구라부 회사 걸작 명화

제십일편 제십이편 사권 상장

제육회 연속대활극 곡마단의 비밀

십일편 적(赤)마스크 이사(餌乍) 십이편 도교(渡橋)

금번에 이 야구극은 여하혼 취미가 잇스며 여하혼 희극을 약출(躍出)홀눈지 혼번 볼 사진

세계적 야구극 **호 − 무란**[18] 전육권

매일신보사 주최

시내 한남권번 (각등 반액)

기생연주대회

경성부 수은동

전화 구오구번 단성사

---

18) 홈런

조선 21.03.28 (1) 〈광고〉

삼월 이십육일

사진전부 차환

미국 유사 에루쏘- 영화

희희극 **안푸로쓰의 모험** 전이권

미국 오리우아-회사

연속탐정활극 **공중마(空中魔)** 최종편 사권

제십사편 비밀서류의 발견 제십오편 복면의 정체

미국 유니우ᄋ -사루 회사 특작

연속모험대활극 제이회 **철완의 향(鐵腕의 響)** 전육권

제사편 공포의 험애(險隘) 제오편 산도의 * 사(山道의 * 事) 제육편 악령의 주(呪)

우미관 전화 이삼이육번

매일 21.03.29 (3) 화환 일쌍을 독자위안회에 기증 / 한남권번과 박승필씨가 본사를 위ᄒᆞ야 특히 긔증

본샤 쥬최로 한남권번의 쾌락을 엇고 작일부터 단성샤 활동사진관에서 잇흘동안 독자위안연쥬디회(讀者慰安演奏大會)를 기최ᄒᆞ기로 된 바, 이 연쥬회 사고가 ᄒᆞᆫ번 발포되조 만도의 인긔는 열광뎍으로 환영ᄒᆞ며 본보 삼면에 등지혼 각등 반익권을 몰니 닷호아가며 도려니기에 야단인 모양인디, 이에 대ᄒᆞᆫ 호남권번

긔싱 일동들은 각긔 셩의와 의무로 우리 샤를 위하야 열심으로 츌연ᄒᆞ야써 의무다운 뜻을 들어니자고 특별혼 가무를 연습 중인대, 디동권번(大同券番)이 더구나 이에 챤동ᄒᆞ고 일단의 쇠치를 니이기 위ᄒᆞ야 조진뎍으로 한남권번을 후원ᄒᆞ야 륙십명의 쏩은 명기로 대련합 츌연을 ᄒᆞ겟다고 일부러 본샤에 통지가 왓슴으로 본사에서도 미우 조발뎍 힝동에 감사ᄒᆞ야 곳 허락ᄒᆞ엿는디,

연주회는 천재일우의 졀호혼 긔회를 일치말고 본수에서 독자 졔씨를 위ᄒᆞ야 갓치 로력ᄒᆞᆫ 것을 십분 량히ᄒᆞ야 쥬시오. 진진혼 취미잇는 연예 중에 특히 기싱들의 기슐마슐이 잇슬터이오 또 변사 일동의 희극 한 막이 잇는 외에 미국의 유명혼 소진이 잇셔 관람졔씨의 안목을 상활케 ᄒᆞ겟스며 대동권번 기싱의 처음 익힌 노러와 츔이 잇서 미우 장관을 일울터이올시다. 그런대 한남권번에셔는 우리 샤를 위ᄒᆞ야 특별히 화환(花環) 한기를 만드러 무대에 놋코 거긔다가 오쇠의 뎐등을 씌여셔 더욱 화려 찬란케

ᄒᆞᄂᆞᆫ 동시에 ᄯᅩᄒᆞᆫ 단셩샤주되는 박승필(朴承弼)씨도 이에 찬셩ᄒᆞᄂᆞᆫ ᄯᅳᆺ으로 본샤를 위ᄒᆞ야 화환 ᄒᆞ기를 만드러 무대에 올여놋케 되엿슴니다 죠곰만 느지면 만원이 되야 수절ᄒᆞᄂᆞᆫ 유감의 일이 잇슬터이니 일직이 가시되 본지에 잇ᄂᆞᆫ 반익권을 올여가지고 가셔서 구경ᄒᆞ시기를 바라오.

매일 21.03.29 (4), 21.03.30 (1), 21.03.31 (4), 21.04.01 (4), 21.04.02 (4), 21.04.03 (4), 21.04.05 (4), 21.04.06 (4) 〈광고〉
단성사 3월 28일자와 동일

조선 21.03.29 (3) 조선사정 활동사진반 / 화족회관에서 귀부인 령양을 초ᄃᆡ
조선사정 선젼(朝鮮事情 宣傳) 활동사진반은 이십삼일 밤에 화족회관에셔 즁의원 의원(衆議員 議員)과 부인, 령양을 초ᄃᆡᄒᆞ고 촬영(撮影)ᄒᆞ엿ᄂᆞᆫᄃᆡ 후등시장(後藤市長)과 영뎐조역(永田助役) 외에 다수ᄒᆞᆫ ᄃᆡ인사의 관람이 잇셧고 셩ᄃᆡᄒᆞᆫ 가온더서 산회ᄒᆞ엿다더라.

조선 21.03.29 (4), 21.03.30 (4), 21.03.31 (4), 21.04.01 (4) 〈광고〉
우미관 3월 28일자와 동일

매일 21.03.30 (3) 대만원 대셩황 / 독자위안회의 초일 / 우슴외 깁봄으로…… / ᄭᅳᆺᄭᅡ지 구경힛다……
본샤 주최 독자위안연주대회ᄂᆞᆫ 임의 보도ᄒᆞᆷ과 갓치 이십팔일 밤부터 단셩샤에셔 기최ᄒᆞ엿셧ᄂᆞᆫᄃᆡ, 그 날 여셧시가 치 못되어 됴수갓치 밀녀오ᄂᆞᆫ 남녀 관긱은 비상히 만허셔 입장권을 판다 ᄯᅩᄂᆞᆫ 본지 반익권을 밧고 입장권으로 밧고아 주기에 자못 손이 쉬일 시 업슨 즁에 대문 압헤 모혀셔셔 표를 능히 사지 못ᄒᆞ고 사람 셰이기만 기다리고 잇ᄂᆞᆫ 사람이 퍽은 만엇더라. 그런ᄃᆡ
일곱시 반이 되여셔ᄂᆞᆫ 아죠 상하칭에는 만원의 대셩황을 일우엇셧고 한남권번 기싱의 춤 ᄒᆞᆫ 번이 잇슨 뒤 본샤원 윤교즁(尹敎重)씨의 간단ᄒᆞᆫ 기회사가 잇슨 ＊＊ 대동권번의 후원대가 나와셔 렴녀ᄒᆞᆫ 가무가 잇셔 만쟝의 갈치를 밧앗고 무대 젼면 좌우에 노흔 화려ᄒᆞᆫ 화환은 더욱이 오ᄉᆡᆨ 뎐등에 빗최여 샤롬의 안목을 황홀케 ᄒᆞ엿ᄂᆞᆫᄃᆡ, ᄒᆞᆫ 남권번은 특히 본샤를 위ᄒᆞ야 시로 지은 창가와 홈쐬

춤이 잇슬 모양이라 ᄒ며, 이에 본샤는 독자 졔씨를 위ᄒ야 다만 잇흘동안으로는 도
뎌히 위안을 ᄒ다 홀 수 업셔셔 다시 싱각ᄒ고 오는 삼십일일ᄭ지 더 잇흘동안 연긔
ᄒ고 츙분히 독자 졔씨를 위ᄒ야 대대뎍 취미잇는 기싱의 실연을 ᄒ기로 작뎡되엿슴
니다. 호평을 밧아오는 련속수진 곡마단의 비밀을 상쟝ᄒ야셔 ᄭ닌일시 업는 박수 갈치
셩은
단셩사가 무너질 듯ᄒ고 전에 업는 대셩황으로 오후 열두시에 연쥬회를 맛치엿더라.

조선 21.03.30 (2) 도문화(道文化) 선전 사진반

경기도에서 시설ᄒ 사회사업의 일(一)로 우반(遇般) 도평직원회를 *과(*過)한 일본
문화 선전을 목적ᄒ는 활동사진반은 사월 삼일 오후 칠시브터 용산 삼각지에셔 제일
회 영사를 행홀 터인디 당일은 ** 사무관이 본부에서 출장ᄒ야 친히 설명의 임(任)
에 당(當)하리라더라.

조선 21.03.30 (3) 〈광고〉

조선일보 애독자 개관 자축 愛話家[19] 위안대회
기일(期日) 자(自) 사월 이일 지(至) 사월 팔일(매일 오후 칠시부터)
입장요금 종래 일등 칠십전 이등 오십전
특별할인 일등 오십전 이등 사십전
사진 외 여흥 수종
장소 인천 외리(外里) 애관
주최 조선일보 인천지국
애관

독자할인권
일시 자(自) 사월 이일 지(至) 사월 팔일 {매일 오후 칠시부터 개연}
장소 인천 외리 애관
인천 애독자 愛話家 위안대회
차권(此卷)을 지참ᄒ시와 매권(賣卷)ᄒ시면 좌(左)와 여(如)히 할인홈

---

19) '愛活家'의 오식

일등 오십전 이등 사십전
조선일보 인천지국
인천 외리 애관

동아 21.03.31 (3) [모임]

▲ 한양긔독교회에서난 금 삼십일일 하오 칠시부터 종로통 사뎡목 한성교회(漢城敎會)를 비러 음악 급 활동사진회를 열고 삼십전식의 립장료를 밧으리라더라.

조선 21.03.31 (3) 〈광고〉

애관 30일자와 동일

조선 21.03.31 (3), 21.04.02 (3) 21.04.03 (3) 〈광고〉

애관 할인권 3월 30일자와 동일

조선 21.04.01 (3) 인천 독자 위안 / 이관 쥬인 김셩근군의 응원으로 듸ㅅ덕으로 일쥬 흥힝

본사 인천지국의 쥬최로 본보 독자를 위안ㅎ기 위ㅎ야 독자위안연쥬회를 기최홀 터인디 이에 더ㅎ야 인천에 시로히 설입흔 활동사진 상설관(活動寫眞 常設館)인 이관(愛館) 쥬인 김셩근『金成根』군은 크게 찬성ㅎ고 인천지국장 박창한(朴昌漢)군과 타협ㅎ야 가지고 사월 이일(土曜) 하오 칠시부터 대관에서 일주일동안 독자 위안 연쥬를 할 터인디 이번에 영사ㅎ는 사진은 고종틱황뎨 승하 * 하옵신 후 국장 * * 힝ㅎ든 광경을 실사한 활동스진을 영사ㅎ겟는 고로 실로 전에 보지 못ㅎ든 조흔 사진일 쑨만 아니라 특별히 스진 쑨만 으니라 * * * * * * * * 고빙ㅎ야ᄃ가 기묘흔 기술을 관람 졔씨 압헤 공기홀 터이며 쏘는 본보 독자를 위ㅎ야 독자 활인권『讀者 割引券』을 발힝ㅎ야 그 활인권을 가진 이에게는 특등에 보통 료금 칠십젼을 오십젼으로 ㅎ고 이등 오십젼을 삼십젼으로 ㅎ야 편의를 도울 터인디, 이번 독ᄌ 위안회에서 실비를 제ㅎ고 여유가 싱기게 되면 공々 스업을 위ㅎ야 긔부에 투용ㅎ기로 흔다더라.

매일 21.04.02 (3) 음악과 활동사진

한성 긔독교 일요학교에셔는 삼십일일 목요 오후 일곱시에 종로 사뎡목 칠십오번디

그 회관 안에셔 취미 잇눈 여러 가지 음악과 활동사진회를 기최ᄒ엿다눈대, 입장료
눈 삼십젼으로 명ᄒ얏더라.

조선 21.04.02 (3) 〈광고〉

당(當)한 사월 초 * 일 사진 전부 교환
미국 유사 작
실사 **마가징 삼십삼호** 전일권
미국 유사 작품
태서정활극 **애(愛)의 광명** 전육권
미국 엔니다구리후 회사 작품
연속 제오회 **철완의 향(鐵腕의 響)** 최종편
인천 외리 유사 특약 상설 애관

사월 이일 사진 전부 차환
미국 유니우ᄋ－사루 회사
실사 **마가진** 전일권
미국 유니우아－사루 회사
인정극 **모의 영(母의 影)** 전육권
처녀가 결혼문제 가정상 * 정신적 문제 여하(如何)
미국 유니우ᄋ－사루 회사
연속모험대활극 제삼회 **철완의 향** 삼십권 내 전육권 상장
제칠편 파멸의 계곡 제팔편 장중(掌中)에 함(陷)ᄒ야 제구편 도주
우미관 전화 이삼이육번

근고(謹告)
양춘가절(陽春佳節)의 호기(好期)를 승(乘)ᄒ야 금반 조선일보 인천지국과 활동사진
상설관 애관과 상의ᄒ 결과 일주일간 외리 애관에셔 본보 독자와 애활가 제씨을 위
안키 위ᄒ야 연예대회를 개(開)ᄒ옵고 특선ᄒ 흥행물 특별 할인ᄒ오니 첨위(僉位)눈
육속(陸續) 왕림ᄒ심을 무망(務望)ᄒ옵내다
조선일보 애독자 애관 애활가 위안대회

기한 {자 사월 이일 지 사월 팔일} (매일 오후 칠시 *)

연예종목

연속사진 종편(終篇), 유명한 사진 수십종, 경성에서 흥행한 (인산) 사진

여흥으로 조선에 유명호 기술사(奇術師)의 참신기발한 기술 수십종이 유(有)홈

보통요금 일등 칠십전 이등 오십전

본사 할인권 지참 제위(諸位)에게논

일등 오십전 이등 삼십전 (할인홈)

주최 조선일보 인천지국

활동사진 상설 애관

조선 21.04.03 (3) 〈광고〉

애관 근고 4월 2일자와 동일

조선 21.04.03 (4), 21.04.05 (3), 21.04.11 (4), 21.04.12 (4) 〈광고〉

우미관 4월 2일자와 동일

조선 21.04.05 (3) 인천지국 주최 / 독자위안회의 초일(初日) / 일긔가 고르지 못홈도 불구호고 만장의 디셩황을 일음

본사 인천지국 쥬최 독자위안회논 예정과 갓치 지난 이일 오후 여덜시부터 인천부니 애관(愛館)에서 기최호엿는디 당일 우텬(雨天)이엿슴을 불구호고 정각 전부터 일반 관긱은 물밀 듯 입장호야 기회홀 씌에논 만원에 셩황을 이루엇더라. 이에 그 사진관 주임 변사로브터 례사에 몃 마듸가 잇슨 후 사진의 영사를 시작홀 시, 원톄 독자 제씨를 위호야 션틱한 사진이라 일반 관중의 박슈 갈치논 긋침 업시 일어나는 즁에 영사를 맛치고 그 후 본사 인천지국장 박창훈(朴昌漢)씨로브터 독자 위안에 디흔 취지와 텬긔가 고르지 못홈을 불고호고 다만 우리 조선일보를 사랑호야 이와 갓치 만원의 셩황을 이루움에 디호야 간단흔 례소가 잇셧스며 그 우에논 이번에 특별히 최더 * 조선에셔 유명흔 기슐기사 쳔창순(千昌順)군 일힝에 묘흔 기술이 시작되미 일반 관중은 더욱이 흥미에 취흔 박수 갈치중에셔 기술을 마스치고 그 다음에논 미국 유소 이러의 디걸작인 철완 향(鐵腕의 響)으로써 위안회에 초일은 예상 이상의 셩황으로 마친 바, 다만 유감으로 싱각흐는 바는 임의 보도한 바와 갓치 승하흐옵신 고종 티황뎨

인산 거힝ᄒᆞ옵시든 실황을 애독졔씨에게 보혀드리고ᄌ ᄒᆞ얏스나, 그 엇더ᄒᆞᆫ 관계로 즁지된 것은 유감이오나 독자 졔씨는 이에 깁흔 량히 계실 쥴로 ᄋᆞ는 바이라. (인천 지국)

조선 21.04.05 (3) 〈광고〉

애관, 애관 근고, 애관할인권 4월 2일자 동일

매일 21.04.06 (3) 광고기(廣橋妓) 웅원 연주 / 오일부터 삼일ᄀᆞ

전라도 유명ᄒᆞᆫ 소리 잘ᄒᆞᄂᆞᆫ 화즁션 일힝이 지ᄂᆞᆫ 번부터 단성사에서 사흘 동안 연쥬회를 ᄒᆞ엿던 바, 그동안 일긔가 죠치 못ᄒᆞᆫ ᄭᅡ닭에 다시 작 오일부터 삼일ᄀᆞᆫ 흥힝ᄒᆞᄂᆞᆫ 즁혜 종편되ᄂᆞᆫ 련쇽사진 곡마단의 비밀을 상쟝ᄒᆞᆫ다 ᄒᆞ며, 오일부터 미일밤 혼셩권번 기셩 일동이 후원으로 총츌을 ᄒᆞ야 연쥬회를 기최ᄒᆞ기로 결뎡된 바 필경 셩황을 일우리라더라.

동아 21.04.08 (1) 〈광고〉

사월 칠일부터

사진 전부 교환 제공

인형극 **죤미의 야구** 전권

희극 **차처피처(此處彼處)** 전권

개혁기담(奇談) **비밀의 군함** 전오권

연속활극 **응(鷹)의 추적** 전십오편 삼십권

제일편 위면(僞面) 제이편 ＊＊

경성 수은동

단성사 전화 구오구번

매일 21.04.08 (4) 〈광고〉[20]

사월 칠일 (목요일) 신사진교환제공

---

20) 위의 동아일보와 매일신보 모두 4월 7일부터 단성사 프로그램으로 광고되어 있으나 영화들에 차이가 있다.

금번 신연속(新連續)은 여하홀지

미국 에스 쏀스돈 회사 **금계(金鷄)** 대영화 제일편 제이편 사권 상장

신연속대탐정대모험대활극

응(鷹)의 추적 일편 위면(僞面) 이편 응(鷹)의 발자취

미국 메도로 회사 걸작 대활극

○○혁명사 **비밀의 군기(軍機)** 전오권

희극 **이것저것** 전일권

(기타 실사)

금회 응의 추적은 서역 일천구백십구년 십월 중순의 뉴육(紐育)[21] 모 극장에 상장ᄒ야 만원의 성황을 이주일간 속(續)ᄒ얏스니 기 내용의 기발홈을 방언(昉言)홈니다

경성부 수은동

전화 구오구번 단성사

동아 21.04.09 (1), 21.04.10 (1), 21.04.11 (1), 21.04.13 (2), 21.04.14 (1) 〈광고〉
단성사 4월 8일자와 동일

매일 21.04.09 (4), 21.04.10 (4), 21.04.11 (2), 21.04.12 (3), 21.04.14 (4) 〈광고〉
단성사 4월 8일자와 동일

동아 21.04.10 (3) 〈광고〉
당 사월 구일 전부 차환
미국 하듸 회사
실사 **파스파데 주보** 전일권
미국 유사 에루고 영화
희극 **집어쳐라** 전이권
미국 유사 에루고 영화
활희극 **안부로수 모험** 전이권

---

21) 뉴욕

미국 유니바살 회사

정활극 **자와 매(姉와 妹)** 전이권

미국 바이다구라부 대걸작

신연속 대활극 제일회

뇌악(雷岳)의 위난 전십오편 삼십권 내 육권 상장

일편 **악의(惡意)의** * 이편 * * * * 삼편 * * * * *

안도니오모러노 가로루사루우에노 공연(共演)

인천부 외리(外里)

유사 특약 활동사진상설 애관

매일 21.04.11 (3) 부(府) 위생 선전 / 길에셔 활동사진으로 빗치여 션뎐

경성부 당국은 부협회의 회의[22] 협찬을 엇어 십년도에눈 대더력으로 위성 셜비의 완셩, 사상 함양 등을 힝ㅎ기로 계획이 셩립되여 활동의 뎨일 착수로 이 달 이십일 경에눈 전 시가에 파리구졔의 션뎐디를 산포ㅎ고자 목하 입안 즁이라 ㅎ며, 쏘흔 이 달 하슌부터 광화문 압헤던지 쏘눈 별궁압 너른 마당에서 위싱활동ㅅ진회를 기최하야 션뎐ㅎ고자 이러흔 * 뎨일 착슈활동에 계속ㅎ야 혹은 파리 구졔긔 등 약품을 비포ㅎ야 사용을 장려ㅎ눈 한편으로 파리의 사드리눈 법을 실힝ㅎ며 쏘눈 파리 발싱디 방면의 더러운 물건을 쇼졔키 위ㅎ야 별동대를 활동ㅎ눈 등 극력으로 션뎐과 밋 실힝에 로력ㅎ다더라.

매일 21.04.12 (3) 본사 후원의 대동권번 연주 / 십구일부터 단성사에셔

대동권번이 쳐음 싱긴 이후로 지금 긔싱 수효가 거의 이빅여명에 달ㅎ야 다른 죠흡보다 뎨일 만흐며 미우 발뎐되눈 모양인대 첫 번으로 경셩에셔 연주대회를 열기 위ㅎ야 오눈 십구일부터 일혜 동안을 단성사에셔 긔최ㅎ기로 결뎡ㅎ고 지러의 춤갓흔 것은 일졀 조곰식 ㅎ도록 ㅎ고 일반 관긱의 질겨ㅎ눈 소러와 연극 갓흔 것을 무대 우에셔 출연ㅎ기로 되야 신파 갓치 쑴인 연극과 희극을 ㅎ며 시로히 연구흔 궁시경징(弓矢競爭)을 긔싱군에 ㅎ야써 더욱 흥미를 도들 터이라눈디 일혜동안 연쥬흘 동안은

---

22) 앞의 '부협회의'에서 '회의'를 반복적으로 표기하여 오식이다.

본샤의 대대뎍 후원으로 셩대히 기최홀 터인대 이번 대동권번의 연쥬회는 연예 종목
이 미우 만타더라.

조선 21.04.12 (3) 경셩부의 위생션젼 / 파리잡기도 장려ᄒᆞ며 위싱활동사진도 기셜

경셩부 당국에셔는 부협의회(府協議會)의 협찬을 어더가지고 십년도에는 디디뎍으로
위싱 설비 완셩사상의 분발을 식힐 계획인데 위션 뎨일 착수로 금월 이십일 경에 파
리 업시는 션뎐찰을(蠅＊ 宣傳) 시닉에 산포ᄒᆞ랴고 지금 립안 즁이며 또 금월 ᄒᆞ슌부
터 광화문 압과 별궁 압에다 위싱활동사진회롤 기최ᄒᆞ야 션젼홀 터이며 이갓치 뎨일
착수를 계속ᄒᆞ야 파리 잡는 긔계와 또 약품을 비포ᄒᆞ야 사용ᄒᆞ도록 장려할 터이며 일
방으로 고리를 사드리고 파리가 싱길만 ᄒᆞᆫ 드러운 물건을 쇼졔ᄒᆞ기 위ᄒᆞ야 특별ᄒᆞᆫ
활동뎌(活動隊)로 ᄒᆞ야금 활동케 ᄒᆞ는 등 극력으로 션뎐ᄒᆞ야 실힝케 할 터이라더라.

동아 21.04.13 (3) [모임]

▲ 종로 즁앙쳥년회에셔는 운동부의 쥬최로 오는 십륙일 하오 팔시에 활동사진회를
열고 (落日의 山＊)이라는 유명한 여섯 권의 사진과 기타 희극 네 막을 한다는대, 이
번 사진은 내용이 매우 죠흔 것이라 하며 관람료는 일원, 오십젼, 삼십젼의 세가지
오, 우칭에는 여자를 들이지 아니 한다더라.

매일 21.04.13 (2) 시졍 션젼 / 십육일부터 각도 일제히

래(來) 십육일부터 삼일간 각도 즁요ᄒᆞᆫ 시가에셔 시졍의 취지를 일반에게 철져케 ᄒᆞ
기 위ᄒᆞ야 강연회 활동사진 급(及) 소책자 급(及) 회엽서(繪葉書)의 배부 등을 행ᄒᆞ기
로 하고 각도 공지사(共知事) 부장을 초(招)ᄒᆞ야 간부가 총츌ᄒᆞ야 차(此)에 당(當)홀
계획인바 도에 의ᄒᆞ야는 갱(更)히 기(其) 기간을 연장ᄒᆞ는 터인대 차(此)에 대ᄒᆞ야 졍
보위원회 간사인 반졍(半井) 문서과장은 어(語)ᄒᆞ야 왈
신총독이 착임ᄒᆞᆫ 이래 일년반에 되는 터인대 기간 '내션인 일시동인(內鮮人 一視同
人)'의 방침에 의ᄒᆞ야 각반(各般)의 시졍에 종종(種種)의 개션을 가ᄒᆞ고 우(又) 이면
(二面)에는 ＊무＊관(＊務＊關)의 활동에 의ᄒᆞ야 불황(不遑) ＊＊＊＊＊도 점차 철져
홈에 지(至)ᄒᆞ야 작금은 일반 션인(鮮人)의 민심이 평온ᄒᆞ게 되얏슴은 성(誠)히 희열
홀 바이라. 그러나
총독졍치의 진상이 츙분히 일반에게 철져치 못ᄒᆞ야 종종의 오해도 육(有)ᄒᆞ며 우(又)

는 진실히 총독부의 시정을 양해치 못ᄒᆞᄂᆞᆫ 자가 유(有)홈은 성(誠)히 유감이라. 고로 선반(先般) 정보위원회가 설치된 이래 총독부 정치의 진상을 가성적(可成的)[23] 지방에게 주지(周知)케 ᄒᆞ고 철저케 ᄒᆞ기 위ᄒᆞ야 종종 계획을 입(立)ᄒᆞ얏섯ᄂᆞᆫ 바 금회 유유(愈愈) 기 실행에 착수ᄒᆞ게 되야 래(來) 십육일부터 약 삼일간을 정ᄒᆞ고 각도 공(共) 일제히 시정의 주지를 도(圖)키 위ᄒᆞ야 강연회를 개(開)ᄒᆞ며 혹은 활동사진을 이용ᄒᆞ며 혹은 소책자을 배부ᄒᆞᄂᆞᆫ 등 최(最)히 통용적 방법에 의ᄒᆞ야

각도 일제히 성(聲)을 대(大)히 ᄒᆞ야 차(此) 계획을 실행ᄒᆞ게 된 것이라. 물론 차종(此種)의 계획은 각도에셔도 지금ᄭᅡ지 각각 행ᄒᆞ얏스나 그러나 각도가 구구히 행ᄒᆞ면 기성(其聲)이 소(小)흔 고로 금회ᄂᆞᆫ 각도 연락을 보(保)ᄒᆞ야 일제히 실행ᄒᆞ게 된 것이오. 각도의 차 계획에 대ᄒᆞ야 타합(打合)을 행ᄒᆞ며 역차(亦此)가 응원을 흔다ᄂᆞᆫ 의미로 당일ᄭᅡ지에

정보위원을 각각 각도에 파견ᄒᆞ게 되고 각도에셔도 열심으로 준비ᄒᆞᄂᆞᆫ 고로 십육일을 기ᄒᆞ야 하여(何如)히 제군의 전(前)에 현(現)ᄒᆞᄂᆞᆫ가 흥미를 지(持)ᄒᆞ고 관람홈을 바라ᄂᆞᆫ 바이라. 상차(尙此)를 위ᄒᆞ야 본부에서 출장ᄒᆞᄂᆞᆫ 위원은 별항과 여(如)ᄒᆞ며 민간에 재(在)흔 위원도 각각 각지에 출장ᄒᆞ야 진력을 원(願)ᄒᆞ게 되얏도다. 운운(云云)

매일 21.04.13 (3) 활동사진회 / 입장료가 나리여

종로 청년회관에서 활동사진을 오는 십륙일 오후 팔시부터 동회관 니에셔 기최흔다 홈은 임의 보도흔 바어니와 입장료ᄂᆞᆫ 오십전 일원 이원으로 ᄒᆞ얏든 것을 삼십전 오십젼 일원으로 나리엿다더라.

매일 21.04.13 (4) [독자구락부]

요동안 소인 연극이 만흔 모양이야. 쇼인 연극이닌가 물론 눌러볼 뎜도 만치만은 그 터 이다음에ᄂᆞᆫ 조금 싱각을 더 ᄒᆞ고 연습을 츙분히 흔 뒤에 츌연을 ᄒᆞᄂᆞᆫ 것이 조흘 듯. (희망생(希望生))

---

23) '가급적(可及的)'의 오식인 듯하다.

조선 21.04.13 (4) 〈광고〉

사월 구일부터 사진 전부 차환

미국 정부 위탁 영화

실사 **바데 주보** 전일권

미국 뉴니우ㅇ사루 회사

인정극 **신생(新生)** 전육권

미국 뉴니우아사루 회사

연속 모험 대활극

제사회 **철완의 향(鐵腕의 響)** 삼십권의 내 육권

제십편 비밀의 발혈(拔穴) 제십일편 사의 교승(死의 絞繩) 제십이편 불련의 호류(不蓮의 湖流)

유々(愈々) 가경(佳境)에 입(入)ᄒᄂᆫ 대활극

우미관 전화 이삼이육번

조선 21.04.14 (1), 21.04.15 (1) 〈광고〉

우미관 4월 13일자와 동일

조선 21.04.14 (2) 경기도 시정선전

경기도에셔는 래(來) 십육일과 익(翌) 십칠일 양일간 경성에셔, 십팔일에는 인천에셔 학교 우(又)는 공회당에셔 시정 선전회를 개최ᄒ고 공등(工藤)지사, 내무부장 급(及) 지원(地元) 유지 이삼씨의 강연이 유(有)ᄒ 후 활동사진을 영사ᄒ다더라.

조선 21.04.14 (3) 화중선(花中仙) 김녹주(金綠珠) 인천 흥행은 금일 축항사에셔

남션에셔 뎨일가는 명창 화즁선(花中仙), 김록쥬(金綠珠) 등은 지난번 멀니 경성에 와셔 만도의 환영을 밧엇스며 ᄯᅩᄂᆫ 익전 *지 단성사(團成社)에셔 단*으로 흥힝ᄒ야 미일 만장이 성황으로 흥힝ᄒ든 바 이번에는 인천(仁川)의 일반 유지ᄂᆫ 화즁선과 록 쥬의 무르녹은 가곡을 한* 구경코자 하는 요구가 만흘 *ᄯᅥ러 이번 그 일힝은 인천 인사의 성의* 만** 이라도 보답ᄒ기 위ᄒ야 오날브터(十四日) 인천 축항사(築港 社)에셔 **권번(**券番) 기싱들의 후원으로써 더々뎍 흥힝을 긔시할 터인더 일간 곳 본보 애독자롤 위하야 독자 우딕권도 발힝할 터이라더라.

조선 21.04.14 (3) 〈광고〉

대연주회

금반 남선(南鮮)에셔 유명혼 명기(名妓) 이화중선(李花中仙), 김녹주 외 수명과 경성 유명혼 기생 수명을 초빙ᄒ와 금월(今月) 십사일붓터 인천 외리 애관에서 대대적 대흥행ᄒ오니 내외국 이극 첨위(僉位)ᄂ 물실(勿失) 차기(此期)ᄒ시고 속々 내임(來臨)ᄒ 심을 천만무망(千萬務望)ᄒ옵내다

일등 일원 이등 칠십전 삼등 오십전

군인, 학생, 소아 각등 반액

단 본보 할인권 지참자는

일등 칠십전 이등 오십전 삼등 삼십전

동아 21.04.15 (4) 〈광고〉

사월 십사일부터 사진 전부 교환

제이회 연속사진과 야구대전의 실사

미국 이대 야구단 조도전(早稻田)[24] 선수

실사 야구대격전

미군은 스미스씨 선수 외 수십명

조도전군 곡구오랑(谷口五郎)씨 외 수십명

미국 풀스돈 회사 대표적 사진

제이대활극 대탐정 **응(鷹)의 추적** 제삼 제사

제삼편 죄악의 소굴 제사편 마의 수(魔의 手)

킹바코트씨 크레스더몬드양 출연

영국 쟐스아-반 영화

향사극(鄕土劇) **생련사련(生戀死戀)** 전칠권

시(時)는 십팔세기 경 아이스란드에서 기(起)한 소설적 사실을 근거로하야 각색한 순평(純平)한 연애극

원명 련은 즉 법(戀은 卽 法)

---

24) 와세다

경성 수은동
단성사 전화 구오구번

매일 21.04.15 (1) 〈특별광고〉
사월 십사일부터 단성사로
미국 이대 야구단
화형(花形) 엔스미스씨 기타 다수
조도전(早稻田)대학 선수 상업 출신 곡구오랑(谷口五郎)씨 외 수십명
일미 야구 격전 실황
내외 선수의 두뇌의 활동과 기량의 달연(達練)과는
아(我) 야구계에 일대 혁명을 인(印)홀 것인 즉 반드시 기회를 일치 마시오
연속 응(鷹)의 추적
향사극(鄕士劇) **생련사련(生戀死戀)** 전칠권
희극 **여역사(女力士)** 전일권
입장료 특히 보통
단성사

매일 21.04.15 (2) 경인 시정 선전
각도 일제히 시정 대선전에 대흔 경기도의 계획을 문(聞)흔즉 십육일은 경운동 여자
고등보통학교에서 개최흐야 공등(工藤)지사, 대총(大塚)내무국장, 하전직치(賀田直
治)씨, 신흥우(申興雨)씨 등 강연 급(及) 활동사진, 십칠일은 경성중학교에셔 공등지
사, 시전(柴田)학무국장, 유하광풍(有賀光豊)씨의 강연 병(竝) 활동사진, 십팔일은 인
천 유현심상소학교에셔 공등지사, 김(金) 참여관(參與官), 좌등(佐藤)내무부장, 지방
유지의 강연 병(并) 활동사진을 개(開)홀 예정인 바 매일 오후 육시부터 십시ᄭ지 삼
시간 중 이시간은 강연 시정 병(竝) 문화선전을 행ᄒ고 일시간은 활동사진, 내지 사
정, 선내(鮮內) 사정 기타 수권을 영사홀 터이라ᄒ며 상(尙) 내집자(來集者)에ᄂ 선전
용 시사 문제에 관흔 가철(假綴) 소책자 천여매를 배포홀 터이라더라.

매일 21.04.15 (3) [연예계]
단성사 십ᄉ일부터 ᄉ진 전부를 교환ᄒ엿ᄂ대 뎨 이회의 더욱 무섭고도 젼률흔 탐정

활극 련속수진 (응의 츄젹) 네 권과 근러 쳐음 보는 쎄쓰쏠 치는 학싱 기타의 환영을
밧을 일미 야구 대격젼의 실황은 향자에 박혓던 것을 상쟝흔다는대 쎄쓰쏠 조화흐는
사람은 참 긔회 조케 구경흐겟고 향스극에 (싱련? 사련?)이라는 진긔흔 칠권의 수진
이 잇는딕 미우 즈미잇시 불만흔 수진이 이에 왓더라.

조선 21.04.15 (3) 〈광고〉
조선일보 독자
일시 사월 십사일부터 {매일 하오 칠시 개연}
장소 인천 축항사
화선 김녹주 일행 연주회
보통요금 일등 일원 이등 칠십전 삼등 오십전
차권(此券) 지참인은 일등 칠십전 이등 오십전 삼등 삼십전식 (군인 학생 반액)

동아 21.04.16 (3) 독도(纛島)[25]청년희를 위해 / 신파 경극좌가 홍힝
신파 경극좌(京劇座)에서는 십사 일부터 십륙 일까지 삼일간 독도청년회(纛島青年
會)를 위하야 독도 리양수(李良壽) 씨의 후원에서 자미잇는 신파 연극을 홍힝하는데
료금은 삼십 전 균일이라더라.

동아 21.04.16 (4), 21.04.17 (1), 21.04.18 (4), 21.04.19 (4), 21.04.20 (1) 〈광고〉
단성사 4월 15일자와 동일

매일 21.04.16 (4) 시정 선전반의 출동
총독부에셔는 시정을 주지키 위흐야 각도에셔 선전 운동을 시행흔다 홈은 기보와 여
흐거니와 각지 예정일과 강연자는 여좌(如左)흔다더라.
▲ 경기 경성, 인천(강상(江上) 활동사진 영사) 개성, 영등포, 수원,
▲ 충북 청주, 충주(강상(江上) 활동사진 영사) 제천, 괴산, 진천, 영동, 옥천
▲ 충남 예산 (활동사진 영사) 공주, 강경

---

25) '뚝섬'을 말함.

▲ 전북 십구일 전주

▲ 전남 광주 (활동사진 영사), 목포

▲ 경북 대구 (활동사진 영사) 외 각군

▲ 경남 재무부장 십육일 밀양(활동사진 영사) 십팔일 김해. 내무부장 십육일 함양, 십칠일 거창. 경찰부장 십육일 마산, 십칠일 함안. 참여관 십육일 양산, 십팔일 부산. 지사 십육일 보주, 십팔일 의령. 정이사관 십팔일 통영

▲ 황해 보주(활동사진 영사) 외 각군

▲ 평남 평양(활동사진 영사) 진남포, 순천, 성천, 강동, *화(*和), 강서, 평원, 안주, 개천

▲ 평북 귀성, 선천, 정주

▲ 강원 제일반 도지사 십육일 춘천, 십팔일 화천. 제이반 내무부장 십육일 철원, 십칠일 평강, 십구일 금화. 제삼반 참여관 십육일 횡성, 십칠일 원주, 십구일 영월 이십이일 평창 이십사일 정선. 제사반 활동사진부, 재무부장 십육일 강릉, 십구일 삼척, 이십이일 울진

▲ 함남 함흥(활동사진 영사) 외 각군

▲ 함북 나남(羅南)(활동사진 영사), 경성, 청진, 회령, 성진, 웅기

동아 21.04.17 (3) 부랑자의 신파단 / 산간으로 다니며 금전을 편취하야

요사이에 재계 공황의 영향은 별별 곳에까지 다 밋처가서 부랑자들까지 큰 타격을 밧게하야 근래에는 각처에 헛터져 잇는 부랑자들이 호구할 도리가 업게되야 소위 신파연극단 갓흔 것을 조직하야 산간 디방으로 다니면서 말하기를, 자긔들은 모 디방 청년회이 소년단이니 하며 예술 사상 보급의 목뎍이라는 아름다운 말로써 인민을 속이고 아모 긔구도 업시 적수공권으로 다못 교묘한 수단과 감언리설로서 그 디방 청년회나 유력자들의 힘을 빌어 변변치 못한 연극으로 디방 사람의 긔부나 관람료 가튼 다소간 어든 수입을 모다 주식에 낭비하고 다닌다는대, 산군 디방의 청년회나 유력자들은 주의치 아니치 못할 일이라더라. (남원)

매일 21.04.17 (2) 경기 시정 선전

경기도의 시정 선전 방법을 문(聞)한 즉 십육, 십칠, 십팔 삼일간 매일 오후 육시부터 좌기(左記) 장소에서 거행홀 터인딕 십육일(제일일)은 시내 경운동 여자고등보통학

교 강당에서 공등(工藤) 지사의 개회사와 대총(大塚) 내무국장의 『제국신민된 자각』
이란 강연과 하전직치(賀田直治)씨의 『산업교통』이란 강연과 김윤정(金潤晶) 도참여
관의 『조선의 신시정』이란 강연이 유(有)ᄒ며 십칠일(제이일)은 경성중학교 유도장
에서 공등 지사의 개회사가 유ᄒ 후 시전(柴田) 학무국장의 『신시정과 교육』이란 강
연과 식은두취(殖銀頭取) 유하광풍(有賀光豊)씨의 『산업과 금융』이란 강연과 한일(韓
一) * * 취체 김한규(金漢奎)씨의 『근면 정직』이란 강연이 유(有)ᄒ며 십팔일(제삼일)
은 인천 유현 심상소학교 강당에서 김윤정(金潤晶) 도참여관의 『조선의 신시정』이란
강연과 도 좌등(佐藤) 내무부장의 『개회사 급(及) 선전의 취지』가 유(有)ᄒᄂ 인천 취
인소(取引所)[26] 선송토삼랑(善松兎三郎)씨의 강연이 유(有)ᄒ며 전기(前記) 각일(各日)
의 강연 후에 내지 사정 급(及) 조선 사정의 활동사진의 영사를 행ᄒ 터이며 내지 길
야천(吉野川)씨의 임야사업에 대한 길야천의 담화가 유ᄒ다ᄂ딕 제일 제이 양일에ᄂ
시내 각 정동(町洞) 총대(總代)에게 통지ᄒ고 유지자(有志者)에게 안내서를 발송ᄒ야
다수 청강케 ᄒ다더라

매일 21.04.17 (3) 〈광고〉

사월 십사일(목요일) 신사진교환
연속사진대활동과 야구대전대활약
미국 에스쏘스돈 회사 금계(金鷄) 대영화 제삼편 제사편 사권 상장
제이회 연속대탐정 대모험대활극 **응(鷹)의 추적**
삼편 죄악의 소굴 사편 마의 수
미국 이대 야구단 조도전 선수
실사 야구대격전
미군은 스미스씨 선수 외 수십명
조도군 곡구오랑(谷口五郎)씨 외 수십명
ㅡ ㅡ ㅡ최장척ㅡ ㅡ ㅡ
영국 잘스아ㅡ반 영화
향사극(鄕土劇) **생련사련(生戀死戀)** 전칠권

---

26) 거래소의 옛 용어

아이스란도에셔 기(起)호 사실담
경성부 수은동
전화 구오구번 단성사

조선 21.04.17 (3) 시정 선전 활동사진
경긔도청에셔 금번 각디로 슌힝ㅎ면서 시정활동사진회를 기최ㅎ야 총독의 시졍을 더
ㅅ뎍으로 션뎐ㅎ는디 당디에도 오는 십팔일 오후 여섯시 반부터 측현뎡 거장(柤峴停
車場)과 좌등 닉무부장(佐藤 內務部長)이 렬셕ㅎ야 시쳥의 취지 강연과 시정 활동사
진희를 기최ㅎ야 일반 시민에게 무료로 관람식인다더라. (인쳔 지국)

조선 21.04.17 (3), 21.04.18 (3), 21.04.19 (3) 〈광고〉
축항사, 축항사 할인권 4월 15일자와 동일

조선 21.04.17 (4) 〈광고〉
사월 십육일부터 사진 전부 차환
미국 유니바—사루 회사
실사 **주보** 전일권
미국 유사 주에루 영화
정활극 **화의 녀(火의 女)** 전육권
미국 뉴니우아사루 회사
연속대활극 제오회 **철완의 향(鐵腕의 響)** 종편 육권
제십삼편 공포의 기관차 제십사편 ▷와(化)◁ 제십오편 비밀의 괘통(卦筒)
차회(次回) 상장의 신연속 사진은 하(何)?
우미관 전화 이삼이육번

매일 21.04.18 (2), 21.04.19 (4), 21.04.22 (3), 21.04.24 (1), 21.04.25 (1), 21.04.28 (3) 〈광고〉
단성사 4월 17일자와 동일

매일 21.04.18 (3) 시정 주지(周知) 선전 / 첫날의 되셩황은 참으로 형언홀 슈 업는 되만원임

경성부의 시정 쥬지 션던의 졔일일은 지난 십륙일 오후 여셧시 반부터 경운동 여자 고등학교 대강당에셔 열니엇는 바 시간 젼부터 죠수갓치 밀니어 드러오는 텽즁은 무려 슈천명에 이르러 쟝뇌 쟝외는 대혼잡을 일우엇스며 그 즁에는 여자도 대부분이며 일곱시부터는 쟝소의 관게로 부득이 입쟝을 거졀ᄒ기ᄭ지 일우는 대셩황 가운데에 시졍 션던 쇼췩ᄌ의 밋 그림엽셔를 난호아쥰 후 공등(工藤) 경긔도지사의

기회사로 강연이 시작되엿는 바, 대총(大塚) 뇌무국쟝의 『뎨국의 신민된 자각』이라는 연뎨로 두시간 이상의 쟝시간을 열변을 토ᄒ얏고 그 다음에 ᄒ뎐(賀田) 식텰 사쟝의 『산업과 교통』이라는 연뎨로 약 ᄒ시간 동안의 강연이 잇슨 후 됴션 소졍과 밋 뇌디 소졍 * 활동사진을 영수ᄒ

후 열ᄒ시 반경에 폐회ᄒ얏는 바 일반 텽즁은 극히 졍슉히 일일이 감동되는 듯ᄒ 긔 식으로 만죡ᄒ 빗츨 씌이고 자기 집으로 도라갓는대 쳐음의 셩젹으로 이와갓치

되셩황을 일우운 것은 실로 죠흔 현상이라 홀 슈 잇스며 쏘ᄒ 쟝뇌의 시졍상 현져ᄒ 효과를 낫ᄒ뇌일 것은 의심업는 일이라 홀 슈 잇스며 무단졍치의 왕*과 젹극뎍 문화졍치의 오날을 비교ᄒᄋᆷ에 감구지회가 업지 못ᄒ얏다. 이날의 션던 강연은 됴션 젼도에 일졔히 잇는 것이나 특히 수부인 경셩의 뎨일일로 이와갓흔 량호ᄒ 셩젹을 엇은 것으로 볼 것 갓흐면 다른 곳에셔도 물론 되셩황을 일우엇슬 것은 죡히 츄칙홀 슈 잇다. 짤아셔

우리 민지가 츠츠 향상됨을 증명홀 수 잇스며 우리의 쟝뇌는 실로 융융홀 듯 두긋거임을 참으로 진졍키 어렵다 ᄒ겟스며 당일의 렬셕ᄒ 이로는 총독부로 반뎡(半井) 문셔과쟝과 도변(渡邊) 뎨일과쟝 이ᄒ 십여명이 츌셕ᄒ얏고 그 외 경셩부 윤김도[27) 참여관 등 슈십 명이 츌셕ᄒ얏더라.

조선 21.04.18 (2) 위생과 신시설(新施設)

본년도에 재(在)한 경무국 위생과의 오대 사업으로 목하 착々히 계획의 보조를 진행홈은 (一) 방역 근본 계획의 수립 (二) 전국 방역대회의 개최 (三) 위생활동반 조직

---

27) '김윤정' 참여관의 오식인 듯하다.

(四) 위생전람회의 계획 (五) 경찰협회의 설립이니

방역 근본계획의 수립에 관ᄒ야는 각도에 명(名)ᄒ야 각 기도(其道)에서 적절한 계획을 기안중이지마는 대체상으로는 제일기, 제이기, 제삼기로 구분ᄒ야 계획을 입(立)ᄒ되 호역(虎役)과 여(如)홈은 종래의 예(例)에 의한 즉 최초의 *래(*來)를 수(受)ᄒ는 지점은 대략 일정ᄒ니 즉 남선(南鮮)에는 경상도 연안과 북선에 재ᄒ야는 성진, 원산, 청진 등인디 호역 예방에 제(際)ᄒ야는 가장 고심을 감(感)홈은 어선의 취체인디 우(右)에 관ᄒ야는 일본으로부터 출어ᄒ는 어선의 계통에 관ᄒ야 철저로 조사를 진행ᄒ는 터이며 기차(其次)에

전국방역대회는 오월 하순에 경성에서 개최홀 예정으로 목하 착々히 준비중이라 ᄒ며 위생활동반의 조직은 전(傳)혀 방역선전에 *홀 목적인디 이만 오천원을 투(投)ᄒ야 한강 강안(江岸) 급(及) 노량(鷺梁) 방면을 이용ᄒ야 영화를 제조ᄒ고 각도에 각 일본 * 영화를 배치ᄒ야 일제히 방역사상을 환기 선전ᄒ되 지(遲)ᄒ야도 오월 상순에는 실시홈에 지(至)홀 터이며 우(又)

위생박람회는 금 하서(今夏暑) 중 휴가기를 이용ᄒ야 경성에서 부내의 각 학교에서 개최홀 예정이오

경찰협회는 기(旣)히 대체의 조직을 료(了)ᄒ얏슴으로 오월중에 발회식을 거행홈에 지(至)홀 터이라더라.

조선 21.04.18 (4), 21.04.20 (4), 21.04.21 (4), 21.04.22 (4), 21.04.23 (1) 〈광고〉
우미관 4월 17일자와 동일

매일 21.04.19 (4) [독자구락부]
어졔 저녁에 단성사 구경을 갓더니 사진이 참으로 볼만ᄒ여요 그 중 『싱련—사련』이라는 사진은 우리에 심지에 파동이 만코 허영이 만은 청년들에게는 흔번 쏜 볼만ᅙᆸ되다. (애활생(愛活生))

조선 21.04.19 (2) 조활(朝活) 창립총회기(期)
조선활동사진주식회사는 거(去) 십삼일에 전부의 불입을 종료ᄒ * 십사일 주주에 대ᄒ야 사월 이십팔일 오후 육시에 경성 호테ᄅ에서 창립총회를 개최ᄒ는 지(늡)를 통첩하엿는데 사장은 *번태랑(*繁太郎)씨는 결정홀 것ᄒ고 *하는 *분간 결원으로

*며 송본(松本), 등고(藤高), 성청(成淸), 암본(岩本)의 제씨가 취체역이 되는 동시에 상무를 집행ᄒ되 먼져 황금관의 인수를 교섭ᄒ 후에 *상(＊商)이 성립되면 직＊(直 ＊) 영업을 개시ᄒ 것인데 영락정 *정목 *他에 공사중인 조활은 래 팔월경에 준공을 ＊＊으로 목하 * 공사를 급행중이라더라.

동아 21.04.20 (4) 형제좌 일행 출발
동아일보 수원지국 후원하에 당지(當地)에서 흥행하든 신파극 형제좌 현성완(玄聖完) 일행은 오일간 매일 만장의 성황으로 행연하다가 거(去) 십팔일에 대구 마산 방면을 향하야 출발하얏다더라. (수원)

매일 21.04.20 (3) 마기술사(魔奇術師) 내선(來鮮) / 죠쟝은 지나인 한봉션 / 일힝은 모다 륙십여명
지나 예슐게의 화형 비우 미란방과 병칭ᄒᄂ 긔슐마슐로 유명ᄒ 지나인 혼봉산(韓鳳山)은 구쥬 젼징 젼에 구쥬를 슌업ᄒ야 그 묘기를 빅인에게 경탄케ᄒ 바 일본 흥힝게를 횡힝ᄒ야 다대ᄒ 호평을 밧엇고 쏘 각궁 뎐ᄒ의 대람ᄒ신 광영ᄭ지 입은 터로 됴션에ᄂ 혼번도 오지 안음을 섭섭히 역여 이번 단성사에셔 특히 혼봉산 일힝 륙십 여명을 불너다가 혼번 구경케ᄒ기 위ᄒ야 벌셔부터 교섭ᄒ 결과 오ᄂ 이십구일부터 대뎍뎍 처음으로 흥힝혼다ᄂ대 그 일힝 즁에 묘령의 녀비우 수십명도 잇다ᄒ며 목하 북경을 쎠나 장차 온다더라.

매일 21.04.20 (3) 〈특별광고〉
사월 이십구일 음 삼월 이십이일
단성사!
중국마기술 대가
한봉산군 일행 래
지나 예슐계의 화형배우 매란방과 병칭ᄒᄂ 마기술사 한봉산군은 대젼 젼 구미를 슌업ᄒ야 입신의 묘기ᄂ 백인(白人)을 경탄케ᄒ 사(事)가 유(有)ᄒ고 쏘 일본 흥행계에 횡행ᄒ야 동경 대판(大阪)[28] 각 지방에셔 대호평을 박득(博得)ᄒ 쑨 외(外)라 각궁 전

---

28) 오사카

하의 태람(台覽)의 광영ㅼ지 득호

한봉산 일행

한군의 일행은 육십여명의 대일행은 수일전 북경을 출발ㅎ야 본관에 초청으로 특히 조선에 쳐음 도션(渡鮮)ㅎ야 기(其) 묘기의 특장(特長)을 어람에 공ㅎ야서 자기의 예술 수완을 발휘ㅎ기로 작정인바 조선 흥행계에 파천황의 신기록을 작(作)홀만호 증전미유(曾前未有)의 차 (此) 일행!!

기(其) 수완과 장처(長處)!!!

여화여월(如花如月)한 여우(女優)

이십여명 총출연

동아 21.04.21 (1) 〈광고〉

사월 십사일부터 사진 전부 교환

제이회 연속사진과 야구대전의 실사

미국 이대 야구단 조도전 선수

미국 풀스돈 회사 대표적 사진

제이대활극 대탐정 **응(鷹)의 추적** 제삼 제사

제삼편 죄악의 소굴 제사편 마의 수(魔의 手)

킹바코트씨 크레스더몬드양 출연

영국 쟐스아−반 영화

향사극(鄕土劇) **생련사련(生戀死戀)** 전칠권

시(時)는 십팔세기 경 아이스란드에서 기(起)한 소설적 사실을 근거로하야 각색한 순평(純平)한 연애극

원명 련은 즉 법(戀은 卽 法)

경성 수은동

단성사 전화 구오구번

매일 21.04.21 (4) [독자구락부]

형제단이라는 신파 비우 일힝은 긔예는 공부ㅎ지 아니ㅎ고 손님 쩌리고 욕ㅎ기만 공부를 ㅎ얏눈지 슈원에 와셔 흥힝ㅎ는 일주일 동안에 두 번이나 손님을 쩌렷스니 그리고 돈을 벌 수 잇슬가 쥬의좀 ㅎ여라. (목격生)

매일 21.04.22 (3) 승군(蠅軍) 토벌 대션전 / 파리잡는 긔게신지 비포 / 아모조록 파리를 업시라

작년 겨울은 근러에 드문 쌋듯ᄒ 긔후가 계속되엿슴으로 금년은 특히 파리의 발싱이 만흘 듯 ᄒᆷ으로 경셩부 위싱 당국은 이월 초슌부터 텰뎌뎍으로 파리의 구졔를 ᄒᆼᄒ야 그 구졔 효과를 현져케 ᄒ즈ᄂ 희망이엿스며 예산의 관계상 드듸여 구년도 즁에ᄂ 실힝ᄒᆯ 경비가 업슴으로 다쇼ᄃ 지연이 될 듯. 십년도 신예산안 편셩을 보는 동시에 필경 텰뎌뎍 대구졔를 계획ᄒ야 이십삼일 경부터 실힝ᄒ기로 되엿ᄂ 바, 즈못 디규모로 쥬도를 츙분히 ᄒ 대계획으로 쥬위션 션뎐뎍 방면에ᄂ 졔일은 활동사진회로 이십삼일부터 종로 방면에셔 삼기소 마포 방면에셔 일기 쇼, 룡산 원뎡 방면에셔 일기 소 등 도쳐에 파리 구졔의 위싱 활동사진을 영ᄉᄒ는 동시에 노방 션뎐반(路傍宣傳班)을 죠직ᄒ야 야근에 시ᄂᆡ 각쳐에 낫하나 구졔 션뎐 표어를 크게 쓴 등을 세우고 그 밋헤셔 노방 연셜을 ᄒ며 ᄯᅩ는 시ᄂᆡ 각 쇼학교와 밋 보통학교에 교셥ᄒ야 부형모시²⁹⁾회(父兄母姊會)를 기최ᄒ야 다수ᄒ 부형모시와 밋 학교 싱도의 참집ᄒᆷ을 구ᄒ야 위싱 활동사진을 영사 션뎐ᄒᆯ뿐 안니라 다시 가장 기발ᄒ고 취미잇는 대도 디상문자 션뎐이라 ᄒᆯ만한 고안으로 경셩 우편국 압, 뎍한문 압, 남대문 역젼, 광화문 등 큰길 *이 ᄯᅡᆼ을 리용ᄒ야 큰 길 우에 셕회로 파리 구졔의 표어를 크게 써셔 길 가는 사롬들이 이것을 발불 ᄶᅢ마다 션뎐을 뇌수에 깁흔 인상을 쥬는 등 죠흔 고안이 만흐며 구졔 실힝 방법에 대ᄒ야는 다음에 보도코자 ᄒ노라.

동아 21.04.23 (1), 21.04.25 (1), 21.04.26 (1), 21.04.28 (4), 21.04.29 (1), 21.04.30 (1), 21.05.02 (4), 21.05.03 (1), 21.05.04 (4), 21.05.06 (4), 21.05.08 (4), 21.05.09 (1), 21.05.10 (4), 21.05.11 (4) 〈광고〉

단성사 4월 21일자와 동일

매일 21.04.23 (4) [독자구락부]

근쟈에 각 연극장을 가셔 보면 녀학싱들이 ᄶᅦ를 지여 구경을 ᄒ고 잇습듸다. 활동사진 갓흔 것은 상관이 업겟지만은 기싱 연주회 갓흔 데ᄂ 졔발 가지 말엇스면 죠겟셔

---

29) '부형모자'의 오식인 듯.

요. 학교 당국자는 감독을 엄밀히 좀 ㅎ엿스면. (희망생)

조선 21.04.23 (3) 〈광고〉
사월 이십삼일부터 신 연속사진 제공
미국 유니바-사루 회사
실사 **주보** 전일권
미국 뉴니바사루 회사
인정극 **운명** 전육권
미국 뉴니바사로 회사 걸작
신연속대사진 대모험활극 **뇌악(雷岳)의 위난** 전육권 전십오편 삼십권
제일편 악의의 창(槍) 제이편 계제의 교(係蹄의 橋) 제삼편 망 * 의 치(鋼 * 의 齒)
우미관 전화 이삼이육번

동아 21.04.24 (3) 활동사진으로 실업을 장려 / 경긔도에서
경긔도 디방과(京畿道 地方課)에서는 금년도 디방비 예산안(地方費 豫算案)에 특별히 사회사업비(社會事業費)를 만히 세워서 일반 사회사업에 힘을 쓸 터인대, 그 중에 활동사진을 리용하야 모든 선뎐과 디방에 농사 장려, 위싱 사상, 기타 힝정의 시설을 소개하야 관내 각
디방 인민에게 실디를 보이어 아못조록 유익함을 엇도록 할 목뎍으로 활동사진 긔계와 밋 기술원까지 고빙하야 금년부터는 크게 활동할 계획이라는대, 위선 새로 사드린 긔계를 시험하기 위하야 작일 오전에 디방과원과 기수들이 창경원(昌慶苑) 안 동물원에 츌장하야 활동사진을 박히기 시작하얏스며 이번에 박히는『필름』을 비롯하야 농림모범장(農林模範場)의 작업을 하는 모양이라든지 또는 공업에 관한 유익한 참고될만한 모든 실디 광경을 박히어 장리에는 경긔도 관내의 일반 사정을 박힌「필름」으로 데일권 외 경긔도 경황「필림」을 만들 계획이라하며
금년도의 활동사진에만 사용할 예산이「필림」갑이 삼천원이오, 이에 대한 잡비가 삼천 원 합계 륙천원의 큰 금익을 사용하야 활동사진을 박힐 터이라더라.

동아 21.04.24 (3) 남만사우(南滿社友) 오락회 / 명일부터 삼일간
남만주 텰도주식회사 경성 관리국 사우 오락부(南滿洲 鐵道株式會社 京城 管理局 社

友 娛樂部)에서는 이십오일, 이십륙일, 이십칠일, 삼일동안 매일 오후 일곱시부터 사우회장(社友會場)에서 활동사진을 영사할 터이라더라

매일 21.04.25 (3) 위생활동사진회 / 이십오일 밤부터
경성부에서 파리 구제션뎐(蠅驅除宣傳)에 위싱 활동사진회는 오는 이십오일 오후 여덜시부터 화동 공립 고등보통학교에셔 그 뎨일회를 기최ᄒ고 위싱 사상의 함양에 로력ᄒᆫ다더라.

조선 21.04.25 (3), 21.04.26.(3), 21.04.28 (4), 21.04.29 (4) 〈광고〉
우미관 4월 23일자와 동일

매일 21.04.28 (3) 한봉산의 마기술 / 본사 후원 ᄒ에 / 단성사에서 ᄒᆡ
지나에셔 일류로 세계뎍 대마긔술 한봉산(韓鳳山) 일ᄒᆡᆼ이 금 이십팔일부터 시니 단성소에셔 본소 후원 ᄒ에셔 대대뎍으로 흥ᄒᆡᆼ홀 터인대 그 일ᄒᆡᆼ으로 말ᄒ면 실로 놀라울만ᄒᆫ 긔술과 마술을 ᄒ다ᄒᄂᆫ대 일ᄒᆡᆼ의 지죠는 실로 놀라울만ᄒᆞ야 됴션에는 쳐음 되는 마술이라ᄒ겟고 ᄯᅩᄂᆫ 이 한봉산 일ᄒᆡᆼ의 신긔한 마긔술에는 소름이 씻칠만ᄒ 흥이 만허셔 참 볼만ᄒ다더라.

매일 21.04.28 (4) [독자구락부]
▲ 한봉산 일ᄒᆡᆼ은 언졔부터 단성사에 츌연ᄒᄂᆫ지요, 구경가고 십혀셔 죽겟요. (십 허생)

매일 21.04.29 (3) 〈광고〉
사월이십팔일브터 (일주간) 특별 대대흥행
세계적 대마기술
한봉산군 일행 외 삼십명
일, 좌원 총츌의 인사(人事) 이, 정체(井體)의 현츌(現出) 삼, 위험술 면력(眠力) 사, 신체에서 척여(尺餘)의 대정(大井)의 현츌 오, 낭화절 갓흔 것 육, 지나 가극 칠, 이인 운동 팔, 마? 풍?(魔? 風?) 저무정(底無井) 구, 두상(頭上)의 정(井)의 곡예 십, 이매 소명(二枚 小皿) 십일, 소녀 삼인 운동 십이, 검 시합 십삼, 삼목 명의 현츌(三

枚 皿의 現出) 스미스 비행명(飛行皿) 십사, 진검시합 십오, 세계적 대곡예 역수의
곡(逆水의 曲) 십육, 구중(口中) 무한에 도대화등롱(熖大花燈籠)의 현출
연속사진도 홈니다
경성 수은동
전화 구오구 단성사

매일 21.04.30 (1), 21.05.01 (4), 21.05.02 (4) 〈광고〉
단성사 4월 29일자와 동일

조선 21.04.30 (3) 〈광고〉
사월 삼십일부터 전부 차환
미국 정부 위탁영사
실사 **쌔데 – 주보** 전일권
미국 유사 뉴니바사루 영화
메 – 마레 – 양 주연
인정극 **여명** 전육권
미국 유니바 – 사루 회사
연속대활극 제이회 **뇌악의 위난** 제사,오,육 사권
제사편 공포의 동혈(洞穴) 제오편 불신의 절벽 제육편 가책의 목(苛責의 木)
우미관 전화 이삼이육번

동아 21.05.01 (3) 경성부 내의 사회사업 / 위선(爲先) 학생을 위(位)하야 / 활동사진관, 도서관, 박물관을 설립함이 가장 긴급할 일이라
경성시내의 사회교화사업(社會敎化事業)은 근러에 이르러 약간 늘어가는 모양인대,
이에 대하야 경성부 지람 학무주임(智覽 學務主任)은 말하되, 근러 사회사업이 만히
이러나서 상당한 성적을 엇는 모양인대 아즉까지 완원한 일반뎍 도서관(圖書舘)이 업
는 것이 큰 유감이오. 소학교의
아해들을 위한 활동사진관, 박물관(博物舘) 등이 업는 것이 큰 유감인대, 더욱이 학
성만 위한 활동사진관은 유식자 간에 가장 긴급한 문뎨로 쎠들게 되얏다. 참고하기
위하야 이제 경성 시내의 사회사업에 대한 설비를 보건대,

◇ 도서관 (가) 두 곳 (나) 칙을 보러오는 사람 (작년 칠월부터 년말까지) 이만삼천일백칠십명 (다) 모혀 노흔 칙의 수효 보통서적 삼만이천팔백육십권, 잡지책 삼십팔종

◇ 박물관 (가) 두 곳 (나) 구경군 일년 평균 삼만구천오백칠십명 (다) 진렬한 물건 수효 이만육백팔십사뎜

◇ 식물원 (가) 한 곳 (나) 구경군 일년간 평균 일만구천백팔십명 (다) 식물의 가지 수효 일만일천육백사십오뎜

◇ 동물원 (가) 한 곳 (나) 구경군 일년간 평균 이십삼만구천칠백오십명 (다) 기르는 동물 수효 삼백구십뎜

◇ 수양단 「일본인」 (가) 한 곳 (나) 단원 수효 백칠십일명

◇ 유아원(육아원) (가) 네 곳 (나) 수용한 아해 수효 삼백칠십삼명 (다) 경비 일년간 평균 이만오천구백원

◇ 강연회 (가) 시민 강좌 「일본인」 매월 한 번 (나) 신문사 통신사 잡지사 기타 은힝 등의 주최의 강연회 (다) 교육연구회 주최의 강연회 등

◇ 일요학교 (가) 스물 두 곳 (나) 수용한 아해 수효 일천구백이십육명 (다) 경비 일년 약 이천육백칠십오원

전긔와 가치 다소의 사회사업이 업는 것은 아니나 이것만으로는 도뎌히 경성의 톄면을 유지할 수가 업스며 더욱히 아해들을 위한 사회뎍 사업이 엇더케 빈약한 것을 알 수가 잇슬 것이라. 요사히 사회사업에 대한 일반의 사상이 매우 진보된 것은 사실이나 이러한 쌔를 타서 부내의 각 공립보통학교 가튼 데에서 일제히 통속 강연회 가튼 것을 개설함도 매우 간절한 일이라고 싱각한다고 말하더라.

조선 21.05.01 (3), 21.05.03 (4), 21.05.04 (1), 21.05.05 (1), 21.05.06 (4), 21.05.07 (4) 〈광고〉

우미관 4월 30일자와 동일

동아 21.05.02 (4) 안주(安州)극장 출현

평남 안주성내는 수천호되는 도회로되 혹시 흥행단이 래(來)할지라도 상당한 장소가 무(無)함으로 일대 불편을 감(感)하더니 당지(當地) 홍우＊(洪禹＊)씨가 기(其) 소유 사천여평의 창고를 수리하야 차(此)를 안주극장으로 사용케 하얏슴으로 금반(今般)부터는 흥행이나 기타 집회에 다대(多大)한 편익을 여(與)하리라더라. (안주)

동아 21.05.02 (4) 청년단의 활동사진

당지(當地) 김덕담(金德澹) 강형노(姜衡魯) 양씨가 통영청년단 지육부(智育部)의 경영하는 활동사진 매입 자금 육천원을 무이자 분담 대부한다 함은 이미 보도하엿거니와 양씨는 금융 핍박한 금일임을 불구하고 단(團)을 위하야 갹금(醵金)이 추호도 상위(相違)가 무(無)하엿슴으로 통영청년단에서는 기간(其間) 기계 매입과 사진 선택에 고심이던 바 금반(今般) 기(其) 준비를 료(了)하엿슴으로 사월 십팔일부터 약 일주간을 통영에서 제일회 흥행할 예정인 바, 초일에 한하야 단원의게는 무료 입장을 허하얏스며 사진은 최신 묘사한 것으로 유명한 강력 에루모 전편(全篇)과 기타 교육선전에 필요한 것이라더라. (통영)

매일 21.05.02 (3) 예창기와 차부(車夫)에게 / 본뎡 셔에셔 불너다가 곤졀히 셜유

지나근 이십구일 오후 한시부터 본뎡 경찰셔에서는 관너 예창기를 슈관(壽舘)으로 모으고 길촌 셔쟝과 삼윤 위싱쥬임의 위싱에 관훈 일쟝 훈시를 ᄒ엿는대 삼십일 오젼에 보안계에 셔는 불법히 당치안은 삭전을 밧지 말고 또 기싱촌에서 보통 손이 인력거를 타려면 티우지 안음으로 그러훈 일을 ᄒ지 말나고 관너 인력거 영업자를 모으고 들녀쥬엇다더라.

매일 21.05.03 (4) 〈광고〉

한봉산군 일행 외 삼십명

일, 좌원 총출의 인사 이, 정체의 현출(井體의 現出) 삼, 위험술 면력(眠力) 사, 신체에서 여척(尺餘)의 대정(大井)의 현출 오, 낭화절 갓흔 것 육, 지나 가극 칠, 이인 운동 팔, 마? 풍?(魔? 風?) 저무정(底無井) 구, 두상(頭上)의 정(井)의 곡예 십, 이매 소명(二枚 小皿) 십일, 소녀 삼인 운동 십이, 검 시합 십삼, 삼매(三枚) 명의 현출 스미스 비행명 십사, 진검시합 십오, 세계적 대곡예 역수의 곡(逆水의 曲) 십육, 구중 무한(口中 無限)에 도대화등롱(焰大花燈籠)의 현출

연속사진도 홈니다

경성 수은동

전화 구오구 단성사

조선 21.05.03 (3) 안주군(安州郡) 안주면에 공개 극장

온주군 안주면 청교리 홍우주(洪禹疇)군은 금년 삼십팔세의 청년으로 시더적 사업에 공헌이 다디ㅎ야 십자병원(十子病院), 정미쇼 등을 시로 경영ㅎ얏고 안쥬군 시니는 이천호 이상의 디도회인디 우군까지 일기쇼의 공기극장(公開劇場)이 업슴을 유감으로 싱각ㅎ야 종리로 자긔의 사용ㅎ든 사십여평의 디단에 안쥬극장을 건축ㅎ야 일반에게 공기ㅎ야 각 음악 기예가々 그 곳에 오는 경우에는 저염한 사용료를 중수ㅎ고 차여ㅎ며 특별히 안쥬의 공々사업을 위ㅎ야 사용홀 경우에는 엇던 단톄의 청구ㅎ는 경우에는 무료로 디여혼다더라. (안주 지국)

조선 21.05.03 (3) 진남포 예기 연주

진놈포 예기조합에셔는 본월 오일 밤브터 연쥬회를 기최한다는디 동 연주회의 슈랍 *으로는 동 조합 증축비와 기타의 경비에 보층홀 터이오, 장쇼는 당디에 잇는 항좌(港座)이라더라. (진남포 지국)

매일 21.05.05 (4), 21.05.06 (1), 21.05.08 (3), 21.05.09 (4), 21.05.10 (3), 21.05.11 (4) 〈광고〉

단성사 5월 3일자와 동일

동아 21.05.06 (1) 〈광고〉

당 오월 사일 사진 전부 차환

미국 선지리

희극 **깃분 여행** 전이권

미국 지유에–류 회사 걸작

사회극 **운명** 전육권

미국 바이다구락부 대걸작

제사회 연속 **뇌악(雷岳)의 위난** 전육권

인천부 외리(外里)

유사 특약 활동사진상설 애관

동아 21.05.06 (3) 미국식 출중한 작난(作亂) / 활동사진을 박히기 위하야 배 일빅 이십 오 척을 불질너

◇ 무엇이나 엄쳑난 수작 잘 하기로 세계에 유명한 미국에서는 이번에 또 놀날만한 작란을 한다는 소문이 들닌다. 세계 대전징 중에 미국에서는 배를 만히 지어서 현재에 장사하는 배만 하야도 칠빅삼십오척의 큰 배가 잇는대 이밧게 정부에서 짓다가 말은 나무로 만든 배 일빅이십오척은

◇ 아직까지 긔관도 장치하지 아니하고 지금 『뉴욕』항구에 매어잇는 중이다. 그런데 이번 의회(議會)에서는 만흔 배를 엇더케 처치할가는 문뎨가 나게 되매 가주(加州)[30]에서 선츌된 상원의원(上院議員) 「포-쓰」씨가 요사이 각처에 집이 부족하야서 야단인즉, 이 배들을 엇더한 장소에다가 매어놋코 가난한 로동자의 집으로 사용함이 조켓다고 의견을 뎨츌하얏다. 그러나 그 배들을 사람이 사는 집과 가치 꾸미랴면 적지 아니한 돈이 들겟슨즉, 차라리 일시에 불을 질러서 하날을 태일 듯이 밍렬히 타오르는 광경을 활동사진으로 박어서 팔면 그보다

◇ 더 큰 리익을 볼 수 잇겟다는 반대 의견이 싱기어서 여러 가지로 의론한 결과 마츰내 불에 살으기로 결뎡이 되얏다한다. 그리하야 올여름에 태평양(太平洋) 한가운데에 일빅이십 오척의 만흔 배를 내어세우고 한거번에 불을 질게 될 터이니, 이야말로 과연 미국식의 엄청난 작란이라 하려니와 그 밍렬히 타오르는 광경은 실로 큰 해전을 보는 이보다도 더욱 장렬할 것이다. 이와가치 된 이면에는 돈이 지글지글하는 활동사진 회사로 유명한 「뉴니바살」 회사에서 매우 비밀히

◇ 운동한 듯 하다는대, 상항(桑港)[31] 등대에도 이 짜위 목조 긔선이 만흠으로 이것들도 차차 어더케하던지 처치할 것이라 하더라.

동아 21.05.07 (1) 〈광고〉
애관 5월 6일자와 동일

---

30) 캘리포니아
31) 샌프란시스코

조선 21.05.07 (3) 대분(大分)[32] 공진회장에 조선관의 성황 / 구경가는 사람은 흔 옷을 입은 조선인 단톄가 만타

일본 구쥬 각현 런합공진회(日本 九州 各縣 聯合共進會)도 차＊ 폐회긔(閉會期) 절박 흐야 옴으로 이제 오날은 비가 옴을 불구하고 나날이 다수흔 입장자가 인산인희를 이루는 모양인디 요사이 입쟝흐는 단톄 관롬자(團體 觀覽者)로는 학싱단을 졔한 외에 는 죠선인 단톄가 제일 만어셔 미일 공진회장은 흰 옷을 입은 조선인 뿐인 것 ᄀ흐야 조선관 안닉계(朝鮮舘 案內係)에셔는 련일 미우 밧분 모양인디 오월 일일ᄭ지 입장한 조선 관람단은 그 수가 실로 일빅이 삼십단이나 되고 또는 안닉의 설명을 철뎌히 흐 기 위흐야 삼십인 또는 오십인식 쇼단톄를 지엿는디 그 이상한 풍속의 관광단은 여 러사람의 눈동자를 흔드는 동시에 회장 니에 빅씩인 조선 의복의 이치를 번득인다. 더욱이나 쉭다뎜(쉭茶店) 갓흔 곳에는 항상 빈 자리를 볼 수 업시 만원이 되아셔 매 우 번창흔 모양인디 총독부에셔는

다시 조선풍속 기타를 션전흐기 위흐야 쟝릭 연예관 활동사진을 영사흐는 바 가장 쥬쟝되는 것은 조선과 간토의 인졍 풍쇽과 일반 참고될 만한 사졍＊ 젼부 륙권(六卷) 으로 영사흐얏는디 이러와 갓더라

◇ 조선사정
제일권 해상 연락도 조선전경 부산 대구 수원
제이권 경성
제삼권 경성교외 인천 제사권 개성 평양 신의주
◇ 간도사정
제일권 경성으로부터 간도의 도문강(圖門江) 관위(官衙)
제이권 교육 조선인 상황 위생기관 광동 혼춘사건(혼春事件)의 적(跡)

조선 21.05.07 (3) 진명(進明)여학교 활동사진회

사립 진명녀자 고등보통학교에셔는 그 학교 쇼유디 쇼작인 자뎨를 다수히 수용흔 부천군 영종도 공립보통학교 싱도 빅여명이 경성에 드러옴을 긔회로 흐야 작일 밤 경긔도 선전반에 의뢰흐야 활동사진회를 긔최흐얏다더라.

---

32) 일본 지역명, 오이타.

동아 21.05.08 (4) [각지 청년단체] 청년활동대 조직

통영청년단 지육부(智育部)에서는 김덕담(金德澹) 강형노(姜衡魯) 양씨의 무이자 무기한의 대부금으로써 활동사진 기구를 매입하야 교육사상의 대선전을 목적으로하고 사월 삼십일부터 칠일간 당지(當地) 요래좌(遙萊座)에서 제일회의 선전 흥행을 한다 함은 기보(既報)하엿거니와 갱문(更聞)한 바에 의하건대 거 오월 일일에 개최된 총회에서 종래 지육부에서 전상(全相)하던 것을 단의 사업으로 변경하는 동시에 새로 활동대를 조직한 바, 차(此)에 대한 경영방침을 소개하건대 당지에서 흥행중 수익된 금전은 전부 통영 사립보통학교에 기부하고 기타 각지의 흥행중에 수익된 금전은 전부 기(其) 지방의 교육기관이나 혹은 치육에 희생하는 단체에 기증하기로 결의되엿는 바, 세평(世評)의 여하와 다대한 장해를 무릅쓰고 우리 민족의 교육사상을 고취식히는 일편으로 헌신적 활동과 노력으로써 금전을 수집하야 각지 교육계에 제공코저하는 통영청년의 장거(壯擧)와 미풍을 일반이 모다 칭송 불기(不己)한다더라

매일 21.05.08 (4) 평남(平南) 시정선전 / 지방개량반 대활동

거(去) 사월 십육일부터 삼일간 조선 전도(全道)에서 시정 선전 강연회를 개ᄒ얏슴은 일반이 주지혼 바어이니와 평남도청에서는 기시(其時)에도 특히 육일간에 긍(亘)ᄒ야 각 지방에 순회 강연을 ᄒ엿고 금회에는 대정 십년도 제일회로 박상해(朴相駭) 참여관과 엄창섭(嚴昌燮) 이사관이 각 이삼명의 반원을 수(隨)ᄒ야 거(去) 육일부터 십육일ᄭ지 장시일(長時日)을 비(費)ᄒ야 대대적 활동을 시(試)홀터인더 주간에는 시설 선전 강연을 ᄒ고 야간에는 활동사진과 환등을 영사ᄒ리라는대 일할(日割)은 좌(左)와 여(如)ᄒ더라.

양덕(陽德) 성천(成川) 양군에는 박참여관 일행이 출장 오월칠일 양덕군 양덕면 ▲ 팔일 동소(同所) ▲ 구일 동군 온천면 ▲ 십일 낙천면 ▲ 십일일 구룡면 ▲ 십이일 동지(同地) 체재 ▲ 십삼일 성천군 대구면 ▲ 십사일 성천면 ▲ 십오일 동소(同所) 체재 ▲ 십육일 귀청(歸廳)

▲ 개천(价川) 덕천(德川) 양군에는 엄이사관 일행이 출장 오월칠일 개천군 중 남면 ▲ 팔일 동소(同所) ▲ 구일 덕천군 외(外) 중면(重面) * 상제(上弔) ▲ 십일 여행 ▲ 십일일 덕천면 ▲ 십이일 덕안면 ▲ 십삼일 풍덕면 ▲ 십사일 태극면 ▲ 십오일 일하면 ▲ 십육일 귀청(歸廳) (평양)

조선 21.05.08 (3) 〈광고〉

오월 칠일부터 전부 차환

미국 유니쌔사루 회사

실사 스구린 마가진 전일권

미국 유니바사루 회사 우등작품

인정극 낙일의 산도(落日의 山道) 전육권

미국 유니바ㅡ사루 회사

연속모험대활극 제삼회 뇌악의 위난(雷岳의 危難) 삼십권 내의 육권

제칠편 전광의 와(電光의 化) 제팔편 창에 권십팔야(創에 捲十八야)

제구편 수저의 수인(水底의 囚人)

우미관 전화 이삼이육번

동아 21.05.10 (4) [각지 청년단체] 교육 활동 사진 거행

평양에서는 거 오일 하오 일시부터 평안(平安)극장에서 치육활동사진을 거행하얏는 대 부내 각 관공립 학생이 다수 참석하얏스며 금강산 내목대장국장(乃木大將國葬), 효녀 순택정자(鶉澤貞子) 등에 관한 사진을 영사하얏다더라.

동아 21.05.10 (4) 평양 해락관(偕樂舘) 개관식

조선에 제이 도회라 칭하는 대도회로서 상당한 오락장소가 무(無)함은 유감이라 하야 평안남도 평가원(評價員)과 상업회의소 의원의 공직을 가진 당지(當地) 유력자 구보순길(久保順吉)씨의 경영으로 평양 신구 시가의 중심되는 수정(壽町)에 일대 활동사진상설관을 건설하고 차(此)를 해락관이라하얏는대, 차는 작년 팔월부터 기공하야 대판(大阪)에서 전문기사를 초빙하야 관내외를 최신식으로 건축한 바 세멘트와 연와제(煉瓦製)로 하고 정원 일천명을 수용할 대건물인대, 금번 준공되엿슴으로 거(去) 일일 오후 이시부터 시내 각 관공직자와 신문기자 급(及) 유력자를 초대하야 문관 피로(聞舘 披露)를 하야 활동사진 시영(試映)을 하엿더라. 그런대 당일 관주 구보씨의 예사(禮辭)가 잇슨 후 남야(楠野) 평양부윤의 축사와 송정(松井) 평양 상의회두(會頭)와 장곡천(長谷川) 평남매일 사장의 축사가 유(有)하얏다더라. (평양)

동아 21.05.10 (4) 교육 활동사진 거행

평양에서는 거(去) 오일 하오 일시부터 평안극장에서 교육활동사진을 거행하얏는 대, 부내 각 관공립 학생이 다수 참석하얏스며 금강산, 내목대장(乃木大將) 국장, 효 녀 순택정자(鶉澤貞子) 등에 관한 사진을 영사하얏다더라. (평양)

조선 21.05.10 (4), 21.05.11 (1), 21.05.12 (4), 21.05.13 (3) 〈광고〉

우미관 5월 8일자와 동일

매일 21.05.11 (3) 교통정리 선전 / 활동사진으로 쥬의사항을 션뎐ㅎ|

본뎡 경찰셔에서는 도로 통힝의 복잡을 피키 위ㅎ야 요전에 도로 통힝자의 쥬의사항 을 각 각 목장이마다 붓치어 쥬의케 ㅎ얏다 흠은 임의 보도ㅎ 바와 갓거니와 다시 일 반에게 쥬의사항을 쳘뎌케 ㅎ기 위ㅎ야 관닉 각 활동사진관에셔 사진으로 쥬의사항 을 쏘흔 영ㅅㅎ야 일반에게 깁흔 인상을 준다더라

매일 21.05.11 (3) 제사(製絲) 여공의 위안 / 시졍 션뎐 활동사진을 영ㅅ 구경케

동대문 밧게 잇는 죠선제사쥬식회사에서는 동사에 근무ㅎ는 이빅 여명의 여자 직공 과 그의 부형을 위ㅎ야 십일 오후 팔시부터 그 회사 안에서 춍독부 시졍 션뎐 활동사 진을 영ㅅㅎ얏다더라.

조선 21.05.11 (3) 삼화(三和)권번 연주회

지는 칠일 밤브터 진남포(鎭南浦) 삼화 권번이라는 기성 단톄가 연주회라는 것을 당디 항좌에셔 기연케 되엿는디 기연ㅎ기 젼 오후 두시가 향ㅎ야 *권반 기성 일동은 여러 사롬의 사랑을 사고자 ㅎ야 얼골에 단쟝을 ㅎ고 볼에는 자긔의 마음껏 장식을 ㅎ고 인력거를 각기 타고 시니를 슌회ㅎ면서 광고를 ㅎ얏는디 보는 사람마다 이와 갓치 세 계의 공황으로 쎠드는 씩를 불구ㅎ고 자긔 죠합 수입만 어드랴 한다고 비평이 만흐며 쏘는 엇던 곳에는 초딕권을 보닉엿다가 퇴각까지 당ㅎ얏드더라. (진남포 지국)

동아 21.05.12 (1) 〈광고〉

당 오월 십일일부터 사진 전부 차환
미국 유사

희극 **쌔데 – 주보** 전일권

미국 유사

희극 **지용의 악희(惡戲)** 전이권

미국 유사 지우에 – 루 대품(大品)

대활극 **신생(新生)** 전육권

미국 바이다구락부 대걸작품

최종편 **뇌악(雷岳)의 위난** 전육권

◀운명 재결(裁決)▶

인천부 외리

유사특약 활동사진상설 애관

동아 21.05.12 (3) 〈광고〉

오월 십이일 (목요일)

미국 인다오뇨사

태서사회희극 **남장한 처녀** 전오권

고아 쏘이스 자키순더양 실연자(失戀者) 볼토 단니엘켈헵사씨

불란서 육군성 활동사진반 촬영

시사편담(片談) **전시의 불란서 유년(幼年)** 전이권

미국 루이쓰츌스톤 영화

제육회 연속 대모험대탐정 **응(鷹)의 추적** 전사권

제십일편 조의 이(鳥의 餌) 제십이편 호(湖)

경성 수은동

단성사 전화 구오구번

매일 21.05.12 (3) 기생에 저금 권유 / 경성부에서 기싱에게도 뎌금ㅎ게

경성부에서는 일반의 져츅ㅅ상을 아모죠록 고취ㅎ고자 각 방면으로 힘을 쓰는 중인 바 일반에게 뎌금을 쟝려하는 동시에 각 조홉 기싱에게도 흔달에 다만 일 이원식이라도 져금을 ㅎ도록 ㅎ기 위ㅎ야 각 죠합쟝을 불너 얼마식이라도 여러 기싱에게 져금을 ㅎ도록 권고를 ㅎ야달나는 의뢰를 ㅎ는 중인 바, 져금이라는 것은 오즉 긔싱뿐에게만 필요흔 것이 안이요, 엇더흔 사룸에게도 물논 필요임은 다시 여러번 말홀 필

요도 업거니와 특히 기성으로 말면 미일 얼마식이라도 버는 터인즉 십원 벌거든 빅 분지 일 십견식이라도 더츅을 ㅎ야들 것 갓흐면 흔 달에 빅 환을 벌면 자연히 한 달 에 일 환식은 져금을 ㅎ게 될 터인즉 아모조록 져츅의 정신을 일치 말고 다쇼간 져금 을 실ㅎㅎ기를 바란다고……

매일 21.05.12 (4) 〈광고〉
동아 5월 12일자 단성사 광고와 동일

동아 21.05.13 (1) 〈광고〉
오월 십이일 (목요일)
미국 인다오뇨사
태서사회희극 **남장한 처녀** 전오권
고아 쏘이스 자키순더양 실연자 볼토 단니엘켈헵사씨
불란서 육군성 활동사진반 촬영
시사편담(片談) **전시의 불란서 유년**
미국 루이쓰츌스톤 영화 전이권
제육회 연속 대모험대탐정 **응(鷹)의 추적** 전사권
제십일편 조의 이(鳥의 餌) 제십이편 호(湖)
문예극 **가츄-사** 전육권
관객 제위의 청구에 의하와 삼일간 연기하옵내다
경성 수은동
단성사 전화 구오구번

동아 21.05.13 (4) 〈광고〉
애관 5월 12일자와 동일

매일 21.05.13 (3) 이왕(李王) 전하 사진 태람(台覽) / 총독부 활동사진을 틔람
리왕 동비 양뎐ㅎ쇠셔눈 지나근 십일일 오후 여덜시 반부터 열시 반ᄶᅵ지 창덕궁 인 졍뎐(仁政殿)에셔 됴션 총독부의 최근 촬영흔 활동ᄉ진에 리왕가 아악, 동경 사명룡 산의 경마대회, 길야쳔의 별 * 기성의 츔과 닉션인 연합 운동회, 경도 닉량과 및 이견

포의 풍경, 기타 여흥으로 비힝긔의 지조와 희극의 그림을 어롬에 밧이엿눈대
리왕가에셔눈 슈년근 상즁이신 씨문에 사용치 안으셧던 인뎡뎐을 오뤼근만에 화려ᄒ
게 쑴이시고 비관＊눈 귀빈으로눈 리우공 뎐ᄒ 기타 윤즈작 민즈작 이ᄒ의 친쳑 일동
이며 쏘 부인셕에눈 녀관과 밋 리왕 직원 가족 등 약 빅명이 비관ᄒ엿눈대 수진 영사
긔게눈 최근 총독부에셔 스드린 졀대 방화(防火)의 안젼품을 사용ᄒ고 영화설명에
대ᄒ야눈 총독부로부터 뎐즁 통역관과 리왕직으로부터
박수무관 이 통역을 ᄒ야 드리엇눈대 영화 즁에 경마대회 갓흔 것은 삼일 젼에 촬영
ᄒ 시사진이며 리왕가로부터 이마(ㅎㅎ) 세 머리가 출쟝ᄒ엿고 쏘 명고옥셩은 년젼
에 리왕 뎐ᄒ쯰셔 닉디에 려힝ᄒ 졔 쳬지ᄒ옵시던 인연이 계시던 리궁(離宮)이신 씨
문에 어흥미가 깁흐샤 수진을 빗최일 재 루루히 질문에 계셔셔 만족해 어롬을 ᄒ셧
더라.

**매일 21.05.13 (3), 21.05.14 (4), 21.05.15 (1), 21.05.16 (4), 21.05.17 (1), 21.05.18
(4) 〈광고〉**
단성사 5월 12일자와 동일

조선 21.05.13 (3) 활동사진 어태람(御台覽) / 요사이 쉬로 촬영ᄒ 여러가지 사진을
어틔람

리왕뎐하와 동비뎐하쯰옵셔＊를 십일々 오후 팔시 반부터 십시 반까지 챵덕궁 인졍
뎐에셔 활동사진을 어틔람ᄒ셧눈디 이 사진은 총독부에셔 최근에 촬영ᄒ 사진으로
리왕직 궁닉 ㅇ악 동경 사졍, 룡산 경마디회, 길야천(吉野川)의 류벌(流筏) 기성의 츔,
일본인 조선인 련합운동회, 경도닉량(京都奈良), 이견포(二見浦)＊풍경과 기타 여흥
으로 비힝긔의 곡승활계션화(曲乘濶稽線畵) 등을
어태람ᄒ시게 ᄒ기 위ᄒ야 슈년근 샹즁이심으로 오릭 동안 사용ᄒ시지 안이훈 인졍
뎐을 두시 쟝식ᄒ고 어틔람 ᄒ시게 ᄒ얏눈디 비관자눈 귀빈측으로눈 리우공 뎐하, 윤
후작, 민자작 이하의 친족 일동이오, 쏘 부인셕＊눈 녀관들과 리왕 직원 가족 등 빅
여명이엿셧눈디 영사긔눈 총독부에셔 신구입한 졀딕 방화식의 안젼훈 것을 사용ᄒ얏
고 사진 셜명은 총독부의원 뎐즁(田中) 통역관, 리왕직의 박씨 무관이 통역ᄒ야 들엿
눈디
경마대회 갓흔 것은 삼사일 젼에 촬영ᄒ신 것으로 리왕직 궁닉에셔도 이마(愛馬) 삼

든가 츌쟝흔 것이 잇고 쏘 명고옥성(名古屋[33]城)은 년전에 왕던ᄒᆡ옵셔 일본에서 어려 힝ᄒᆞ셧슬 ᄶᅢ에 미우 연고가 깁혓던 리궁(離宮)이엿슴으로 영사중에는 여러 가지로 무르시며 만족ᄒᆞ시게 사랑ᄒᆞ셧더라.

동아 21.05.14 (4), 21.05.15 (4), 21.05.16 (2), 21.05.17 (4), 21.05.18 (4) 〈광고〉
단성사 5월 13일자와 동일

매일 21.05.14 (3) 본사 후원 하에 명화대회 / 세게뎍 대명화가 와셔 영수 / 독쟈에 뒤흔 본샤의 우대 홀인권
이번 본샤 후원 ᄒᆞ에 기최코져 ᄒᆞᄂᆞᆫ 활동ᄉᆞ진『어대로가나?』라는 ᄉᆞ진은 도쳐에서 야소교 쏘는 일반 민중의 상찬ᄒᆞᄂᆞᆫ 관혁이 된 세계뎍 명화로, 파란[34]의 대문호『시엔교쓰지』[35]씨의 명뎌를 이국 지＊스회수가 수십만원의 큰 돈으로 박힌 것이라. 그 지료는 녯적 라마[36]의 가장 호ᄉᆞ 화려흔 시대에 잇던『례로』황뎨 시대를 취ᄒᆞ야 라마의 귀족『우이니쥬스』가『리쟈』라고 불으는 렴려흔『구와스쟌』의 쳐녀를 련이ᄒᆞ고 쳐음에는

폭력으로 그 싱각ᄒᆞᄂᆞᆫ 바를 달코져 ᄒᆞ엿ᄂᆞᆫ대 츙복으로 인ᄒᆞ야 부상ᄒᆞ고 인사불성에 일으럿ᄂᆞᆫ대 도리혀『리쟈』쳐녀의 친졀흔 근호를 밧고 드듸여 신앙과 사랑의 진심에 감동되야 그 폭력을 바리고 진실흔 사랑을 불휘ᄒᆞ야 얼마의 파란 곡졀이 잇슨 뒤 두 사롬의 련이는 츅복을 밧어 살게되엿다는 기요인 바, 그 사이의 변화는 참 훌륭ᄒᆞ야 그 걸작의 사진은 쳥염고아ᄒᆞᆷ으로 교육뎍 가뎡뎍에도 짝이 업는 명화이오, 실로 활동게의 권위라 ᄒᆞ겟다. 그런디 이번 됴션 젼도 후원회의 쥬최로 종로쳥년회관에서 오월 십칠(화요) 십팔(수요) 양일 오후 여섯시부터 일반 관람에 이바지ᄒᆞ게 되야 본사의 후원을 쳥하엿슴으로 본샤는 즉시 쾌락ᄒᆞ고 그 후원회와 특약흔 결과 우리 독쟈 졔군에 대ᄒᆞ야 어른 일원, 소년 소녀 십오세 이ᄒᆞᄂᆞᆫ 오십젼으로 모다 할인으로써 관롬케 흔 특권을 뎨공ᄒᆞ기로 되엿슴으로 본지 독쟈 우대 할인권은 십오 십륙 양일에 본지 삼면에 박여 너을 터이니 그것을 오려가지고 가시면 할인ᄒᆞ야 드릴터이더라.

---

33) 나고야
34) 波蘭, 폴란드의 음차.
35) 『쿠오 바디스』의 작가 헨리크 시엔키에비치.
36) 로마

매일 21.05.15 (3) 〈할인권〉

활동사진할인권

세계적 대영화 『어듸로 가나』

일시 오월 십칠, 십팔일 오후 육시

장소 종로, 기독교육청년회

요금 대인 일원 십오세 이하 오십전

주의 만원 시는 개회 전이라도 사절홈

주최 일본기독조합교회

후원 매일신보사

매일 21.05.16 (3) 〈할인권〉

활동사진 할인권 5월 15일자와 동일

조선 21.05.16 (3) 〈광고〉

오월 십사일부터 전부 차환

미국 유니쌔사루 회사

희극 견기거(犬其居) ＊권

미국 유니바사루 회사

인정비극 여우(女優)의 죄 전육권

미국 유니바—사루 회사

연속대활극 제사회 뇌악의 위난(雷岳의 危難) 육권

제십편 맹화(猛火)의 희생 제십일편 대해(大海)의 ＊＊ 제십이편 돌진의 공포

우미관 전화 이삼이육번

**매일 21.05.17 (3) 본사 후원 하에 영사될 세계적 명화 / 오날 밤부터 청년회관에
셔 / 명화의 영사와 유명훈 음악**

본샤 후원 하에 금 십칠일과 명 십팔일 양일근에 오후 여섯시부터 종로 청년회관에
셔 기회ᄒᆞᄂᆞᆫ 『어듸로 가나』라ᄂᆞᆫ 활동ᄉᆞ진의 세계뎍 대ᄉᆞ극(大史劇)은 터셔 문단의 명
뎌임은 말홀 것도 업ᄂᆞᆫ대, 이번 오리근만에 당디에서 기회ᄒᆞ고 일반 관람에 이바지ᄒᆞ
야셔 예슐 ᄯᅩᄂᆞᆫ 종교뎍 취미를 ᄀᆞ진 이ᄂᆞᆫ 비상히 흥미잇게 환영ᄒᆞᄂᆞᆫ 바 오ᄂᆞᆯ 밤은 경

성 성악단의 흡창이 잇는 외에 특히 경성악도의 명성인 김씨가 로마대화의 보곡(譜曲)을 로마 대화 영수 중에 탄쥬홀 터인더 이것이 실로 금상첨화라 ᄒ겟고『어드로 가나』수진 외에는 가련흔 쇼년 소녀의 설중 힁렬과 구두로 어름지치는 소녀 등도 습입ᄒ야 확실히 구경온 사람의 흥미를 일으키게 되엿는대, 우리 샤의 독쟈 졔군에 더ᄒ야 본사가 특히 뎨공흔 할인권은 요즈음 충분히 리용ᄒ기를 바랍니다.

조선 21.05.17 (3) 동래온천에 신극장

동릭온천은 예로브터 조선 기싱의 일홈이 놉흔 곳인더 각 디방의 기싱은 근년 러 점々 쇠퇴ᄒ는 경향이 잇슴을 불구ᄒ고 당디에 더욱 륭창ᄒ야 지금 삼십여명의 다수에 달흔지라. 이에 더ᄒ야 봉릭관 쥬인 풍뎐씨는 동디의 발뎐칙으로 ᄒ야 소규모의 극장을 건축ᄒ야 시々로 활동사진을 영사ᄒ고 일쥬일 동안에 두 번식은 죠션 기싱의 가극을 기연ᄒ야 공즁의 관롬에 공할 예정이라더라. (부산 지국)

조선 21.05.18 (2) 흥행취체 방침

각종 흥행물 병(竝) 흥행장에 관한 취체는 왕々 불철저한 혐(嫌)도 不 * ᄒ나 ᄒ야 경기도 경찰부 보안과에셔는 차 * (此 *) 취체를 여행(勵行)코져 목하 금야(今野) 과장이 * 중에셔 차(此) 규칙 개정안을 * 사(* 査) 중인더 불구(不久) 개정 규칙 확정과 동시에 경기부내 기타의 제 흥행물과 흥행장에 대한 취체를 갱(更)히 엄중 철저케 홈에 * ᄒ리라더라.

조선 21.05.18 (4), 21.05.19 (1), 21.05.20 (4), 21.05.21 (4) 〈광고〉

우미관 5월 16일자와 동일

매일 21.05.19 (3) 〈특별광고〉

송욱제천승(松旭齋天勝) 일행

당 이십일일부터 개연 황금관

(매일 오후 육시 개장) (일요일에 한ᄒ야 주간 정오 개관)

연예 전부 혁신

一 가(伽) 가극 몽의 호접(夢의 胡蝶)

암곡소파(巖谷小波) 선생 작

一 가정극 소공자

연예종목

一 화양(和洋)음악 합주(상생 사자 相生獅子)[37] 오 — 게스도라 낭자연(浪子連)

一 소기술(小奇術) 지자(志子) 천해(天海)

암곡소파 선생 작

一 가정극 소공자 (삼장)

一 소기술 가메子 미요子

一 대소기술 천승(天勝)

一 독창 석신(石神) 다가네

一 청춘짠스 소천승(小天勝) 싱에 자子

一 선상의 곡기(曲技) 천호(天虎)

실물 활동사진

一 함공(咸公)의 실패 삼호(三好) 조죽(早竹) 천청(天淸) 천해(天海)

一 대소마기술 천승(天勝)

천승 각본부(脚本部) 작(作)

一 가(伽) 가극 몽의 호접 (이장)

입장료 특등 이원오십전 일등 이원 이등 일원오십전 삼등 팔십전

매일 21.05.19 (3) 『코바듸쓰』 영사 초일 성황 / 칠빅여 명의 관긱과 주미잇는 그의 명화

지난 십칠일은 됴션뎐도후원회(朝鮮傳道後援會) 쥬최와 본샤의 후원 하에서 셰계뎍 대명화 『코바듸쓰』 『어대로 가나』라는 활동사진을 종로 청년회에셔 영사ᄒᆞ는 첫 놀이엿셧다. 당일은 불힝히 오젼부터 오러 감으럿던 비가 와서 죠금 교통에도 불편이 잇고 또는 스룸의 심소도 자연 울젹ᄒᆞ야 죠금 불유쾌ᄒᆞᆫ 감상이 일기를 마지안이ᄒᆞ엿셧는 바, 그럿치만은

임의 명히노흔 일이라 연긔를 ᄒᆞ는 것도 죳치 못ᄒᆞᆫ 일이라 ᄒᆞ야 오후 여섯시부터 긔쟝을 ᄒᆞ얏는듸, 비가 그다지 몹시 쏘다지건만은 원러 명화이라 입장자는 뒤를 계속ᄒᆞ

---

37) 생상스의 동물의 사육제 중 사자로 추정된다.

야 입장호기를 시쟉호야 일곱시 경에 일으미 이빅여명에 달호얏스며 기막혼 여뎔시 명각에ᄂᆞᆫ 실로 오빅여명에 달호얏다. 명각이 되미 동 뎐도후원회의 유셕우(庾錫祐)씨 가 단에 올나셔 기연호겟다는 간돈혼 셜명이 잇슨 후 명화ᄂᆞᆫ 영ᄉᆞ키 시작호얏다.

일반 관중들은 박슈 갈치를 호야 ᄯᅳᆫ일 사이가 업ᄂᆞᆫ 중 당일의 유감으로 싱각되ᄂᆞᆫ 것 은 오직 사진긔게의 불완젼과 고장으로 인호야 사진의 중근이 ᄯᅳᆫ어져서 잠시동안 기 다리게 호엿ᄂᆞᆫ대, 관긱중에 티화녀자관의 창셜ᄌᆞ인 마의시(馬義是) 부인이 티화녀ᄌᆞ 관의 잇ᄂᆞᆫ 됴션 구가뎡의 부인들과 갓치와셔 영문을 일고 열심으로

셜명을 하ᄂᆞᆫ 것은 진실로 고마운 일이엿다 유셕우씨의 사진 셜명은 실로 ᄌᆞ미잇셧ᄂᆞᆫ 고로 일반 관긱들은 아죠 만죡혼 모양이셧다. 그리고 사진을 밧구어 ᄭᅵᄂᆞᆫ 동안에ᄂᆞᆫ 경성악단 십여명이 단에 올나셔 ᄌᆞ미잇ᄂᆞᆫ 우숨거리의 창가가 잇셧ᄂᆞᆫ 바 ᄯᅩ혼 박슈 갈채 소리ᄂᆞᆫ ᄯᅳᆫ일 사이가 업셧ᄂᆞᆫ대, 첫날은 실로 환희 즁에셔 죵노호엿더라.

동아 21.05.19 (1) 〈광고〉
매일 5월 19일자 송욱제천승일행 광고와 동일

동아 21.05.19 (4) 〈광고〉
오월 십구일 (목요일)부터 교환

실사 **전국학생 각력(角力)대회** 전일권

희극 토요일로 월요일까지 전오권

희극 **로메오를 서로? (최신식 결혼)** 전일권

최종편 연속 대모험대탐정 **응(鷹)의 추적** 전육권

제십삼편 * * 제십사편 대리자 제십오편 * *

경성 수은동

단성사 전화 구오구번

조선 21.05.19 (3) 대구좌에셔 개연 / 당디 각 신문지국의 후원으로 기최
히삼위[38] 학싱 음악단 일힝은 임의 보도혼 바와 갓치 기성, 평양, 인천을 경유호야 십 칠일 디구에 도착호야 디구좌에셔 기연호얏ᄂᆞᆫ디 당디 각 신문지국의 원죠로 셩디혼

---

38) 海蔘威, 블라디보스톡.

환영 속에셔 음악회를 맛치고 부산으로 향ᄒᆞ야 츌발ᄒᆞ얏다더라. (디구 지국)

조선 21.05.19 (3) 목포 지국 후원하에 한봉산(韓鳳山) 일행 개연
셰상의 이목을 놀늬며 긔슐계에 인긔롤 독졈ᄒᆞᆫ 즁화민국 마긔슐 한봉산 일ᄒᆡᆼ(中華民國 魔奇術 韓鳳山 一行)은 본사 목포지국 후원ᄒᆞᄂᆞᆫ 아러에셔 오월 오일 밤부터 당디 상반좌(常盤座)에셔 흥힝ᄒᆞᄂᆞᆫ디 미일 밤 공젼졀후 셩황을 이루운다더라. (목포 지국)

동아 21.05.20 (1), 21.05.21 (4) 〈광고〉
황금관 5월 19일자와 동일

동아 21.05.20 (1), 21.05.21 (1), 21.05.22 (4), 21.05.23 (4), 21.05.24 (1), 21.05.25 (1) 〈광고〉
단성사 5월 19일자와 동일

매일 21.05.20 (1) 〈특별광고〉
송욱제천승 일행 5월 19일자와 동일

매일 21.05.20 (3) 한봉산(韓鳳山) 일행 개연 / 목포에셔 흥힝ᄒᆞᆫ다
목포 본사 젼남 지국(木浦 本社 全南 支局)에셔ᄂᆞᆫ 지ᄂᆞᆫ 십오일 즁화민국 대마슐 한봉산 일ᄒᆡᆼ(韓鳳山 一行)이 목포에 도착ᄒᆞᆷ을 긔회삼아 본사 젼남 지국의 후원으로 목포 상반좌(木浦 常盤座)에셔 대대뎍 흥힝 즁인데 밤마다 구경군이 물미듯ᄒᆞ야 즉시 만원이 되ᄂᆞᆫ 터이라 일대 셩황을 일우어 대환영을 밧ᄂᆞᆫ 즁이라더라. (목포)

매일 21.05.20 (3) 〈광고〉
오월 십구일 (목요일)
사진교환 대호평에 연속은 이번이 긋침니다
미국 에스썬스돈 회사 **금계(金鷄)** 대영화 13, 14, 15편 육권 상장
최종편 연속대탐정 모험 대활극 **응(鷹)의 추적**
13, 14, 15에 전육권은 여하ᄒᆞᆫ 결과가 될ᄂᆞᆫ지
실사 **전국학생각력대회** 1

희극 **토요일로 월요ㅅ지** 5 (최신식 결혼)

희극 **로메오를 셔로?** 1

경성 수은동

전화 구오구 단성사

매일 21.05.20 (4) 〈**특별광고**〉

당 이십일일부터 매일 오후 육시 개연 황금관

(일요일에 한ㅎ야 주야 이회 개장)

마술계의 최대 권위 송욱제천승(松旭齋天勝) 일행

경성 황금관

◇ 프로구람

▲ 화양(和洋)음악 합주

▲ 소기술(小奇術) 수회(數回)

▲ 대소기술 수회

▲ 선상의 철기(線上의 凸技)

▲ 함공(公)의 실패

▲ 신경(新京)인형

엄곡소파(巖谷小波) 선생 작 ▲ 소공자

▲ 연속적 대소마기술

▲ 가(伽) 가극 몽의 호접

천승의 생활 중 무대에 입(立)훈 간(間)이 제일 심기가 조흔 시(時)이오. 그는 지금 영구훈 경험에 의ㅎ야 향수(香水) 중 최(最) *기(氣) 조흔 원료 향수 オリヂナル[39]을 사용훈 ㅅ닭이오.

제위(諸位)도 오리지널 향수를 어(御)사용 ㅎ시도록 권진(勸進)ㅎ나이다.

매일 21.05.21 (1) 〈**특별광고**〉

송욱제천승 일행 5월 19일자 광고와 동일

---

39) 오리지날

매일 21.05.21 (3) 조선 고악(古樂)의 영사 / 총독부에셔 각 신문 통신 긔쟈를 초뒤 ㅎ야 구경케

총독부에셔는 지는 십구일 오후 네시부터 뎨일 회의실로 총독부 출입 각 신문 통신 긔쟈를 초대ㅎ야 이번에 시로 박힌 활동사진을 영사ㅎ얏는대, 사진은 뎨일 먼져 경춘원 긔혁 후의 회의 광경과 그 다음 경셩 상업 회의쇼에셔 쥬최ㅎ얏던 물산품평회의 광경과 룡산에셔 거힝흔 경마대회와

됴션 긔싱의 춤추는 것과 쯧흐로 리왕직에셔 보관흔 됴션 고악의 영스가 잇섯는디, 됴션 고악에 디ㅎ야는 궁중에셔 쓰는 여러 종류의 악긔의 문무로 분류ㅎ야 쥬악ㅎ는 여러가지 고악을 일일이 영사ㅎ야 보는 자로 ㅎ야금 일칭의 흥미를 일으키엿는대, 됴션의 고악에 대ㅎ야 죠예가

자못 깁흔 학무국 촉탁 *동씨는 말ㅎ야 가로대 『리왕직에 보관ㅎ야 잇는 됴션 고악은 지나의 쥬(周)나라 찍에 사용ㅎ던 것을 그대로 슈입ㅎ야 조금도 형상을 변ㅎ지 안이ㅎ고 지금ᄭ지 보관ㅎ야 왓는대, 지금에 발단된[40] 악긔에 비ㅎ면 자못 원시뎍의 종류가 만흐나 그러나 지나에셔는 오날놀 고디에 쓰던 악긔가 업는 이쩨에 됴션에셔 멀리 주(周)나라 찍의 악긔가 잇슴은 됴션의

자랑거리가 됨은 물론 동양 젼례의 쟈랑홀만흔 것이며 닉디에셔도 징왕에는 일반 문물을 됴션에셔 수입ㅎ얏는 고로 악긔와 갓흔 것도 물론 됴션에셔 수입ㅎ얏슬 터인디 지금에 이르러셔는 닉디에도 이러흔 고악이 놉어잇지 안이ㅎ야 우에 말ㅎ얏슴과 갓치 됴션만 보관되야 잇는 바이라. 그리ㅎ야 향자에 고악을 연주ㅎ기 위ㅎ야

동경에셔 츌쟝ㅎ얏던 뎐변 리학사(田邊 理學士)는 됴션 고악을 일일히 보고 비상히 경탄ㅎ얏스며 금후 이 고악을 영구히 보존ㅎ야 됴션의 예술로ㅎ야금 더욱 더욱 빗치 잇게 홈을 비는 바이라』고 말ㅎ더라.

매일 21.05.21 (3) 천숭(天勝) 일행의 대마술 / 금일부터 황금관에셔 긔연

일본 마슐게의 뎨 일인인 송육지텬승 일힝이 작 이십일 오후 일곱시에 남대문 역에 도착ㅎ야 금 이십일일 오후부터 황금뎡 황금관(黃金舘)에셔 첫 막을 열 터인바, 본지 이독자에 대ㅎ야는 특별히 우대를 ㅎ야 활인권으로 발믹홀 터인 바, 시닉 삼셩상회

---

40) '발달된'의 오식인 듯하다.

(三省商會) 본지 판미부와 밋 대훈문 압 성문당(盛文堂)과 본뎡뎡 본 신문 판미부(釘本[41] 新聞 販賣部)에셔 발미홀 터인 바, 활인익은 특등 이원 오십젼을 이원에, 일등 이원을 일원 오십젼에 팔 터인바 일힝 즁에는 됴션 녀즈로 비구자(裵龜子)라는 쳐녀가 잇는 바, 오릭동안을 그 일힝과 갓치 단이여셔 지금 긔슐이 미우 능란ᄒ다더라.

매일 21.05.21 (4) [독자그락부]

▲ 무뷔를 사랑ᄒᄂ 졔군이여, 『쿠바듸스』가 왓다. 오릭동안 문예영화를 갈망ᄒ든 사롬에게 일대 힝복이다. 『기네마』의 다되ᄒ 취미를 가지고 진실ᄒ 연구를 ᄒ려ᄒᄂ 졔군과 교졔를 바란다. (경셩 영화통(京城 映畵通))

매일 21.05.21 (4), 21.05.22 (3), 21.05.23 (3), 21.05.24 (3), 21.05.25 (1) 〈광고〉

단성사 5월 20일자와 동일

조선 21.05.21 (3) 〈광고〉

오월 이십일일부터 전부 차환
미국 유니쌔사루 회사
실사 **주보** 전일권
미국 유니바사루 회사
부루바도 영화
메리 마구라레ㄴ 양 주연
인정극 **의외의 부인** 전육권
미국 유니바-사루 회사
주에ㄹ 연속 영화
대활극 최종편 **뇌악의 위난** 전육권
제십삼편 비밀의 침태(寢台) 제십사편 재난 소옥(小屋)
예고 내주브터 상설 상장할 탐정 모험 대활극의 연속 사진은 하(何)?
우미관 전화 이삼이육번

---

41) '本町'의 오식인 듯.

매일 21.05.22 (1) 〈특별광고〉

춘(春)の천승

당 이십일일부터 개연 황금관

연예종목

一 화양음악 합주 (상생 사자)

一 소기술

엄곡소파(巖谷小波) 선생 작

一 가정극 소공자 (삼장)

一 소기술

一 대소기술

一 독창

一 청춘짠스

一 선상의 곡기(線上의 曲技)

一 실물활동사진 함공(咸公)의 실패

一 대소마기술

一 가(伽) 가극 몽의 호접(夢의 胡蝶) (이장)

▲ 특별 번외 천승(天勝) 독심술

삼영(森永) 밀크 기야라메루[42]

매일 21.05.22 (3) 배구자(裵龜子)양의 묘기 / 텬승 일힝 중에 화형이다

일본 마귀슐게에 오직 ᄒ나 뿐이라고 ᄒᄂᆞᆫ 것보다 동양 마귀슐게에 오직 ᄒ나된다고 ᄒᆞ야 붓그럽지 안이호 송욱지텬승 일힝은 작보에도 보도호 바와 갓치 작 이십일일부터 황금관에서 첫 막을 열엇ᄂᆞᆫ 바 특별히 그 일힝 중에 텬승의 수뎨쟈라고 홀만ᄒᆞᆫ 녀ᄌᆞ의 비구자(裵龜子)를 ᄒ번 쇼기코ᄌᆞ ᄒᆞ다. 비구자양으로 말ᄒᆞ면

텬승 일힝이 쳐음으로 됴션에 건너왓던 대정 삼년도 공진회 ᄯᅢ에 그 아쥬머니되는 비뎡ᄌᆞ(裵貞子)의 부탁으로 비로소 텬승 일힝에 가입ᄒᆞ게 되얏ᄂᆞᆫ 바 그 당시에ᄂᆞᆫ 구자양의 나희ᄂᆞᆫ 아홉살이엿셧다. 그런디 지금 와셔ᄂᆞᆫ 일힝 중에셔 가쟝 화형으로 얼

---

42) 밀크 캬라멜

골도 그 중 쮜여나며 지죠도 가장 쮜어는다. 그의 용모로 말ᄒ면 실로 희셰의 미인이라고 ᄒ야도 과언이 안이요,

ᄯ는 총명이 과인ᄒ야 ᄒ번 일너쥬는 것은 못ᄒ올 것이 업다고 ᄒ는 바 칠년 동안이나 됴선 말을 써보지 못ᄒ얏슬 뿐더러 원톄 어렷슬 씨에 일본 말을 비워가지고써 왓셧는 고로 됴선 말은 모다 이져버렷다고 ᄒ는 바 유감이라고 싱각ᄒ넌지? 그 일ᄒᆼ 중에셔는 모다 입에 춤이 업시 칭찬을 ᄒ는 중 뎐승의 말을 듯건대,『구자로 말ᄒ면 닉가 아죠

뎨일 소랑ᄒ는 뎨자올시다. 그러셔 나는 쏙 닉 엽흘 쩌나지 못ᄒ게 홉니다. 총명이며 인ᄒ야 무엇이던지 ᄒ번만 가랏치면 못ᄒ올 것이 업는 중 그 중에도 뎨일 잘ᄒ는 것은 소공자(小公子) 연극의 쥬역을 맛ᄒ가지고 ᄒ는딕, 그의 표정이라던지 그의 말은 어쩌던지 박수 갈치에 딕환영을 밧슴니다. 우리 단에는 가쟝 화형이 올시다. 평양에서는 일본 춤을 추어서 환영을 밧엇지요』라고 말ᄒ더라.

매일 21.05.22 (4) [독자구락부]

▲ 일전 대구좌에셔 희삼위 학싱 음악단의 연쥬회가 잇섯는대 몰상식ᄒ 잡류들은 손바닥에 피가 나도록 쳐셔 한가지를 여러번 도로 ᄒ도록 ᄒ야 연일 피곤ᄒ 그 학싱의 동정은 조금도 안이ᄒ고 졔 욕심만 차리니 그런 몰상식 무동정ᄒ 놈들은 연극장에 드리지 안는 것이 좃겟셔요. (목견생(目見生))

조선 21.05.22 (3) 부인사진관 / 부인 사진사로는 리홍경씨가 처음

경성부 관쳘동 칠십오번디 리홍경(李弘敬) 여사는 조긔 집에셔 삼연동안 사진술을 연구한 결과 초상화(肖像畵)를 졍미ᄒ게 촬영하는 묘법을 습득ᄒ야 이십이일브터 사진업을 기업한다는딕 그 사진 촬영에 사용ᄒ는 『레ㄴ스』는 유명한 『졔ㅅ사』를 사용한다 ᄒ며 경성에 부인사진관 기업은 리홍경 여사가 쳐음이라더라.

동아 21.05.23 (4) [각지 청년단체] 기독청년회 소인극

창원군 진동(鎭東) 기독청년회에서는 동회(同會)를 진흥하며 풍속개량과 문화 촉진을 도(圖)코자하는 제일보로 오월 십오, 십육 양일간 진동예배당에서 소인극을 개최하얏는대 오백인 이상의 관람자로 하야금 무한한 인상(印象)을 여(與)한 바, 기독부인회 찬양대의 찬송가 등으로 매 개막마다 뇌우와 여(如)히 만장갈채를 박(博)하얏슬

쑨 아니라 유지(有志) 제씨의 찬조금이 다수하얏다더라. (진동)

매일 21.05.23 (3) 천승(天勝) 일행 초일의 대만원 / 비구쟈 양의 표정은 관긱을 취케히

텬승 일힝의 첫놀 흥힝은 실로 공젼의 대성황이엿섯다고 ᄒ겟다. 기쟝ᄒ기는 다섯시 삼십분 경이엿섯는 바 일곱시 기막홀 쩌에는 발셔 특등과 일등 만원이라는 표가 붓고 표는 이삼등밧게는 팔지 안이ᄒ더니 이삼등도 역시 슌식간에 만원이되야 못쳐럼 왓다가 구경을 못ᄒ고 돌아가게 되미 돈을 니이고 쎗쎗ᄒ게 표를 사난 것이지만은 빌 다십히 ᄒ야도 인ᄒ야 사지 못ᄒ고

도라가는 사람의 슈효를 헤아릴 수 업섯다. 더욱이 그 관긱 중에는 됴션 사람이 삼분의 일 가량은 되는 모양인대, 대기는 본보 독자로 할인을 히셔 들어오는 사람이 거의 십분의 칠팔은 되얏다. 기막이 되야 푸로그람의 슌셔을 짜라 일로부터 십여 종에 일 으는대 쇼기마실과 가명극 쇼공자(小公子)를 위시ᄒ야 아히들의 녯놀 이약이 가무극 꿈의 호접(夢의 胡蝶)과 밋 긔타를 슌차로 히나가는 중

작보에도 보도ᄒ 바와 갓치 큰 인긔를 쓸고 대대뎍 환영을 밧는 사람은 텬승양(天勝孃) 비구자(裵龜子)이엿섯다. 비구자가 쳐음으로 무대에 나와셔 방법을 알녀주는 우슴거리 긔술을 ᄒ미 관긱들은 박수를 근치안이ᄒ더니 다시 뒤를 게속ᄒ야 텬승양의 대쇼긔술의 막이 열녀셔 신츌귀몰홈과 또는 독심술(讀心術)에 능란홈은 놀나지 안이 ᄒ는 사람이 업섯스며 쇼공자의 극에 비구자의 『셰지』의 표정에는 모다 탄복ᄒ기를 마지 안이ᄒ얏더라.

조선 21.05.23 (4), 21.05.24 (4), 21.05.25 (1), 21.05.26 (1), 21.05.27 (1), 21.05.28 (1), 21.05.29 (4) 〈광고〉

우미관 5월 21일자와 동일

조선 21.05.25 (3) 연극 중에 풍파 / 쥬인과 구경군의 싸홈에 연극도 즁지히

지난 오월 십이일 김쇼랑(金小浪) 일힝이 경의션 흥수역(京義線 興水驛)에 도착ᄒ야 연극을 ᄒ게 되야 흥힝ᄒ는 중에 우 일힝즁 한 사롬이 흥수 우편쇼(興水 郵便所) 사무원으로 잇는 손영텬 孫永天(一六)이란 자가 자전차롤 타고 지나가는 것을 보고 나도 좀 타보자 ᄒ 즉 그러라 ᄒ 것이 원인이 되야 한춤 동안 큰 싸홈이 일어낫슴으로 결

국은 경관까지 출장ᄒ야 량편을 진무ᄒ야 드듸여 무사되엿ᄂᆞᆫ듸 이 쇼문을 들은 셔흥군 흥슈리(瑞興郡 興水里)에 잇ᄂᆞᆫ 여러 사람이 젼긔 사실을 조흔 긔회로 알고 달녀들어와 김쇼랑 일ᄒᆡᆼ에게 폭ᄒᆡᆼ을 ᄒ며 극장에 둘넛든 휘장을 찟ᄂᆞᆫ다 여러가지로 란폭ᄒᆞᆫ ᄒᆡᆼ동을 ᄒ야 결국은 연극도 ᄒᆞ지 못ᄒ고 중지ᄒ얏ᄂᆞᆫ듸 김쇼랑 일ᄒᆡᆼ은 이에 디ᄒ야 손ᄒᆡ(損害)를 젹지 안케 보앗슴으로 당디 경찰셔에 고쇼를 졔츌ᄒ얏스나 아모 처분 업슴으로 그디로 사리원을 향ᄒ야 출발ᄒ엿다더라.

동아 21.05.26 (1) 〈광고〉
오월 이십 육일 (목요일)부터 교환
만화 **철방(凸坊)**[43] **쵀푸링** 전일권
비극 **뷔－라 장군** 전육권
미국 쥬네라루 회사 작
희극 **처군(妻君)** 전일권
미국 스레크트 회사 영화
가정극 **사하라** 전칠권 (일명 사막의 화(花))
『허영녀』미논…… 루이스구롬양『토목기사』쫀, 스단레…… 밋트무아씨
경성 수은동
단성사 전화 구오구번

매일 21.05.26 (1) 〈특별광고〉
연일만원 어례(御禮)
이십육일부터 연예 전부 취체
광람(光覽)에 공(供)홈
매석(每夕) 오시 개장
이십구일(일요) 한(限) 주야 개장
어(於) 황금관
주(主)ᄒᆞᆫ 연예종목

---

43) でこーぼう : 장난꾸러기. 개구쟁이.

남부방언(南部邦彦) 작 희가극 일본주의(日本主義) 이장

＝현대 여자 문제로 풍자흔 것

숭전진미(崇田辰彌) 작 희가극 가장무도회

……걸식과 신사(紳士)의 인연를 골자로 흔 것

기술 응용 신경인형(新京人形)

경인형(京人形) 천승(天勝)

심오랑(甚五郎) 시전(市田)

……후반 고사구 짠스 승의 조변(勝의 早變)

대마술 영웅선(英雄船) 알고무뉴의 ＊＊

……외 소기술 급(及) 각국 유행 짠스

동아 21.05.27 (4), 21.05.29 (4), 21.05.30 (4), 21.05.31 (4), 21.06.01 (4), 21.06.02 (1) 〈광고〉

단성사 5월 26일자와 동일

동아 21.05.27 (4) 〈광고〉

천승(天勝) 체환 연예

△ 연일 만원은 감사하올시다

이십육일부터 연예 전부 취체하여 귀람(貴覽)에 공(供)함

매석(每夕) 오시 개장

이십구일(일요) 위한(爲限) 주야 개연

어(於) 황금관

● 주(主)흔 연예종목

● 남부방언(南部邦彦)작 희가극 일본주의 이장

＝현대 여자 문제로 풍자흔 것

● 숭전진미(崇田辰彌)작 희가극 가장무도회

＝걸식과 신사의 인연를 골자로 흔 것

● 기술(奇術) 응용 신경인형(新京人形)

경인형(京人形) 천승(天勝)

심오랑(甚五郎) 시전(市田)

……후반 「코삭크짠스」에 천승의 연변(連變)

● 대마술 영웅선 「알콥뉴」의 기(旗)

외 소기술 급(及) 각국 유행 짠스가 잇습니다

매일 21.05.27 (1) 〈광고〉

오월 이십육일 (목요일)

만화 **철방(凸坊) 좌푸링** 전일권

태서비극 **뷔 – 라! 장군** 전육권

미국 쥬네라루 회사 작

희극 **처군(妻君)** 전일권

미국 스레크트 회사 영화

가정극 **사하라** 전칠권

일명 사막의 화(花)

『허영의 녀(女)』미논 루이스구롬 양

토목기사(土木技師) 쫀스단레멧트무아 씨

경성 수은동

전화 구오구 단성사

매일 21.05.27 (3) 한남기(妓) 연주회 / 본스 후원 흐에 / 단성샤에셔 긔연

한남권번에서는 요사히 괴성 일동이 발론하고 근자 셜립되는 경성피병원(京城避病院)에 만일이라도 긔부를 하야 완젼히 만드러노코 병자에게 편의토록 진료케 하기 위하야 상의 즁이던 바, 다만 기셩 긔인으로 긔부하는 것은 만족지 못하다고 의론이 일치되야 금 이십칠일부터 일혜동안 단셩샤에셔 피병원을 위하야 자션 연쥬대회를 열고 슈입금 즁에셔 모든 경비를 졔하고 눈 넘어지 돈을 흡하여 피병원에 긔부코져 혼다는대, 이번 죠션 연쥬회에는 본샤가 후원으로 도워쥬기로 작정하고 샤회에 동정을 구하기로 되엿더라.

동아 21.05.28 (4) [각지 청년단체] 청년 소인극의 미거(美擧)

의주 청년 제씨가 해지(該地) 양실(養實)학원에 연조할 목적으로 소인극을 조직하야 사일간을 흥행한 결과 기(其) 성적이 양호하야 수입금이 삼백여원에 달한 바, 차(此)

를 전부 동＊(同＊)에 기부한 사(事)가 유(有)하며 금반 경(更)히 신의주 기독청년회를 위하야 당지에 대하야 당 ＊＊에서 본월 이십사일부터 흥행하는 바, 당지 인사는 해단(該團)의 아름다운 취지를 감격히 녀기여 매일 만당(滿堂)의 성황으로 행연(行演)한다더라. (신의주)

매일 21.05.28 (4) 위생활동영사

본도(本道) 위생과 병(竝) 전주서에셔는 일반 인민의게 위생 사상을 선전키 위하야 거(去) 이십일일브터 사일간 제일보교 우(又)는 전주극장에셔 위생활동사진을 영사하얏는대 매야(每夜)에 만원의 성황을 극(極)하얏스며 막간에는 위생 급(及) 화재, 도난예방 등에 관흔 평이흔 강화가 유(有)하여 일반 관중의게 다대흔 감동을 여(與)하얏더라. (전주)

매일 21.05.28 (4), 21.05.29 (1), 21.05.30 (1), 21.05.31 (1) 〈광고〉

단성사 5월 27일자와 동일

조선 21.05.28 (3) 한남권번 미거(美擧) / 폐병원을 위ㅎ야 단셩사에셔 연주

부니 공평동에 잇는 한남권번에셔는 지러로 자선사업에 디ㅎ야 다디흔 동정으로 연주회를 기최한 일이 만은 것은 일반이다. 아는 바이어니와 금번에는 특히 폐병원(避病院) 셜립에 디ㅎ야 만분의 일이라도 동정을 표ㅎ기 위ㅎ야 작 이십칠일 밤부터 시작ㅎ야 ＊쥬일 동안을 단셩사 니에셔 자선 연주회를 흔다더라.

매일 21.05.30 (4) 〈특별광고〉

당 오월 이십칠일부터
개관 이주년 특별대흥행
삼대영화
순영화극 **이별ㅎ는 남** 전오권
연속활극 제삼 **대선풍(大旋風)** 삼십일권의 내 사권 상장
벙글벙글구극(舊劇) **골만유(骨漫遊)** 전칠권
특별 대여흥은 개관 이주년 특별 대흥행 대여흥
기예 짠스 가극 음악 기타 염려화(艷麗花)와 여(如)흔 소년소녀와 노숙(老熟)흔 희극

음악사(音樂師)의 조화로 자미잇게 심기조케 우(又)는 견(見)홀 수 업는 신연극

오스트리아 메르본시(市) 아사쎼례이시 흥행회사

동양특파원 영인(英人) 킵손씨 일행

호－루에푸리－만씨 인솔 킵손씨 일행 금회 아국(我國) 흥행계의 패왕 송죽(松竹)회

사의 초청의 도＊관(途＊箈)에셔

자(自) 오월이십칠일 지(至) 육월 이일의

칠일간 주야 개연

ㅎ오니 쏙 일차 차(此) 신예술을 관람하시기를 희망하나이다.

◎ 본 흥행 중 종래 발행 초대권은 사절 ● 매일 주야 개관

경성 본정(本町) 일

전화 오구칠번 일활(日活)직영 희락관

조선 21.05.30 (1) 〈광고〉

오월 이십구일부터 특별 대사진 제공

미국 유니쌔사루 회사 대걸작

구레오마지손 兩孃 死 아이린 셰짓구的 大撮影[44]

신연속 대사진

대탐정대모험대활극 **라쥬무의 대비밀** 육권 상장 전십팔편 삼십육권

제일편 불사＊한 석일(不思＊한 石一) 제이편 사의 곤(死의 昆) 제삼편 가공할 질주

미국 유니바사루 회사 특작

ㅇ리시라데이－ㄴ 양 득의(得意)의 여적극(女賊劇)

사정극(社情劇) **니중(泥中)의 장미** 전육권

미국 유니바－사루 회사

실사 **마가진** 전일권

우미관 전화 이삼이육번

---

44) 6월 19일자 기사에 'ㅇ이린 제짓구 구레 오마지손 양양(兩孃) 결사적 대촬영'으로 되어 있음. 위의 광고는 오식인 것으로 보인다.

동아 21.05.31 (4) [각지 청년단체] 대구부 문예극 일행

대구 영남 공제회 문예부 주최인 소인문예극(素人文藝劇) 일행은 거(去) 이십팔일 마산에 도착하야 이십구일 야(夜)부터 삼십일일 야(夜)까지 연삼일간 매일 오후 팔시부터 수좌(壽座)에서 흥행하는 바, 금(今) 기(其) 순연(巡演)의 목적은 고아원 설립에 재(在)하다더라. (마산)

동아 21.06.01 (3) 활동 변사도 검정 / 경긔도 보안과에서 새로히 규측을 제뎡

경기도 경찰부(京畿道 警察部) 보안과에서는 요사히 흥힝물(興行物) 취례 규명을 만드는 중인대 그 내용은 일반 흥힝에 대한 취례 규측 외에 특별히 활동사진 변사의 지명 규측을 새로히 뎡하야 지금까지는 아모 제한이 업시 자긔 마음대로 변사가 되는 자들에게 일뎡한 시험을 실시하야 면허장(免許狀)을 줄 터인 바, 이번에 이 제도가 새로히 규뎡된 것은 죵리 변사들 중에는 부랑방탕한 무리들이 잇서서 활동사진을 설명하는 데에도 언사를 삼가지 아니하고 혹은 음담폐설을 희롱하야 풍긔를 문란케 하는 일이 적지 아니함으로 특별히 변사에게만 품힝을 취례할 필요로 젼긔와 갓흔 규뎡을 마련하는 것이라더라.

동아 21.06.01 (4) 불교 청년 활동사진

대구 조선불교청년회에서 당지 활동사진 상설관인 칠성관(七星舘)에서 육월 일일에 근래 칭유(稱有)의 사진을 영사할 터이라는대 수합되는 금액은 동회(同會)의 경비에 충용한다더다. (대구)

매일 21.06.01 (3) 활변(活辯)에 면허장 / 면허장이 업스면 출연치 못혼다고

경긔도 경찰부 보안과에셔는 목하 흥힝 취례 규측을 긔뎡 실시하려고 강구 중인대 긔뎡되는 골즈는 죵리 활동스진의 셜명자 중에는 미우 엇더케되는 것인지 알 슈 업는 설명을 하고 또는 품셩의 타렬한 자도 적지 안아서 풍긔를 문란케하는 일이 왕왕히 낫하나는 스실을 짜라 임의 니디에서는 실힝하난 모양이나 활동스진의 셜명자에 대혼 인물을 검수하야 뎡하고 변스 면허장을 쥬고 그 면허장을 가지지 안은 자에게는 출연을 허락지안키로 되겟고 기타 스진 혹은 연극의 각본을 검열홀 셔에 엄즁히 하야 흥힝장 안의 풍긔 등의 취례를 일층 려힝하려고 한다ㄴ대 불원에 실힝이 되리라더라.

조선 21.06.01 (4), 21.06.02 (4), 21.06.03 (4), 21.06.04 (1) 〈광고〉
우미관 5월 30일자와 동일

동아 21.06.02 (4) 불교청년회 환등회
평양 *암리(*岩里) *점사(*岾寺) 포교당 내에 재(在)한 불교청년회에서는 회지(會旨)를 선전할 차(次)로 거(去) 이십구일과 삼십일 양일간에 포교당에서 위생 급(及) 교육에 관한 환등회를 개최한 바 극히 성황이엿다더라. (평양)

동아 21.06.02 (4) [각지 청년단체] 보성청년회 소인극
보성 향교의 백일장으로 인하야 노성인사(老成人士)의 다수 회집을 이용하야 문화운동의 일종 선전을 목적으로 하고 동군 청년회에서 오월 이십일부터 삼일간 신파 소인연극을 흥행하얏는대, 예제는 「자연의 애(愛)와 신비의 양(糧)」과 「인생의 만화경」이라는 이(二) 각본을 연출하야 매일 다수의 만장 애극가의 시시(時時) 우뢰성과 여(如)한 박수갈채의 환영을 수(受)하얏고 최종일에는 백일장 연회에 참석하얏든 능주(綾州) 예기 일동이 보성청년회에 동정하기 위하야 자발적 무료 등대(登臺)하야 조선 고래의 승무 급(及) 가야금으로 약(略) 이(二)시간 연예하얏는대, 연야(連夜) 남녀관객의 동정금 합계가 오백팔십사원에 달하야 *히 성황을 정(呈)하얏다더라. (보성)

매일 21.06.02 (3) 천승(天勝) 일행에 화형(花形)인 배구자양 탈퇴호(脫退乎) / 비뎡조가 츠져뉘여다가 됴션 가극단을 만들고져
요지음 경성 시닉 황금관(黃金舘)에서 흥힝하는 텬승(天勝)의 일단 중에 화형(花形)의 약자(役者)되는 비구자(裴龜子)의 몸에는 이번 경성에 드러온 것이 동긔가 되야 새로운 문뎨가 싱기는 모양이다. 비구자가 텬승에게로 가게된 것은 대졍 수년도에 경복궁(景福宮) 안에셔 공진회(共進會)를 열엇슬 찌에 텬승 일단의 흥힝이 잇셧는대, 비구자는 당시에 년령이 아직 아홉 살이엿스나 고모(姑母)되는 비뎡자(裴貞子)를 짜러셔 텬승 흥힝의 구경을 갓셧는대 당시에 텬승의 지죠는 다대한 갈치를 바덧스며 짜러셔 그만혼 지죠를
비호자면 인간한 사람은 마음도 닉이지 못하엿셧는대 아홉살 된 비구자는 첫 번으로 그것을 보고 자긔도 비호면 그만치는 하겟다고 한다. 이것은 텬지가 잇는 사닭에 어린 머리 속에셔라도 그런 말이 나오는 것으로, 텬승이와 서로 련락이 되야 텬승이는

비구자를 다려가고자 하얏고 비구ㅈ는 텬승이를 짜러 가고져 하얏스며, 비명자도 비구ㅈ로 하여금 텬승의 지조를 습득하고져 ㅎ야 필경은 비구자는 텬승이를 짜러 가게 되야 지금ㅼ지 칠년 동안이나 텬승을 짜라 단이면셔 함씌 흥힝하여 나려왓ㄴ대 지금의 비구자의 지죠ㄴ

텬승에게 질만한 것이 업스리만치 되얏고 일반 비우들도 텬승에게 신뢰홈보다도 비구자에게 신뢰홈이 만케되얏다고 흔다. 이와갓치 비구자는 훌융흔 비우가 되얏ㄴ대 비명자는 이번에 비구ㅈ를 차져가지고 됴션에 가극단(歌劇團)을 조직하기로 계획 중 벌셔 한편으로ㄴ 오륙만원의 자금을 출자하겟다는 희망자도 싱기여셔 비구자를 지금 챠져닉이고져 텬승에게 교섭 중인대 텬승이도 잘 듯지 안이하야 쌍방이 미우 곤ㄴㅎㄴ 모양이다. 비명자의 형편으로 말하면 엇지하던지 찾고져 하난 계획임으로 양육비로 삼쳔 원을 청구혼다 홈에 대하야

일만원이라도 앗기지 안이하고 드리혀 그지간 양육하여 준 것을 감수히 싱각한다고 하야 자긔 죡하 쌀을 니여 달나고 하나, 텬승의 형편으로 보면 비구자가 나아가는 경우에ㄴ 다른 비우들도 비구자를 짜러 나오겟다는 경우임으로 다쇼간 듯기 어려운 모양인대, 장챠 문데가 엇지나 될는지. 만일 비구자가 나와셔 가극단이 된다고 하면 됴션 가극계에 미우 유익홀 일이더라.

조선 21.06.02 (3) 활동사진 변사의 인물 검정 실행 / 흥힝쟝 닉의 풍긔문란을 방지코져

경긔도 경찰부 보안과에셔ㄴ 목하 흥힝취톄규측(興行取締規則)을 긔뎡실시코자 연구 중이라ㄴ딕 긔뎡의 리유ㄴ 종릭의 활동사진 설명자 중에ㄴ 설명이라던지 품힝 등에 몰품힝인 자가 불쇼ㅎ야 풍긔를 문란ㅎ게 ㅎ는 일이 만음으로 긔왕 일본에서도 긔뎡 실힝홈과 갓치 활동사진 설명자의 딕ㅎ야 인물 검뎡을 힝한 후에 변사의 면허쟝을 쥬고 만일 면허쟝이 업는 자에게ㄴ 츌연을 허가ㅎ지 아니홀 터이며 긔타 양사화(映寫畵)와 설명셔 등에 딕ㅎ야도 검열을 엄졍ㅎ게 ㅎ야 흥힝쟝 닉(興行場 內)의 풍긔 취톄를 일층 리힝홀 목뎍인딕 불원근에 실시홀 예뎡이라더라.

동아 21.06.03 (4) 〈광고〉
육월 삼일(금요일)부터 교환
영국 위임 회사

희극 **어엽쑨 폭탄** 전일권

영국 크리쓰지 영화

희극 **위급흔 결혼** 전일권

화란 암쓰텔다무 회사

세계 일(一)의 대금강석 **괴금고(怪金庫)** 전사권

영국 크리쓰지 영화

희극 **난폭흔 신부** 전이권

독일 랫우드사 작

정극 **동은 동 서눈 서** 전육권

「동포를 위하야」 특별대여흥

영국 가극단 오스트리아 멜본시 아사데레이시 흥행회사 동양특파원

킵뇨씨 일행 출연

경성 수은동

단성사 전화 구오구번

동아 21.06.04 (4), 21.06.05 (1), 21.06.06 (4), 21.06.08 (1) 〈광고〉

단성사 6월 3일자와 동일

매일 21.06.04 (3) 〈광고〉

영국 가극단 키부뇨 일행 출연

육월 삼일(금요일)

특별여흥래

영국 위임 회사

희극 **어엽쑨 폭탄** 전일권

영국 크리쓰지 영화

희극 **위급흔 결혼** 전일권

화란 암쓰텔다무 회사

세계 일(一)의 대금강석 **괴금고(怪金庫)** 전사권

영국 크리쓰지 영화

희극 **난폭흔 신부** 전이권

독일 핏우드사 작

현대정극 **동은 동 서는 서** 전육권

「동포를 위하야」

경성 수은동

전화 구오구 단성사

매일 21.06.05 (1), 21.06.06 (3), 21.06.07 (3), 21.06.08 (4) 〈광고〉

단성사 6월 4일자와 동일

동아 21.06.05 (4) [각지 청년단체] **공제회 문예단 내통(來統)**

본회를 대구에 둔 영남공제회 문예부에서는 고아양육의 목적으로써 소인신극단을 조직하야 각지 순회중 금반 통영을 내착한 바 육월 이일부터 향(向) 삼일간 당지 연래좌(蓮萊座)에서 개연한다더라. (통영)

조선 21.06.05 (1) 〈광고〉

육월 사일부터 신사진 전부 차환

미국 유니바사루 회사 대걸작

실사 **국제 주보** 전일권

미국 유사 셰ㄴ쥬리[45] 영화

신극 **희(嬉)호 여행** 전이권

미국 유사 쥬에ㄹ 영화 미루도레ㅅ도 하리스양 주연

인정극 **동경의 도에(憧憬의 都에)** 전육권

미국 유니ㅇ바사루 회사

신연속 대사진

군사탐정 **라줌의 대비밀** 십팔편 삼십육권

제사편 생명을 위ㅎ야 변전(變轉) 제오편 고문실

우미관 전화 이삼이육번

---

45) 센츄리(Century)

조선 21.06.06 (1), 21.06.08 (1), 21.06.09 (1), 21.06.10 (4) 〈광고〉
우미관 6월 5일자와 동일

조선 21.06.07 (4) 음악회와 신파연극
황해도 재령군 상성면(上聖面) 청석두(靑石頭) 청년회 상황은 본지상에 누々히 보도
ㅎ얏거니와 다수흔 회원들은 신풍조의 ＊＊ㅎ야 음악과 연극으로써 청년 남녀의 불
량을 개＊(改＊)케 ㅎ며 선량(善良)을 양성ㅎ며 풍속개량의 목적을 주도ㅎ야 금반 동
청년회 ＊＊부에 대ㅎ야 유지 인사의 다수한 금전의 기부로 음악기구와 연주＊복
(＊服)을 충분히 구입한 바 래(來) ＊＊오일(午日)를 이용ㅎ야 청석두＊＊에셔 음악
연주와 신파연극을 개최흔다는딕 동회(同會)에셔는 회원은 물론이어니와 회원이 안
인 청년 남녀 제위(諸位)는 다수 관람ㅎ기를 희망흔다더라. (사리원)

조선 21.06.08 (3) 인천 상의소(商議所) / 사원 위안회
당디 상업회의쇼 주최(當地 商業會議所 主催)로 시내 각 상뎜々원 위은회를 륙일 오
후 칠시에 신뎡 활동사진관 표관에셔 기최ㅎ얏는딕 뎡각 전부터 그 널은 회장은 입
츄홀 여디가 업는딕 성황을 이루엇스며 뎡각이 되민, 상업회의쇼 회두 빅신뎐일(商業
會議所 會頭 白神專一)씨의 기회사가 잇섯고 인ㅎ야 금번 특션한 사진 사오종을 영사
ㅎ야 리빈관롬에 공한 후 십일시에 무사히 산회ㅎ엿더라. (인쳔 지국)

동아 21.06.09 (4) 〈광고〉
육월 구일 (목요일)
신사진 순서
미국 유니버살 회사작
희극 **애기를 보내요** 전이권
미국 알드 영화회사작
사회극 **서양포도(浦島)** 전오권
와−렛트스−돈군 리리안호이스양 출연
미국 제스다 회사작
희극 **그럿치 안켓지?** 전일권
미국 바라루드사 영화

비극 **홍루점점(紅淚点点)** 전오권

벳시 바리스케일양 출연

경성 수은동

단성사 전화 구오구번

매일 21.06.09 (3) 〈광고〉

금번에 신사진은 여하흔 취미가

육월 구일 (목요일)

신사진 부로쑤람[46]

미국 유니버살 회사작

희극 이기를 보니 전이권

미국 알드 영화회사작

사회극 서양포도(浦島) 전오권

와례트스돈군 리리안호이스양 출연

미국 제스다 회사작

희극 셜마 그럴싸 전일권

미국 바라루드 영화

비극 홍루점점(紅淚點點) 전오권

베씨벳시바 리스케일양 출연

경성 수은동

전화 구오구 단성사

매일 21.06.09 (3) 『시(時)의 기념』과 대선전 / 십일에눈 아조 굉장홀 것

시(時)의 선뎐(宣傳)에 대하야 경성 시니에셔도 대대뎍으로 션뎐홀 예뎡이라눈대, 방법으로 말하면 십일 졍오(正午)에 시니 각 쇼학교 고등녀학교 공립보통학교에셔 시(時)의 긔념 강연회를 긔최하고 시(時)의 창가를 부르게하며 경긔도에셔눈 학싱 다슈에게 션뎐문을 비부하야 부형에게도 시간의 관념을 가지게 하며 경성부에셔눈 당일 회샤 공장에셔 긔젹을 불기로 의뢰하고 신샤와 교회에셔눈 죵일 일계히 졍오에 맛쵸

---

46) 프로그램

어 치기로 의뢰하얏스며

각 신문사에는 션뎐 긔사를 써서 달나고 의뢰하얏스며 뎐챠와 부텽 압 게시판 긔타 각쳐 관 공문의 게시판과 산수차와 교통 자동챠에는 션뎐지를 붓치며 일반에게도 션뎐지를 비포홀 터이오, 신문지에도 신문을 졉을 쎄에 그 속에 션뎐문을 느혀셔 비포하게 되고 연극쟝 리발소 목욕집에도 션뎐문을 붓치는대 긔타 당일에만 이와갓치 홈이 안이라 뎐긔회샤에 의뢰하야 뎐등불이 드러오는 시간와 꺼지는 시간을 일뎡케 하야 언제던지 시간을 확뎡케 하기로 협의하얏다더라.

동아 21.06.10 (4), 21.06.11 (4), 21.06.12 (4), 21.06.13 (4), 21.06.14 (4), 21.06.15 (4), 21.06.16 (4), 21.06.17 (1) 〈광고〉
단성사 6월 9일자와 동일

조선 21.06.10 (3) 피병원(避病院)을 위하야 연주회 / 경화권반의 가상 / 금야 단성샤에셔

작년과 지작년 여름 호렬자 병이 독히를 밧은 이후로 경셩 니 각 유디로브터 경성부 민사립 피병원(京城府 民私立 避病院)을 설치하쟈는 의론이 ᄯ러나 여러 사롬의 일치한 결뎡으로 폐병원 설립에 디한 쥰비와 긔부금 모집에 디하야 여러 인사의 찬성을 어더 목하 착々 진힝됨은 우리 일반의 모다 ᄋ는 바어니와 이에 디하야 경성 니의 경화권반 기성일동도 피병원에 디하야 만일의 보조를 하기 위하야 금일 져녁부터 동구 안 단성사에서 자션연주회를 힝하야, 그 수입금으로써 폐병원 설립 경비를 충용케 한다 하니 이와 갓흔 아름다운 싱각으로 연주회를 기설홈은 보통 연주회로 알 것이 안이라 춤으로 자선연쥬회 싱각하야 찬성지 안이치 못하겟스며, 관람킥으로 말하야도 물론 다디한 찬성이 잇슬 터인 즉 성적의 양호홀 것은 미리 추측하겟더라.

매일 21.06.11 (3), 21.06.12 (3), 21.06.14 (3), 21.06.15 (4), 21.06.16 (4), 21.06.17 (3) 〈광고〉
단성사 6월 9일자와 동일

조선 21.06.11 (1) 〈광고〉
육월 십일일부터 전부 차환

미국 유니바사루 회사

실사 **주보** 전일권

미국 유니바사루 회사

희극 **일제에 행(一諸에 行)** 전이권

미국 유니바사루 회사

하−리 게리−씨 주연

인정극 **표박의 려(漂泊의 旅)** 전육권

미국 유니바사루 회사

지유에루 영화

연속 대사진 제삼회 **라줌의 대비밀** 삼십육권 내 사권

제육편 악운의 수도(隧道) 제칠편 암중의 민광(悶光)

우미관 전화 이삼이육번

매일 21.06.12 (3) 경화기(京和妓) 자선연주회

시닉 단성샤에서는 작 십일일 밤부터 경화권번 기싱들이 피병원을 위하야 자선 연주회를 기최하얏는대 노리와 춤도 모다 충분한 련습을 하야셔 미우 능란하며 더욱이 마긔슐이 잇는 바 실로 신출괴몰하다더라.

매일 21.06.12 (3) 극장에셔 형사가 오착(誤捉) / 졍말 범인으로 잡은 것이 멸졍훈 위미훈 사람이다

지는 팔일 오후 십시 반 경에 평안극쟝(平安劇場)에서 평양 경찰셔 고등게 형수 팔구 명이 대활동을 하야 연극장 상하층을 대슈쇽한 결과 모사건 혐의자라 하야 엇던 청년을 톄포하얏는대, 쳔여명에 달한 관광자는 무슴 연고인지 몰라 슈셩슈셩 대혼잡을 일으키엿는지라. 곳 다리고 평양셔에 가서 됴사한 즉, 이 스룹은 모사건의 진정 범인이 안이요 평양 히양상회(海壤商會) 사무원으로

현시 평양 죠면공장(繰綿工場) 주임 리규홍(李圭弘)씨라. 평양이 비록 대도회라 홀지라도 멧기 안이되는 공장에 쥬임을 누가 누구인지 실업가의 안목도 자셰히 아지 못하는 눈 어두운 형사는 즈셰히 아지 못하고 그릇 톄포하엿지만은 고등계 쥬임으로는 츄원(秋原) 경부야 엇지 이러한 스룹을 모를 리가 잇나? 이 사람이 톄포되야 온 것을 보고 대경하야 곳 그 형사들의 오희로 인상(人相)을 그릇 보고 톄포하여 온 일을 사

례하고 간친히 말하야

환송ᄒ여 보닉엿는대, 리씨는 이날 류칠인의 형수한테 구타를 당한 결과 고통을 이긔지 못하야 침상에서 일지 못하고 누어 치료하면셔 이와갓치 혐의자로 되야 고초를 밧을 뿐외라 사회에 슈치됨을 통분이 싱각하고 그 형사를 거러 고소하겟다고 의사의 진단ᄭ지 닉엿다더라. (평양)

매일 21.06.12 (4) 원산 위생 사진

함경남도 위생회 주최로 순회 활동사진 선전대는 위생상 최(最)히 긴요호 각＊(各＊) 전염병 예방에 관호 사진으로 지나간 팔일 정오부터 원산 원창 제이 야적장에서 개극(開劇)하고 구일부터는 원산 공립 보통학교 내에서 개최홀 터인대 당일 우천(雨天)인 고로 십일브터 개극홀 터이라더라. (원산)

조선 21.06.12 (3), 21.06.13 (3), 21.06.14 (1), 21.06.16 (1), 21.06.17 (3) 〈광고〉

우미관 6월 11일자와 동일

동아 21.06.13 (3) 백림(伯林)극장의 입창(立唱)을 동경에서 좌이청지(坐而聽之) / 무션 뎐화로 멋 만리 밧 노래를 입장자와 가치 동경에서 들어

『구라파』의 큰 전징이 지나간 이후로 따우에서[47] 활동하는 모든 긔계의 발달은 고사하고 공중으로 다니는 비힝긔에 여러가지의 이상스러운 새 설비를 발명하고 최근에는 비힝긔 우에서 신문을 발힝하야 공중의 소식을 따우 인간에 뎐하는 등 별별 신긔한 사업이 발명되여 덕국(德國) 무션 뎐화국에서는 더욱히 새로운 긔계를 발명하야 요사이는 덕국 수부 빅림(伯林)에 잇는 「오페라」에서 흥힝하는 「써터풀라이」의 연극에 출연한 녀배우의 부르는 노러를 「쌜틕」 해 중에 항해하는 배에서도 능히 듯게 하는 새로운 긔계가 발명되얏다는대, 그 뿐만 아니라 덕국 「나부」 무션 뎐화국댱 「알쏘」 씨는 말하되 빅림에서 흥힝하는 『오페라』의 노러를 일본 동경(東京)에서 듯기도 오히려 얼마 아니되야 실현될 터이라더라. (론돈 뎐보)

---

47) 땅 위에서

동아 21.06.13 (4) 순회 활동사진 준비

통영청년단에서는 활동사진대를 조직하고 각지를 순회하며 교육 선전을 행하되 흥연(興演)중 수입되는 금액은 기(其) 지방 교육계에 기부하리라함은 이미 기보하얏거니와 기후(其後)의 소식을 듯건대 해(該) 활동대가 거(去) 오월중 제일회 흥연을 당지에서 행한바 지방 인사 관람자가 불소(不少)하얏슴과(혹 기부나 청할가 하얏슴인지 중류 이상의 관람자가 극소하얏슴) 사진세가 대고(大高)하얏슴으로 기(其) 성적이 량호치 못하얏다는 바 대원 일동은 당 지방 인사의 냉정한 태도를 심히 유감으로 녀기는 동시에 지방 순회에 대한 선후책을 연구중이던 바 세금이 고(高)한 사진을 차입하야 순회함은 불이익이라하야 사진을 전부 매입하기로 하고 와사(瓦斯) 기계도 준비하리라는대 대원 방정표(方正杓) 기수(技手) 이필우(李弼雨) 양씨는 사진을 매입할 차로 본월 팔일에 일본 대판 동경 등지로 출장하얏다하며 순회 일할(日割) 급(及) 예정지는 출장원의 귀래(歸來)하는 동시에 결정하리라는대 지방 관계상 일할 예정의 좌우도 유(有)함으로 혹 지방에서는 해대(該隊)의 순회를 희망하는 곳에서는 통영청년단 사무소 내로 지급(至急)히 통지함이 가(可)하다더라. (통영)

동아 21.06.15 (4) 위생활동사진 흥행

당지에서는 일반 인민에게 위생 관념을 주지보급키 위하야 거(去) 구일부터 통영 연래좌(連萊座)에서 흥행하는 위생활동은 매야 성황을 정(呈)하는 바 아모조록 다수인의 매야 입장을 희망한다더라. (통영)

동아 21.06.15 (4) 괴산청년회 소인극(素人劇)

괴산청년회에서는 거(去) 오월 이십구일부터 육월 일일까지 본회관 내에서 소인극을 거행하얏는 바, 매야(每夜) 사오백명의 관람자가 입장하야 초유의 성황을 정(呈)하얏는대 기(其) 내용은 미신타파, 풍속개량 등으로 목적을 삼아 흥행함 임으로 다대한 찬성을 밧아서 당일 연조(捐助)한 인사의 씨명이 여좌(如左)하다더라. (명단 생략)

동아 21.06.15 (4) 의법(懿法)청년회 소인극

옹진군 마산면 의법청년회에서는 본월 십일 오후 팔시부터 온천리 예배당 운동장에서 회원간의 소인극을 흥행한 바, 정각 전부터 관광자가 운집하야 회장은 입추지(立錐地)가 무(無)히 대성황리 행연(行演)을 종료하얏는대, 일반 참관자에게 무한한 흥

*을 여(與)할 쑨더러 유지가(有志家)의 찬조금이 백여원에 달하얏슴으로 본회(本會)에서는 차(此)로써 음악기구를 매입할 예정이라더라. (옹진)

조선 21.06.15 (3) 예성단 일행

연극계에 우승흔 배우로 조직된 예성단 일힝이 경의선 홍수역젼(京義線 興水驛 前)에 도착ᄒ야 지나근 오륙 량일을 첫날은 빅만원(百萬圓) 둘지날은 (軍法會)군법회란[48] 훌륭흔 예뎨로써 디ᄯ더 흥힝 ᄒ엿ᄂ딕, 관람긱의 다수임은 물론이요, 그 민첩한 배우들의 활동뎍 연극은 비길데 업ᄂ 늣김을 밧게 ᄒ엿다. 그처럼 딕활극으로 딕성황을 이룬 속에서 흥미를 엇엇던 중에 당디 신흥청년회(新興靑年會)에서는 그 예성단의 사회 위함을 찬성ᄒᄂ 깁흔 ᄯᄉ으로 긔를 증여(贈與)ᄒ엿슴으로 예성단 일힝은 감축한 속에서 만흔 치하가 잇섯고 칠일 남힝렬차로셔 신막청년회(新幕靑年會)로 향ᄒ야 ᄯ어나갓다더라. (사리원 지국)

매일 21.06.16 (3) 승박멸(蠅撲滅)의 대션전 / 낮에ᄂ 즈동챠로 밤에ᄂ 활동사진

평안남도 위싱과와 평양 부텽에서 흡력하야 지는 십삼일에ᄂ 오후 두시부터 지는 십ᄉ일에ᄂ 오후 오시부터 셰치의 자동차에 『승박멸군(蠅撲滅軍)』이라하고 홍빅의 큰 긔(旗)와 휘장을 치고 부텽 직원과 경찰관과 음악대가 분승하고 시닉 대쇼로를 도라단이며 목쟝이마다 사람을 모와놋코 파리박멸의 긴요한 연셜을 하며 오륙쳔 장의 션뎐지를 쑤리면셔 악대의 풍악셩으로 일반시민의 (파리박멸셩)을 고취하엿고 야간에ᄂ 평안극장에서 활동사진을 영사하야 무료로 입장케하야 파리에 대흔 각셕 연셜을 하여 들니엿고 신창(新昌) 힝뎡(幸町) 경관 파츌소에서ᄂ 경찰부 긔슈(技手)의 션도하에 제죠한 셕유유제(石油乳劑)를 무료로 비부하야 파리박멸의 대션뎐을 하엿더라. (평양)

매일 21.06.16 (3) 성시극(聖詩劇) 흥행일 / 십팔일부터 삼일간 공회당에셔 히

경성 기독교 청년회 주최로 오ᄂ 이십일에 경성 공회당에셔 성시극의 활동사진회를 기최흔다 함은 작지에 보도흔 바어니와 다시 듯건대 오ᄂ 십팔 십구 이십일ᄭ지 삼일간을 영사흔다더라.

---

48) 한자와 한글의 위치가 바뀜. 오식인 듯하다.

동아 21.06.17 (3) 일일부터 위생전람 / 인사동 군악대 자리에서 일주간 / 밤에는 활동사진을 무료 관람케

경긔도 위싱과(衛生課)에서는 칠월 일일부터 위싱뎐람회(衛生展覽會)를 열고 일주일 동안을 공중에 관람케 할 터이라는대, 처소는 방금 탑골공원 엽에 잇는 전 리왕직 양악대 자리를 교섭하야 뎐람회장으료 사용할 터인대, 이에 대하야 주방 위싱과댱(周防 衛生課長)은 말하되, 금번에 위싱뎐람회를 열게 됨은 일반

위생사상을 보급케하기 위하야 쳐음으로 시작하는 사업인 바, 원러 큰 규모의 뎐람회로 말하면 설비도 상당하여야 할 것이오, 출품하는 표본도 풍부하여야 될 것이나 이번에 경성에서 열고쟈 함은 위선 위싱사상을 하로라도 급히 선뎐하기 위하야 여는 터인 즉, 설비도 그다지 크지는 못할 터이나 일반 위싱에 대한 표본물을 될 수 잇는대로는 만히 모아 노흐려하는 중이외다. 대개 진렬할 것은 뎐염병 위모형과 그 실물(實物) 보건위싱 (保健衛生)에 관한 표본과 실물 산과위싱(産科衛生)의 표본과 실물 우역(牛疫)의 표본과 실물과 기타 음료수(飮料水) 등 일반위싱에 관한 것을

표본과 실물을 대조하야 아모조록 보고 알기 쉽움도록 설명을 긔록하야 출품물에 붓칠 터이며 공중에게 관람을 여는 날부터는 기수나 의사가 항상 회장에 잇서 일일이 츌품물에 설명을 하야 누구든지 그것을 보고 곳 알도록 통속으로 모든 것을 설비할 터이라하며 개회한 동안에는 야간이면 위싱활동사진을 공중에 관람케하야 입장은 물론 무료로 할 쑨아니라 될 수 잇는대로는 다수한 사람에게 관람을 식힐 터이라더라.

동아 21.06.18 (1) 〈광고〉

육월 십육일 (목요)

신사진 교환

미국 왈드 회사작

설국정화(雪國情話) **설의 조(雪의 朝)** 전오권

미국 칼넴 회사

활극 **여장부** 전일권

미국 골드윙 영화

시사편담(時事片談) **종군기(從軍旗)** 전오권

맛지게넷듸양 출연

미국 크리스듸 영화

희극 **두엇다 못먹어** 전일권

실사 **점토세공** 전일권

경성 수은동

단성사 전화 구오구번

매일 21.06.18 (4) 〈광고〉

애원(哀願)호 설국(雪國) 정화(靜話)며 쾌활호 시사 편담(片談)은?

육월 십칠일 (목요일)

신사진 부로쑤람

미국 왈트 회사작

설국정화(雪國靜話) **설의 조(雪의 朝)** 전오권

미국 칼넘 회사 특작

활극 **여장부** 전일권

미국 골드윙 영화

시사편담(時事片談) **종군기(從軍旗)** 전오권

맛지게녓딕양 출연

미국 크리스듸 영화

희극 **두엇다 못먹어** 전일권

실사 **점토세공**

수은동 전화 구오구 단성사

동아 21.06.19 (3) [모임]

▲ 중앙긔독교 청년회에서는 오늘 이십 삼일, 사일 량일 밤마다 활동사진회를 개최하고 세계뎍 명작이라는 성시극(聖詩劇) 「크리스머스」라는 전 칠권의 예수의 일대긔를 영사한다는대 입장료는 이원, 일원, 오십 전이라더라.

매일 21.06.19 (3), 21.06.20 (3), 21.06.21 (1) 〈광고〉

단성사 6월 18일자와 동일

매일 21.06.19 (4) 평양 자선 연예

일본 조합 기독교회 조선 전도본부에서는 조선 동포에 대하야 순정훈 기독교를 전하고 정신상 향상에 자(資)하며 종(從)하야 기(其) 행복의 증진을 기도하는 본부의 목적을 엇에꺼지든지 달성코져 하야 우금(于今) 십유여년간에 동지를 종합하고 집단 노력훈 결과 현금 이백여개소의 교회와 이만여명의 회원을 득하얏는대 항상 유감되는 것은 자력(資力)이 풍부치 못홈으로 인하야 확장발전의 방도가 불충분훈지라 차에 금회(今回) 조선 전도(全道)에서 금십만원의 기부를 모집키로 계획하고 조선 각지로 순회하며 자선 연예회를 개최하야 유지의 동정을 다대히 득하얏고 래 이십일일, 이십이일 양일간은 오후 팔시부터 평양 수정(壽町) 해락관(偕樂舘)에서 문예 활동사진 연예회를 개최홀 터인대 평남 매일신문사, 평남 교육회 등 각 단체가 다수히 후원홀 터이며 입장료는 일등에 일원 오십전, 이등에 일원, 삼등에 오십전, 소아 학생은 반액이라더라. (평양)

조선 21.06.19 (4) 〈광고〉

육월 십팔일부터 전부 취체(取替)
미국 유사 고루고 – 영화
희극 **견(犬)의 노동** 전이권
미국 유니바 – 살 회사
인정극 **암조(闇照)ㅎ는 정(灯)** 전육권
미국 유니바 – 살 회사 일대 걸작
ㅇ이린 제짓구 구레 오마지손 양양(兩孃) 결사적 대촬영
연속대탐정대활극
제사회 **라쥼의 대비밀** 전십팔편 삼십육권의 내
제팔편 광인의 장중(掌中) 제구편 굉々(轟々)훈 화산
미국 유니바 – 살 회사
실사 **유사 주보** 전일권
우미관 전화 이삼이육번

동아 21.06.20 (4) 김제청년회 소인극

김제청년회에서는 거(去) 이십일 야(夜)에 풍속개량의 목적으로 최후의 루(淚)라는

연제(演題) 하에 소인극을 흥행하얏는대, 예정 전부터 장내는 천여명의 남녀 관람자로 충만한 성황을 정(呈)하얏슬 뿐 아니라 특히 지방 인사의게 다대한 흥미와 심절(深切)한 감상을 야기하얏고 쏘한 금액의 발연(發捐)도 유(有)하얏다더라. (김제)

동아 21.06.20 (4) 청년문화단 소식
예천 청년문화단의 각지방 순업(巡業)은 기(旣)히 본지에 * * 보도하얏거니와 본월 십사일 흥해(興海)에 도착하야 구습관(舊習慣)을 타파하고 신사상을 고취케 할 목적으로 「누구의 허물, 고목봉춘(枯木逢春) 고학생」 이라는 예제로 삼일간 흥행하얏는 바, 연야(連夜) 만장의 대성황을 정(呈)하얏스며 차지(此地)로부터 갱(更)히 포항으로 발항하얏다더라. (예천)

동아 21.06.20 (4), 21.06.21 (4) 〈광고〉
단성사 6월 18일자와 동일

매일 21.06.20 (3) 동궁어사진(東宮御寫眞) / 이십삼일부터 사홀동안 경성에셔
동궁뎐하(東宮殿下) 어도영 하신 후 여러 가지 실사를 근사하야 이것으로 대판 미일 신문에서 활동사진을 근사하야 임의 동경, 대판, 경도 등 닉디 각 방면에셔 영사하 엿는대 륙월 이십 숨일은 남대문쇼학교(南大門小學校)에셔, 이십오일에는 잉졍쇼학 교(櫻井小學校)에셔, 이십륙일은 룡산 텰도공원(龍山 鐵道公園)에셔 영수하야 일반에 무료로 관람케 혼다더라.

조선 21.06.20 (1), 21.06.21 (4), 21.06.22 (1), 21.06.23 (3) 〈광고〉
우미관 6월 19일자와 동일

동아 21.06.21 (4) 위생선전 활동사진
경상남도 제삼부 주최인 위생사상 선전의 활동사진은 거(去) 십육일 하오 팔시 * 정 (* 町) * 좌(* 座)에 개최하엿는대 고진(高津) 마산부윤, 가등(加藤) 마산경찰서장의 선전사(宣傳辭)가 유(有)한 후 호열자병에 관한 사진을 영사하야 일반에게 무한한 관람을 여(與)한 바 마산 부민은 거년(去年) 호열자병으로 비상(非常)한 고통의 경험이 유(有)함으로 위생사상 선전에 대하야 심각한 인상이 되는 동시에 선전의 효과는 특

히 현저할 줄로 신(信)한다더라. (마산)

매일 21.06.22 (1) 〈광고〉

쾌미(快味)잇는 김도산군의 신가극

육월 이십일브터 특별대흥행

조선 유일무이호 신파신극좌 김도산 일행

여역자(女役者) 수명(數名)이 유(有)하야

증좌원(曾座員) 중 신(新)히 입좌(入座)훈

증전미유(曾前未有)훈 실연희극이 잇소오이다.

최근 신(新)히 촬영훈 장절쾌절훈 신연쇄(新連鎖) 출연

수은동 전화 구오구 단성사

매일 21.06.22 (3) 대정한성기(大正漢城妓) 습사(習射)

셔궐안 황학뎡(黃鶴亭)이라하면 녜로브터 호량(閑良)들의 편샤터로 그 일홈이 놉흔 곳이라. 그런대 수일 젼브터는 난데업는 곳밧을 일우웟스니 그는 다름 아니라 지금 만주(滿洲)에 잇는 우리 됴션 동포가 작년에 큰 흉년을 맛나 산 설고 물 설은 쌍에셔 주림을 못 이긔여 부르지는 불상훈 형상을 얼마간이라도 동정하야 주기 위하야 대정(大正)과 호성(漢城) 두 권번의 기성들이 연약훈 몸에 양징훈 팔을 부르것고 썰니는 손을 드러 잡아다리는 화살은 젹으면 열 간 멀면 오십 간 이늬에셔 써러진다. 이계 두 권번의 기성 오륙십명은 슈일 젼브터 그 터에셔 그것을 공부하기에 미우 열심 중인대 보통 갓흐면 밤을 낫을 삼는 그네들이다. 그러나 그네들은 날마다 아참 아홉시부터 츌동하야 활쇼기 공부에 미우 열심훈다. 아즉 장쇼와 긔일은 작졍치 아니하얏스나 공부가 언간히 되면 정식으로 편샤대회를 열어서 그 날에 드러오는 입장료와 의연금으로 만주에 잇는 동포의게 젼부 이를 긔부훈다는대, 이 소진은 이십일일에 공부하는 광경인대, 활을 잡아다리는 그들의 모양은 참으로 불 만훈데 녜젼 갓흐면 녀즈의 의용병(義勇兵)이라 하야도 됴흘만하더라.

조선 21.06.22 (3) 한남권번기(妓) 개성좌에셔 연주 / 경성 사립 피병원에 긔부훌 자금을 구취코자

경성 한남권번 기성(京城 漢南券番 妓生) 이십팔명은 지나군 십칠일 오후에 기성에

도착ᄒᆞ야 그 잇흔 날 즉 십팔일부터 기성좌(開城座)에셔 연쥬회를 기최ᄒᆞ얏는디 관긱들은 명각 젼부터 만원을 이루엇스며 그 권번의 쥬관자의 말을 들은즉 금번에 기성ᄭᅡ지 나려가 흥힝ᄒᆞᄂᆞᆫ 것은 자긔의 리익을 취ᄒᆞᆷ이 안이라

경셩 사립 피병원(京城 私立 避病院)을 위ᄒᆞ야 긔부ᄒᆞᆯ 계획으로 자금을 구취코자 ᄒᆞᆷ이라ᄂᆞᆫ디 그 긔부ᄒᆞᄂᆞᆫ 방법은 그 권번의 명의로 긔부ᄒᆞᄂᆞᆫ 것이 안이라 기성에셔 오일간을 흥힝ᄒᆞ야 엇은 돈에셔 제반 비용을 제ᄒᆞ고 놉은 돈은 각기 기성의 명의로 피병원에 긔부ᄒᆞ게 ᄒᆞᆯ 계획이라더라. (기성 지국)

동아 21.06.23 (1) 〈광고〉

육월 이십삼일(목요)부터 교환

실사 경응(慶應)야구단 시합 전권

쉘크드빗치 회사작

포장리(布帳裏)의 애화 **홍루의 적(紅淚의 跡)** 전오권

미국 파데 회사

희극 **인공호흡** 전일권

이태리 안부로조 회사작

훼보마리씨 원자(原者) 급(及) 감독 출연

비극적 애국시 대사극 앗지라 전팔권

경성 수은동

단성사 전화 구오구번

동아 21.06.23 (4) 원산청년회 소인극

원산청년회에서는 단오 가절(佳節)을 이용하야 구습의 폐해를 개량할 목적으로 육월 십이일부터 삼일간을 소인극을 연속흥행한다 함은 이미 보도하얏거니와 제이일 제삼일에도 여전(如前) 천여명 관람자의 대환영을 수(受)하얏스며 동시에 일반 인사의 동정을 표한 금액 급(及) 씨명은 좌와 여(如)하다더라. (씨명과 금액은 생략)

매일 21.06.23 (3) 〈광고〉

애원(哀願)ᄒᆞᆫ 포장리(布帳裏)에 애화(哀話)며 비극적 대사극(大史劇)은?

육월 이십삼일 (목요일)

신사진 순서

쉘크드빗챠 회사작

포장리(布帳裏)의 애화 **홍루의 적(紅淚의 跡)** 전오권

미국 파데 회사작

희극 **인공호흡** 전일권

이태리 안부로죠 회사작

혜보마리씨 원자(原者) 급(及) 감독

대사극(大史劇) **앗지라** 전팔권

견(見)하라!! 비극적 애국시를 세계의 자유를 위하야 민중의 문화를 위하야 폐혹투(斃或鬪)하는 영웅에게 밧치노라. 혜보마리

실사 **경응(慶應)**야구단 시합

수은동 전화 구오구 단성사

동아 21.06.24 (4), 21.06.25 (4), 21.06.26 (1), 21.06.27 (1), 21.07.02 (4), 21.07.03 (4), 21.07.04 (1), 21.07.05 (1), 21.07.06 (1) 〈광고〉
단성사 6월 23일자와 동일

매일 21.06.24 (4), 21.06.25 (4), 21.06.26 (3), 21.06.27 (2), 21.06.28 (1) 〈광고〉
단성사 6월 23일자와 동일

조선 21.06.24 (3) **한경문(韓敬文) 일행의 흥행 / 평양 극장에셔**
구미 각국으로 도라단이며 다딕흔 환호성 중에셔 신긔흔 기슐* 마술로 관람자의 이목을 놀니든 아셰ㅇ 문무기예반 한경문(韓敬文) 일힝은 지나간 이십일부터 평양 남문뎡 평안극장에셔 흥힝즁인 바 련일 만장의 더성황으로 흥힝흔다더라. (평양)

동아 21.06.25 (4) **야소(耶蘇) 행적 활동사진**
인천 일본인 기독교청년회 주최로 야소 평생의 기행이적(異蹟)인 활동사진을 시내 가무기좌에서 금 이십 오륙 양일간 영사한다더라. (인천)

매일 21.06.25 (2) 경기 식림(植林) 선전

경기도에셔는 이십오일 오후 칠시브터 청량리 외(外) 망우리에셔 지원민(地元民) 이천명을 집(集)하고 괘장도(掛場道) 기사 이하 도직원 고양(高陽), 양주(楊州) 양 군수 등의 식림 선전에 관호 강화(講話)가 유(有)하고 종(終)하야 활동사진 환등의 영사를 하얏더라.

조선 21.06.25 (4) 〈광고〉

육월 이십오일일[49]부터 전부 차환

미국 유니버-사루 회사

실사 **마가진** 전일권

미국 유사 에루고-휘일무

희극 **견수(犬搜)** 전이권

미국 유니버-사루 회사 특작품

가-메루 마이야-스양 주연

인정극 **호접(胡蝶)을 추(追)ᄒ야** 전오권

미국 유니버-사루 쥬에ㄹ 영화

ㅇ이린 제짓구 구레 오마지손 양양(兩孃) 결사적 대촬영

연속탐정대활극

제오회 **라줌의 대비밀** 전십팔편 삼십육권의 내

제십편 포복(匍匐)의 화염 제십일편 위험호 운명

우미관 전화 이삼이육번

조선 21.06.26 (4), 21.06.28 (4), 21.06.29 (4), 21.06.30 (4), 21.07.01 (4), 21.07.02 (1) 〈광고〉

우미관 6월 25일자와 동일

동아 21.06.27 (4) 보성청년회 소인극

전남 보성청년회는 당지(當地) ＊＊ 공조교(公曹校) 신축 낙성식에 대한 초대를 피

---

49) '이십오일'의 오식

(被)하야 회원 이십일명은 부회장 임＊＊, 총무 최창순(崔昌淳) 양씨의 영솔 하에 ＊우(＊雨) 출장(북거(北距) 사십리)하야 동교(同校)에 대한 다방면 동정 원조의 목적으로 활발한 운동과 열렬한 의논이며 야간 소인연극 등을 행하야 당지 인사에게 풍자적 우(又)는 감동적 호성적을 득(得)하얏스며 동시에 만장(滿場) 신사숙녀의 동회(同會)에 대한 동정 기증금 칠십사원이 유(有)한 바, 차(此)를 동교(同校) 비품비 보조로 기부한 바, 해(該) 학생 급(及) 학부형의 석별리(惜別裡)에 이십일 귀관(歸舘)하얏다더라. (보성)

동아 22.06.28 (3) 활동 변사의 상식 시험 / 데일회는 호성적 / 녀자도 네 명 참가

경긔도 경찰부(京畿道 警察部)에서는 흥행물취례규측(興行物取締規則)을 실시한 이래로 이에 관연되는 모든 것을 엄중히 단속할 예뎡으로 활동사진 「필름」도 도령에서 먼저 검사를 한 후에야 각 활동사진관에서 공개하게 될 터인대, 이에 짜라서 활동사진 변사들의 시험을 뵈게 되야 작일 오전 아홉 시부터 경찰부 별실에서는 데일회의 시험이 거행되얏다. 검은 장막 뒤에서 목소리만 팔든 변사들은 박쥐의 싱활갓치 밤낫을 밧구어 지내는 그들은 요사이 긴긴 해에 아홉시라 하면 다른 사람들은 벌서 겨을 짜른 해의 하로 일만치나 활동을 하얏슬 터인대, 얼골에 조름이 가득하야 주먹으로 두 눈을 부비며 모히어 들엇다. 이번에 시험을 보겟다고 청원을 한 사람이 총계 오십사명 중에 녀자가 사명이오, 조선 사람이 열세명인대, 정각까지 대어 오지 아니한 사람이 여달명이엇다. 그들은 원래

어둔 곳이 자긔들의 활동 무대이라 별로 괴이치는 아니하나 시험 장소의 휴게실도 안성마침으로 어둠 컴컴한 광 속으로 정하야 그늘에서 자란 밀대 가튼 그들의 헤멀건한 얼골이 모히어 선 것은 산 활동사진을 구경하는 감상을 이르킨다. 원래 이번 시험의 방침은 처음임으로 그다지 어려운 과목은 보이지 아니하고 상식(常識)과 품행 단정을 주장으로 한다 하며 검은 경관의 복장을 입고 쌘적거리는 「사벨」을 찬 경부가 정면 교의에 거러안고 한 사람식 불너들이어 구술 시험을 보이는대, 어둔 장막 뒤에서나 말을 잘하는 줄로 알앗든 그들은 밝은 곳에서도

노뭉치로 개를 쌔리드시 시험관의 뭇는 말을 것침업시 연설을 하는 것은 한 괴관이 엇다. 그러나 그 중에는 경관 압이라는 이상스러운 싱각이 드러가서 그러한지 상설관에서 듯는 말갓치 활발치 못한 사람도 잇섯고 가는 소래로 관중의 신경을 이르키든 녀변사들도 상당한 답안의 설명이 잇섯다더라.

동아 21.06.28 (4) 동우회(同友會) 제일회 순회 연극단

동경에 유학하는 우리 학생으로 조직한 동우회에서는 금년 하기 휴가를 이용하야 문화를 선전할 목적으로 연극단을 조직하야 가지고 조선 내지에 와서 각 도회지로 순회 흥행한다는대 동단(同團)에서 흥행할 각본은

▲ 희곡 김영일(金英一)의 苑[50] (삼막) 조해성(趙海聲) 작

▲ 동(同) 찬란한 문(門) (일막) 던세니 작 김초성(金焦星) 역

▲ 동 최후의 악수 (일막 삼장) 홍난파(洪蘭坡) 작

제삼편이오, 칠월 팔일에 부산에서 서막을 개(開)하야 팔월 십팔일 함흥에서 종료하리라는대, 모든 절차는 다음과 갓다더라

◇ 단원 씨명

단장 임세희(林世熙)

정리위원 박춘금(朴春琴), 안성학(安聖鶴), 손영극(孫永克), 한인봉(韓仁鳳)

사교위원 박희서(朴熙緖), 홍승노(洪承魯), 최석기(崔錫麒),

무대감독 김우진(金祐鎭)

연사 홍재원(洪在源), 홍영후(洪永厚), 김기원(金起元), 허일(許一), 마해송(馬海松)

음악부

조선 21.06.28 (3) 고학생을 위흐야 / 우미관에서 개연

경성부 무교정 사번디 고학싱 영졔구졔회(苦學生 永濟救濟會)에셔는 일반 고학싱을 구호흐기 위흐야 영졔구졔회의 쥬최로 히동혁신단(海東革新團)의 후원이 되야 작 이십칠일브터 칠월 삼일ᄭᆞ지 우미관에셔 츌연흐기로 결뎡되얏ᄂᆞᆫ디 시니 오권번 예기 일동이 ᄯᅩ한 고학싱에게 동정을 표흐기 위흐야 혁신단과 련합 츌연한다 ᄒᆞ며 오권번 예기의 츌연 순서ᄂᆞᆫ 이십칠일 한성권번, 이십팔일 호남권번, 이십구일 경화권번, 삼십일 디동권번 ＊＊＊ᄉᆞ브터 동 삼일ᄭᆞ지 일간은 각 권번 예기가 련합 츌연흐다ᄂᆞᆫ디 이 수입으로ᄂᆞᆫ 실비를 졔흔 외에 ＊ 고학싱 구호 졔공한다더라.

---

50) '死'의 오식이다.

조선 21.06.28 (4) 야소(耶蘇)[51] 일대기의 활동사진을 보고 (一) 봄바람

기독이라 ᄒ면 우리 조선인되고는 별로 모를 사람이 업슬 뜻 ᄒ다. 야소는 즉 기독이라. 상제의 독생자라 자칭ᄒ는 야소가 이천년 전에 소아세아의 일(一) 소국 유태에셔 탄생ᄒ 후에 삼십년 동안은 목수업으로 부모를 봉양ᄒ엿고 삼년 동안은 주유 사방(周遊 四方)ᄒ면서 상제의 진리를 선포ᄒ며 자기가 상제의 독생자임을 증명ᄒ며 라마(羅馬)[52]의 압제하에 신음ᄒ는 자기 동포의게 만흔 위로를 쥬고 정신적 혁명의 종자를 민의에 파(播)ᄒ며 수천명 수만명의 대환심을 수(受)ᄒ다가 로마인과 친파마파(親羅馬派)의 혐의를 수(受)ᄒ고 바리시교인의 시기의 결과로 야소는 삼십삼세 * 십자가에셔 최후의 *해를 피(被)ᄒ얏 * *. 그리ᄒ야 상제 * 능력으로 사후 삼일만에 부활 승천ᄒ엿다 ᄒ다. 그리ᄒ야 야소는 만인의 죄를 대속ᄒ야 십자가 * 곤난을 당ᄒ엿다 ᄒ며 야소만 밋으면 산하갓흔 죄를 지엿슬지라도 다 용서함을 수ᄒ다 홈이리뿐 안너라 사후에 천당에ᄭ지 올나가셔 영원ᄒ 복락을 향유ᄒ리라 ᄒ다. 이것이 야소에 대한 최소 약언이라 ᄒ 수 잇다. 이제부터 성시극(聖詩劇) 구경ᄒ 니야기를 좀 ᄒ여야 되겟다. 성시극이란 다른 것 ᄋ니라 우에 약언ᄒ 야소 일대기의 활동사진이라. 즉 야소 생전의 여러가지 징조(고담 비슷ᄒ)와 야소 생후의 생활형편과 사후의 여하를 전부 활동사진으로 * 사ᄒ는 것이엿다. 그리ᄒ야 야소교인의게 더욱 ᄷᄷ 신앙심을 고취홀 목적이오, 불신자의게 야소의 진의를 선포ᄒ는 것이 성시극 개연의 주요 목적 될 것이다. 그 날은 (육월 이십삼일) 맛참 우천이엿다. 남산 상ᄷ봉(上ᄷ峰)에셔 북악을 연결ᄒ야 경성시 상(上)에는 흑운(黑雲)의 막을 장(張)ᄒ엿스나 다ᄒ힝히 비는 잠간 긋치고 오군은 내방ᄒ엿는디 씌는 오후 팔시를 보(報)ᄒ고 오군은 어셔 가기를 최촉(催促)ᄒ다. 팔시가 조금 지나 중앙 기독 청년회관에 드러셔니 안내원은 친절히 좌석에 인도ᄒ 쥬며 순서지 일매를 너여 쥬는디 우천임을 불구ᄒ고 남녀의 관객은 하천(夏天)에 염운(炎雲)갓치 모혀든다. 홍권석 * (紅卷席 *)는 서양인도 사오인이 착석ᄒ엿스며, 그 전후에는 야소교의 목사 전도인인 듯ᄒ 인사가 열석(列席)ᄒ엿고 부인석에는 수십인의 여학생도 참석ᄒ엿는디, 모다 야소교 학교의 선생이오 또 학생임을 짐작ᄒ엿다. 강 * (講 *) 후면(後面)에ᄂ 백포장(白布帳)을 걸어놋코 우편(右便) 일우(一隅)에ᄂ 변사의 좌석에는 의자 일개 책상을 비치ᄒ엿스며 찬란ᄒ 전광은

---

51) 예수
52) 로마

내객(來客)을 환영ᄒᆞ는 듯ᄒᆞᆫ데 사진이 시작도 되지 아니ᄒᆞᆯᄋᆞᆺ고 좌석이 만원도 되지 못ᄒᆞᆯᄋᆞᆺ고 우천에 공기도 습음할 것이지마는 ᄋᆞ니다, 이 강당 내에ᄂᆞᆫ 화기(和氣)가 충만ᄒᆞ여 춘광(春光)을 반기듯 ᄒᆞ니 각인의 심리ᄭᆞ지 온화ᄒᆞᆫ 듯한 감이 업지 못ᄒᆞᆯᄋᆞᆺ다. 초입* 나의 심중에ᄂᆞᆫ 이러ᄒᆞᆫ 감념(感念)이 생(生)ᄒᆞᆯᄋᆞᆺ나니 신성한 기독교 청년회관이니ᄭᆞ 이러케 청결하고 ᄯᅩ 상쾌ᄒᆞᆫ 감이 생하는가― 신성한 교회의 주최로 신성ᄒᆞᆫ 야소의 일대기를 영사ᄒᆞᄂᆞᆫ 것이니ᄭᆞ 이러케 ᄶᅢᄭᅳᆺᄒᆞ고 화기융화한 중에 심신이 상쾌ᄒᆞ여지ᄂᆞᆫ가 ᄒᆞᆯᄋᆞᆺ다. 이러케 말ᄒᆞ면 너무 찬미ᄒᆞᄂᆞᆫ 것이라 ᄒᆞ겟지마는 ᄋᆞ니다. 보통 극장이나 보통 활동사진관에 가보라. 태반은 부랑자의 집회소이라 남녀가 호상(互相) 규시(窺視)ᄒᆞ며 조잡한 관(觀)이 불*(不*)ᄒᆞ다. 피(彼)를 보고 차(此)를 보미 과연 피는 더럽고 차ᄂᆞᆫ 청결ᄒᆞ니 일종 수도장이 분명ᄒᆞ다.

어시호(於是乎) 개연을 최촉ᄒᆞ는 박수성에 성시극의 활동이 시작되랴 할 세, 변사 일인이 등단ᄒᆞ야 본극을 개연ᄒᆞ기 전에 먼져 별개의 일종 사진을 보이여 준* 선언 긋혜 *탄*(*誕*)의 예사(例事)인 『셰ㄴ터 클나스』(노인)가 아해에게 예물주는 사진이엿다. 그 사진은 과연 일반의게 기괴ᄒᆞ고도 유쾌ᄒᆞᆫ 감을 주엇*나 *시(*是) 만흔 자미와 쾌감을 엇ᄉᆞᆺ나니 셰ㄴ터 클나스는 노인인데 야소 탄일에는 으레히 아해들의게 예물을 갓다 쥬고 가ㄴ다는 것이라. 과연 기(其) 사진도 선명ᄒᆞ거니와 붓스로 그 가옥 유아 의자를 그리는 그 화법은 남녀 학생의게 더욱 큰 교훈와 감동을 쥬엇슬 것이다. 붓스로 그린 그 어린 아해가 편지를 써서 『셰ㄴ터 클나스』 노인에게 보내니 담비 연기를 폴식ᄉᆞᄉᆞ 피우든 노인은 여러가지 예물로써 야소 탄생을 축하ᄒᆞ야 그 아해에게 가져다 주는 것은 보기에도 자미잇거니와 우리도 홀 수 잇스면 연약ᄒᆞᆫ 자를 도와쥬고 부모에 생신* 등에 생면부지의 걸아(乞兒)에게라도 걸아를 위ᄒᆞ야 부모를 위ᄒᆞ야 시은(施恩)ᄒᆞ라는 교훈이 업지 못홀 것이다. 그 후 성시극의 본막을 열게 되엿는디 선명ᄒᆞᆫ 사진이 벌셔 환심을 수(收)ᄒᆞᆯᄋᆞᆺ지마는 소(少)ᄒᆞ면 유태를 위ᄒᆞ야, 대ᄒᆞ면 전세계 인류의 평등, 자유를 위ᄒᆞ야 일신을 희생에 공(供)한 야소씨의 일대 삼십삼년간의 실상을 구성ᄒᆞ게 된 것 나는 무한ᄒᆞᆫ 영광으로 생각ᄒᆞᆯᄋᆞᆺ다. 그리고 만흔 가라침을 밧앗스며 만우 **을 수(受)ᄒᆞᆯᄋᆞᆺ고 ᄯᅩ 자미잇섯다.

그러나 야소교 목사 등의 어조 비슷ᄒᆞᆫ 변사의 설명이 좀 부족ᄒᆞᆫ 것이 유감이엇고 이십세기 이 시대에셔 종교라고는 ᄒᆞ지마는 너무 미신적 오* 심지어 성경에 기록되지 ᄋᆞ니ᄒᆞᆫ **ᄭᅥ지 작인(作人)ᄒᆞ야 영사ᄒᆞ는 것이 좀 유감이엿다.

매일 21.06.29 (1) 〈광고〉

연쇄극 신파신극좌 일행

특별대흥행

◎ 조선 신파연극 활동연쇄극 원조 신극좌 ◎

김도산 일행

육월 이십구일브터 삼일간

경성 신극좌 김도산 일행에셔는 신소설 송죽(松竹)을 각색하여 연극을 흔다는대 등장 역자(役者)는 남자 십오명 외에 여역자(女役者)는 최해성(崔海星)양, 최정자(崔貞子)양, 이경해(李鏡海)양

이태리 안부로죠 회사 특작

헤보마리씨 원자(原者) 급(及) 감독

대사극(大史劇) 앗지라 전팔권

견(見)하라!! 비극적 애국시를 세계의 자유를 위하야 민중의 문화를 위하야 폐혹투(斃或鬪)하는 영웅에게 밧치노라 헤보마리

수은동 전화 구오구 단성사

매일 21.06.30 (3) 오권번기(五券番妓) 합연 / 고학싱 영제 구호회의 주최로 야죠 성황

박일근(朴逸根)씨의 발긔로 신셜된 고학싱 영제구호회(苦學生 永濟救護會)의 주최에 히동혁신단의 후원과 시뇌 다섯 권번의 기싱의 합연은 임의 보도한 바와 갓치 이십칠일붓터 우미관에셔 연주회를 열엇는대, 밤마다 시간 전에 만원의 대성황을 일우엇스며 특히 히동혁신단의 신파극은 일반 관긱의 다슈흔 환영을 바닷고 다시 그 신파극에는 지금 경셩 시뇌에 일반 고학싱을 참작하야 연극을 흥힝하며 쩨째로 기싱의 아름다온 연주가 잇스며 즈못 자미잇는 구경이 만히 잇다더라.

매일 21.06.30 (4), 21.07.01 (1), 21.07.02 (4), 21.07.04 (1), 21.07.05 (4), 21.07.06 (1) 〈광고〉

단성사 6월 29일자와 동일

조선 21.06.30 (4) 야소 일대기의 활동사진을 보고 (二) 봄바람

이계부터는 성시극의 본막 즉 기독일대기의 활동사진을 구경훈 자미와 일우(一隅)의 소감을 말ㅎ려 혼다.

이것을 기(記)ㅎ며 坐 논ㅎ는 나의 목적이 잇나니 기일(其一)은 만천하 동포가 행(幸)히 기백명 혹 기십명이라도 야소의 박애심과 헌신적 정신을 비왓스면…… 홈이오 기이(其二)는 우리 교인들도 야소교로 인ㅎ야 우리가 유익홈이 잇고 추호라도 해를 피(被)ㅎ는 피동적이 되지 안키를 절망(切望)ㅎ는 바요, 기삼(其三)은 우리 청년들도 야소의 헌신적 정신을 비와 야소와 갓치 적게 말ㅎ면 자기 부락과 자기 * 민을 위ㅎ야 박애 교의의 친절한 성의를 보급홀 것이요, 크게 말ㅎ면 전세계의 고통ㅎ는 인류를 위ㅎ야 십자가에 참형을 당ㅎ더라도 정의와 인도를 위ㅎ야는 일호도 사양치 으니할 만혼 용기와 담력을 가지기를 원ㅎ는 바이라.

이『크리스터스』는 전부 칠권인딕 제일권으로 제칠권까지의 대지(大旨)로 말ㅎ면 야소의 고생이라 홀 수잇다. 야소의 모친『마리ㅇ』는『요셉』이란 남자와 정혼만 ㅎ엿는 딕 성례ㅎ기 전에 천사의 현몽과 성신으로 잉태ㅎ야 사례ㅅ[53]이란 곳셔 야소가 탄생ㅎ엿는딕 심히 빈곤한 가운데 호 * (戶 *)ㅎ러 가다가 여사(旅舍) 마구간에 해산ㅎ엿스니 모아(母兒)의 고생이야 무엇에 비ㅎ리오 * * * * * 태 * 왕(太 * 王)으로 낫다는 * *을 모른 헤롯왕은 사방에 전령(傳令)ㅎ야 호 * (戶 *)을 조사(調査)케 ㅎ엿다. 그것은 무슨 의미인가. 근일에 유태인의 왕으로 출생훈 아해가 잇다니까 그 아해가 장성ㅎ면 유태국은 로마의 압제를 버셔나셔 야소가 왕이 되고 독립국이 될가ㅎ는 염려로 일세 이내 아해는 모다 살해 * ㅎ랴는 유태국에 주재한 로마의 분봉왕『헤롯』의 계산이엿다. 그리ㅎ야 창검을 휴대한 병사들은 사방에 출장ㅎ야 일세 이하의 유아는 모다 살육ㅎ는 그 광경은 사진이라도 참ㅇ 볼 슈 업셧다. 그런 혼란 중에셔 마리ㅇ는 야소를 안고 나귀 등에 올나 안젓고 남편 요셉은 마부 노릇을 ㅎ며 수백리나 되는 애급으로 도주홀 쎄 그 고생이야말로 과연 엇더ㅎ엿스리오. 자고급금(自古及今)에 빈곤한 중에셔 위인이 나고 혼란훈 세대에 영웅이 난ᄂᆞ는 속언과 갓치 혼란한 유태국의 빈곤훈 마리가[54]의 집에는 이천년 후 금일까지 오히려 종교계의 최앙모(最仰慕)ㅎ는 야소가 출생훈 것이엿다.

---

53) '나사렛'의 오식
54) '마리아'의 오식

유아 살해ᄒᆞᄂᆞᆫ 변이 지나간 후에 마리ᄋᆞ는 ᄯᅩ다시 가족 일동이 무사홈을 예측ᄒᆞ고 고향 나사렷으로 도리왓는ᄃᆡ 야소는 ＊ᄉᆞ 자랄사록 지예(智藝) 총명이 과인(過人)홀 ᄲᅮᆫ 아니라 더욱이 종교에 유의ᄒᆞ야 십이세되는 ᄯᅢ에 부모와 동반ᄒᆞ야 예루살네ᄆᆞ에 유월절을 수(守)ᄒᆞ러 갓든 일이 잇다. 그 ᄯᅢ에 부모와 동반ᄒᆞ야 예루살네ᄆᆞ 성전에 모힌 여러 박사들과 구약을 토론ᄒᆞ며 문답을 ᄒᆞ는ᄃᆡ 박사들과 제사장들이 ＊＊불기(不己)흔 사(事)도 유(有)ᄒᆞ엿다. 여하간 상제의 독생자라 ᄒᆞ더라도 인체와 인정을 포회(抱懷)한 야소씨는 유태인의 부자연의 생활과 헤롯왕의 부도덕 정치의 과거 현재를 회상ᄒᆞ고 관람홀 시에는 일세 이세를 경(經)ᄒᆞ야 점차 연장(年長)홀사록 더욱ᄉᆞᄉᆞ 통절히 각오ᄒᆞ여 질 것이다. 그리ᄒᆞ야 전법(殿法) 하(下)에서 감히 일이인이라도 집회 단결을 홀 수가 업는 처지임으로 삼십년 동안을 목수업으로 부모를 봉양ᄒᆞ며 연구흔 결과는 상제의 복음을 전홀 각오가 생(生)ᄒᆞ엿고 다수 인중(人衆)을 규합할 동기가 생(生)ᄒᆞ엿슬 것이다. 구약의 율법을 개혁ᄒᆞ야 유태인으로 ᄒᆞ야금 자기로 인ᄒᆞ야 부활ᄒᆞ는 민족을 만들고져 ᄒᆞ엿고 부자연의 지위에서 버셔나게 ᄒᆞ려 ᄒᆞ엿고 암매(暗昧)흔 구습(舊習)의 구분(舊慣)에서 탈각ᄒᆞ아 신성흔 민족을 만들려 한 것이 야소의 이상이엿든 것이다. 그러기에 신약 중 야소의 말삼에도 제자들을 각지에 파송ᄒᆞ면셔『너히들은 가셔 나의 ᄯᅳᆺ을 전파ᄒᆞ라. 그러나 다른 곳으로 가지도 말고 외방(外邦)으로 가지도 말고 차라리 우리의 일흔 양을 차즈라』한 구절이 잇지 ᄋᆞ니흔가. 그갓치 열렬흔 그 애정은 유태에서 넘쳐셔 지금은 세계 각국에 범람ᄒᆞ야 야소의 일홈을 부르지 안는 자가 업게 되엿다. ᄯᅩ 야소 씨가 예루살네ᄆᆞ의 큰 성전을 향ᄒᆞ야 눈물을 몃번이나 흘니엿는가. 이것은 신약 성경에 명확히 기재되어 잇다. 이런 야소를 학(學)한다는 우리 교인들이 자기 동족이나 가족의 형편은 생각지 ᄋᆞ니ᄒᆞ고 멀니 세계주의나 찻지 ᄋᆞ니ᄒᆞ면 더 멀니 천당만 찾는 듯흔 것이 유감이라. 그 후 야소는 삼십세부터 전도ᄒᆞ며 십이제자로 더부러 사방에 순회ᄒᆞ엿다. 만흔 기아를 당하엿고 만흔 핍박을 수(受)ᄒᆞ엿다. 야소는 바리시 교인과 서기관과 로마인과 친로마파 유태인, 시기의 초점이 되엿다. 그런니 야소 제자 중의 일인『가롯 유다』라는 자가 은삼십양을 밧고 야소를 ＊도(＊渡)ᄒᆞ엿다. 실상은 야소를 정탐ᄒᆞ야 피착(被捉)케 ᄒᆞ여 준 것이지마는 매매흔 것이나 다름이 업셧다. 지금도『유다』와 갓치 자기 선생이나 자기 친우를 사지로 함입(陷入)케 ᄒᆞ는 자가 동서양을 물론ᄒᆞ고 다수ᄒᆞ겟지마는 우리 조선인 중에도 소수라 단언ᄒᆞ기 난(難)한 것이로다. 제사권 사진에 니르러 가롯 유다가 자기 선생을 매매ᄒᆞ야 銀 삼십양을 수수홀 시에는 일반 관객은 ＊＊의 감정이 안면에 발현ᄒ엿스며, 무한ᄒ＊＊을 주엇다. 깁흔 교훈을 준 것이 분명ᄒ엿다. 그 후 야소는 『빌나도』감사＊(監査＊)의 공판을 밧게 되얏는디 빌나도 ＊＊ 죄(罪)라 인정치 으니ᄒ고 방＊(放＊)ᄒ홀 의사이엿스나, 무도한 백성들과 간악한 증인들의 난폭 무변한 결과로 드듸여 야소는 십자가의 사형 당ᄒ게 되엿는디, 그 째 야소를 ＊＊ᄒ 형편이며 십자가 ＊부(＊負)케 ᄒ고 사형(死刑)＊『골고다』로 ＊도(＊走)ᄒ는 참상이며 십자가를 지고 가는 야소를 보고 길 가운데 쓰러져 애호통곡ᄒ는 야소의 모친 마리아의 비정(悲情)이며 골고다에 당도ᄒ야 삼장이나 되는 십자가 상에서 야소의 선혈이 지상 낙하 ＊＊홀 쎠야 말로 일반 관객의 심정을 비애ᄒ여지고 장내는 침묵ᄒ여젓다. 그것이 제칠권 ＊초(＊初)이엿는디, 그것이 본극(本劇) 제일 중요ᄒ 제목임은 물론이여니와, 일반 관객에게 제일 심심(甚深)ᄒ 인상을 준 시간이엿다. 모다 낙심한 듯시 실신한 듯시 십자가 상의 야소만 바라보고 잇섯다. 그러나 매장ᄒ지 삼일 만에 야소는 견고ᄒ 무덤 속에셔 부시々 니러나셔 십이제자가 모혀잇는 곳에 잠간 왓다가 『천하인간에게 천국의 복음을 나의 일홈으로 전ᄒ라』는 일언의 부탁을 ᄒ고는 으々ー 이상ᄒ다 야소는 지상에셔 발이 쎠러지더니 광채나는 형용으로 반 공중에 점々 올나 다시 승천ᄒ엿다. 이것으로 성시극의 종막이 되엿고 기독 일대기 활동사진이 종료되엿다. 사진도 선명ᄒ거니와, 그 내용이야말로 교훈을 쥬엇고 각오을 쥬엇스며 자미를 쥬엇고 쾌감을 쥬엇다. 이제는 잠시 소감을 쓰랴 ᄒ다.

동아 21.07.01 (4) 야소(耶蘇) 행적 활동사진

개성 북부 예배당 엡윗 청년회 주최로 야소 평생의 기행기적인 활동사진을 육월 이십칠일 하오 팔시 삼십분 동 예배당 내에서 영사하엿는대 일반 교인 급(及) 다수 관람자가 밀집하야 입추의 여지가 무(無)하얏고 사진의 영사가 시작됨으로부터 ᄭ지 박수성이 부절(不絕)하야 ＊＊한 가운데 야소가 실임(實臨)하신 듯 교도 등의 일희일비와 ＊＊＊＊은 비할 곳이 무(無)하야 신앙심이 일층 견확심대(堅確深大)하얏고 일반 관람자로 하야금 무한한 각오와 다대한 늣김을 여(與)하고 십일시 이십분 경 성황리에 산회하엿다더라. (개성)

동아 21.07.03 (4) 자선사업 동정 행연(行演)

순천군 순천면 관상리(館上里) 순천의원장 노＊규(盧＊奎)씨는 자선적 사업으로 금번 동 의원 내에서 극빈 환자 무료 치료부를 설치하고 칠월 일일부터 극빈자에게 대하야는 여하한 중경(重輕)환자를 물론하고 무료 치료하여 주는 바, 신파순흥단(順興團) 일행은 자(玆)에 동정을 표하기 위하야 당지 순천의원 급(及) 조선일보 분국, 동아일보 분국 후원하에 거월(去月) 이십오일 대동여관에서 신파극을 흥행하얏는데 입장자가 무려 사백명의 다수에 달하얏슬 뿐아니라 제씨(諸氏)의 불소(不少)한 찬성금이 유(有)하얏다더라. (순천)

동아 21.07.03 (4) 경성(鏡城)청년회 소인극
경성청년회에서는 문화 향상의 일조(一助) 우(又)는 회의 기본 재산을 보충할 계획으로 천중(天中)의 가절을 복(卜)하야 소인극을 흥행하얏는데 남녀 관객의 만장 성황을 정(呈)하얏스며 기부금이 일백 삼십여원에 달하얏다더라. (경성)

조선 21.07.03 (1) 〈광고〉
칠월 삼일부터 전부 차환
미국 유니버-사루 회사
실사 황석공원(黃石公園) 전일권
미국 유사 쥬에ㄹ 영화
희극 도망ㅎ면 안니된다 전이권
미국 유사 브로-바트 영화
인정극 장자해적(長者海賊) 전오권
미국 유사 쥬에ㄹ 특작 영화
구레오 마지손 ㅇ이링 셰짓구 양양(兩孃) 결사적 대촬영
대모험대활극 라줌의 대비밀 전십팔편 삼십육권 내 사(四)
제십이편 질곡 제십삼편 열화의 지옥
우미관 전화 이삼이육번

매일 21.07.05 (3) 주야 입장자 만여명 / 위생전람회에 / 이 다음에눈 대규모로 위생박람회 기최
경긔도 경찰부 위싱과의 쥬최로 탑골공원에 기최흔 위싱 면람회눈 원러 계획을 크게하야 위싱 박람회 갓흔 것을 기최하려고흔 것인대 경비의 관게로 간단히 면람히를 지눈 일일부터 일쥬일 간 기최하야 일반에게 무료 관람케하야써 위싱 사상을 고취코

져 흠인대 일일 오전에는 학성이 칠천칠빅여명의 관람자와 오후에는 일반의 관람자가 수천이빅여명에 달하엿다 하며 이 일에는

오젼 오후 홉하야 오륙쳔명에 달하야 미일 이와갓치 성황을 일우운다 하며 더구나 밤에는 활동소진이 미일밤 게속하야 잇슴으로 젼긔 관람자는 낫에 관람하러 오는 사람만 긔산홈이오 밤은 싸로히 게산하는대, 미일밤 일만 여명에 달하는 중 주방(周防) 위성과쟝의 말을 듯건대, 밤에 활동사진을 영사할 쎄에는 일션인이 쏙 반식이나 낫에는 일본인이 십분지 일밧게 안이된다고 말하더라.

조선 21.07.05 (3), 21.07.06 (4), 21.07.07 (4), 21.07.08 (3), 21.07.09 (4) 〈광고〉
우미관 7월 3일자와 동일

동아 21.07.06 (4) [각지 청년단체] 통영청년단 신사업
통영청년단에서 활동사진대를 조직하야 각지를 순회 흥행하면서 교육사상을 고취하는 동시 수입되는 금전을 기(其) 지방 교육계에 기부하기로 하야 기간(其間) 준비에 몰두하던 바 금반 대판(大阪) 출장원이 좌기(左記) 사진을 구입 * *하얏슴으로 금월 십팔 구일 경부터 약 일주간은 당지(當地)에서 흥행한 후 즉시 각지 순회의 도(途)에 등(登)하리라더라.
一, 사회인정극 **구십과 구** 전오권
二, 교육극 **지무와 애견** 전일권
三, 인정극 **강정(强情)의 주인** 전구권 (통영)

동아 21.07.07 (1) 〈광고〉
칠월 칠일(목요) 신사진 순서
실사 **동경 천초대화(淺草大火)** 전권
미국 쎌우닉 영화
라마애화(羅馬哀話) **불멸의 죄** 전육권
세계 문호 유고 선생 원저
명우 후로렌스닐양 출연
미국 갈넴 영화
희극 **조홀(粗忽)혼 하녀** 전권

미국 바이다클랍 작

근대전화(戰話) 전선에 입(立)하야 전구권

아샤가이넘폐씨 출연

견(見)! 근대 전화!!! 과거 오년간의 연화(煙禍)는 금(今)에 회고홀 재 아즉도 전율하는 감상을 이리키는도다. 금(今)의 정의와 자유로 입(立)흔 미국이 그 민족성을 발휘코자 구주전사(歐洲戰史)를 배경을 하고 기고(起稿)흔 장편의 소설적 영화를?!

견(見)하오 ∧

경성 수은동

단성사 전화 구오구번

동아 21.07.07 (3) 동우 순회 연극단 / 작일 아츰 부산에 도착 / 경성에 오기는 금월 말

동경에 잇는 조선인 로동자 삼천 여명으로 조직된 동우회(同友會)에서는 순회연극단(巡廻演劇團)을 쑤미어서 조선 각디를 도라다니면서 순회 연극을 하고자 금년 봄부터 여러 가지로 준비를 하야 오든 중, 금년 하긔를 리용하야 남녀 류학성

삼십여 명으로 순회 연극단을 조직하야 작일 아츰에 부산에 상륙하얏다. 원러 동우회원은 정드른 고국을 등지고 사랑하는 부모의 슬하를 쪄나 수천리 타향에서 무한한 고성을 격는 사람들이라. 그 중에는 싱활이 곤란하야 로동을 하고자 간 사람도 잇슬 것이요, 혹은 쓰거운 마음과 피 끌는 가슴으로 문명의 바다물을 엇어 마시고자 간 고학싱도 잇슬 것이라. 그 목뎍은 하여간 모다 그들은 싱존 경징의 급격한 물결과 싸호고자 하는 자들이며 더욱 금번 순회 연극단에 가입한

남녀 학생은 모다 상당한 교육을 밧은 학싱들이라. 사랑하는 부모의 슬하와 정드른 고국 산천을 쪄나 멀니 타향에 외로히 잇스면서 천신만고로 학업을 닥는 그들의 괴로옴이 과연 엇더하리요. 아츰에 우유 수레를 쓸고 저녁에 신문지를 팔아서 가진 고난과 가진 천대를 알뜰히 밧으며 견듸어가는 그들이라. 금번 각디를 순회 연극할 재에 쯧잇고 눈물 만흔 디방 인사는 심대한 동정을 기우리어 동단을 환영할 줄로 깁히 밋는 바이라. 더욱 그들이 지독한 고난을 격느니만콤 그들의 몸과 마음이 우울너 렬석 가튼 단련을 밧은지라. 그들은 이제 어두운

조선 사회의 개혁을 두 억개에 짐을 스스로 쌔닷고 금번에 연극을 쑴인 것이니 그들이 출연할 김영일의 사(金英一의 死) 찬란한 문(燦爛한 門) 최후의 악수(最後의 惡手)

등 삼 편은 모다 조선 현대의 사회를 중심으로하야 열렬한 새 사람의 부르지짐을 표현한 것이라. 보통 연극단에서 엇어보지 못할 깁흔 뜻을 발견할 터인 바, 동단은 남조선 각디를 순회하고 금월 삼십일에 경성에 도착하야 그 이튼날부터 경성에서 삼일간 출연할 예뎡이더라.

매일 21.07.07 (3) 〈광고〉
동아 7월 7일자 단성사 광고와 동일

동아 21.07.08 (1), 21.07.09 (1), 21.07.10 (1), 21.07.11 (1), 21.07.12 (4), 21.07.13 (3), 21.07.14 (4) 〈광고〉
단성사 7월7일자와 동일

동아 21.07.08 (3) 팔번시(八幡[55]市)에도 대화(大火) / 극장 한 곳이 전소 / 손해는 이십만 원
구주[56] 팔번시(九州 八幡市) 전전통뎡 십팔뎡목(前田通町 十八丁目) 극장 대승좌(大勝座)에는 륙일 새벽에 큰 불이 낫다. 당야에는 마참 도중헌(桃中軒) 일힝이 개연을 하다가 긋을 막고 다른 곳으로 가고자 짐을 싸아놋코 술들을 먹고 그대로 자든 중 새벽 네 시경에 돌연히 짐을 싸아둔 곳에서 무슨
이상한 소래가 들니이매, 사십여명의 배우 일동은 크게 놀내어 이러나 보니 어나덧 화광은 각처에 비초어 매우 위급하게 되얏다. 일동은 즉시 압흘 다토아 도망을 하게 되얏는대, 불힝히 한 명의 배우는 불우에 써러저 참사하얏스며 그 중에 시천(市川)이라는 배우 부부는 나흔지 보름밧게 아니된 아해를 다리고 삼층 우에서 자다가 위급함을 당하야 안해가 몬저 나려가서 남편된 자는 아해를 삼층 우에서 써러트려 교묘히 밧어서 무사하얏는대, 그는 진실노 비극 중의 희극으로 배우가 아니엇스면 못할 일이라 하며 화렴은 점점 만연되야 대승좌는 물론이요, 그 부근 십이호는 전소되고 반소된 집도 칠호나 되는대, 손해는 약 이십만원이나 되겟다더라. (팔번 면보)

---

55) 야와타. 일본 교토부에 있는 도시.
56) 일본 '규슈' 지방을 말한다.

매일 21.07.08 (3) 미명(美名)을 차(借)한 해동혁신단 / 일홈만 긔부요 닉용은 틀님이 발로

고학싱 영제구호회(苦學生永濟救護會)를 위하야 히동혁신단(海東革新團)에셔는 일주일 동안을 두고 관텰동 우미관에셔 신파극과 오권번 긔싱의 연주를 하야 수입 젼부를 긔부하기로 하얏다홈은 임의 보도한 바로 일반이 다 감샤히 싱각하엿던 바, 연주가 긋는 후 오늘까지 구호회에 긔부훈 것이라고는 한푼도 업슴으로 당국에셔는 그 즁에 반다시 협잡이 잇슴이 분명하다하야 즉시 장부와 여러 가지 셔류를 됴사하얏스나 아모 장부도 업슴으로 지금 엄밀이 됴사 즁인 바, 종로 경찰셔에셔는 돌연히 영제회 사람으로 연주홀 재에 다만 혁신단의 지휘를 드듸여 여러가지 일을 하던 스룸 네명을 구검하고 됴사 즁이라는대 일반의 * 측으로는 아름다온 일홈을 빌어 실샹 엄는 긔부를 하려고 하던 자 즁에 반다시 의심될 뎜이 잇슬듯 한 바, 자셔훈 닉용은 츄후 보도하겟노라.

매일 21.07.08 (3) 팔번(八幡)극장 전소(全燒)

팔번극장 대정좌로부터 륙일 오젼 셰시에 불이나셔 동좌 밋 그 부근 십이 호를 젼쇼하고 동칠시 반에 진화되얏난대 비우 훈 명이 그 불에 탸 쥭엇스며 원인과 손히는 목하 됴사 즁이라더라. (팔번 뎐보)

매일 21.07.08 (4), 21.07.09 (4), 매일 21.07.10 (4), 21.07.11 (1), 21.07.12 (3), 21.07.13 (1), 21.07.14 (4), 21.07.15 (1) 〈광고〉

단성사 7월 7일자와 동일

동아 21.07.10 (3) [모임]

▲ 예수힝적 활동사진회 텬주교(天主敎)의 신자로 새로히 조직된 예수성심회에셔는 금 십일부터 량일간 매일 하오 팔시부터 경셩 공회당에서 예수의 힝적을 박힌 「크리스터쓰」란 활동사진을 한다는대 회비는 이원, 일원, 오십 젼의 세 가지

매일 21.07.10 (3) 위생상태 개선법 / 됴션 사회사업 연구회에 뎨츌한 자미스러운 여러 의견

됴션 소회사업 연구회에셔는 위싱 스상의 보급상 유효 뎍졀훈 방법과 경셩에 딕훈 현

지의 위싱상티 기션의 방법의 두 문뎨를 지는 오월 십일일 동회의 연구 데목으로하야
여러가지의 의견이 잇셧스나 결뎡을 못하고 동 이십륙일에 림시회를 열고 토의하얏
스나 역시 더욱 의견이 복잡하야 결론을 엇지 못하고 셔면으로 의견을 데츌하얏는
바, 다음과 갓흔 자미시러운 답안이 만흔 바, 이에 그즁 즁요한 것을 쇼기하건대,

一, 위싱사상 보급상 유효 뎍졀흔 방법

　　一, 보통학교 쏘는 쇼학교를 통하야 힝하게 홀 일

　　　　위싱 창가를 싱도에게 식히도록홀 일

　　二, 의사 의싱에 관흔 일

　　　　의싱의 교육 지도를 하야 일반 민즁에게 밋치게 할 일

　　三, 환등 활동사진 츅음긔의 리용

　　　　활동사진관을 이용홀 일 (의무영화 쏘는 무상 교부영화)

　　四, 상설 쏘는 일시뎍 뎐람회 쏘는 박람회를 열 일

　　　　사립 위싱회의 셜치

二, 경성에 대흔 현지 위싱상티 기션 방법

　　一, 변쇼와 밋 쏭 오좀에 관흔 건

　　　　됴션인 각 호 변쇼의 기죠

　　　　쏭 오좀은 밤에 치어갈 일

　　　　도로와 밋 하수에 쏭 오좀 버리는 것을 취뎨홀 일

　　二, 파리에 관흔 건

　　　　파리의 발싱 방지법을 강구홀 일

　　　　파리를 사 드릴 일

　　三, 의치(醫治)에 관흔 건

　　　　실비 진찰쇼의 셜치

　　　　폐병원의 증설

　　　　관사셜 의원의 약가와 밋 입원료를 나릴 일

　　四, 공동 셰탁장의 셜치

　　五, 방취졔(防臭劑) 쇼독졔(消毒劑)의 공비 산포 실힝

등인바, 이것은 그 즁에 즁요흔 것을 적음에 지나지 못하고 그 외 빅여 죵의 의견이
잇다더라

매일 21.07.10 (4) 정주(定州) 위생 강화회

육월 이십팔일 정주군 정주 관민유지총화회 주최에 의하야 동지(同地) 공립 심상고등소학교에서 위생강화회가 개최되고 본도 경찰부 위생과로부터 산내(山內) 기사는 김(金) 순사부장을 대동하고 환등기를 제휴(提携)하야 차(此)에 임(臨)하고 동일 오후 칠시부터 개회하얏는 바 회집혼 자 관민 유지 기타 약 일천명에 달하얏더라. 산내 기사는 일반 위생 급(及) 급만급(急,慢急)의 전염병, 병축류 전염병에 취(就)하야 기(其) 원인 전염의 경로 예방을 약 이시간에 궁(亘)하야 상세히 강화하고 황 공의(黃公醫), 김 순사부장이 차(此)의 통역을 하고 종(終)하야 일일(一一) 환등 영화에 취(就)하야 전(前) 강화 중의 예를 거(擧)하야 설명하고 일반에게 비상(非常)히 감동을 여(與)하야 다대혼 효과를 주(奏)하얏더라. (정주)

조선 21.07.10 (1) 〈광고〉

칠월 구일부터 전부 차환

미국 유사 세ㄴ쥬리 – 영화

희극 **화란용(和蘭踊)**[57] 전이권

미국 유니버–사로 회사 특작

네바가바–양 베ㄴ 우일손씨 주연 폴시라데잉양 조연

인정극 **악마의 섭(囁)** 칠권

미국 유사 쥬에ㄹ 영화

연속탐정 대활극 라줌의 대비밀 사권

제십사편 감금 제십오편 화염의 시(矢)

금회 신(新)히 최신 장치 영사기계 구구(購求) 사용홈

우미관 전화 이삼이육번

조선 21.07.11 (4), 21.07.12 (4), 21.07.13 (4), 21.07.14 (3), 21.07.15 (4) 〈광고〉

우미관 7월 10일자와 동일

---

57) 네덜란드 무용

동아 21.07.12 (1) 〈광고〉

동우회 순회 연극단

흥행장소 급(及) 일정

부산 칠월 팔일 개연 김해 구일 개연 마산 십일 착(着) 십사일[58] 개연 진주 십일일 개연

통영 십이일 착(着) 십삼일 개연 밀양 십오일 개연 경주 십육일 착(着) 십칠일 개연 대구 십팔일 착(着) 십구일 개연 목포 이십일 착(着) 이십일일 개연 광주 이십이일 개연 전주 이십삼일 개연 군산 이십사일 착(着) 이십오일 개연 강경 이십육일 개연 공주 이십칠일 개연 청주 이십팔일 착(着) 이십구일 개연

경성 삼십일 착(着) 삼십일일 개연 팔월 일일, 이일 개연

　　　삼일 휴(休)

개성 사일 개연 해주 오일 착(着) 육일 개연 평양 칠일 착(着) 팔일 개연 선천 구일 개연 정주 십일 착(着) 십일일 개연 철원 십삼일 개연 원산 십사일 착(着) 십오일 개연 영흥 십육일 개연 함흥 십칠일 착(着) 십팔일 개연

단장 임세희(林世熙) 무대감독 김우진(金祐鎭)

사교위원(社交委員) 박붕서(朴鵬緖) 홍승노(洪承魯) 최석기(崔錫麒) 황석우(黃錫禹)

기외(其外) 연사 남녀유학생 삼십여인

재(在) 동경 동우회(노동단체) 주최

입장회원료 평균 오십전

후원 조선노동공제회 천도교청년회 불교청년회 대종교청년회

동아 21.07.12 (3) 동우 연극의 제일막 / 구일 밤 부산에서 처음 개연 / 일행은 십일에 김희로 출발

동우회(同友會) 주최 동경 류학 중의 남녀 학성으로 조직된 순회연극단 일헝 이십이 명은 팔일 아츰에 부산에 상륙하얏스나 준비의 관계로 예덩의 일자를 변경하야 구일 하오 칠시 반부터 부산좌(釜山座)에서 개연한 바, 마츰 비가 옴도 불구하고 관중은 시간 전부터 답지하야 천여 명에 달하얏다. 김종범(金宗範)씨의 소개와

---

58) '십일일'의 오식으로 보임

담당 림세희(林世熙)씨의 개회사가 잇슨 후 윤심덕(尹心悳) 양의 독창과 홍영후(洪永厚) 씨의 사현금 독주가 긋나메 순서에 의하야 「최후의 악수」의 첫 막이 열닌다. 이어서 「찬란한 문」「김영일의 죽엄」 등 세 가지 각본으로 만장의 관긱은 실로 근래 처음으로 감격을 하얏스며 평판이 매우 놉하서 일량일간[59] 년긔하야 계속 흥힝을 희망하는 자가 만핫스나 다른 디방의 날자에 관계가 잇슴으로 이를 사절하고 일힝은 십일 하오 네시에 김해(金海)로 향하야 출발하얏는대 특별한 사정이 업스면 예명한 날자를 변경치 안켓다하며 당디에서 흥힝할 째에는 당국의 감시가 극히 엄중하야 각본 원문 외에는 일언반구를 자유로 하지 못하게 하얏슴으로 다소간 원긔를 일케된 것은 일반이 매우 유감으로 녁인 바이라더라. (부산)

동아 21.07.12 (4) 개성 활동사진 대회

개성 충칭군(忠稱郡) 엡웟 청년회에서는 본월 십오, 육 양일간 활동사진회를 개최한다는대 영사 종목은 파란(波蘭) 문호 「*키에치」[60]의 대걸작 「어대로 가나」,[61] 백이의(白耳義)[62] 문호 「마테링크」 걸작 「청도(靑島)」, 기독 일대기 등 예술계의 고평(高評)을 밧는 사진이라하며 금회(今回) 수입금은 전부 동 청년회의 기본금으로 *입하야 전도 급(及) 문화사업에 사용할 터이라는 바, 장소 시일 급(及) 요금은 여좌(如左)하다더라.

장소 북부예배당
시일 칠월 십오일, 십육일 오후 팔시부터
요금은 일일권 특등 일원, 보통 삼십전
　　　　양일권 특등 일원 오십전, 보통 오십전 (개성)

매일 21.07.12 (2) 조선 사정 선전

조선 급(及) 간도 사정 소개를 위하야 총독부에셔 작년 래(來)로 촬영호 활동사진의 영화는 기후(其後) 내용의 충실과 보수를 가하야 장합(長合) 칠십척(七十尺)의 칠권으

---

59) 일이일간
60) 시엔키에비치
61) 쿠오 바디스
62) 벨기에

로하고 본년 川月[63]부터 사월에 긍(亘)하야 귀중양원의원(貴衆兩院議員) 화족(華族) 회관 제국대학 기타 각 관위(官衛) 학교 급(及) 시민 등에 대하야 전후(前後) 이십사 회의 영사를 시(試)하야 각 방면에 긍(亘)하야 광(廣)히 소개하얏는 바 해(該) 영화를 동양협회에 인속(引續)하야 협회에서는 오월부터 인속하야 동경에서 내무성 조도전 (早稲田)대학 고등사범학교 기타 각구(各區)의 청년회원 등에 대하야 영사를 행하고 육월부터는 더욱 지방 선전으로 하야 대판(大阪), 희로(姫路),[64] 화가산(和歌山),[65] 산 형(山形),[66] 횡빈(橫濱)[67]의 각지에서 우(又) 칠월부터 장야(長野)[68] 천엽(千葉)[69] 급 (及) 좌가(左賀)[70]의 삼현하(三縣下)에 출장하야 각 계급에 긍(亘)하야 순회 영사를 행 홀 예정이라더라.

동아 21.07.13 (4) 불교 전도 팔상(八相) 연극

순천군 선암사(仙庵寺) 불교청년회에서는 불교 전도의 목적으로 연극단을 조직하야 거월(去月) 이십구일, 삼십일 양일간 순천 지방 청년회 원조하에 석가여래팔상의 내 역을 실지로 연극하얏는대 만흔 관람자에게 호감을 주엇다더라. (순천)

조선 21.07.13 (3) 함산(咸山) 학우회 / 문예단 일행

경성에 유학ᄒᆞ는 함흥, 신흥, 량군 학싱으로 조직흔 함산 학우친목회원(咸山 學友親 睦會員) 일동은 작년에도 하고 휴가롤 리용ᄒᆞ야 고향인 함산에서 문예연극과 강연을 기최ᄒᆞ야 함산유지 제위의 찬성을 엇은 사천여원 연죠금을 그 돈으로 긔본금을 삼아 시니 관훈동 칠십팔번디에 회관을 미슈ᄒᆞ는 동시에 오천원의 빗을 어더써 스스며 회 관명총과 갓치 본회원의 친목을 도모ᄒᆞ는 동시에 함산에 잇는 고학싱을 구제ᄒᆞ게 되 앗ᄃᆞ. 이와 갓치 적은 범위로 그 사업인 즉 진실로 긔특한 쇠치를 가지고 더욱이 회 에 딕한 만반 사위와 고학싱에 딕흔 일쳬의 사무는 함산에 잇는 학부형으로 조직된

---

63) '三月'의 오식.
64) 히메지
65) 와카야마
66) 야마가타
67) 요코하마
68) 나가노(현)
69) 치바(현)
70) 사가(현)

찬조부라는 긔관에서 처리한다는뒤 금년에도 작년과 갓치 하긔 휴가를 리용ㅎ야 작년 회관 미수홀 쩌의 부처와 고학싱 양성홀 긔본금을 엇기 위ㅎ야 문예연극과 균회 강연을 ㅎ긔 위ㅎ야 회장 권두경(權斗經)씨와 사교부장 권병두(權炳斗)씨는 수일 내 함산을 향ㅎ야 출발혼다는뒤 그 순셔는 으러와 갓다더라.

함산(咸山) 학우회 문예극단 일행

단장 박준(朴浚)

무대감독 현창연(玄昌燕)

단원 박병두(朴炳斗), 한주(韓柱), 한병만(韓秉萬) 외 이십삼인

팔월 일일 점々이 혈루(血淚)

동(同) 이일 해방의 시쇼리

삼일 광야의 무(茂)

휴식시간마다 여학생 주영(奏榮)이 유(有)홈

팔월 사일 남녀학생 음악회 순회강연

제일, 이, 삼대로 분(分)ㅎ야 동남북방으로 함흥 신흥 양군 부근 지방을 약 이십일간 예정ㅎ고 순회강연ㅎ기로 하얏다더라.

조선 21.07.13 (3) 대정권번의 자선연주회 / 폐병원을 위ㅎ야 삼일긴을 흥힝회

시니 다옥정에 잇는 뒤정권반에셔는 금반 설립되는 사립 폐병원을 원조ㅎ긔 위ㅎ야 금일노브터 십오일시지 삼일 긴을 시니 수은동 단성사에서 연주회를 기연혼다는뒤 출연홀 예기는 빅여명에 달ㅎ며 연뎨는 그 권반에 특싴인 신구식 절즁부와 구쇼설에 유명한 옥루몽을 상장ㅎ야 흥힝한다는뒤 폐병원에 동졍ㅎ시는 첨위의 다수 왕림ㅎ심을 바란다더라.

조선 21.07.13 (3) 〈광고〉

피(避)병원 기부 연주회

금반 사립 피병원에 기부키 위하야 본월 십삼일부터 삼일간 시내 단성사에셔 자선 연주회를 연행ㅎ옵는뒤 특히 자미잇고 인々구두(人々口頭)에 회자ㅎ던 옥루몽과 홍문연(鴻門宴)과 춘향연의와 참신혼 무도(舞蹈) 십수종을 흥행ㅎ오니 자선사업에 찬성ㅎ시는 동시에 소창(消暢) 납량(納凉)도 ㅎ시면 즉 일거양득이오니, 다수 왕림ㅎ심을 복망(伏望).

대정권번 근고(謹告)

동아 21.07.14 (4) 야소 행적 활동사진

원산 천주교회의 주최와 원산 청년회 급(及) 동아일보 지국 후원으로 십사일 오후 팔시부터 원산부 명석동(銘石洞) 천주교회당 내에서 야소 행적 활동사진을 영사하는 바, 시내 일반의 다수 관람을 희망한다 하며 입장료는 백, 청, 홍, 소아 사등으로 분 (分)하얏다는대, 당일의 성황을 예과(豫科)하는 바이라더라. (원산)

동아 21.07.14 (4) 청년 연극단 내원(來元)

함남 홍원(洪原)청년회원으로 조직된 미성단(美成團) 일행은 거(去) 십일일 원산에 도착하얏는대 해단(該團)은 신문화 선전의 목적이라. 원산리 동락좌(同樂座)에서 「형제의 고심」이란 예제로써 흥행하야 일반 인사에게 만흔 동정을 득(得)하얏다더라. (원산)

매일 21.07.14 (3) 하기 순회강연 / 시동무샤의 쥬최로 강연

쇼년 쇼녀 잡지 (시동무샤)의 쥬최로 하긔 디방 슌회강연과 밋 활동소진을 혼다는대 금년은 쳐음되는 자못 자미잇고 취미잇는 사진이 만흐며 뎨일회 션발대는 칠월 십륙일 아참 남대문을 써나 뎨 일착으로 진남포(鎭南浦)로 향홀 터이고 사진의 슌셔는 예슈의 힝젹 금강산(金剛山) 쌔－스의 비힝곡승(飛行曲乘)『엡』의 (第七號) 코버대쓰, 마굴의 충견(魔窟의 忠犬) 고셩의 비밀(古城의 秘密) 기타 여러 가지 주미잇는 것이 만흔대 그 일즈와 장쇼는 다음과 갓더라.

▲ 칠월 십칠일 주일 강설(선천(宣川)) 한석원(韓錫源) 목사 ▲ 십팔일 활동사진(선천) ▲ 십구일(선천) 이십일 기도회 인도(영변 寧邊) 한석원 목사 ▲ 이십일일 활동사진(영변) ▲ 이십이일 (안천(安川)) 활동사진 ▲ 이십삼일 (평양) 활동사진 ▲ 이십사일 (평양) 주일 강연 한석원 목사 ▲ 錫裕 氏 ▲ 이십오일(평양) 활동사진 ▲ 이십육일(진남포) 활동사진

등 셔션 디방을 다 맛치고 다시 남션 디방으로 향혼다더라.

동아 21.07.15 (1) 〈광고〉

동우회 순회연극단 7월 12일자와 동일

동아 21.07.15 (1) 〈광고〉

칠월 십육일(토)부터

신사진과 연속대활극

미국 갈넴 회사작

희극 **차부링 연예** 전이권

이태리 리다라 회사

문예영화 **환락의 원(園)** 전오권

비나메니겔양 출연

이태리 데이벰 회사

연속활극 **철의 안(鐵의 眼)** 전칠편 십칠권

부비에양 화루네양 출연

경성 수은동

단성사 전화 구오구번

동아 21.07.16 (1), 21.07.17 (1), 21.07.18 (1), 21.07.19 (4) 〈광고〉

단성사 7월 15일자와 동일

동아 21.07.16 (4) 청년단 활동사진대

조선 문화의 개발을 목적하고 교육기관 확장을 선전하며 그 흥행중의 실비를 제한 외의 순익금은 교육 장려의 목적으로써 해(該) 지방의 동(同) 목적 우(又)는 동 목적 을 주체로하는 유위(有爲)의 단체에 기증하기로하고 새로히 조직된 통영청년단 전 조(全朝)순회활동대는 그동안 사진 기계 등을 전부 매입하엿슴으로 본월 구일 야(夜) 에 당지 협성(協成)학원 내에서 감관(監官)의 검정(檢定)을 바든 바 사진의 선명함과 내용의 고상함은 실로 보통적 유행물이 아니앗섯다. 불원간 각지를 순회할 터인데 대원 씨명은 여좌(如左)하다더라.

김재균(金才均) 김증우(金蒸宇) 김채호(金采鎬) 박현홍(朴顯洪) 강＊호(姜＊鎬) 고갑 규(高甲奎) 강상휴(姜相休) 박정표(方正杓) 강세제(姜世濟) 최영기(崔永綺) 양기수(梁 基守) 김영조(金英祚) 구영옥(具永玉) 박성숙(朴性淑) 고봉윤(高奉允) 급(及) 기사 이 필우 (통영)

매일 21.07.16 (1) 〈광고〉
동아 7월 15일자 단성사 광고와 동일

조선 21.07.16 (1) 〈광고〉
칠월 십육일 전부 차환
미국 유니버-살 회사
실사 **주보** 전일권
미국 유사 네스다-희극
소극 **소사(小使)의 야심** 전일권
미국 유사 보석영화
미루도레스트 히리스양 주연
인정극 **극중의 처(劇中의 妻)**
미국 유사(社) 쥬에ㄹ 영화
연속탐정대활극
최종편 **라줌의 대비밀** 삼십육권 내 종편 육(六) 상장
제십육편 폭포의 상(上) 제십칠편 사의 차(死의 車) 제십팔편 유동(流動)의 화염
차회(次回)는 대활극의 연속 映畵[71] 상장
우미관 전화 이삼이육번

매일 21.07.17 (4) 원산 활동사진
원산 천주교회에셔는 경성 본부로부터 휴래(携來)훈 야소(耶蘇) 평생 행적 사진으로
본월 십사일 오후 팔시부터 동(同) 교당 후정(後庭)에셔 개연홀 터이라하며 관람자에
게는 입장권을 사용훈다더라. (원산)

매일 21.07.17 (4), 21.07.19 (4), 21.07.20 (3) 〈광고〉
단성사 7월 16일자와 동일

---

71) '映畵'의 오식

조선 21.07.17 (1), 21.07.20 (3), 21.07.21 (4), 21.07.22 (4) 〈광고〉
우미관 7월 16일자와 동일

동아 21.07.18 (3) 대환영의 동우극 / 십사일 마산 수좌에서 기연 / 관중은 눈물싸지 홀녀 감격

동경에 잇는 동우회(同友會)의 주최되는 사회극(社會劇)은 마산 유지와 동아일보 마산지국(東亞日報 馬山支局)과 마산구락부(馬山俱樂部)의 후원 하에서 칠월 십삼일 하오 구시 마산부 수명 수좌(壽座)에서 열니엇다. 벽두에 마산구락부댱 김치수(金致洙)씨의 소개사와 동우극

단댱 림세희(林世熙)씨의 간단한 개연사가 잇슨 후 순서대로 윤심덕(尹心德)양의 「황혼의 시내」라는 노러의 독창과 홍영후(洪永厚)씨의 「바이올린」 독주가 잇슨 후 그 다음에 홍영후씨의 작 최후의 악수(最後의 握手)라는 단막의 연극이 시작되엿다. 이것은 차담(茶談)으로서 이야기하기에도 오히려 간단하다 할 수 잇는 로-민쓰에서 취재(取材)한 바 곳 사랑에는 부모도 목숨도 엄다는 평범한 신조와 쏘는 애인(愛人)을 롱락하는 것은 큰 죄이라는 신조(信條)의 단순한 싱각으로서 이러나는 한 막이엇다. 이 연극에 나타나는 마해송(馬海松)씨의

화봉 분장은 관중의 깁흔 호긔심을 쓸엇섯다. 막이 마치매 쏘 간단한 음악이 잇슨 후에 선인으로 분장한 조명희(趙明熙)씨의 화염(火焰)가운데 싸힌 억만 세계의 중싱의 갓친 옥문을 열면서 신(神)이 특사문(特赦文)을 외움과 가튼 묵업고 느린 우랑찬 조자(調子)의 서사(序辭) 랑독이 찾나자 「김영일(金英一)의 죽엄」이라는 극의 첫 막이 열니매 고학싱 신문 배달 김영일의 서재가 낫타난다. 이 째

무대 우에 션 류춘섭(柳春燮)씨의 그 분장한 법이랄지 쏘는 그 태도랄지, 그 표정이랄지 하는 모든 것이 군중의게 무슨 큰 기대를 갓게하기에 족하엿다. 극의 진힝함에 짜러 군중은 「잘한다, 잘한다, 과연 잘한다」하면서 그 손바닥에 못이 박히도록 쑤다린다. 그럴 뿐외라, 관긱은 서로 바라다보면서 연해 연방 이것이야말로 참 연극이로구나 하는 말도 들니엇다. 그 중

더욱 김영일의 친구 박대연(朴大淵)으로 분장한 허하지(許何之)씨의 무대상의 그 일거일동은 더욱 정묘하얏다. 부자 학싱 전석원과 격투가 이러나는데에 이르러서는 그놈 석원을 죽여라 죽여라 하는 부르지즘이 극장이 쎠나가도록 사방에서 들녓다. 그리고 데 삼 막 김영일의 죽는 곳에 가서는 탄식하는 사람, 우는 사람, 극장은 전혀

일종의 초상집을 이룬 듯하엿다. 김영일의 죽엄이 긋나고 윤심덕양(孃) 독창과 홍영우씨의 사현금과 사부 합창이 잇는 후 폐연하니 째는 거의 십이시에 달하엿는데, 당일 관긱 중 유지 제씨의 동정금이 일빅오십원이나 되야 동 단원 일동은 매우 감사히 싱각한다더라. (마산)

동아 21.07.19 (3) 음악회는 불허 / 동우회 연극단 진주 디방 흥힝

동우회(同友會) 연극단 일힝은 십사일 오후 다섯시에 진주에 도착하야 그날 오후 여덜시부터 동아일보 진주지국, 진주청년회, 텬도교청년회 진주지회, 긔독교청년회 후원 아러에 가설극장에서 개막을 하엿다. 단댱 림세희(林世熙) 씨의 개회사가 맛친 후 윤심덕(尹心悳)양의 독창을 비롯하야 무대의 첫 막이 열니엇다. 순서에 의하야 찬란한 문(燦爛한 門), 김영일의 사(金英一의 死)라는 두 가지 각본을 상장하야 일반 관중의게 무한한 감상을 주엇는 바, 당일에는 이십여명의 정복 경관이 경계를 하얏슬 뿐 아니라 일천이빅여명의 관중이 잇서 진주에서는 처음 보는 대성황을 이루엇다. 동 일힝은 십오일에 출발할 예뎡이엇스나 여러가지 사정에 인하야 십오일도 진주에서 머물게 되엿는데, 그날 밤에는 음악연주회를 할 예뎡이엇스나 경찰 당국의 허가를 엇지 못하야 하지 못하엿슴은 일반 인사가 매우 유감으로 싱각하는 바라. 십사일 개연하엿슬 째에 동 일힝의게 관긱 중으로서 일백십여원의 긔부가 잇섯다더라. (진주)

동아 21.07.19 (4) 야소(耶蘇) 행적 활동사진

평양에서는 거(去) 십이일 하오 팔시 삼십분에 평양 공회당에서 동대현(童臺峴) 청년 전도회의 주최로 야소 행적 활동사진을 영사하얏는대 정각이 되매 남녀노유 수백의 관람자가 운집하야 성황을 극(極)하고 대환호리에 동 십이시 경 각산(各散)하얏다더라. (평양)

동아 21.07.19 (4) 동우회 연극단 일행

동우회 연극단 일행 임세희씨 외 십이인은 거(去) 십일 야(夜) 통영에 도착하야 익(翌) 십일일 야(夜)에 흥연(興演)할 예뎡이던 바, 적시기(適期時) 당지(當地) 극장은 일본인 구극파가 점령하얏슴으로 일행은 부득이 허행(虛行)할 경우이얏든 바, 당지 청년단 급(及) 본사 지국 간정(幹庭) 하에 통영 협성학원을 차득(借得)하야 막을 가설하고 음악회를 약 이시간 행한 후 일행은 곳 마산으로 향하얏다. 원정(遠程)에 못처럼 온 손님이 극장의 관계로 예기(豫期)의 성적을 엇지 못하얏슴은 주인측으로 하야금 유감 불기(不己)하는 바이더라. (통영)

동우극단 발향(發向) 마산
동우회 연극단 일행은 십오일 출발할 예정이더니 사정에 의하야 갱(更)이 일일간을 체재하고 사교원 朴*緖[72]씨는 동일 하오 이시 반 마산행 자동차로 밀양에 향하얏 으며 동 일행은 김포(金浦)로 발향할 예정이엇스나 해지(該地)는 수해가 심하야 행연 키 불능함으로 십육일 상오 육시발 자동차로 마산으로 발향하엿다더라 (진주)

조선 21.07.19 (3) 경룡관(京龍舘) 개업 / 십구일 오후 일시브터
룡산구 련병장에 건츅ㄱ 즁이던 극장 경룡관은 임의 락성을 고ㅎ얏슴으로 금 십구일 오후 일시브터 관너에서 기업식을 거힝ㅎ는더 당일은 관민의 다수를 초딕홀 터이며 오후 이시부터는 여흥으로 련쇄극의 관람이 잇슬 터이라더라.

동아 21.07.21 (1) 〈광고〉
칠월 이십일일(목요) 신사진 순서
미국 인다나쇼날사 작
만화 **탄환과 흑성(黑星)** 전일권
희극 **누어셔 쩍먹기** 전일권
미국 골도빙 회사
금전?연애? 애화(哀話) **숨은 사람** 전육권
메마슈양 돕무아씨 출연
미국 칼넴 회사작
철도활극 **일주화차(逸走貨車)** 전이권
이태리 데이벨 회사 특작
제이회 연속활극 **철의 안(鐵의 眼)** 전칠편 십칠권

---

72) 7월 12일 광고에는 '朴鵬緖'라고 나와 있음.

제사편 재해 자동차 제오편 유령성(城) 전오권 상장

내주 상장될 연속사진은?

경성 수은동

단성사 전화 구오구번

매일 21.07.21 (1) 〈광고〉

동아 7월 21일자 단성사 광고와 동일

매일 21.07.21 (2) 사회 교화 순강(巡講)

경기도에서 본월 하순으로부터 사회 교화에 관혼 순회 강연회(활동사진을 이용)를 개최홀 터인대 도 참여관 내무부장 급(及) 기타 직원으로써 강연혼다는대 기(其) 일정은 여좌(如左)하더라.

제일회 칠월 하순으로부터 약 구일간 김포군 외 삼군(三郡) ▲ 제이회 팔월 상순으로부터 약 십삼일간 수원군 외 오군(五郡) ▲ 제삼회 팔월 하순으로부터 약 칠일간 수천군 외(外) 이군(二郡) ▲ 제사회 구월 상순으로부터 약 팔일간 개성군 외(外) 삼군(三郡) ▲ 제오회 구월 중순으로부터 약 사일간 양주군 외 일군(一郡)

동아 21.07.22 (3) 계림(鷄林)을 배경으로 / 동우연극의 성황 / 경주에서 대구로

동우회(同友會) 순회 강연단 일힝은 십팔일 오전 대구(大邱) 발 경편 텰도로 무사히 당디에 도착하야 밤 여덜 시부터 미리 준비하야 둔 가설극장에서 흥힝하게 되얏다. 무대(舞臺)의 불완전함과 시간의 관계로 인하야 각본(脚本) 찬란한 문(燦爛한 門)과 최후의 악수(最後의 握手)는 무대 상에 올니지 못하게 된 것은

만흔 유감이엇섯다. 정한 시간보다 한 시간을 늣게 아홉시 단댱 림세희(團長 林世熙) 씨의 간단한 개회사가 잇슨 후 홍영후(洪永厚)씨의 사현금(四絃琴) 독주, 윤심덕(尹心悳)양의 독창(獨唱) 「장미화」가 긋나자 김영일의 사(金英一의 死)라는 연극은 우리 조선 사회 현상(朝鮮社會 現狀)을 배경(背景)으로 한 참담(慘憺)한 비극(悲劇)이엇다. 다시 말하면 돈 잇슴으로써 령(靈)을 죽이고 돈 업슴으로써 육신(肉身)을 죽이는 우리 사회의 현상을 그린 것이엇다. 육뵉 여명 관중은 얼마나 * * 감을 엇엇는지 문허지는 듯한 박수성은 청아한 음악 소리와 함끠 고요한 밤의 침묵을 째트린다. 극이 맛치기는 밤 열두시 반이엇으며 일힝은 십구일 오전에 경주 부근 고적을 탐사하고 오

후에 대구로 향한다더라. (광주)[73]

동아 21.07.22 (4) 여주(驪州) 교육진흥회

여주군 북내면(北內面) 유지가 회합하야 면내 교육계의 부진함을 개탄하야 본년 이월에 북내 교육진흥회를 설립하고 강연, 풍기(風紀), 장학, 실업, 회계 각부를 치(置)하야 사업을 착착 실행하며 장학금을 축적하야 빈곤한 자제에게 학비를 대여, 교육케하는대 현재 회원이 삼백명이며 회비는 일년에 조(組) 일천식 부담한다는 바, 본회는 사회 교육상 공적이 불소(不少)하다 하야 본도(本道)로부터 환등기 구입비를 보조하기로 하얏다더라. (여주)

동아 21.07.22 (4), 21.07.23 (1), 21.07.24 (1), 21.07.25 (1), 21.07.26 (4), 21.07.27 (1) 〈광고〉

단성사 7월 21일자와 동일

매일 21.07.22 (1), 21.07.23 (3), 21.07.24 (1), 21.07.25 (4), 21.07.26 (1), 21.07.28 (4) 〈광고〉

단성사 7월 21일자와 동일

동아 21.07.23 (3) 동우극단 목포로 / 이십일 대구에서 만흔 환영을 밧고

동경에 잇는 동우회 순회연극단 일힝은 이십 일 오전 십시 차로 경주에서 대구로 와서 대구청년회(大邱靑年會), 조선불교청년회(朝鮮佛敎靑年會), 텬도고청년회(天道敎靑年會), 본사 대국지국(本社大邱支局) 등의 후원으로 동일 오후 아홉시 대구좌에서 개연하얏는대 대구청년회댱 한익동(韓翼東) 씨의 사회로 동 단댱 림세희(林世熙)씨의 개회사가 잇슨 후 순서에 의하야 홍영후(洪永厚)씨의 「바이올린」 독주와 윤심덕(尹心悳)양의 독창과
찬란한 문(燦爛한 門) * 일 막을 맛치고 쏘한 독창과 사인 합창을 하얏스며 다음에는 김영일의 사(金英一의 死)란 예예의 삼 막을 맛치고 오후 열두시에 폐연하얏는데

---

73) '경주'를 광주로 오식한 듯하다.

당야 유지의 긔부가 빅여 원에 달하얏스며 일힝은 이십일일은 당디에서 쉬이고 이십이일 오전 일시 차로 목포로 향하얏다더라. (대구)

매일 21.07.23 (4) 목포와 학생단 / 환영회 결의

동경 급(及) 조선에 재(在)혼 각처 강연단 급(及) 정구단은 좌기(左記) 일정에 의하야 목포에 도착혼다더라(목포)

▲ 동경동우회(同友會) 순회 연극단 칠월 이십일 목포 착(着) 동(同) 이십일일 개연
▲ 통영청년회 활동사진대 칠월 삼십일경 ▲ 동경 학생대회 순회 강연단 팔월 사일 목포 착 ▲ 호남 학생친목회 순회강연단 ▲ 강진청년회 정구단 칠월 이십일 목포청년단과 정구대회 개최 ▲ 완도청년회 재(在)경성 정구단 칠월 이십사일 목포 착 동상(同上)

이상과 여(如)히 각지에서 내목(來木)한 단체가 다(多)홈으로 목포청년회에셔는 거(去) 십칠일 임시 임원회를 개(開)하고 전기(前記) 각 體團에[74] 대하야 대대적 환영하기로 결정하고 고학생 구제회에도 입회하기로 결의하얏다더라.

동아 21.07.24 (4) 송경(松京)학회 연극대회

동경 유학생으로 조직된 송경학회 제원(諸員)은 금반 하기 휴가를 이용하야 그리우든 고향 개성에 귀래(歸來)하야 잠시 휴양하는 동안 고향 인사에게 문화선전의 일조를 행코자 연극단을 조직하야 래(來) 이십칠일, 이십팔일 양일간 개연하리라는대, 기(其) 순서를 약기(略記)하건대 여좌(如左)하다더라.

칠월 이십구일 백파(白波)의 울음 전삼막
동(同)   과거의 죄 전이막
칠월 이십팔일 불상한 사람 전이막
동   기도 전일막
장소 개성좌
개연 매야(每夜) 팔시 삼십분
입장료 특등 일원 보통 사십전 학생 반액

---

74) '단체(團體)'의 오식인 듯하다.

단장 공진태(孔鎭泰), 김학동(金鶴烔), 김흥옥(金興玉), 조인식(趙寅植), 장희순(張熙淳), 최우*(崔禹*), 원제순(元濟淳), 고한승(高漢承), 신영대(申泳大), 손인순(孫仁順), 유기풍(劉基豊), 공진형(孔鎭衡), 태진섭(泰辰燮), 하동욱(河東旭) (개성)

조선 21.07.24 (1) 〈광고〉
칠월 이십삼일 전부 차환
서중(暑中) 위안 특별 대흥행
사진 순서
미국 유니버－살 회사
실사 **스크린 데레그람** 전일권
미국 유사 에르고－ 영화
활희극 **대소제(大掃除)** 전일권
미국 유니버－살 회사 일대걸작
신연속대활극 신출귀몰 **라이온 민** 전십팔편 삼십육권 내
제일편 주의 염(呪의 焰) 제이편 사의 망(死의 網)
제삼편 유괴자 제사편 흉악수단 제오편 사자의 맹(猛)
전십권 상장
우미관 전화 이삼이육번

동아 21.07.25 (3) 평양 연화(煙火)대회 / 팔월 륙일 거힝 / 활동사진까지
지리한 여름날에 모든 고통과 번민과 곤난으로부터 한 몸과 한 집을 위하야 쏘는 사회를 위하야 열심으로 분투하는 평양 칠만의 시민을 위안키 위하야 러월 륙일에 납량 연화대회(納凉煙火大會)를 거힝케되엿다. 당일은 주야 겸힝하야 아참부터 긔묘한 각종의 연화를 날니고 밤에는 대활극의 야외 활동사진을 빗최이는 외에 양양한 대동강에 수빅의 방석불을 씌워 대성황으로 거힝할 예뎡인대 그날은 수착을 물론하고 공중에까지 완연히 불꽃(火花)의 세계를 이루어 자못 성황을 극하리라고 일반은 예긔한다더라. (평양)

조선 21.07.25 (1), 21.07.26 (1), 21.07.27 (4), 21.07.28 (1) 〈광고〉
우미관 7월 24일자와 동일

동아 21.07.26 (1) 〈광고〉

갈돕회 지방순회연극단

주최 고학생 갈돕회

후원 조선노동공제회

단원 제일대, 제이대, 제삼대

일정 제일단 칠월 칠일 – 구월 삼일

　　　제이단 칠월 이십삼일 – 팔월 이십오일

　　　제삼단 칠월 이십팔일 – 팔월 삼십일일

동아 21.07.26 (3) 동우극단 일행 금조(今朝) 남문(南門) 도착 / 전남 광주로부터

동우회(同友會) 연극단 일힝은 그동안 경상남북도와 전라남북도를 순회 흥힝하고 광주(光州)를 쩌나 금 이십륙 일 상오 구시 반 남대문 도착 렬차로 입경하리라더라.

동아 21.07.26 (4) 청년단 순회 활동대

문화개발을 목적하고 교육기관 확장을 선전하야 그 흥행중의 실비를 제한 외의 순익금을 교육 장려의 목적으로써 해(該) 지방의 동(同) 목적 우(又)는 유위(有爲)의 단체에 기증하기로 조직된 통영청년단 활동사진대는 그동안 순회 준비에 몰두중이던 바 금반 대략의 준비가 종료되엿슴으로 흑암(黑暗)의 막(幕)을 탈(脫)케하고 광명의 역(域)에 공제(共躋)코저 하는 심절(深切)한 감상과 비등(沸騰)하는 심기(心氣)로써 노험(路險)을 맹(盲)하며 비평을 배(排)하고 불일간 순회의 도(途)에 등(登)하리라는대, 기(其) 대원 급(及) 지방은 좌기(左記)와 여(如)하다더라.

一, 대원은 대장 김재균(金才均), 경무(經務) 김태우(金泰宇), 사교원(社交員) 김채호(金采鎬), 박현홍(朴顯洪), 강상걸(姜相烋), 음악반 강세제(姜世濟), 양기수(梁基守), 박성숙(朴性淑), 구영옥(具永玉), 기사 이필우, 강＊호(姜＊鎬), 변사 고봉윤(高奉允)

二, 순회 지방 급(及) 흥행 일할(日割)

진주 칠월 이십오일부터 삼일간　대구 칠월 이십구일부터 삼일간

경성 팔월 이일 삼일　개성 팔월 오일 육일

평양 팔월 팔일 구일　진남포 팔월 십일일 십이일

해주 팔월 십사일 십오일　인천 팔월 십칠일 십팔일

수원 팔월 이십일 이십일일　조치원 팔월 이십삼일 이십사일

청주 팔월 이십구일 삼십일 강경 구월 이일 삼일

군산 구월 오일 육일 전주 구월 팔일 구일

광주 구월 십일일 십이일 목포 구월 십사일 십오일

여수 구월 십칠일 십팔일 부산 구월 이십일 이십일일

마산 구월 이십삼일 이십사일 (통영)

동아 21.07.27 (4) 동우극단 상장극 삼종의 경개(梗槪)

『최후의 악수』

홍란파씨가 자작(自作)의 문제(問題)인 소설을 각색한 것이외다. 회의(懷疑)이며 불철저한 사상의 소유자 김흥수(金興秀)가 애인 박화봉(朴花鳳)에게 불신(不信)한 의심을 품은 것을 충고하는 친우 이진섭(李振燮)의 말을 이해치 못하고 박화봉에게 불신한 애(愛)의 시험(?)을 하랴하얏다. 진실한 애의 소유자인 박화봉이는 이로 인연하야 잠복하얏든 자아, 애보다도 근본적인 자아가 맹렬 각성되는 동시에 일어난 양성간의 비극이 이 희곡의 대지(大旨)이외다. 제일막은 김, 이 동우(同友)간의 대화이오, 제이막은 김이 화봉의 『애의 시험』하는 장이외다. 이 세상을 하직하려는 최후의 악수가 즉 신여성의 최초의 각성이다. 이 극의 『인형의 가(家)』와 그 극적 동요(動搖)가 유사한 점이 잇슴을 주의하십시요.

『찬란한 문(門)』

애인(愛人)의 졀은 시인『던세니』 경의 작으로 김초성(金蕉星)씨의 번역한 일막극이외다. 『던세니』의 신학은 『The Gods of Pegara(1915)』 중에 구체적으로써 잇스다. 이 희곡에도 인간의 운명의 신－정체 잘 모르는 운명의 조롱자와 현실에 집착하되 역시 아모 것도 공(空)이라는 작자의 사상이 두렵게도 교묘한 극적 표현으로 제시되얏나이다. 생시(生時)에 도적질 형제이든 짐과 빌이 차세(此世) 아닌 곳에서 우연히 맞나 천당문을 열엇스나 그 속은 성두(星斗) 찬란한 영원한 창공 쑨이오, 맥주병이 빈 것임을 알면서도 막애 쎄기랄 마지 아니하는 현실 집착－벌이지도 못하고 또 쓴치도 못하는 현실을 짐, 빌의 두 상징으로 던세니의 신학적 측면을 표시하얏나이다.

『김영일의 사(金英一의 死)』

삼막의 비극으로 시인의 ＊＊가 풍부한 조명희(趙明熙)씨의 처녀작이외다. 동경 유학생 김영일이는 이쳬의 초인의 반면(半面)을 가진 열렬한 기독교 신자이다. 한편으로는 상반된 것이 이(二) 사상의 극단를 가즌 그이는 엇더한 동한(冬寒)날 모(某) *
＊역(役)인 부유한 학생 김석원(金錫元)의 지개(紙蓋)를 주섯다 주인의게 반각(返却)하엿스나 감정충돌을 불면(不免)하엿다. 김의 동학우 박대연(朴大淵)과 이춘희(李春熙)는 엿을 팔아지나는 고학생이다. 본국에 잇는 모친의 위급한 환(患)을 들은 김을 권유하야 김석원(金錫元)의게 귀국여비를 사정하려고 이인(二人)은 나섯다. 이것이 제일막이다. 제이막에는 김석원과 김영일 급(及) 양우(兩友)간의 감정상 사상상의 싸움으로 맛친다. 제삼막은 포류장(抱留場)으로부터 나온 김영일은 유행성 감위(感冒)에 폐렴을 걸녀『불상한 어머니 – 고성하는 영희(김의 매(妹))! 하며 고만 세상을 하즉하엿다. 임종에 한 김의 말『우리가 전군의게 한 일은 올치 못하엿서…… 자네들은 공부 잘 하게. 그리고 자기라는 참마암을 밋소. 사람은 다 운명의 학대를 받지 안나? 사람은 다 삶이니 사람이 사람을 사랑하지 아느면 누가 사랑하나』 이 말 속에는 박애사상이 주＊(主＊)함을 알겟다. 또 근대적 개성주의가 의결(疑結)됨을 볼 수 잇다. 필경 운명의 학대로 사(死)의 마수에 걸닌 김영일의 혼은 이 신념을 ＊지하엿나이다. 그 신념으로 생각하면서『이제는 아모 불안도 업네. 참 기적일세』하며 정＊평화한 명목(暝目)을 한 김영일의 사(死)는 우리의게 무슨 극적 암시를 주나이다.

동아 21.07.27 (4) 야소(耶蘇) 행적 활동사진

평양 남산현 예배당 내에서는 거(去) 이십이, 삼 양일간 경성 새동무사의 주최로 매야(每夜) 팔시부터 야소행적 활동사진을 거행하얏는대 제일일은 우천이엇슴으로 참관이 소수이엇스나 제이일은 의외의 성황을 극(極)하야 동 십이시 경까지 영사한 바, 일반 관중은 실로 고성(古聖)의 위적(偉蹟)을 추모(追慕) 불기(不己)하얏다더라. (평양)

매일 21.07.27 (4) [독자구락부]

▲ 됴션 예술은 보잘 것 업시 되고 마럿쇼. 참 한심히셔 못 살겟셔요. 엇던 분이던지 힘을 써셔 됴션 예술을 부흥 식히엿스면 오작 죠켓슴니가. 엇던 분이든지 발긔하야 동지를 모집하면 나는 몸이 맛도록 힘써 하케셔요. 어셔 션발대가 싱겻스면 죠겟셔오. 신문사 주최로 연극단을 죠직하야 견션을 슌회 흥힝홈이 엇던지요. (광극생(狂劇生))

조선 21.07.27 (3) 신극좌 일행 출발

경셩 신극좌 일힝은 오러동안 경셩에셔 흥힝ㅎ야 다딕한 환영을 바다오던 바 금반 인천에 와셔 지나근 이십사일부터 시니 축항사에셔 일쥬간 흥힝ㅎ고 작일 히쥬로 갓다더라. (인천)

동아 21.07.28 (3) 삼천의 동지의 위하야 / 동우회의 연극은 금명 량일 밤 동구안 단성사에서 계속 흥행 / 권하라 무대상의 신예술

동우회 연극단은 긔보와 가치 지난 이십 륙일 아츰에 경셩에 도착하얏다. 예뎡에는 입경하는대로 즉시 개연을 하야 만도인사의 환영과 동정을 사고자 하얏스나 여러가지 사정으로 금 이십팔일과 명 이십구일 양일간에 시내 파조교 단셩사에서 시내에셔도 유력한 각

청년단톄와 밋 우리 동아일보사 후원 하에 셩대히 개연을 하게되얏다. 이미 루루히 보도한 바와 가치 이번에 온 연극단 일힝은 전부 동경에 류학하는 우리 청년으로셔 만리 이역에 수구로운 쌈과 가삼쓰린 피로써 혹은 로동을 하고 혹은 고학을 하는 간구한 청년 동지들을 구원하고자 삼복 더위가 정히 사람을 찌고자하는 이 쌔에 모든 곤고를 도라보지 안코 약간의 수입이 잇드라도 그것으로써 산 다르고 물 서른 남의 고향 외로은 살님에 밥 한 끼이나 칙 한 권이나마도 구하게하고자 하는 짜듯한 동정 하에 분긔한 단톄이라. 과연 그들의 한 만코 눈물 만흔

고생사리를 구원코자 이러난 연극단 일힝의 정셩을 다하야 우리에게 보혀주는 연극이 얼마나 쯧이 깁고 늣김이 만흐며 문화운동에 큰 도움이 될 것은 임의 남도 각디에서 더할 수 업는 환영을 바든 것으로써 추측할 것이다. 개막 시간은 여덜시 반이나 표는 일곱시 반부터 팔며 이번에는 특히 일, 이, 삼등을 전부 일원 균일로 하얏스니 가튼 갑에도 몬저 가는 이는 특등에도 안즐 수 잇슬 터이니 아모조록은 일즉히 와셔 조흔 자리를 차지하는 것이 조케스며 특히 아희와 학성에게는 반익을 발힝할 터이며 예뎨는 매일 가튼 것이니 「최우의 악수」「찬란한 문」「김영일의 사」의 세 가지이라 하며

연극 외에는 일힝 중의 꼿이라하는 윤심덕(尹心悳)양의 류창한 독창이 참참이 잇슬 것이며 일힝 중의 녀역(女役) 마해송(馬海松)군의 연연한 밉시와 미묘한 태도는 관긱으로 하야금 녀자나 안인가? 하는 의심을 이르키는 바이라더라.

교육회의 동정 / 동우회 연극단에

조선교육회에서는 특히 이번에 입경한 동우회 연극단 일힝의 취지에 공명하는 바이 잇서 경성에 류숙할 동안은 동일힝을 동교육회 수표교 긔숙사에 무료로 숙식케하며 그 뿐만 아니라 이틀동안 단성사의 세금을 부담하기로 되얏다더라.

동아 21.07.28 (4) [각지 청년단체] 청년단 활동대 내진(來晉)

신문화의 개발을 목적하고 현하 우리 사회의 최급무(最急務)인 교육 기관 확장을 실전(實傳)하며 그 흥행중의 실비를 제한 외의 순익금은 교육 장려의 목적으로써 해(該) 지방의 동(同)목적 우(又)는 유위(有爲)의 단체에 기증하기로 결정하고 각(各) 지방을 순회 흥행하는 통영청년단 활동사진대는 진주에 재(在)한 각 단체와 의사(意思) 타합(打合)을 행한 결과 진주청년회, 천도교청년회, 기독교청년회, 동아일보 지국 후원하에 본월 이십오일부터 이십칠일까지 삼일간 흥행하기로 되얏다더라. (진주)

매일 21.07.28 (3) 김도산군 서거 / 신파계에는 큰 손실 / 군을 위하야 죠상홈

됴션에 신파 연극단이 싱긴 이러로 신극좌장되는 김도산(金陶山)군이 믄쳐음 림셩구 단에 잇서 신파의 발뎐과 문예보급에 종사하야 오다가 즁간에 탈퇴하야 가지고 홀로 신극좌(新劇座)를 죠직하고 좌원 이십여명을 다리고 됴션 신파계에 공현홈이 적지 안튼바 원톄 튼튼흔 긔질과 씩씩흔 쇼리 그 지셰를 무대 우에 낫하닉일 씨는 적지 안케 환영을 밧고 갈치를 밧어오던 바, 각 디방에 슌업흥힝을 하야올 졔에도 실상 김도산 군의 연극단은 뎨일 자미잇다고 평판이 잇셔셔 도쳐에 환영이 한 몸둥이에 집중되얏던 터이다. 그런대 엇더케 하면 신파계에 한낫 광치를 빗나게 하야 죽은 뒤라도 일홈이 업셔지지 안코 전러홀짜 하는 싱각으로 단성사주 박승필씨와 의론하고 박씨의 돈을 빌어 됴션에 쳐음으로 신파 련쇄극을 박여 참으로 환영을 밧은 것은 일반히 증명하는 바이라. 그런대 김도산 군은 그동안 수삭 동안을 두고 륵막염으로 무흔 고성을 하며 별별 약을 다 써왓스나 맛참뇌 효험이 업시 이십륙일 밤 열흔시에 고만 이 세상을 하직하얏다혼 즉, 실로 됴션 신파계를 위하야 크게 손실이라 하겟고 가엽기 짝이 업는 바, 그 신극좌 일힝은 지금 인천에서 흥힝 중

이 부고를 듯고 좌원 일동이 급히 올나왓다 하며, 신파계에 공적이 다대흔 김도산군을 위하야 됴션 안에 잇는 각 신파단에셔 련합으로 성대흔 쟝의식을 거힝혼다더라.

조선 21.07.28 (4) 간도 신광단(新光團) 일행

지나(支那) 간도에셔 조직된 신광당(新光當) 일행은 웅기(雄基)에 도착한 이래 일기가 불순ㅎ여 일행은 고민중에 재(在)ㅎ던 바 아(我) 조선 극계의 명성(明星)이라 홀 만혼 웅기(雄基) 김일(金一)씨가 일행은 동정키 위ㅎ야 금월(今月) 십사일부터 당지(當地) 가극장(歌劇場)에서 우수한 기술로써 대々적 흥행ㅎ엿는디 군(君)의 웅장한 목쇼리 기절쾌절혼 기술은 우리 청년 남녀의 정신상 쾌감을 흥(興)ㅎ고 박수 갈채를 박(博)ㅎ엿다더라. (웅기)

동아 21.07.29 (1) 〈광고〉

칠월 이십팔일(목요일)
현상부(懸賞付)의 연속과 최종편의 철안(鐵眼)
미국 칼렘 회사
희극 **신혼 쎄비** 전일권
이태리 베이텔 회사작
최종편 연속활극 **철의 안(鐵의 眼)** 전오권
제육편 철의 안 제칠편 암중 도량(暗中 跳梁)
미국 크리스테 회사작
희극 **본처(本妻)** 전이권
미국 파데아스트라 영화
라쓰로란드양 죠지쳇스부로씨 출연
현상부 연속대활극 **유령기수(幽靈騎手)** 전십오편 삼십일권
제일회 제일 일의 화가(日의 花嫁) 제이 실종혼 일의 자(日의 子)
(사리우난 말삼)
(자세한 것은 광고를 보서요)
이 연속사진은 보통 사진과 달음니다. 이 사진 중의 정체 모르는 기수 한 아이 문제임니다. 가련한 어엽분 처녀의 위급을 구하는 괴상한 사실인대 사람인가? 귀신인가? 누구를 아라내시는 제씨(諸氏)의게 등급을 분(分)하야 상을 드림니다.
경성 수은동
단성사 전화 구오구번

동아 21.07.29 (4) 통영청년단 위로회

통영청년단 간부 임원 수씨(數氏)의 발기로써 그동안 청년단 주최 야학부 명예 호위(護衛) 제씨 급(及) 동단의 활동사진대원 일동을 위하야 칠월 이십사일 정오 협성학원 내에서 성대한 위로회를 개최하고 주객간의 예사(禮辭) 급(及) 답사가 유(有)한 후 일동이 식부(食卓)에 취(就)하야 약 일시간이나 감＊(感＊)를 토(吐)하고 오후 이시에 ＊회하엿는대 활동사진대원 일동은 이십오일부터 전선(全鮮) 순회의 도(途)에 등(登)하엿다더라. (통영)

매일 21.07.29 (3) 〈광고〉

동아 7월 29일자 단성사 광고와 동일

동아 21.07.30 (3) 대호평의 동우극 / 첫날은 비가 옴도 불구하고 뎡각 전부터 만원으로 셩황

동우회(同友會) 연극단은 조선 디방을 드러서기 시작하자 부산(釜山)서부터 데일막을 공개하야 이르는 곳마다 끌는 듯한 대환영을 밧고 지나간 이십륙일 오전에 경성에 도착한 이리로 몃칠동안은 만도 인사의 큰 기대 속에서 모든 설비를 진힝하든 중 재작일 밤에 동구안 단성사(團成社)에서 첫 무대의 휘장이 열니엇다. 당일은 텬긔가 돌연이 변하야 무대를 열고자 할 제음에 한참동안의 소낙비가 왓스나 만흔 호긔심(好奇心)을 가지고 기대리든 관중들은 비를 무릅쓰고 모히기 시작하야 막을 열기 전부터 대성황을 이루엇스며 이와가치 모히어드는 관중은 종리에 연극장에 발을 드려 놋치 아니하든 지식계급의 인사들이 만히 모힌 것은 실로 동우회 연극단이 가진 특색이엇다. 정각보다 삼십 분 가량을 늣게야 아홉 시경에 로동공제회 홍증식(勞動共濟會 洪增植) 씨의 소개로 동우회의

연근[75] 단댱 림세희(林世熙) 씨가 동단의 취지와 연극에 대한 간단한 설명을 맛친 후에 홍영후(洪永厚)씨의 『바이올린』으로 무대를 열어 가비얍게 움직이는 손가락 긋흐로 가는 줄을 울니어 나오는 소리는 텽중으로 하야금 청아한 가운대에서 예술의 디경으로 인도하기 시작하야 다옴에는 일힝 중에 가장 만흔 환영과 갈채를 한 몸에 밧

---

75) '연극'의 오식.

는 윤심덕(尹心悳)양의 독창은 텽중의 정신을 다시금 황홀케 하얏다. 낫가치 밝은 뎐
등 밋헤서 눈 빗갓흔 소복을 입은 양의 붉은 입술에서 울녀나오는

노래소리 맑고 애연하게 장내의 공긔를 가비얍게 진동하야 텽중은 한참동안 취하고
또다시금 꿈나라에 방황하게 되얏다. 시간의 관계로 인하야 최후의 악수(最後의 握
手)는 다음날에 개연하기로 하고 (찬란한 문)을 시작하얏는대 텬당의 문을 개척하는
일장의 암흑한 무대에서 굿게 잠긴 문을 깨치는 광경은 모든 사람으로 신비에 잠긴
긔분을 일으키엇다. 다음 (김영일의 죽엄)은 동경에 가서 공부하는 고학싱의 싱활을
공개하야 크게 환영을 밧고

데이 장의 빈부 학싱 충돌은 현금 사회를 통하야 공명되는 긔분임으로 그 순간은 배
우나 관긱이나 갓흔 긔분에 부지중에 손에서 울녀나오는 박수소릐는 갈채를 의미하
는 것보다 큰 사샹의 일치되는 것을 의미하얏다. 그중에 종릭의 도라다니든 연극단
보다 힝동이 일치하고 각본을 규칙력으로 전하는 것이 큰 성공이엇다. 연극은 환영
중에 열한 시에 맛치고 선구잡지사(先驅雜誌社)에서 긔증한 화환과 소인극구락부(素
人劇俱樂部)에서 십원 긔부를 시작하야 빅여원의 긔부금까지 모히어 크게 성황이엇
다더라.

개연 연긔 / 일반의 희망으로 이틀동안을 연긔
동우회의 순회 연극의 처음 날은 별보와 가치 만도의 인긔를 쓰러 만원의 성황을 이
루엇는대, 일반의 희망도 잇고 다만 이틀동안으로는 도저히 만도 인사에게 뜻과 가
튼 위안과 환영을 밧기 어렵겟슴으로 특히 금 삼십일과 명 삼십일일의 량일동안을
더 흥힝하기로 하얏는대 금 삼십일 밤에는 「찬란한 문」과 「김영일의 사」를 흥힝하고
명 삼십일일에는 「최후의 악수」와 「김영일의 사」를 흥힝한다더라.

매일 21.07.30 (3) 김도산군 장의 / 팔월 일일에 화장
임의 고인이 된 김도산군(金陶山君)의 장의는 오는 팔월 일일 오후 여덜 시에 경성
수은동 자퇴에서 츌관하야 그날 오후에 동서문 * 신흥사(新興寺)에서 화장(火葬)을
지닉이기로 작뎡하얏는대 그 후에는 각 신파단에서 김군의 영면을 이석히 역여 츄
도회(追悼會)를 연다더라.

매일 21.07.30 (4) 동우회 광주 연극

동경 동우회 학생연극단 이십명은 거(去) 이십사일 광주에 도착하야 광주좌에셔 연극을 개최하얏는대 단장 임세희(林世熙)씨의 개회사가 종(終)홈에 극단 일행은 순차로 무대에 등(登)하야 대대적 활극을 연출하야 무한혼 감상과 자각을 여(與)하고 만장(滿場)의 성황리에 산회하얏는대 광주 청년회원 급(及) 일반 유지 제씨의 다수(多數)혼 의연금이 유(有)하얏더라. (목포)

매일 21.07.30 (4) [독자그락부]

▲ 총독부 엇던 고등관의 마님은 엇던 활동사진관 변수와 삼십륙게를 하야 엇던 경찰셔에셔는 밤을 새여가면셔 크게 활동을 혼 모양이야. 우리 피 글거다가 져의들 게 집 차져주란 것인지. (쌍안경)

매일 21.07.30 (4), 21.08.01 (1) 〈광고〉

단성사 7월 29일자와 동일

조선 21.07.30 (1) 〈광고〉

칠월 삼십일 전부 차환

서중(暑中) 위안 특별 대사진 제공

사진 순서

미국 유니버－살 회사

실사 암상 도(巖上 島)와 동굴

미국 유사 에르고－ 영사

희극 소사(小使)의 야심

미국 유사 에르고－ 영화

희극 자칭 명우(名優)

미국 유니버－살 회사 대걸작

신연속 대활극

신출귀몰 라이온, 민 전삼십육권 내 팔권 상장

제육편 가공할 서가(棲家) 제칠편 비운

제팔편 실망의 노옥(牢獄) 제구편 노예로 방매(放賣)되야

우미관 전화 이삼이육번

동아 21.07.31 (3) 금일로 경성을 고별 / 동우회 연극단은 련일 대갈채 / 오날 밤으로써 경성을 써날 터

동우회 연극의 둘재날도 촉촉이 나리는 가는 비 소리를 드르며 가장 성황 중에 마초엇다. 이십구 일에도 낫에는 네대의 자동차로 붉은 긔발과 선뎐지를 날니며 시내를 일주한 후 소리 업시 나리는 비에 일반은 매우 심려를 하얏스나 시민의 동정과 인긔를 독차지를 하게된 연극단에게는 도로혀

만도 인사의 사랑과 돌봄이 얼마나 지극하고 알들함을 새로히 가삼에 싁이어 두게 되얏슬 쑨이엇다. 과연 뎡각 전부터 비를 무릅쓰고 뎐차로, 도보로, 인력거로―단성사 압 너른 마당으로 모히어드는 관긱은 거의 표를 팔기에 정신이 업슬 디경이엇고 여덜시가 되매 임의 만원의 성황을 이루엇다. 그러나 불힝히 일힝 중에 홍영후(洪永厚)군이 돌연히 뇌빈혈노 인하야 신음을 하게되며 설상가상으로 단장은 종로경찰서의 호츌을 당한 결과 의사를 부른다, 단댱을 기다린다, 하는 동안에 하는 수 업시 예뎡보다 삼십 분이 늣게, 아홉시부터 「최후의 악수」로부터 막을 열게되얏다. 이재짜지 남편에게 매이어만 살엇스며 자긔 스스로도 가장 밋고 사랑하던 자긔의 남편에게는 의례히 매어서만 살줄노 아든 박화봉이가 자긔 남편되는 리진섭의 너모도 심한 「못밋음」에 사랑보다 더한 「나」라는 것을 뷩연히 째닷고 『나는 이제로부터 그대와는 아모 관계가 업다. 손조차 대이지 말나』하며 울고 비는 진섭이를 거절하는 일장 비극이엇스니 홍영후군의 성의와 양심을 다한 태도와 마상규군의 고요하고 쌀쌀한 동작은 매우 관긱의 취미와 공명을 이르키엇스며 마상규군이 녀자로 분장을 하고 무대에 낫타낫슬 쌔에는 그 간열피고 아담한 태도는 일반에게 매우 칭찬을 바덧다. 다음에는 다시 홍영후군의 「바이올인」 윤심덕양의 독창이 간간히 잇섯고 『김영일의 사』도 전날 밤과 다름업시 대갈채 중에 마초엇스며 당야에도 김병노(金炳魯)씨의 이십원으로 위시하야 다수한 긔부금이 답지하얏섯다. 임의 보도함과 가치 예뎡보다 이틀동안을 연긔를 하얏스니가 금 삼십일일은 동일힝의 경성(京城)에서 마조막 흥힝 날이라 오날 밤만 넘기면 경성에서는 다시는 볼 수 업게 되겟다더라.

극단의 환영회 / 작일 명원관에서 주긱 칠십여명이

각 후원 단톄의 발긔로 동우회 순회 연극단 일동을 작 삼십일 상오 십일시부터 시내

돈의동 명월관 지뎜에서 환영회가 잇섯다. 칠십여명 주긱은 이층 우 널븐 방에 모히어 주인편 고원훈(高元勳)씨의 인사와 연극단댱 림세희(林世熙)씨의 답사가 잇슨 후 즉시 식당이 열니어 주긱이 가장 쇄락한 가운데에 오후 삼시에 회를 마치엇다더라.

동아 21.07.31 (3) 대성황의 송경극(松京劇) / 이십일일 개경좌의 흥미잇는 학싱 연극

송경학회(松京學會)에서 문화극(文化劇)을 개연한다 함은 이미 보도한 바어니와 개성(開城) 청년으로서 동경에 류학하는 학싱으로 조직된 회인 대동회원 일동은 금번 하긔 휴학에 근친 중에 짜른 시간이나마 모든 거시 부족한 우리 사회를 위하야 삼복의 염텬을 불고하고 연극단을 조직하야 우리 사회에 한 유익을 찌치겟다는 쌋쌋한 사랑으로써 본사 개성지국의 후원으로 지난 이십일 하오 여달시부터 당디 개성좌에서 처음으로 개연되엿는대 벽두에 동단원 김학형(金鶴炯)군의 연극이라하는 것은 우리가 보고 듯는 것의 형용하야

말할 수 업는 것을 사실(事實) 그대로 무대(舞臺) 우에 낫타내는 것이 진정한 예술뎍 가치가 잇는 연극이라는 간단한 취지의 소개가 잇슨 후 「바이올린」과 단소와 「만도링」의 청아한 음악의 합주가 잇슨 후에 초계림영빈(草溪任英彬)군의 지은 전삼막 빅파(白波)의 우름이라는 각본(脚本)(본보에 게재되얏든 학생 이동화의 사(李東和의 死))를 상장하얏다. 막이 열니매 본 극의 주인공 되는 리동화(李東和)의 가뎡에서 그 부친 리참봉이라하는 공진태(孔鎭泰)군의 독특한 긔능과 무대상 태도는 실로

만장 관객의게 경탄할 만한 감상을 주엇고 뎨이막이 열니매 리동화인 김흥옥(金興玉)군의 빈곤한 긔숙사 싱활에 금전으로 인하야 곤난과 핍박을 밧는 것이며 뎨삼막이 열니매, 월식이 교교한 한강 텰교 우에서 금전의 저주로 애처로히 이 세상의 최후를 짓는 광경은 실로 관긱의게 무한한 자극을 주고 막이 끈나자 계속하야 서양의 「아라스카 긔담」 전 이막

과거의 죄인(過去의 罪人)이라는 각본이 시작되어 이에 주인되는 광산감독(鑛山監督) 쌱크라는 고한승(高漢承)군의 민활한 태도와 광산 주인의 쌀 애리쓰라는 녀역(女役) 진장섭(秦長涉)군의 녀자다운 태도와 단원 제군의 일성으로 활동함은 여러 사람으로 하야금 무한한 늣김과 박수갈채로 동 십이시 삼십분에 막을 맛치엇다.

제이회의 개연 / 역시 대성황으로

그 잇튼날 즉 이십팔일은 비가왓슴으로 부득이 힝연치 못하고 이십구일로 연긔되여

역시 하오 팔시 반부터 개막이 되엿는대, 막이 열니기 전에 조선 가곡의 병주가 잇고 막이 비로소 열니매, 단원 고한승(高漢承)군의 각식한 『불상한 사람』이라는 각본과 공진태(孔鎭泰)군의 지은 긔도(祈禱)라는 신성한 감화극(感化劇)을 개연한 후 순서 외에 시간이 넉넉함으로 경(鏡)이라는 포복절도할 희극도 잇섯는대 일반 관긱들은 그 단원의 활발한 동작과 민활한 긔능을 칭찬하야 크게 성황으로 이틀동안의 연극을 마치엇다더라. (개성)

동아 21.07.31 (4), 21.08.01 (1) 〈광고〉

단성사 7월 29일자와 동일

동아 21.08.01 (3) 통영청년단의 활동사진 / 진주에서 첫 막 / 중지까지 당회

경상남도 통영청년단(慶南 統營靑年團)에서는 우리 사회의 교육이 남보다 뒤져서 지식에 주리고 암흑에 병드러 헤매는 우리의 처디를 깁히 유감으로 역이어 무쇠를 녹일 듯한 더위도 오히려 도라보지 안코 또한 무서운 시험을 무릅쓰고 우리도
남과 가튼 문명향복의 공동싱활을 누리고저하는 열심으로 활동사진긔계(活動寫眞機械)를 사드려 전 조선 디방을 순회 흥힝하야 그의 실비를 제한 외의 남은 금전은 그 디방의 교육 사업에 보조한다함은 이미 세상이 다 아는 바인 바, 일힝은 칠월 이십오일에 처음으로 진주에 도착하야 진주청년회(晋州靑年會), 텬도교청년회(天道敎靑年會) 긔독교청년회(基督敎靑年會) 본사 진주지국(本社 晋州支局) 후원 아러에 이십륙일 오후 팔시 오십분에 진주 가설극장에서 쏘다지는 박수 소리 가온대에서 희극 한편을 비롯하야 무대의 첫막이 얼니엇다.
후원 단테 대표 남홍(南洪)씨의 소개로 통영청년단 부단댱 김덕준(金德俊)씨의 간단한 취지 설명이 잇슨 후 불란서 파리 녀자 참정권 운동을 비롯하야 십여종이 실사가 긋난 후 전오권으로 된 댱편의 영사가 잇섯는대 째째로 이러나는 박수의 소리는 적막한 밤의 공긔에 만흔 파동을 주엇다. 그 이튿날에는 『가정의 주인』이라는 것을 하게 되엿다. 뎨일권으로부터 영사를 비롯하야 뎨이권이 긋나매 림장하엿던 경관으로부터 풍속괴란할 념려가 잇다고 돌연히 중지 명령을 하얏슴으로 부득이 어제 저녁에 한 것을 다시 하엿다. 이에 이르러 관중은 모다 다 불쾌한 긔싴을 씌우고 잇섯슴은 한 가지 유감이라할만 하겟더라.

사학교(四學校)에 기부 / 각각 감사장을 보내여

동일힝은 이틀동안 진주에서 흥힝하고 그의 실비를 제한 남은 돈은 진주 데일 데이 데삼 야학교(晉州 第一, 第二, 第三 夜學校)와 부인야학교(婦人夜學校)의 네 군대에 각각 불소한 돈을 긔부하고 이십 팔일 오전 륙시 마산힝 자동차로 동뢰(東萊)로 향하 엿는대 긔부를 바든 각학교에서는 감사장(感謝狀)을 통영청년단에 보내엿다더라.

각 단체의 환영회 / 두 단톄의 짜듯한 환영

진주중학교 긔성회에서는 (晉州中學校 期成會) 동일힝을 이십륙일 오후 륙시에 경남 관으로 초대하야 만찬회(晩餐會)를 개최하엿고 후원 단톄에서는 동일힝을 이십칠일 오후 십이시에 대성관으로 초대하야 성대한 송별연이 잇섯다더라. (진주)

동아 21.08.01 (3) 제삼야(第三夜)도 대갈채 / 마즈막 날은 전부 무료로

동우회 연극의 셋째날되는 삼십일 밤에는 련일 흐리던 일긔가 개엿슴으로 더욱 성 황으로 개막케 되얏다. 신비극 「찬란한 문」과 말니 이역에 고싱사리를 하다가 가삼 에 사모친 모든 한을 마참내 푸러볼 길이 업시 새(쌜간 피셩어리 하나로만 이 세상과 다토오던 청년의 애처로운 죽엄을 보히는『김영일의 사』가 만장 인사에게 부호의 횡포함과 무자비함을 꾸짓게하며 힘업고 의지 업는ㅡ그러나 압길에 바람이 만은 청년ㅡ이 (돈) 한아가 업서서 고국으로부터 로모의 병보를 듯고 가삼만 태오다 가 마츰내 병석에 누어 간열핀 소리로『어머니!』『어머니!』를 부르고 그에게는 쓸쓸 하고 무정키만 하던 이 세상을 쩌나는 비극에 끗업는 동정을 끼치게 하얏섯다. 막 이 마친 후 단원들과 후원 단톄 사히에 여러 가지 타협이 잇슨 후 좌우간 삼십일일 은 경성에서는 마조막 하는 날이니 자긔네와 경우가 갓고 처지가 갓튼 경성의 로동 자나 고학싱을 위하야 특별히 삼십일일 밤에는 전부 무료로 과히 어린 아해만 쎄고 누구든지 그저 구경을 오도록 하야『찬란한 문』과『최후의 악수』와『김영일의 사』를 한거번에 다 상장하야 삼십만 인사의 호의를 사례하며 겸하야 돈이 업서 구경을 못하든 로동자와 고학싱에게 구 경할 긔회를 주기로 결뎡이 되야 폐막이 되자 로동공제회 박이규(朴珥圭)씨가 단에 올나 삼십일일에는 특히 입장료는 밧치안코 세가지 연극을 하로 밤에 다 하겟다고 선언을 하야 일반은 박수로써 찬동을 하고 폐회하얏는대 당야에도 다수한 동정금이 드러왓다더라.

조선 21.08.01 (1), 21.08.02 (1), 21.08.03 (4), 21.08.04 (4), 21.08.05 (4) 〈광고〉
우미관 7월 30일자와 동일

동아 21.08.02 (3) 최후의 심각한 인상 / 『김영일의 죽엄』은 무엇을 의미 / 모든 관객의 큰 감격과 박수 갈채
동우회 연극의 마지막 날인 재작 삼십일일 밤은 련일 갈채를 바더오든 중에 겸하야 마즈막 날일 뿐 아니라 입장료까지 밧지 안케 되얏슴으로 하오 일곱시 경부터 단성사 압 너른 마당은 관긱으로 덥히고 말앗다. 명각도 되기 전에 이미 만원이 되얏슴으로 드러가는 문에는 만원이란 패를 걸고 문을 다치엇스나 그리도 엇더케 하여서 든지 구경을 하랴고
모혀드는 군중은 점점 수효가 늘어서 나종에는 문을 열으라고 소리까지 치는 사람도 잇게 되야 동구안 네거리에는 무슨 큰 일이나 난 듯이 사람이 쌕쌕히 드러서서 와글 와글하게 되매 종로 경찰서에서는 경관대가 출동하야 교통을 단속하는 동시에 군중 을 헛치랴 하얏스나 군중은 용이히 물러가지 아니 하얏다. 그럭저럭 정각이 되매 역 시 홍영후(洪永厚)씨의 사현금과 윤심덕(尹心悳)양의 독창으로 막이 열니엇다. 순서 에 의지하야 『최후의 악수』와 『찬란한 문』을 상연한 후에 긋흐로 『김영일의 죽엄』을 하야 마즈막으로
경성 시민에게 동경 류학하는 고학성의 싱활에 대한 깁흔 인상을 주는 동시에 만흔 갈채를 바닷다. 당야도 유지 제씨의 다수한 동정금이 드러왓스며 하오 십이시 경에 대성황으로 무사히 마치엇다더라.

동아 21.08.02 (4), 21.08.03 (4) 〈광고〉
단성사 7월 29일자와 동일

동아 21.08.03 (1) 〈광고〉
갈돕회 지방순회연극단 7월 26일자와 동일

동아 21.08.03 (4) 활동사진대 래착(萊着)
금반 통영청년단에서 아(我) 반도 신문화의 개발을 목적하고 현하 우리 사회의 급무 (急務)인 교육 기관 확장을 선전키 위하야 사진대를 조직하고 각지를 순회중 칠월 이

십팔일 진주로부터 동래에 도착하야 동래구락부 후원하에 대대적 활동을 기하얏든 바, 불행 당지 온천장 여관 조합 주최로 동래 산개(山開) 납량대회 개최에 반(伴)한 여러가지 형편에 포애(抱碍)되야 부득이 흥행키 불능한 바, 자(玆)에 대하야 피아 양 청년단은 유감천만으로 후기(後期)를 약(約)하고 동 일행은 이십구일 야(夜) 급행차로 대구로 발향하얏다더라. (동래)

조선 21.08.03 (4) 갈돕회 순극단(巡劇團) 일행

고학생 갈돕회 순극단 일행은 거(去) 이십팔일에 당지(當地)에 도착ᄒ야 이십구일 하오 구시에 흥수원(興水院) 조선기독교 예배당 내에서 개연흔 바 우천임을 불구ᄒ고 관중은 삼백여 명에 달ᄒ엿스며 무대에서 활동ᄒ는 단원들의 예술은 일반 관객에게 다대한 감상을 여(與)ᄒ엿스며 신흥청년회장 ＊ 본보(本報) 흥수 취차소(取次所) 주임 김＊선(金＊善)씨는 차(此)에 대한 감상을 표(表)키 위ᄒ여 금오원을 기부ᄒ엿다더라. (사리원)

동아 21.08.04 (1) 〈광고〉

팔월 사일 (목요)

실사 **폭포** 전일권

미국 칼넴 회사작

희극 **소인역자(素人役者)** 전일권

미국 골도윙사 작

사회극 **통쾌한 남(男)** 전오권

미국 파데아스트라 영화

제이회 연속활극 **유령기수**

제삼 유령기수와 을녀(乙女) 제사 유령기수의 추격

『사리오난 말삼』

이 연속사진은 보통 사진과 달음니다. 이 사진 중의 정체 모르는 기수 한 아이 문제임니다. 가련한 어엽분 처녀의 위급을 구하는 괴상한 사실인대 사람인가? 귀신인가? 누구를 아라내시는 제씨의게 등급을 분(分)하야 상을 드림니다.

경성 수은동

단성사 전화 구오구번

동아 21.08.05 (3) 통영청년단의 활동사진반은 / 십삼일 경에 리경

통영청년단(統營靑年團)에서 문화를 선전하기 위하야 활동사진반을 조직하야 가지고 각처로 도라다니며 영사한다 함은 이미 루차 보도한 바어니와 그 일힝은 활동사진을 영사할 연극장이 상치되야 대구(大邱)에서는 영사치 못하고 바로 경주(慶州)로 갓다는대, 경주를 다니어서 오는 팔일 경에 대구로 다시 와서 삼사일동안 영사하고 경성에는 오는 이삼일 경에 올나오리라는 소식이 모처에 달하얏다더라.

동아 21.08.05 (4), 21.08.06 (4), 21.08.07 (1), 21.08.08 (1), 21.08.09 (4), 21.08.10 (4) 〈광고〉

단성사 8월 4일자와 동일

매일 21.08.05 (3) 〈광고〉

팔월 사일 목요

현상부(懸賞付) 유령기수는 하인(何人)인지??

실사 **폭포** 전일권

미국 갈넘 회사작

희극 **소인역자(素人役者)**

미국 파데아스트라

세계적 연속대활극 **유령기수**

제이회 유령기수와 을녀(乙女) 유령기수의 추격 사권

이 련속사진 중에 정체 모로는 기수 혼 아이 문제임니다. 사람인가 귀신인가 누구를 아라니시는 제씨(諸氏)에게 상을 드림니다.

미국 골도잉 회사작

사회극 **통쾌한 남(男)** 전오권

수은동 전화 구오구 단성사

매일 21.08.06 (1), 21.08.08 (2), 21.08.09 (1) 〈광고〉

단성사 8월 5일자와 동일

동아 21.08.07 (3) 평양의 동우 연극 / 관중은 천여명 / 근래에 대성황

동우회 순회 연극단 일힝은 지난 삼일 오후 네시 십분에 평양에 도착하야 슈옥리 서선려관(水玉里 西鮮旅舘)에 들어 여러가지 준비를 한 후 조선로동공제회 평양지회와 텬도교쳥년회 평양지회, 불교청년회 로동대회,

동아일보 평양지국의 후원으로 사일 오후 팔시 삼십분에 평양 가무기좌(歌舞技座)에서 개연하게 되얏다. 작일부터 련하야 나리는 비는 일반에게 적지 아니한 근심을 하게 하얏스나 일반 관람긱은 정각 전부터 운집하야 예상보다 성황을 이루게 되얏다. 시간이 갓가워 옴을 싸라 일반의 시선은 더욱 더욱 무대 우에 날카로히 모히기 시작하얏다. 조선로동공제회 평양지회장 김형숙(金亨淑)씨는 단장 림세희(林世熙)씨와 함끠 무대 우에 올나서 간단한

취지 설명과 개회사가 잇슨 후 홍란파(洪蘭坡)씨의 사현금 독주와 윤심덕(尹心悳)양의 독창이 잇슨 후 순서에 의하야 김초성(金蕉星)씨의 번역한 『찬란한 문』의 막이 열니엇다. 만흔 갈채 중에 막이 다치매 쏘 음악이 잇슨 후 잠간 쉬엇다가 조명희(趙明熙)씨의 지은 『김영일의 사』를 개장하얏는대 잠시 휴게하는 동안에

유지 졔씨의 의연이 잇섯고 제삼 막을 하는 중에 허일(許一)씨의 말이 너머 과격하다 하야 경관의 중지를 당하매 만장 관긱은 박수로써 단원을 위로하얏다. 동 십이시 경에 폐장한 후에 단당과 로동공제회 평양지회 대표로 리희철(李熙撤) 변호사와 동아일보 평양지국 긔자가 수힝하야 즉시 평양경찰서로 갓섯는대 경찰서에서는 「십년 전에는 자유가 잇섯는지 모르거니와 지금은 자유가 업다」 하는 말 가온대 『십년』 두 글자에 뜻이 잇다고 어대까지 주장하야 이튼날 본인에게 변명서를 쓰게 하고 곳 돌녀보내엇더라.

『십년』 이자(二字)로 중지 명령 / 실로 유감천만

그러면 『십년』이라는 두 글자에 대하야 무삼 뜻으로 말하얏느냐, 그와가튼 훌륭한 리론을 말하는 사람들이 결단코 무의식으로 말할 리유가 업는 것이라. 좌우간 이에 대하야 변명서를 긔록하야 오라는 명령을 바다가지고 수힝하얏던 네사람이 깁흔 밤 고요한 평양 시가의 적막을 쌔트리고 려관에 도라와 각각 해산하얏는대 허일씨는 오일 아츰에 변명서를 작성하야 가지고 단장 림세희씨와 경찰서에 출두하야 다시 협의를 거듭하고 오일 저녁에도 흥힝하기를 청구한 결과 당국에서는 경찰부와 협의하고 오후 이시에 회담하기로 결뎡하얏섯는대 동 이시에 이르자 당국에서는 돌연히

강경한 태도로 중지 명령을 하얏슴으로 단원 일동은 할 일 업시 도라왓슬 쑨 아니라 간절히 희망하든 평양 시민은 실로 섭섭한 긔싁과 유감됨이 만흔 모양이더라. (평양)

동아 21.08.09 (3) 천도교 청년 / 동경회원의 활동 / 오는 십사일에는 연극까지 할 계획

텬도교청년회의 동경지회(東京支會)가 싱긴 후로 여러가지 새로운 일은 계획하야 데일 착수로 금년 하긔에 각디에 순회 강연함은 임의 보도한 바와 갓거니와 경성에 잇는 동지 회원 대부분은 텬도교 중앙총부에 잇스면서 새 계획을 실힝하기에 노력 중이더니 오는 십사일은 동교 데일 긔념일(第一 紀念日)임으로 디방 교도들에게 보히기 위하야 인내텬(人乃天) 주의를 선전하는 신싱의 일『新生의 日』이란 연극을 할 터이요, 쯧흐로는 자미잇는 서양 희극(喜劇)도 잇슬 터이라더라.

동아 21.08.11 (4) 〈광고〉

팔월 십일일 (목요) 신사진 순서
미국 모도이유메듸 영화
인형극 **인형과 소작(所作)** 전일권
미국 칼피톨 회사 영화
희극 **쎌의 야영** 전이권
미국 바이다크랍사 작
활극 **질풍** 전오권
미국 후옥쓰 회사 영화
희극 **물 속, 산쏙쎄기** 이권
불국 파데 미국 지사 아스트라 영화
제삼회 연속활극 **유령기수** 전사권
제오편 실종혼 일랑(日娘) 제육편 복수의 염(焰)
『사리오난 말삼』
이 연속사진은 보통 사진과 달음니다. 이 사진 중의 정체 모르는 기수 한 아이 문제임니다. 가련한 어엽분 처녀의 위급을 구하는 괴상한 사실인대 사람인가? 귀신인가? 누구를 아라내시는 제씨의게 등급을 분(分)하야 상을 드림니다.
경성 수은동

단성사 전화 구오구번

매일 21.08.11 (4) [독자구락부]

▲ 우리 신원 청년은 참으로 싹히요. 흔동안은 강연회니 토론회니 하더니 요즘은 잠들을 자논지 만 일년이 되도록 방에셔는 학성 강연단이니 동우회 연극단이니 하며 이 잠든 우리 민족을 씨우논데, 우리 신원은 희주 사리원 간에 유수흔 대촌인데, 그러한 단톄가 흔 번도 아니 드러오니 싹히요. 이것도 다─ 우리 신원 청년에 불만이지요. 여러분, 강연단과 연극단 여러분이 요 희주로 가시거던 흔번만 이 신원으로 들너쥬시오. 그러면 우리논 되도록은 환영의 쯧을 표하겟나이다. (지령 신원生)

조선 21.08.11 (4) 〈광고〉

팔월 칠일 전부 차환

서중(暑中) 위안 특별 대사진 제공

사진 순서

미국 유니버─살 회사

실사 **황석(黃石)공원의 태(態)** 전일권

미국 유사

희극 **쟈리의 토이고입(土耳古[76]人)** 전일권

미국 유니버─살 회사 특작

연속 대활극 제삼회 **라이온─민** 전삼십육권 내 십권 상장

제십편 위험자도(危險者跳) 제십일편 괴물의 육수(六手) 제십이편 파괴의 구(口)

제십삼편 복면의 분실 제십사편 절휴절명(絕休絕命)

우미관 전화 이삼이육번

동아 21.08.12 (1), 21.08.14 (4), 21.08.15 (1), 21.08.17 (4) 〈광고〉

단성사 8월 11일자와 동일

---

76) 터어키

매일 21.08.12 (3) 〈광고〉

팔월 십일일 목

현상부(懸賞付) 유령기수는 하인(何人)인지??

희극 빌의 야영(野營) 전이권

미국 바이다크랍 회사작

활극 질풍(疾風)

세계적 연속대활극 **유령기수**

제삼회 제오 실종훈 일랑(日娘) 제육 복수의 염(熖) 사권

이 련속사진 중에 정체 모로는 기수 훈 아이 문제임니다. 사람인가 귀신인가 누구를
아라닉시는 제씨에게 상을 드림니다.

미국 호옥쓰 영화

희극 물 속 산쒹다기

인형극 **인형과 조작** 일권

수은동 전화 구오구 단성사

매일 21.08.12 (4) 통영청년단 착구(着邱)

경상남도 통영청년회에서 사진반을 조직하야 지방 순업 차로 단장 김재균(金才均)씨
외 구명이 본월 칠일 조착(朝着) 열차로 착구(着邱)하얏는대 대구 계성(啓聖)학교 후
원으로 팔일 오후 칠시부터 대구좌에셔 자선사업에 기부홀 목(目)으로 활동사진을
영사하얏다더라. (대구)

**조선 21.08.12 (3) 천도교당에셔 흥행할 희세의 종교극 / 디일긔렴을 축하ㅎ기 위
ㅎ야 오는 십사일 밤 일곱시 반부터**

텬도교 청년회 동경(東京) 지회로부터 죠선 닉디의 각디방 순회 강연회를 조직ㅎ야
예뎡과 갓치 가는 곳마다 전무한 환영을 바닷슴은 루々 보도훈 바와 갓거니와 이번
에는 ＊＊＊요 ＊＊는 오는 십사일 텬도교디일 긔렴씨를 ＊＊ㅎ야 그 긔렴을 축하ㅎ
는 쓰ㅅ으로 이날 밤 일곱시 반부터 근딕에 처음 되는

종교극 가장 남다른 연극을 힝홀 터인니 그 연극의 과목을 듯건더 첫지는 슌젼훈 죵
교극인 신싱의 일『新生의 日』의 젼부 삼막을 힝연홀 터인디 이 극은 우리 인싱의 나
ㄱ가는 길에 가장 막더한 암시를 쥬는 유익훈 극일 쑨더러 더구나 극 중에는 망혼(亡

魂)도 낫하나고 혼을 지픈장쌔지 잇셔 미우 신긔ᄒ고도 흥미가 무한ᄒ다 ᄒ며 쏘호 동경 류학생의

자ᄎ 생활ᄒᄂ 실샹을 일막에 각셕ᄒ야 샹장홀 터인디 이것은 쥬최자 되는 텬도교 류학생들이 자긔네가 일본에셔 쓸々히 지니는 모양을 그디로 부모 형뎨에게 뵈이기 위ᄒ야 ᄒᄂ 것인 즉, 춤으로 멀니 외디에 가셔 남자들이 손수 됴셕을 지여 먹는 모양은 더욱히 남다른 늣김을 주는 것이며 쏘

셔양 희극의 식킥(食客)이라는 젼부 일막을 흥연홀 터인데 이 극은 셔양의 뎨일될만한 참신ᄒ고도 긔발한 희극인데다가 쏘한번 외로 쳐음부터 씃ᄭ지 포복절도홀 희극 *극으로 일반 관긱의 흥미를 도들 터이며 이늘 밤 출연ᄒᄂ 이는 방뎡환(方文煥)[77] 뎡일셥(鄭日燮) 박달성(朴達成) 외 이십여인이오 특히 쥬악은 경셩 본회 음악부로부터 조력ᄒ리라더라.

조선 21.08.12 (4) 〈광고〉
우미관 8월 11일자와 동일

동아 21.08.13 (3) 통영청년의 활동사진반 / 오날 아츰에 입경
통영청년단(統營靑年團)에서 활동사진반을 조직ᄒ야 가지고 각쳐로 도라다니며 활동사진을 영사하고 그 입장료로 것치는 돈으로 각각 그 디방의 교육기관에 긔부를 한다함은 임이 루차 보도한 바어니와 그 일힝은 대구에서 영사를 맛치고 금 십삼일 아츰 아홉시 반에 남대문에 도착하는 렬차로 입경ᄒ리라는대, 경셩에서는 즁앙유치원의 주최로 영사하게 되리라더라.

동아 21.08.13 (3) 대갈채의 『갈돕』극 / 팔일 평양에서
갈돕회 순회 연극단 일힝 칠명은 지난 칠일에 평양에 도착하야 평양부 수옥리 광셩려관(水玉里 廣成旅舘)에 몸을 던지고 사면으로 모든 준비를 마친 후 조선 로동공제회 평양지회와 텬도교 청년회 평양지회, 조선일보 평양지국, 동아일보 평양지국의 후원으로 그 이튼날 오후 칠시 반에 평안극장(平安劇場)에서 고대하고 고대하든 연극을 흥힝하얏다.

---

77) 文은 定의 오식

만장한 관중의 시선이 한결가치 모히며 박수의 소리가 장내에 충만하얏슬 쌔에 로동공제회 평양지회장 김형숙(金亨淑)씨는 단에 올나서 일힝을 소개하고 다음으로 단장 리장현(李章鉉)군이 일반에 대하야 간곡한 취지 설명이 잇슨 후 위선 평양 음악계에 일홈이 놉흔 계정식(桂貞植)군의 애연한 바이올린 소리로써 관람긱의 이목을 놀내이는 동시에 피로한 심신을 위안하고 비로소 운명(運命)이라는 뎨일 막을 열어 만장 관긱의 큰 환영을 밧엇다. 배우의 태도를 짜라 혹은 분하며, 노하며, 우섯다. 박수 갈채 중에 둘재로

빈곤자의 무리(貧困者의 무리)에 대하야 막을 맛치고 잠시 휴게하는 동인에 일반 유지는 특히 일힝을 사랑하야 거익의 금전을 의연하얏다. 동 십일시 삼십분경에 셋재로 유언(遺言)을 맛치는 동안에 륙빅여의 관객은 조금도 지리함이 업시 얼골에 회색이 만만하야 시간의 부족함을 원망하는 듯 하얏스며 이 막을 마치고 쉬이는 동안에 출연한 박성심(朴聖心)양의 독창은 일칭 식채를 더하야 일반 관긱의 정신을 새롭게 하얏는 바, 당일 현장에서 드러온 긔부금은 일빅 륙십여 원에 달하야 대성황을 이루엇더라. (평양)

매일 21.08.13 (3) 통영청년단 활동사진 내구(來邱) / 각 단톄의 후원으로 사홀동안 흥힝힛다

경남 통영 청년단 주최로 문화교육 션뎐활동사진대 (文化敎育 宣傳活動寫眞隊)를 죠직하야 삼복 염증을 불고하고 남션 각디를 슌회하며 문화사상을 고취하고 자선사업에 로력하는 중 지는 칠월 이십구일브터 삼일간 당디 대구좌에서 흥힝하겟다는 일은 일전 본 지상으로 보도혼 바이어니와 그간 여하혼 사정으로 예뎡 일자에는 흥힝치 못하고 지는 팔일브터 삼일간 예뎡으로 대구좌에셔 당디 대구청년회(大邱靑年會) 로동공제회 대구지회 (勞動共濟會 大邱支會) 긔독청년회(基督靑年會) 녀자 교육회(女子敎育會)

미일신보 경북지국(每日申報 慶北支局) 등 간 단톄의 후원 하에서 흥힝하게 되엿는대, 뎡각이 못되야 사면으로 모혀드는 관중은 무려 천여명에 달하야 넓은 극쟝이 입츄의 여디가 업시 대만원을 일우엇셧는대, 시간이 아홉시를 보하미 참신한 사진 한 막으로 만장 관중에게 인사를 표한 후 단쟝 김지균(團長 金才均) 씨로브터 동단 죠직의 취지와 밋 금번 당디에서 흥힝하는 취지에 대하야 간단혼 설명이 잇셧고 다시 련속하야 십여 막으로 동 십이시에 폐회하얏는대, 금번 당디에서 흥힝하는 취지에 대

하야는 젼일 본지에 간단히 소기흔 바와 갓치 삼일 동안 흥힝하는 즁 긔부금 쏘는 입장료로 수입되는 금익 즁으로 려비와 밋 기타 잡비를 졔흔 외의 금익은 당디 사립 계셩학교(私立啓聖學校)와 조선인 경영의 유치원(幼稚園)에 긔부홀 계획이라더라. (대구)

조선 21.08.13 (4) 〈광고〉
팔월 십삼일 전부 차환
서즁(暑中) 위안 특별 대사진 제공
사진 순서
미국 유사 에르코 – 영화
희극 **시풍(施風)의 원앙** 전이권
미국 세ㄴ쥬리 – 영화
희극 **전장과 고향** 전이권
미국 유니버 – 살 회사 특작
연속 대활극 최종편 **라이온 – 민** 팔권
제십오편 *앙의 조(*류의 竈) 제십육편 잔인흔 변절자
제십칠편 잔혹한 장중(掌中)에 제십팔편 위기일발의 제(際)
우미관 전화 이삼이육번

동아 21.08.14 (3) 통영청년 활동사진반 입경(入京) / 일힝은 십일명 / 개연은 내일 밤
통영청년회 활동사진반은 이미 보도한 바와 가치 작일 오전 아홉시 반 렬차로 남대문(南大門) 역에 도착하얏는대, 동단톄는 열한명으로 조직하야 그 즁에 위원 네명은 재작일에 경성에 도착하고 작일에는 단장 김재균(金才均)씨 이하 다섯 사람이 남대문 명거장에 도착하자 중앙유치원(中央幼稚院)의 관계자와 중앙 엡윗 청년회 녀자부 회원 및
련합청년회(聯合靑年會) 등의 각 대표자가 일힝을 환영하야 일힝은 자동차에 난우너 타고 미리 정하야 노앗든 관텰동(貫鐵洞) 신힝려관(信行旅舘)으로 드러갓는 바, 동단은 지나간 달 이십오 일에 통영을 출발하야 동래(東萊), 진주(晉州), 금천(金泉), 대구(大邱) 등 각디에서 다대한 동정을 바더 자못 성대한 성적을 엇고 경성에서도 명 십오일 밤부터 처음 막을 열 터이라는대, 동단은 이와가치

심한 더위를 무릅쓰고 괴로운 려힝을 하여가며 각디로 도라다니며 활동사진을 영사하는 목뎍은 그 수입을 영리로 하려는 것이 아니요, 다소간이라도 수입이 잇는 것을 모아 공동 단톄에 긔부하야 유익한 사업을 하야가는 데에 얼마간이라도 물질의 찬조를 하자는 자션사업을 목뎍으로 활동사진을 영사하는 것이라 한다. 영사할 필림은 다수한 자미스럽고 교육에 유익한(교육극) 사진과 기타 희극, 비극의 여러 종류가 잇스며 경성에서는 특별히 중앙유치원을 위하야 그 수입을 긔부할 터이라더라.

매일 21.08.14 (1), 21.08.16 (1), 21.08.17 (3) 〈광고〉
단성사 8월 12일자와 동일

매일 21.08.14 (3) 통영 쳥년 활동사진대 경성셔 삼일간 흥행 / 본사 후원 하에 개연 / 중앙 유치원을 위ㅎ야 경비를 보조코져 흥힝ㅎ다
통영(統營)쳥년단에셔는 됴션 문화의 기발을 목뎍하고 교육긔관의 확장을 션뎐하고자 활동사진대를 죠직하야 각 디방으로 슌회영사를 하야 흥즁의 실비를 졔ᄒ 외의 슌익금은 교육 쟝려의 목뎍으로써 그 디방의 갓흔 목뎍 ᄯᅩ는 유위의 단톄에 긔부하자는 취지 하에 지는 칠월 이십오일에 통영을 츌발하야 진주(晋州) 동닉(東萊) 김쳔(金泉) 대구(大邱) 등디에서 흥힝ᄒ 결과 대셩공을 이루고 쟝차 경성에서 흥힝을 하야 슌익 젼부를 중앙유치원(中央幼稚園)에 보조하고 자단원 중 네명은 준비 차로 십이일에 입셩을 하얏다홈은 임의 보도ᄒ 바와 갓거니와 그 외 여섯명은 작 십삼일 오젼 아홉시 반 렬차로 입셩을 하야 죵로 신힝려관(信行旅館)에 투슉하얏는 바, 오일부터 십칠일ᄭ지
샤흘 동안을 동구안 단셩사(團成社)에셔 중앙유치원과 밋 본사 외 삼사 단톄의 후원에 흥힝을 홀 예뎡인 바 쟝챠 영사할 사진은 보통 활동사진관에셔 보지 못하던 취미가 진진ᄒ 사진으로 희극(喜劇)과 밋 실사(實寫) 외에 교육에 관ᄒ 사진(敎育劇) 인졍활비극(人情活悲劇) 예슐뎍 슌영화극 강졍의 쥬인(强情의 主人) 등인대, 그 가운대 강졍의 주인이란 사진은 아홉권의 쟝편으로 련이(戀愛) 사진으로 일즉이 구경치 못하던 시사진임으로 미우 쟈미잇슬 듯하며 사흘 동안을 사진을 가지고 하는 것이 아니라 민일 져녁 사진을 가려서 영소홀 터인 즉 사흘 동안을 계속하야 보는 것이 더욱 죠흘 듯ᄒ 바, 비단 사진이 죠와
ᄒ 번 보지 아니치 못홀 뿐 아니라 요사히 갓치 씨는 듯하는 륙월 염텬에 자긔들의 괴

로옴도 도라보지 아니하고 우리의 데이 국민될 텬진란만훈 쇼년 쇼녀의 교육긔관을 확장함에 보조가 될가 하야 짜르지 아니훈 수흘 동안을 수고를 무릅쓰는 통영쳥년단의 쌋듯훈 졍을 싱각훌지라도 우리의 톄면상 엇지 동졍의 뜻을 하지 아니훌 수 잇스리요. 이에 본사에셔는 통영쳥년단의 거룩훈 뜻을 챤셩하는 동시에 졈졈 발뎐되여 나아가는 즁앙유치원의 현상과 상퇴를 싱각하야 털뎌훈 후원을 하야 이번의 통영쳥년회의 쟝한 뜻으로 비밀의 힘이 되게 하는 동시에 즁앙유치원으로 하야금 다만 훈 달 경비의 보죠라도 되기를 빌고 원하며, 한편으로

일반독자의 뜻잇고 짜뜻훈 동졍을 표하시는 동시에 즁앙유치원이라하는 것이 그 엇더훈 것이며 쟝뢰에 엇더훈 영향이 잇슬 것을 깁히 싱각하시와 아모죠록 다수히 챤셩하야 주시기를 간졀히 비는 바이며, 입쟝료는 불과 일등의 일원, 이등에 칠십 젼, 삼등에 스십 젼이니 동졍의 의연을 하시는 대신에 다수히 관롬을 하야 지미스러운 사진을 구경하시면 이것도 역시 죠흔 사업에 챤셩하시는 한편으로 혹독훈 더위를 피하시는 한낫 피셔의 죠흔 긔회가 될 듯 하외다.

조선 21.08.14 (3) 열렬훈 동졍리(同情裏)에 고학생 순회극단 / 현묘훈 기능에 취훈 쳔여 관즁은 극장이 쎄나갈 듯 박수 갈치 / 본사 평양지국 후원하에

닝졍훈 이 세상에서 허다한 고싱을 갖쵸ㅇ 맛보며 자긔의 운명을 자긔의 손으로 기쳑코져 악젼고투하는 경셩 고학싱 갈돕회 디방순회극단(京城 苦學生 갈돕會 地方巡廻劇團) 일힝 일곱명은 하긔 휴가를 당하야 서로 오릭 그리든

짜뜻훈 가뎡의 안락훈 싱활을 맛보지 못하고 일향 씨는 듯훈 더위와 싸호면셔 여러 날 동안 셔션(西鮮) 각 디방을 슌회하다가 지는 오일에 조금도 피곤훈 빗치 업고 오히려 원긔 왕셩훈 태도로 평양(平壤)에 도착하야 수옥리 광셩려관(水玉里 廣成旅館)에 튜숙하며 이러 힝연할 쟝쇼를 구하든 즁 월젼부터 당디에 리도하야 평은극장(平安劇場)에서 횡연하고 잇는 취셩좌(聚星座) 일힝의 좌쟝 김쇼랑(金小浪)군이 그들을 깁히 동졍하야 ㅎ로의 영업을 쉬인 후 사용하든 극장을 고학싱단에 빌녀주어 일반이 심히 고딕하든 그들의 연극은 본사 평양지국(平壤支局)을 위시하야 동ㅇ보 평양지국(東亞報 平壤支局) 로동공졔회 평양지회(勞動共濟會 平壤支會) 텬도교 쳥년회 평양지회(天道敎 靑年會 平壤支會) 등의 후원으로 본월 팔일(八日) 하오 일곱시 반에 우 극장에셔 기연하게 되얏다. 련일 불슌하든 비가 당일은 공교롭게 씨긋히도 기엿는디 극장 문뎨와 쏘는 멧 추원자 측의 불성의로 인하야 과고가 충분히 되지 못하엿음으

로 고학성의 립쟝으로써 ○무런 것이면 관계 잇겟느냐ㅎ는 굿은 결심들을 먹고 널리 광고ㅎ고져 악더를 선두에 세우고 일힝은 모다 그 뒤를 째라 시닉를 슌회ㅎ며 곳々에 셔 사롬을 모하놋코 갈돕회의 취지와 금야 기연ㅎ는 쥬지를 렬렬히 부르즈졔는 바 이갓한 * 은 평양에 처음 잇는 일이며 고학싱들이 그 슈란(受難)ㅎ는 가련혼 졍상을 쳐음 목격ㅎ는 바라 보는 이마다 깁흔 늣김과

쓰거운 동졍을 금치 못ㅎ든 즁에 어느 듯 이곳 져곳에는 면등 불이 반작이고 평안극 쟝에셔는 취군ㅎ는 군악쇼리가 요란히 이러나 미발자죽을 련ㅎ야 물밀듯 모혀드는 군즁은 극쟝 부근에 사롬의 바다를 일우엇고 하나 둘 압흘 닷토○ 입쟝ㅎ는 사롬은 끈일 사이가 엽셔 삽시간에 쟝닉에는 숑곳 ㅎ나 꼬즐 틈이 업는 만원의 셩황을 일우 엇는디 이윽고 뎡각에 림ㅎ야 로동공졔회 평양지회쟝 변호사 김형숙(金亨淑)씨가 벙 글々々 ㅎ는 우슴 씌인 얼골로 무대 우에 낫타나며 간단혼 쇼기사를 베풀고 동단쟝 김쟝현(金章鉉)군의 기회사가 잇슨 후 평양에셔

청년음악가로 유명혼 계뎡식(桂貞植 一七)군의 관긱에 이상혼 감졍을 잡아 일으키는 청○한 쌔이오린 독쥬가 긋나자 닷체든 창이 스르르 열리며 유언(遺言)라는 일막물 (一幕物)의 희극(喜劇)이 시작되얏다. 비록 학싱의 몸일망졍 그 능란혼 턱도와 한숙혼 기술은 관긱으로 ㅎ여금 경탄치 안이치 못ㅎ얏스며 근々히 니러나는 박수셩은 쟝리 가 쩌나갈 듯 요란ㅎ야 모든 인긔는 우에 모히엿는디 열광 속에 희극이 긋나자 잠간 쟝을 닷치엿다가 쏘한 뒤를 련ㅎ야 무졍혼 이 셰상에셔

신산 고통이 자심한 고학싱들의 참혹한 졍경을 그려노은 자긔네의 즈셔뎐(自敍傳)의 일졀(一節)인 빈곤자와 무리(貧困者의 무리)라는 일막물의 비극이 시작되얏다. 비경 은 경셩 한강가(漢江邊)에 외로히 서 잇는 조 * 한 고학싱 합숙쇼(合宿所)이다. 그 곳 에 세 사롬의 어린 학싱들이 모히여 시더의 향상을 짜라 우리도 비호지 안으면 살 슈 가 업다. 그리ㅎ야 우리의 팔자(八字)를 우리가 스사로 짓자ㅎ는

굿은 결심으로 물질의 심혼 고통을 쓰리지 안코 험악한 사회에서 오직 고원혼 쟝리 만 바라고도 보를 갓히 ㅎ든 그들의게 몸살스러운 々명의 검운 손은 사졍업시 합숙 쇼쟝 박환(朴煥)에게 닉리여 쟝차 그의 집 닉으라는 독촉에 자심ㅎ야 병자를 녑헤 둔 그들의 갈 바를 몰라 하날을 우르러 오호 통곡ㅎ면 ○ ─ 야속혼 뎡명신이여, 우리에 게 무어시 더 부죡ㅎ야 나의 사랑ㅎ는 막형을 쎄셔 가고져 훔닛가 ㅎ고

슬피 부르짓는 쇼리에 림ㅎ야는 갓득인 쳐춤혼 긔운이 가득ㅎ든 당닉에 더웃 슬푼 빗 치 넘치며 이곳져곳에셔 손슈건으로 눈을 가리고 흑흑々々늣겨 우는 사람이 만핫셧

ㄴ 오즉 만장 관즁은 슬픈 감명에 기우러져 그들을 향호는 넘치는 동졍심을 바히 금치 못호는 즁에 쏘흔 평양에서

소녀 독창가로 임의 일홈이 놉흔 박셩심양(朴聖心孃)의 쳐량호고도 맑은 독창이 시작되야 젹々호고도 고요한 당니의 공긔를 가늘게 파동호야 갓득이나 슬픈 싱각을 금치 못호든 관즁으로 호야금 더욱이 상흔 감졍이 쒸눌게 호얏다. 미암 이 쇼러갓흔 독창이 씃나미 잠근 휴식호엿다가 마즈막으로 운명(運命)이 타는 이막의 슌문예극(純文藝劇)을 흥힝호야 관긱에게 연애(戀愛)의 신셩흔 인상을 깁히 쥰 후 그로써 연극은 폐회되얏다.

조선 21.08.14 (4), 21.08.15 (4), 21.08.16 (4), 21.08.17 (4), 21.08.18 (4), 21.08.19 (4) 〈광고〉

우미관 8월 13일자와 동일

매일 21.08.15 (3) 통영사진대 금야(今夜)부터 / 단셩사에셔 흥힝흔다고

천리의 원뎡과 삼복의 로염을 불고하고 멀니 경성으로 즁앙유치원을 위하야 입경한 통영쳥년회 활동대들의 영사홀 활동사진은 임의 발표한 바와 갓치 오날 하오 일곱시 반부터 시내 수은동 단셩샤(團成社)에서 영사를 홀 터인대, 작보에도 임의 쇼기한 바와 갓치 이번에 입셩흔 일힝들은 녀름 동안 됴션 각 디방으로 슌회하며 활동사진을 영사하야 그 수입 금익을 가지고 우리 됴션 각 방면에 어대를 물론하고 유위한 단톄가 잇스면 그 단톄의 사업을 위하야 긔부하기로 목뎍이며 일분이라도 영리의 사업을 함이 아닌 것이라. 어졔 그 일힝들은 가쟝 완젼하고 쏘 모범뎍

유치원을 건설하는 힝운을 만난 즁앙유치원의 사업을 위하야 오날부터 삼일 동안을 피를 쓸이며 활동을 하게 된 것이라. 우리 만도 인사들은 통영쳥년회를 위하야 쌍수를 들어 축복하는 동시에 즁앙유치원 사업을 위하야 우리의 칙임은 더욱 긴즁흠을 찌다를 바이라. 이졔 본사는 즁앙유치원을 위하야 쏘는 통영쳥년회 동대의 목뎍을 위하야 셩심으로 후원을 하게 되얏는대, 오날 밤부터 영사홀 사진은 셰계에 유명한 회오의 광명(悔悟의 光明)이라는 쟝편사진과 참신긔발흔 비극의 사진, 기타 희비극의 여러 가지 죵류가 여러분 압혜 던기될 터이며, 사진은 삼일 동안 모다

달은 사진으로 상장이 될 것인 즉, 이번 긔회를 놋치면 다시 어더볼 수 업는 진긔한 사진을 잇지말고 보시요= 바드시요, 이번 쳐음가는 됴흔 션물을……

매일 21.08.15 (4) 동우회 순회 극단

동경 유학생 동우회 순회연극단 일행은 지나간 십일일에 원산에 도착하야 각 청년회 후원 하에 동(同) 오후 칠시부터 원산 동락좌(同樂座)에셔 연극을 개최하얏는대 개장 동시에 관람객은 만장의 성황을 지(至)하얏스며 짜라셔 유지의 동정금도 불소(不少)하얏다더라.

동아 21.08.16 (4) 유학생 문예극 성황

이미 본보(本報)에 보도한 바와 여(如)히 함산(咸山) 임적(任籍) 동경유학생은 문예의 사상을 증진케하며 동시에 불합리한 풍속을 개량할 목적으로 하기 방학간 읍내에서 이일간 연극을 흥행할 예정이든 바 신흥부(新興郡) 읍내 유지의 간청에 *하야 거(去) 오일 우(雨)를 모(冒)하고 내착(來着)하야 육일은 『애의 력(愛의 力)』 칠일은 『삼대(三大) 위력』이란 문예극을 연(演)하얏는대 매야(每夜) 천명 내외의 남녀 관객자가 유(有)하얏스며 차(且) 오노리(五老里) 인사에 간청에 의하야 팔일 야(夜)에는 오노리에서 흥행하게 되얏는대, 역시 대환영을 수(受)하고 구일 귀함(歸咸)하얏는 바, 함흥에서는 십이일, 십삼일 양일간 흥행하야 대성황을 정(呈)하얏다더라. (함흥)

매일 21.08.16 (2) 사회 교화 순강(巡講)

경기도에서는 시정 선전 활동사진반은 사회교화 순회 강연을 우기(右記) 제군(諸郡)에게[78] 개최하고 도참여관, 이사관 등의 사회교화 시정 선전 강연이 잇다더라.
▲ 팔월 십구일 용인군 내 사면(四面) ▲ 이십일일 여주군 읍내 ▲ 이십이일 양평군 읍내 ▲ 이십삼일 여주군 금사면(金沙面) ▲ 이십오일 이천군 장호원 ▲ 이십육일 안성군 이죽면(二竹面) ▲ 이십칠일 안성군 읍내

동아 21.08.17 (4) 갈돕 순극(巡劇) 신의주 착(着)

고학생 갈돕회 제삼대 순회극단 일행은 거(去) 십일 오전 급행열차로 신의주에 도착하야 당일은 준비 미완으로 기(其) 익일 하오 팔시 신의주 기독청년회 동아일보사 지국 후원으로 **당반좌(當盤座)에서 단장 김장현(金章鉉)씨의 개극사(開劇辭)로

---

78) '諸郡에서'의 오식인 듯하다.

개막하얏는대 제일막은 운명, 이막은 빈곤자의 무리, 삼막은 유언이란 연극을 흥행한 바, 빈곤한 학생이 일야(日夜)로 모든 풍파를 모(冒)하고 노동하야 공부하는 정경과 창자(暢子)[79]를 둔 부가옹(富家翁)의 임종시 유언은 일반 관광자의 비한와 흥분를 도(挑)하야 태반은 함루쾌한(含淚快恨)을 불승(不勝)하야 동정금이 쟁＊한 바, 기(其)씨명은 좌(左)와 여(如)하다더라. (동정금 명부는 생략)

매일 21.08.17 (3) [근고(謹告)]

금번 통영청년회 활동사진대의 특별흐 후원으로 동대(同隊)의 활동사진을 십오일부터 단성사에셔 영사 중이던 바 일기가 심(甚)히 더움으로 인흐와 관람 제씨의게 괴로오심을 찟치게 되어 불편홈이 심히 만흔 고로 추기(秋氣)의 션션홀 씨까지 연기흐겟소오니 일반 유지 제씨눈 이와갓치 아시기를 바라옵니다.

대정 십년 팔월 십육일

중앙유치원

동아 21.08.18 (4) 〈광고〉

팔월 십팔일 (목요) 신사진 순서

미국 크리스듸 영화

희극 **제이십삼호** 전일권

미국 골트윙 회사 특작

사회극 **주벽의 적(酒癖의 蹟)** 전오권

포리 후레데릭씨 밀돈실쓰양 출연

미국 나쇼날 회사

피돌 희극 **무골(無骨) 결투** 전이권

원작자 유작(流作) 작가 페넷도콜 부인

주연 빙글빙글 파슨스군

불국 파데 미국지사 아스트라 영화

제사회 연속활극 **유령기수** 전사권

---

79) '탕자(蕩子)'의 오식이다.

제칠 **류(**流)에 돌입 제팔 치명(致命)의 보석

『사리오난 말삼』

이 연속사진은 보통 사진과 달음니다. 이 사진 중의 정체 모르는 기수 한 아이 문제 임니다 가련한 어엽분 처녀의 위급을 구하는 괴상한 사실인대 사람인가? 귀신인가? 누구를 아라내시는 제씨의게 등급을 분(分)하야 상을 드림니다.

경성 수은동

단성사 전화 구오구번

매일 21.08.18 (3) 〈광고〉

팔월 십팔일 (목요) 신사진 순서

미국 크리스듸 영화

희극 **제이십삼호** 전일권

미국 골트잉 사 특작

사회극 **주벽의 적(酒癖의 蹟)** 전오권

포리 후례데릭 씨 밀돈실쓰 양 출연

미국 나쇼날 회사

칼피몰 희극 **무골결투(無骨決鬪)** 전이권

원작자 여류작가 페넷도골 부인

주연 빙글빙글 파슨스 군

불국(佛國) 파데 미국 지사 안스도라 영화

제사회 연속활극 **유령기수** 전사권

제칠 격류에 돌입, 제팔 치명의 보석

경성 수은동

단성사 전화 구오구

조선 21.08.18 (4) 상주(尙州) 빙우회(聘又會) 문사극(文士劇)

상주 소년 빙우회에셔는 거(去) 십이일 상주 청년회관에셔 문사극을 흥행ᄒ엿ᄂᆞ듸 ** 성황을 정(呈)ᄒ엿다더라. (상주)

동아 21.08.19 (4), 21.08.20 (4), 21.08.21 (4), 21.08.22 (3), 21.08.23 (4), 21.08.24 (4) 〈광고〉

단성사 8월 18일자와 동일

매일 21.08.19 (3) 중앙극장 인가 / 관슈동에 시로 눈다

시닉 관수동 일번대 윤교중(尹敎重)씨는 지는 삼월 륙일에 시닉 장사동(長沙洞) 이빅 삼십삼번디 극장을 건축하기로 당국에 청원 즁이여셧던 바, 지는 십칠일부로 인가되얏는대, 디대 면적은 삼빅십이평이요 건평은 일빅삼십ᄉ평 칠합 오작이며, 건축 목골 이칭(木骨 二層)으로 지을 터인바, 건평은 별로히 넓지 못하나 닉부 장식과 밋 긔타는 특별히 건축홀 터이라더라.

매일 21.08.19 (4) 불교 순회 연극단

조선 불교청년회 범어사 지회 순극단(巡劇團) 일행은 본월 팔일 김해읍에 도착하야 행연(行演)한 성황은 기보(旣報)와 여(如)하거니와 또 당지(當地) 청년회단을 대하야 축구전(蹴球戰)을 개(開)흔 바 대승리를 득하고 십일 동군(同郡) 진영 교당에 도착하야 당야(當夜) 팔시에 개연흔 바 관람자 천여명에 달흔 성황을 정(呈)하고 십삼일 울산에 도착하야 동 오후 일시(一時) 당군(當郡) 청년단을 대하야 축구전을 개(開)하야 개개승승(個個勝勝)하고 동야(同夜) 팔시 개연ᄒ 바 칠팔백명의 관람자에 대찬동을 수(受)하고 병영(兵營)으로 향하얏다더라. (김해)

조선 21.08.19 (3) 고학생 순회극

경셩 고학싱 슌회 연극단 일힝은 지나간 십삼일에 당디에 도착ᄒ야 디방에 잇는 여러 찬무원의 후원과 기타 남녀 긔독 청년회(男女 基督 靑年會)의 후원으로 림시 무디(臨時 舞臺)를 양실학원(養室學院) 마당에 기셜ᄒ고 십오일 하오 팔시에 연극을 흥힝ᄒ얏는딕 관람원이 만장되얏고 동졍금이 답지ᄒ야 입장료 병이 빅사십여원에 달ᄒ얏스며 긔묘흔 기릉＊ 찬성ᄒ야 박수갈치가 우레 갓치 진동ᄒ야 셩젹이 우량ᄒ얏고 익일 상오 십이시에 단원 일힝은 션쳔으로 향ᄒ야 츌발ᄒ얏더라. (의쥬)

조선 21.08.19 (3) 연극장 신건축 / 시닉 장사동에

우리 경셩 삼십만 인구가 싱활ᄒ는 곳에셔 오날날ᄭ지 완전흔 연극장이 흔 곳도 업슴을 유감으로 싱각ㅎ고 윤교중(尹敎重)씨 외 수명의 발긔로 지는 삼월 륙일부로써 연극장 신츅 허가원을 뎨츌ㅎ얏는디 일작 십칠일부로 인가의 지령이 나왓슴으로 불원간 건축을 홀 터인디 장쇼는 경성부 장사동 (京城府 長沙洞) 이빅삼십사번디가 될 터이라더라.

조선 21.08.19 (3) 〈광고〉

납량 특별 대흥행

명예영화

동양 훠ㄹ음사 제일회 특작품

실전응용

흉폭 무쌍한 **만주마적** 전십권

배경실지

본 영화난 연극이 아니오 사실의 기록 * 현실화케한 동양 유일의 걸작이니

금춘(今春) 이래 재외(在 *)동포가 무도(無道)한 피등(彼等)에게 무참흔 고초을 당하난 상태의 실지(實地)를 만천하에 공포할 차(次)로 고심한 결과 완성한 대영화외다.

팔월 이십일{토요}부터 삼일간

관헌(官憲) 제씨(諸氏) 단체 입장에난 대할인함

우미관 전화 이삼이육번

동아 21.08.20 (4) 동우회 연극단 퇴함(退咸)

동우회 순극단 일행 이십일명은 거(去) 십이일 야(夜) 열차로 함흥역에 도착한 바, 청년구락부, 동경유학생, 동아일보 지국 각 대표의 환영리(裡)에 해동여관으로 안내되얏는대, 재동경함산(咸山)학우의 연극이 속연(續演)됨으로 십삼일 야(夜)에는 흥행치 못하고 십사일을 대(待)한 바, 십사일에는 함흥소방조(消防組)의 임시회집이 유(有)하야 쏘한 극장을 사용키 불능하얏다. 차등(此等) 사정으로 인하야 부득이 십오일에 흥행하기로 한 바, 해(該) 동우단에서는 함흥에서 우(右)와 여(如)히 지체키 난(難)하야 십사일 오후 사시(四時) 차로 영흥을 향하야 출발하얏다더라. (함흥)

매일 21.08.20 (4) 동궁(東宮)의 활동사진

전북도청 급(及) 전북일보사의 후원으로 거(去) 십칠일 오후 팔시브터 전주 제일공립

보교에셔 대판(大阪) 매일신문사의 주최에 계(係)혼 동궁전하(東宮殿下) 어도구(御渡歐)[80]의 실사 광경 활동사진을 영사하얏는대 청중이 무려 수삼천여명에 달하야 파(頗)히 성황을 정(呈)하고 동 십시 반경에 폐회하얏더라. (전주)

매일 21.08.20 (4) 경북 활동사진

거(去) 칠월 삼십일일부터 본월 구일ᄭ지 십일간 예정으로 문화선전 활동사진을 휴대(携帶)하고 청송(靑松), 문경(聞慶) 등 군을 순회하고 귀환혼 본도 촉(囑) 전성오(全省五)씨는 기자를 대하야 어(語)하되 금번 순회혼 지방은 본도 중 최(最)히 벽우(辟隅)에 재(在)혼 청송과 문경군이니 기(其) 성적은 극히 양호ᄒ야 대성공을 정(呈)혼다. 제일일 청송군에셔는 불행히 우천이 되야 만족혼 상황은 정(呈)지 못하얏스나 집회 인원이 삼천오육백명에 달하얏고 제이일 문경군 문경면에셔는 육천여명, 제삼일 동군(同郡) 산양면(山陽面)에셔는 일만 이천명, 제사일 동군 용암면(龍岩面)에셔는 약 일만명의 인원이 참집(參集)하얏스며 사진을 영사하는 간극(間隙)으로 전씨(全氏) 자기와 급(及) 해군(該郡) 군수, 경찰서장, 도평의원, 각 면장이 차제(次第)로 강연이 유(有)하얏는대 당일에 참집혼 군중은 사진과 강연을 흥미잇게 관청(觀聽)하야 대(大)히 각성하는 상태 유(有)하며 차(且) 문경에셔는 권업장려을 위하야 선전광고를 배포하얏다더라. (대구)

조선 21.08.20 (3) 흥행장에 투석 / 일본 사름의 머리를 둘이나 ᄭᅵ트려

목하 인천 경니 광장(境內 廣場)에셔 흥힝ᄒ는 쇼남일행(小男一行)의 연극장에는 지나간 십륙일 오후 열시 삼십분경에 큰 기와장(瓦片)을 던진 자가 잇셔ᄶ 마츰 구경ᄒ든 화방정 십삼번디 즁천도셰 (花房町 十三番地 中川도셰)라는 여자의 머리를 상ᄒ야 두어바늘 ᄭᅮ여미 * 치상ᄒ얏고 ᄯᅩ 길뎐셰원(吉田歲元)이라는 여달살 된 어린 ᄋᆞ희의 머리를 ᄭᅵ트리엿는디 목하 혐의자로 송현리 사십구번디 로동자 안평선(松峴里 四九番地 安平善) 외 열혼 명을 인치ᄒ야 취됴 즁이라더라.

조선 21.08.20 (4) 〈광고〉

우미관 8월 19일자와 동일

---

80) 유럽 방문

매일 21.08.21 (4), 매일 21.08.22 (4) 〈광고〉

단성사 8월 18일자 광고와 동일

조선 21.08.21 (3) 고시정(古市町)에 활동사진관 / 일본인의 경영으로

시닉 고시정 십사번디 동안구안길(市內 古市町 一四番地 藤岸久＊吉)씨 외 네 명의 신청으로 금년 일월 이십륙일에 당국에 활동사진 샹설관(活動寫眞 常設館)을 건축ᄒ겟다고 청원ᄒ얏던 바 본월 십칠일 부로 허가되야 즉시 공사에 착슈홀 모양이라더라.

조선 21.08.21 (4) 〈광고〉

우미관 8월 19일자와 동일하나 광고 가장 앞줄에 "サクラビール[81] 후원"이 삽입됨.

동아 21.08.23 (3) 전 수입을 거(擧)하야 정화(貞和)여학교에 / 통영청년단 사진대 개성에서 삼일 개연

본보에 이미 긔재하엿거니와 통영청년단(統營靑年團) 활동사진대 일힝은 십구일 오후 이시 사십분 렬차로 개성(開城)에 도착하야 삼일간 유수 민간 단톄와 본사 개성지국 후원으로 당디에서 흥힝케 되엿는데, 거 팔월 이십일 오후 팔시 반부터 처음으로 당디 개성좌(開城座)에서 개연되엿다. 사진을 빗취기 전에 먼저 고려청년회 리사 김흥조(金興祚)군의 소개사와 동단 단댱의 취지 설명이 잇슨 후 사진의 영사가 시작되엿는데, 자미잇고 의미 깁흔 오해(誤解)라 하는 희극과 구미 각국의 풍속 사진은 만장 관긱의 갈채를 바닷스며 휴식 시간을 리용하야 개성청년의 단소와 사현금의 병주가 잇섯고 련하야 래서 문예극 회오의 광명(悔悟의 光明)이란 사진으로 일반 관긱의게 무한한 인상을 주고 동 십이시 경에 이르러 대성황으로 폐연되엿는데 수입금 전부는 그네들의 짜듯한 동정으로써 김뎡혜 녀사(金貞惠 女史)의 경영하는 사립 명화녀학교(貞和女學校)에 긔부할 터이라더라. (개성)

동아 21.08.23 (4) 고학생 극단 수원착(着)

고학생 갈돕회 지방순회극단 일행은 거(去) 십구일 하오 팔시 수원 상업강습소 내에

81) 사쿠라 비루(사쿠라맥주)

서 본사 수원지국 외 육단체 후원으로 개연하야 특히 성황을 정(呈)하고 동 십이시 폐막하얏는대, 좌기(左記)와 여(如)히 동정금이 유(有)하얏스며 단(團) 일행은 익(翌) 이십일 조(朝)에 강경(江景)을 향하야 출발하얏다더라. (동정금 명부는 생략) (수원)

조선 21.08.23 (3) 함흥군에 고학생 연극 / 입장자가 츙만ㅎ야 셩황으로 맛치엿다

경성 고학싱 갈돕회(京城 苦學生 갈돕會)셔 연극단을 조직ㅎ야 북션 디방을 슌회ㅎ 며 각디에서 신파연극을 흥힝ㅎ야 환영을 밧던 쟝치극(張彩極)군 외 오명은 금반 함 흥 도착ㅎ야 각 유디의 * 々혼 찬성과 함흥 쳥년 구락부(咸興 靑年 俱樂部)의 친절혼 후원으로 지난 십구일 오후 팔시부터 그 구락부 안에서 신파연극을 흥힝ㅎ얏다.

연극의 잘ㅎ고 못ㅎ는 것은 고사ㅎ고 비우고자 ㅎ나 학자금이 업셔서 곤난을 겪는 고 학싱들이 신파 연극을 흥힝ㅎ야 입장료롤 엇셔셔 셔로 학비에 보티여 공부ㅎ자는 ㅇ 름다운 일이다. 오쟝이 구비한 사름으로 엇지 그에 동졍치 안이ㅎ리요만은 구경삼ㅇ 입장ㅎ는 사람도 잇고 동졍의 뜻으로 입장ㅎ는 사름도 잇셔셔 다수이 남녀 관긱으로 구락부 안에 가득히 입장ㅎ얏다. 그 흥힝에셔는 쏘혼 여러 곳에

쵸디권(招待券)을 만히 보니인 모양인디 참으로 가진 돈이 업셔々 빈손에 초디권만 들고 입장ㅎ는 사름은 죠금 셥々혼 마음이 싱기엿슬 것이다. 그러나 그 일힝에 디ㅎ 야 감사ㅎ지 안이홀 수 업다. 뎡각이 되미 최슌턱(崔淳澤)씨의 기회사가 잇슨 후 그 일힝의 단장되는 사람이 고학싱 갈돕회의 목뎍이며 회원들의 무쌍한 고쵸를 겪는 연 혁을 셜명ㅎ야 여러 관긱은 눈물을 머금고 듯는 가온디

경관석으로부터 『연극ㅎ라는 것이지 그런 말 ㅎ라는 것이 아니라』고 쇼리를 질느미 가련한 그는 말을 즁도에 긋치고 쮜여드러 가셔 수염을 붓친다, 분을 발은다, 비우 화장에 분주혼 모양이다. 이로부터 슌셔에 의ㅎ야 『운명』의 쳣막이 열니엿다. 이여 셔 『빈곤의 무리』, 『유언』 등 셰가지 각본으로 만장의 관긱은 실로 감격을 ㅎ얏스며 폐회후 함흥관(咸興舘)에서 환영회가 잇섯고 일힝은 지난 이십일 하오 네시에 영흥 (永興)으로 향ㅎ야 출발ㅎ엿다더라. (함흥 지국)

매일 21.08.24 (4) 동궁(東宮)사진 영사회

대판(大阪) 매일신보사 주최혼 동궁전하 어도구(御渡歐) 광경의 활동사진대 일행은 십구일 목포에 도착하야 당지(當地) 상반좌(常盤座)에셔 영사하얏는대 극장 내외에 인산인해를 성(成)하야 관람자로브터 가경가희(可驚可喜)의 박수셩리(拍手聲裡)에

산회하얏다더라. (목포)

동아 21.08.25 (4) 〈광고〉
팔월 이십오일 (목요) 신사진 순서
미국 인스다나쇼날 회사작
만화 묘의 전택(猫의 轉宅) 전일권
미국 인다- 회사작
희극 담군(君)의 불유쾌 전삼권
이태리 게-살 회사작
로서아 문호 볼소호후 원작
이태리 문호 잌모리오 비앙크 각색
현대극 주의 한(呪의 恨) 전오권
후라제스카 메루지니양 리바오바우넬쇼씨 출연
불국 파데 지사 미국 아쓰트라 영화
제오회 연속활극 **유령기수(幽靈騎手)** 전사권
제구편 비약 제십 일의 신의 비서(日의 神의 秘書)
경성 수은동
단성사 전화 구오구번

매일 21.08.25 (1) 〈광고〉
팔월 이십오일 (목요) 신사진 순서
미국 인스다나쇼날 회사작
만화 묘의 전택(猫의 轉宅) 전일권
미국 인다-회사작
희극 담군(君)의 불유쾌 전삼권
이태리 게-살 회사작
로서아 문호 볼소호우 원작
잌도리오 비앙크 각색
현대극 주의 한(呪의 恨) 전오권
후라제스카페두지니양 리바오바우녈소씨 출연

불국(佛國) 파데 지사 미국 안스도라 영화
제오회 연속활극 **유령기수** 전사권
제구편 비약 제십 일의 신의 비서(日의 神의 秘書)
경성 수은동
전화 구오구 단성사

조선 21.08.25 (4) 〈광고〉
팔월 이십일일 전부 차환
서중(暑中) 위안 특별 대사진 제공
사진 순서
미국 유니버—살 회사
실사 **주보** 전일권
미국 유니버—살 회사
메—마레양 주연
인정극 **공작의 무(孔雀의 舞)** 전육권
미국 유니버—살 회사
메리— 마구라레ㄴ양 주연
인정비극 **야반의 람(夜半의 嵐)** 전육권
우미관 전화 이삼이육번

동아 21.08.26 (1) 〈광고〉
단성사 8월 25일자와 동일

동아 21.08.26 (3) 특사(特寫) 환등 사용, 백두산 강연회 / 본사 주최로 이삼일 중에 큰 강연회를 여러 / 신성(神聖)의 역사담, 장쾌한 탐험담, 숭엄한 실사진
위대한 조선 민족의 시조 단군(檀君)이 탄강하시고 조선 반도 모든 산믹의 조종이 되야 외외히 북조선 국경에서 잇서서 만흔 신비를 감추고 잇는 빅두산 탐험대에 본사에서는 민태원(閔泰瑗)씨와 사진반 산고방결(山搞芳潔) 량씨가 특파되엿든 것은 루차 보도한 바이어니 량씨는 장쾌한 려힝을 무사히 맛치고 재작일에 원긔왕성하게 도라왓는대, 이 산에 대한 장쾌한 리약이는 뒤를 이여 본지에 보도하려니와 그 신령한 산악의 광경과 특별히 시내 독자에게 지식을 직접으로 들리기 위하야 이삼일 내에 시내 청년회관에서 빅두산 강연회를 열고 조선 력사에 조예가 깁흔 학자를 청하야 빅두산과 조선 사람의 관계에 대한 유익한 강연이 잇고 다음에는 민태원 씨가 듯기만 하야도 서늘한 빅두산 리약이를 자세히 할터이요, 본사 사진반이 실사한 빅두산의 모든 웅장한 경치를 전부 환등을 민드러서 본보 독자에게 한하야 관람식히어 빅두산을 직접 가보나 다름 업시 할 예뎡인대, 상세한 일은 소관 경찰서에 허가밧는 절차를 마친 후 다시 보도할 예뎡이라.

동아 21.08.26 (4) 활동사진단 평양착(着)

아(我) 반도의 문화 보급을 위하야 복염(伏炎)의 혹서(酷暑)을 물＊(勿＊)하고 각처에 개연하야 도처 인사의 열렬한 환영과 무한한 동정을 득한 통영청년회 주최 활동사진반 일행 단장 김재균(金才均)씨 이하 구인(九人)은 거(去) 이십이일 하오에 평양에 도착하야 고대하든 만도(滿都) 인사로 더부러 쓰거운 악수를 교환하고 각(各) 방면으로 교섭한 후＊(後＊)혀 평양 장＊현(章＊峴) 유치원과 남산현 ＊＊유치원을 위하야 유력한 각 청년단체와 실업 기타 제단체의 후원을 득(得)하야 이십사, 오 양일간 평안(平安)극장에서 사진을 영사한 바 기(其) 사진의 종목은 여좌(如左).
희극 **오해** 전일권
실사 **고몬 주보화(週報畵)**[82] 동(同) 일권
교육극 **쎔과 애견** 동 일권
인정활비극 **회오의 광명** 전오권
예술적 순영화극 **강정(强情)의 주인** 전오권 (평양)

매일 21.08.26 (1), 21.08.27 (1), 21.08.29 (1), 21.08.30 (4), 21.08.31 (4) 〈광고〉

단성사 8월 25일자와 동일

조선 21.08.26 (4), 21.08.27 (4) 〈광고〉

우미관 8월 25일자와 동일

---

82) '주화보(週畵報)'의 오식인 듯하다

동아 21.08.27 (3) 금야(今夜)! 백두산 강연회 / 유익한 강연과 선명한 환등이 서로 합하야 / 이천리 밧 빅두산을 안저 구경하는 이 긔회 / 아사(我社)의 수(手)에 최초로 전개되는 영산의 대신비

조선 북편에 푸른 하늘을 쏘여 쑬어 외외히 서잇는 빅두산! 이곳은 우리 배달민족이 발성한 거룩한 쌍인 동시에 우리의 만흔 신비와 만흔 자랑을 감추고 잇는

거룩한 산이다. 조선 사람으로 누구나 이 성산(聖山)의 신비를 한번 배관코자 아니할 자 잇스랴? 그러나 오날까지 이 거룩한 산 우에 발자최를 안친 사람이 극히 희소함은 우리의 대단한 유감인 동시에 대단한 붓그러움이엇다. 이번 본사 특파원 민태원(閔泰瑗)씨와 사진반이 친히 이 빅두산의 거룩한 경치를 탐험하얏슴은 본사의 자랑인 동시에 우리 조선 사람의 자랑이다. 민씨는 그의 날카러운 눈으로 이 성산의 모든 신비와 모든 자최와 모든 자랑을 역력히 탐험하엿스며

사진반은 그의 독특한 기술로써 이 성산의 장절쾌절(壯絕快絕)한 모든 경치를 촬영하여 가지고 일전에 무사히 도라왓다. 본사는 이 긔회를 리용하야 금 이십칠일 하오 일곱시 반에 종로 중앙청년회관에서 빅두산 강연회를 열게 되엿다. 조선 력사 연구에 조예가 기푼 권덕규(權悳奎)씨의 조선 력사와 빅두산(朝鮮歷史와 白頭山)이라는 강연을 위시하야 민태원씨의 이번 빅두산을 탐험한 모험담과 감상담이 잇슬 터이며 다시 본사 사진반의 촬영한

아직도 세상에서 보지 못한 신긔하고 장엄한 삼십 매에 이르는 사진을 환등으로 보일 터인대, 이야말로 안저서 빅두산을 잘 구경하는 동시에 빅두산에 대한 지식을 잘 엇는 째이다. 입장자는 입장권을 가지고 오는 본지 독자에게만 한하되 금일 본지에 그 입장권을 박을 터인 즉, 비록 독자라 할지라도 시간이 지나 만원이면 할 수 업시 입장을 사절할 형편이라. 서울에 잇는 독자 제군은 이 긔회를 일치 말고 시간 전에 속히 오시기를 바라노나.

동아 21.08.27 (4) 갈돕 순회극단 착발(着發)

갈돕회 지방순회연극단 일행 오인(五人)은 거(去) 십팔일 홍원으로부터 자동차로 착함(着咸)하야 십구일 청년구락부 구내 가설극장에서 해(該) 구락부 급(及) 동아일보 지국 후원하에 희극, 비극 등을 상장하얏는 바, 개막 초 최순＊(崔淳＊)씨의 소개가 유(有)한 후 단장 장채＊(張彩＊)씨가 갈돕회의 취지와 경과를 일반에게 소개코자할 시에 경관의 금지로 인하야 부득이 중지하고 경(更)히 함흥관에서 환영회를 개(開)하

얏는대 참석자가 삼십여명에 달하얏스며 일정대로 이십일, 일행은 무사히 영흥으로 출향하얏다더라. (함흥)

동아 21.08.27 (4) 청주 청년순극 내음(來陰)

본월 십구일 하오 칠시 청주청년회 순회연극단은 음성(陰城)에 도착하야 당지 청년 유지 윤병섭(尹炳燮), 서병택(徐丙澤), 윤장섭(尹璋燮) 외 제씨(諸氏)의 열성 후원으로 이십일 하오 팔시 당지 시장(市場) 조＊록(趙＊祿) 내(內)에서 개연하얏는대 정각 전부터 참관 만원의 성황을 정(呈)하얏다. 예제(藝題) 삼인의리(三人義理)는 관람객의 다대한 흥미를 ＊기(＊起)하얏스며 동정금은 여좌(如左)하더라. (동정금 명부 생략) (청주)

동아 21.08.27 (4), 21.08.28 (4), 21.08.29 (4), 21.08.30 (4), 21.08.31 (4) 〈광고〉

단성사 8월 25일자와 동일

조선 21.08.27 (4) 통영 청년 활동사진

통영청년단에서는 문화를 향상케 위ㅎ야 모범극의 활동사진대를 조직ㅎ야 전선(全鮮)의 도회지를 순회한다 홈은 각 신문지상에 게재되얏던 바어니와 거(去) 이십일에 우(右) 청년단 일행 십팔명 당지(當地)에 도착ㅎ야 이십일은 시내의 권경(瞻景)을 관람ㅎ고 이십일일 오후 팔시 반부터 본사 지국, 동아 매일 지국과 고려청년회, 여자교육회, 고우회(高友會)의 후원하에 개성좌에서 활동사진 대회를 개최ㅎ얏는디 관객은 만원을 성(成)ㅎ얏스며 연(連)ㅎ야 삼일간 흥행ㅎ얏는디 팔십여명의 기부금액이 삼백원에 달ㅎ고 입장료가 이백원에 달ㅎ얏는디, 우(右) 수입금액 중에셔 실비를 제ㅎ고 잔액은 사립 정화(貞和)여학교와 개성여자교육회 야학회에 반분식 기부ㅎ게 되야 당지 인사는 통영청년단의 자선적 문화선전을 감사 불기(不己)혼다 ㅎ며 우(右) 일행은 거 이십사일 오후 십일시 반 급행열차로 평양을 향ㅎ얏다더라. (개성)

조선 21.08.28 (4) 〈광고〉

팔월 二十日七[83] 전부 차환

---

83) '七日'의 오식

사진 순서

미국 유니버-살 회사

실사 **수쿠린 데레크람** 전일권

미국 유사 네스다- 영화

희극 **채육(菜肉) 야구시합** 전일권

미국 유니버-살 회사

인정극 **환의 곡(幻의 曲)** 전오권

미국 유니버-살 회사

와이다 크라후사 걸작

위리얌 탕간씨 에데이스 존손양 공연(共演)

신연속 대활극 제일회 **육탄의 향(響)** 전십오편 삼십권 내

제일편 기(旗)의 단편 제이편 공간도월(跳越) 제삼편 사(死)의 포복

우미관 전화 이삼이육번

동아 21.08.29 (3) 군산의 갈돕극 / 긔부금이 사빅원

고학싱 갈돕회 연극단 일힝은 지난 이십이 일에 군산에 도착하야 교육회, 긔독청년
회, 로동공제회의 후원으로 이십삼일 하오 팔시에 당디 군산좌(群山座)에서 개연하
야 비극 「운명」과 정극 「빈곤한 무리」외 한 가지의 각본을 흥힝하야 만흔 환영을 바
덧는대 당야에 일힝을 동정하야 유지의 긔부가 사빅원에 달하얏다더라. (군산)

매일 21.08.29 (4) 위생 활동사진

전주 경찰서에서는 일반 시민의게 위생사상을 고쳐키 위흐야 거(去) 이십오일부터
양일간 매야(每夜) 칠시 반부터 전주 제일공립보교 전정(前庭)에서 위생 활동사진을
영사하얏는대 관중이 양야(兩夜)에 공히 천여명에 달하야 파(頗)히 성황을 정(呈)하
얏더라. (전주)

**조선 21.08.29 (4), 21.08.30 (4), 21.08.31 (4), 21.09.02 (4), 21.09.05 (4),
21.09.06 (4), 21.09.07 (4), 21.09.08 (4) 〈광고〉**
우미관 8월 28일자와 동일

동아 21.08.30 (4) 활동사진 대회 성황

기보(旣報)한 바와 여(如)히 통영청년단 일행 십인은 팔월 이십일 평양에 도착하야 본사 평양지국으로 위시하야 남산현, *혜현(*惠峴), 전환리(磚丸里) *법(*法)청년회와 천도교 평양청년회, 무오체육회(戊午體育會), 노동대회 평양청년회 여러 단체의 후원을 득(得)하야 동 이십오일, 이십육일 양일간 오후 팔시부터 평안극장에서 본사 평양지국장 김*식(金*植)씨의 각 후원단을 대표하야 취지 설명이 잇슨 후 오해, 고몬 주보화(週報畵), 셈과 애견, 회오의 광명, 순교육적이며 예술적인 인정상 희비의 활극으로 만장 관중의 환영을 수(受)하얏스며 최종일 당관(當舘)에서 동단을 위하야 동정 의연한 씨명은 여좌(如左)하다더라.

각 후원단체 각 십원식 평안극장 십오원 강성락(姜聖洛), 기양(箕陽)여관, 김상하(金尙河), 윤광식(尹光植) 각 오원, 무명씨 십원 (평양)

매일 21.08.30 (2) 사회교화 순강(巡講) / 극히 성황

경기도 주최 사회교화 순회 강연회는 이십삼일 여주군 금사면(金沙面) 이포(梨浦) 공립보통학교 교정에서 개최하얏는대 청강자는 각 면장, 각 구장(區長) 면평의원, 도평의원, 학교조합 평의원 기타 지방 유지자 약 육백오십명으로 여주군수 대리 박군속(朴郡屬)의 개회사가 유(有)혼 후 산내(山內) 이사관 급(及) 신촉탁(申囑託)의 강연이 순차로 유(有)하얏고 차(此)에 활동사진의 영사가 유(有)하얏는대 학동 기타 관람자 총수 약 이천명에 달하얏섯고 이십사일에는 이천군 신둔면(新屯面) 사무소, 논산 후릉(後陵) 산복(山腹) 경사지에서 개최하얏는대 청강자는 면내 공직자 급(及) 유림 기타 각 지식계급의 유력자 약 오백십명인대 조(趙) 이천군수의 소개로 산내 이사관 급(及) 신촉탁의 강연이 종(終)한 후 활동사진을 영사하얏는대 일반 관객이 약 이천오백명에 달하야 *시성회(*是盛會)를 정(呈)하얏다더라.

조선 21.08.30 (3) 통영청년극단 내인(來仁) / 뤼 구월 일々부터 량일고 흥힝한다

젼션 각디로 슌회 흥힝ᄒ던 통영청년회 활동사진디(統營靑年會 活動寫眞隊)는 뤼 구월일々 (來 九月 一日)부터 인천에 와셔 이틀동안을 흥힝한다더라. (인천)

동아 21.09.01 (1) 〈광고〉

구월 일일 (목요) 신사진 순서

실사 **서서(瑞西)**[84]의 고원 전일권

미국 크리스데 영화

희극 **일망타진** 전이권

불국 파데 미국 지사

제육회 연속 **유령기수** 전사권

제십일편 표류자 제십이편 은(銀)의 서적

이태리 게−살 회사 영화

후란졔스가 벨지니양 주연

금?련?물?영?(金?戀?物?靈?) **탐욕** 전육권

경성 수은동 단성사 전화 구오구번

동아 21.09.02 (1), 21.09.03 (4), 21.09.04 (4), 21.09.05 (4), 21.09.06 (4), 21.09.07 (4) 〈광고〉

단성사 9월 1일자와 동일

동아 21.09.02 (4) 통영단 해주 발향

통영청년단 활동사진대 일행은 예정과 여(如)히 평양에서 흥행을 필료(畢了)하고 팔월 이십구일 해주를 향하야 출발하얏다더라. (평양)

매일 21.09.02 (2) 사회교화 강연

경기도 주최 사회교화 순회 강연회는 팔월 이십육일 안성군 죽산 공립보통학교 교정의 천막 하에셔 오후 사시 개회하얏는대 조래 * 천(朝來 * 天)임을 불구하고 청강자 이백사십명에 달하야 일죽(一竹), 이죽, 삼죽, 삼면의 유식계급자를 망라하얏는대 군수 개회의 사가 유(有)한 후 참여관의 강연이 유(有)하얏고 계속하야 신촉탁(申囑託)의 강연이 종(終)하자 도평의원 민영선(閔泳善)씨의 강연이 유(有)하고 군수의 폐회사가 유(有)하얏스미 시간은 정(正)히 오후 육시 반이얏는대 팔시부터 활동사진을 영사하미 관람자 약 이천(二千) 인(人)으로 극히 정숙히 대성황 중에 오후 십시에 종료되얏고 이십칠일에는 안성 공립보통학교 강당을 회장으로 오후 사시 개회 청강자는

---

84) 스위스

부근 각면의 유식자 약 육백여명을 산(算)하얏고 오후 팔시부터 동교정에셔 활동사진을 영사혼 외 관중 약 오천명에 달하얏더라.

매일 21.09.02 (3) 다감(多感)혼 참회극 / 평양에셔 힝연혼 / 텬도교 동경유학싱 연극

현금 우리 됴션 각 곳에셔 문화운동(文化運動)이 밍렬히 일어남을 짜라 텬도교 동경 유학싱 간에셔도 일반 민중에게 감졍상(感情上)으로나 혹은 셔졍상(緖情上)으로 문화 션뎐을 목뎍하고 연극단을 죠직한 후 녀름 하날의 씨는 듯한 더위를 쩌리지 안코 됴션 텬디를 슌회하며 힝연하든 중 지는달 이십팔일에는 동 단쟝 방뎡환(方定煥)군 이하 열명이 무亽히 당디에 도착하야 텬도교구실에 투슉하며 비에 걸려 이러 잇흘 동안을 쉬이다가 지는달 삼십일에야 일반이 고대하든 연극을 평양 가무긔좌(歌舞技座)에셔 기연하게 되얏다. 시름업시 너리든 가을비는

당일은 공교히도 기히고 비 뒤에 맑은 바람은 물에 젹즌 나무입도 가부야히 흔드러 더욱이 일반 인긔는 모다 가무긔좌로 모히게 되얏다. 초져녁부터 하나둘 모히여드는 군중은 삽시간에 장너에 송곳 하나 꼬질 틈이 업는 셩황을 일우엇는대, 이윽고 뎡각에 림하야 당디의 유디 청년 최윤옥(崔允鈺)군이 침착혼 틱도를 무대 우에 낫타너며 간단한 쇼기亽(紹介辭)를 베푼 후 동 단쟝 방뎡환군이 잠간 기회亽를 말하고 뒤를 련하야 연극은 시작되얏다. 쳐음에 동경 유학싱들의

신산혼 자취싱활(自炊生活)이란 예뎨 외에 이막물(二幕物)을 상쟝하야 일반 관긱의 슬픈 눈물을 자아너인 후 둘지로 셤회극[85](懺悔劇) 신싱오일(新生五日)이란 삼막물(三幕物)을 상연하야 만쟝 관중으로 하여금 무한의 경탄하는 싱각을 마지안케 하고 민 너죵으로 비회의 악마를 널리 쪼는 희극(喜劇) 식긱(食客)이란 일막물로 관긱의 허리를 끈케혼 후 동 십이시 경에 대셩황 속에셔 폐회하얏는 바, 당야에 동단을 사랑하야 의연금을 증여한 자도 퍽 만헛다더라. (평양)

매일 21.09.02 (3) 십삼년 연극 긔념 / 오는 음력 이일이 즉 / 광무대의 긔념이오

구월 삼일 즉 음력 팔월 초잇흔날은 됴션 구연극계 원죠로 일홈엇는 황금유원 안의

---

85) '참회극'의 오식이다.

광무대(光武臺)는 당일이 만 십삼년 되는 긔념일임으로 이를 자츅키 위하야 그 날의 입장쟈에게는 그 잇흔날ㅉ지 무료 사용케하야 갑시 업시 무료로 공기혼다 하며 연극도 특별히 쏩아서 잘한다는대, 특히 쮜여는 것은 장희룡이란 쇼셜을 여자 비우 십여명이 셕달 동안 연습한 결과 지금은 슉달하야셔 그 날에 특히 신파로 뎨공하야 한가지 흥미를 도으리라더라.

매일 21.09.02 (3) 〈광고〉
동아 9월 1일자 단성사 광고와 동일

매일 21.09.02 (4) 안성 시정 강연회
경기도 참여관 김윤정(金潤晶)씨는 도촉탁 신태현(申泰鉉)씨를 대동하고 본월 이십육일 당지(當地)에 도착하야 동일(同日) 오후 사시브터 죽산(竹山) 공립보통학교에셔 총독부 시정방침 선전 강연회를 개(開)하얏고 동 팔시에는 농사 개량에 관혼 활동사진 영사가 유(有)하야 관람자는 수천명의 성황을 정(呈)하얏고 익일 오전 십이시에 안성에 착(着)하야 일반 유지의 환영회가 유(有)하고 오후 사시 안성 공립보통학교에셔 전기(前記)와 여(如)히 강연 급(及) 활동사진이 유(有)하얏는대 역시 수천여명에 달하야 성황을 정(呈)하얏고 씨는 익일 오전 팔시, 자동차로 평택으로 출발하얏더라. (안성)

매일 21.09.02 (4) 통영사진대 래해(來海)
통영청년단 활동사진대 일행 팔명은 작(昨) 이십구일 평택으로부터 래해(來海)하얏슴으로 당지(當地) 청년 유지 제씨는 일행을 대정관에 초대하야 성대혼 환영회를 개하얏는대 동단(同團)은 삼십일브터 이일간 벽성(碧城)청년회 후원으로 세옥좌(笹屋座)에셔 사진을 흥행하야 수입금액은 차(此)를 당지(當地) 교육단에 기증홀 예정이라더라. (해주)

동아 21.09.03 (1) 〈광고〉
광무대 개연 십삼주년 기념과
대대적 특별 대흥행
금(今) 구월 삼일은 본 광무대의 십삼회 생일이오라 기념을 자축키 위하야
고대소설 『장해룡전(張海龍傳)』

을 사십여명의 남녀 배우가 대대적으로 흥행하오며 당일의 입장권으로 그 잇튼날 다시 입장하실 수 잇사오며 요금은 보통이오니 꼭 한 번 구경 하시옵소서
황금유원 내 광무대

매일 21.09.03 (1), 21.09.05 (3), 21.09.06 (3) 〈광고〉
단성사 9월 2일자와 동일

동아 21.09.04 (3) 천도청년 연극회 / 금일 경운동 교당에서
텬도교 청년회 동경지회(天道敎 靑年會 東京支會)의 주최로 흥힝한 신싱의 일(新生의 日)의 연극은 당지 등교 지일긔념일(地日記念日)에 동회 총부에서 흥힝하야 만흔 갈채를 밧고 그후 평양, 진남포 등디를 도라다니면서 흥힝하야 만흔 갈치를 밧은 바, 경성에서 한 번 다시 보기를 원하는 사람이 만흔고로 금월요일 오후 일곱시 반에 경운동 교당 안에서 다시 흥힝하고 입장권을 발힝할 터인대, 보통권은 오십전 * *이요, 자긔네들이 현싑 인원, 게상 학싱에게는 특별히 학싱권을 발힝하야 삼십전식 밧는다더라.

동아 21.09.05 (3) 고학생 연극회 / 오늘 밤 청년회에서
고학싱 갈돕회 주최 조선청년연합회(朝鮮靑年聯合會), 조선로동공제회(朝鮮勞動共濟會) 후원으로 금일 오후 여덜시에 종로 청년회관에서 연극회를 열고 「빈곤한 우리」 외 싱명을 흥힝할 터인대, 입장료는 보통이 륙십전이요, 학싱과 어린 아해에게는 반익이라더라.

동아 21.09.05 (4) 통영청년단 내인(來仁)
통영 청년으로 조직된 지방순회 활동사진단 일행은 서선(西鮮) 각지에 순연(巡演)하든 바, 거(去) 사일 하오 십시 경에 해주로부터 내인(來仁)하얏는대 당지(當地) 한남 청년회, 천도교청년회, 엡윗 남자청년회, 엡윗 여자청년회, 이우(以友)구락부, 각 단체의 후원 하에 금명 양일간을 시내 축항사(築港社)에서 영사하는 바, 당일 수입금은 실비를 제한 후에는 전부 당지 교육단체에 기부할 터이라더라. (인천)

조선 21.09.05 (3) 고학생 갈돕회 / 순회극단 흥행

젼선 각디로 순회ㅎ야 쇼인극(素人劇)을 흥힝ㅎ던 고학싱 갈돕회 슌회극단(苦學生 갈돕會 巡廻劇團)이 지작일 인천에 드러와 축항사(築港社)에서 하오 팔시부터 기연ㅎ얏눈디 자못 다디흔 인상을 우리에게 쥬고 동 십일시 반경에 폐연ㅎ얏다더라. (인천)

매일 21.09.07 (4) 공주연극단

공주 청년수양회에셔는 교육사상을 고취키 위하야 교육 향상되는 연극을 『연극재봉춘(演劇再奉春), 양복광(洋服狂), 보은(報恩)』 창작하야 본사 충남지국 후원하에 남선(南鮮) 중요 각지를 좌기(左記) 일할(日割)로 순회 흥행하야 기(其) 수입은 전부 동회(同會)의 수입으로 하겟다는대 외교 급(及) 단원 일동은 비상한 열심으로 성의(誠意) 연습하는 중이며 동지(同地) 관민의 원조가 불소(不少)흔대 흥행 각지에서도 대(大)히 환영홀 터이라더라. (공주)

흥행지 강경 구월 십구일 전주 이십일 군산 이십일일 광주 이십이일 목포 이십삼일 통영 이십육일 마산 이십칠일 부산 이십팔일 대구 이십구일 경주 삼십일 대전 십월 이일 조치원 삼일

외교원(外交員) 이상덕(李象德), 이범규(李範珪), 김동철(金東哲), 단장 노정학(盧庭鶴) 단원 서범순(徐範淳), 최택현(崔澤賢), 서＊순(徐＊淳), 송병돈(宋秉敦), 이민구(李民求), 지성서(池聖瑞), 서영순(徐英淳), 하상락(河相駱)

동아 21.09.08 (3) 통영청년단 활동사진반 / 금일 경성에 도착 / 구, 십 량일간 영사

통영청년회(統營青年會) 주최로 조선 각디를 순회 영사하야 다대한 환영을 밧든 순회 활동사진대는 그동안 서도 각디를 순회한 후 칠일 인천에서 영사를 맛치고 금일 오전 열시 차로 경성으로 올나와서 종로 청년회관에서 구일과 십일 량일 동안 영사할 터인대, 동사진의 내용은 모다 교육에 관한 것임으로 일반에게 매우 취미가 잇슬 뿐 아니라 더욱 교육자에게 만흔 감상을 주리라더라.

동아 21.09.08 (4) [각지 청년단체] 통영청년단 해주 착(着)

통영청년단 활동사진대가 전조선을 순회하며 문화를 선전함에 대하야 해주 인사는 해(該) 일행이 당지에 래(來)함을 굴지(屈指) 고대하얏스나 예정 일정대로 도착치 아니함으로 매우 유감히 녀기엇더니 료외(料外) 평양으로부터 팔월 이십구일 해주에

도착한다는 타전(打電)이 유(有)하야 해주 일반 인사와 순회 모연단(謀演團) 환영회 간부 일동은 만면의 희색으로 환영＊차(＊次)를 준비하얏다. 동일(同日) 오후 십시 반 해 일행은 폭우를 무릅쓰고 사리원선(線) 자동차로 당지에 래도하얏는대 해주 각 단체로 조직된 환영회원 일동은 정유소에 회집하야 단원 일동을 악수 환영하야 금성(錦城)여관에 안내 유숙케하고 익일 정오 당지 환영회원은 제(諸) 대원 일동을 남본정(南本町) 대정관에 안내하야 환영회를 개최한 바, 정재용(鄭在鎔)씨가 환영사를 약술하고 대원 중 박봉삼(朴鳳杉)씨가 답사를 진(陳)한 후 친절한 담화와 오찬으로 일시(一時)를 경(經)하야 회산(會散)하고 당일은 우천으로 인하야 활동사진의 흥행은 하지 못하고 삼십일일 비로소 후원측인 벽성(碧城)청년회, 해주 엡윗 청년회, 해주 교육연구회, 해주여자청년회, 천도교청년회, 해주노동공제조합, 동아일보지국 각 단체에서 광고와 입장권 발매 등 사(事)에 대대적으로 활동하야 당일 극장에는 입추의 여지가 무(無)케되얏다. 정각이 되매 벽성청년회장 원철의(元哲意)씨의 소개로 대원 중 박봉삼씨가 예사(禮辭)를 술(述)하고 활동사진의 흥행이 시작되야 무한한 취미 하(下)에 박수성이 부절(不絶)하는 중에서 동(同) 십이시 폐회하얏다더라. (해주)

통영청년회 활동대

별보(別報)와 여(如)히 해주에 래도(來到) 영사한 통영청년활동사진대는 당지에서 이 일간 대성황으로 흥행을 료(了)하고 거(去) 이일 오후 인천으로 발향하얏는데 수입된 금액은 실비를 제한 외에는 당지 해주유치원과 해성(海星)유치원 급(及) 해주청년회 야학강습회와 구세군 야학강습회에 기부하얏다더라. (해주)

동아 21.09.08 (4) 〈광고〉

구월 팔일(목요) 신사진 순서
희극 복쓰의 곡승(曲乘) 전일권
미국 갈넴 회사작
철도활극 차륜의 향(車輪의 響) 전일권
정말(丁抹)[86] 롤덱스 회사작

---

86) '덴마크'의 한자 표기

태서비극 **삼인(三人) 곡예사** 전삼권

미국 갈넴 회사작

활극 **취의 굴(鷲의 窟)** 전이권

불국 파데 지사 미국 아스트라 영화

연속활극 **유령기수** 전육권

제십삼편 최후의 경고 제십사편 탁선(託宣)의 명령 제십오편 신의 사자

경성 수은동

단성사 전화 구오구번

동아 21.09.09 (1), 21.09.11 (4), 21.09.12 (1), 21.09.14 (1), 21.09.15 (4), 21.09.16 (4), 21.09.17 (4), 21.09.19 (4), 21.09.20 (4) 〈광고〉

단성사 9월 8일자와 동일

동아 21.09.09 (3) 유년교육을 위하야 / 통영청년의 활동사진회 / 금명 량일간 청년회에서 / 금야(今夜) 팔시 종로청년회에서

통영(統營) 청년단톄 주최의 활동사진반은 전선 각처로 도라다니며 만흔 환영을 밧든 바, 작 팔일 오전 열시에 단댱 김재균(金才均) 씨 이하 여덜명이 인천으로부터 무사히 입경하엿는대, 본사와 밋 조선청년련합회(朝鮮靑年聯合會) 후원 아러에

금 구일과 명 십일 량일간 오후 여덜시부터 종로 중앙청년회관에서 자미잇는 사진을 영사할 터이바, 그 사진의 종류로 말하면 첫재로 구라파 사람들의 운동하는 여러 자미잇는 실사(實寫)가 잇슬 터이며 둘재로 「오해」(誤解)라는 희극이 잇고 셋재로 「지무와 애견」(지무와 愛犬)이라는 교육극(敎育劇)이 잇슬 터이며 넷재로 「회오의 광명」(悔懊의 光明)이라는 사회극(社會劇)이 잇슬 터이고 다섯재로 『강정의 주인』(强情의 主人)이라는 인정극(人情劇)이 잇슬 터인대, 모다 서양에서도

일홈 놉흔 사진이라하며 더욱히 현대 조선사회와 깁흔 관계가 잇는 사진이라한다. 입장료는 평균 오십 전이며 특별히 학싱에게는 삼십 전인 바, 이번에 입장료로 것치는 돈은 모다 종로 중앙유치원(鐘路中央幼稚園)에 긔부할 터인 즉, 서울 안에 잇는 여러 인사는 이에 동정하야 시간 전에 만히 오기를 바란다더라.

동아 21.09.09 (3) 〈특별광고〉

통영청년활동사진영사회

◆ 시일 본월(本月) 구, 십 양일 하오 팔시

◆ 처소 종로중앙청년회관

◆ 회비 보통 오십전, 학생 삼십전

◆ 주최 통영청년단

◆ 후원 조선청년연합회 동아일보사

조선 21.09.09 (3) 통영청년회 주최 활동사진대 / 각디에셔 열셩덕으로 환영을 밧어

멀고 먼 회류원로에서 자긔의 몸이 고단한 쥴도 모르고 각 디방으로 단니면셔 각 독지자의 열성적 환영을 밧든 통영청년회 활동사진더 디장(統營靑年會 活動寫眞隊 々長) 김지균(金在均)의 일힝 구명은 예명한 바와 갓치 작 팔일 인쳔으로브터 오젼 십시 남디문역 챡 렬차로 입셩ㅎ얏는디 동일힝은 즉시 관텰동 신힝려관(貫鐵洞 信行旅舘)으로 드릿스며 명 십일부터 이일간을 종로 즁앙청년회관(鐘路 中央靑年會舘)에서 기최한 후 그 잇흔 날은 곳 츌발ㅎ야 슈원 등디로 힝홀 예뎡이라더라.

조선 21.09.09 (3) 통영청년회 주최의 활동사진회 셩황 / 인쳔 한용 쳥년회 후원 ㅎ는 아릭에

각디에셔 렬셩덕으로 환영을 밧고 순업ㅎ든 통영청년회 활동사진더 디장 김지균(統營靑年會 活動寫眞隊 々長 金在均)씨 일힝 구명은 지는 오일부터 인쳔 외리 애관(仁川 外里 愛舘)에셔 디셩황으로 이일간을 흥힝ㅎ얏셧는디 동디에 잇는 한용청년회 톄육부(漢勇靑年會 體育部)에서 근일 경비가 곤난ㅎ다는 말을 드른 동일힝의 디쟝되는

김지균 자긔네들이 될 슈잇는 데 까지는 도와주겟다는 성각으로 일작 칠일 하로 동안은 특히 동톄육회를 위ㅎ야 흥힝을 ㅎ고 당일에 수입금 젼부를 긔부ㅎ얏다는디 칠일 오후 칠시부터 유창ㅎ게 들니여 나오는 악덕의 쇼리는 어셔 구경ㅎ러 오라고 지촉을 ㅎ는 것 갓치 들니면서 명한시근 전부터 물미려드러오듯 ㅎ는 관긱들은 삽시간에 만원되는 셩황을 이루엇더라.

약 삼십분근이 지는 후에 드디여 기막을 ㅎ게되엿는디 본보인쳔지국장 박창한(本報 仁川支局長 朴昌漢)씨의 기회사와 동일힝에 디흔 취지의 설명을 한 후 박챵한씨의 소

기로 활동사진디 딕장 김재균(金在均)씨의 근단한 동일힝에 디한 설명이 잇슨 후 즉시 근디에는 보기가 드물만호 사진을 즉시 영사케 호야

일반 관긱들의 흥미가 진々한 중에 무사히 산회호얏는디 동일힝은 작 팔일 오전 구시 십륙분 축현발 렬차로 경성으로 힝호야 출발호는디 동일힝을 송별호기 위호야 뎡거쟝까지 나온 사람들은 무려 수십명에 달호얏더라. 그런디 뎐긔와 갓치 멀니 온 손님들도 톄육회를 위호야 여차히 활동을 호는데 우리는 가만히 잇슬 수가 업다 호여 인천 유지자 졔씨들은 으레와 갓치 톄육부에 디호야 긔부금을 호얏다더라.

이하 기부금 생략

동아 21.09.10 (3) 〈특별광고〉

통영청년활동사진영사회 9월 9일자와 동일

매일 21.09.10 (3) 신극좌의 추도흥행 / 고 김도산군을 위하야 십이일부터 흥힝

됴선 신파연극계(朝鮮 新派演劇界)에서 과거 십년간 분투하고 로력한 결과 경향을 물론하고 그의 명성이 가장 넓은 쑨 안이라 뎐인긔를 독점하얏든 경성 신극좌장 김도산군(京城 新劇座長 金陶山)이 불힝히 륵막염이라는 병으로 신음하다가 필경 이 세상을 써나게 됨은 임의 본지에 게지한 바이어니와 단쟝을 일은 그 단원 일동은 그후 셔션 방면을 슌업하다가 이번 사십구일제를 당하야 디방 슌업을 중지하고 다시 셔울노 올나와 십이일부터 단셩사에셔 츄도 흥힝을 하고져 지금 준비를 하는 터인대, 이번에는 특별히 고 김도산군(故 金陶山)을 위하야 다른 단톄에서도 일류위 비우들이 첨가하야 출연한다더라.

매일 21.09.10 (4) 〈광고〉

동아 9월 8일자 단성사 광고와 동일

조선 21.09.10 (3) 신극좌의 행연(行演) / 일류 비우가 합동호야 단성사에셔

됴선 신파연극계에서 명성이 가장 넙는 경성신극좌장 김도산(金陶山)군이 불힝이 늑막념이라는 병마에 걸여 시니 남디문 외 세부란쓰 병원에 입원호야 치료흐든 중 필경은 약셕이 무효호야 슬히 이 세상을 하직호얏다 흠은 일반이 다 으는 바이어니와 그후 단장을 일은 나마지 단원 일동은 더욱이 합력호야 신극좌라는 일홈을 쟝리 것 유

지흐는 동시에 세상을 쩌는 단장 김도산군의 일홈을 영원히 빗니고저 젼일보다도 규모뎍으로 일동이 합심흐야 올마 젼에 셔션방면으로 츌발흐야 각쳐로 순회흐다가 김군이 영면한 지 어늬듯 사십구일졔가 림박흐얏슴으로 그 단원 일동은 디방 슌업을 뎡지흐고 다시 셔울로 올나와 도라오는 십이일브터 단성사에셔 추모 흥힝을 흐고자 지금부터 준비 중이라는디 이번에는 특별히 고 김도산군을 위흐야 각 신파단톄에셔 일류 비우들이 츰가흐야 츌연한다더라.

동아 21.09.11 (4) 활동사진대 속보
통영청년 지방순회 활동사진대가 인천에 래(來)하야 당지(當地) 각 청년단체의 연합 후원 하에 거(去) 오, 육, 양일을 시내 축항사(築港社)에서 영사한다 함은 기(旣)히 보도하얏거니와 양일간 성황리에 무사 종료하얏는데 해대(該隊)의 교육계를 위하야 여사(如斯) 활동함에 동정 기부한 금액 급(及) 씨명은 여좌(如左)하다더라. (기부 명부는 생략) (인천)

매일 21.09.11 (3), 21.09.12 (2) 〈광고〉
단성사 9월 10일자와 동일

조선 21.09.11 (4) 위생강연 활동사진회
거(去) 사일 오후 칠시부터 신의주 공회당에셔 당지 경찰서 주최로 위생강연 활동사진회를 개최흐얏는디 당지 경찰서장 영목 경시(鈴木 警視)의 위생강연은 박경부(朴警部)의 통역으로 전염병에 대흐야 청중 일선인(日鮮人) 수백명에게 다대(多大)흔 감상을 여(與)흐얏고 동시에 적지(赤紙)로 좌기(左記)와 여(如)흔 주의사항을 ＊사(＊寫)흐야 배부흐얏다더라.
이하 생략

조선 21.09.11 (4) 〈광고〉
구월 十日七[87] 전부 차환

---

87) '十日'의 오식

사진 순서

미국 유니버−살 회사

실사 **주보** 전일권

미국 유니버−살 회사

인정극 **귀부귀일야(歸不歸一夜)** 전오권 원명 범(凡)의 속(俗)이라

미국 유니버−살 회사

우ㅇ이다 구로− 영화

신연속 모험대활극 **육탄의 향** 전십오편 삼십권 내

제칠편 간책의 중(中) 제팔편 일찰나 제구편 전(戰)의 공포

우미관 전화 이삼이육번

동아 21.09.12 (3) 활동사진 촬영 / 미국 큰 회사에서 촬영대가 조선에

활동사진 제조업자로 미국에서 유명한 『알폭스』회사는 불원에 기사 『알푸렛트쑤릭』 씨를 단댱을 삼아 일대의 촬영단(撮影團)을 조직하야 일본에 파견할 희망이 잇서서 미국에 주재한 일본 대사 『폐원희중랑(幣原喜重郎)』씨에게 주선을 의뢰하얏슴으로 대사는 곳 일본 정부에 소개한 결과 불원간에 그 촬영단은 횡빈(橫濱)에 상륙하게 되엿는대, 일힝은 먼저 일본 내디의 풍경, 산업, 풍속 등을 빅인 후 조선에 드러와서 광양만(廣梁灣) 텬일제렴장(天日製鹽場), 인삼의 재배와 제조 등을 빅이고 다시 『얍』 도의 일반 상황도 사진을 빅일 계획이라는대, 당국에서는 이 활동사진 촬영대에 충 분한 원조를 하야 일본의 사정을 될 수 잇는대로 해외에 선전할 예뎡이라더라.

동아 21.09.12 (3) 통영 활동 이일 / 역시 성황으로 맛처

통영청년단 활동사진대의 영사는 재작 십일에도 예뎡과 가치 계속하야 종로청년회 관에서 영사하얏는대, 첫날과 가치 만원의 성황을 이루엇는 바, 후원자 편으로 본사 주간 장덕수(張德秀)씨의 취지 설명이 잇슨 후 장정의 주인(張情의 主人)[88]이라는 문 예 사진을 영사하야 흥미 진진한 속에 동 열한 시 경에 폐회하얏다더라.

---

88) '강정의 주인(强情의 主人)'의 오식이다.

동아 21.09.12 (4) 밀쓰 박사 환등회

별보(別報)한 바와 여(如)히 엇더한 임무를 대(帶)하고 래(來)하얏든지 일반이 주시하는 미국 장로교회 특별 위원 밀쓰 박사와 스필쓰씨는 거(去) 팔일 하오 일시 반 평양 신학교 상층에서 환등으로 미국 남아미리가 지방 형측(形側)을 영사하야 일반에게 보히고져 하얏스나 기계의 임비(臨費)로 지국(地國) 일반만 겨우 뵈게되고 숭실대학 ＊＊교민(校民)의 초청으로 밀쓰 박사의 남아미리가 지방 형편에 대한 설명이 잇슨 후 ＊ 십시 삼십분 폐회하얏다더라. (평양)

조선 21.09.12 (4) 신파 순흥단(順興團)의 미거(美擧)

본월 일일부터 신파 순흥단 일행이 철원에 도착ㅎ야 동읍(同邑) 중리(中里) ＊희＊＊정(＊熙＊＊庭)에셔 삼일간의 연극을 흥행ㅎ더니 동(同) 단장 하송산(下松山)이 일야(一夜) 연극의 수입금액을 철원 노동회관 건축에 의연코져 ㅎ미 본 노동회에서는 총무 이학수(李學洙)씨를 대표로 정ㅎ여 후원＊책을 연구ㅎ야 동(同) 군서(郡署)에 교섭한 결과 원(元) 입장료 이십전을 사십전으로 변경ㅎ고 전기(前記) 장소가 협착홈으로 동리 이용순(李龍洵) 가(家) 광활＊ 가설극장에셔 군인 대활극『법지법(法之法)』이란 ＊로 개막ㅎ니 입장 인원이 구백여인이요 유지 신사 숙녀의 동정금이 일백팔십여원이요 철원 관기(官妓) ＊고산홍(＊高山紅), 이향옥(李香玉) ＊과 기외(其外) 당지 율객(律客) 오영＊(吳永＊), 문정＊(文貞＊) 제씨의 청아ㅎ 가곡은 일반 관광 제씨논 박수 갈채성 리에 폐회ㅎ얏논디 당야(當夜) 총수입이 삼백여원임으로 동단의 실비를 제ㅎ 잉여금액 전부를 노동회에 의연ㅎ얏슴으로 철원 인사는 동단의 의협＊을 찬성한다더라. 의연금액 급(及) 씨명은 여좌(如左). (이하 생략) (철원)

조선 21.09.12 (4), 21.09.14 (4), 21.09.15 (4) 〈광고〉

우미관 9월 11일자와 동일

동아 21.09.13 (1) 〈광고〉

현상 당선자 주소 씨명
현상문제 유령기수의 정체논 수(誰)?
정체객(正體答) 로이스 도렌지 광산주 즉 에고의 오라비
일등 경성 수창동(需昌洞) 오오(五五) SERi

이등 시내 누하동(樓下洞) 이윤성(李潤聖)

삼등 경성 와룡동(臥龍洞) 사구 최성장(崔性章)

　　　동(同) 종로 오정목 삼 정진한(鄭鎭漢)

　　　동　　임정(林町) 이팔육 이해선(李海善)

　　　동　　익선동(益善洞) 일이 최주순(崔周珣)

　　　동　　초음정(初音町) 일공구 권익상(權益相)

경성 수은동

단성사 전화 구오구번

동아 21.09.13 (4) 이원(利原)학생 순회극단

함남(咸南) 이원(利原) 학생으로 동경 급(及) 경성에 유학하는 학생 중 정＊윤(鄭＊允), 정＊섭(鄭＊燮), 정동윤(鄭東胤), 박건원(朴乾源), 양철환(梁哲煥) 제씨는 자군(自郡) 학생으로 동경 우(又)는 경성, 평양, 함흥 등지에서 고학하는 학생을 위하야 동지(同志) 박주도(朴周道), 박공준(朴公俊), 박현민(朴鉉敏) 제씨와 협의하고 고학생 순회 소인극단을 조직하야 『아! 저 생명을!』 『고학생 우철수(禹哲洙)의 눈물』이라는 이개(二個) 예제(藝題)로 좌기(左記) 각처를 해지(該地) 각 유지 제씨와 경찰 제위의 찬성하에 흥행하고 본월 일일에 귀환 해산하엿는데 각 순회 지명과 물질 동정 제씨는 여좌(如左)하다더라. (이원, 회령, 청진부의 각 동정 명부는 생략) (이원)

매일 21.09.13 (3) 〈광고〉

동아 9월 13일자 단성사 광고와 동일(현상당선자)

매일 21.09.13 (4) 함평(咸平) 유년 소인극

전남 함평군 읍내 이재신(李載信) 이계두(李啓斗) 외 사오 학생은 금춘(今春)에 당지(當地) 공보학교를 우수혼 성적으로 졸업하고 전남 광주고 보통학교에 유학 중 선반(先般) 하기 휴가로 귀성(歸省)하얏든 바 제이 개학기가 절추(切迫)하얏슴으로 불일간 유학지로 출발케 된 바 정열혼 동모(同眸)와 기타 일반의게 섭섭히 출발홈을 ＊하기 위하야 소인극(素人劇)을 조직하야 당지(當地) 공보(公普)학교 내에서 거(去) 이십칠일브터 이일간 흥행하야 일반 관중의게 무한혼 감동을 환기케 하얏스며 대다(大多)혼 갈채를 바든 중 거(去) 삼십일일 천장절(天長節)을 이용하야 당지 청년회관 내에셔 오후 팔시부터 축하 대연극을 흥행하얏는대 예제(藝題) 『희극』 전이막 『활극』 전이막 『비극』 전일막을 흥연(興演)훈 바 남녀노소를 물론하고 장내 장외 입추의 여지가 무(無)히 위립(圍立) 작성(作成)하여 쏘다지는 박수성은 동악(洞岳)이 요란하야 전무후무의 대성황을 정(呈)하고 오후 십이시에 무사히 폐막하얏더라. (함평)

매일 21.09.14 (3), 21.09.15 (1), 21.09.16 (1), 21.09.17 (4), 21.09.19 (1), 21.09.20 (4), 21.09.22 (1) 〈광고〉

단성사 9월 13일자와 동일

조선 21.09.14 (3) 흥행과 추도

임의 본보에 보도훔과 갓치 지는 십이일은 곳 조선 신파계에 명성이 자ヘ흐든 경성 신극좌 좌장(京城 新劇座長)이든 고 김도산 (故 金陶山)군이 이 셰상을 리별훈지 사십 구일이 됨으로 그날을 긔렴흐기 위ᄒ야 지러로 죠선 각디에셔 흥힝을 흐든 각 신파극 단톄 중에셔 뎨일류가 만히 모에셔 동구 온 단성사에셔 고 김도산군의 츄도 흥행을 ᄒ얏는디 김도산군이 사라잇슬 젹부터 다디히

동졍을 ᄒ야주든 애극가들은 졍한 시간 젼부터 문이 좁아 구홀＊캄에셔 들어와 그 널븐 극장은 잠시 동안에 만장의 셩황을 이루게 되얏는디 연극ᄒ든 중 간막＊잠시 휴연ᄒ고 고 김도산군의 츄도식을 집힝ᄒ게 되미 무디 우에다가 엄숙ᄒ게 설비를 ᄒ 아 놋코 단원 젼부는 가장 비참훈 티도로 동단톄를 디표ᄒ야 변긔죵(卞基＊)씨가 향젼을 올니고 기타에 짜러 사림의 향젼이 맛친 후 신극좌의 간부로 잇는

리경환(李慶煥)군이 간단히 고 김도산(故 金陶山)군에 디한 오날ᄭ지 지닉인 력사를 셜명ᄒ는 중에 그 말 속에는 춤으로 동졍치 우니치 못홀 일이 만이 잇셧슴으로 일반 단원들은 물론이고 그 셜명을 듯든 일반 남녀 관긱들도 모다 동졍의 눈물을 만이 흘니고 도라갓다는디 그 중에도 특히 고 김도산군을 동졍ᄒ는 여러 사름들은 우례와 갓흔 긔부를 ᄒ얏다더라.

일금 십원야 쟝영슌씨 일금 오원야 김면뉴씨, 일금 이원야 차병철씨 일금 오원야 리긔연씨.

추도 흥힝은 금 십사일가지 혼다더라.

매일 21.09.15 (3) 희극 배우 『데부』군이 살인하고 피착(被捉) / 만찬회 뒤에 활동 녀비우의 변사 / 데부 군이 잡혀셔 지금 취됴밧어

활동수진에 몸이 쑹쑹호 『데부』군이라면 희극 비우로 유명하야 데일 어린 아히와 정분이 미우 두터운 모양이라. 그러셔 남녀 간에 몸만 쑹쑹호면 데부군이라고 별명을 지으며 죠롱을 하는 일이 잇스며 수진 중에도 데부군의 사진이 나왓을 것 갓흐면 미우 주미를 붓쳐 씻씻 우셔가며 보게되는 희극 비우인대 이 데부군은 일홈이 『아－바－스쿨－』이라는 터로, 활동사진 녀비우 『후이지니아 라쎄니야』양이 이상스럽게 죽은 일에 대하야 데부군이 살인 혐의자로 구인되엿다는대, 죽은 녀비우는 데부군의 방에셔 만찬회가 잇셧든 뒤에 죽어셔 렬셕하엿던 몃명의 비우도 인췌되야 취됴를 밧은 결과, 아죠 데부군에게 혐의가 도러간 바, 당시 데부군은 『로스안젤스』에 갓다가 도러오는 것을 구인호 일인 바, 살인호 것은 주빅하엿스나 흉힝에 관호 일졀 스건은 결코 입을 봉하고 주빅지 않은다는 스건인 쌔문에 미국 텬디의 활동사진계의 이목을 놀닉이게 되엿고

쏘호 소문이 파다하다는대 데부군이 살인을 하엿스니 이졔부터는 감옥 안에셔 활동 사진 희극을 연츌하게 될는지, 쏘는 흉힝호 것을 주빅지 안엇스니 다힝히 죄를 입지 안을는지 좌우간 됴션 활동샤진계에셔도 흥미를 뭇쳐 그의 판결을 볼일이더라. (십일일 상항발 뎐)

조선 21.09.16 (4) 〈광고〉

구월 십육일 주간부터 전부 차환

사진 순서

미국 유사(社) 웨르코－ 영화

희극 **텅뷔엿다** 전이권

미국 유니버－살 회사

에디쓰, 로바아드양 출연

인정극 **위긴(僞緊)** 전오권

미국 유니버－살 회사

바이다크라후 영화

연속대활극 제삼회 **육탄의 향(響)** 전십오편 삼십권 내

제십편 술중(術中)에 함(陷)홈 제십일편 가공할 선(船) 제십이편 화산의 이식(餌食)

우미관 전화 이삼이육번

조선 21.09.17 (4), 21.09.18 (4), 21.09.19 (4), 21.09.20 (4), 21.09.22 (4), 21.09.23 (4), 〈광고〉
우미관 9월 16일자와 동일

동아 21.09.18 (4) 전염 예방 활동사진
평안북도 경찰부에서는 전염병 예방의 일 방법으로 차(此)에 관한 활동사진을 거(去) 십일일 오후 팔시 반부터 의주 경찰서 전(前) 광장에서 영사하얏는대, 관중은 약 일 천명에 달하얏스며 겸하야 풍전(豊田) 기수(技手)의 위생 강화가 유(有)한 후 동 십일 시에 산회하얏다더라. (의주)

동아 21.09.18 (4) [각지 청년단체] 통영 활동대 착발(着發)
통영청년단 활동사진대 일행은 본월 십일일 수원에 도착하야 동아일보 수원지국, 수원청년구락부, 여(女)보호회, 엡윗청년회 급(及) 천도교청년회 수원지회 후원으로 성내 상업강습소 내에서 십이, 십삼 양일간 영사하야 성황을 정(呈)하얏는데, 차(此) 로 득(得)한 순익금은 수원상업강습소에 기증하얏고 일행은 십사일 오전 열차로 청 주를 향하야 출발하얏스며 양일간 유지 인사의 동정금액은 여좌(如左)하다더라. (기 부 명부 생략) (수원)

매일 21.09.19 (4) 능주(綾州) 청년회 연극
화순군 능주(綾州)청년회에셔는 당지(當地) 유지자 등의 향학심을 각성키 위하야 청 년회원 조동승(曺棟承)군 외 삼사명의 발기로 소인 연극을 조직하야 연습하야 오든 바 맛참내 본월 십오일부터 십구일까지 계속 사일간 청정회관에셔 개최호다는대 제 반 수입금은 동부(東部) 여자 야학 경비에 보충홀 터이라더라.

조선 21.09.19 (3) 보호녀회(保護女會) 주최의 음악과 활동 성황 / 음악은 훌륭하얏 스나 활동은 좀 자미업섯두
본월 십칠일(즉 재작일 밤)에 시니 명동교회의 부인들이 조직혼 보호녀회(保護女會) 의 쥬최로 음악회와 활동사진회를 기최한다 홈은 임의 본보에 보도호얏거니와 예뎡과 갓치 지작일 오후 칠시 반부터 동 음악회와 활동사진회를 기최ㅎ게 되엿는대 명 각 면부터 남녀 관긱들은 구름갓치 모혀드러 예명한 장쇼 비지학당 너른 강당에는 십오셰 이상 십셰 이하의

남녀 청년이 (그 중 혹간 어린 ♀희와 로인도 잇지마는) 가득히 드러안고 보니 그 너 른 강당이 도로혀 좁게 되엿다. 북편 강뎌 압 두 기동 사이에는 활동사진의 영사면 (映寫面)으로 사용ㅎ랴고 븩포장을 반에 접어 텬뎡에 올녀 걸엇고 오른편 기동 중군 에는 한자 두치나 될 만한 븩로지첩의 푸로그룸(순셔지)이 걸니여 잇는디 시계는 벌 셔 명각 칠시 반이 지나엿스나 음악을 시작한다는 무슨 선언이 업슬 뿐 아니라 한 가 지 유감되는 것은 예명한

악사들이 오지 ♀이한 이가 만ㅎ셔 예명한 시간에 기회ㅎ지를 못한 것이엿다. 그러나 관룸긱들의 지촉ㅎ는 박수쇼리에 오후 팔시 경에 보호녀회 부회쟝 ＊＊ 김종우 목사 의 긔도로 먼져 음악을 시작ㅎ엿는디 첫지 김형준(金亨俊)군 독창이 잇섯슬 것이니 동군의 불참으로 부득이 듯지 못ㅎ고 리화학당성도 김원복(金元福)양과 김애다(金愛 多)양의 이인 합창이 그럴쯧 ㅎ엿스며 그 다음 명동교회의 뎡득성(鄭得成)씨가 큰 목 쇼리에 이상한 복장을 ㅎ얏스며 그 후

쎄르닝쓰 부인의 독창이 잇셧고 그 다음에는 김활란(金活蘭) 림비세(林培世)양의 이 인 합챵이 잇셧는디 모다 이십여셰의 여자들로서 단노러를 ㅎ엿다.『달♀ 달♀ 발근 달♀ 달구경 가자 달구경 가자…… 량친 부모 모시고 살고지고……』홀 째에는 일반 관긱의 마음에『져러케 큰 어른들이 이 엇지ㅎ야 쇼학교 ♀희들의 ㅎ는 달노러롤 ㅎ 는가─』ㅎ는 듯 ㅎ게 모다 이상한 감상으로 드럿고 자미잇게 보는 모양이엿다. 악＊ 의 사정상 불참에 인ㅎ야 이에

음악회는 그럭져럭 긋나고 즉시 ＊양인『례─시』의 지휘ㅎ는 ♀리 구쥬 젼징의 실사 활동샤진이 빗최이게 되엿다. 쳐음에는 ＊ 자미업는 미국인의 왕러 등을 보면서도 무슨 셜명이 도모지 업셔々 일반 관룸ㅎ는 사롬은 부던이 각갑한 모양이엿스나 슈＊ 층 양옥 우에 외줄을 타고 올나가는 형상이며 올나가 챵문 속으로 쏘ㄱ 드러가는 사 진에는 어린 친구들의 입이 한참 동안 버러지々 ♀니 홀 수 업셧다. 그 다음

구쥬딕젼의 실사를 빗최이엿는디 사진은 원러 션명치 못ㅎ야 볼 것이 업스나『♀편 셜라』씨의 익살(우슴게)적은 셜명에는 방닉에 우슴이 가득ㅎ얏셧다. 그 다음에는 중 국 북경으로 향ㅎ야 젼＊하러 가든 쭈에ㅅ 부인의 쳥♀한 독창이 잇셧고 그 다음에 량지명(梁在明)군의 우렁찬 독창이 잇셧다. 그 다음『야쇼』씨의 츌싱시부터 죽을 씨

〃지 활동사진을 열어 뎨일막이 빗치고 나셔 『먹부인』『곡부인』이 미국셔 기셩으로 부임ᄒᆞᄂᆞᆫ 도중에 맛춤 참석ᄒᆞᆼ엿다가

두 미인이 합창을 ᄒᆞ야 한ᄭᅦ치를 더ᄒᆞᆼ얏스며 그 다음 『스미스』박사의 독창에ᄂᆞᆫ 피곤ᄒᆞ든 관긱의 고기가 모다 번적 들게 되얏고 눈이 동그러지고 시로운 졍신이 나게 되엿다. 그 둥구런 입에셔 우렁찬 쇠ㅅ쇼리가 관긱의 고막을 두다릴 ᄶᅦ에ᄂᆞᆫ 어느 누가 졍신이 나지 오니할 수가 업섯다. 씨가 독창을 긋치고 나미 ᄯᅩ다시 쳥ᄒᆞᆫ 박수쇼리가 방안이 ᄶᅥ나가는 듯 홈으로 씨는 ᄯᅩ다시 빙그레 우스며 나셔〃 씨의 부인은 『올간』을 타고 씨는 ᄯᅩᄃᆞ시 독창을 할 시 중간에 가셔ᄂᆞᆫ 우습고 이샹스럽게

왼손을 들고 오른손으로 좌우롤 휘두르며 무슨 쓰ㅅ인지 『쑤ㅁ쓰ㅁㅡ』ᄒᆞᄂᆞᆫ데는 뉘 아니 우슬 사람이 업섯다. 그 다음 김락션군의 단쇼가 잇셧ᄂᆞᆫᄃᆡ 쳥아ᄒᆞᆼ게 나오오는 그 단쇼ㅅ쇼리에 모든 사롬은 여취여광ᄒᆞ야 한번 불고단셔 니리미 ᄯᅩ다시 박슈로 지쳥ᄒᆞ야 슬프고도 은근ᄒᆞᆫ 곡죠를 다시 ᄒᆞᆫ번 쳥오ᄒᆞᆼ게 부럿다. 그 다음 야쇼 일ᄃᆡ긔 활동사진의 뎨이막이 시작되엿스나

긔계에 고장으로 이럭져시럭 시근만 보니게 되엿ᄂᆞᆫᄃᆡ 긔관슈 『례ㅡ시』군은 두통만 나게 되고 관긱이 젹지 안이ᄒᆞ야 마주막이 조금 자미업게 경과ᄒᆞᆫ 모양이엿다. 그러나 딕톄로 말ᄒᆞᆼ면 쥬최ᄒᆞᆫ 보호녀회(保護女會)의 셩공이다. 위션 만원 되엿든 것이 셩공이라 ᄒᆞ깃다. 그러나 유감되는 것은 악사의 불참이 잇다 ᄒᆞ야 예명한 시근에 긔회치 못ᄒᆞᆫ 것이며 ᄯᅩᄒᆞᆫ 사진 긔계의 고쟝이 싱긴 것이며 일반 관긱이 그리 감동이 되지 못한 것이 유감이엿다. 그러나

다힝ᄒᆞᆫ 것은 셰계의 음악가 『스미스』박사가 참례ᄒᆞᆼ엿든 것이며 일류의 미국 미인(美人)들이 오고가ᄂᆞᆫ 도중에 우연히 참석ᄒᆞ야 일종의 다른 빗치 나타낫는 것이라 ᄒᆞ겟다.

동아 21.09.20 (4) [각지 청년단체] 통영청년단 청주 착(着)

통영청년단 활동사진대 일행은 예정과 여(如)히 거(去) 십사일 청주에 도착하야 청주청년회 급(及) 동아일보 청주지국 후원으로 당일 하오 팔시 당지(當地) 누좌(樓座)에서 개막한 바, 청주청년회장 유세＊(劉世＊)씨 사회 하에 동(同) 대장 박봉삼씨가 등단하야 현금(現今) 우리 사회에 부족한 것이 만흠은 ＊언(＊言)을 불요(不要)하는 바이라. 고로 이를 완전케하며 철저케 하자며 신정신으로써 활동치 안을 수 업스며 우리는 우리를 위하며 민중을 위함에는 하여(何如)한 희생을 할지라도 어대ᄭᅡ지 그 목적을 달하기에 노력치 아니치 못할지라. 차(此)를 각오한 통영청년단은 일＊지력(一

＊之力)을 불석(不惜)하는 미애(微哀)으로 전조선을 순회하는 중에 이곳까지 이르럿다는 열변을 토하야 일반 회중으로 하야금 만흔 늣김을 주엇다. 이에 사진의 영사를 시(始)한 바, 소학생들의게 모범될 만한 씨무의 애견(愛犬), 실사(實寫) 등을 필한 후 청주청년회원 중 이정현(李定鉉)군의 아름다운 바이올린 독주가 유(有)하야 만흔 환영을 밧앗스며 우(又)는 오해라는 사진, 구십과 구의 영사, 방탕한 청년 남녀의 마음을 째우쳐 줄만한 사진 등이 역(亦) 유(有)하야 관중은 박수가 연속 부절(不絕)하는 리(裡)에 하오 십이시에 폐막하얏고 익일은 음(陰) 팔월 십사일인 고로 관람자가 희유(稀有)할 듯 함으로 당일은 중지하얏고 십오일 오전에 청주청년회원 제씨(諸氏)의 발기로 해(該) 단체를 위하야 아향관(牙香舘)에서 오찬회를 필한 후 일동은 청주 서양인 거류지를 관람 후 당야(當夜) 하오 팔시에 영사＊ 새 정각 전부터 만원의 성황을 정(呈)하얏다. 당지(當地) 청남(淸南), 청신(淸信) 양(兩) 남녀학교에서는 단체로 입장한 바, 후원측 동아일보 청주지국 기자의 사회 하에 대장 박봉삼(朴奉杉)씨의 간단한 취지 설명이 유(有)한 후 청신(淸信)여학교 생도들이 동단(同團)을 위로하기 위하야 준비하얏든 망향가 합창은 회중(會衆)의게 만흔 환영을 밧앗스며 각종 영사를 필한 후 임성록(林成綠), 이정현(李定鉉) 양군의 바이올링 급(及) 독창이 유(有)한 후 강정(强情)의 주인이라는 영사를 최종으로 하야 동 십이시에 흥미진진한 중 폐회하얏고 동단은 십칠일 조(朝) 구시 발(發) 자동차로 조치원을 향하야 출발하얏는대 양일간 수입금 중 실비를 제한 외에는 당지 교육계를 위하야 청남, 청신 양 남녀학교에 기부하얏다더라. (청주)

동아 21.09.22 (4) 〈광고〉
구월 이십이일 (목요) 신사진 순서
대모험 대활극 연속 사진 출현!!
이태리 이다라 회사 특대작품
촬쓰 칸포가리안씨 원작
활비한화(活悲閑話) **남방(南方)의 악마** 전오권
랫지 아크란다양 알노칸포가리안씨 주연
실사 **불국(佛國) 소도회(小都會) 비루부 실황**
미국 카스돈 회사작
희극 **음악광** 전일권

미국 웬스단 회사 대작품

죠섭 훼커맨씨 원작

대모험대활극 **성의 혼(星의 魂)** 전십오편 삼십일권

제일회 제일편 성의 혼(星의 魂) 제이편 운명의 시계 전오권 상장

주역배우 촬스핫지손양 안루터-씨 출연

경성부 수은동

단성사 전화 구오구번

매일 21.09.22 (3) 〈광고〉

동아 9월 22일자 단성사 광고와 동일

매일 21.09.22 (4) 공주 청년 연극회

공주 청년수양회에서는 본사 충남지국 후원 하에 남선(南鮮) 중요 각지에 교육 장려와 풍속 개량을 목적으로하야 연극을 흥행혼다 홈은 본보에 기위(己爲) 누보(屢報)혼 바어니와 기간(其間) 열심 연습하야 십칠 십팔 양일간을 긍(亘)하야 동지(同地) 금강관(錦江舘)에서 제일착으로 흥행하얏는대 입장료가 백여원에 달하고 우민(友民) 유지 제씨의 열열혼 동정으로 동정금이 팔백여원에 달하야 무전(無前)의 대성황을 정(呈)하얏는대 동(同) 단원은 단장 노정학(盧庭鶴)군의 인솔 하에 우천을 불구하고 예정지인 강경을 향하고 십구일 오전 대절 자동차 이대로 출발하얏는대 동회 회장 이하 회원은 자동차부(自動車部)에 다수 집합하야 건강하게 성공하고 귀환함을 기대하고 악수 상별(相別)하얏더라. (공주)

동아 21.09.23 (4), 21.09.24 (1), 21.09.25 (4), 21.09.26 (4), 21.09.27 (4), 21.09.28 (1) 〈광고〉

단성사 9월 22일자와 동일

매일 21.09.23 (4), 21.09.26 (2), 21.09.27 (3) 〈광고〉

단성사 9월 22일자와 동일

조선 21.09.23 (4) [개방란] 투고환영 / 신극배우 제군아 / 보와라 져 굉장혼 연극장을! 소위 유식계급의 신극단을! 우리도 배가정력(倍加精力)ᄒ자! / 尹 ＊

과거 십년간 되나 못되나 극계를 위ᄒ야 분투ᄒ고 노력ᄒ든 제군의게 급히 목이 쉬도록 부르짓고 싶흔 말이 흉중에 가득ᄒ다마는 각처에셔도 분리ᄒ야 소식좃차 끈어져 바렷스니 엇지 ＊신(＊信)으론들 밋칠 수 잇스랴. 이에 여(余)는 생각다 못ᄒ야 질서업는 이 글을 제군께 드리노라.

우리는 일즉 인자혼 부모와 샤랑ᄒ는 형제를 이별ᄒ고 그리는 고향을 써ᄂ 반도극계를 위ᄒ야셔 얼마나 노력ᄒ얏스며 얼마나 고생을 ᄒ얏는냐? 아니 사회의 동정을 다소간 엇엇는냐? 무엇 동정? 동정이 다 무엇이냐? 어림도 업다. 동정은 고만 두고 그네들이 과거 십년동안 우리의게 대혼 태도는 엇더ᄒ얏는냐? 예술이 무엇인지 극이 무엇인지 아는 사람이나 몰으는 사람이나 물론 통트러 놋코 연극ᄒ는 배우라 ᄒ면 덥허노코 『신광딕』라 ᄒ고 저급인물노 인정ᄒ야 근(近)히 교접히 쥬지 안코 경원(敬遠)주의를 가졋셧다.

원대한 목적을 가지고 완전혼 이상으로써 진행ᄒ는 우리의 이상을 알ᄋ쥰 자가 업셧고 목젓이 써러지도록 무슨 쇼릐를 짓스되 이를 들어준 자가 업셧스며 싸라셔 우리는 도리혀 오해를 밧앗는 고로 심혼 고통이 실로 만앗다. 우리가 울 써에 갓치 울어쥰 자가 잇섯스며 우리가 우슬 쌔에 갓치 우셔쥰 자가 다만 일인이라도 잇섯쓸 진딕 그 고독한 심회가 을마나 위안이 되엿쓸랴.

석일(昔日)의 고독한 생활을 회상ᄒ면 실로 전신에 쇼름이 좌ᄀ 씨친다. 관극료는 십전 이십전으로 다행히 만원이 된다 ᄒ드릭도 그날그날의 경비에 곤난홈을 면치 못ᄒ야 물질상 고통과 정신상 고통은 얼마나 심ᄒ얏는냐? 북풍한설에 쎠를 무＊는 듯 살을 점의는 듯혼 혹독혼 취위에 별ᄼ 쓸 써에 어늬 누가 가엽다 동정ᄒ얏스며 사갈갓치 지독한 금전에 욕심이 충＊(充＊)한 여관주인의게 닉여 쫏겨 쥬린 창자를 움켜쥐고 싹이른 기럭이 전도(前道)의 방향을 일코 반(半) 공중에셔 방황ᄒ는 것 갓치 ᄋ니 무변대해(無邊大海)에 돗딕(棹) 부러진 일(一) 편주(片舟)를 승(乘)혼 것 갓치 고독ᄒ기 한이 업는 중 필경 단체 운명의 해산이 제일상책이라는 결의로 각ᄼ 눈물 흘니며 조그마한 봇놓이 하나식 손에 들고 그 엄동설한에 수백리식 혹은 수천리 원정을 적수공권으로 눈 싸인 태산＊령을 넘고 어러붓튼 강을 건너 고＊이라고 차져올 써 누가 한 사룸이라도 동정의 눈물을 뵈여주드냐?

참으로 무정(無情) 세상이엿다. ᄋ니다. 그럿치 안타. 석금(昔今) 영웅이나 성현이라눈 사롭들의 역사를 보자. 고통과 고독이 업시 영웅이 된 자이 잇눈가. 사업가나 위인은 항상 고독ᄒ다 한다. 그럿치마눈 우리의게눈 그러한 시대눈 임이 지너가고 지금으로부터눈 낙원의 꿈을 꿀 기회가 도라왓다. 보ᄋ라, 져 굉장한 건축물을— 다시 보ᄋ라. 소위 유식계급에셔 시로 나오눈 져 신극단을— 이럿케 극장이 생기고 고상ᄒ 극단이 봉기ᄒ홈에눈 실로 치하홀 만 한 일이다. 그러ᄂ 언졔브터냐? 세계를 듸집든 구주 대전 이후로 우리 조선에도 新文代[89]가 수입되자 동시 별안간 이 구석 져구석에셔 관극열이 굉장ᄒ게 되엿ᄃ. 자— 생각ᄒ야 보자. 이전브터 우리 선생이 예측으로 항상 우리의게 ᄒ시든 말삼과 무슨 조금이나 억으러짐이 잇나? 우리가 고생홀 그 쎄에눈 꿈도 꾸지 은코 오즉 악평으로만 유일의 극평가가 되고져 연극이라면 냉소ᄒ고 조소ᄒ든 져 사롭들이 지금와셔눈 가장 그 전브터 극에 대한 무슨 큰 뜻이나 잇셧든 것과 갓치 생으로 날 쒸눈 것을……

십년 동안 물질상 고통과 정신상 고통을 한 가지로 바드며 쩔고 주리고 악전고투ᄒ야 바든 수확을 져 사롭들이 생으로 비앗고져 혼다.

아—참 기*(氣*)— 기*(氣*)— 될 말이냐. 안 될 말이다. 아니다. 결코 그럿치도 안타. 엇지 되엿든지 이전브터 뜻이 잇셧든 업셧든 악평을 ᄒ얏든 호평을 ᄒ얏든 냉소ᄒ얏든 동정ᄒ얏든 도시 상관이 업눈 일이요, 오즉 지금으로브터라도 극이라눈 그것이 국민의게 얼마나 필요한 것인지를 확실이 쎄닷고 극계를 위ᄒ셔 희생이 되겟다눈 동지가

마니만 생기면 이눈 곳 우리가 항상 바라든 바이요, 극계를 위ᄒ야 한업시 깁쎄ᄒ눈 동시에 그에 대흔 행복이 우리 조선 민족 전체의게 급(及)홀 쥴로 밋눈 바이다.

조선 21.09.25 (4) [개방란] 투고환영 / 신극배우 제군아(속) / 보와라 져 굉장흔 연극장을! 소위 유식계급의 신극단을! 우리도 배가정력ᄒ자! / 尹*

춤 깃쁜 일이다. 퍽 좃타. 여긔셔도 져긔셔도 입찰까지 되어 착수혼다 한다. 제군ᄋ 재래에 극장다운 극장이 업써셔 을마나 고통이 만앗눈냐? 젹어도 그 ᄂ라 수부(首府)라눈 일대 도회지에 나라에 큰 보비(寶)라눈 연극을 행연홀 만한 장소가 업다홈은 타방에 대ᄒ야 이보다 더 큰 북그럼이 잇쓸손가. 증말 우리 조선에눈 극장다운 극장은

---

89) '新文化'의 오식인 듯하다.

전무ㅎ얏다. 그런 고로 할 수 업시 울고 겨자먹는 격으로 배경과 도구가 모다 일본식으로 된(그거나마 불충분) 활동사진관에 가셔 별々 ㅇ닛거운 쏘르을 ㄷ 보고 특별々々 특별 청으로 ㅎ야 고가를 주고(일야(一夜) 관 * (貫 *) 이백오십원ㅺ지) 이 협소한 무대에셔 행연ㅎ엿쓰니 아무리 흔날을 쑤르코 천도(天桃)를 쌀만흔 천재인들 엇지 미약ㅎ나마 자기의 기술을 발휘식혀 관객으로 ㅎ야금 만족흔 인상을 여(與)홀 수 잇섯쓰랴? 그럿치만 지금은 생긴ᄂ 마음것 생각것 을마든지 자기 기능딕로 활동할 수 잇다. 그 중에도 더욱 깃쑤고 반가온 것은 극장을 경영ㅎ는 인물이다. 그는 재래의 극장주인과 갓치 영리에만 특々한 쑴을 쑤고 잇는 자와는 특이흔 인물이다. (다 그럿타는 말은 ㅇ니다마는) 적어도 극에 대한 큰 소양이 잇고 우리 극계에 불소(不少)흔 공로가 잇슬 뿐 불 * (不 *)라 우리 배우의게는 무한한 동정으로써 장래것 만은 힘을 봇히줄 예술 대가 중에도 * 장(* 將))이다. 무척 깁써ㅎ는 동시에 더욱 々々 분투ㅎ고 노력ㅎ자. 재래의 행동을 곳치고 개량홀 방침을 스사로 연구ㅎ자. 그리ㅎ면 자연 극과 학에 풍족한 자력(資力)을 가진 무대감독도 생길 것이요, 싸라셔 상당흔 각본도 (현금 사회에셔 요구ㅎ는) 잇쓸 것이다. 우리는 적어도 십년간 무대에 실지 경험이 잇고 쏘 우리들 가운데에는 자랑홀 만흔 기술을 가진 배우도 잇다. 지금 소위 유식계급에셔 새로 이러나는 * 극단과 (연극 발전상 극계를 희셔) 어듸ㅺ지 경쟁ㅎ야 볼 슈 잇스니, 자연 우리 조선도 다른 나라에 북그럼이 업시 예술 중 가장 복잡ㅎ다는 극의 자체의 본의(本意)를 나타 * 를 이르다. 우리는 오즉 이 쎄에 쿠ㄱ씨난 것 갓흔 감상으로 곳치고 쎄다라 분투ㅎ고 노력홈이 업슬진딕 과거 십년간 노력과 재래에 우리의 관객은 모도 시로 나오는 신극단에게 쎄길 것이요. 종(從)ㅎ야 극장다운 극장에는 드러가 볼 수도 업슬 것이 안닌가. 그러니 엇지 맹연(盲然)히 몸을 멈추고 잇슬손냐= 모조록 이를 갈고 어씌ㅅ지든지 분투ㅎ고 노력ㅎ야 참혹한 지옥에 쌔지々 안토록 제군과 더부러 갓치 힘쓰고 더욱々々 맹 * (猛 *)ㅎ고져 이럿훗 * 리(* 離)흔 붓을 들엇스니 * 성 * 성(* 省 * 省)−

최후에 지금 극장을 건축ㅎ시고 이 참담한 극계를 위ㅎ야 헌신적으로 활동ㅎ시는 윤백남 선생게 흔 마듸 엿줍니다.

선생님− 나로 ㅎ야금 선생이라고 불음을 용서ㅎ시깃지요? 물론 나는 선생이라고 불을 의무가 잇다ㅎ옵니다. 이는 곳 수년 전 단성사(이전 단성사)에셔 이기세 선생이 단장으로 조직된 예성좌 시대에 선생님이 무대 감독으로 게셧지요? 나는 그 감독의 지배 하에셔 출연ㅎ얏든 고로써외다. 선생님, 나는 지금 이 글을 쓸 씨 먼져 수년 전 예성좌를 ＊상(＊想)홉니다. 열성으로 각본과 대사서를 손에 들으시고 진심으로 우리의게 과작(科作)과 극목(劇目)을 일々히 연습식혀 쥬시든 그 천재적 체격과 명쾌호 성명(聲明)이 지금 이 원고지 압헤 활동사진과 갓치 완연히 보이는 듯 합니다. 선생님 – 그럿케 오러ㅅ동안 무한호 이를 쓰시고 쏘 이번에 이 빈약호 우리 극를 위히셔 – 이 쓰러져가 반도극천지를 바로 잡고져 굉장히 극장을 건축히시고 맹렬히 활동을 히신다지요. 신문상 보도로 보고 아랏쓰ㅁ니다. 춤 감사홉니다. 거–룩히심니다. 선생님의 수완과 성＊은 실로 우리 극계로 히야금 다시 업는 큰 영광이로쇼이다. 그리고 선생님은 우리 극계를 위히야 권토중래의 큰 활동을 히야 주실 줄 자신홉니다. 이럿케 자신ᄶᅵ지 히면서 이럿홋 쓸쩌 업는 붓을 놀님은 자못 쥬져넘은 듯 히나 너가 이럿케 선생님의게 ᄶᅩ로히 말히는 것은 우리 일반 재래 이 배우들이 다시 눈을 크게 쓰고 쑥바른 외쥴가 길로 웃짝々々 거러 나ᄋ가고져 히오니 ᄋ못죠록 두터운 사랑 베푸러 전일보ᄃᆞ도 더욱 々々 사랑이 참사랑을 가히야 진정한 배우다운 예술가가 되도록 – 오른 길을 차ㅅ도록 인도히야 쥬시라는 ＊혹(＊酷)한 사정의 말싸ㅁ이올시다. (방금 그럿케 히시는 중이지마는) 선생님 – 넘우 쓸 쩌업는 말싸ㅁ을 장황하히야 죄송함을 마지 안슙니다. 실대(實大)히 용서히야 쥬시기 바리오며 종(終)에 임히야 선생의 장래와 대공(大功)을 무한＊ 성의로써 암축(暗祝)히는 동시에 선생을 위히야 쏘 극계를 위히야 크게 만세를 창(唱)홉니다.

一九二一, 九, 一四

낙원동 객사(客舍)에서

조선 21.09.25 (4) 〈광고〉

구월 이십삼일 주간부터 전부 차환

사진 순서

미국 유니버–살 회사

실사 **주보**

미국 유니버–살 회사

인정극 **파간(波間)의 花瓣**[90] 전육권

---

90) 원래 글자는 후 사이에 瓜 없는 한자임.

메리 마구라닌양 출연

미국 유니－별살 회사

쌔이타 쿠라후 영화

연속대활극 최종편 제오회 **육탄의 향(響)** 전육권

제십삼편 생리(生埋) 제십사편 생(生)흔 투석기 제십오편 구조

우미관 전화 이삼이육번

동아 21.09.26 (4) 지방 순회 극단 출발

본지에 기보(旣報)한 바와 여(如)히 공주청년수양회에서는 지방 인사에게 교육열을 선전키 위하야 교육장려 연극단을 조직하고 남선(南鮮)을 순회할 차(次)로 거(去) 십구일 강경을 향하얏다더라. (공주)

조선 21.09.26 (3) 광무대에 극좌

그동안 수은동 단성사에서 연일동안 만장의 성황으로서 흥힝하든 경성 신극좌(京城新劇座) 일힝은 지는 이십일일로써 흥힝을 맛치고 지작 이십사일부터는 황금뎡 광무디에서 다시 흥힝을 계속흔다는디 이번에는 시로 민든 여러 가지의 조흔 각본으로써 일반 관긱의게 공남케 한다더라.

조선 21.09.26 (4), 21.09.27 (4), 21.09.28 (4), 21.09.29 (4), 21.09.30 (4) 〈광고〉

우미관 9월25일자와 동일

동아 21.09.27 (4) [각지 청년단체] 통영활동사진대

각 지방을 순회하든 통영청년단 주최 활동사진대 일행 칠인은 거(去) 이십일일 하오 사시 삼분 강경역에 도착하야 당지 기독청년회와 동아일보 지국의 후원하에 이십이일 , 삼일 양일간 당지 서정(西町) 대정좌에서 일반 교육계를 위하야 인정모험대활극을 공개하얏는대 개연 벽두에 대장 박봉삼(朴奉杉)군의 사업소개가 유(有)한 후 싸러서 당(當) 지방 인사 중으로서 상수(上水)의원장 정용식(鄭容軾), 만동(萬東)학교 교감 이중우(李重雨), 교원 신효순(申孝順), 동아일보 강경지국장 권중기(權重祺) 제씨의 답사가 잇섯는 바, 당야(當夜) 일반 유지 인사의 동정금 급(及) 입장료 합계가 이백팔십원 오십전 내에서 일백사십원을 만동학교 남자부에 기증하얏는대, 본교 부속

여자부 교원 김근배(金根培)군이 당지 감리회당에 부속한 미국인의 관리인 유치원을 위하야 일일간을 연기 흥행하야 달나 간청한 바 유(有)하얏스나 사정에 의하야 응종(應從)치 못하고 이십사일 하오 사시(四時) 팔분 강경발 차로 이리(裡里)로 향하얏는 바, 전기(前記) 동정 인사의 방명 급(及) 금액은 여좌(如左)하다더라. (방명 목록은 생략) (강경)

동아 21.09.27 (4) [각지 청년단체] 대전청년회 소인극

대전청년회는 종래 구락부라 칭하든 바 금반 정기총회에 『회(會)』라 개칭하고 제반 사업을 일층 쇄신함을 기념하며 현대문화를 선전하기 위하야 거(去) 십팔, 십구 양일간 당지(當地) 대전좌에서 『이우(二友)의 의리』, 『이상의 * 원(理想의 * 園)』이란 예제로 만장에게 무한한 늣김을 주엇스며 차(次)에 대한 동정금이 이백원에 달하얏 느대, 동(同) 단원은 *히 남선(南鮮) 중요 각 도회를 순회 흥행할 터인 바, 도처 인사의 애호(愛護)함을 희망하며 그 여정 일할(日割)은 여좌(如左)하다더라.

영동 구월 이십삼일
김천　　　이십사일
왜관　　　이십오일
대구　　　이십육, 칠일
경주　　　이십팔일
울산　　　삼십일
부산 십월 이일, 삼일
동래　　　사일
마산　　　오일
밀양　　　육일　　　(대전)

매일 21.09.27 (4) 공주 청년 순극단

공주 청년수양회 순극단 일행은 광주에셔 이십이일 야(夜)에 다대호 환영과 은근(殷勲)의 후의를 수(受)하얏슴을 사보(謝報)하기 위하야 당지(當地) 기독청년회 사회 하에 이십삼일 오후 팔시 제이회 흥행을 하얏는대 문제(問題)는 『보은』과 『문맹』이얏고 당일 개막은 당지(當地) 기독청년회 이사 최남(崔楠)씨의 친절호 소개로 단장 노정학(盧庭鶴)씨의 교육극을 흥행하는 취지와 목적의 설명이 잇슨 후 제일막을 개(開)하게 되얏더라. 제이막 종(終)에 광주청년회원 김용환(金容煥)씨의 열렬흔 歡迎가 辭[91] 유 (有)홈에 임장(臨場)흔 신사숙녀 제씨는 일장 박수로 기(基) 성의를 표흠에 연속하야 금 십원 장봉익(張鳳翼)씨, 금 오원 정기섭(鄭基燮) 능주청년회 총무, 양회순(梁會絢), 무명씨, 김계화(金桂花)양 제씨, 사원 이관종(李寬鐘)씨 삼원 개벽 전남지사 (이하 략(略))

합계 이십구원 오십전의 동정금이 잇섯고 입장 인원이 오백명에 달흔 성황을 정(呈) 하얏는대 해(該) 교육극단은 광주 인사의 열심 환영홈에 감복되야 상막(上幕)흔 예제 (藝題)의 실현(實現)이 극히 양호하얏슴으로 소인극(素人劇)이 아니라고 찬언(贊言)이 해지(海至)흐는 중에 무사 종료되고 이십사일 오전 육시 당지(當地) 출발 목포로 향흔다더라. (광주)

동아 21.09.28 (4) 연안(延安) 소인극단 동정

황해도 연안(延安) 의법(懿法)청년회 내에서 조직된 연안 소인극단은 동단(同團)의 조직 목적인 연안유치원 계획에 동정을 득(得)키 위하야 구월 십팔일 단장 박윤문(朴允文)씨 이하 일행 십사인은 부산, 군산, 외면(外面), 신장(新場)에 도착하야 당지 교회와 청년회의 환영을 수(受)하고 동 이십일 석(夕)에 권선징악이라는 예제로 소인극을 흥행하얏는대, 일반 관람객의 동정을 박득(博得)하얏스며 기익(其翌) 이십일일은 연백군(延白郡) 금산면(金山面) 성＊(城＊)시에서 흥행하고 구월 이십이일 오후 이시경에 일행이 무사 귀연(歸延)하얏다더라. (연안)

동아 21.09.29 (4) 〈광고〉

구월 이십구일 (목요) 신사진 순서

실사 **어름 지치는 것** 전일권

미국 로바도숀 회사작

바바라 애화(哀話) **음모가(陰謀家)** 전오권

미국 크리스틔 회사작

포복절도희담 **벼란간 선부(船夫)** 전일권

---

91) '환영사가'의 오식인 듯.

미국 웬스단 회사 대작품

원작자 죠섭 훼코덴씨

대모험탐정기담 **성의 혼(星의 魂)** 전십오편 삼십일권

제이회 제삼편 염갱(焰坑)에서 제사편 법의 예(法의 睨) 전사권 상장

주역배우 촬스핫지손씨 안루더양 출연

경성부 수은동

단성사 전화 구오구번

매일 21.09.29 (3) ⟨광고⟩

동아 9월 29일자 단성사 광고와 동일

동아 21.09.30 (4) 공주 청년 소인극

공주청년수양회 주최의 교육극단 일행은 거(去) 이십이일 하오 팔시부터 광주(光州) 기독청년회 급(及) 광주청년회의 후원하에 이일간 광주좌에서 개막한 바 제일일에는 『판결』, 『양복광(狂)』, 제이일에는 『보은』, 『문맹』이라는 예제로 만장 관객에게 무한한 각성을 여(興)하야 비상한 환호를 수(受)하야 동정금이 답지하얏는대, 기증자의 방명은 좌(左)와 여(如)하며 동 극단은 수입 중 실비를 공제한 여액(餘額)은 전부 동회(同會) 노동야학 설립 기본금에 보충하리라더라. (동정 방명은 생략) (광주)

동아 21.09.30 (4), 21.10.01 (4), 21.10.02 (4), 21.10.03 (4), 21.10.06 (4) ⟨광고⟩

단성사 9월 29일자와 동일

매일 21.09.30 (1), 21.10.01 (4), 21.10.02 (3), 21.10.04 (1), 21.10.05 (4), 21.10.06 (3) ⟨광고⟩

단성사 9월 29일자와 동일

동아 21.10.01 (4) 활동사진대 동정금

통영청년활동사진대 일행은 구월 이십사일 군산에 도착하야 동지(同地) 교육계를 위하야 유지(有志) 제씨의 대환영리에 영사(映寫)하는 동시 참관 인사의 동정금이 약(約) 백육십여원인 바 씨명 급(及) 금액은 여좌(如左) (동정금 방명은 생략) (군산)

동아 21.10.02 (4) 공주청년 순회극단

공주청년수양회(修養會) 문예부 순극단 십사명 일행은 구월 이십사일 목포에 도착하야 각 후원측의 인도로 동양여관에 잠시 휴식한 후 후원단과 병(并)히 자동차에 분승(分乘)하야 시내를 일주하고 하오 팔시부터 상반좌(常盤座)에서 개연(開演)하얏는대 목포청년회 총무 차남진(車南鎭)씨의 친절한 소개사와 단장 노정학(盧定鶴)씨의 답사 급(及) 취지 설명이 종(終)한 후 판결 이막, 양복광(洋服狂) 육막을 상장하야 막막(幕幕)이 환영을 밧고 박수성리에 종막을 고하얏는데 일행은 이십오일 오전 칠시 통영환(丸)으로 통영에 향하얏다더라. (목포)

매일 21.10.04 (3) 『데부』군(君)은 고살죄(故殺罪) / 일만원을 뉘고 보방

활동소진에 갓금 낫하나 보이는 희극비우 『데부』군이 무슨 원한인지 활동소진의 녀비우를 죽인 일로 인하야 미국 지판뎡에서 예심을 혼 결과 데부군은 고살죄(故殺罪)로 억류하기로 명령을 하엿고 모살죄로 검거하자는 의론은 고만 두엇다는대, 데부군의 지판놀은 시톄를 검찰한 의사의 자셰한 증언이 잇슬터이며 쏘혼 부인에 관혼 일임으로 지판날은 남자의 방뎡은 금지하고 부인 방뎡자는 만엇다 하며, 신문 긔자도 방뎡을 금지하엿다는대, 데부군은 고살죄로 되는 동시에 일만원을 보석금으로 니여 놋코 보방되여 잇다더라. (상항 뎐보)

매일 21.10.05 (4) 통영 활동사진회

통영청년회 활동사진대 일행은 거(去) 삼십일 목포 희락관에서 당지(當地) 청년회장 김상섭(金商燮)씨 동회(同會) 하에 단장 박봉삼(朴奉杉)씨의 활동사진 영사에 대혼 취지 설명이 유(有)혼 후 활동사진을 영사하야 만장의 성황을 정(呈)하는 중 단장 박봉삼씨는 막막(幕幕)히 무대에 올나 교육 사상을 고취하는 열열혼 설변(說辯)은 하인(何人)을 물론하고 감복치 아니홀 수 업스며 제이일도 역(亦) 전긔(前記)와 여(如)히 사진을 영사혼 중 목포청년회 총무 차남진(車南鎭)씨와 서광조(徐光朝)씨는 등단하야 아(我) 목포 인사는 여차(如此)혼 동정을 수(受)하는 동시에 자녀의 교육에 열심치 아니하면 될 수 업다는 등 설명이 유(有)하얏스며 차(且) 관람자 제씨 중 좌(左)의 금액을 자발적으로 의연하야 동정의 루(淚)를 휘(揮)하얏는대 방명(芳名) 급(及) 금액은 좌(左)와 여(如)하더라.
△ 이근창(李根彰) 김수봉(金秀鳳) 김명기(金明基) 경상도우회(慶尙道友會) 경만수(慶

萬壽) 차남진(車南鎭) 오학용(吳學溶) 김명준(金命峻) 차대균(車大均) 남궁훈(南宮勳)
각 십원, 김상섭(金商燮) 김종섭(金鍾燮) 각 십오원, 김문옥(金文玉) 최수봉(崔守鳳)
황재언(黃在彦) 김인식(金演植) 옥풍빈(玉豊彬) 박종섭(朴鍾燮) 서태철(徐邰哲) 각 오
원 김택현(金宅鉉) 김덕인(金德仁) 박덕우(朴德祐) 배봉휴(裵奉休) 각 이원

이상의 동정금이 유(有)혼지라. 통영사진대에셔는 거(去) 일일 목포 영명관(永明舘)에
당지(當地) 청년단체로부터 개최혼 환영 겸 석별연을 수(受)하고 즉시 동양여관에 부
(赴)하야 활동사진에 대혼 수입금 전부 중 대원 급(及) 활동기계의 사용하는 실비를
제하고 額金[92] 이백원을 목포청년회 노동야학회에 백원, 목포 여자수양회 야학교에
백원을 기부하고 거(去) 이일 오전 구시 목포 부두에셔 목포청년회장 김상섭, 경상
도우회장 이근창, 매신 동아 양지국원의 전별(餞別)을 수(受)하면셔 기선을 탑승하고
만경창파를 배(排)하고 여수항을 향하얏다더라. (목포)

동아 21.10.06 (4) 의법청년 순회극단

황해도 연안 의법청년회 내 소인극단은 전도(傳道)와 문화선전을 목적하고 좌기(左
記)와 여(如)히 순회 흥행할 터이라더라.
십월 구일 구(舊) 백천(白川)읍내
십월 십일일 평산군(平山郡) 남천(南川)
십월 십삼일 서흥(瑞興)읍내
십월 십오일 봉산군 사리원
십월 십칠일 황주(黃州)읍내
십월 십구일 황주군 겸이포(兼二浦)
십월 이십일일 안악군(安岳郡) 읍내
십월 이십삼일 신천군(信川郡) 읍내
십월 이십오일 재령군(載寧郡) 읍내
십월 이십칠일 해주 읍내
십월 이십팔일 해주군 청단(靑丹)시
단 우천이나 단원의 형편에 의하야 일, 이일간 순연될 사(事)도 유(有). (연안)

---

92) '금액(金額)'의 오식으로 보인다.

동아 21.10.07 (4) 〈광고〉

십월 육일(목요)브터 신사진 순서

실사 **포도아**[93] **풍경** 전일권

미국 갈넴 회사

희극 **애구애구** 전일권

미국 골도웬 회사

천막리(天幕裏)의 연애 곡마단의 퍼리 전칠권

미국 웬스단 회사 대작품

원작자 죠셉 훼코덴씨

대모험탐정기담 **성의 혼(星의 魂)** 전십오편 삼십일권

제삼회 제오편 사의 랑(死의 娘) 제육편 운중(雲中)으로 전사권 상장

경성부 수은동

단성사 전화 구오구번

매일 21.10.07 (1) 〈광고〉

동아 10월 7일 단성사 광고와 동일

매일 21.10.07 (4) 통영 활동대 내목(來木)

통영활동사진대 일행은 교육사상을 고취키 위하야 단장 박봉삼(朴奉杉)씨의 인솔 하에 거(去) 이십구일 목포에 도착하야 목포청년회, 기독청년회, 여자수양회, 매신 동아 양지국, 경상도우회의 후원으로 거(去) 삼십일, 일일 양일간 당지(當地) 희락관에셔 교육에 대흔 활동사진을 영사하얏더라. (목포)

동아 21.10.08 (4) 대전청년회 순극단

객월(客月) 이십삼일에 대전을 출발하야 남선(南鮮) 지방으로 향한 대전청년회 문예부 주최인 소인순극단 일행이 착구(着邱)하야 흥행함을 임의 본지에 보도한 바이어니와 본사 대구지국과 조선일보 경북지국 급(及) 대구청년회 후원하에 다대(多大)한

---

93) 葡萄牙, 포르투갈의 음차

동정(同情)을 득(得)하고 거(去) 일일 하오 육시 오십오분 대구발 차로 영천에 내도(來到) 흥행하야 만흔 환영을 밧고 삼일 상오 차로 경주에 향하얏다더라. (대구)

동아 21.10.08 (4), 21.10.09 (4), 21.10.10 (4), 21.10.11 (4), 21.10.12 (4) 〈광고〉
단성사 10월 7일자와 동일

매일 21.10.08 (4), 21.10.09 (3), 21.10.10 (3), 21.10.11 (3), 21.10.12 (3) 〈광고〉
단성사 10월 7일자와 동일

동아 21.10.09 (4) [각지 청년단체] 활동사진단 동정
거(去) 구월 이십구일에 통영청년활동사진단이 목포에 도착하야 익일부터 십월 일일까지 이일간 영사한 바 목포청년회, 기독교청년회, 여자수양회, 동아일보 목포지국, 경상도우회, 매일신보 목포지국의 주도한 후원하에 입장료가 이백여원, 동정금이 일백육십팔원에 달하야 실비를 제한 외에 해(該) 단원의 잡비 삼십원 급(及) 기계 사진 손료(損料) 이백원을 공제하고 여재(餘在) 이백원금은 당지(當地) 목포청년회 노동야학회와 여자수양회 야학회에 각 일백원식 기증하고 이일 오전 구시에 기선을 탑승하고 여수에 부(赴)하얏더라. (목포)

동아 21.10.10 (4) 공주 교육순극(巡劇) 환향(還鄕)
본지에 누차 보도된 바와 여(如)히 공주청년수양회에서는 각지의 교육열을 고취키 위하야 교육순극단을 조직하고 남선(南鮮) 지방을 순회하던 중 도처마다 비상한 환영을 밧고 본월 사일 고향에 귀착하게 되얏는대 다일(多日) 상리(相離)하얏든 고향 지기(知己) 제씨는 흔희(欣喜)[94]를 불승(不勝)하고 차(且) 원로(遠路) 끽고(喫苦)를 위안키 위하야 멀니 금강교(錦江橋)까지 출영(出迎)하얏는대, 그 단 일행은 기(其) 호의를 회사(回謝)키 위하야 당일 하오 팔시부터 십이시까지 금강관에서 양복광이라는 예제로 행연한 바 당야(當夜) 동정금이 百餘 원에 달하얏다더라. (공주)

---

94) 환희(歡喜)의 일본어식 표기

매일 21.10.12 (3) 여흥장에 살풍경 / 썩어진 탈춤과 기성 가무를 고만두고 신파연극을 히라

근일 평양(平壤)에셔 됴션 가뎡 공산 뎐람회(朝鮮 家庭 工産 展覽會)를 기최하고 일반에게 그 뎐람품을 무료로 관롬식키는 동시에 쏘흔 마진 편에 가극장(假劇場) 평락관(平樂舘)이라는 것을 건츅하고 봉산(鳳山)의 유명한 탈츔(脫舞)과 당디 긔성권번(箕城券番) 기성들의 가무로써 군중의 환락의 취미를 도도아준다 홈은 임의 보도훈 바어니와 동회와 쏘는 그 여흥이 쳐음 날부터 일호 유감 업시 환호성 즁 대셩황 속에셔 하로것치 지내오든 즁

본월 팔일에는 돌연히 소위 신사상 가지고, 우리의 것은 무엇이든지 낫부며 유러의 것이면은 덥혀노코 타파훈다 하는 일부 무식계급의 쳥년들 스이에셔 여흥의 료료를 삼는 그 가무는 전연히 인싱의 타락한 상태를 묘소훈 츄악훈 것 뿐으로 일반 소회에 적지안은 풍긔문란을 끼치일 렴려가 업지 안으니 하로밧비 그 가무는 증지하고 대신으로 취미가 진진한 신파연극(新派演劇)을 홈이 엇더냐하는 츙고가 동회 위원장 박경셕(朴經錫) 씨에게 드러왓슴으로 박씨도 어대 흔번 그들의 쇼원대로 시험이나 하여 보리라 싱각하야

구일 밤에는 당디에서 흥힝하고 잇든 의셩단(義成團)이라는 것을 불러다가 쇼위 신파연극이라는 것을 가무 대신으로 하게되엿는 바, 그날 밤도 변함 업시 봉산 탈츔과 기성의 가무를 하려니 하고, 구름갓치 모혀든 슈삼쳔여의 관즁은 쟝닉에 무릅 하나 움직일 틈이 업시 박박히 둘려안자 괴로움을 참아가며 모든 인긔를 무대 우에 모흐고 어서밧비 츔과 노러가 나오기만 고대하는 즁에 천만에 쯧도 못하엿듯 나무 죠각을 마죠치는 싹싹 쇼러와 홈의 막을 열고 쑴에도 보기 실흔 꼴갓지 안은 쇼위

신파 연극을 하기 시작홈으로 일반 관즁은 크게 실망 락담하야 하날이 문허지는 듯한 벼락 갓흔 고홈 쇼러를 일시에 지르며 야, 아놈아, 누가 그 짜위 썩어 쌔진 신파연극이나 구경하려 여긔 왓드냐. 그것을 구경하려면 우리집 아릿목에서 잠자고 잇지 우리 나라에서는 하나도 엇어볼 슈 업는 연극 흔 막에 사롬을 열도 죽이고 수물도 죽이며 간부근부가 공모하고 본부를 독살훈 후 지산을 횡령하랴는 것 갓흔 츄악하기 짓업는 연극을 감히 뉘 압혜 공긔하랴느냐. 연극이란 사회 싱활의 전츅도(縮圖)라. 어대 그갓흔 현상이 잠복하엿드냐.

우리 션죠 적부터 닉려오며 됴션 사람 이외에는 다시 더 가지지 못하고 쏘한 외국 소롬으로셔는 그의 슝고훈 예슐뎍 취미를 씨닷지 못하는 우리의 고유훈 가무는 왜 안이

하느냐 **로서 신파연극에 대훈 췌** 무엇 잇느냐, 하고 쟝녀가 호응하야 쎠들어 대이며 물 쓸듯 슈션슈션하야 자못 수라장을 일우어는 고로 여러 경관들은 졈졈 형세 가 험악하여감에 눈이 둥굴하여지며 칼자루를 굿게 잡고 경계를 엄즁히 하면 일반 임원들은 엇졀 줄을 몰르고 망지쇼죠[95]하다가 약 일 시간 후에 신파는 잠간하고 곳 탈춤을 치우겟노라고 일반에 광포하야 겨우 쟝녀를 안심식히엿는대, 신파가 좃 타고 주쟝하려왓든 쇼위 신사상가들은 고양이 쥐구녕 찻듯이 하나 둘 다 도라가고 여흥의 슌셔는 광포흔대로 진힝하야 쳔만다힝으로 무사히 그날 밤을 지닉엿다더라. (평양)

동아 21.10.13 (1) 〈광고〉

▨ 사회극 제일회 시연 ▨
시일 십월 십육, 십칠, 양일간 오후 칠시 개연
장소 단성사
이기세씨 작 사회극 희망의 눈물
윤교중씨 작 인정비극 운명
김영보(金永甫)씨 작 희극 정치삼매(情痴三昧)
관람료 특등 삼원, 일등 이원, 이등 일원, 삼등 칠십전
극예술협회극단

동아 21.10.13 (4) 청년 순극 무주(茂朱) 착발(着發)

영동(永同)청년회 순극단 일행은 거(去) 사일 제일착으로 무주에 내도(來到)한 바, 당 지 청년회관에서 청년 제씨의 담박(澹泊)한 환영 연회가 유(有)한 후 동일(同日) 오후 팔시부터 『삼인의 의리』란 예제로 개막하야 만장 관람객에게 만흔 환영을 수(受)하 고 동 십이시경에 폐막하얏스며 오일에 다시 『부모의 보수(報讎)』란 예제로 흥행하 야 쏘한 일반 남녀 관중의 박수중에 폐막하얏는대 약간의 동정금도 유(有)하얏스며 육일 조조(早朝)에 금산(錦山)으로 출발하얏다더라. (무주)

---

95) 罔知所措. 갈팡질팡 어찌할 바를 모름.

동아 21.10.13 (4) 청년 소인극 내항(來項)

충남 대전청년회 문예부에서 주최한 문화선전과 지식 계발을 목적한 소인순극단 일행 십일명은 남선(南鮮) 지방에서 대환영을 밧아 예정지 외에서도 특청(特請)하는 처(處)이 유(有)함으로 여정 일자가 심히 우연(遇延)하얏는대, 영동, 금천, 왜관, 대구를 거쳐서 영천 의법청년회 후원하에 영천(永川)에서 이일간 흥행하고 경주에 도(到)하야 본사 경주지국장의 친절한 안내로 고적을 견학하고 군청의 고적보존회를 방문 후 거(去) 육일은 안*(安*)청년회 후원하에 다시 일일 흥행하고 포항 도착은 거(去) 칠일 하오 이시 십분이엇는대 당지에서 『이우(二友)의 의리』란 *로 대환영을 밧아 부득이 일일을 연기하야 팔일도 흥행하얏다더라. (포항)

동아 21.10.13 (4) 〈광고〉

십월 십삼일(목요) 신사진 순서
실사 **해저운동** 전일권
미국 갈넴 회사
희극 **여혐(女嫌)** 전일권
미국 메도로 회사작
화류계의 풍자 **유녀(流女)의 말로** 전칠권
주연자 후란시쓰, 엑쓰 버쓰민씨
미국 웬스단 회사 대작품
원작자 죠셉 훼코덴씨
대모험탐정기담 **성의 혼(星의 魂)** 전십오편 삼십일권
제사회 제칠편 악어의 습래(襲來) 제팔편 화책(火責) 전사권 상장
경성부 수은동 단성사 전화 구오구번

매일 21.10.13 (2) 지방 개량반 활동

경기도 지방 개량과에셔 선내(鮮內)의 농사사상 함양에 자(資)하기 위하야 누누히 활동사진을 사용하얏든 바, 작일(昨日) 오전 십시 반 율원(栗原) 속(屬)은 사진반 이명을 대동하고 시외 왕십리의 공립 경성 농업학교의 도예취(稻刈取) 기타 실습 상황 촬영을 위하야 동교(同敎)에 향하얏는대 근근 각 지방에 출장 영사홀 터이라더라.

동아 21.10.14 (3), 21.10.15 (3) 〈광고〉

예술협회극단 10월 13일자와 동일

동아 21.10.14 (4), 21.10.15 (1), 21.10.16 (3), 21.10.17 (4), 21.10.18 (4), 21.10.19 (4) 〈광고〉

단성사 10월 13일자와 동일

매일 21.10.14 (1) 〈광고〉

동아 10월 14일자 단성사 광고와 동일

동아 21.10.15 (3) 예술협회 출현 / 신극운동 데일성 / 명일부터 단성사에서 사회 극을 상연한다고

세계에 문화(文化)가 진보되야 갈사록 여러가지의 새로운 운동이 이러나는 것은 자연한 리치이다. 우리 조선에도 고대(古代)에는 연극이 흥힝한 째가 잇섯다하나 근세 수빅년 이러로는 다른 고대의 예술(藝術)이 쇠퇴하야 가는 례에 짜라서 연극까지 전연히 그 형적을 감추게 되얏든 바, 근러 몃해 이러로 다시 세계의 풍조에 짜라서

신파라는 연극(演劇)이 발싱하얏스나 사회에 동정도 업고 쏘 그 연극에 종사하든 사람들도 충분한 수양과 학식이 업고 다만 몃개의 더급 연극단이 경성에 잇서서 신파 연극단이니 무엇이니 하야 가치 업는 유희를 규측 업시 흥힝하기 짜닭에 도로혀 연극이라는 교화(敎化) 운동으로 하야금 악평을 밧게 되얏든 바, 요사히 일부 유지자 사이에 예술협회(藝術協會)라는 연극회를 조직하야 가치 잇고

우리 생활에 만흔 교화를 주는 연극을 이르킬 목뎍으로 민대식(閔大植), 박승빈(朴勝彬), 윤교중(尹敎重), 리긔세(李基世) 등 제씨의 발긔로 매우 로력 중인대 명 십륙 일부터 량일간 시내 단성사에서 데일 회의 사회극(社會劇)을 시험 상연한다더라.

동아 21.10.16 (4) 고려 청년 연극 연긔

개성 고려청년회에서 거(去) 십일부터 소인극을 흥행한다 함은 기보하얏스나 준비 급(及) 기타의 고장으로 인하야 래 이십오일로 연긔하얏다더라. (개성)

매일 21.10.16 (1), 21.10.17 (1) 〈광고〉

단성사 10월 14일자와 동일

매일 21.10.16 (4) 경북 활동사진 조제(調製)

경상북도에셔는 도내 산업 기타 제반 사업을 소개키 위하야 총독부 활동사진 촬영 대를 청요(請邀)하야 거(去) 십이일브터 이십사일까지 도내 우(右) 관계 각소를 촬영 하는대 기(其) 일할(日割) 급(及) 촬영장소는 여좌(如左)하다더라. (대구)

십이일 여미사방공사(麗尾砂防工事) ▲ 십삼일 속촌(束村) 부식(扶植)농원 하양(河陽) 도 모범 임금호(林琴湖) 이민(移民) 상황 ▲ 십사일 편창(片倉) 조은사(組恩賜) 진료소 안동 도로 ▲ 십오 경비 병원 위생 급(及) 세균 시험소 ▲ 십육일 대구 신사(神社) 제 전(祭典) 서문시장(西間市場) ▲ 십칠일 소방조(消防組) 경주 안강(安康) 방면 ▲ 십팔 일 경주 가도(街道) 급(及) 고적 ▲ 십구일 경주 구룡포 ▲ 이십일 경주 감포항(甘浦港) ▲ 이십이일 대구 우시장(牛市場) ▲ 이십사일 농학교 대구은행 조선은행 지점 금융조합

동아 21.10.17 (4) 도청 순회 활동사진

경남도청의 주최로 지방 순회 활동사진을 영사하야 일반 인민의 관람에 공(供)케 하 는 바 거(去) 팔일 하오 구시부터 협천(陜川) 공립 보통학교 *장(*場)에서 동(同) 사 진 영사를 행하엿는대 그 개요는 권업(勸業) 노동 조림(造林) 급(及) 위생사상을 선전 함이더라. (협천)

동아 21.10.20 (4) 〈광고〉

십월 이십일(목요) 신사진 순서

실사 독을(獨乙)[96] 함대 인도(引渡) 실황 전일권

찰스 영화 회사작

희극 **쏀비의 신부** 전이권

미국 부레논사 작

---

96) 독일

고도의 애사(孤島의 哀史) **비밀의 왕녀** 전오권

미국 웬스단 회사 대작품

원작자 죠셉 훼코덴씨

대모험탐정기담 **성의 혼(星의 魂)** 전십오편 삼십일권

제오회 제구편 괴상한 자선 부인 제십편 혈서의 권(卷) 전사권 상장

경성부 수은동 단성사 전화 구오구번

동아 21.10.21 (4), 21.10.22 (4), 21.10.23 (4), 21.10.26 (4) 〈광고〉

단성사 10월 20일자와 동일

매일 21.10.21 (3) 〈광고〉

동아 10월 20일자 단성사 광고와 동일

매일 21.10.22 (3), 21.10.23 (1), 21.10.24 (4), 21.10.25 (4), 21.10.26 (1), 21.10.27 (1) 〈광고〉

단성사 10월 21일자와 동일

동아 21.10.25 (4) 대구 청년 활동사진

대구청년회에서는 십월 이십삼일부터 향(向) 오일간 극장 대구좌에서 추계 활동사진 대회를 개(開)한다는대, 예(預)히 충분한 광고를 하야 당지(當地) 인사로부터 만흔 동정을 밧은 것은 물론이어니와 금반(今般)의 수입으로는 회관 건축 기타 회의 확장 경비에 충용하리라더라. (대구)

매일 21.10.26 (2) 대동(大東) 동지(同志) 활동 / 동경에 지부 설치 계획

대동동지회(大東同志會)의 회무를 겸(兼)하야 동회(同會)에서 파유하는 동경 유학생 칠팔명을 인솔하고 거(去) 십칠일 평양을 출발하야 동상(東上)하얏던 중추원 참의 선우진(鮮于鎭)씨는 기간(其間) 동경에셔 예정과 여(如)히 유학생을 명치, 일본 양대학교에 분(分)하야 추천으로 입학케하고 기타 동회(同會)의 회무는 예측 이상의 호결과를 득하얏고 동회의 선전용으로 구미 각종의 활동사진 십수 종을 일만수천원 이상의 가격품을 구입하얏눈바, 일전(日前)에 귀로(歸路)에 입성하야 본정(本町) 천진루

(天眞樓)에 체재하고 이십사일에 해(該) 사진을 총독부에서 영사하고 재등(齋藤) 총독, 수야(水野) 정무총감을 위시하야 각 고등관의 관람에 공(供)케 하얏는대, 대다(大多)한 환영의 찬성을 득하고 이십사일 야(夜)에 평양으로 향하얏는바 씨는 어(語)하되, 래(來) 십일월 일일은 즉 대동동지회의 창립 일주년 기념일인 고로 기일(其日)에는 기념식을 당하아 정기총회를 개(開)하고 회칙을 대부분 변경하야 회＊(會＊) 내용을 일신(一新)케 하고 대활동을 시(試)홀 터인바 결국은 동경의 본부보다 기배(幾倍)나 굉대(宏大)한 지부를 설치하고 내지인에 대하야 일층 신정신(新精神)을 고취하야 써 내지인으로 하야금 철저한 내선융화의 정신을 선전하겟다 운운.

동아 21.10.27 (4) 〈광고〉
십월 이십칠일(목요) 신사진 제공
실사 **신궁참배** 전일권
미국 부락 금강석 회사작
희극 **성(聲)의 자만** 전일권
미국 펜쟈－민 브든 영회(映會)
사회정책 **태풍의 적(跡)** 전칠권
미국 엔스단 회사 특작
탐정활극 **성의 혼(星의 魂)** 전십오편 삼십일권
원작자 죠셉 커－덴씨
주연자 촬쓰 힛치슌씨 안투더양
제육회 제십일편 박구인 처녀 제십이편 승양의쎼 전사권 상장
차회(次回)의 활약하는 단성사의 십일월 흥행은……
세인을 경탄케하던 괴력자는 수(誰)?
기기괴괴하여 인생계를 초월하고 마계(魔界) 현출(現出)은 하(何)?
경성부 수은동
단성사 전화 구오구번

매일 21.10.27 (3) 교화 선전 환등회 / 금이십칠일브터 아흐레 동안 영사
경성부녀 공립보통학교의 주최로 미일신보 경성일보 양사 후원 하에 교화 션뎐 환등회(教化 宣傳 幻燈會)를 기최하기로 작뎡혼 바, 환등 사진의 수효는 젼부 칠십륙미인

대 주요한 부분으로 말하면 첫지 경셩에셔 니디 일광(日光)지지 가눈 전후 볼만한 환
등이고 둘지눈 조션가 고윤문(高允默)[97]씨의 오날날지지 힝하야 온 그의 일졀의 쇼기
가 환등에셔 낫하나겟고 셋지눈

일본히 대히젼(日本海 大海戰)의 그 상황 일졀이라눈 바, 셰가지 주요 부분만 이러하
고 그 속에 쌀닌 구구한 것이 짜로 잇눈눈대,[98] 실로 일 환등을 볼 씌에눈 경셩에셔
일광을 안젼에 넉넉히 볼 수가 잇슬 것이며 교화션뎐 상 다대한 리익이 잇스리라 단
언하겟스며 각 아동의 교화션뎐 상에도 미우 죠흔 일인대, 영사 당일부터눈 무료료
볼 슈가 잇스며 그 환등하눈 날자와 구역 쳐쇼눈 아러와 갓더라.

십월　　이십칠일 오후 칠시부터 매동(梅洞)공립보통학교『통의동』

　　　　삼십일 경성여자공립보통학교

　　　　삼십일일 천장절(天長節) 축일『휴회』

십일월　일일 어의동(於義洞)공립보통학교『효제동』

　　　　이일 용산공립보통학교『금정(錦町)』

　　　　삼일 인현(仁峴)공립보통학교『앵정정(櫻井町)』

　　　　사일 진명여자고등보통학교『창성동(昌成洞)』

　　　　오일 천도교회당『경운동』

매일 21.10.27 (3) 〈광고〉

교화선전 환등회

십월 이십칠일 오후 칠시부터 매동공립보통학교 교정 (통의동)

십월 이십팔일 수하동(水下洞) 공립보통학교 교정 (수하정(水下町))

십월 삼십일 경성여자공립보통학교 교정 (죽첨정(竹添町))

십일월 일일 어의동공립보통학교 교정 (효제동)

십일월 이일 용산공립보통학교 교정 (금정)

십일월 삼일 인현공립보통학교 교정 (앵정정)

십일월 사일 진명여자고등보통학교 강당내 (창성동)

십월 오일 천도교회당 내에셔 (경운동)

---

97) 한자 성명으로 보면 '고윤묵'씨가 맞음.

98) '잇눈대'의 오식.

一, 경성에셔 일광(日光)에

一, 자선가(慈善家) 고구묵(高久默)[99] ＊＊

一, 일본해 대해전

경기도에셔 윤(允) 활동사진 응원이 잇쇼.

입장료 무료

동반자 환영

주최 경성부내 공립보통학교

후원 매일신보사 경성일보사

동아 21.10.28 (1), 21.10.29 (1), 21.10.30 (4), 21.11.01 (1), 21.11.02 (1) 〈광고〉

단성사 10월 27일자와 동일

매일 21.10.28 (4) 〈광고〉

동아 10월 27일자 단성사 광고와 동일

동아 21.10.29 (4) 대전 농사 개량 선전

대전군 주최로 거(去) 십구일부터 농사 개량의 목적으로 군내 주요 각 면사무소를 순회하며 환등회를 개최하는 바, 차(此) 기회를 이용하야 대전경찰서에서는 장곡천 (長谷川) 서장, 천우(川又), 김(金) 양 경부 외 수인이 교체 출장하야 위생사상의 보급 강연을 한다더라. (대전)

매일 21.10.29 (4), 21.11.02 (3), 21.11.04 (3) 〈광고〉

단성사 10월 28일자와 동일

매일 21.10.31 (3) 가무기좌 전소 / 손히 뵉만원

동경에 유명혼 가무기좌(歌舞技座)는 작일 아참 여덜 시 숨십 분에 불이 나셔 가무기 좌는 전부 다 타바리고 그 이웃 챠 파는 집 혼 치는 반이나 탄 후 동 열시에 진화되엿

---

99) 기사에는 고육묵으로 되어 있다.

논 바, 그의 손희논 의상(衣裳), 그 외 다른 것까지 합하야 빅만원에 달하얏스며 동좌는 숑쥭회사(松竹會社)에셔 경영하는 뎨국극장(帝劇)에 다음 가는 큰 극장이라더라. (동경 뎐보)

동아 21.11.01 (4) 대구 활동사진 성황

대구청년회에서 천여원의 비용으로 추기 활동사진대회를 십월 이십삼일부터 당지 극장 대구좌에서 개최하얏다는 것은 기(既)히 본사에 보도한 바어니와 초일로부터 종일까지 당지(當地) 인사의 열열한 동정하에 매야(每夜) 만원의 대성황을 일우어 이십칠일로써 종(終)을 고(告)하고 동야(同夜) 잉(仍)히 금반(今般) 명대(名大)한 노력을 한 간부 우(又)는 기타 제씨와 경성에서 초빙하야 온 변사 이씨(二氏)를 경정(京町) 군방각(群芳閣)에 초대 위로 후 산회(散會)하얏는데 오일간 동정금과 기(其) 씨명은 여좌(如左)하다더라. (동정 명부는 생략)

동아 21.11.01 (4) 대전청년회 문예극

문화선전을 목적한 대전청년회 문예순극단 일행 십명은 남선(南鮮)지방 순회 도차(途次) 십월 십육일 동래에 도착하얏는 바, 우천으로 인하야 부득이 십일 동안이나 체류타가 동 이십삼, 사일 동래구락부, 기독교청년회, 보교(普校) 동창회, 본사 동래분국(東萊分局) 후원하에서 연일 만원의 대성황으로 흥행하고 이십육일 조(朝) 출발하야 당일 석(夕) 김해에 도착하야 이십칠, 팔 양일간 김해청년회, 본사 김해분국 후원하에 또한 성황으로써 흥행하얏다더라. (김해)

동아 21.11.02 (4) 예술협회 극단 착부(着釜)

부산청년회, 부산평수(萍水)친목회, 동아일보 부산지국의 후원하에 십월 이십칠일 야(夜) 부산좌에서 운명(전 이막 이장)과 희망의 눈물(전 이막 이장)이란 각본을 윤교중(尹敎重), 이기세 양씨의 감독하에 상장되얏다. 이는 그네의 사회극 연구 제일회 시험이란 개막 전 동단의 대표로 이기세군의 본단 취지의 설명이 유(有)한 후 인(因)하야 막이 개(開)한 바, 천연미려(天然美麗)한 배경이며 전기 광선의 작용으로 현대적 인생의 실생활에 감(鑑)하야 일거수일투족이 기의(其宜)를 득(得)한 동작과 또한 말근 주악의 소리는 사오백명의 관객으로 하야금 다대한 동정을 기(起)하얏스며 심각한 인상을 여(與)하야 예술적 감상을 주고 야(夜) 십이시에 폐막하얏는대 유지(有

志) 제씨의 동정금이 백여원에 달하얏다더라. (부산)

매일 21.11.02 (4) 고려(高麗) 청년 소인극(素人劇)

개성 고려청년회에서 소인극을 흥행홈은 기(旣)히 본보에 보도호 바와 갓거니와 동회(同會)에셔는 예정과 갓치 지나간 이십칠일부터 이십구일까지 삼일간을 흥행하얏는데 시내 인사(人士)의 다대호 동정을 수(受)하야 만장의 성황을 정(呈)하얏스며 당지(當地) 상업가(商業家) 제씨와 유지 제씨는 자발적으로 다대한 의연(義捐)이 유(有)호 바 그 수입된 금액은 사백오십사원 칠십전에 달하얏으며 제일 특색은 당지 기생계에셔까지 동회(同會)를 위하야 경쟁적의 의연이 유(有)하얏고 동회(同會) 이사장 김정호(金正浩), 이사 김영택(金永澤) 양씨는 금반(今般)에 역원(役員)으로 피선되얏던 회원을 위로하기 위하야 각각 그 위로연을 신풍관(新豊舘)에 개최하얏다더라. (개성)

동아 21.11.04 (2) 〈광고〉

십일월 사일(금요) 신사진
최종편 연속과 절해의 애화(絶海의 哀話)
미국 크리스데사 작
희극 **신량의 도주** 전일권
미국 메도로사 작
절해애화 **해(海)의 신비** 전칠권
미국 웬스단 영회(映會)
탐정활극 **성의 혼(星의 魂)** 전십오편 삼십일권
최종편 제십삼 염의 원(焰의 垣) 제십사 갓처서 제십오 언덕으로
경성부 수은동
단성사 전화 구오구번

동아 21.11.05 (1), 21.11.06 (1), 21.11.07 (1), 21.11.08 (4), 21.11.09 (3) 〈광고〉

단성사 11월 4일자와 동일

매일 21.11.05 (4) 봉화(奉化)에 문화 선전

경상북도에셔는 작년 이래로 도내 각지를 순회하며 문화 선전 활동사진을 영사하는

중 차(此)가 철저를 *코져 *에 수륙(水陸) 수천리를 돌파하야 울릉도(鬱陵島)지지 답파(踏破)하얏는대 차(此)가 현저한 효과가 유(有)홈을 인(認)하고 금(今)에 경(更)히 본도(本道) 극단 강원도를 계(係)호 태백산령 봉화군 관내를 순회코져 래(來) 오일부터 십이일지지 팔간 예정으로 동군(同郡) 물야면(物野面)을 제(除)호 외 팔면(八面)을 일일이 편답(偏踏)코져 본도(本道) 촉탁 장상철(張相撤)씨가 활동사진 기사를 수(隨)케 하고 사일에 출발호다더라. (대구)

매일 21.11.05 (4) 〈광고〉
동아 11월 4일자 단성사 광고와 동일

매일 21.11.06 (4) 〈광고〉
단성사 11월 5일자와 동일

매일 21.11.07 (3) 세계 제일의 괴력가 / 오늘밤브터 돈셩샤에셔
활동소진에 힘 만흔『마지스데』라면 누구나 다 하품을 홀 지경인 텬하장사라는 평판에 잇셧지만은 오날눌지지 그 실물의 정말 사람은 못 본 터이라. 그 마지스데에 일가되는 괴력가(怪力家) 일힝 중에 뉘외 두 사롬의 괴력즈가 이번에 각국을 슌회하며 세계 사롬에게 그 힘을 즈랑하고 마지막으로 됴션지지 밋쳐와셔 그의 귀신도 당치못홀 그 괴력을 즈랑하고 구경케 홀 챠로 동구안 단셩샤로 드러왓다는대, 이 사람의 힘은 자동초도 한 손에 드는 힘과 십여 명식을 좌우 손에 들고 횡힝하는 그 무셔운 힘이 잇스며 뎐챠과도 진힝 중을 불고하고 손만 뉘여 미러 능히 막을 슈 잇는대, 뎐긔의 뎐챠도 뒤로 물너간다는
괴력이며 쳔만근 되는 쇠덩이를 엿가러 갓치 느린다는 것은 잇더것 말도 못 들엇든 터이라. 두 뉘외의 신통하고 엄쳥는 괴력은 장챠 금일 밤 단셩샤에셔 보려니와 본시 독일 근방의 사람으로 셰계의 유명하다는 괴력이요, 쏘 활동소진에도 수차 박힌 일이 잇다는대, 이번 단셩소에셔는 이 일힝을 일부러 불너다가 오늘밤부터 일주일 동안 흥힝을 하게된 바, 누군던지 한번 그 괴력을 볼 것이며 이번 입쟝료는 특히 삼등 오십젼 이등 팔십젼 일등 일원 특등에 이원으로 뎡하얏다하며 이 일주일 동안 이 력사가 흥힝하는 동안에는 특히 본사에셔 후원을 하여 주기로 하엿더라.

동아 21.11.08 (3) 천하 역사(力士) 출연 / 칠일 밤부터 십일간 단성사에 출연할 터

귀신을 놀내일 만한 괴괴한 힘을 가저 세계 각국으로 도라다니면서 흥힝할 재에 관긱의 가슴을 서늘케하든 텬하장사 『코스토니아』 사람 『헨도릿히 루이칼』씨와 미국 여자로 전긔 『루이칼』씨와 상적할 만한 힘을 가진 녀장사 『지나 루이칼』, 양 씨는 일전 조선에 드러와서 작일 밤부터 시내 단성사에서 십일 동안 권투(拳鬪) 기타 기술을 힝할 터인대 입장료는 특등 이원, 일등 일원, 이등 팔십전, 삼등 오십전이라더라

매일 21.11.08 (3) 〈광고〉

금야(今夜)부터 독일 괴력가 출연

세계적 가경(可驚)홀 남녀 괴력가 일행

입장료

특등 이원 일등 일원 이등 팔십전 삼등 오십전

단성사

매일 21.11.09 (1) 〈광고〉

단성사 11월 8일자와 동일

매일 21.11.09 (3) 전긔 명멸탑(明滅塔)으로 좌측통행 선전 / 이 외에 순사의 션뎐대(隊)지 출동홀 모양

십이월 일일부터 실시될 좌측통힝은 당국에셔는 일졀 션뎐에 로력하는 즁인 바, 본뎡 셔에셔는 경극(京劇) 공회당(公會堂)에셔 션뎐 활동사진을 슈일동안 영샤홀 계획이요, 종로셔에셔는 놉히 삼십오 척되는 이층 누각의 뎐긔 명멸탑(明滅塔)을 종로 십자가에 건설하고 쏘한 흥힝물의 광고 긔치에 좌측 통힝의 문자를 넛코 시즁의 즁요한 곳에는 이십 여믜의 션뎐판을 세울 터이요, 당일은 비번 경관을 쇼집하야 대션뎐대를 조직홀 터이라더라.

동아 21.11.10 (3) 〈광고〉

십일월 십일(목요)로 십육일까지 신사진

신공개되는 연속활극과 괴력가의 출연

미국 인다나쇼날

선화(線畵) 복동가의 도난(福童家의 盜難)

이국(伊國) 데이별

연속활극 회색의 서(鼠) 제십사편 이십팔권

제일회 흑봉간(黑封簡) 고문의 권(拷問의 卷) 전칠권 상장

출연자 에미라오기오네씨 삼후진양

경성부 수은동

단성사 전화 구오구번

동아 21.11.11 (3) 〈광고〉

십일월 십일(목요일)부터 신사진 교환

미국 유너버살 회사 걸작

대모험대활극 명금(名金)대회

전이십이편 사십사권

십일, 십일일 일, 이, 삼, 사편 팔권 상장

십이일, 십삼일 오, 육, 칠, 팔편 팔권 상장

십사일, 십오일 구, 십, 십일, 십이편 팔권 상장

십육일, 십칠일 십삼, 십사, 십오, 십육편 팔권 상장

십팔일, 십구일 십칠, 십팔, 십구, 이십, 이십일, 이십이편 십이권 상장

외 강원도 금강산 실사 전오권

여흥 서양역사(力士)

입장료 특할인

일등 칠십전 이등 오십전 삼등 삼십전

경성부 수은동

단성사 전화 구오구번

매일 21.11.11 (3) 광무대 연주회 / 대졍 기성 출연 / 오늘밤브터 각죵 가무 연극의 흥힝

황히도 봉산군(黃海道 鳳山郡) 사립 광진학교(光進學校)는 년뢰로 다슈한 쳥년 자뎨를 교양하야 황히도의 문화 발뎐이 불쇼훈 공로가 잇슬 뿐 아니라 현지에도 약 일빅오 십명의 싱도를 교육하는 즁인 바, 지졍의 곤난으로 인하야 교사를 신건축치 못한 ㅅ

닭으로 겨우 절반밧게 슈용치 못하는 곤경에 쌔져잇슴으로 당군 유지 간에는 항상 기탄함을 마지아니 하던 즁이던 바, 당군 쳥년 지산가로 겸하야 유지인 김원범(金元範)씨는 교사 신건츅비로 돈 빅원을 긔부하야 각 방면으로 활동하얏스나 **뜻을 이루**지 못흠을 기탄하고 슈일 젼에 경셩으로 올나와 여러가지로 연구한 결과 광무대를 사흘동안 빌니여 됴션 구파와 밋 됴션의 명챵으로 독보의 칭찬을 밧는 리동빅(李東伯)의 쇼리와 대졍권번 기싱이 의무로 나와셔 노릭와 츔을 흥힝하야 경비를 졔한 외의 수입 젼부로 광진학교 신건츅비에 긔부하야 일비의 힘이 되게하기로 흐다는 바, 일즈는 오늘 져녁부터 사흘 져녁이요, 입쟝료는 일등에 륙십젼, 보통에 오십 젼이라는 바, 일반은 다수히 챤셩 환영하야 가상한 뜻에 무한혼 챤동을 만이 쥬기를 간졀이 바라는 바이라더라

매일 21.11.11 (3) 경셩에 방화선젼(防火宣傳) / 사회봉사 션뎐 활동사진회를 열어

경셩 쇼방대(京城 消防隊)와 경셩 쇼방죠(京城 消防組)에셔는 됴션 총독부의 후원으로 작일브터 교통안젼(交通安全)과 화방션뎐(火防宣傳)을 목뎍하야 스회봉스 션뎐 활동대사진(社會奉仕 宣傳 活動大寫眞)을 영수홀 터이라는 바, 사진의 영사는 평야(平野) 활동스진 협회에서 영수홀 터이요, 사진은 풍경 명쇼(風景 名所)의 실사와 사회기션(社會改善)의 공즁 영사와 교통안뎐(交通安全)의 션뎐영화 교육극(敎育劇) 군스 대활극(軍事大活劇) 등의 주미가 진진혼 것으로만 십여 죵이 된다하며, 영사 일자와 쟝소는 다음과 갓흔 바, 입쟝료는 삼십 젼이요, 민일 주야 이회로 공기혼다는대, 낫에는 졍오부터 밤에는 여섯 시부터 이라더라.

십, 십일, 양일간 룡산기셩좌
십이, 십삼, 십사 삼일간 경셩극장
십오 십육, 양일간 단셩사

매일 21.11.11 (3) 〈광고〉

십일월 십일(목요)로 십육일ᄭᆞ지
괴력가의 출연
여류 괴력가 지나 루이케의 경세젹(警世的) 괴력은 부득 재견(不得 再見)!
미국 인 ᄶᅡ나쇼날
션화(線畫) 복동가(福童家)의 도난

이국(伊國) 데이블

연속활극 **회색의 서(鼠)** 제십사편 이십팔권

(당국의 불허가로 영사 중지)

명금대회영사

십일 십일일 - 일, 이, 삼, 사편 팔권 상장

십이일 십삼일 - 오, 육, 칠, 팔편 팔권 상장

십사일 십오일 - 구, 십, 십일, 십이편 팔권 상장

요금특정(特定) 일등 칠십전, 이등 오십전, 삼등 삼십전

경성 수은동 오륙

전화 구오구 단성사

동아 21.11.12 (1), 21.11.13 (1), 21.11.14 (1), 21.11.15 (1), 21.11.16 (4), 21.11.17 (4), 21.11.18 (1), 21.11.19 (4), 21.11.20 (1), 21.11.21 (3), 21.11.22 (1) 〈광고〉

단성사 11월 11일자와 동일

매일 21.11.12 (4) 예술협회극단의 시연(試演)에 대한 현철(玄哲)군의 극평 / 이기세

이번 예술협회극단에 제일회 시연을 단성사에셔 공개홈에 대하야 우리 조선극문학계의 명성(明星)인 현철군의 극평이 십일월 발행『개벽』제 십칠호에 발표되얏다. 이 현철군의 글은 전체가 극평가의 지위에서 공평혼 눈을 열고 충실하게 평홈인지, 혹은 사렴(私嫌)을 품고 욕설을 홈인지, 이것은 그 글을 읽는 독자의 판단에 믹기려니와 하여(何如)하든 우리의 그 생소하고 불완전한 첫 시험이 현철갓튼 극학가(劇學家)의 평론하는 붓에 것치엿다하면 우리게는 얼마나 큰 광영이 되랴. 나는 동단(同團)의 관계자의 일인으로 거록혼 군의 호의를 치사(致謝)홈을 마지못하거니와 군의 그 평문이 하도 독단적임은 고사하고 그 글을 쓴 의취(意趣)가 극을 비평홈보다도 찰아리 작자의 인신(人身)을 공격홈에 잇는 듯하니, 이것은 극평가의 지위에 슨 군 자신의 인격을 스사로 훼상(毁傷)홈이 젹지 안을 줄 안다. 예술협회극단 제일회 시연 각본 중 나의 졸작『희망의 눈물』은 각본으로 예술적 가치의 유무는 막론하고 그것이 비록 변변치 못하다 홀지라도 나의 빈약한 노력에 의혼 창작임을 누구의 압헤셔라도 명언(明言)홈을 주저치 안이한다. 그 각본이 군(君)의 역술(譯述)로 된『격야(隔夜)』와 어늬 구절과 어늬 장면이 근사(近似)한 점이 잇는지, 나는 아직까지 군의 역(譯)『격

야』를 지못읽흔[100] 고로 무엇이라 말하기 어려우나 군의 『격야』가 만일 『투－쩨넵』씨의 원작을[101] 일어로 번역흔 『기전야(其前夜)』를 충직하게 중역(重譯)흔 것이라하면 이 『희망의 눈물』을 나의 수년 전에 넑은 그것에 대조하야 고찰하야도 어늬 구석이 그갓치 혹사(酷似)[102]흔지 알 수 업다. 군의 이른바 윤우영(尹宇榮)을 『스담호웁』으로 애경(愛卿)을 『에레나』로 보앗다 홈은 그것은 혹은 그러홀듯흔 말이나 김동수(金東洙)를 『인사롭』으로, 장낙춘(張樂春)을 『수빈』으로 보앗다 홈은 아모리 싱각하야도 『투－쩨넵』씨의 그 원작을 누구보다 자세히 안다는 군의 말갓지는 안이하다. 설혹 나의 졸작 『희망의 눈물』의 엇더흔 인물의 성격이 군의 역(譯)『격야』의 엇더흔 인물의 성격에 근사(近似)흔 점이 잇다 홀지라도 그 대사와 과작(科作)과 장면 등 극 전체에 하등의 교섭(交涉)이 업슬진딘 『희망의 눈물』을 『격야』에셔 츄려닉엿다고 단언홀 슈는 업는 줄로 안다. 남을 어대까지 훼폄(毁貶)하고 군 호을노[103] 존대(尊大)홈은 만성(慢性)된 군의 고질이니 지금에 적당히 시술홀 방책이 업거니와 군이 만일 병근(病根)을 곳치지 아니하면 이로 인하야 밧는 재앙도 결고 젹지안타 하노라. 나는 작일(昨日)에야 엇더한 우인(友人)의 일너줌에 의하야 비로쇼 군의 평문을 넑고 어대까지 강경흔 문제를 이리키랴 하얏스나 수효(數爻)에도 끼우지 못하는 변변치 못흔 작품을 가지고 나의 창작이니 안이니 하고 쟁론홈이 흔갓 세상에 우슴거리를 남길가 하야 모던 것을 공평흔 세평에 믹기고 묵묵히 잇거니와 군이 만일 량심이 잇다하면 스사로 붓그러울 줄 안다. 『정치삼매(精痴三昧)』의 작자 김영용(金泳傭)씨의 인신을 공격흔대 대히셔도 헐 말이 잇스나 아모 소익(所益)이 업겟기로 그만두랴한다. 최후에 임하야 배경과 광선에 대하야 주의하야준 군의 호의를 사례하고 말을 긋친다.

매일 21.11.12 (4), 21.11.14 (3), 21.11.15 (3), 21.11.17 (1), 21.11.19 (3), 21.11.21 (3)
〈광고〉
단성사 11월 11일자와 동일

---

100) '읽지 못한'이 글자 순서의 오류로 이렇게 표기됨.
101) 투르게네프의 〈전날밤(격야)〉를 말함.
102) 서로 같다고 할 만큼 매우 비슷함.
103) 홀로

매일 21.11.13 (3) 광무대 연주회 초일 만원 성황 / 십삼일 밤에는 경화기싱 출연

십일일브터 광무대에서 황히도 봉산 광진학교를 위하야 동디 유지 김원범(金元範) 씨의 후원과 성벽으로 본사의 후원을 밧어 수흘동안 특별 대연주회를 기최한 일은 다 아는 바어니와 첫 놀은 날이 치웟지만은 드리밀니는 관람긱은 만원의 성황을 일우엇고 일류 명창 리동빅(李東伯)군의 판쇼러가 잇셔셔 흥미가 진진하얏스며 십이일 밤 둘지놀은 특히 대정권번의 후의로 학교에 챤셩하는 뜻 아러 하로밤을 갑 밧지안코 무료로 의무뎍 츌연하겟다는 자발뎍 신청이 잇셧는대, 츌연홀 긔싱은 김도화, 김소홍, 승옥셥, 신치션, 윤치운, 셔산호쥬, 김반도춘, 김옥엽, 현미홍 등 일류가는 아홉 명이 츌연하야 각종 긔예로 만장의 흥미를 도을 터이라는대, 또 십삼일 마지막 맛치는 놀에는 경화권번(京和券番) 기싱이 나와셔 가무 외에 대쇼 기슐(奇術) 몃가지가 잇셔셔 미우 볼 만한 식치를 일우겟더라.

동아 21.11.14 (4) [각지 청년단체] 대전 청년 문예극

대전청년회 문예단이 남선(南鮮) 순회를 종료하고 귀환하얏다 함은 임의 보도한 바어니와 사십삼일간 피곤한 몸을 기일간(幾日間) 휴양하고 거(去) 구일부터 향(向) 삼일간 대전좌에서 운개명월(雲開明月)이란 * 제하에 이길용(李吉用)군의 개막사가 유(有)한 후 흥행하야 매야(每夜) 만장 갈채의 성황을 정(呈)하얏다더라. (대전)

매일 21.11.15 (1) 〈광고〉

동서연극연구
여자 지원자 모집
자격
학력, 보통학교 졸업 정도 이상
연령, 십칠세 이상 이십이세 이하
단 품행이 단정혼 독신자에 한홈
대우
생활비 삼개월 간을 양성 기간으로하고 본인에 대혼 상당혼 생활비를 지급홈
월급 우(右) 기간이 경과혼 후는 본인의 기예에 의하야 오십원 이상 일백오십원 이내의 월급을 지급홈
우(右) 지원자는 매일 오후 일시부터 동 삼시 이(以)로 본내(本內) 사무소에 내담(來

談)홀 사
경성부 무교정(武橋町) 오육번지
예술협회사무소 전화 일구칠번

매일 21.11.15 (3) 대정기(大正妓) 연주회 / 우미관에셔 / 십팔일부터 시작

일전에 부닉 한남권번에셔 단성사(團成社)에셔 기싱의 가무 온습회(溫習會)를 열고 그 권번에 슈빅의 기싱이 각각 자긔의 쟝긔로 가무를 연주하야 막대한 환영을 밧엇는 바, 이번에는 다옥뎡(茶屋町) 대정권번(大正券番)에셔 이 달 십팔 일부터 오일간 우미관(優美舘)에셔 셩대한 온습회를 기최하고 기싱의 가무가 잇슬 뿐외라, 고대소설에 가쟝 유명혼 옥루몽과 춘향뎐, 심창뎐[104] 등의 연극으로 대대뎍 연주회를 거힝한다더라.

매일 21.11.16 (3), 21.11.17 (3) 〈광고〉

동서연극연구 여자지원자 모집 11월 15일자와 동일

조선 21.11.16 (3) 예술협회의 활동

시닉 무교정 오십륙번디(市內 武橋町 五六番地) 예술협회에셔는 거번 단성사에셔 쳐음으로 연극의 막을 열게 되얏셧는디 기시에 다디혼 환영을 바닷슴은 일반이 다 ㅇ는 바 금반에 더욱 연구에 연구를 더ㅎ고 활동에 활동을 더ㅎ기 위ㅎ야 여자 비우 지원즈를 모집 즁인디 학력은 보통학교 졸업 정도요 년령은 십칠세로붓터 이십이셰꺼지가 상당ㅎ다 ㅎ며 미삭 보수에 디ㅎ야셔는 처음 삼십원으로붓허 기술의 정도에 쌀ㅇ 일빅오십원꺼지 주기로 혼다더라.

조선 21.11.16 (3) 〈광고〉

동서연극연구
여자지원자 모집
자격

---

104) 심청전

◆ 학력: 보통학교 졸업 정도 이상

◆ 연령: 십칠세 이상 이십이세 이하

단 품행이 단정훈 독신자에 한홈

대우

◆ 생활비 삼개월 간을 양성 기간으로 하고 본인에 대훈 상당한 생활비을 지급홈

◆ 월급 우(右) 기간이 경과한 후논 본인의 기예에 의흐야 오십원 이상 일백오십원 이내의 월급을 지급함.

우 지원자논 매일 오후 일시부터 동 삼시 내로 본사무소에 내담(來談)홀 사(事)

경성부 무교정 오육번지

예술협회사무소 전화 일구칠번

조선 21.11.16 (4) 〈광고〉

십일월 십이일부터 사진 전부 차환

개관 십주년 기념 대흥행

미국 유니-바살 회사 특작

에르모린칸씨 쿠레스카-나-트양 공연(共演)

연속대사진

대모험대활극 **강력 엘모** 대회

전십팔편 삼십육권에 내(內) 제이회

미국 유뉴버-살 회사 수입

와-이다쿠로- 회사 작

워리암 탄근씨 대분투

대々 활극 본년 삼월 이십오일 동경 일본관 봉절 만도(滿都)의 인사을 열광케 한 대사진

대々 활극 **대분신(大奮迅)**

전십오편 삼십권에 내

입장료 대할인

일등 오십전 동(同) 소아 삼십전

이등 삼십전 동 소아 이십전

삼등 이십전 동 소아 십오전 기타

우미관 전화 이삼이육번

매일 21.11.19 (3) 예술극 재시연(再試演) / 불원에 경성에셔 데이회로 홀 작뎡

예술계에 취미를 깁히 붓치고 닌디에서 데일류로 굴지하는 연극대가 졍간소챠랑(靜間小次郎) 씨로부터 예술에 관훈 교슈를 밧어 가지고 됴션에 건너와셔 유일단 예셩좌 됴션문예단(朝鮮文藝團)이란 신파 연극단을 죠직하야가지고 됴션 각디로 슌회하며 예슐뎍 연극을 공기하야 도쳐에서 다대훈 환영을 밧다가 죠고계(操觚界)[105]에 종사하야 잇던 리긔셰(李基世)씨는 금년 가을부터 다시 연예계에 츌마하야 동지자를 다슈히 규합하야 예슐협회극단(藝術協會劇團)을 죠직하고 동셔양의 시 각본을 다슈히 창작하야 단원들과 셔로 강구도 하며 연습도 하는 바, 향일에 삼일간 단셩사에셔 시 각본으로써 데일회 시연(試演)을 공기하야 일반의게 다대한 인상을 주엇지만은 동회에셔는 데일회의 시연은 츌연훈 사롬들이 실연에 싱쇼훈 자가 만이 잇셧슴으로 더욱 불완젼훈 뎜이 만이 잇셧다하야 그후로 무교뎡(武橋町) 동회 사무쇼에 십여명의 쳥년이 모혀 열심히 연구하는 즁인대, 닌월 초슌에는 데이회 시연을 경셩에셔 공기하고 그후 차차 디방에서지 슌회 흥연홀 예뎡이라더라.

조선 21.11.19 (3) 〈광고〉

광고

근계시하(謹啓時下) 맹한(猛寒)에 각위(各位)의 익々 어(御)건강ㅎ옵심을 경하ㅎ오며 금반 각위의 어(御)권면ㅎ심에 의ㅎ와 온습(溫習)의 재료를 졍선 연구ㅎ야 장자의 고분＊도(鼓盆＊道)라는 부인계(婦人界)의 졀행경계(節行警戒)와 주대붕젼(朱大鵬傳)이라는 아동계의 교육구감(龜鑑)과 기절묘졀(奇絶妙絶)의 옥루몽과 기＊개유(其＊個有)의 졍재(呈才)와 참신훈 무도(舞蹈)를 묘츌(抄出)ㅎ야 본월 십팔일부터 이십이일서지 오일간 우미관에서 대온습회(大溫習會)를 개최ㅎ오니 첨군자(僉君子) 귀부인은 일차 광림(光臨)ㅎ심을 복망(伏望).

대정 십년 십일월 십칠일 대정권번 백

---

105) '문필계'와 동의어.

조선 21.11.19 (4) 충남회중(會衆) 활동사진

조선회중 기독교 충남지부 주최로 본월 십일 오후 칠시 반부터 십이일까지 매(每) 야간 공주 금강관(錦江館)에서 예수의 일대기와 기타 수종 희활극의 영사가 유(有)ㅎ얏는 바 변사 강석우(康錫祐)씨의 웅변과 관광제씨(觀光諸氏)의 박수성은 동 연극장을 진동케 ㅎ엿는 바 금반 연극 개최중에는 청년수양회와 본보 충남지국의 후원과 당지 청년의 분발노력홈이 다대ㅎ얏고 본지국 고문 김갑순(金甲淳)씨가 의연금으로 이십원 청년상회 주 김영배(金英培)씨 이십오원을 기부ㅎ얏다더라. (공주)

조선 21.11.19 (4) 〈광고〉

동서연극연구 11월 16일자와 동일

조선 21.11.19 (4) 〈광고〉

십일월 십팔일부터 사진 전부 차환
개관 십주년 기념 대흥행
미국 유니－바살 회사 특작
대모험대활극 **강력 에루모** 전십팔편 삼십육권 내 최종 사권 상장
미국 유니－바살 회사 수입
쌔이다 꾸라후 회사 걸작
대활극 **대분신(大奮迅)** 전십오편 삼십권 내 제사 제오 제육편 육권 상장
실사 **유사 화보** 일권
십일월 십팔일부터 오일간 주간 사진 영사
십일월 십팔일부터 오일간 야간 대정권번 기생 온습회
우미관 전화 이삼이육번

조선 21.11.20 (4), 21.11.21 (4) 〈광고〉

우미관 11월 19일자와 동일

조선 21.11.21 (3) [엑쓰광선]

▲ 근일 우리 통영뎐긔회사에셔는 활동사진을 돌니는지 혹은 시민을 롱락ㅎ는지는 을 수 업스나 ㅎ로밤에 평균 십여차식은 불이 꺼지니, 이것은 여러 사롬의 시긴을 허

비홀 쑨 안이라 이 밧분 사회에 박더혼 고장률이라고 홀 수밧게 업다. 남에게 위안을 쥬랴면 좀 완전한 설비를 ᄒ여야 될 걸 (관람자)

조선 21.11.21 (4) [각지신문(各地新聞)] 평북 / 선전활동사진 촬영

거(去) 십육일 조(朝) ᄼ선총독부 활동사진 촬영반은 조선사정 선전에 용(用)할 활동 사진을 촬영키 위ᄒ야 내신(來新)한 바 영림창(營林廠) 제재소의 제재상황 급(及) 차(此) 하동(下洞)저목소의 착벌(着筏)상황을 촬영ᄒ고 십칠일은 조선 제지주식회사의 작업상황을 장(長) 오백척 이상식 각ᄼ 촬영ᄒ얏다더라. (신의주)

동아 21.11.22 (3) 혁신단장 임성구 / 이십일에 병사

신파 연극의 일파 혁신단(革新團)의 단댱이던 림성구(林聖九)는 이십일 오후 세시 경성 황금뎡 삼뎡목 자가에서 신병으로 세상을 쩌낫다더라

매일 21.11.22 (2) 사회 교화 순강(巡講)

경기도에셔는 각군에 긍(亘)하야 사회 교화 순회 강연을 홀 터인대 기(其) 대부분은 종료하얏스나 가성적(可成的) 다수 인사의 집합하는 시(時)에 차(此)를 시(試)하야 효과를 현저케 하고자 계획하고 금회 좌기(左記)에 일할(日割)로 강연 병(竝) 유력자의 간담회를 최(催)한다는대, 가평(加平)에셔는 주일(主日) 농림산물의 품평회가 유(有)하고 광주(廣州)에셔는 보통학교의 낙성식이 유(有)하다더라.

십일월 이십오일 가평 읍내 강연자는 내무부 급(及) 도협의회 예정
동(同) 이십육일 동군(同郡) 청평리(清平里) 동상(同上)
동 이십구일 광주 읍내 동상
동 삼십일 동군(同郡) 구천면(九川面) 상일리(上一里) 동상
상(尙) 동일(同日)은 경기도에셔 촬영혼 참신혼 활동사진을 영사혼다더라

매일 21.11.22 (3) 임성구군 영면 / 삼십삼세를 일긔로 고만 디하로 가

열두히 젼에 사동 연흥사에셔 신파 혁신단(革新團)을 만드러 가지고 처음으로 기연하기 시작하야 오늘놀ᄭ지 온 단쟝 림성구군(林聖九君)은 실상 신파계에는 원죠라 하지 안이치 못하겟다. 그런대 림군은 루년 리로 신파계에 희성이 되며 버는 돈으로 사회사업에 유의하야 걸인들도 경향을 물론하고 만히 옷, 밥을 주어 구제하기 한두 차

례가 안이엿다. 그러셔 림군은 셔발 막대 거칠 것이 업시 간구흔 싱활을 하나 어려운
사롬에게는 극히 동정의 눈물을 만히 쑤려주던 터인대, 중년에 와셔 우연히 폐병(肺
病)으로 인하야 몃히 동안을 신음하면셔도 연극에 신심을 다하더니 병은 졈졈 덧치
여 수삭 동안만 자긔 집 림뎡에서 알타가 지나간 이십일 오후 두시에 이 셰상을 하
직하는 동시에 그 혁신단 셕 주를 그 아오 림용구에게 넉여 맛기고 불상히 사망하엿
다는대, 신파의 거두라는 림셩구군과 김도산군의 셔남은 신파계에 큰 손실이라 하겟
는대, 지금 미쟝홀 도리가 업셔셔 신톄를 방안에 둔 치로 쪌쪌미이고 잇는 모양은 실
로 동정을 익의지 못홀 일이더라.

동아 21.11.24 (3) 〈광고〉
십일월 이십사일 (목요)로 삼십일까지 신순서
미국 카스돈 회사작
희극 **의외(意外)** 전일권
미국 오리바 영화 연속 대사진
원작자 게넷듸세이리＊씨
과학적 긔담 **공중마(空中魔)** 전십오편 이십일권
제일회 제일편 비밀실 제이편 진공의 실(眞空의 室)
제삼편 공중의 공(恐) 전칠권 상장
주연배우 허－바도로빌니손씨 마가렷트마－슈양
이태리 이다라 회사 특작
대활극대괴력 **마지스데 용전(勇傳)** 전사편 전팔권
주연자 괴력자 엘비스 도바가니씨 괴미인 린다 모구리아양
경성부 수은동
단성사 전화 구오구번

동아 21.11.25 (3), 21.11.26 (1), 21.11.27 (1), 21.11.29 (1) 〈광고〉
단성사 11월 24일자와 동일

매일 21.11.27 (3) 위생 인부(人夫) 위안회 / 우미관에셔 긔최 / 년말 상금셕지도
작 이십륙일 오후 한시브터 경성부 위싱게의 쥬최로 관텰동 우미관에셔 위싱 인부

위안회가 기최되엿는 바, 위싱 인부는 약 륙빅오십명인 바, 그들의 가족ᄭ지 합하야 전부 일천여명에 달하얏스며 당일은 특히 업무를 쉬게 하야 하로의 위안을 쥬엇스며 활동사진과 상품의 수여가 잇섯고 겸하야 년말 상여금ᄭ지 주게되여 일반 인부의 얼골에는 깃분 빗을 씌엇더라.

매일 21.11.27 (3) 〈광고〉
동아 11월 24일자 광고와 동일

조선 21.11.27 (4) 〈광고〉
십일월 이십사일부터 사진 전부 차체(差替)
미국 유사 쥬－에ㄹ 영화
하－ㄹ 케－ㄹ 주연
인정활극 **정의의 기수** 전육권
미국 유니－바살 회사 수입
미국 쌔이다 쑤라후 회사 대걸작
신연속 대사진
대々활극 **대분신(大奮迅)** 전삼십권 내
제칠편 가공할 질주 제팔편 살인차(殺人車) 제구편 다이나마이트의 수(樹)
○ 익々 가경(佳境)에 입(入)흔 대분신?
○ 물견락(勿見落) 대분신?
우미관 전화 이삼이육번

조선 21.11.29 (3), 21.12.01 (4) 〈광고〉
우미관 11월 27일자와 동일

조선 21.11.29 (4) [각지신문] 평남 / 평양좌측통행 선전
교통정리상 우측통행을 좌측통행으로 개정되야 십이월 일일브터 실시됨에 대ᄒ야 평양부청에서는 그 취지를 부민 일반의게 실행케 ᄒ기 위ᄒ야 래(來) 이십팔일 이십구일 삼십일의 삼일간 자동차로 대선전을 행혼다 ᄒ며 동시에 방화(防火)의 선전도 행혼다는디 특히 동기(冬期)에는 화재가 빈출(頻出)ᄒ는디 일정한 시간 외에는 단수

(斷水)를 계속홈으로 일반 가정은 극히 주의홈이 가(可)호다 호며 동 경찰서는 * 선전방법으로 일방에는 백지(白地)에 적자(赤字)로 『우측위험』을 표호고 일방은 청지에 백자로 『좌측안전』을 표호 표목(標木) 급(及) 게시판 백수십여개를 제작호여 시내 요소에 게시호며 혹은 수립(樹立)호는 동시에 각 학교 기타 집합 단체에 대호야 선전호고 우(右) 시내 인력거는 십이월 일일브터 교통선전의 표어를 입(入)한 기를 입(立)호게 하며 개정 실시 당일 십이월 일일에는 선전를 대출(隊出)호여 좌측통행의 철저한 방침을 계(計)호며 우(又) 당일 상업회의소의 평의원 선거일인 고로 좌측통행 사(事)는 활동사진과 표목(標木) 게시판 선전 『비라』등으로 충분히 일반의게 인상을 여(與)호며 당일은 다수의 경관을 가로(街路)에 배치호여 취체호리라더라. (평양)

소방 선전 사진공개

금반 평야(平野) 활동사진 순업대의 래양(來壤)을 기호여 평양 소방조의 주임으로 평안남도 경찰부, 평양부청, 평양경찰서, 평남매일신문사의 후원하에 거(去) 이십육일부터 이십팔일싸지는 가무기좌에서 이십구일부터 삼십일까지는 평안극장에셔 방화(放火)의 선전을 주로 호야 사회개선의 활동사진을 영사호는디 수입금은 실비를 공제호고 소방기구 구입비에 보충호다더라. (평양)

매일 21.11.30 (3), 21.12.01 (1) 〈광고〉

단성사 11월 27일자와 동일

조선 21.11.30 (3) 사회적 교화와 활동사진 검열 / 쇼년범죄에는 활동사진의 영향이 만어

활동사진 뎐람회는 일본 문부성 당국의 주최로 지나군 이십륙일 오후 훈시에 부인 궁연회에서 기최되얏는디 문부성의 사회교육조사회 위원(社會敎育調査會 委員) 관원교조(管原敎造)씨 외에 ㅇ동과 활동사진(兒産[106]과 活動寫眞)이라는 문뎨로 권뎐보지조(權田保之助)씨의 흥미잇는 강연이 잇섯는디

현지 일기월 동안에 ㅇ희들이 활동사진을 구경호는 그 수효는 춤 놀날만 호ᄃ. 구경

---

106) '兒童'의 오식

군 총규의 빅분지 구십오 니지 구십팔이나 되고 구경ᄒ러 오는 회수는 일주일에 ᄒ 번식 오는 자가 ㅇ동 총수의 십분지 일이오, ᄒ번 니지 셰번식 오는 자가 빅분지 사십 오, 일개월에 ᄒ번 오는 자가 이분지 일 이상이나 되는딕 그 ㅇ희들이 활동사진에셔 밧은 영향은 악ᄒ 방면으로 보면 딕뎡 삼년브터 구년ᄭ지 일곱히 동안에 쇼뎐원(小 田原)[107] 감옥에 수감된 쇼년이 구빅구십사인인 바 그 즁에 활동사진을 보고 죄에 범 ᄒ 자가 구빅팔십오인이오, 활동사진의 ᄒ는딕로 실히한 범인이 ㅇ홉명인 즉 본러 이 활동사진은 단슌히 경시뎡 검렬에만 위탁ᄒᄋ 버리는 것은 죠치 못ᄒ 것으로 싱각ᄒ 는 바이다. 금후에는 경시뎡 검렬만 맛지 말고 부인편에셔도 상당히 검렬을 ᄒᄋ 그 사진으로 잘 리용ᄒᄋ 아동의 사회뎍 교화(社會的 敎化)를 힝ᄒᄂ 것이 뎨일 효력이 잇슬 줄로 밋노라고 렬변토을 ᄒᄋᆺ더라. (동경)

동아 21.12.01 (1) 〈광고〉

십이월 일일 (목요)로 래(來) 수요ᄭ지 신순서

미국 크리스데 영화

희극 **쪽갓흔 양쥬** 전일권

미국 웬더 회사 영화

기마대활극 **야명(夜明)의 기수** 전칠권

이태리 케살 회사 특작

원작자 유제누수씨

소왕녀(小王女)의 애사(哀史), 불국(佛國)의 대비밀

파리의 비밀 전십일권 중 육권 상장

감독자 구스다오 세루나씨 주연자 앤나 살도양 올카베넷듸양 공연(共演)

공중마(空中魔)ᄂ 제씨의 소원과 타 사정으로 중지합니다.

경성부 수은동

단성사 전화 구오구번

---

107) 오다와라

동아 21.12.02 (1), 21.12.03 (1), 21.12.04 (4), 21.12.05 (1), 21.12.06 (3), 21.12.07 (4), 21.12.08 (1), 21.12.09 (1), 21.12.10 (1), 21.12.11 (4), 21.12.12 (4), 21.12.13 (4) 〈광고〉

단성사 12월 1일자와 동일

매일 21.12.02 (4) 자선 활동사진

당지(當地) 동촌(同村)에 재(在)한 부식농원(扶植農園)은 창립 이래 십유이년(十有二年)간을 내선인(內鮮人) 고아 구제사업에 진력하는 바 금년에는 병해충과 천후(天候)의 부조(不調)로 인하야 과수원의 수입이 감소되야 제반 경비에 곤난한 중 사업 시대의 요구에 의하야 익익(益益) 확장을 구(求)하는 바임으로 해(該) 농원에셔는 사회의 동정(同情)을 수(受)코져 삼십일부터 십이월 일일까지 이일간 당지(當地) 칠성관(七星舘)에서 자선 활동사진대회를 개최하야 다대한 동정을 망(望)호다더라. (대구)

매일 21.12.02 (4) 〈광고〉

동아 12월 1일자 단성사 광고와 동일

조선 21.12.02 (4) 교육사진 내통(來統)

금반 신의주 통속교육 활동사진회 일행 오명은 거월(去月) 이십칠일 당지에 도착하야 대화정(大和町) 양래좌(養萊座)에셔 흥행중인 바 ＊＊래객이 ＊지(＊至)호야 ＊＊＊을 ＊＊＊＊더라. (＊＊)

매일 21.12.05 (3) 혁신단 추도 흥행 / 금오일브터 단셩스에셔 오일간을 흥힝

신파 혁신단쟝으로 잇던 림셩구(林聖九)군이 세상을 떠노는 후로 신파게의 거두라고는 업슴을 보고 미우 유감히 싱각하야 오노 바, 림군의 싱젼에 한 단원이던 남녀 비우들은 고 림군을 위하야 츄도 흥힝(追悼興行)을 하려고 그동안 준비가 졍돈되야 금 오일 밤부터 닷시동안 단셩스에셔 츄도 흥힝을 호다노대, 예뎨논 이왕하든 것은 일졀 업시고 젼혀 림군에 대흔 이화비극 비스름한 쳐량 감기한 비극의 각본을 시로 만들엇슴으로 첫날 흥힝홀 것은 그 각본이라더라.

조선 21.12.05 (4) 〈광고〉

십이월 삼일부터 사진 전부 차체(差替)

미국 유니－바살 회사 에루유 영화

골계 **권투 전이권**

미국 유니－바살 회사 걸작

인정극 **목장의 소공녀** 전오권

미국 유니－바살 회사 수입

미국 우ㅇ이다구라후 회사 대걸작

연속대사진

모험대々활극 제사회 **대분신(大奮迅)** 전삼십권의 내

제십편 상과적(象寡敵) 제십일편 비술의 동혈(庇術의 洞穴) 제십이편 폭발의 탄환

우미관 전화 이삼이육번

매일 21.12.06 (3) 극계의 신기록 여우단(女優團) / 순전히 녀자로만 죠직하야 흥힝ᄒ

넷날 희랍(希臘) 시대부터 녀자는 남ᄌ의 절대 복죵물이라 하야 오리동안 남자의 전횡 아러 신음하고 잇든 그이들이 녀자도 인싱이니 절대 남ᄌ와 동등이다 하는 부인운동이 전셰계를 풍비혼 이러 그 경향이 우리 강산에도 방문하게 되야 깁흔 울 안에서 하날 넓은 줄을 몰으고 싱하야 장ᄃᆞ든 됴션 녀자들도 점점 히방의 도뎡에 나셔게 된 이후 그 부인 사회에 장족으로

불달ᄒᆞ는 취셰는 목하 우리 사회에 명약혼 형상이다. 그런 즁에 요사히로 평양(平壤)에셔는 슌젼한 녀자들로만 죠직된 신파 연극단이 금월 일일에 리도하야 능히 남자 비우들로도 밋치지 못홀만혼 참신 긔발혼 각본(脚本)과 호슉혼 긔슐로써 당디 인사의 열광뎍 환영 속에 방금 평안극쟝(平安劇場)에셔 흥힝하는 즁이라는대, 이 역시 시대의 조류를 흡슈한 부인 사회에 일 현상으로 심상히 간과홀 슈 업기에 그 일힝 일명이 투슉하고 잇는 남문동 덕신려관(德信旅舘)으로 단쟝되는 김츈교양(金春交孃)과 밋 감독되는 김슌한군(金順漢君)을

방문ᄒᆞ고 극에 대한 여러 가지 말을 무른 즉, 단쟝 김츈교 양은 이교가 넘치는 틱도로 오리동안 인습에 져져오든 우리 됴션 녀자들도 훌륭한 예슐뎍 텬지를 발휘하고져 비훔을 즁지하고 극단에 나셔게 되얏는 바, 일힝은 모다 갓흔 뜻으로 위비한 예슐을

혼번 복흥식혀 보랴는 뜻이라 말하며 감독 김슌한군은 자긔 역시 됴션극계에 헌신하엿던 혼 사롬으로 오즉 그 녀주들의 싱각만도 가상하야 힘 밋치는대로는 극에 대혼 젼반을 가르치겟다 하며 일로부터는 경셩으로 향홀 터인 바, 지금에는 그들의 고향인 군산(群山)에서

쳐음 연습 홀 째보다는 긔슐이 놀라웁게 능란하여졋다고 아죠 득의만면의 티도로 말하는대, 이 단의 일홈은 동광단(東光團)이라하며 녀우들은 모다 상당혼 학식과 신사상을 흡슈혼 녀주들로만 망라하야 쟝러의 희망이 가득하다더라. (평양)

조선 21.12.06 (4) [엑스광션]

▲ 엇던 청년귀족의게 무쌍혼 귀염을 밧든 신○도라는 미인은 고만 헤여지더니 쏘다시 부랑랑자의 근장을 녹여 보랴고 ○○권번으로 출사를 혼다는디 우리 됴션 신파연극계의 거셩(巨星)이라고 ㅎ는『김도산』군의 상복을 입엇다든가? 그리고 쏘 그와 갓치 거상 입은 미인들이 미우 만타나— (일관객)

조선 21.12.06 (4) 〈광고〉

우미관 12월 5일자와 동일

동아 21.12.08 (3) 림셩구 추선(追善) 흥행 / 삼일간 단셩사에셔

조선 문예단의 안광익(安光翊) 일파를 위시하야 신연극에 경험이 잇는 사람의 합동으로 명 구일부터 삼일간 동구안 단성사(團成社)에서 지난 번 병사한 혁신단댱 림셩구(林聖九)의 추선흥힝(追善興行)을 한다더라

매일 21.12.08 (3) 혁신단 추도 흥행 / 명일 밤브터 단셩샤에셔 삼일 흥힝

지나간 오일에 단셩샤에셔 츄도 흥힝을 혼다던 혁신단(革新團) 일힝은 제반 쥰비가 다 되지 못혼 시닭에 부득이 연긔하고 그동안 쥰비를 다 맛친 결과 명 구일브터 샤흘동안 단셩사에셔 고 림셩구군의 츄도 흥힝을 하기로 작뎡혼 바, 학싱의 절의(學生節義)라는 신파련쇄극을 상쟝하야 고 심셩구[108]군의 싱젼 활동하던 수진을 긔념으로 홀

---

108) '림셩구'의 오식이다.

작명이라는대, 각쳐에서 미우 동정으로 후원을 하야쥬며 신파단에서도 잘하는 비우 몃명 식이 참가하야 준다더라

매일 21.12.08 (3) 연하우편의 선전 / 십오일브터 이십구일꺄지 特別 취급하니 데출들 ᄒ오

점점 셰말이 갓가워 옴을 딸아 각 우편국에서는 시니 각 상뎜의 년하우편을 션뎐하기에 자못 분쥬흔 모양이며 히마다 년하우편의 복잡을 면치못하는 우편국에서는 쇼포(小包) 우편물 취급쇼를 이왕 집 충계(舊籠階下) 넓은 곳으로 옴기고 쏘 우편과의 현업실(現業室)을 넓히고 원러 평판잇는 자동압인긔(自動押印機)는 슈일 전에 도착하야 작 칠일부터 운뎐을 긔시하여셔 각종의 우편물은 모다 십이월 중에 전부 취급한다는 예상을 보드러도 견년에 비하면 우편물 구분 규측이 변경된 꺄닭으로 약

삼활 팔분이나 증가되엿스며 긔외에도 약 일할 가량이나 증가된 년하우편은 십오일부터 이십구일꺄지에 특별히 취급하는 것으로 일노부터 바들 것이 빅이십오만쟝이요, 비달홀 것이 이빅만쟝을 훨신 넘어가지고 삼빅이십만쟝이라는 큰 슈의 년하쟝이 들어왓슴으로 요스히 수일 동안의 복잡은 이루 말홀 슈 업셧스며 이것을 팔 림시 인원은 하로 팔십팔명이요, 장차 사용홀 인원이 이쳔이빅칠십구인이나 잇셔야 홀 모양인대, 친용하야 곳 쓸 슈는 업는 고로 자원자를 불원근에 모집하야 연습을 식히기 위하야 십오일부터

특별 취급에 덕당하게 하엿스며 쏘흔 미년 흔 전례이지만은 년하우편을 긔한 안에 데츌치 안이하고 잇다가 거위 다 맛칠 쎄에 흔꺼번에 만히 보니는 고로, 먼 곳에는 신년 안으로 도착하기 어려우며 쏘 우편국에서도 다수의 인원들이 밤이면 잠을 못즈며 활동하여도 이루 감당하여 갈 수가 업슨 즉, 무슨 꺄닭으로 이와갓치 늣게 보니느냐고 그 리유를 물을 것 갓흐면, 대기 인쇄물이 늣는 꺄닭으로 그러하다 하는 고로, 금년에는 우편국에서도 여러가지로 연구흔 결과, 이 유감을 업시하기 위하야 인쇄 취급꺄지 하기로 하엿고 그 외에 더욱 발신션뎐(發信宣傳)을 하기 위하야 그에 대흔

활동사진을 하야셔 털뎌흔 션뎐을 하고자 지금 계획 중이라는 바, 이상과 갓치 우편국에서 인쇄 션뎐과 밋 발신 션뎐에 고심하는 것도 불고하고 이십오일 이후에 년하쟝을 보닐 것 갓흐면 우편국에서 진력한 션뎐도 물겁흠에 도라가고 말 것인즉, 될 수 잇는대로는 인쇄물은 오는 십일꺄지 신청을 하도록하여 달라하며 년하용 관졔엽셔는 약 이빅소십만쟝이라더라.

매일 21.12.08 (4), 21.12.13 (1), 21.12.14 (3) 〈광고〉
단성사 12월 2일자와 동일

매일 21.12.10 (3) 〈광고〉
예술협회 연예부 제이회 시연(試演)
개연(開演)순서
영국 스트로씨 작
이기세씨 번안
一, 사회극 ᄒ나님을 쎠나셔 (전일막)
조대호(趙大鎬)씨 작
二, 사회극 무한자본 (전일막)
이기세씨 작
三, 인정비극 눈오ᄂ 밤 (전일막)
김영보(金泳俌)씨 작
四, 희극 시인의 가정 (전일막)
일시 십이월 십이일부터 삼일간 오후 칠시 개연
장소 시내 동구내 단성사
관람료 특등 이원 일등 일원오십전 이등 일원 삼등 오십전
경성 무교정(武橋町) 오십육번지
예술협회 전화 이구칠번

조선 21.12.10 (1) 〈광고〉
매일 12월 10일자 예술협회 광고와 동일

조선 21.12.10 (4) 〈광고〉
십이월 구일부터 사진 전부 차체(差替)
실사 **주보** 전일권
미국 유니－바살 회사
에데쓰 오로버－쓰양 주연
비애극 **화의 묘(火의 猫)** 전오권

미국 유니-바살 회사 수입

미국 우으이다구라후 회사 대걸작

연속대활극 최종편 **대분기(大奮起)**[109] 육권 상장

제십삼편 사(死)의 낙하 제십사편 대의 서(袋의 鼠) 제십오편 해결

(예고) 차주 상장의 연속 사진은 하(何)?

우미관 전화 이삼이육번

동아 21.12.11 (4) 〈특별광고〉

자선 활동사진 음악연주 대회

주최 경북 고아구제회

시일 금월 십이일부터 오일간

장소 대전좌

태서활비극 활동사진

조선음악연주

(매야(每夜) 오후 육시 반부터)

후원 대구청년회, 조선불교청년회, 매일신보 경북지국, 부산일보 대구지국, 조선민
보사, 동아일보 대구지국

매일 21.12.11 (4) 〈광고〉

예술협회 12월 10일자와 동일

조선 21.12.11 (3), 21.12.12 (3), 21.12.13 (4), 21.12.14 (1) 〈광고〉

예술협회 연예부 12월 10일자와 동일

조선 21.12.11 (4), 21.12.12 (4), 21.12.13 (4), 21.12.14 (4) 〈광고〉

우미관 12월 10일자와 동일

---

109) '대분신(大奮迅)'의 오식으로 보인다.

동아 21.12.12 (4) 〈특별광고〉

자선 활동사진 음악연주 대회 12월 11일자와 동일

매일 21.12.12 (3) 예술협회 시연(試演) / 금 십이일브터

예술협회(藝術協會) 연예부에셔는 향즈 데일 회로 단셩사에서 기연을 하야 사회 각 방면의 이극가에게 다대훈 감상도 만히 쥬엇고 坴한 환영도 만히 밧어오는 즁에 잘 맛치엿셧는대, 더욱 그 기슐을 발달식혀 가지고 문예뎍 예술을 가치잇슬만훈 연극을 하야 오늘늘 시대에 실현코져 그 연예부 간부 일동의 로심이 젹지 안튼 바, 비로쇼 데이 회로 시연(試演)키 위하야 금 십이일 밤브터 사흘동안 단셩사에셔 기연훈다는대, 이번에 시연홀 연극은 미우 문예뎍 각본으로 쑴인 것이라더라.

동아 21.12.14 (4) 양정(養貞)여고 활동사진

화천(和川) 예배당에서 설립한 사립 양정여학교 주최로 조선회중(朝鮮會衆) 교회사진대를 청＊(請＊)하고 동아일보사 화천(和川)지국의 후원을 득하야 거(去) 칠일 오후 칠시부터 활동사진회를 개하얏는대 관객이 남녀 오백여명에 달하야 성황을 정(呈)하고 동 오후 십일시경에 산회한 바, 좌기(左記) 제씨의 동정금이 유(有)하얏다더라. (동정 명부 생략) (화천)

매일 21.12.14 (4) 대구 기생 연예회

경북 고아구제회에셔는 이래(以來) 경비의 곤난으로 해(該) 사업 계속 진행홀 방책이 무(無)하야 해회(該會) 간부 급(及) 당지(當地) 유지 제씨는 차(此)의 유지에 주야 연구하든 바, 래(來) 본월 이일부터 십육일⅄지[110] 오일간 대구좌에셔 서양에 유명훈 활동사진 급(及) 당지(當地) 조선인 기생 총출(總出)의 연주회를 개(開)하야 차(此)의 입장료와 급(及) 의연(捐助)하는 기부금으로써 해회(該會)의 경비에 충용(充用)코져 훈다는대, 팔일부터 수만매의 입장권을 쇄출(刷出)하야 당지 각 은행, 회사, 관공서 급(及) 각 신문지국에셔 수십매 혹 기백매의 입장권을 분담하야 차(此)의 판매에 분주하는 중이더라. (대구)

---

110) 문맥상 '십이일에서 십육일까지' 5일간인 듯하다.

조선 21.12.14 (3) 단성사 신시험(新試驗) / 쉑스피어극을 영사

시니 동구은 단성사에셔는 명 십오일부터 다시 활동사진을 영사혼다는대 이번에는 영국문호 『쉑스피어』옹의 걸작 중에 한ㅇ인 비극 『로에오와 쑤르네스』이라는 문예화를 비초이게 되얏다 혼다. 반다시 어린 피와 싸듯혼 사랑에 사러가는 현뎌 청년남녀는 혼번 보와 애쓰人는 사랑의 혼만혼 마조막 길을 됴상홈 즉 홀 것이라더라.

조선 21.12.14 (4) [각지신문] 경기 / 여자동광단(東光團) 흥행

신파연극 여자동광단 일행은 거(去) 육일에 당지에 도착ㅎ야 흥행ㅎ던 중 십삼일에 인천으로 향ㅎ얏는디 그들의 신분과 예술를 들어 말홀 것은 업스나 묘령의 미인이 무대에 현(現)ㅎ는 고로 관객은 만장의 성황을 일우엇다더라. (개성)

조선 21.12.14 (4) [엑스광션]

조선사람끼리 연극을 ㅎ면셔도 일이등 좌석을 분근ㅎ는 사무원은 일본사람을 쏙 사용ㅎ니 그 의사는 알 수가 업셔 ㅇ마 일본 사람을 두어야만 손님에게 눈을 싸ㄱ 부릅드고 져리 가라 이리 가라 ㅎ야 절반 경관 빗득한 힝동을 ㅎ야만 손님들이 됴와ㅎ는 줄 ㅇ는 모양이야. 좌셕은 좀 복잡ㅎ게 된다 ㅎ야도 됴선 스룹끼리 셔로 친졀히 좌셕을 졍케 ㅎ야스면 더욱 좃치 아니할가. (일관극인)

동아 21.12.15 (1) 〈광고〉

십이월 십오일(목요) 신순서

실사 서전(瑞典) 놀뷔에[111] 실경(實景) 전일권

미국 제스다 회사작

희극 **담군(君)의 여난(女難)** 전이권

미국 골도원 회사작

연애 **가쟝 중한 맹세** 전육권

주연자 제라징 라-라양

해설자 최병룡(崔炳龍)군 우정식(禹定植)군

미국 메도로 회사작

---

111) 스웨덴, 노르웨이

문예비극 **로미오와 쭐넷** 전팔권 (일명 사랑의 한)

원작자 섹쓰피어 선생 출연자 후란시쓰 엑쓰 부슈만씨 바바라 리펜양

해설자 최종대(崔鍾大)군, 김영환(金永煥)군, 김덕경(金惠經)군, 서상호(徐相昊)군

경성부 수은동

단성사 전화 구오구번

매일 21.12.15 (4) 대구 고아구제 / 자선연주회

대구 남산정(南山町) 고아구제회에서는 십이일부터 십육일까지 오일간 예정으로 당지(當地) 대구좌에서 동서양 유명흔 비극 활극의 활동사진과 급(及) 당지(當地) 기생연주회를 개최하야 입장료이나마 징수하야 해회(該會) 경비에 충용코져 도청(道廳) 이하 각 관공서 급 기타 각 사회 각 신문사의 후원으로 거(去) 십이일 오후 육시부터 제일일 막(幕)을 개(開)하얏는대 동정 만흔 관객은 쟁선쇄도(爭先殺到)하야 개막흔 후 삼십분이 못되야 광활한 극장이 입추의 여지가 무(無)히 무려(無慮) 수천명의 대만원의 성황을 정(呈)하얏스며 막을 개(開)키 전에 해회(該會) 회장 김사일(金思一)씨의 개회사와 본도(本道) 참여관 윤갑병(尹甲炳)씨로부터 『사회사업』이라는 문제(問題)로 열렬흔 웅변을 토하는 중 십수명의 고아는 일제히 열(列)을 작(作)하야 만장의 관객 전(前)에 기(其) 감사흘 의(意)를 표함에 윤갑병씨는 경(更)히 차(此) 고아를 지(指)하며 그 현재의 상태와 장래 전정(前程)에 대하야 열변을 토흔 바 만장의 남녀 관객은 무불휘(無不揮) 루(淚)하며 쟁선(爭先) 기부하야 당일의 기부금액이 천여원에 달하얏는대 취중(就中) 모(某) 병상(餅商)은 매병(賣餅)한 금오원을 솔선 연출(捐出)하고 관람차로 래(來)한 여아는 자청 등장하야 혹(或) 청아흔 가무로 관중의 흥미를 조(助)하며 혹(或) 부금 모집에 종사하야 정신적으로 육체적으로 해회(該會)를 위하야 공훈이 불소(不少)하얏는대 금회 영사하는 사진은 도청 급(及) 경찰부의 비품이오, 연주하는 기생도 모다 대구권번에서 무료로 기부한 것이오, 제반 설치에 분망흔 계원(係員)도 모다 당지 각 관공서 직원 급(及) 유지 제씨이더라. (대구)

동아 21.12.16 (3) 〈특별광고〉

동아일보 주최 화성돈(華盛頓)[112] 회의 환등 영사 강연회

---

112) 워싱턴

◇ 연제(演題)와 연사 화성돈 회의의 경과 장덕수(張德秀)
◇ 환등의 종류 세계 기자대회와 화성돈 회의 관계 신착 사진
◇ 시일과 회장 명(明) 십칠일 오후 육시부터 종로중앙청년회관에서
◇ 입장권 십칠일 동아일보에 쇄출(刷出)한 자에 한함

동아 21.12.16 (4), 21.12.17 (4), 21.12.18 (1), 21.12.19 (1), 21.12.20 (4) 〈광고〉
단성사 12월 15일자와 동일

매일 21.12.16 (3) 〈광고〉
십이월 십오일 목요 신사진 순서
실사 놀위에 실경(實景) 전일권
미국 제스다ー 회사작
희극 담군(君)의 여난(女難) 전이권
미국 골도인 회사작
연애극 가쟝 즁호 밍세 전육권
주연자 졔라징 라ー라양
해설자 최병룡(崔炳龍)군 우정식(禹定植)군
미국 메도로 회사작
문예비극 로미오와 쥴녯
일명 사랑의 한 전팔권
원작자 셱쓰피어 선생
출연자 후란시쓰 엑쓰 부수만씨 바바라 리펜양
해설자 최종대(崔鍾大), 김영환(金永煥), 김진경(金眞經), 서상호(徐相昊)
경성부 수은동
전화 구오구 단성사

동아 21.12.17 (3) 〈특별광고〉
화성돈 회의 환등사진 강연회 2월 16일자와 동일

매일 21.12.17 (4) 문예협회 연예부의 제이회 시연(試演)을 보고져 (일) / 수정탑

다대훈 갈망 중에 잉태하야 가지고 젹지 안은 산고에셔 출생훈 예술협회는 크게되면 예술이라는 세계적 무대에 이채를 발하는 일부분이 될 것이고 젹게되고 잘못되면 무의미훈 일장 유희에 불과훌 것이다. 본래 예술협회를 발기훈 제씨와 급(及) 기(其) 현재의 간부 제씨가 포부와 열성이 십이분이겟스닛가 시시(時時) 실연(實演)을 구경하는 제삼자의 문외한은 용훼(容喙)훌 권리가 아모리 보아도 업는 것 갓지만 그러나 관객으로써 잘하얏다 못하얏다는 비평은 하야도 아모 죄도 업겟고 싸라셔 해도 업슬 것이겟다. 제일 제이 양차 실연하는 예술협회가, 나와 갓흔 연극에 대하야 문외한이라고도 칭훔을 밧기 사양훌 사람에게 다 초대권까지 두 번을 보뉘주신 것은 분외(分外)의 후의를 감사훌 능력이 업거니와 제일회 실연시에는 시간이 허락지 안이하야셔 가지 못하고 제이회 오늘날 젹지안케 바러셧다. 그리고 더욱 나의 호기심과 갈극심(渴劇心)을 *구(*丘) 식인 것은 제일회 시연(試演)의 후에 평판이얏다. 사오인의 친우보고 기(其) 연극훈 감상을 무른 즉 개시일언(皆是一言)으로 잘하더라고 칭찬이얏고 이럿케 잘하더라는 찬사를 듯는 연극을 엇지 못보아슬가하는 원망이 스스로 싱기여셔 기시(其時)에 시간이 허락지 안이턴 신세타령을 다 하야보앗다. 아뭇 싸다셔 나의 관극열(觀劇熱)은 거진 백열적(白熱的)에 달하야 제이회라는 것이 무한히 기다려지는 것이라.

호시래(好時來)라고 훌늣지 금월(今月) 칠팔일 경에 경성 시가에 예술협회의 제이회 시연(試演)의 광고가 일상 유행 언구(言句)인 좌측통행이라는 사자(四字)로 장식을 하고 가우(街隅) 토벽(土壁)에 붓게되얏다. 내가 그것을 볼 쌔에 이번에는 여하한 사정이 사마(邪魔)을 하던지 기어히 보리라하고 제하(臍下) 단전에 굿은 결심을 미쳣더니 기(其) 시연(試演)이 되기 일일 전에 미태(微蛻)군이 친절스럽게 초대권과 순서지를 병(幷)하고 우편으로 보뉘주엇다. 이 시(時)에는 욕거선(欲去船)에 순풍과 갓고 더욱히 감사하는 마음을 가지고 십이일에는 가슴이 너무 쮜는 *석반(*夕飯)을 변변히 먹지 못하고 가게되얏다. 그날 나의 심리와 태도는 유년에 맛치 명절을 만는 쌔와 갓헛다. 일일에 단성사 압헤 나보다 더 **던 사람도 만치 안이 잇슬 것이다 말하든 차이니 말이 미태(微蛻)군이 보뉘 쥰 초대권은* 엇**가 하고 달나는 청을 거절치 ***주어 *리고 나는 삼등표를 ***고 **전렬(**前列)에 안져셧다. ***표(***票)를 산 것은 제일은 돈이 **이고 제이는 배우의 표정과 **를 더 잘보고져 하얏던 안**망(安**望)도 업*연엇다. 그러기에 ***원경(***遠

景)을 ＊＊＊＊칠팔(＊＊＊＊＊七八)이 ＊＊＊＊면셔도 다만 배우의 ＊＊＊＊ 어(語)가 심히 분명히도 ＊＊＊＊＊＊＊＊＊＊＊＊＊＊이익 씨＊＊＊＊은 보통으로 활동사진 상설관에서 되다라다하는 음악 쇼리와 서양 무슨무슨 사회의 걸작, 무슨 명편, 무슨 활극, 무슨 비극을 보려가는 그 사람들과는 운니(雲泥)의 차(差)가 잇고 교양이 잇는 관중이라하겟다. 물론 기중에는 활동사진 보는 눈과 된쩌라다를 듯는 심리를 가진 사람도 적지 안엇겟지만 일괄하야 말하면 교양이 잇는 관중이라고 혼다. 이 계(二階)의 우편(右便)에는 초대를 밧앗던지 입장권을 사던지 닉가 키셔뭇지 아니하거니와 화류계의 기린아인 기생 앗씨도 여러분이시고 경성에서 분 바르기로 유명하면셔 분 아니 바른다는 칭찬을 밧고 신진 모여사도 래임(來臨)하야 게시고 그리고는 팔자 슈염을 쓸며 얼골에 기기름이 즈즈르하게 도는 하이카라 신사가 만엇다.

매일 21.12.18 (3), 21.12.19 (3), 21.12.20 (4) 〈광고〉
단성사 2월 16일자와 동일

매일 21.12.18 (4) 문예협회 연예부의 제이회 시연(試演)을 보고셔 (이) / 수정탑
관객의 성왕(盛旺) 불성왕이든지 기여(其餘)의 장내의 공기를 너무 만이 말을 말하면 신문의 삼면 기자의 주(株)를 탈취하는 것이닛가 그런 불법행위는 신사는 아닐망정 부랑자 안인 나는 그만 두기 작정하고 닉가 제이회 시연(試演)을 본 감상을 말하려 혼다. 이계부터 닉가 감상을 말혼다 하면 추측의 명(明)이 밝은 독자 가운데는 비평이라는 어(語)를 연상하기 쉽겟지만 나는 본래로 조상대대로부터 배우가 되야보앗던 유전성도 업스리만치 선천적 배우의 재분(才分)이 업거니와 후천적으로 배우되려고 싱각히 본 젓쪄지 쑴도 엇지 아니하얏다. 그러니가 극을 보고 비평혼다기는 나로 하야금 천국에 나라가라는 것만치 어려운 것이다. 나의 싱긴 것이 만하고 모르는 것이 만으닛가 관극 비평이라는 귀혼 것을 붓치지 마시기 바랍니다. 그리고 앗쩌도 말하얏거니와 간신히 삼등표 밧게는 못 사는 사롬이닛가 그 귀혼 극을 보는 것도 백번 쥐야 삼등 밧게 못될 것이다. 본전이 삼등객이닛가 아모리 가치가 잇겟나오는 감상이라 기역(其亦) 삼등에 불과할 터이니, 부르죠아의 세상에서는 환영치 안이홀 줄 모르는 바는 결코 안이다. 그리고 본 즉 효능서(效能書)는 그만치 장정(長呈)하시고 말고 져하는 본지(本旨)가 어대 게시뇨하면, 나는 제일 예술협회의 제이 시연(試演)을 보앗고 제이에는 그것보고 감상이 잇다는 것인대, 그런즉 연극을 잘하더냐 잘못하더냐

하고 조급스럽게 무르면 잘잘못을 말하고져 하닛가 자연히 장황하야진다고 대답혼다. 그는 위선(爲先) 나는 잘한다는 가정 아러셔 말을 시작혼다. 이후부터는 엇더케 얼마나 잘하더냐하고 설명하는 것이 나의 이 펜을 손에 잡은 목적이다. 내가 잘하더라는 것도 최상급을 써가지고 세계의 연극과 비교하야 잘혼다는 조건을 붓친다. 조선의 종래의 연극은 신식화혼 신식화라고 하면 말이 얼마나 모호하지만 광대들이 머리 싹고 양복 입고 하이카라혼 것을 나난 천박혼 의미에셔 신식이라고 말하얏다. 나는 조선어학가(朝鮮語學家)가 아니닛가 광대라는 어원과 어의는 분명히 알 수 업스나 한문으로 광태(狂態)라고 쓰면 발음은 다소간 틀니지만 실상과는 근사(近似)홀 듯하다. 이 광태라 광태부리는 것을 우리는 지금까지에 연극이라고 깁써셔 보앗다. 닉가 업는 시간에 잠잘 시간을 싹가 가지고 이러케 누가 부탁하지 안으니 나만 ＊＊가운대셔 무엇의 요구홈을 짜라 ＊＊오는 눈을 부비면셔 이럿케 안＊＊는 이상에는 닉가 자기를 위하야 ＊＊홀 각오가 하나이 ＊＊은 무엇인고하니 닉가 기시 ＊＊＊앗던 연극을 볼 눈이 잇던지 ＊직(＊直) ＊단(＊斷)의 별문제에 ＊＊＊＊＊ 싱긴 이상 ＊＊＊＊＊＊업시 속이지 안코 ＊＊＊속홀 사를 자기에게 충실혼 ＊＊＊라고 ＊＊.

기(其) 후면(後面)에 보이는 원경(遠景)이 빈민굴이라는 주위기(周圍氣)를 관객에 다 이르키기가 좀 곤난하얏다. 물론 이것이야 완전무결혼 연극이 아니고 활동사진 상설관을 임시 공용(公用)하는 것이닛가 그만치 되기도 분외(分外)의 상작(上作)이라 하겟지만 관객의 일인인 나의 욕심을 말하면 그런 감이 이셧다는 것이다. 그리고 유아를 누엿다는 소아 침상은 너무 보기 어렵게 되엿다. 여형배우가 어른이가 운다고 거지가셔 무어라고 하는가 비로쇼 아럿지 기전(其前)에는 도모지 몰낫다. 다음에 이상필(李相弼), 이원섭(李元燮) 양 배우의 수완을 일언코져 한다. 원래 배경이 영국 론돈시의 빈민굴이고 무대가 빈민굴 지하실이라 하면 이상필과 이원섭은 영국인이 된 것이다. 말은 조선말을 홀 망정 실내의 장식과 배우의 춘정(春情)이 영국이 안이면 안되겟다. 그러나 일편(一便)으로 싱각하면 서양 연극을 만이 실연한 경험이 그다지 만치 안타하면 그만혼 것도 상지상(上之上)이지만 이것도 역시 나의 욕망을 기탄업시 피력하면 그럿타는 말이다.

동아 21.12.19 (3) 집회계(集會界)의 전례(前例)를 돌파한 / 본사 주최 화부(華府) 회의 환등 강연회 / 운집한 관중은 장내 장외에 무려 만명 / 형세가 너무 위험하야 영사는 두 번만 / 개회 전의 일시간

회장은 말할 것도 업거니와 정문 전에도 관중이 수천명

본샤 주최의 화성돈 회의 강연과 환등회는 십칠일 오후 여섯시부터 종로청년회관에서 전무한 대성황 속에 열니엇다. 원러 세계만민의 시선을 쓰는 큰 사건이니리만큼 일반 인심에 절대한 영향을 일으킴인지 뎡각의 한시간 전부터 놀날 물결 가치 드리밀니는 군중은 순식간에 대강당 우아러칭에 가득 찾는대 시간이 졀박함을 싸러 더욱 살도하는 군중은 삼대가치 드러서니 몸을 놀릴 수가 업섯고 뒤를 이어 살도하는 군중은 청년회 온 집안에 빈틈업시 가득 찾스며 결국은 정문 압까지 쏙차서 청년회 안에도 드러서지 못한 군중이 수천 명에 달하야 종로통 넓은 길도 쎅쎅하게 차서 일시는 뎐차가 불통하게 되얏다.

공전(空前)의 성황리에 / 화성돈 회의 경과의 강연 / 관중의 요구로 환등 영사

정각이 되매 리상협(李相協) 씨의 사회로 회가 열니어 장덕수(張德秀) 씨가 수천 관중의 박수 소리에 단에 올나 화성돈 회의 경과라는 문뎨로 구주대전란전 삼국협상과 삼국동밍에 대한 관계로부터 말을 시작하야 구주대전란 후 렬강의 형세를 대강 말한 후 미국에서 세계의
영구평화를 유지하기 위하야 화성돈 회의를 주최한 일과 영국, 일본, 미국이 각각 군비를 주리어 군함을 미국과 영국과는 오십만돈, 일본은 삼십만돈의 비례로 주리게 된 말과 일, 영, 미, 불의 사국 협정에 대한 말과 중국에 대하야 모든 나라가 차지하얏든 권리를 내놋케된 말과 영국의 긔반을 벗고자 수빅년 동안 눈물과 피를 흘리든 애란이 영애협명(英愛協定)으로 자유국이 된 말로 강연을 계속하는대, 이쌔 살도하는 군중의 형세는 더욱 심하야 물결치듯이 서로 밀니는 사람들은 이로 견듸지 못하고『사람 살리라』는 부르지짐이 사방에서 이러나고 형세는 더욱 위험하게 되엿스며 군중 속에서는 간간히 회를 중지하라는 말까지 나게 되엿다. 이쌔 사회자는 부득이 관중에게『여러분 가운데 상한 사람이 잇습닛가, 만일 상한 사람이 잇스면 유감이지마는 이 회를 중지하겟다』물엇더니 군중 속에서는 여출일구로 상한 사람은 업스니 환등을 빗취어 달나고 부르짓는 사람이 만코 살도하든 군중도 적이 진정되는

모양이 보힘으로 즉시 공전의 성황 속에 환등을 시작하게 되엿다.

매일 21.12.19 (4) 문예협회 연예부의 제이회 시연(試演)을 보고셔 (삼) / 수정탑

그 다음에는 기극(其劇)의 대지(大旨)에 대한 문제이다. 배경에 소부분의 유감은 이 셧스나 불난(不難)이라 하고 배우의 표정과 태도가 영인(英人)과 갓지 안엇스나 그 역(亦) 무리한 주문이니 그것도 불난으로 붓치고 기극(其劇)에 대하야 말홀 것은 개막할 쎄브터 막이 닷칠 쎄싸지의 연출된 무엇인대, 이것은 차라리 번역자된 미태(微蜕)군이 아실 것이지만 그 남주인(男主人)의 죠셥푸라는 노동자인지 걸인인지 존재가 부지(不知)이여니와 여하간 그 인물은 사회를 원망하고 자기를 부정하고 세상에 모든 것을 악으로 보는 인물이얏다. 자기의 능력이 자라면 세상의 모든 물자을 일수(一手)에 마라추이리만치 욕(慾)훈 인물이얏다. 그런대 자기의 처가 부자집 부인의 돈 주니[113] 쎠러진 것을 엇어가껏 왓든대, 그것이 양심에 가책이 싱겨셔 여려보지도 못하다가 문외(門外)로 지너가는 순사의 발견됨에 놀내여 무의식적으로 그 돈주머니를 가져다 쥬고 드러와셔 시 번민(煩悶)하며 자기는 죄인이로라고싸지 자기의 처의게 고백하던 것은 그갓치 욕(慾)훈 인물하고는 좀 약하얏다는 말을 하고 십다. 물론 그것이 권선징악이야 되겟고 사회를 선도훈다던 도학적(道學的) 판단하에셔 보면 조흔 일이지만 나는 그만치 욕(慾)한 사룸이 그만훈 것이 무슨 가책이 될가 하던 순전히 열(熱)훈 기시(其時)의 기분으로 보고 이럿케 말하던 것이다.

제이로 상연된 것도 역시 사회극인 무한자본인대 나는 이것을 이럿타져럿타 말하기 불능하다. 그러나 일언을 하기는, 여행가방을 한번 운반하야 가고 다시 무대 나아오지 안은 충복 이월해(李月海)와 은행가 한상천(韓相天)의 장남 광희(光熙)와 갓흔 불요(不要) 인물은 생략홈이 죠왓겟다. 이 박게는 말을 더하고져 아니훈다.

제삼차의 상연은 인정극 눈오는 밤인대 이것은 이기세군의 창작이고 동시에 자기가 무대감독으로 등단 배우를 훈련식여겟다던 선인(先人)의식이 닉게 드러운 싸닥으로 나는 어셔 보리라던 마음이 싱겨셔 막이 열니기를 몹시 고대하얏다. 닉가 그럿케 고대한 원인은 제일 조선적 기분이 얼마나 잇스며 배우의 역량이 얼마나 되나 보고져 홈이고, 제이는 재조선 사회의 생활 넘시가 얼마나 하고 차져보려던 싸닥이다. 고대

---

113) '주머니'의 오식

훔이 승리를 엇고 막이 열니엇다. 위선(爲先) 눈이 와셔 정원의 수목과 도로 가옥자지 덥헛다. 그런대 충복 박춘보(朴春甫)는 비를 들고 눈을 쓴다. 이번 막이 열니자 나의 죠그만 실망이 두리 잇셧다. 첫지는 셔울 병원이 너무도 광대하다. 이것은 일부러 남을 구경식이려고 화려흔 집이지 결코 실사회에 잇스리라는 집과는 거리가 머럿다. 그 병원의 출입문은 너무도 굉장하얏다. 그리고 둘지는 충복 박춘보이 * * 입고 눈 오는 마당 쓰는 태도가 일본 배우가 조선옷 입은 것이지 결코 조선 배우가 조선옷 입은 안이라면, 나무려하겟스면 죠금 틀녓다. 그 다음에는 이것도 물론 무대가 협천(狹穿)하여서 마음대로 민드지 못하얏겟지만 그만 셔울 병원 가사 싸홈이나 부처 싸홈은 대문 밧게셔 나와셔 하는 것이 관중으로 하야금 져른 싸홈도 이슬가하는 의아(疑訝)를 주게되얏다. 무대가 업셔셔 방을 못 쑴엿겟지만 나의 욕망으로는 그럿케 이슬가 하고 의심나는 대문을 굉장하게 민드지 말고 도로혀 방을 만드는 것이 다 죠왓겟다고 싱각하얏다. 그 다음에 이 연극의 최종막인 김상진(金相珍)의 숙소는 너무도 어두어셔 도저히 편지를 볼 곳이 아니얏던대 편지를 죽죽 읽는 것은 아모리 보아도 거즛 보는 것 갓다. 또는 김상진이가 용산 부근에서 철도 답절번인(踏切番人)이 되얏다는 그 배산(背山)은 용산 비슷지도 안은 것도 결점이라고 하야도 과히 무리하지 안을만 하얏다.

이 극은 순전히 권선징악이 유일흔 목적이 된 것인대, 극의 골절(骨節)의 대체(大體)는 비난흘 점이 업는 것이 맛치 교회에셔 목사가 강도(講道)하는 것과 흔닛가 누가 권선징악을 불가(不可)타 흘가. 그러나 예술적 작품이라는 것은 별문제일 것이다.

동아 21.12.20 (3) [모임] 활동사진회

작 십구일 밤에 종로 중앙례배당에서 열닌 활동사진회는 대성황을 일우엇는 바, 금일 밤도 여전히 개회하며 이 수입으로 만주에 전도를 가는 것은 『세부란스』 종교부 주최가 안이요, 박용리씨 개인의 주최라더라

매일 21.12.20 (4) 문예협회 연예부의 제이회 시연(試演)을 보고셔 (사) / 수정탑

여하간 눈 오는 밤은 제이회 시연(試演)의, 남의 말을 비러오면, 호물(好物)이라고 하겠다. 대체로 이 연극을 예술적 가치 여하는 별문제로 흔 이상, 막이 열닐 쩌부터 맛칠 쩌싸지 나의 감(感)흔 바는 엇쩌흔가. 여긔에 대하야 나이게는 칭찬의 말이 만치만 칭찬흘 사롬은 만켓스닛가 나의 것 갓흔 안가(安價)한 그것은 그만두고 너는 이 극을

본 후에 무엇이 아즉 남어잇는가 하는 싱각이 쩌나지 안는대, 불량혼 처(妻) 경순(慶順)의 철도＊(鐵道＊) 사체(死體)를 무대면(面)에 쓰러올니라는 주문은 아니지만 철＊(鐵＊)에 나아가셔 죽은 후는 엇지되엇나 하는 호기심이 이러나기 쉽다. 그리고 제일막과 제이막의 연속이 그다지 분명하지 못하얏다. 셔울 병원과 답절수(踏切手)[114]의 숙소와는 상리(相離)가 죠금 멀엇고 제일막에셔는 김창진(金昶珍)의 기소(寄所)에 불령(不逞) 처(妻) 경숙이가 올만한 준비가 업시 제이막이 졸연간(卒然間)이 낫타낫다. 그러나 이것은 상지상(上之上)의 뒤에 죠금 되는 것이닛가 맛치 명일(明日)의 흑점(黑占)이라고 홀가. 그런 즉, 이만혼 골＊을 가진 각본을 실연혼 기시(其時)의 등단 배우는 여하히 수완을 보여나 이것이 다음에 알고 십은 것이다. 셔울 병원장 박승필(朴承弼)군은 유쾌혼 롤을 연(演)하얏고 이원섭(李元燮)군도 상당혼 수완이 보얏다. 그런대 중역(重役)의 일인되는 여주인공의 역(役) 이채전(李彩田)의 연법(演法)은 그다지 잘 하얏다고 홀 말이 죠금 앗갑다. 그 이는 너무 표정이 단순하고 표정법이 일정혼 선내(線內)에 잇는 것 갓힛다.

나는 이양의 연법을 볼 쩌 무표정 무언의 연극, 말하자면 활인화(活人畵) 즉, 불어(佛語)로 타부로타는 것을 식이면 상수(上手)가 되겟다 하얏다. 그리고 철도 답절수 김창진을 연한 이상필(李相弼)군은 무대어와 표정이 일정한 형(型)이 드러안졋다. 자기가 그런 일을 당혼 시(時)의 표정과 언어의 유양(柳揚)혼 것보다 흉너를 니인다는 것, 무엇이라 하나 잇는 갓해셔 그것을 쩨버리면 좃겟다고 싱각하얏다. 그리고 최후에 경숙이가 전부(前夫)로써 자기를 야간에 방문하는 그런 돌연히 방문을 밧고도 그 혼연(混然)혼 상태가 업슴이 보는 사람으로 하여금 언제 온다는 말을 드럿는가, 하는 감이 싱겻다. 쏘 다음은 경숙이가 편지를 주면서, '쓸대업는 사람은 어대로 가던지 가야지'고 하면, 최후에 말을 남기는 듯 하얏는대, 그다지 만류하지 안코 가게 둔 것은 각본이 본래 그럴는지 모르거니와 너무도 셥셥하게 보엿다.

최종의 희극 시인의 가정은 극이라 일홈 부터스나 그다지 말하고 십지 안타. 쏘는 관중이 웃고 집으로 도라가게 민드럿스닛가 이러니 져러니 말치 안음이 차라리 죠흘 터이다.

---

114) 건널목 간수

동아 21.12.21 (1) 〈광고〉

십이월 이십일일 수요 신순서

실사 **놀뷔 풍경** 전일권

미국 엘코 회사작

희극 **다라나면 전쟁** 이권

실사 **아라비아 풍경** 일권

미국 도라이앙클 영화

인정극 **무도의 성금(舞蹈의 成金)** 전오권

주연자 쟈레쓰러씨

해설자 김영환군 최종대군 우정식군

미국 루이쓰 춀스톤 영화

연속활극 **십삼의 비밀** 전십오편 삼십권

출연자 후란시쓰 호－드씨

해설자 김덕경군 서상호군

경성부 수은동

단성사 전화 구오구번

매일 21.12.21 (4) 문예협회 연예부의 제이회 시연(試演)을 보고셔 (오) / 수정탑

이상 사회까지에 예술협회의 제이회 시연(試演)에 대하야 되지 못흔 쇼리를 이러니 져러니하얏다. 니가 일부러 못된 쇼리를 하려고 결심흔 것이 그만 못싱긴 잔쇼리에 긋치고 마럿다. 이전에도 말하얏거니와 그만하얏스면 위선(爲先) 걸작이오, 잘하얏다고 하리만하다. 그러나 나와 갓흔 잔쇼리쟁이에게 아즉도 두셔너 가지 주문건이 남지 안엇는가하고 싱각하다 보련다.

대체로 보면 완전한 연극이라고 칭홀만한 것은 무엇인가. 니가 스사로 싱각하야 본즉 나는 이런 결론에 도달한다. 작극의 명편(名篇), 예컨대 셱쓰피어의 작품이나 쐬테의 것과 갓흔 것이 위선 잇고 다음에는 그것을 완전하게 연(演)홀 역량과 경험을 가진 배우가 잇셔야 될 것이고 내종(來終)에는 이 완전흔 두 가지가 출연될 만흔 완전흔 극장이 잇셔야되겟다. 그리고 본즉 예술협회의 제이회 시연흔 극을 명편이라 쏘는 기(其) 배우가 역량과 경험이 잇다하더라도 단성사와 갓흔 곳에셔는 도져히 구경식이리만치 연(演)하지 못홀 것은 졍흔 일이다. 이만한 사정을 십이분 알면셔도 이것져것 말하는 것은 너무도 잔소리군의 습성이라 하겟지만 그러나 닉가 바라던 예술 협회는 얼마만치 더 놉흔 곳에 이섯을 것이닛가, 지금 다시 말이 하고 십다.

극의 완성은 각본, 배우, 극장, 삼자의 완전을 득(得)한 후에 득(得)흔다고는 누구나 갓치 말하던 바 일 것이다. 그런즉 금번 제이회의 시연 시에 닉가 본 감상에 극장이 엇더하다, 배우가 부족하다, 각본이 완전치 못하다는 말흘 이치가 업고 본래 이런 말을 하던 나의 출발점이 하기는 잘하얏스나 놉흔 희망만은 욕심을 충족식이자닛가 다시 잔소리가 멧마듸 남앗다고 하얏다.

닉가 예술협회에 대하야 희망하던 조건 멧가지를 열거하고 나는 다시 제삼회의 시험(試驗)을 고대흘 터이지만 그 희망 조건을 제출하기 전에 일이언을 부가코져 흠은 달음이 아니다. 극장은 사회의 축도. 무대는 사회의 엇션 부분의 출래사(出來事)를 연(演)하던 곳인대에다가 미화(美化)라던지 성화(聖化)라던 형용사도 붓흐려면 붓겟다. 그리고 배우는 사회의 출래사의 주인공이다. 자기네가 근본이야 관계업겟지만 대리를 맛튼 것과 갓다. 아니 대리라면 남의 일인 것이 항상 써나지 아니 하지만 자기가 그것은 열정과 표정을 가지고 과거의 출래사, 현재의 그, 쏘는 미래의 그것을 자기 것으로써 반복하는 경우도 잇겟다. 미래의 이상을 미리 실현식이는 경우도 이슬 터이다. 그리고 본즉 배우라는 사람은 칠면조의 얼골과 갓치 표정에 변화가 풍부흔 인물이야 되겟다. 울 써나 우슬 쌔 원(怨)흘 써나 깁쓸 써가 실상으로 낫타나셔 보이야 되지, 만약 마음으로 웃지 안코 입으로 쇼리만 니여셔 웃는 것이 보이면 그것은 실패이다. 변변치 못하나마 배우의 표정에 대흔 이만흔 주문을 가지고 예술협회의 현재의 배우들은 얼마되는 표정의 풍부성이 잇는지는 지적하야 말하지 안는다.

다음에는 배우 배열이다. 원래 모든 사람의 체격, 표정, 동작으로 각기 갑을(甲乙)의 특색을 표(表)하는 것과 갓치 배우의 그것에도 특색이 잇슬 것은 분명하다. 그리고 위선(爲先) 체격으로는 갑을을 혼동하면 실패흘 경우가 물론 만을 터이다.

동아 21.12.22 (4), 21.12.23 (1) 〈광고〉
단성사 12월 21일자와 동일

매일 21.12.22 (3) 활영계(活映界)의 혁신 / 단성사 삼년 긔념 / 일주일에 두 번 교환
박승필(朴承弼) 군의 경영 하에 동구안 단성사를 지어가지고 이러 활동사진계에 수위라고 일커러, 이러 삼년동안 명화로 일반 이활가(愛活家)의 환영을 밧어오기 즉,

작 이십일일이 삼주년 긔념일을 당하야 군은 자츅하는 의미로 사흘 동안에 산 입장권을 한 장에 한하야 언의 날이던지 한번 다시 더 무료로 보게 하야 긔념의 뜻을 표호다하며, 이번 긔념을 긔회 삼어 무대의 쟝치던지 영사막꺼지 팔빅여원을 드려셔 참신긔발하게 만드러노코 또 이젼에는 오늘날꺼지 국활회사의 사진을 젼문으로 소용하얏지만은 이번은 대규모로 횡빈 엇던 활동사진 회소와 특약하고 두군데셔 예공하는 사진을 사용하며 더구나 일쥬일에 두번식 사진을 교환하야 영사혼다는 일은 됴션인 활동계에 처음잇는 장거라 하겟스며, 혁신의 면목을 일우이지 못이 압흐로도 볼만한 가치가 잇다더라.

매일 21.12.22 (4) 〈광고〉
동아 12월 21일자 단성사 광고와 동일

매일 21.12.23 (4), 21.12.25 (4), 21.12.26 (3), 21.12.27 (3), 21.12.28 (3), 21.12.29 (3) 〈광고〉
단성사 12월 22일자와 동일

동아 21.12.24 (4) 〈광고〉
래(來) 이십사일부터 일주간
여자신파 동광단(東光團) 내연(來演)
녀자들이 조직된 신파극이 단성사에=
이 동광단은 조선에 처음으로 조직된 단체임니다. 보통 사나이들의 단체가 안이고 잔약한 녀자들의 모인 단체임니다.
길가에 개가 오줌만 누어도 부그러워하든 녀자들노셔 이갓흔 담대한 뜻을 품고 이러남은 우리 녀자계를 위하야 자랑할만한 일이라고 하겟서요. 오래동안 깁히 방 속에 갓처 사나희에 구속을 밧든 녀자로서 원대한 활동에 첫 길을 듸듬을 사랑하시고 또 보호를 주서야하겟슴니다. 오서요 단성사로……
동광단 녀자 비우 일동 빅

매일 21.12.24 (3) 〈광고〉
래(來) 이십사일붓터

◇ 일주간 공개 ◇

여자신파 동광단 내연(來演)

녀자들이 죠직된 신파극이 단성사에=

이 동광단은 됴선에 처음으로 죠직된 단쳬임니다. 보통 사나이들의 단쳬가 안이고 잔약흔 녀자들의 모인 단쳬임니다. 길가에 기가 오줌만 누어도 붓그러워하든 녀자들 노셔 이갓흔 담대한 뜻을 품고 이러남은 우리 녀자게를 위하야 자랑홀만흔 일이라고 하겟셔요. 오리동안 깁히 방 속에 갓쳐 사나희에 구속을 밧든 녀자로셔 원대한 활동에 첫 길을 듸듬을 사랑하시고 보호를 주셔야하겟슴니다. 오셔요, 단성사로……

동광단 녀자 비우 일동 빅

동아 21.12.25 (1), 21.12.26 (4), 21.12.27 (4), 21.12.28 (4), 21.12.29 (4), 21.12.30 (1) 〈광고〉

동광단 12월 24일자와 동일

동아 21.12.30 (3) 아사(我社)의 화의(華議) 환동 남포(南浦)에서 대갈채 / 본사 지국 주최로 지난 이십칠일에

세계의 이목이 초뎜이 되는 화성돈 회의 실경을 박힌 본사의 환등은 향자 경성 종로 중앙청년회관에서 공전의 성황리에 영사하엿거니와 지난 이십칠 일 밤에는 진남포 본사지국 주최로

화성돈 회의 실경 환등 영사회를 당디 항좌(港座)에 개최하게 되얏는대 고대하던 진남포 인사들은 정각 전부터 세말의 분주함도 불구하고 모여들어서 만원의 성황을 이루엇고 오히려 입장코저 하는 사람들이 물밀듯하여 겨우 진정한 후 시간이 됨에 김엽(金燁)씨의 식사 겸 태평양회의에 관한 설명이 잇슨 후 삼숭유치원(三崇幼稚園) 교사 한명심(韓明心) 한진실(韓眞實) 량씨의

류창한 창가가 긋나자 즉시 개막이 되여 홍긔주(洪箕疇)씨의 사진 설명으로 환등 영사가 시작되여서 본사 대표 김동성씨와 하와이 동포의 환영이 빗초일 적마다 만당 인사는 취한 듯이 장내가 쩌나갈 듯이 박장을 하얏스며 넘어 번잡함을 금하기 위하야 입장권을 발힝하야 그 수입은 전부 진남포에 잇는 다섯 유치원에 긔부하기로 결뎡되어 그 뜻을 일반 관중의게 선언하매 만당한 모든 사람은 더욱 가상히 녁이어 다음과 갓흔 동정금을 내어서 각

유치원에 주어달나고 하엿고 환등을 반이나 영사한 뒤에 당디 텬주교 청년회의 주최 하에 가극으로 친의 자긍(親의 自矜)과 희극으로 구혼자(求婚者)라 하는 것을 출연하야 모든 사람의게 만흔 흥미를 주엇고 이어서 환등을 마자 영사하엿는대 그와 가치 다수한 인원이지만은 아모 소동도 업시 질서가 잇게 밤 열한 시경에 전에 업든 성황 중에 폐회하엿더라. (진남포)

(동정 명부는 생략)

매일 21.12.30 (3) 신파 여자 동광단 / 미야 만원의 대성황 / 처음보는 녀자의 신파

녀주로만 죠직하야 가지고 무대에서 남자 복장을 한 후, 이교와 표정을 낫하너여 실계의 연극을 하는 것은 신파가 싱긴 이후에 쳐음되는 일이라. 요소히 오륙일을 두고 단셩샤에서 흥힝하야 만도 인사의 환영을 밧어노는 신파 녀자 동광단(新派 女子 東光團) 일힝은 그 긔슐이 남자와는 밋치지 못하는 뎜이 만타하겟지만은 새로 녀자들로만 죠직하야 엄연히 무대에셔 별별 연극을 하는 것과 언어, 동작, 기타 표정을 볼지면 쟝러이 압흐로도 발달될 희망이 만흔 중에

신파게에 혼낫 이치라하겟는대, 녀주 신파단이 왓다는 쇼문이 나면서 모다 구경하고 십흔 호긔심으로 한번식은 다 가고마러서 단셩소 안밧은 정말 만원의 셩황을 미일 밤에 일우어, 전에 업는 환영을 밧는 모양인대, 아직 귀슐이 유치하기는 하나 그만큼 하는 것도 괘히 장흔 일이라는 평판이 잇다하며, 이 일힝은 금년 팔월경브터 군산(群山)셔 죠직하야 가지고 그 동안 신파게에 일홈잇는 김슌혼(金順漢)군의 가라침을 밧어 각 디방을 슌업 흥힝을 하고 지금 경셩에 올나와서 쏘흔 셩황을 일우는 모양이라

◇ 녀자 신파 동광단 일힝 단장과 부단장과 간사 삼인 ◇

▲ 여자 신파 동광단 간부들

눈대, 그 동광단의 단쟝은 김츈교(金春交)라는

당년 이십이셰요, 또 부단쟝은 사나희 갓치 름름하게 된 심화경(沈和卿), 이십일셰된

녀쥬요, 그 즁 미일밤 연극에 뎨일 화형(花形) 녀비우라는 말 잘하는 그 단의 간사인

김춘ᄌ(金春子), 당연 십륙 셰라는 녀ᄌ이더라.

고(故) 임김(林金) 양군 추도 흥행 결정 / 삼십일일 밤에

이 녀ᄌ 동광단에셔는 단장과 부단장의 발론으로 임의 셰상을 바린 신파계 원죠 림

성구(林聖九), 김도산(金陶山), 양군을 위하야 이번 흥힝하는 긔회를 타셔 츄도 흥힝

(追悼 興行)을 하야쎠 당일의 슈입금 젼부를 두 집에 난호아 긔증하기로 작뎡하고 금

삼십일ᄭ지 흥힝홀 예뎡의 날짜를 변하야, 하로 더 홀 작뎡으로 본년 셧달 마지막 날

되는 삼십일일 밤에는 양군의 츄도 흥힝을 하기로 연긔하얏다는대, 단쟝 김츈교 양

은 특히 그 츄도 흥힝날에 양군을 위하야 죠상하는 이곡(哀曲)의 슯흔 노러, 즉 시를

읊허셔 그 이도하는 졍의를 표하기로 작뎡되얏고 그 놀의 예뎨도 경셩에서 쳐음 상

장하는 예뎨로써 흥힝혼다더라.

매일 21.12.30 (3) 〈특별광고〉

신년과 ············· 행락

행락과 ············· 유희

유희와 ············· 연극

연극과 ············· 활동사진

활동사진과 ········· 단성사

폐샤(弊社)에셔는 대졍(大正) 십일년 일월일일브터 동(同) 오일ᄭ지 일반 관객을 위하

야 참신하고 기묘흔 활동사진을 주야 이회로 흥행하며 사진은 매(每) 일주일에 이차

교환하오니 정초에 한극(閑隙)을 이용하야 일차 광림(光臨)하야 쥬옵쇼셔.

경셩부 수은동 전화 구오구 단셩사

동아 21.12.31 (1) 〈광고〉

매주 이회 교환 제공

자(自) 일월 일일 지(至) 일월 오일

오일간 주야 흥행

미국 유−스 플스톤 영화

연속활극 제이회 **십삼의 비밀** 전십오편 삼십권

제이, 삼, 사편 오권 상장

명우 후란시스 훠−드씨 주연

미국 메도로 회사 특별 작품

태서희활극 **미국의 귀족** 전오권

명우 디그라스헤− 아방그스씨 주연

미국 갸니온 쌕쥬아 회사 특작

태서활극 **염마(閻魔)의 골톤** 전이권

레온도−라 몬데−씨 주연

해설자 김덕경 최병룡 김영환 우정식 최종대 서상호

경성부 수은동

단성사 전화 구오구번

每日申報 朝鮮日報 東亞日報
【1922년】

1922년은 조선의 모던이 약동하는 1920년대의 출발점에 해당하는 해이다. 이 시기가 아직 모던이라는 말에 익숙하거나 모던걸(신여성)이 거리를 활보하고 다닌 때는 아니지만, 1922년의 경성 거리는 서양의 모던을 받아들이면서 동시에 조선의 모던을 창조하기 시작하는 공간이었다. 1930년대의 본격적인 모던이 진행되기 위한 발판을 마련했던 이 시기에는, 1921년에 이어 '시작'과 '처음'이라는 사회문화적 변화들이 눈에 많이 띈다. 1903년 미국의 라이트 형제가 처음으로 비행기를 만들어 하늘을 날았다면, 1922년 조선인 안창남(安昌男)은 처음으로 비행기를 몰고 조선 하늘을 날았다. 1899년 조선의 첫 철도인 경인선이 개통된 이후 조선의 하늘길도 처음 열리게 된 것이다. 이렇듯 모던 기술의 정점이 도입되던 시기에 조선의 '연예계'에도 모던의 바람이 불기 시작했다.

매일신보와 동아일보 1922년 1월 17일자에는 윤백남(尹白南, 본명 윤교중(尹教重))의 민중극단(民衆劇團)이 탄생하게 된 배경을 자세히 소개하고 있다. 극계의 새로운 흐름이었던 신파극이 도입된 지 10년이 지났지만 제대로 된 신파극단이 없음을 애석히 여겼던 윤백남은, 안광익(安光翊) 등 유명배우들을 모아 민중극단을 조직하고 자신이 직접 번안한 서양의 연극들을 무대에 올린다. 특히 매일신보 연재소설 「흑진주」를 각색, 무대에 올려 경성의 단성사(團成社)뿐만 아니라 대구좌(大邱座) 등 지방 순회공연에서 "우박 쏟아지듯 하는" 박수를 받는다. 이에 신문과 잡지에서는 신파극과 민중극단에 대한 비평이 쏟아졌는데, 특히 윤기정(尹基鼎)과 천계생(天溪生)의 글은 당시의 신극 지형을 그려보는 데 유용하다. 이후 윤백남은 1923년 한국 최초의 극영화로 평가되는 〈월하의 맹서〉의 각본을 쓰고 감독을 맡았으며, 이 영화에 민중극단 배우였던 이월화를 출연시켜 최초의 스타 여배우를 탄생시켰다.

1922년 11월 6일에는 인사동(仁寺洞)에 조선극장(朝鮮劇場)이 문을 열었다. "현대식의" 3층 건물에 승강기도 설치한 대규모 극장이었다. 1910년대 독일에 '영화궁전(Kinopalast)'이 유행했던 것처럼 극장 건축에서도 서양식 모던이 (물론 일본을 통해) 수입되었음을 알 수 있다. 동아일보는 조선극장 개관 3개월 전부터 조선극장이 건축 중이라는 기사를 게재하였고(동아일보 1922년 8월 18일자), 매일신보 역시 사진과 함께 조선극장의 낙성에 대해 크게 보도하고 있다(매일신보 1922년 11월 7일자). 단성사 광고만 볼 수 있었던 매일신보와 동아일보의 영화 광고란에는 조선극장이 낙성한 1922년 11월 이후부터 조선극장의 광고가 대대적으로 실리게 된다. 조선극장의 관주 황원균(黃元均)은 오사카(大阪)의 송죽(松竹)키네마 지점과 특약을 맺어 영화를 수급했다(매일신보 1922년 12월 19일자).

서양식 모던의 모방과 도입은 영화(연쇄극)에서도 시작된다. 신파극을 이끌었던 1세대 연극인 김도산(金陶山)과 임성구(林聖九)가 각각 1921년 7월과 11월에 임종을 맞고 그 후예들이 등장하면서 신파극단 2세대를 이루게 된다. 특히 혁신단 임성구의 동생 임용구(林容九)가 "서양식 활동사진처럼 장한몽 전편을 무루히 박어서 실다 런쇄 활동사진"(매일신보 1922년 3월 7일자)을 상영하는 등 영화의 형태가 연쇄극 제작에서 활동사진 제작으로 이행하는 모습을 찾아볼 수 있다. 고(故) 김도산 일행의 신극좌(新劇座) 역시 연쇄극이라는 명칭이 아닌 '런쇄활동사진'을 상영한 것으로 기사가 실린다(매일신보 1922년 11월 8일자).

1922년 3월 동경평화박람회에 조선관이 설치되고 조선을 전시하게 되면서, 영화는 조선을 세계에 소개하는 혹은 조선에 근대 세계를 보여주는 매체가 된다. 요시미 슌야(吉見俊哉)가 언급했듯이 '박람회'라는 공간은 "세계를 발견하는 공간이기도 하지만 동시에 어떤 시선을 발견하는 곳"이기도 하다. 매일신보에서는 이 시기 평화박람회의 활동사진을 영사한다는 홍보성 기사를 대대적으로 보도하고, 독자 위안회를 주최하기도 하였다. 이 박람회를 통해 혹은 박람회를 촬영한 활동사진을 통해 조선인들은 세계를 보는 동시에 조선을 바라보는 타자의 시선을 깨달았을 것이다. 이렇게 조선은 근대의 환상 속으로 한 걸음 더 깊이 들어가게 되었다.

확실히 계몽은 근대의 중요한 키워드였다. 저금을 장려하는 활동사진, 종두를 선전하는 활동사진, 그리고 위생 관련 활동사진 등은 지방순회 상영과 강연의 단골 레퍼토리였고, 이를 통해 조선인들은 근대인의 생활을 눈과 귀로 익혔다. 1922년 6

월 경성부가 주최한 하기 위생활동사진회에서 일반관람자에게 파리채 하나씩을 나누어 주었다는 기사도 이채롭다(매일신보 1922년 6월 18일자). 1922년 7월에는 예술학원(藝術學院) 설립을 보도하는 기사가 났고(매일신보 1922년 7월 22일자), 8월에는 학원생 모집 광고가 등장했다(매일신보 1922년 8월 10일). 당시 기사는 예술학원 개원을 예술의 힘을 빌려 민족의 능력을 양성하는 "시대의 요구 사업"이라 칭하고 있다. 예술학원에는 무도과, 연극과, 음악과가 개설되었는데, 그 중 연극과에서는 "각본 랑독과, 실연과, 동양연극의 변천과 서양 연극사와 쇼셜 기요와 각본요지와 분장술과 셰게 연극사료" 등을 가르친다고 소개했다. 연극과의 담당 선생은 당대 연극비평을 주도하던 현철(玄哲)이었다.

주지하다시피 근대는 규율권력과 함께 찾아왔다. 1922년 4월 4일 경기도령으로 흥행취체규칙이 공포되어(매일신보 1922년 4월 2일자), 우미관(優美舘)에서 상영할 〈장년의 길〉 등이 최초의 영화검열작으로 기록되었다(동아일보 1922년 7월 2일자). 변사도 면허증을 받아야 했는데, 일본인과 조선인을 포함한 수험자 40명 중의 4명이 떨어져 2달 후 다시 시험을 봐야 했다. 한편 여변사 4명은 모두 합격했다는 기사 내용이 흥미를 더한다(매일신문 1922년 7월 4일자).

이처럼 1922년 동아일보와 매일신보에는 조선의 근대가 시작되는 어느 한 지점의 다양한 양상들이 축적되어 있다. 조선의 민중들은 이러한 하루하루의 역사를 통해 '모던'을 모방하기도 하고 스스로 창조하기도 하면서 앞으로 다가올 1930년대의 '근대'를 만들어 나갔을 것이다.

현재 1922년 조선일보는 12월 기사만 남아 있기 때문에 본서『신문기사로 본 조선영화』에서는 부득이 1~11월 기사를 다루지 못했음을 밝힌다. 1921년과 1922년의 조선일보는 매일신보와 달리 사회면인 3면에서 연예 관련 기사를 많이 다루지 않았고, 주로 독립운동과 관련된 조선인들의 동향을 전달하는 데 지면을 할애했다. 더불어 재미와 오락적인 내용보다는 계몽적인 내용을 주로 다루는 경향을 보여준다. 특히 조선일보 기사들은 영화보다는 연극에 초점을 맞춰 즐겨 다뤘는데, 마치

영화를 오락적인 것으로, 연극을 계몽적인 것으로 그 층위를 나누는 비가시적인 구분점이 존재하는 듯하다. 1922년 조선일보에는 단성사와 조선극장, 우미관의 광고가 모두 실린다. 이는 1921년 조선일보에 주로 우미관 광고만 실린 것과는 대조적인 모습이다.

— 김수현(한국영상자료원 객원연구원)

매일 22.01.01 (3) 정초의 연예계

▲ **단성사** 정월 일일부터 참신훈 사진으로 오일ᄭ지 주야 흥힝을 한다는대 뎨일 볼 만훈 것은 년속대사진 『십삼의 비밀』이고 그 외 희활극 다섯편이 잇는 외에 실수 *
연식 스진으로 영사하야 신년의 관긱을 흡슈하기에 미우 진력하엿고

▲ **광무대** 됴션 구파 연극인대 전과 갓치 과목이 잇는 외에 금향의 가무와 박춘지의 신년마지라는 가무희극이 잇는 다음에 쏘 끗막에는 여자비우의 신구파 연극이 잇셔셔 자못 볼만 ᄒ다 하며

▲ **우미관** 여긔도 역시 활동스진으로 죠흔 것을 쎄여셔 일일브터 오일ᄭ지 쥬야 흥힝을 혼다는대 련속사진 긔타 희실사극이 만허셔 자못 볼만하다더라.

매일 22.01.01 (부록 3의 3) 〈광고〉

모범적 활동사진 영사
경성 창덕궁 입구
단성사 전화 구오구번

조선구극원조
경성 황금유원
광무대 박승필

동아 22.01.02 (3) 〈근하신년〉

경성 수은동
단성사
전화 구오구번
경성 황금정 사정목
광무대

매일 22.01.03 (1) 〈광고〉

쑤로그람
일월 일일부터 매주 이회 교환제공
자(自) 일월 일일 지(至) 일월 오일 오일간 주야흥행

미국 갸니온 쌕주아-회사 특작

서부 활극 **염마(閻魔)의 골돈** 전이권

미국 에도로 회사 특별작품

태서희활극 **미국의 귀족** 전오권

미국 루이스 츌스돈 영화

제이회 연속활극 **십삼의 비밀** 전십오편 삼십권

제이편 제삼편 오권 상장

폐회

경성부 수은동

전화 구오구번 단성사

매일 22.01.05 (1) 〈광고〉

단성사 1월 3일자와 동일

동아 22.01.06 (1) 〈광고〉

일월 사일 주간부터 신사진 전부 교환

매주 이회 교환 제공

임시 주야 흥행은 일월 오일까지

미국 식스사 작

정극 **민(罠)** 전삼권

해설자 최병룡

미국 도라이앙글 회사 특작

태서정극 **도니 아메리카** 전오권

해설자 우정식 최종대

미국 유-스플스톤 영화

연속활극 제삼회 **십삼의 비밀** 제오, 육, 칠편 육권 상장

해설자 김영환

경성부 수은동

단성사 전화 구오구번

동아 22.01.07 (3) 〈광고〉

단성사 1월 6일자와 동일

매일 22.01.07 (1) 〈광고〉

동아 1월 6일자 단성사 광고와 동일

동아 22.01.08 (1) 〈광고〉

일월 팔일 신사진 전부 교환

매주 이회 교환 제공

미국 유-스플스톤 영화

연속활극 제사회 **십삼의 비밀** 전십오편 삼십권지내(之內)

제팔편, 제구편 사권 상장

문예극

민중예술 풍자극 **오뇌의 호접(懊惱의 胡蝶)** 전오권

이국(伊國) 암쑤로지오 회사작

태서정극 **오호 일찰나(嗚呼 一刹那)** 전사권

해설부원 김덕경 우정식 김영환 최병룡 최종대 서상호

경성부 수은동

단성사 전화 구오구번

매일 22.01.08 (3) 〈광고〉

동아 1월 8일자 단성사 광고와 동일

동아 22.01.09 (2), 22.01.10 (1), 22.01.11 (1) 〈광고〉

단성사 1월 8일자와 동일

매일 22.01.09 (3), 22.01.10 (3), 22.01.11 (4), 22.01.12 (4) 〈광고〉

단성사 1월 8일자와 동일

동아 22.01.12 (1) 〈광고〉

일월 십일일 신사진 전부 교환

매주 이회 교환 제공

실사 전일권

희극 **사랑의 원슈야** 전일권

해설자 최병룡

미국 도마스엣지인스 작품

정극 **남자의 후원자** 전오권

해설자 김영환 김덕경 서상호

미국 루이스플스톤 영화

연속 오회 **십삼의 비밀** 전십오편 삼십권지내(之內)

제십, 제십일편 사권 상장

해설자 우정식 최종대

경성부 수은동

단성사 전화 구오구번

동아 22.01.13 (3), 22.01.14 (1) 〈광고〉

단성사 1월 12일자와 동일

매일 22.01.13 (4) 〈광고〉

동아 1월 12일자 단성사 광고와 동일

매일 22.01.14 (4) 〈광고〉

단성사 1월 13일자와 동일

동아 22.01.15 (1) 〈광고〉

신사진 전부 교환 매주 이회 교환 제공

자(自) 정월 십오일 주간 지(至) 정월 십칠일 삼일간

실사 **뉴육(紐育)**[1]**의 마천각** 전일권

미국 메도로 회사작

정극 **황금의 가(家)** 전오권

해설자 일, 이권 김영환 삼, 사, 오권 최종대

미국 루이스플스톤 영화

연속 오회 **십삼의 비밀** 전십오편 삼십권지내(之內)

해설자 제십편 이권 최병룡 제십일편 이권 우정식

이태리 이다라 회사 근작(近作)

연애비곡 **아－청춘** 전육권

해설자 일, 이, 삼권 김덕경 사, 오, 육권 서상호

미국 구리스데리－영화

희극 **오해로써 오해** 전일권

경성부 수은동

단성사 전화 구오구번

매일 22.01.15 (1) 〈광고〉

동아 1월 15일자 단성사 광고와 동일

동아 22.01.16 (4), 22.01.17 (4) 〈광고〉

단성사 1월 15일자와 동일

동아 22.01.17 (3) 민중극단의 출생 / 중앙극장 중심으로 윤교중씨가 조직해

조선에 신극(新劇)이라는 말이 류힝하기는 이미 십여년이나 되얏스나 삼십만 인구를 가지고 잇는 경성(京城)에 완전한 연극장 한 곳이 업슴은 즉접 연극계에 대한 불힝일 뿐 아니라 일반 민중의 위안상으로도 매우 유감되는 일이라. 이에 대하야 연극계에 열심으로 운동하는 윤교중(尹敎重)씨의 주선으로 중앙극장(中央劇場)의 허가를 어더 요사이 이 건축 준비가 착착 진힝한다함은 조선 연극계에 대한 가장 깁분 소식이며 씨는 연극장이 건축되는 동시에 한편으로 완전한 극장을 조직하기 위하야 조선 신파계에 가장 유망한 기능을 가진 안광익(安光翊)군과 기타 유망한 소질을 가진 청년 배우를 망라하야 민중극단(民衆劇團)이라는 단톄를 조직하야 음력 정초에 처음 흥힝

---

1) 뉴욕

을 경성에서 하려 하얏스나 극장의 형편으로 위선 디방의 순회 흥힝을 맛친 후에 이월 경에는 경성에서 공개할 터이며 각본은 아못조록 현대 조선에 뎍합하도록 모 전문 제씨가 극력 연구 중이라더라.

매일 22.01.17 (3) 민중극단 출현 / 신파계의 혁신조 / 유명비우가 참가

우리 됴션에 한 곳의 완전호 극장이 업슴을 유감으로 역여 윤교중(尹教重)씨가 중앙극쟝 건축의 허가를 임의 작년 가을에 엇어서 창립사무가 진힝중이라는대 이번에 동씨가 다시 됴션 신극의 유치하고 빈약홈을 기탄하야 신파극계에 일홈잇는 안광익(安光翊)군을 중심으로 하고 기타 유명호 비우를 망라하야 민중극단(民衆劇團)을 죠직하야 한번 신파계에 혁신을 도모홀 쟉뎡이라는 바 음력 졍월의 흥힝은 극장의 형편으로 부득이 디방에서 위션 흥힝을 하고 이일에 드려셔 경성에서 대대덕 시연(試演)을 한다는대 무대 감독은 윤빅남씨가 하고 각본은 됴일지(趙一齊), 김운뎡(金雲丁), 윤빅남 제씨가 한다는대 이는 실로 신파극계에 일대 광명이라 하겟더라.

매일 22.01.17 (3) 〈광고〉

단성사 1월 15일자와 동일

동아 22.01.18 (1) 〈광고〉

신사진 전부 교환

매주 이회 교환 제공

자(自) 정월 십팔일 야간 지(至) 정월 이십일일 사일간

실사 **미국 하 – 도손 하(河)의 상류** 전일권

미국 메도로 회사작

인정희극 **황당한 신부(新婦)** 전오권

해설자 일, 이, 삼권 우정식 사, 오권 최병룡

미국 루이스플스톤 영화

연속 오회[2] **십삼의 비밀** 전십오편 삼십권지내(之內)

해설자 제십이편 이권 김영환 제십삼편 이권 최종대

---

2) '六回'인대 '五回'로 착각한 듯하다.

미국 도라이앙글 회사작

정극 **자연의 위력** 전오권

해설자 일, 이, 삼권 김덕경 사, 오권 서상호

경성부 수은동

단성사 전화 구오구번

동아 22.01.19 (1), 22.01.20 (4), 22.01.21 (4) 〈광고〉

단성사 1월 18일자와 동일

매일 22.01.19 (3) 소방수의 가족위안회 / 이십일 중앙관에

시너 쇼방대의 쥬최로 쇼방슈의 가족위안회를 오는 이십일 오후 한시부터 중앙관(中央館)에서 기최하야 활동사진을 영사혼다는대 소방수가 삼빅명이미 가족도 상당히 만흘 모양이며 됴션인 쇼방슈가 반슈 이상이라더라.

매일 22.01.19 (4) 〈광고〉

신사진 전부 교환 매주 이회 교환 제공

자(自) 일월 십팔일 주간 지(至) 일월 이십일일 사일간

실사 **공중마술사** 전일권

미국 메도로 회사작

진기혼 인정희극 **황당한 신부**

해설자 일, 이, 삼권 우정식 사, 오권 최병룡

미국 유-스 풀스톤 영화

연속 칠회 최종편 **십삼의 비밀**

해설자 제십사편 대수색 이권 김영환 제십오편 십일번의 사(死) 이권 최종대

미국 메도로 회사 근작

옛쓰원카-리씨 감독 엥미-외-런양 주연

정극 **사랑 업논 결혼** 전오권

해설자 일, 이, 삼권 김덕경 사, 오권 서상호

경성부 수은동

단성사 전화 구오구번

매일 22.01.20 (3) 평화박(平和博)에 기생 출연 / 됴션기싱 슈십명이 / 가무로 출연히

숏퓌여 만발하고 싸듯한 봄놀에 죠흔 긔회를 타셔 삼일에 기최하는 상야의 평화박람회(平和博覽會)도 차々로 절박하야 이 압흐로도 두달 밧게 남지 안엇슴으로 건축을 급히 하기 위하야 목수를 이천명이나 증가하고 임의 림업광업관(오빅평), 긔계동력관(칠빅평), 뎐긔관(사빅오십평), 농업관(칠빅평)을 택졍하얏고, 연예관, 만몽관,[3] 대만관 등도 대부분 되얏는대 됴션관은 예산 십오만원으로 대규모의 당々한 미슐뎍인 것인 바, 반은 다 되고 흥힝물의 시베리야뎐과 기리아—꾸뎐과 지나뎐(支那殿) 등도 임의 락성하얏는대 이러훈 뎐각은 각국인의

춤노리를 보는 외에 국산품을 판미홀 터이라 하는대 경성상업 회의쇼에셔는 됴션 기싱 십오명을 츌연케 하야 가무를 하게 되얏스며 북히도에셔도 동디의 명기 이십여명을 쏘아셔[4] 북국 특유의 가무를 보이게 되얏다는대 기타 구주 신사 등에셔도 일류의 기싱을 츌연케 하겟다는 신쳥이 왓다 하며 쏘 평화탑(平和塔)은 청수당 하와 관월교[5] 엽헤다가 빅오십척이나 되게 놉흔 탑을 셰우게 되는 바 이것은 자못 손이 만히 드러가셔 삼월 샹슌에 완성홀 예뎡인대 츌품은 본월 이십일부터 실어드릴 터이라는대 이번의 박람회는 쳐음 잇는 평화를 의미하는 것인 바, 됴션셔도 한번 구경갈 만 훈 일이라 하겟더라.

매일 22.01.20 (4), 22.01.21 (3) 〈광고〉

단성사 1월 19일자와 동일

동아 22.01.22 (1) 〈광고〉

신사진 전부 교환
매주 이회 교환 제공
일월 이십이일부터 삼일간
실사 **마천각(摩天閣)** 전일권

---

3) 만주 몽골관
4) 쏩아서
5) 청수당 밑과 관월교 옆 이라는 의미임

미국 캐쎄 회사

희극 쏘비의 결혼 전이권

영국 영화 회사

대활극기화(奇話) **백면귀(白面鬼)** 전오권

해설자 우정식군 최병룡군

이태리 토리노 회사 근작(近作)

연애비곡 **아-청춘** 전칠권

해설자 일, 이, 삼, 사권 김덕경군 오, 육, 칠권 서상호군

아-청춘과 재차 상장!!

아-청춘은 우리로하야 학창의 옛날을 추억케 하얏습니다. 그럼으로 의외에 매야 (每夜) 만원의 성황으로 그 영화가 환영되얏슴은 조금도 속임 업는 사실이외다. 그 러나 기(其) 시일이 너무 단기(短期)하야 다단한 사회에 출입하시는 제씨(諸氏)로 충 분이 관람치 못하게됨은 본사는 물론 일반 제씨로 하야금 유감천만이옵든 바, 일일 (日日) 제씨에 소청(所請)이신 서신이 살도하오니 부득기 아-청춘을 재연합니다.

서상호 백

경성부 수은동

단성사 전화 구오구번

동아 22.01.22 (3) 흥행물 검열 / 경찰부에서 통일하게 된다고

경긔도 보안과(京畿道 保安課)에서는 요사이 뎐차 취례 규칙 등을 제명하는 중이라 함은 이미 보도한 바어니와 흥행물 취례 규칙의 내용을 드른 즉, 원러 흥힝물 취례 규칙이라는 것은 사회교육이라든지 일반 풍속상에 큰 관계잇는 것임으로 적당한 규칙을 제명하야 그 규칙대로 취례를 통일할 것인대, 조선의 경찰은 수년 러로 치 안에 대한 사무가 복잡하게 되야 밋처 그러한 방면에는 손이 채 도라가지 못하든 바, 이번에 겨우 몃 가지 규칙을 제정하는 중인대, 흥힝물 취례 중에는 물론 일반 극도 취례하겟지마는 가장 필요한 것은 활동사진의 검사이며 지금 활동사진의 『필 름』은 소관 각 경찰서에서 검열하야 통일을 하는데에 불편한 일이 만엇고 극장 건 축에도 지금까지는 나무로 지어서 화재에 지극히 위험한 건물도 잇스나 새 규칙이 발표되는 동시에 이러한 폐단이 업게하며 활동사진의 검열도 경찰부에서 하게 될 터이라더라.

매일 22.01.22 (3) 〈광고〉
동아 1월 22일자 단성사 광고와 동일

동아 22.01.23 (4), 22.01.24 (4), 22.01.25 (4) 〈광고〉
단성사 1월 22일자와 동일

매일 22.01.23 (4) 〈광고〉
단성사 1월 22일자와 동일

매일 22.01.24 (1) 〈광고〉
서상호의 아−청춘 재상영 광고문구만 빠지고 나머지는 단성사 1월 22일자 광고와
동일

매일 22.01.25 (4) 〈광고〉
단성사 1월 24일자와 동일

동아 22.01.26 (4) 〈광고〉
특별예고 이월 육일부터 공개되는 대영화
영화계의 최고위! 흥행계의 대혁명!
세계심(世界心)의 자매편! 전화(戰禍)의 자웅편!
보라 영화계에 큰 권위를 흔들든 世界의 心(세계심)으로 세계 정긱에게 만은 인상을
주고 민중을 늣기게 하얏스며 戰禍(전화)란 영화가 위일손씨에 평화선전으로 이러
나서 전장(戰場)에 피곤한 병사를 울니고 인민으로 하야 평화를 사모케하야 위대한
힘을 웃엇나니 이제 다시 그 영화계 최고위를 초월한 영화요, 침체된 흥행계를 진동
케할 대영화가 나타나왓나이다. 그 영화는……
불국(佛國) 문호 아벨강크씨 각색
사계(斯界) 일류 명우 총출연
합중국 제이십팔 연대 출동 촬영
전쟁과 평화 전십오권
사리파열(四離破裂)한 미성품(未成品)이 아니요, 백만의 유혼을 읍케할 민중 대시극!

신수입(新輸入) 개봉 대편(大篇)!
장소 단성사

매일 22.01.26 (3) 〈광고〉
동아 1월 26일 단성사 광고와 동일

동아 22.01.27 (3) [모임] 동대문 례배당 환등회
금이십 칠일 하오 칠시 반에 동대문 례배당 종교부에서는 금번 남북 만주를 단여온 박용리(朴容來) 씨를 청하야 환등회(幻燈會)를 연다는대 입장은 무료.

동아 22.01.27 (4), 22.01.28 (4), 22.01.29 (4), 22.01.30 (4), 22.01.31 (4) 〈광고〉
단성사 1월 26일자와 동일

매일 22.01.27 (4), 22.01.28 (3) 〈광고〉
단성사 1월 24일자와 동일

동아 22.01.28 (4) 민중극단 내개(來開) 홍행
윤교중씨의 주재로 안광익 외 극계의 유수 배우를 망라한 민중극단은 이십팔일 즉 음(陰) 정월 초일일부터 개성군 개성좌에서 초차(初次)의 홍행을 개시한다더라. (개성)

매일 22.01.29 (3) 음력 정초 연예게
▲ **단성사** 정월 일일브터 닷새동안 쥬야 영사를 하는대 신 련속수진『이상한 환영』삼십권 중 네권과 그 대활극 실수와 희극 등 십륙권을 영수한다는 바 특히 정월 수진이 되야 취미 진々하다는 사진
▲ **우미관** 여긔도 역시 나흘동안 쥬야 홍힝을 한다는대 련속수진 긔타 활극 등으로 영수혼다 하며
▲ **광무대** 신년 정초 연극을 특히 주의하야 만히 준비한 즁에 년례에 의하야 초삼일 낫브터는 보름꺼지 씨름회를 열고 각쳐 력사가 모여셔 대대뎍 큰 씨름와 장관이 잇슬 터인대 금년 씨름은 쟝관의 예상

▲ **황금관** 이 수진관도 음력 정초의 묘선인 관긱을 위하야 죠흔 수진을 갓다 노코 쥬야 흥힝한다더라.

매일 22.01.29 (3) 〈광고〉
일월 이십팔일부터 신사진 전부 교환
매주 이회 교환 제공
음력 정월 초일일브터 오일간 주야 흥행
미국 **아라스카 기담(奇談)**
인정극 **영(影)** 전육권
연속대활극 **이상한 환영(幻影)** 전십오편 삼십권 내
일편 암중의 규환(叫喚) 사권 이편 사(死)의 처녀 상장
사회극 **고풍의 약인(古風의 若人)** 오권
실사 **파나마 박람회**
단성사

동아 22.01.30 (4) 교육활동사진 내전(來全)
경성 보성사(普成社) 활동사진부에서는 교육계에 필요한 활동사진을 초대하고 각 지방에 순회하든 바, 거(去) 이십일 내전(來全)하야 본도(本道) 학무과장 후원하에 전북 공회당에서 이십일일, 이십이일 양일간 연사(連寫)하야 일반 학생계에 호감을 여(與)하얏다더라. (전주)

매일 22.01.30 (1), 22.01.31 (1) 〈광고〉
단성사 1월 29일자와 동일

동아 22.02.01 (3) 관객 육십여명 / 극장에서 참사
이십구 일 미국 『닛카-쑛카』에 잇는 활동사진관에서 활동사진을 영사하는 중에 집이 별안간 문허저서 관긱 륙십구명은 즉사하고 빅여명의 중경상자를 내이엇다더라. (화승돈[6] 면보)

---

6) 워싱턴

동아 22.02.01 (4) 〈광고〉

일월 삼십일로 이월 이일까지 신순서

실사 **파나마 박람회** 전이권

인다부리세쓰사 주악(奏樂)

인정활극 **남과 남(男과 男)** 전오권

주연자 월이암에쓰하드씨

해설자 최병룡군 최종대군

제이회

미국 골도윙사

연속활극 **괴상한 영(影)** 전십오편 삼십일권

전사권 제삼편 야수의 아(牙) 제사편 흑(黑) 칠인조

미국 신(新)영화사

사극 **개선** 전오권

주연자 롬발듸씨 곤스다마구나양 쟈고비니양

해설자 김덕경군 서상호군

경성부 수은동

단성사 전화 구오구번

매일 22.02.01 (3) 화성돈(華盛頓) 활동사진관의 변사 / 집웅이 문허져 만긱이 모다 즉소

이십구일 화성돈 『닛쑤가－쏘가』활동사진관에셔 한창 소을[7] 영사하던 중 동관의 집웅이 뜻밧게 써러져셔 관긱들 십구명은 즉소하고 즁경상즈 빅명을 니엿다 다더라. (화성돈 이십구일발 뎐)

동아 22.02.02 (4), 22.02.03 (4) 〈광고〉

단성사 2월 1일자와 동일

---

7) '사진을'에서 '진'이 빠져있음.

매일 22.02.02 (3) 〈광고〉

동아 2월 1일자 단성사 광고와 동일

매일 22.02.03 (3) 〈광고〉

단성사 2월 2일자와 동일

동아 22.02.04 (4) 〈광고〉

이월 삼일부터 삼일간

신사진 순서

실사 **여우의 화장실(女優의 化粧室)** 전일권

주악(奏樂)

미국 엘코 회사

희극 **신가정(新家庭)** 전이권

해설자 최병룡군

미국 아구메 영화

인정활극 **십삼번의 의자** 전육권

해설자 최종대군 최병룡군

제이회

미국 골도윙사

연속활극 **괴상한 영(影)** 전십오편 삼십일권

전사권 제오편 사의 독와사(死의 毒瓦斯)[8] 제육편 숨은 협박

해설자 김덕경군 서상호군

경성부 수은동

단성사 전화 구오구번

매일 22.02.04 (3) 〈광고〉

이월 삼일브터 삼일간

---

8) 독가스, 瓦斯는 가스, 기체라는 의미임.

신사진순서

매주 이회 교환 제공

실사 **여우의 화장실** 전일권

주악(奏樂)

미국 에루코 회사

희극 **신가정** 전이권

해설자 최병룡군

미국 아구메 영화

活精人劇[9] **십삼의 의자** 전육권

해설자 최종대군 최병룡군

미국 신(新)영화사

연속대활극 **이상한 환영(幻影)** 전십오편 삼십일권 내

제삼회 제오편 사(死)의 독와사(毒瓦斯) 제육편 슘은 협박 사권 상장

해설자 김덕경군 서상호군

경성 수은동

국활사(國活社) 특약

단성사 전화 구오구번

매일 22.02.04 (4) 대동(大東)동창회 활동사진

평양 대동동창회 주최로 거(去) 삼십일브터 이일간 진남포 항좌(港座)에셔 세계의 대전쟁을 망라하야 촬영호 중진(重鎮) 구권 일만척의 대사진을 일반 시민에게 무료로 관람케 하얏논대 삼십일은 일반 시민에게 삼십일일은 선인측(鮮人側) 각 공사립학교 생도에게 관람케 하기로 하고 진남포부청과 경찰서측으로 협력 후원하얏다더라. (진남포)

동아 22.02.05 (1), 22.02.06 (4) 〈광고〉

단성사 2월 4일자와 동일

---

9) 인정활극

매일 22.02.05 (3) 〈광고〉

학생 급(及) 독자 위안

본사에셔ᄂᆞᆫ 교육계에 얼마간 공헌을 하자ᄂᆞᆫ 목뎍으로 이번에 동경가극협회(東京歌劇協會)를 불너셔 다음과 갓흔 날자에 교육 가극대회를 열어 돈 밧지 아니 하고 무료로 학ᄉᆡᆼ 제군과 및 월뎡독자의 관람하심에 이바지 하고ᄌᆞ 하노라.

입장권 학생은 불요(不要) 독자에게ᄂᆞᆫ 입장권을 배부

일시

십이일 (일요)	제일회 정오 십이시브터
	제이회 오후 이시 반브터 학생 관람
십삼일 (월요)	제삼회 정오 십이시브터
	제사회 오후 이시브터 월정(月定) 독자 관람

장소 장곡천정(長谷川町) 공회당

교육 お伽[10]가극대회

가극종목 ᄭᅮᆷ의 나라(夢의 國) 가지가지야마(カチヘ 山)[11] 조선가극 우의션녀

기타 단쓰 ᄷᅡ이요링 하모니가 서양골계

됴션가극 우의선녀(羽衣仙女)(ハコロモセンジョ)의 ᄃᆡ강 요령

본사 아동회(本社 兒童會) 간사 팔도류당(八島柳堂)씨가 됴션 가극의 ᄀᆡ발을 위하여 엇더한 뎐하ᄂᆞᆫ 말에 의지하야 창작한 가극인대 그의 대강요령은 녯날 ᄇᆡᆨ두산(白頭山)에 엇더ᄒᆞᆫ ᄆᆡ우 졍직한 늘근 나무군이 잇ᄂᆞᆫ대 항상 슬하에 ᄌᆞ손이 업ᄂᆞᆫ 것을 슬허하던 즁 산양군에게 ᄶᅩ기여 ᄆᆡ우 위급한 ᄉᆞ슴 한 머리를 구하여 준 일이 잇ᄂᆞᆫ대 마음이 이와 갓치 가륵한 ᄭᆞ닭에 그 심덕을 참으로 아름다운 션녀가 나려와 그로 인과 부부가 되야 자손을 낫고 잘 살다가 나종에 하날로 올나가 션녀 직녀셩이 되고 로인은 견우셩이 되얏다ᄂᆞᆫ 신비뎍이요 취미 진진ᄒᆞᆫ 고담

주최 매일신보사

명(明) 육일 대공개

10) 아이들용 동화

11) 일본의 옛날 이야기의 하나. 너구리에게 아내를 잃은 할아버지를 위해 토끼가 원수를 갚아 준다는 권선징악의 사상을 담은 복수담.

일일 공개 권리금(權利金) 일천원 대영화

영화계의 최고위!! 흥행계의 대혁명!!

세계심(世界心)의 자매편!! 전화(戰禍)의 자웅편(雌雄篇)!!

보라 영화계에는 큰 권위를 흔들던 世界의 心(세계심)으로 세계 정긱에게 만은 인상을 쥬고 민중을 늣기게 ㅎ얏스며 戰禍(젼화)란 영화가 위일손 씨에 평화 션전으로 이러나셔 전장(戰場)에 피곤흔

병사를 울니고 인민으로 ㅎ야 평화를 사모케 ㅎ야 위대흔 힘을 웃엇나니 이제 다시 그 영화계 최고위를 초월흔 명화요 침체된 흥힝게를 진동케 홀 대명화가 나타나 왓나이다. 그 명화는

불국(佛國) 문호 아벨강크씨 각색

사계(斯界) 일류 명우(名優) 총출연

……합중국 제이십팔연대 출동 촬영……

전쟁과 평화 전십오권

사리파열(四離破裂)흔 미성품(未成品)이 아니요 백만의 유혼을 읍(泣)케홀 민중 대시극…… 신수입개봉대편

장소 단성사

매일 22.02.06 (1), 22.02.06 (3) 〈광고〉

단성사 2월 4일자와 동일

동아 22.02.07 (1) 〈광고〉

이월 육일부터 공개되는 대영화

영화계의 최고위! 흥행계의 대혁명!

세계심(世界心)의 자매편! 전화(戰禍)의 자웅편!

보라 영화계에 큰 권위를 흔들든 世界의 心(세계심)으로 세계 정긱에게 만은 인상을 주고 민중을 늣기게 하얏스며 戰禍(전화)란 영화가 위일손 씨에 평화선전으로 이러나서 전장(戰場)에 피곤한 병사를 울니고 인민으로 하야 평화를 사모케하야 위대한 힘을 웃엇난니 이제 다시 그 영화계 최고위를 초월한 영화요, 침체된 흥힝계를 진동케할 대영화가 나터나왓나이다. 그 영화는……

불국(佛國) 문호 아벨강크씨 각색

사(斯) 세계 일류 명우(名優) 총출연

합중국 제이십팔 연대 출동 촬영

귀기인박(鬼氣人迫)하고 유혼(幽魂) 즐즐(喞喞)이라

평화의 천지를 방황하난

시! 명곡! 화면 음악과 여(如)한

전란 대비시극(大悲詩劇)

전쟁과 평화 전십오권

사리파열(四離破裂)한 미성품(未成品)이 아니요, 백만의 유혼을 읍(泣)케 할 민중 대시극! 신수입(新輸入) 개봉 대편(大篇)!

천재 시(詩) 제안 롬알이지페씨

모친 만지니 부인

정인(情人) 에데즈 매리스도—레양

입장료 일등 일원 이등 칠십전 삼등 오십전 학생소아 각등 반액

경성부 수은동 단성사 전화 구오구번

매일 22.02.07 (1) 〈광고〉

이월 육일브터 공개되는 대영화

영화계의 최고위!! 흥행계의 대혁명!! 세계심의 자매편!!

보라 영화계에는 큰 권위를 흔들던 世界의 心(세계심)으로 세계 정긱에게 만은 인상을 쥬고 민중을 늣기게 ᄒ얏스며 戰禍(전화)란 영화가 위일손 씨에 평화 션전으로 이러나셔 젼장(戰場)에 피곤한 병사를 울니고 인민으로 ᄒ야 평화를 사모케 ᄒ야 위대한 힘을 웃엇나니 이제 다시 그 영화계 최고위계를 초월한 명화요 침체된 흥힝게를 진동케 홀 대명화가 나타나 왓나이다 그 명화는

불국(佛國) 문호 아벨강크씨 각색

전쟁과 평화 전십오권

합중국 제이십팔 연대 출동 촬영

입장료 일등 일원, 이등 칠십전, 삼등 오십전 소아 학생 각등 반액

단성사 전화 구오구번

매일 22.02.07 (3) 조선가극 개발에 / 일됴가 됨 취미진々호 이회 / 이 씨를 놋치 말고 들으시오 / 본사 주최 소년 가극대회

본소에셔눈 오눈 십이일브터 십삼일까지 몬져 날은 학싱들을 위하야 둘지놀은 독조를 위하야 신춘을 당한 이 째에 의의(義意)가 잇은 스고로 인하야 일반이 아눈 바이지마눈 그 가극의 종목으로 말하면 『꿈의 나라』라던지 『쨘스』라던지 『쌔이올린』이라던지 『하−모니까』라던지 또 이외에도 두 가지이나 주미스러운 것이 잇눈대, 이것은 실로 피교육자인 학싱들에게 필요하지마눈 독조 중에 학부형 되눈 니눈 더욱 필요하며, 우의션녀(羽衣仙女)라고 하눈 가극 종목 중에 한 가지만 됴션가극(朝鮮歌劇)에 대하야눈

이 자리에서 상셰히 소기홀 필요가 잇눈대, 그 니용은 고대의 뎐셜을 인용하야 가극을 만든 것으로 고대 빅두산(白頭山)에 한 늙은 초부가 잇셧눈 바 셩질이 충직하야 일에만 렬심히나 슬하에 자녀가 업스미 항상 비참히 이 셰상을 지나오면 챠 언의날 산에 나무를 하러 갓더니 난데업눈 사슴 한 머리가 급히 쮜여 오면셔 『니 뒤에 산양 포슈가 나를 잡으러 오니 니를 쏙 숨기여셔 좀 살니여 달나고 하얏다고. 늙은 초부눈 쾌히 허락하고 나무짐 속에 가리여 두엇더니 참으로 포슈 흔 명이 허덕거리고 달녀 오면셔 스슴 간 곳을 무르미 초부눈 반대 방을 가르키여셔 가보라고 이르고 사슴을 노아주미 사슴은 만강의 깁품을 참어 못 익이여셔 초부의 은혜를 갑고져 하면셔 쇼원이 무엇이냐』고 무르미, 초부눈

자긔 중심에 밋친 바와 갓치 자손이 업눈 것을 말하얏더니 사슴은 말하되 『그러면 언의 날 언의 시에 빅두산 우에 잇눈 큰 못(池)가에 와셔 보면 션녀 셰명이 목욕을 하고 잇슬 터이니 그 중 뎨일 그대의 마음에 드눈 아리 짜운 션녀의 우의(羽衣)를 감츄이고 잇스라. 그리하면 다른 션녀들은 올나갈 쌔가 되면 올나가 버리지마눈 옷을 쌔앗긴 션녀눈 올나가지 못하고 당신을 차져올 터이니 그 째에 그 션녀를 다리여다가 짤을 삼으라. 그럿치마눈 삼년 젼에 옷을 니여 보히면 그 션녀눈 곳 텬상으로 올나갈 터이니 삼년 후가 안이면 옷을 보히지 말나』고 하얏다고. 이 말을 드른 초부눈 사슴의 말과 갓치 못가에 가셔

션녀의 옷을 감츈 후에 아리짜운 짤을 어덧스미 아죠 깁버하얏다. 올나갈 쌔를 일흔 후에 션녀눈 부득이 초부의 짤이 되얏스나 날이 깁허 갈사록 졍이 졈차 들면셔 실로 하눌이 지시한 친부녀의 사이나 다름이 업시 되주, 어언 긴 류수 갓흔 광음은 삼년이 갓가히 되야 왓셧다. 늙은 니눈 그 짤의 효셩이 넘우도 지극홈으로 인제야 니 짤이

갈 리치가 잇나 하고 싱각홀 쌔에 못가에셔 감츄어 온 우의를 너어 보히고 말하고 십엇스미, 언의날은 쌀을 불너셔 그 쌔 혼 말을 한 즉 션녀는 그러한 줄 몰낫다가 비로쇼 알고 옷을 달나고 하더니 옷을 쓸치여 입ㅈ 곳 텬상으로. 쑴인지 싱시인지 모르는 늙은 초부는 이것이 웬일인가 하면셔

하날을 향하야 부르지졋스나 인간을 쎠는 션녀는 텬상으로 올나가미 늙은니는 눈물이 종횡하얏다. 이 쎠에 사슴이 이 일을 알고 『엇지하야 니가 이른 말대로 삼년 후에 옷을 보히지 아니하고 그 전에 보히여셔 텬상으로 가게 하얏느냐』고 하면셔 인졔는 션녀들이 이와 갓치 못에 나려와셔 목욕을 하지 아니하고 못에 물을 『두레박』으로 퍼올니여셔 목욕을 하니 당신은 다시 그 못에 가셔 두레박이 나려오거던 그것을 타라. 두레박을 타려는 초부는 못가에셔 긔대리다가 맛참 텬상으로브터 두레박이 나려옴으로 물 대신에 쵸부가 올나 안졋더니 귀신갓치 텬상에 올나가자 전긔 쌀과 맛나여셔 화락한 평싱을 지니고

그 후 전긔 션녀는 직성(織星)이 되고 초부는 견우성(牽牛星)이 되얏다고. 이것은 실로 신비뎍인 뎐셜을 됴션가극으로 만든 것인 바, 시간 관념과 은덕을 잇지 안는 관념과 실직 돈득의 인상을 줄 뿐 아이라 취미가 진々하야 뎐셜로 가극을 만든 것은 이것이 쳐음이며 됴션 가극의 긔발에 일죠가 되겟더라.

매일 22.02.07 (4) [흑 / 백]

귀사에셔 주최하신 가극대회는 오는 십이 십삼 양일에 공회당에셔 거힝하신다지요. 학싱은 무료 관름이고, 귀보 이독ㅈ에게는 입장권을 보니쥬신단 말을 듯고는 참 고마웁기 그지 업습니다. 교육 기타에 참고 될만혼 것과 포복 졀도홀 만한 지담이 만타지요. 그 날은 긔필코 가야하겟는 걸이요. (일(一)애독자)

동아 22.02.08 (4), 22.02.09 (4), 22.02.10 (4) 〈광고〉

단성사 2월 7일자와 동일

매일 22.02.08 (1) 〈광고〉

약간의 자구 차이 외 2월 5일자 매일신보 주최 가극대회 광고와 같음

매일 22.02.08 (3) 평화박(平和博) 유일의 장관 / 삼월에셔눈 락타힝렬이 잇고 남양의 춤과 진긔훈 료리뎜도

불과 삼십여 일 밧게 남지 안은 절박한 평화긔념 동경박람회(東京博覽會)눈 임의 본관 이십여 치눈 건축을 다 맛치고 목하 특설관(特設館), 음식뎜(飲食店), 유긔쟝(遊技場), 그 외 여러 가지 흥힝물을 건축하기 위하야 자못 분망한 즁, 또 십여 종류의 흥힝물 즁 뎨뎌력 의치를 씌운 것과 그 외 평풍이며 사빅여평이나 되는 건축 즁 만국관(萬國館)은 영국, 미국, 불국, 토국, 이급,[12] 회랍(希臘),[13] 토이긔(土耳其)[14] 등 세계 각국의 졍쇠를 션퇵한

미인들이 각긔 즈긔 나라의 『쨘스』 갓흔 것을 연주하는 외에 이급(埃及)의 고유한 긔술노 근육령동(筋肉靈動)이라눈 『쨘스』, 기타 즈미가 진진훈 동물의 긔술이며 인도, 이급의 리마술과 토이긔 이급식 『후진데라』의 세계에서 희유한 괴여사의 능난훈 긔술이 잇슬 뿐 아니라, 더욱 관람즈의 눈을 곧 나오게 훌 긔술노 이급의 마궁뎐(魔宮殿)과 무술(武術)이 잇슬 터이라 하며, 또 긔괴훈 것으로는 각(角) 잇는 사람과 꼬리(尾) 잇는 사룸이며 머리 우에셔 쮜노는 사룸도 잇다 하야 세계뎍 일대 긔관일 뿐 아니라, 삼십여 머리의 이급 락타(駱駝) 등에 이급 미인

삼십여 명이 타고 일본교 삼릉오복뎜(三菱吳福店)[15]으로 나와셔 상야(上野) 공원[16]으로 도라단이눈 그 아름다움은 기벽이러 쳐음 보는 긔술노 박룸회의 흥미를 일층 더 도웁눈 즁, 또훈 대사젼(大師前)에 잇는 남양관(南洋館)에눈 각국 특산품(特産品)을 진렬하야 판미훌 것이요 광대훈 연무쟝(演舞場)에셔눈 『마레-島』에셔 상경훈 삼십여 명의 여자 비우들의 연예(演藝) 외 대사, 극락죠(大蛇, 極樂鳥) 등 여러 가지 동물의 집들을 진렬하야 관룸케 하는 외에, 여러 가지 쳐음 보는 긔술이며 마술 등들이 만히 진렬되는 동시에 남양 독특의 료리뎜도 준비된다더라.

매일 22.02.08 (3) 불온 연극 상쟝 / 구류 열홀에 쳐분

평안남도 평원군 셔회면 사산리 거쥬 아소교 쟝로 리우혁(平南 平原郡 西海面 蛇山里

---

12) 이집트
13) 그리스
14) 터키
15) 미츠비시 백화점
16) 우에노 공원

李雨赫)은 항상 비일 사상을 가지고 작년 십이월 이십사일 야쇼탄강일에 당하야 셔회면 야쇼교[17)회당에셔 신자 빅오십 명이 집홉흔 셕상에셔 일본 대 됴션의 통치관계를 풍자하고 됴션 독립사상을 고취홀 연극을 하게혼 일로 구류 열흘의 즉결쳐분에 쳐하얏다더라.

매일 22.02.08 (4) [흑 / 백]

▲ 광무대 곱흥이는 다라낫다가 이번에 다시 붓잡혀셔 무대에 션々이 츌연을 한다던가요 그런대 그 팔목에 무슨 식인 글자가 잇셔々 누구하고 죽자亽즈 밍셰한 모양이란 말이 잇던걸. (소문생)

매일 22.02.08 (4), 22.02.09 (4), 22.02.10 (3) 〈광고〉

단성사 2월 7일자와 동일

매일 22.02.09 (4) [흑 / 백]

▲ 륙일 밤 열시경에 우리 동무 다섯 사람은 공회당에셔 기최하는 쳥년 오락회를 구경하고 집으로 도라오는 길에 우리는 엇던 사람과 엇더흔 일로 셔로 흘난 하는 즁 엇더흔 경관인지 셩명은 알 수 업스나 슐이 대취하야 불문곡직하고 우리 다섯 사룸을 흠부로 발노 차며 뺨을 치고 경찰셔로 질박하여 근다 하는 고로 우리 어린 사람들은 겁이나셔 목을 놋고 울엇쇼이다. 인민의 셩명 지산을 보호하는 경관은 너무 슐을 먹지 말고 진즁흔 퇴도로 근무하는 것이 죠흘 듯. (분＊아(慎＊兒))

동아 22.02.11 (4) 〈광고〉

독자위안대연극
주최 동아일보 강릉지국
시일 이월 십삼 십사 양일 오후 칠시
장소 강릉 금정(錦町) 예배당
극제 장한몽

---

17) 야소교(耶蘇敎), 즉 개신교를 말함.

(구기부조(口氣不調)의 시는 순연)

이월 십일로 십칠일까지 일주간 이차 교환 순서
십일로 십삼일까지 삼일간[18]
선화(線畵) **쎌루의 주반(宙返)** 전일권
미국 함부돈 영화
태서활극 **사막을 건너** 전칠권
주연자 이게링강씨 도와도록센씨 마죠리월쇼양 에이링바ー양
해설자 최종대군 우정식군
미국 휄님 영화사
인정활극 **야성의 규(叫)** 전오권
주연자 후랑크 보제ー지씨 아나톨양
해설자 우정식군 김덕경군
미국 콜도윙사
연속활극 **괴상한 영(影)** 전십오편 삼십일권
제칠편 심연 전이권
해설자 최종대군

십사일로 십칠일까지 사일간
엣사네사 영화
희극 **촤푸링 은행** 전이권
출연자 촬쓰 촤푸링군
해설자 우정식군
미국 아뮤스멘트 회사 영화
아도라마씨의 작품
가정극 **여자의 애(愛)로** 전오권
주연자 에설화이트양
해설자 김덕경군

18) 10일에서 13일까지는 4일이나 '삼일간'으로 표기되어 있다.

미국 골도윙사

연속활극 **괴상한 영(影)** 전십오편 삼십일권

제팔편 백설(白雪)의 공포 전이권

해설자 우정식군

미국 리이랏트사 영화

문예비극 **천애의 고아** 전육권

주연자 메리마일스먼다양

해설자 최종대군 김덕경군

경성부 수은동 단성사 전화 구오구번

동아 22.02.12 (4) 대구공보(公普) 활동사진

대구공립보통학교에서는 거(去) 사일부터 육일까지 매야(每夜) 칠시로 십시 반경까지 활동사진을 영사하얏다는대, 사일은 생도의게 관람케 하고 오일은 생도 모매(母妹)의게 관람케 하고 육일은 부형 등의게 관람케하얏는 바, 경북 각지의 산업발전과 대구시장의 현상 급(及) 시내 각 학교의 상황을 선전 영사함이엇다더라. (대구)

동아 22.02.12 (4), 22.02.13 (4) 〈광고〉

단성사 2월 11일자와 동일

매일 22.02.12 (1) 〈광고〉

이차 교환 순서 십일로 십삼일ᄭ지 삼일간

선화(線畵) **빌루의 주반(宙返)** 전일권

미국 함부돈 영화

태서활극 **사막을 건너** 전칠권

주연자 이게링강, 도와도곡션, 마죠리월쇼, 에이링바

해설자 최종대, 우정식

미국 휘르림사 영화

인정활극 **야생의 규(叫)** 전오권

주연자 후랑크 보체ー자씨, 아나리톨양

해설자 우정식, 김덕경

미국 골도잉사

연속활극 괴상한 영(影) 전십오편 삼십일권

제칠편 심애(深涯) 전이권

해설자 최종대군

경성 수은동

단성사 전화 구오구번

매일 22.02.12 (3) 〈광고〉

가극대회 2월 8일자와 동일

매일 22.02.12 (4) [흑 / 백]

▲ 륙일 밤 공회당에서 기최혼 청년 오락회 구경을 갓더니 대가리에 피도 안 마른 십오륙세 미만된 아히들이 강연은 듯지 안코 남의 집 부인을 보고 못된 말을 하기와 또는 좃치 못한 말을 홈부로 하는대 고 당*에셔 말을 하면 모든 사람에 방히될가 하야 참엇쇼이다. 폐회가 되어 나오는대 역시 온당치 못한 말을 홈부로 홈으로 욕을 당흔 사룸은 분홈을 참지 못하야 불량 쇼년 중에 뎨일 심하게 하는 놈을 다리고 *평동 파출쇼에 와셔 슌사에게 고쇼한 바 동료가 만이 와셔 나도 그릿쇼 나도 그릿쇼 슌사* ㅅ짜를 올니즈 슌사 부장이 와셔 양방에 흑빅을 가리여 부랑즈들을 쌤기나 짜려 설유히셔 보넛는대 슌사가 술이 취힛셧다 홈은 오히이외다. (욕 당한자)

매일 22.02.13 (3) 〈광고〉

단성사 2월 12일자와 동일

매일 22.02.13 (3) 〈광고〉

독자위안

일시 십삼일 (월요)

제삼회 정오 십이시브터

제사회 오후 이시 반브터 월정(月定)독자 관람

장소 장곡천정(長谷川町) 공회당

교육 소동(小童)가극대회

가극종목 꿈의 나라(夢의 國) 가지가지야마(カチへ 山) 조선가극 우의션녀

기타 단쓰 쌔이요링 하모니가 서양골계

주최 매일신보사

동아 22.02.14 (4) 〈광고〉

십사일로 십칠일까지 사일간

엣사네사 영화

희극 **촤푸링 은행** 전이권

출연자 촬쓰 촤푸링군

해설자 우정식군

미국 아뮤스멘트 회사 영화

아도라마씨의 작품

가정극 **여자의 애(愛)로** 전오권

주연자 에설화이트양

해설자 김덕경군

미國 골도윙사

연속활극 **괴상한 영(影)** 전십오편 삼십일권

제팔편 백설의 공포 전이권

해설자 우정식군

미국 리이랏트사 영화

문예비극 **천애의 고아** 전육권

주연자 메리마일스먼다양

해설자 최종대군 김덕경군

경성부 수은동

단성사 전화 구오구번

매일 22.02.14 (4) 〈광고〉

십사일로 십칠일ᄭ지 사일간 매주 이회 교환 제공

엣사네사 영화

희극 **촤푸링 은행** 전일권

주연자 찰스 촤프링 해설자 우정식

미국 아무멘트 회사 영화

아도라마씨의 작품

가정극 **자녀의 애(愛)로**[19] 전오권

주연자 에설화아로양 해설자 김덕경군

미국 골도잉 사

연속활극 **괴상한 영(影)** 전십오편 삼십일권

제팔편 백설(白雪)의 공포 전이권

해설자 우정식군

미국 리아랏도사 영화

문예비극 **천애의 고아** 전육권

주연자 메리마 월스먼다양 해설자 최종대, 김덕경

경성 수은동

단성사 전화 구오구번

동아 22.02.15 (4), 22.02.16 (4) 〈광고〉

단성사 2월 14일자와 동일

매일 22.02.15 (1), 22.02.17 (4) 〈광고〉

단성사 2월 14일자와 동일

동아 22.02.17 (1) 〈광고〉

십칠일로 십구일 일요까지

희극 콜도웡 촬영작 전일권

주악

미국 쇼상가리홀루니아 사

희극 **다른 아해(兒孩)** 전일권

---

19) 앞의 광고에는 〈여자의 애로〉로 표기되어 있다.

미국 후아잉 영화

인정비극 **학대에서** 전오권

주연자 메마시양 로바도하리손군

미국 케비사 영화

소극 **복동(福童)의 불** 전일권

미국 홀막 회사작

제알넥산다씨 원작

연속활극 **괴상한 영(影)** 전이권

제구편 수면의 사(睡眠의 死)

주연자 멘월쇼군 네바캉바양

미국 ＊에위그사

화류계정화(情話) **홍등의 항(巷)** 전오권

주연자 클로리안돈군

경성부 수은동

단성사 전화 구오구번

매일 22.02.17 (3) 나남(羅南)[20] **극장 전소(全燒) / 손히는 삼만원**

지나간 십사일 오전 열시에 나남(羅南)에 오직 한아되는 연극쟝 오락쟝에셔 불이 나셔 건물 젼부를 틔워바렷다는대, 손히눈 약 삼만원이오 원인은 알 슈가 업다는대, 그 건물은 기인의 쇼유인 바 대졍 구년[21] 말에 락셩된 극장으로 다시 지으려면 상당히 날짜가 걸니겟다더라. (나남)

동아 22.02.18 (4), 22.02.19 (4) 〈광고〉

단성사 2월 17일자와 동일

매일 22.02.19 (3) 학생대회 연극 / ＊회 건축부 주최로 뤼 이십일브터 기연

우리 됴션인 학싱으로 죠직된 남대인학싱대회(學生大會)눈 창립한지가 오러여셔 그

---

20) 함경북도 나남

21) 1921년

간의 친목과 의사쇼통이며 쟝리 진힝 방침 기타 여러 가지에 디하야 셔로간에 타협하며 지도계발하기 마지 안 * 셩심이 잇셔 나려온 이러로 그 회무 발뎐은 몰론하고 엿티것 학싱 대회의 회관 흔아이 업셔 쇠참으로 유감이 젹지 안음으로, 이번에 회관을 만들려고 하며 진면목으로 회무 발뎐을 도모하야 동회 건축츅부[22](建築部) 쥬최의 연극은 년리의 슉안(宿案)이 되야 그동안 두 달 동안 련습과 쥰비에 망쇄하얏셧다.

매일 22.02.19 (3) 〈광고〉
동아, 단성사 2월 17일 광고와 동일

동아 22.02.20 (3) 노국(露國) 기아 구제 활동사진 / 금야 청년회에서 / 입장료는 일원식

노국(露國)에서는 과격파 운동이 이러난 이러로 사회가 동란을 이르키어 암흑한 공긔는 전국에 들니고 더욱히 흉년이 드러서 빈민들은 먹을 것이 업서 수천만명의 주린 무리들은 긔갈의 핍박을 바더 이리저리 몰니며 하로에도 참혹히 굴머 죽는 사람이 수쳔 수만에 달한다함은 세상이 다 아는 바이오, 누구나 다 그

참혹한 현상에 동정을 하는 바인대, 이번에 파란[23] 적십자사 리사(波蘭 赤十字社 理事)『코린스키』 씨는 젼긔와 가치 날로 째로 긔갈에 부르짓는 로국 인민을 구제하려는 뜻으로 활동사진을 가지고 각디로 도라다니며 연주회를 열어서 수입된 금익으로 구제를 할 목뎍으로 해삼위(海參威)[24]를 경유하야 일전 경성에 왓는대 금 이십일 오후 칠시부터 시내 종로 중앙청년회관(鐘路 中央靑年會舘)에서 활동사진 영사회를 열 터인대, 사진은 세계뎍 걸작으로 유명한『코바듸스』라는 소설을 각식하야 다섯권 팔쳔여쳑에 박힌인대 사진을 영사할 터인대 그 내용으로 말하더라도
한 번 볼만한 세계뎍으로 유명한 사진일 뿐 아니라 주최하는 목뎍이 역시 자선사업으로 주림에 죽어가는 사람을 구제하자는 조흔 목뎍이라하야 찬성하는 사람이 만흐며 입장 료금은 계급을 전폐하고 일원 균일이라더라.

---

22) '건축부'의 오식
23) 폴란드
24) 블라디보스톡

동아 22.02.20 (4) 〈광고〉

이십일 월요로 이십삼일 목요까지

실사 **고-몬 제사호** 전일권

주악

도-마스에치손[25] 회사

희극 **사봇다 죄(罪)** 전일권

미국 화-잉아도[26]사

상징희극 **결혼광** 전육권

명화! 명곡!

웅시극(雄詩劇) **나라가난 호접(胡蝶)** 전육권

주연자 루이쓰고메군 에리나훼이아양

미국 홀막 회사작

제알넥산더씨 원작

연속활극 **괴상한 영(影)** 전이권

제십편 몽크사원의 * *

주연자 멘월쇼군 네바캉바양

해설자 우정식군 최종대군 김덕경군

이병조군 김영환군 최병룡군 서상호군 이상은 출장중

경성부 수은동

단성사 전화 구오구번

매일 22.02.20 (4), 22.02.22 (3), 22.02.27 (3), 22.02.28 (4) 〈광고〉

단성사 2월 19일자와 동일

동아 22.02.21 (4) 〈광고〉

단성사 2월 20일자와 동일

---

25) 토마스 에디슨(Thomas Edison)의 당시 표기인 듯하다
26) 파인 아트(Fine Art)의 당시 표기인 듯하다

매일 22.02.21 (4) [흑/백]

▲ 학싱대회 건축부 쥬최의 연극대회를 이십일브터 단성사에서 한다고 귀보에 게제된 것을 보앗습니다만은 회관 흐아를 만드러 가지고 우리 학싱계에는 긔관명이 한아쪽만 몰녀고 이쓰는 성의를 도라다 단히면은 이 사람은 돈이 업셔 돌보지 못하나 마음것 힘쎳은 챵성하고도 회에 션면을 낭하겟습니다. 이왕 시대 사회보다는 지금 사회가 열녀가기는 가나 동정심은 아죠 희박한 사회이올시다. 참으로 흔탄이여요. (극(極)찬성생)

동아 22.02.23 (3) 민중극단 시연 / 금야 단성사에서

빅남 윤교중(白南 尹敎重)씨의 중심으로 조직된 민중극단(民衆劇團)에서는 그동안 만흔 환영을 밧든 디방 순회 시연을 맛치고 금일 오후 일곱시 반부터 시내 단성사(團成社)에서 윤씨가 지은 각본 비극 등대직(燈臺直)과 인정극 긔연(奇緣)을 상연할 터인대 출연할 배우는 전부 문예에 취미를 두는 청년이라더라.

동아 22.02.23 (4) 〈광고〉

민중극단연극
반도문예사 전속
신극 배우 대출연
초일예제
윤백남작 비극 등대직(燈臺直) 삼막
윤백남작 인정극 기연 사막
관극료 일등 일원 이등 팔십전 삼등 오십전 학생소아 삼십전
시일 이월 이십삼일 오후 칠시 개연
장소 동구내
단성사 전화 구오구번

매일 22.02.23 (3) 총독관저의 만찬회 / 원수 일힝을 청하야 성대흔 만찬회로 주긱이 흥을 다히

이십일일 오후에 창덕궁에셔 나아온 원슈는 『호텔』에 도라왓다가 오후 일곱시브터 열니는 총독관저의 정식 만찬회로 일힝과 흠쎄 향하얏는대, 쥬인측은 정무총감이엇

스며 니빈은 본부 각국 부장과 밋 동부인과 즁츄원 고문 이하 경성의 각 쥬요한 실업 가 불국[27]령사, 불국인과 밋 동부인 목도(木島) 령사 등 륙십명이엿섯스며 리빈으로 본사 사쟝 리완용 후공 등 지사 박명효 후민영 긔자 등이엿섯다. 일힝이 현관에 이 르즈 안녀하야 잠시간 휴게혼 후 식당으로 향하얏눈대 식당은

불란셔의 류힝으로 주빈간의 교화눈 흥미가 진々호 즁에 별항과 갓치 환영의 식사를 말하고 원슈도 쏘한 긔립하야 당사가 잇섯더라. 연셕즁에눈 됴션 고악을 주악하고 식후눈 별실에서 활동사진을 영사하야 됴션 사정을 쇼기하얏스며 동시에 원수 일힝 이 부산으로부터 경성시지 이른바 장항이 활동사진을 영사하얏눈대 일힝은 미우 만족히 역이얏스며 산회눈 열시 경이엿더라.

매일 22.02.23 (3) 민중극단 초(初)흥행 / 금일 단셩사에셔

민즁극단(民衆劇團)에서 그동안 인턴 기셩 등디에서 슌회 흥힝을 하야 다대호 찬셩을 밧고 이번에 경성에 올나와셔 금 이십삼일브터 단셩사에서 일주일 동안 흥힝한다눈 대 첫놀 예뎨눈 윤교즁씨의 고심대쟉호 예슐극이라는대, 단쟝 안광익(安光翊)군의 능 란한 예슐과 녀비우들의 슉달한 기능은 신파계에 첫지라는 일홈이 잇다 하며 이 극 단이 비로쇼 싱긴지 얼마 못되야 경성에서 쳐음 힝연하눈 것도 혼 번 볼만 하다더라.

매일 22.02.23 (3) 〈광고〉

민중극단 연극
우도(牛島) 문예사 전속 신극 배우 대출연
초일(初日)예제
윤백남(尹白南) 작 비극 등대직(燈臺直) 삼막
윤백남 작 인정극 기연(奇緣) 사막
관람료 일등 일원 이등 팔십전 삼등 오십전 학생 소아 삼십전
일시 이월 이십삼일 오후 칠시 개연
장소 동구내 단성사 전화 구오구번

---

27) 프랑스

매일 22.02.23 (4) [흑 / 백]

▲ 광무대를 심심하면 종종 가서 보지요만은 참 말홀슈 업는 문란한 일이 만허요. 남볼성에 얌젼치 안케 보이는 졀은이들이 술이 취하던지 안하던지 불계하고 무대 압턱에 모혀 안져서 별별 작회와 써드러 대이며 츌연하는 남녀 비우를 죠롱하는 들어, 참 풍귀문란이 되여도 취톄 슌사는 알고도 귀치 안어서 감안 두는지 몰오겟셔요. 취톄를 하려거든 단々히 하는 것이 죠케셔 너무나 질셔가 문란하던걸. (일(一) 구경군)

매일 22.02.25 (3) 활동사진 기수(技手)의 / 의복을 졀취하야 뎐당 잡혀 신덩에

쥬쇼가 일명치 못혼 셕원졍티랑(石原正太郞)은 쟉년 봄브터 본졍 경셩암(京城＊)이란 음식뎜에 집금원으로 잇던 중 쟉년 십이월 즁슌에 무단이 경셩암에서 나온 이러 각쳐로 비회하며 좃치 못한 힝동을 만이 하던 즁, 지나간 구일 밤에 본명 이명목 희락관(喜樂館) 활동사진 기수 쇠하강츙(塞河江忠)의 가방 안에 잇는 의복을 졀취하야 본명 이명목 영목(鈴木) 모에게 오십원에 뎐당을 잡히여 가지고 신뎡 엇던 료리뎜에셔 쇼비혼 것이 발각되야 이러 본명 경찰셔에서 엄즁 취됴 즁이던 바 드듸여 검사국으로 보닛다더라.

매일 22.02.27 (3) 민즁극의 대셩황 / 미일밤 만원 샹틔 / 낫에도 계속 홍힝

시드러가는 애슐게의 한낫 기쳑자가 되라고 예계에 셩화가 놉흔 윤빅남(尹白南) 군을 즁심으로 하야 일어는 민즁극단은 단셩사에셔 기연이러 만쟝 셩황으로 련일 기연되어 지나간 이십사일 갓흔 우텬에도 단셩사가 터질만치 되얏스며 역자들의 란슉한 긔예는 일반 관즁으로 하야곰 열광의 박슈와 갈채가 끈치지 안케 되야 경셩 모던 인긔는 민즁극단으로 집즁이 되는 것 갓흠은 실로 예슐게와 등단을 위하야 경하혼 바이며, 이 압흐로 예뎡한 일즈 안으로는 특별히 본지상에 련저되야 만텬하의 환영을 밧던 쇼셜 흑진주(黑眞珠)를 윤빅남군의 각식으로셔 련습을 맛친 후에 불일간 샹쟝 되리라는대, 이번 홍힝은 물론 예슐게에 첫 긔틀이 될만한편 홍힝이 되리라더라.

동아 22.02.28 (3) 청년회! 운동단 북경 원졍 / 려비의 쥰비로 활동사진 영사

종로 즁앙청년회(鐘路中央靑年會)『쌔스게쓸』단에서는 운동을 장려하자는 목뎍과 조션 사람의 운동단을 해외에 션뎐하기 위하야 즁국 북경(中國北京)까지 원정을 간다 함은 임의 보도한 바어니와 그 단톄에서는 선수들을 다리고 출발할 려비가 부족하야 이번에 활동사진 연주회를 열고 입장료를 밧어 려비에 보태여 쓸 계획이라는대, 주최는 중앙청년회에서 하고 처소는 동 회관에서 오는 삼월 이일 목요 오후 칠시부터 개연할 터이라는대, 활동사진 『필림』은 흥미가 진진한 사회극 개선(凱旋)이라는 오권에 난우인 것이며 기타 희극과 풍경을 실사인 『필림』을 영사할 터이고 사이사이에는 취미잇는 음악도 잇서 매우 자미잇는 연주회를 개최할 터인 바, 회비는 특등 일원과 하층 오십전, 상층 삼십전을 밧고 동 회원에게는 오십전, 삼십전, 이십전으로 할 터이라더라.

동아 22.02.28 (3) 민중극단의 시연을 본 대로 (상) / 첨구생(尖口生)

▽ 우리 조선에도 신극이라는 명사가 수입되는 임의 십성상이나 경(經)하얏다. 저간의 과정은 다시 말할 것도 업시 비열(卑劣)하얏고 추악하얏다. 그 원인은 여러가지가 잇겟지만은 첫재로는 연극에 대한 소양 업는 사람들이 저렴한 일본인측의 지방순업을 하든 하급 배우단(하급 배우라 운(云)함은 인격의 고하를 칭함이 아니요, 예술적 가치의 평정을 운함)의 무질서한 예풍(藝風)을 모방하야 그것을 유일한 표준으로 삼고 사방을 *송판으로 책위(柵圍)하고 양철 지붕 밋에서 배우 겸 각본작자 겸 무대감독 겸 흥행사의 모든 기능을 일수(一手) 판감(販監)하려는 데에서 *담(*憺)한 실패를 초(招)한 것이다. 만일 과거의 모모 극단이라고 일커르며 풍우에 퇴색된 『장재』기를 선두에 세우고 중국인 『재임장』이가 두다리는 쎙과리의 일본식의 신악(嘶樂)을 주(奏)하며 시가를 순회하야 관중을 불느든 그 단체나 그 배우들이 벽개(碧皆) 영국의 『섹쓰피어』와 갓흔 탁월한 창작적 두뇌와 무대상 기능을 겸비하얏더면 그들이 신극을 창(唱)한 과거 십년은 고사하고 일차나 이차 흥행에 큰 성공을 하얏슬 것이다.

각본을 표준(表準)치 아니하고 엇지 극의 통일을 도(圖)하며 성공을 기하리요. 여하간 엇더한 사업이든지 과도기에는 다 그러한 불완전한 경로가 잇는 것이다. 그럼으로 나는 과거의 그들의 연극이 너무나 무가치하얏든 것을 책코자는 아니한다. 조흐나 나즈나 신극이라는 소리를 처음으로 부르지즌 극단이나 쏘 배우에게 대하야 신극 자체의 할말을 비러서 『나를 조선에 인도하야 주엇스니』 감사하다고 치하할 수 밧겟 업다. 다시 말하면 그 도화선으로 인하야 *근에 극적 *려(*勵)이 일부에 기하여 극(단 조선 현시극(現時劇)) 자체도 점차 예술경에 입하려하는 경향을 희(喜)하는 바이다. 나는 이제음에 무엇보다도 관중이 오락적 탐구에서 초월하야 예술적 요구로 진(進)하기를 축(祝)하며 이와가튼 요구를 용(容)하야 사상계를 지배하는 오인(吾人)의 과거나 현재 미래의 생활을 그대로 무대화케하는 예술적 단체의 출현을 바란다. 이러한 의미에서 나는 이번에 윤백남군을 중심으로 한 민중극단이 성립된 것을 우리 극계의 큰 도움으로 밋는다.

▽ 민중극단의 선언으로 보면 종래의 비열한 지위에 타락되얏든 신극을 개량하야 예술적 지위로 향상케 하며 관중의 요구에 적(適)할만한 정도에서 순문예적 각본을 상연을 계획이라 한다. 물론 예술 진의로 말하면 관중의 즉해(卽解)가 잇거나 업거나 그 각본이나 또는 음악 자체의 가치에는 별 관계가 업슬 것이지마는 특별한 예술품은 항상 특수한 즉해자를 구하는 까닭에 지금 조선에서는 공연히 고상한 예술만 주장하야 극단 자체의 물질적 생활을 저해할 예가 아니다. 누구나 다 아는 바와 가치 관중이 업는 연극이 어대잇스며 수입이 업는 극단이 엇지 계속할 수 잇스리오. 만일 잇다 하면 그러한 극단은 특수 계급의 * 수적(* 修的) 예술품으로 왈 황실 전속 극단, 왈 귀족극장, 왈우(日又) 예가(禮家) 전유(專有)의 극단 등에 불과할 것이다. 이와갓흔 극단이나 극장은 특수한 계급에서 모든 설비와 물질을 공급함으로 조금도 물질의 부족이 업다. 그러나 지금 우리 조선에는 이러한 극장을 설(設)할 귀족도 업고 또 이와가튼 일부적(一部的) 연극을 원치도 아니한다. 나는 다만 『무 * 자의 조전문 * (早專問 *)』식이라는 민중극단이 가장 필요하며 또 연극의 발 * 로 유명한 서구에서도 최근 * 년 이래로 상기(上記)한 계급적 예술이 점차로 민중화하야 온다한다. 여하간 우리는 저렴한 입장료를 내이고 비교적 가치잇는 연극을 보이어 달나는 것이 현시(現時) 조선 관중의 큰 희망이라 한다.

나는 일작(日昨) 야(夜)에 민중극단의 제일회 시연을 단성사에서 보왓다. 시간의 자유가 잇슬 쌔에는 입장료가 업고 입장료를 * 출할 만한 쌔에는 시간의 상치(相值)노 하야 좀처럼 극장을 입(入)치 못하든 나는 이번에야 비로소 두 가지의 사정이 다행히 구비하게 되야 관람석의 일개를 점하얏다. 그러나 시간이 느져서 제일로 상연한 『등대직』 삼막은 임의 맛치어 못처럼 분 * (奮 *)한 입장료의 반 가치를 공비(空費)에 귀하고 윤백남군의 창작이라는 『기록』부터 관람하게 되얏다. (계속)

동아 22.03.01 (1) [특별광고] 동아일보 발기 재외동포 위문회 / 전조선 순회 환등 영사 대강연회

찬(贊)하라 차(此) 민족적 초유의 일대 정신 사업에 / 래(來)하라 아(我) 동족 상애(相愛)의 자각을 촉(促)하는 회합에

근(近)하야 만주, 노령(露領)으로부터 원(遠)하야 미주 *령(*領)에까지 태평양 연안의 각 외지에 이주한 아 조선 동포는 금(今)에 기(其) 수가 실로 수백만인이라. 재내(在內)의 오인(吾人)은 심상(尋常)이 차등(次等) 재외동포의 신상에 상급(想及)할지라도 별리(別離)의 장*(悵*)을 억제키 난(難)하거던 하물며 비풍참우(悲風慘雨)의 중에 악전고투하든 과거를 회상할 시(時)에 수(誰)- 능히 열루(熱淚)를 금하며 염열빙설(炎熱氷雪)의 간(間)에 고심노력하는 현재를 문지(聞知)할 시(時)에 수(誰)- 능히 장탄(長歎)을 면하리오. 재외 동포의 발전에 대하야 재내(在內)의 오인(吾人)이 후원할 책임이 심(深)하며 재외동포의 인고에 대하야는 재내의 오인(吾人)이 상구(相救)할 의무가 다(多)하도다. 연면(然面) 과거 현재는 과연 여하한가. 불모의 절역(絕域)에서 구한(仇寒)에 읍(泣)하야도 재내 오인의게는 *하야 *할 곳이 전무하얏고 무고(無告)의 타향에서 *해(*害)에 폐(斃)하야도 재내 오인으로는 향(向)하야 조(弔)할 일이 절무(絕無)하도다. 재내 오인의 유감이 차(此)에 과(過)할 자- 하(何)이며 재내 오인의 무정이 차(此)에 심(甚)할 자- 하(何)리오. 상차(尙且) 재외 동포는 차(此) 백난(百難)의 중에서 여일(如一)히 분투하면서 우리 민족의 발전을 위하야 역심혈성(亦心血誠)을 경도(傾倒)하야 금일에 지(至)하얏스며 장래에 향하야도 역(亦) 그 노력에 기대할 바가 다대하나 재내 오인은 차에 대하야 일언(一言)의 사의(謝意)를 표할 방도가 무(無)하얏도다. 아(我) 동아일보사는 강호 유지와 공(共)히 차에 감(感)한 바 유(有)하야 금(今)에 재외동포 위문회를 발기하고 광범히 재내동포의 원지(援贊)을 앙(仰)하야 위원으로 하야금 친히 동포의 다수히 활동하는 지방을 방문하야 재내동포의 간곡한 이정(裏情)을 고하고 병(並)하야 부인, 아동의게 철리(徹裏)의 기념품을 증하야 재내 오인이 평소에 포회(抱懷)한 유감의 만일(萬一)이라도 차를 감(減)코저 하노니, 재내동포는 행(幸)히 오인의 차거(此擧)에 공명하시라.

규정

一, 동아일보의 본사와 각지 분국의 합력(合力)으로 전조선 각 주요지에 환등영사의 강연회를 개(開)하고 입장원으로부터 수입되는 회비와 회원의 희사금을 수합하야

전업 실행의 경비에 충(充)함.

二, 본사업에 찬동하야 실행 경비 중에 금 삼원 이상을 희사하시는 조선 인사는 본회 회원으로 인(認)하야 기(其) 씨명과 희사 금액을 본보에 게재하고 별(別)로히 회원 명부를 작성하야 위문지(慰問地)에 배송함.

三, 동아일보의 본사 급(及) 지분국장(支分局長)은 본사업 실행 위원의 임(任)에 상(常)함

四, 사업 실행에 관한 사항은 동아일보사에서 차(此)를 정하야 지상(紙上)으로 차를 발표함.

五, 방문지 파유(派遺) 위원의 위문 보고는 전부 동아일보 지상에 보도함.

환등영사 강연회

각 지방에 순회하야 강연회를 행할 시에 영사할 환등은 * 자(* 者) 경성 급(及) 이삼 지방에서 대환영을 수(受)한 화성돈 회의 급(及) 세계 기자대회 관계 사진 이외에 갱(更)히 재외 동포의 활동하는 사진을 이용하야 신(新)히 본사에서 특제(特製)한 것이며 강연을 행할 연사는 좌(左)와 여(如)함

동아일보 주필 장덕수

동아일보 조사부장 김동성(金東成)

강연회의 회비는 규정에 시(示)한 바와 여(如)히 본사업 실행의 경비에 충용할 것임으로 본 강연회에 청강함은 즉 청강자 자신이 재외동포 위문의 성의를 표시하심이라.

회비 갑 일원, 을 오십전, 학생 삼십전

제일회 순강 일정 (차회 추차(追次) 발표)

삼월 오일 경성 * 육일 신의주 칠일 선천(宣川) 팔일 안주(安州) 십일 강계 십삼일 평양 십사일 진남포 십오일 안악(安岳) 십칠일 송화(松禾) 이십일 해주 이십일일 재령 이십이일 사리원 이십삼일 남천(南川) 이십사일 개성

매일 22.03.01 (3) 흥행물 취체 규칙 / 활동사진 연극장의 흥힝취테 규측이 불원에 발포되야 실시 / 변사 시험은 당분 중지호(乎)

경긔도 경찰부의 흥힝쟝 취톄 규측(興行場 取締 規則)은 임의 보도호 바와 갓치 본래브터 등본고등과쟝, 림촌보안과쟝, 관야경부 등의 손에서 긔안중이던 바, 임의 부쟝

과 밋 지사의 결지를 것쳐셔 오는 삼월 십일 전후에 총독부 관보와 밋 경긔도 도보와 동 경찰보로 공고하고 동 이십일이던지 사월 일일브터 실시하기로 되얏다는대

그 닉용은 공고한 뒤가 안이면 할 수가 업스나 들은 바에 의하면 불규측의 춰례를 밧는 데는 경긔도 관닉에 잇는 계속뎍 일반 흥힝쟝으로 그것을 대별홀진대 * * * * * * * *으로 즉 아리와 갓더라.

▲ 본정서(本町署) 관내 경성극장, 수관양화좌(壽舘浪花座), 양화관(浪花舘), 희락관, 중앙관, 대정관, 황금관, 광무대

▲ 종로서 관내 단성사, 우미관

▲ 용산서 관내 경용관(京龍舘)

▲ 인천서 관내 표관

전긔와 갓흔데 대흔 경찰의 졔한은 임주하야 션량흔 사회풍교를 유지하고 쏘는 화재 긔타의 위희와 위싱의 예방과 밋

공안질셔의 유지임은 물론이라. 다만 특히는 리사텽령과 동 경무부령에 준거흔 긔괄 명령으로써 힝졍관텽인 쇼할경찰셔 쟝 * * 의 *유로 젼방으로 춰례하 * *져 한 가지 도닉에셔도 갑 경찰셔에서 허가가 되는 터이엿지만은 을 경찰셔에는 허가치 못하던 터로 춰례방침이 구구홈을 면치 못하엿는대 본 규측은 각본, 영화 대사(臺詞), 긔타 근셔(筋書) 등의 대례를 도경챨부 계관이 검열하기로 되여셔 잇슴으로 이것이 실시한 후는 본 규측의 구속령이 밋치지 안는 범위 안에셔 통일뎍으로 춰테가 리힝 되기로 되얏스며 쏘 이갓흔 방침의 구구한데 의한 비난이던지

귀치 안케 하는 일은 절대로 일으키지 안는다 하며 쏘 계흔으로는 즁요흔 뎜은 상쟝 쏘는 흥힝 영사를 금지 하는 것은 실제 문뎨로셔 추상뎍이라는 것은 되지 안는대 대 례에셔

一, 간통에 관흔 일을 골즈로 하야 쑴인 것과

二, 범죄의 슈단 방법을 유발 됴셩하는 의심이 잇는 것과

三, 가혹 참의에 일으려 인심에 불안을 가지게 하는 것과

四, 외셜에 관흔 것 쏘는 연이에 관한 것을 만드는 것으로 특히 다른데 렬졍을 도발하는 념녀가 잇는 것들이며

五, 도의에 퍼려하며 쏘는 악감졍을 일으키는 념녀가 잇는 것과

六, 망령되히 사사로히 하고 긔타 공안 쏘는 풍속을 히하는 것

이 갓흔 여셧 죠항인 바 골즈상에 죵릭와 다른 것은 업는 터이라. 그 다음에 활동사

진 상설관에 사유하는 취업자에 변사(辯士) 성적 설명자가 잇는 이런 것은 대례
본도 발형의 면허증을 휴대치 안으면 그 직업에 힘쓰지 못하게 되얏다. 최쵸에는 경
시텽쎠에 도례에 의하야 변사의 특별시험을 시힝하랴는 말도 잇섯는대 이것은 그 후
휴지부지가 되얏는 바 본도에서는 하무를 신청하는 취업자에는 당분간 전부에 하부
한다 하는대. 풍속을 히하고 쏘는 본 규측의 제한을 범하는 변사는 직시 면허쟝을 몰
수하고 넌디의 위반자에 대한 벌측에는 다수훈 항목이 잇셔셔 훈아라도 뎌촉하면 구
류 과료에 처하는 터인대 본 규측의 벌측은 다만 그 몰슈 쑌이라. 그 정신은 취업자
에 대하야 첫지 자발뎍 계식 근신을 하게하고 기타는
림검경찰관의 링정으로 엄격훈 취례를 려힝케 하는 것이라. 벌측의 간단훈 곳에 문화
경찰뎍의 묘미를 잇는 대신에 경찰관으로 위반자의 발성은 그 근무의 히퇴훈 데 싱긴
일로 간주하는 싸닭에 그 칙임은 일층 중대하여진 일이더라.

동아 22.03.02 (1), 22.03.03 (1), 22.03.04 (1), 22.03.05 (1) [특별광고]
동아일보 발기 재외 동포 위문회(전조선 환등영사 대강연회) 3월 1일자와 동일

동아 22.03.02 (3) 민중극단의 시연(試演)을 본 대로 (하) / 첨구생(尖口生)
▽ 나는 연극을 보기 전에 민중극단이라는 그 명칭이 시대에 적당할 쑌 아니라 자못
공동인의 소유물 갓흔 호감을 엇덧다. 「기연」의 개요는 엇더한 정직하고 소담(小膽)
한 청년 점원이 철물상을 하는 그 주인의 부탁을 밧어 모(某) 거래처에서 현금 오백
원을 멱래(覓來)할 새 중도(中道)에서 「스리」의 도난을 맛나서 현금을 일코 주인에게
대할 면목이 업다하야 드대여 한강철도에서 싸지려하는 것을 지나가든 행인이 구출
하고 그 자리에서 오백원의 현금을 청년 점원에게 주고 그 행인은 행적을 감추엇는
대 그 행인 역시 빈한한 자로서 연말 채무(債務)에 궁박하야 사랑하든 외쌀을 신정
(新町)에 팔고 그 신대(身代)로 오백원을 가지고 오는 길이엇다. 이것이 기연이 되야
신정에 팔녓든 여아와 청년 점원은 결국 결혼하는 것으로 막을 맛치는 것인대, 각본
의 전체로 말하면 예술적 가치에 핍(乏)한 보통 재료이나 당초 점원이 도난을 맛난
슬 재에 이러바린 줄로 알엇든 오백원은 결국 이러버린 것이 아니요, 친우 집에서
장기를 두다가 망치(忘置)한 것을 그 우인(友人)인 철물상 주인에게 반환하야 결국은
청년 점원이 자살코자 하다가 행인에게 어더가지고 온 쌀 판 돈 오백원과 도합 천원
이 된 싸닭에 철물상 주인은 그 돈 오백원으로 신정에 팔니엇든 여아를 환퇴(還退)케

하야 오는 것을 교묘히 배정한 그 기교가 각본의 전체를 통한 큰 생명이다. 나는 이 연극의 평을 쓰는데에 두 가지를 조건으로 하고 그 범위 내에서 상당한 정도의 논평을 시(始)하려 한다. 첫재는 해(該) 극단의 선언함과 가치 종래에 잇든 조선 신극(新劇)을 점차로 개량할 터이라는 그 목적과 둘재는 무대상에서 활동하는 배우들의 과반수는 과거의 유치한 무대를 답래(踏來)한 경험자 중에서 유망한 사람을 선발하얏다는 것이다.

▽「기연」은 사막에 분(分)하야 제일막은 청년 점원이 도난을 당하고 번민하든 결과 투신하려는 것을 행인이 구출하는 현장에서 시(始)하는대 제일막에 단장 안광익(安光翊)군이 행인으로 분하고 활동을 하얏으나 장면이 단(短)하야 배우의 가치를 평정할만큼한 여유가 업고 다만 최후까지 점원이 밧지 아니하는 오백원을 점원의 면상에 메부치고 노노(怒怒)히 가는 태도는 지식 업는 협＊자(俠＊者)가 전후 분별도 업시 다만 인습적 도덕성에서 직출(直出)하는대로 쌀 판 돈 오백원으로써 사람 한명을 구하려는 연죽(煙竹) 강사 정첨지의 찰나적 기분을 무더니 표현하얏다. 그러나 한강 철교 가는 장면에 철＊의 배경이 분명치 못한 것과 점원을 구출하는 수탄장(愁歎場)에서 관객의 홍소(哄笑)가 돌기(突起)한 것은 적지 아니한 실패이다. 배경은 물질상 관계를 완비키 난(難)하다 할지라도 점원을 구출하는 동작에는 충분히 주의할 점이 잇다. 점원을 안고 정면을 향치 말고 측면으로 향하며 또 안기는 점원도 얼골을 정면으로 향치 아니하엿드면 관객의 홍소가 업섯슬 것이다. 원래 각본은 희비의 양성(兩性)을 혼유(混有)한 까닭에 큰 관계는 업다할지라도 수탄장은 수탄미(味)로써 긴장케 하고 또 골계의 표정은 그 기분으로 관중을 ＊하는 것이 극의 근본적 활동이다. 제이막에 점원 안해천(安海天)군의 경조(輕佻) 소년이 가장 관중의 관선(觀線)을 긋럿스나 째째로 두 소매를 손것으로 자버다니며 두 팔을 좌우로 버리는 것은 매우 것칠게 보이엇다. 나는 처음 두 점원이 대화할 째에 그러한 동작을 째째로 표하기에 치역(痴役)인 줄 알엇다. 비록 ＊역(보조역)이지마는 주의하는 것이 필요할 듯 하다. 중심 인물인 점원 홍정현(洪廷鉉)군의 동작에는 특점(特點)은 업섯스나 ＊화(＊話)는 무난하며

▽ 제이막 신정 유곽장에서 이십분이나 되는 장시간을 아모 대화와 동작도 업시 관람석만 향하고 한좌(閑坐)하는 것은 배우 자신도 그동안 무료할 것이오, 관중에게도 자뭇 소기(消氣)를 여(與)하나 이것은 배우의 책임은 아니지마는 무슨 핑계든지 마련하야 철물상 주인과 누토(樓土)의 ＊화(＊話)가 단절되는 시간을 계(計)하야 무대를

잠시 이(離)하거나 쏘는 다른 동작이 잇섯스면 조흘 듯하다. 이 점은 특별히 각본 작자의 주의를 망(望)한다. 철물상 주인 최일(崔日)군의 동작과 대화는 자못 숙련한 태도를 시(示)하야 엇쎠한 역을 맛기든지 미덤성이 잇서 보이나 대화 사이에 쌔쌔로 부자연한 어*가 잇는 것은 가장 주의할 터이오, 쏘 제삼막, 사막을 중*하야 당초 점원의 자살하려던 경험은 되푸리하는 것은 관중으로 정기(情氣)를 무(無)케 한다. 물론 정첨지와도 처음 만나고 ** 주인과도 처음 맛나는 막이지마는 관중은 사실의 ** 무려 세 번이나 동일한 대화를 듯게 됨으로 매우 긴장미를 산(散)한다, 이 점도 물론 작자에게 바라는 바이다. 작자의 성공으로 말하면 불필요한 장면은 모다 대화도 시(示)하고 그만한 사실을 사막으로 단망(短網)한데에 기능이 보인다, 정첨지의 처 *효진(*孝鎭)군의 노파 역은 경험이 만히 잇는 점이 보이며 매우 충실하다.

그러나 쌀을 팔어먹기에까지 *하게 되얏고 치마까지 업서 속옷바람으로 안 것은 빈*(貧*)가 진솔 구작목의상(求作木衣裳)을 쌔 하나 부치치 아니하고 바늘을 쏀채로 입은 것은 매우 부자연하야 보인다. 정첨지 여식의 최*방(崔*芳)군은 유감이나 작자가 평을 쓸만큼 활동을 아니 시킨 까닭에 평은 타일(他日)에 모(謨)하나 여배우로 무대에 입(立)할만한 체격과 용모를 구비하얏스니 열심히 연구하면 성공할 것이며 연극은 대화가 생명이니 대화 특별한 **을 *한 *에는 어느 쌔든지 **의 화*(話*) 표*(表*)으로 하여야 극의 통일적 *분을 표하는 것이니 특별히 화*에 주의함을 망(望)하며 ** 주인 문수일(文秀一)군도 동상(同上)의 주의가 필요하다. 그러나 철물상 주인의 대화 중의 의상과 동작은 하급 화류계의 부*(浮*)을 초(招)하는 자의 기분을 무더니 표현하얏다.

▽ 배우에 대한 평은 차(此)에 지(止)하고 나는 전체를 *하야 가장 **을 엇는 것이 종래에 유행하든 *각 형식의 비열하고 부자연하든 대화가 얼마즘 **와 자연으로 개량된 것이며 쏘 단원들의 성실한 노력의 염원이 다(多)함을 감사하는 바이다.

최종에 작자에게 드릴 주문은 어대짜지든지 대화의 통일을 기(期)케 하고 시연(試演)은 반드시 충분한 연습을 득(得)한 후에 관중에게 공개함을 바라는 바이다. 배경과 도구에 대하야도 불충분한 점이 만흐나 관중이 극단의 생활비를 **할만한 **에 달치 못한 금일임으로 관중의 일분자(一分子)되는 나로서는 심*(深*)할 면목이 업다. (임무*(壬戊*) 우야(雨夜)에)

동아 22.03.02 (3) [모임] 종로 청년회 환등사진회

그 회 운동부 「쌔스켓뿔」 단의 북경 원정하기 위하야 려비를 엇고자 하는 활동사진회는 급 이일 하오 칠시 반에 그 회관에서 개최

매일 22.03.02 (3) 본지 연재소설 『흑진주』 흥행 / 삼일밤브터 이일간 / 민중극단에셔

민중극단이 수은동 단성사에서 기연된 이러로 경성의 인긔는 민중극으로 집중되야 미일 만쟝 성황 즁에 막대흔 환영을 들은 바, 일반이 홈의 하는 바어니와 동단에셔는 경성 흥힝을 맛치는 길로 디방 슌회 흥힝을 하기 위하야 경성을 쩌놀 날이 몃놀 아니 남엇슴으로 고별 흥힝도 흘 겸 하야, 이번에는 특별히 본지상에 련지되야 텬하 독자의 열망을 밧든 흑진주(黑眞珠) 쇼설을 상쟝하야 특별 대흥힝을 하기로 되야, 작자 박은파군과 민중극단의 무대감독 윤빅남(尹白南)군의 각식으로 요사히 날마다 련습을 하는 것인대, 흑진주는 원톄 이빅회나 되는 쟝편쇼설임으로 하로에는 도뎌히 맛칠 슈가 없는 까닭에 상하 두 권에 나누어 잇흘에 맛치기로 되야 ㅈ미잇고 통쾌한 곳과 머리 쯧이 옷삭옷삭 하야질만한 긔이한 곡절은 누구던지 첫날을 보고 둘지놀까지 아니 볼 슈가 업슬만치 쟝절쾌졀한 흥힝이 여러분 압헤 젼기되야 실로 예술계와 또는 민중극장의 산 긔틀이 될 만흔 일대 흥힝이 된 것이라. 이제 본사는 특별히 민중극단의 이번 흥힝을 위하야 열심히 후원하야 쥬기로 되얏는대 상쟝일자는 러일밤브터 사일까지 잇흘동안을 흥힝혼 터이라더라.

매일 22.03.02 (3) 활동사진 대회

금일 밤 쳥년회에셔 즁앙긔독교 쳥년회 운동부에셔는 금 이일밤 하오 일곱시 반에 사극(史劇) 기션(凱旋) 활동사진회를 동 회관 닉에셔 영수하는대 당일 입장료는 일등이 일원이요, 이등이 오십견, 삼등 삼십견의 구별이 잇다더라.

매일 22.03.03 (3) 금야(今夜)브터 흑진주 / 특별 흥힝을 히 / 벌셔브터 야단돌임

본지에 련지되얏던 흑진주 쇼설을 각식하야 민즁극단으로브터 첫 흥힝을 하기로 되얏다는 말이 한번 보도되자 강호의 인긔는 흑진주 흥힝을 향하야 됴슈갓치 집중되는 동시에 혹시 시간이 느져셔 입쟝을 못 홀가 하는 념려도 업지 아니하야 뎐화로써 입쟝권을 미리 살 슈도 잇느냐는 질문까지 답지하는대 과연 이번 흥힝으로 말하면 젼

에 보지 못하던 쳐음 가는 흥힝일 뿐 아니라 일톄 비상훈 환영을 밧던 명물의 흑진쥬 임으로써 관긱의 답지는 물론 예상하고 잇는 바이라. 이번 흥힝에 보지 못하면 쏘다시 보기 어려운 흑진주를 이 긔회에 못 보는 것도 통훈의 일이라 하겟스며 아못죠록 오날 하오 일곱시 안에 입장권을 소지 안으면 만원으로 입장 못될 념려도 업지 못한 즉 아못죠록 일즉이 차리기를 쥬의홀 것이라더라.

매일 22.03.03 (3) 〈광고〉

민중극단

매일신보에 연재되야 만천하 애독제씨에게 대호평을 박득(博得)훈

은파(隱坡) 박용환(朴容奐)씨 작

흑진주 전십오막 십팔장

삼월 삼일, 사일 연속대흥행

수은동 단성사 전화 구오구번

동아 22.03.05 (1) 〈광고〉

삼월 오일부터 사진 전부 교환

희극 **미국 육군학교 실황** 전이권

에쉬널 영화

인정극 **탐화접(貪花蝶)** 전육권

주연자 루사쓰고데이씨 에리나페이아양

미국 홀막크사 특작

연속활극 **괴상한 영(影)** 제십일, 이, 삼편 전육권 상장

제십일편 *암(*岩)의 ** 제십이편 수중(水中)의 란도 제십삼편 부호(符號)

주연자 멘위일손군 네바캉바양

해설자 최종대군 우정식군 김덕경군

출장중 서상호군 최병룡군 김영환군

경성부 수은동

단성사 전화 구오구번

매일 22.03.05 (3) 흑진주 상연 제일일 광경 / 인산인히의 단셩사 / 통쾌의 박슈 셩 야단

흑진주를 흥힝혼다는 말이 한번 션뎐되자 만도 인긔는 줄넘듯 길망되야 상연의 첫놀이 되는 삼일 져녁 히가 쪄러질 림시부터 됴수갓치 살도 되는 남녀 관긱들은 뎡각 젼브터 임의 만원이 되야 단셩스의 아러우층은 립츄의 여디가 업슬만치 되얏는대, 긔막을 지쵹하는 타슈의 쇼리는 끈힐 사이가 업는 즁에 비로쇼 봉뎐동 황루묘리뎜이 열니면셔 만장의 공긔는 일층 긴장이 되어 마듸ㅅ 박수 쇼리만 우박 쏘다지듯 하얏다. 차차 막이 박구여 들어가며 봉뎐대셔변문 밧 공동묘디와 복릉대격투장의 통쾌혼 격투는 과연 쟝졀 쾌졀하야 잘혼다 쇼리는

끈칠 사이가 없셧스매 뎡희가 죽엄에셔 쇼싱되여 캄ㅅ한 광야에셔 하나님을 부르짓고 쏘혼 어머니를 부르지즈며 쏘 다시 죽으랴 홀 쎄에 일죠의 광명 속으로부터 뎡희의 싱모는 유령으로 나타나며 죽지말나는 암시를 보히고 스라질 쎄와 쏘혼 거기셔 큰 위로를 바더가지고 발을 돌니여 인근 근쳐를 차져 나오다가 우연히 봉뎐 셔탑 례비당을 만나는 동시에 쟝목사를 맛나셔 과연 다시 살음의 길을 엇는 그 마당의 뎡희와 그 비참혼 설움은 관긱으로 하야금 만강의 열루를 쑤리게 하얏다. 그로부터 악한 리업과 독부 텬마는 뎡희의 흑진주 반지를 강탈하야 가지고 됴션으로 나아 외슉 긔죠케

심남작의 령양이 되어가지고 돌아오는 마당에 깃붐에 못 견대는 남쟉 부ㅅ가 잇는 반면에 츙복 권홍원의 츙셩스런 활동은 실로 마음을 죠리는 관긱들의 흉금을 통쾌케 하얏고 그 다음 악한 리입과 심씨집 가뎡 고문 류승겸군의 마죠치는 시션은 그 모든 의심이 은연즁에 표현이 되는 듯 하야 쟝차 이 압흐로 텬마의 운명이 엇지나 되며 긔구혼 운명에 쌔진 뎡희의 운명은 엇지나 되는 것을 아니 볼 수 업는대 사일 밤에 죵편을 맛치고 오일에는 남션 방면으로브터 민즁극단의 혼 번 오기를

갈망ᄒᆞ는 편지의 쳥구가 급지홈으로 위션 대구 방면으로 향홀 터인대 삼일 쳣 흥힝을 보시니는 물론 사일 밤 결과를 아니 볼 슈 업게 되얏더라.

매일 22.03.05 (4) 흥행물 취체령 / 평남에셔 솔션

연상(年尙)브터 평안남도에셔 계획중이던 흥행물 취체규칙은 저반(這般) 기초고(其草稿)를 완료하야 본부의 인가를 청하얏는 고로 이월 이십팔일 부 총독부관보로써 발표되얏는대 해(該) 규칙은 전문 사십사조로 성립되야 극히 정밀하다 하며, 유래(由來) 본도(本道)에는 완전혼 취체규칙이 무(無)히 총독부 시대에 시행하던 이사청령

중의 취체법에 기하여 차(此)에 경찰 취체규칙을 적용하야 와스나 목하 평양 급(及) 진남포 등지에는 활동사진 상설관 설치 기타 극장의 개축 등 파(頗)히 사업(斯業)의 융운(隆運)을 촉(促)하는 금일(今日)에 취체상 지장이 불소(不少)홈으로 타도(他道)에 솔선하야 차(此)를 발표홈이라더라. (평양)

매일 22.03.05 (4) 북경(北慶)[28] 문화 선전 영사

경상북도 촉탁 장상철(張相轍)씨는 거(去) 이일부터 이주간 예정으로 선산, 김천 양군(兩郡) 각면에 문화 선전키 위하야 활동사진을 휴대하고 거 이일에 선산군을 향하야 출장하얏더라. (대구)

매일 22.03.06 (1) 〈광고〉

동아 단성사 3월 5일자 광고와 동일

매일 22.03.07 (3) 서양식 모방의 / 연쇄활동사진 / 림셩구 아오가 / 만도래 십이일 브터

신파 중에는 일조라 홀 만하고 쏘한 그 력사가 오러인 신파는 오직 혁신단인대 그 단쟝 림셩구군이 세상을 쪄는 후 일반 극계에서는 대단 유감히 싱각하야 혁신단 셕주가 업셔지는 줄로 알고 주못 이셕히 역여오던 바 림군의 아오가 아모죠록 혁신단 셕주를 유지하라는 그 형의 유언을 드듸여 한푼 업는 쳐디에 어대꺼지 세상에 젼하야 볼 싱각으로 대분긔를 너여 다시 단원들과 홈씌 일치 결심 단합하고 거대한 일만 오쳔여원 돈을 엇어 대대력으로 평양에 나려가셔 아죠 서양식 활동사진쳐럼 쟝한몽 젼편을 무루히 박어셔 실디 련쇄 활동사진을 만드럿는대 그의 수진 풍됴와 비우의 활약훈 것과 금슈강산 평양의 모란봉 우에셔 활극을 일우는 것과 대동강을 바라보며 비극 연출하는 광경 기타를 셰밀이 박혀셔 년러 련쇄 수진 중에 씌여나게 잘 박힌 수진으로 한 번 볼만 하다는대, 이 실로 박힌 수진을 오는 십이일 밤부터 봉졀(封切)을 하야 첫지로 상연하야 일반에 관람케 하기로 작뎡하얏다는대, 이에 대하야 관쥬 박승필(朴承弼)씨도 대々력으로 동의하고 편의를 쥬며 후원을 혼다 하며, 평양셔 올나

---

28) '경북'의 오식인 듯하다.

온 기성들도 일제히 이번 일에 대하야 극력으로 후원을 하기로 되엿다는 바이며, 홍
힝은 처음 가는 특별 흥힝이더라.

동아 22.03.08 (3) 위문 강연의 제일성 / 신의주에서 처음되는 대성황 / 재외동포 위문강연 첫 소리

재외동포 위문 환등강연회(在外 同胞 慰問 幻燈 講演會)는 예덩과 갓치 륙일 하오 팔
시부터 신의주 욱뎡(新義州 旭町)에 잇는 신극장(新劇場)에서 본사 신의주 지국댱의
사회로 그 첫 막이 열니엇다. 먼저 환등을 시작하야 김동성(金東成)씨의 설명으로
아홉시 반까지 맛친 후 당디 신명의숙(新明義塾) 선싱 오현명(吳賢明)양의 독창이 잇
슨 후
국제적 조선과 문화적 조선이라는 문뎨로 장덕수(張德秀)씨의 강연이 잇슨 후 열한
시 반에 맛치엇는데, 텽중은 천여명에 달하야 신의주에서는 처음되는 성황을 이루
엇고 환등을 맛친 후 입회 청원서(入會 請願書)를 배부하얏는대, 경찰서에서는 이를
금지함으로 그 리유를 무른 즉 긔부(寄附)로 인뎡하야 금지한다 함으로 그러면 회원
모집을 금지하느냐 하매, 그런 것이 아니라 군중에게 배부함은 긔부로 인뎡한다고
함으로, 그러면 경우에 의하야 엇더한 쌔는 긔부로 인뎡하고 엇더한 쌔는 긔부로 인
뎡치 아니하느냐 하매, 그러하다고 대답하얏다. 디방 경찰관의 몰상식함도 대개 일
로써 추칙할 수가 잇겟더라. (신의주 특뎐)

동아 22.03.08 (4) 인천 각 점원 위안

인천 상업회의소에서는 시내 일 * 인(日 * 人) 각 점원을 위안키 위하야 거(去) 오일
하오 칠시부터 표관(瓢舘) 활동사진을 공개하고 무료 입장권을 배부하야 관람케 하
얏다더라. (인천)

동아 22.03.08 (4) 〈광고〉

삼월 팔일부터 사진전부 교환
실사 **동궁전하 어도구(御渡歐)** 실황 전이권
미국 아메리칸 회사 영화
인정활극 **처를 구(求)히서** 전오권
위리암 랏세루씨 후란세리아비리톤양 출연

미국 도라엔클 회사작

사회극 느즈냐? 일느냐 전오권

미국 홀막크 회사 특작

연속활극 괴상한 영(影) 최종편 전사권 상장

제십사편 생리(生理) 제십오편 복면의 정체

해설자 최종대군 이병조군 김덕경군

출장중 서상호군 최병룡군 우정식군 김영환군

경성부 수은동

단성사 전화 구오구번

매일 22.03.09 (2) 〈광고〉

단성사 3월 6일자와 동일

매일 22.03.09 (3) 대구의 민중극단 / 미야 만원의 성황

지는 사일꺼지 경성 단성사에서 다대훈 동정, 무훈훈 환영 밧든 반도 문예사 젼속 민중극단(民衆劇團)은 지는 륙일브터 당디 대구좌(大邱座)에서 뎨일일의 흥힝을 기최하얏는대 당일은 처음 날이라 다쇼 긴 광고의 불젹졀훈 경향도 잇섯고 또 그 젼날꺼지 쇼인극(素人劇)29)이 잇던 다음이라 일반 관긱은 이 민중극을 쇼인극으로 오히한 경향도 잇셔 만족훈 성황은 일우지 못하얏스나 부인셕의 일부를 졔한 외에는 그 광활한 상하층 극장에 입츄의 여디가 업시 만원의 성황을 일우어 막마다 대환영을 밧는 중이더라. (대구)

동아 22.03.10 (4), 22.03.11 (4), 22.03.13 (4) 〈광고〉

단성사 3월 8일자와 동일

동아 22.03.11 (3) [모임] 종로청년회 활동사진 영사회

종로 청년회관에서는 금십일일 오후 일곱시 반에 활동사진 영사회를 열고 정극(正

---

29) 아마추어 극단의 극

劇) 「토니, 아메리카」 전오권과 사진 「파나마」박람회와 희극(喜劇) 쑹쑹보의 명(明) 등의 활동사진을 할 터이요, 입장료는 아러 층은 십전이오, 우칭은 오십오[30] 전이라 더라.

매일 22.03.11 (4) [흑 / 백]

▲ 삼츈의 힝락홀 봉절이 도라오미 일긔는 벌셔브터 짜쏫하고 바람은 산들산들 품안으로 기여들기 시작혼대 진남포 항좌로 혁신단 신파연극을 구경간다. 쌔는 지나간 소일 밤이라 진남포 삼화권번 기성들이 만히 입쟝하얏는대 그 즁에 엇던 기성 하나가 삼등표를 사가지고 특등셕에 가셔 등々혼 터도로 잇다가 니죵에 표를 검사하는 사람에게 발각되즈 당신은 삼등셕으로 가라고 한 즉, 죵니 움치 안타가 그 길노 기성 젼부 동힝하고 졀대로 혁신단이라 하는 연극은 구경 말자 하고 일시는 구경 갓든 사람들에게까지 귀치안케 하얏대요. 필경은 경찰셔에셔 그 죠흡 역원 젼부를 소환하야다가 엄즁혼 셜유를 하얏대요. 그들은 요즈음 와셔는 돈 자불데 업셔셔 그리 하얏는지 진남포를 좀 싱각하고 이후는 주의하지 안이하면 안되겟습듸다. (목견생(目見生))

동아 22.03.12 (4) 위생활동사진반

경남 경찰부 위생활동사진반은 거월(去月) 이십칠일 하동군에 도착하야 군청 경찰셔 급(及) 하동면의 후원으로 오후 육시부터 영사한 바 관람자가 천여에 달한 중 호열자에 대한 사진을 일반에 파(頗)히 자극을 여(與)하야 위생 관념을 고취하얏다더라. (하동)

매일 22.03.13 (2) 〈광고〉

동아일보 단성사 3월 8일자 광고와 동일

매일 22.03.13 (3) [만리경(萬里鏡)]

한편에셔는 단연 하즈는 회가 싱기며 셰상에 션젼을 하야 아모죠록 실힝하기를 바라는 한편에 담비 퓌우는 것을 금지하라는 일이 싱기엿다.

---

30) '십오'의 오식인 듯하다

▲ 유리로 각 연극쟝이나 활동상셜관에는 관긱의 담비 퓌우는 것이 심하야 연기가 조욱하야 위싱에 졍말 히가 젹지 안타고 미우 념녀를 하고 경찰 당국은 쓱연 금지를 흔다고 한다. ▲ 그런대 그 금지하는 방법을 지금 됴사 즁이란 말이 잇스니 엇떠흔 방법으로 즁지하려는지 물으나 하야간에 위싱상 죠흔 일이오 복잡한 째에 옷갓흔 것을 퇴우지 안을 터이닛가 미우 깃분 말이다. 연구됴사 홀 것이 무엇 잇나, 엇더턴지 ▲ 금지만 하고 즈금으론 연극쟝에셔 담비 퓌우지 말낫스면 고만이 안인가. 담비는 빅사에 무일리한 일니닛가 누구던지 챤셩흔 것이오. 년리로 이 폐습을 곳치고져 하던 판에 경찰 당국이 먼져 이러흔 것을 안츌하고 실시코져 홈에는 참 감사흔 일이라 하겟다. 어셔 밧비 단힝을 하여 공즁위싱을 도라보아셔 쓱연을 금지하얏스면 하는 것은 셰상 여론과 평판.

매일 22.03.14 (3) 위싱시험쟝 / 젼문긔사를 두고 / 공즁 위싱을 보호

경셩부에셔는 오는 사월브터 영락뎡(永樂町) 슈질검사쇼(水質檢查所) 안에 위싱 시험쟝(衛生 試驗場)을 셜치하고 젼문긔사(技師)를 두고 또 슈질검사쇼 긔사에게도 사무를 촉탁하야 방역(防役) 사무와 하수(下水) 슈질(水質) 슈도(水道)의 됴사와 검사를 홀 터이며 무민의 청구에 의지하야 무료로 신톄검사와 긔타 여러가지 검사를 홀 터이며 셰균(細菌)이라든지 혈익(血液)의 검사긔계가 불츙분흔 의사의게는 긔방하야 무료로 검사하게 하고 또 각 연극쟝(演劇場)에도 째々로 공기를 검사하야 관긱의 위싱에 결뎜이 업게 홀 터이며 근일 니디에셔 류힝되는 결혼을 홀 째 먼져 교환하는 건강진단셔도 차々 됴션에도 류힝되니 만일 결혼에 쓸 진단셔를 청구하면 의셩시험쟝에셔는 칙임을 지고 무료로 건강진단셔를 하부홀 터이라더라.

매일 22.03.14 (3), 22.03.15 (4), 22.03.16 (1), 22.03.20 (1), 22.03.21 (3), 22.03.23 (3), 22.03.24 (4), 22.03.25 (2) 〈광고〉

단셩사 3월 13일자와 동일

매일 22.03.14 (4) [흑 / 백]

▲ 지는날 밤, 히주극쟝에셔 경셩 단셩사 활동사진을 셔상호군이 가지고 와셔 명금이라는 사진을 연쇄하는대 셔씨의 웅변과 지담에는 일반 관람자에 흥금을 셔늘케 하얏스나 일등셕의 잇는 리창○ 양반이 술을 등이 터지도록 먹고 건방지게 주졍을 하

며 공중에 방히를 적지 안케 하얏다. 아모리 샹식이 업는 주인들 그르케 싱각이 업는지 도리혀 그를 위하야 가셕히 싱각홉니다. (방각자(傍角者))

동아 22.03.17 (3) [모임] 경성도서관 주최 환등회
금일 칠일 하오 칠시 반에 종로 청년회관에서 미국「뉴욕」도서관의 상황을 환등으로 영사한다는대 입장 료금은 십전이라고.

동아 22.03.17 (4) 군청 주최 활동사진
삼월 구일 오후 팔시 반에 철원군청 급(及) 조선 중앙수리조합 주최로 경찰서 운동장에서 활동사진을 영사한 바 군내 남녀가 운집하야 성황을 정(呈)하얏다더라. (철원)

매일 22.03.17 (3) 도서관 환등회 / 경성도서관의 사업 / 금야 청년회관에서
창립된지 아직 나이 어린 부닉 인사동 경성도셔관(京城圖書館)은 그 닉용이 실로 풍부하야 세계에 져명한 걸작 셔적들이 드리싸엿슴으로 오늘날꺼지의 만흔 종롬자가 자최 * 끈을 새가 업는 대성황이라ᄂ대 이를 말미아마 우리 사회에 적지안은 문화의 공헌은 다시 말홀 필요도 업는 중에, 또한 동관에셔는 부록 사업으로셔 더욱 문화운동을 힘쓰고져 금 십칠일 오후 일곱시브터 종로 중앙긔독교청년회관 루상에서 미국 뉴욕시가에 잇는 각 도셔관의 상황을 그대로 사진흔 환등회(幻燈會)를 기최한다는딕. 관람료는 십젼이라 하며 사진 설명에는 리범승씨(李範昇)며『사회교육과 도셔관』이라는 문뎨로 신흥우(申興雨)씨의 강연이 잇다더라.

동아 22.03.19 (3) 〈광고〉
자(自) 십구일 지(至) 이십이일 (주야 이회) 특별 영화 경연(競演)
영화계에 *
실사 **쌔나마 세계 박람회** (전이권)
* * 희극 **우번뇌(于煩腦)** (전이권)
골계 **데부군의 행수(行水)** (전이권)
희활극 **저것도 신부냐** (전오권)
실사 **이백만원의 견(犬)** (전이권)
희극 차푸린 은행 (전이권)

정희극 **무답성금**(舞踏成金) (전오권)
봄이 왓다! 음＊(陰＊)한 동절(冬節)이 다 가고 봄이 왓다.
봄이 왓다! 청쾌(晴快)하고 단 ＊악(＊樂)스런 봄이 왓다.
재미스럽게 벙긋벙긋 우서 보자! 활동사진을 보면서!!
중앙회관

동아 22.03.21 (3) 대전역 구내의 일대 격투 / 활동사진 배우가 역원을 구타하여
지나간 십일 오후 두시 십분 대뎐(大田) 발 목포(木浦)힝 뎨삼빅십이 렬차가 써나기 십분 전에 대뎐역 개찰구(改札口) 압헤는 일대 격투장을 이루어 차 타랴든 승긱들은 차를 못타게 되얏섯고 단톄 려긱과 역원 사이에 큰 싸홈이 싱겻슴으로 일시는 경관도 매맛기에 볼일을 못보게 되얏섯다는데, 그 사실을 듯건대, 목포로 가는
활동사진 배우 미뎐실 일힝(米田實 一行)은 그 렬차를 타랴할 쌔 그 단장인 염견길삼랑(鹽見吉三郎)(二八)은 다른 사람의 차표를 가지고 타랴하는 것을 동역 개찰하는 사람이 발견하고 그 부정한 것을 말하매, 덥허놋코 조선인 역원이 일인 단톄 손님에게 불친절하다고 욕설을 하는 고로 조선인 역원 편에서도 대항을 하야 어대까지 부정한 사실을 조사하랴하매 잘잘못을 묻지안코 역원을 구타함으로 피차간에 격투가 시작되야 드듸여 단톄 일힝
이십여명이 함께 덤비엿슴으로 역원 편에서는 이것을 말니기에 노력하얏고 맛츰내 대뎐서(大田署)의 순사가 말니엿스나 말니는 순사의 복장까지 찟고 구타하얏슴으로 즉시 경관의 원조를 바다 젼긔 염견을 대뎐서로 인치하고 대뎐역장(大田驛長) 무촌립성(武村立誠)씨는 텰도 영업법 뎨삼십팔조 위반죄(鐵道 營業法 第三十八條 違反罪)로 고소를 뎨긔하리라는대, 관후한 처지를 하야 달라는 조회서를 먼저 뎨긔하얏다 하며 일시는 뎡거장 구내에 대소동이엿다더라. (대뎐)

동아 22.03.21 (3) 〈광고〉
중앙회관 3월 19일자와 동일

매일 22.03.21 (3) 〈광고〉
전조선 순회 평화박(平和博) 활동사진
전(前)으로 파리조약이 체결되며 후로 화부(華府)[31] 회의가 성립되미 자(玆)에 침략

적 군국주의와 인조적(人造的) 무장(武裝) 평화는 일소되야, 배타 이기의 색채로써 농후하든 국제 정국은 비로쇼 고매한 이상과 순결훈 동기 하에 인류공애(共愛)의 정신을 *휘(*揮)하며 국제협조의 시대를 출현하야 문명사 상(上)에 일(一) 신기원을 *하는도다. 진정훈 평화는 자(玆)로브터 영원히 수립되리로다.

천(天)에 은총이 휘(揮)하며 지(地)에 서상(瑞祥)이 저(著)하야 양양(洋々)훈 춘풍낙원에셔 세계 전민중이 신시대를 구가홀 새, 자(玆)에 동경의 평화박람회는 시대의 요구에 응하야 평화의 상징으로 그 웅대훈 규모와 장려한 시설을 앵화(櫻花)찬란한 일동 *선국(日東*仙國)의 수도에 현(現)하얏도다. 도인(都人) 여사(女史)의 잡답(雜踏)훈 상황과 내외 관신(官紳)의 열료(熱鬧)한 광경은 실로 상상의 이상이오 형용의 이외(以外)라 홀지로다.

시대가 평화에 입(入)하며 사회가 민중으로 화(化)홀 시 신문지는 실로 민중문화의 선구자로 자임하야 사회 봉사의 대사명을 수행하야 그 권위와 신용이 일층 위인(偉人)하게 되야, 이십세기에 재(在)한 문명의 옹호자와 및 민중의 우붕(友朋)은 실로 그 전(全) 책임과 전 명예가 신문에 재(在)하다 하야도 결코 과언이 안일지로다.

우리 매일신보는 과거 십수년간에 료(聊)히 미력(微力)을 차간(此間)에 진(盡)하야 항상 독자 본위로써 범시대의 민중화와 민중의 시대에는 노력의 한(限)으로 공헌에 홀(忽)치 아니훔은 강호의 제인(齊認)하든 바이라. 금(今)에 세계평화의 신시대를 제(際)하며 갱(更)히 평화적 대시설이 안전(眼前)에 전개됨을 기(機)로 하야 독자 위안 대회를 개최하고 평화박(平和博) 활동사진을 전조선에 순회 영사하야 일(一)은 세계의 평화적 광경을 소개하며 일(一)은 시대의 문명적 지식을 공급코져 하노니. 래(來)하라 신시대의 민중이여…… 견(見)하라 신사회의 활도(活圖)를…… 청(聽)하라 신문명의 행진곡을

순회일정

기타 진기(珍奇) 각종 영사

사월 십오일 부산 동십육일 마산 동십칠일 대구 동십팔일 김천 동십구일 대전 동이십일 강경 동이십일일 군산 동이십이일 전주 동이십삼일 정읍 동이십사일 광주 동이십오일 목포 동이십육일 이리 동이십칠일 조치원 동이십팔일 공주 동

---

31) '화성돈(華盛頓)(워싱턴)'을 줄여 이르던 말.

이십구일 청주 동삼십일 천안

오월 일일 수원 동이일 동삼일 동사일 경성 오월 오일 용산 동육일 영등포 동칠일 인천 동팔일 철원 동구일 원산 동십일 함흥 동십일일 휴식 동십이일 개성 동십삼일 사리원 동십사일 황주 동십오일 겸이포(兼二浦) 동십육일 평양 동십칠일 진남포 동십팔일 정주 동십구일 신의주 동이십일 의주 동이십일일 안동현(安東縣)

취미 실익 진진 풍부

매일신보 주최 독자위안대회

매일 22.03.21 (4) [흑 / 백]

▲ 경성에 두 군데나 연극장 허가가 나온 지가 벌셔 오러이것만은, 이쎠것 역사한단 말도 업시 잠을 자는 모양이야요. 돈이 업셔 그런지 무슨 사정이 잇셔 그리는지 참 궁금하던 걸이요. 됴션인의 하는 노룻은 다 이렇게 유시무죵임닛가. 하로 밧비 싱기엿스면 (답々生)

매일 22.03.23 (1), 22.03.24 (1), 22.03.28 (1) 〈광고〉

매일신보 주최 독자위안대회 3월 21일자와 동일

매일 22.03.23 (4) [흑 / 백]

이번에 귀사에서 평화박람회를 박힌 활동사진을 젼 됴션을 슌회하면셔 영사한단는[32] 사고를 보앗습니다. 견혀 귀보 이독자 위안대회의 목뎍은 참 감사홉니다. 본인은 경성 독자임으로 하로 밧비 경성에서 영사하여 주셧스면 죠켓셔요. (경성 독자 대표)

동아 22.03.25 (3) [모임] 종로 청년회 활동사진회

금 이십오일 하오 열시에 그 회관에서. (회비는 십 전)

매일 22.03.25 (3) 불원(不遠) 실시될 흥행취체 / 이번에는 회티하던 각 흥힝쟝을 단속히

경긔도 님에 대훈 흥힝쟝과 밋 흥힝취례규측은 죵리 즈못 불철뎌하야 엇더턴지 통일

---

32) '한다는'의 오식

이 못된 고로 흥힝자 편이던지 당국자 측이던지 불편이 젹지 안타는 일은 임의 보도 흔 바어니와, 이번에 이를 기션하야써 그 결흠된 것을 쇼탕키로 계획하고 쇼탕하기로 되야 경긔도 보안과에서 고안즁이더니 본월 즁에 도령(道令)으로 긔정규측을 발포하고 사월 상슌브터 직시 실시하기로 일명하엿다는대, 그 닉용은 대톄 임의 게지 흔 거와 갓거니와 다만 다른 뎜은 첫지로 활동사진 영사실(映寫室)에 대흔 방화(防火) 설비의 완젼을 도모하는 것이라. 죵뢰로 뎨일 위험히 볼 영사실은 관쥬도 여긔ᄭᆞ지 즁요히 보지 안어서 심히 불완젼하얏슴으로 취톄규측으로는 그 영소실 안에 산슈 설비를 하게하고 그 다음에 비상구(非常口)의 증설과 변쇼의 위싱뎍 설비, 기타 회장 쥬위의 브인터 유무로브터 긔본위로 뎡하야 뎡원 이상의 슈용을 취태하는 등 완비한 방법을 강구하고 쏘 관람긱도 놉ᄌᆞ석과 녀ᄌᆞ석 외에 가족셕(家族席)ᄭᆞ지 벼풀게 하고 쟝닉의 풍긔를 취톄하는데 편리케 하며 일변 관람긱이 각각 이에 의하야 신사뎍 터도로 힝하야 가셔 쟝닉를 기량홀 일이라더라.

매일 22.03.25 (3) [연예계 소식] 김소랑 일행 개연 / 이십ᄉᆞ일브터

취셩좌 김쇼랑(聚星座 金小浪) 일힝은 그동안 각 디방에서 슌업 흥힝을 하야 다대흔 환영을 밧던 바 이번에 그 일힝이 올나와서 이십사일 밤브터 단셩사에셔 일주일간 흥힝을 흔다는대 첫날 예뎨는 츙의도(忠義道) 젼 팔막으로 기연한다 하며 녀비우도 특히 만아서 ᄌᆞ못 볼 만 하다더라.

매일 22.03.26 (2) 〈광고〉

이십사일부터 개연
교육 인정극 선전
취성좌 김소랑 일행
상장 예제 [매일 변경]
一, 충의도(忠義道) 二, 편시춘(片時春) 三, 희생아(犠牲兒) 四, 涙[눈물]
五, 백일홍(百日紅) 六, 장한가(長恨歌)
일요일은 주야
신파흥행
경성 수은동 단성사 전화 구오구번

매일 22.03.26 (3) 평화박(平和博)의 실황 영화 / 샤회극위 외국사진까지라도 / 기타 실사 희극 활극으로 영사 / 본사 주최 전조선 순회 영사

본사가 만련하 독자 졔씨를 위안하야 드리는 일단으로 오는 사월 십오 부산셔부터 시작하야 가지고 젼 됴션 슌회의 활동사진 영사를 운힝하기로 되엿습니다. 별항 사고도 익히 보셧스려니와 이로 인하야 특히 본사원 팔도류당(八島柳堂)씨의 걸작인 사랑의 지극(愛의 極)이라는 활동사진 젼 다섯 권을 휘이룸에 너혀셔 공젼 졀후하게 됴션 가뎡을 즁심삼아 썩 잘 박이엿는 바 본사는 이 외에 목하 동경에서 기회즁인 평화박람회의 실황을 될 슈 잇는 대로 모죠리 박여셔 구경가지 못하시는 이에게도 얼마즘 즈미잇시 보실 것을 물론이요, 이것까지 박힌 것을 슌회 영사홀 터이라. 평화박람회의 영화는 목하 희락관에서 상쟝 즁인 바, 본사의 것은 본사 동경지국이 특별히 달니 활영한 소진으로 희락관의 소진과는 미우 변하고 달은 덤이 만습니다. 본소의 것은 즈못

장쳑물로 박람회쟝의 대편(大篇)은 본래브터 쟝내 각 관의 실황과 기회식의 모양과 각죵의 여흥 등에 일으기까지 젼부 일권 속에 무루히 박히엿고 특히 됴션관에 힘을 드려 박힌 것이 그 가쟝 특쇠이라 아죠 슌회 영소호 쎄에는 독자 졔씨는 감안히 안져셔 평화박람회를 잘 구경홀 슈가 잇겟스며 슌회 영소하는 쎄에 결됴코 다른 데와 갓치 회비라고는 한 푼도 내지 안코 젼혀 사회 봉수하고져 하는 셩의로셔 본사의

미충을 표코져 하는 바를 독자 졔씨는 십분 량히하시기를 바라는 바이라. 그 평화박람회의 신긔하게 만든 것과 그림의 션명한 것은 긔필코 독자의 긔대에 어그러지々 안을 줄을 확신하는 바이라. 그리고 또 본소에셔는 이 사진회에 각죵의 실사(實寫)와 활극, 비극, 골계 등의 모든 소진까지도 다수히 휴대홀 터임으로 이 슌회 활동소진은 일층 흥취가 잇는 것이며 충분히 독자 위안의 목뎍을 달흔 줄로 밋기를 의심치 안는 바이며

됴션 각디를 슌힝하고 오일 상슌에 경성에셔 영사하는 쎄는 참으로 대성황을 일우을 것을 즈긔하는 터이올시다.

매일 22.03.26 (4) [흑 / 백]

▲ 취셩좌 김쇼랑 일힝의 첫날 힝연하는 츔의도라난 졍극을 잠간 보앗지요만은, 시대를 *촉 가뎡에 거울삼아 볼 것과 감동되는 덤도 만코요, 또 김쇼량 군의 익살스런 구변과 동작은 다른 신파보다 활신 나은 감상이 잇셔요. 잠시 한 쎄라도 일치하게

잘 하는 것은 우리 극계를 위하야셔 고마운 일이야요. (목견생(目見生))

동아 22.03.27 (4) 〈광고〉
삼월 이십사일부터 개연
교육인정극 선전
취성좌 김소랑 일행
상장 예제 (매일 변경)
一, 충의도 二, 편시춘(片時春) 三, 희생아(兒) 四, 淚(눈물) 五, 백일홍 六, 장한가
일요일은 주야 신파 흥행
수은동 단성사

매일 22.03.27 (4), 22.03.28 (3), 22.03.30 (4), 22.03.31 (4), 22.04.01 (4) 〈광고〉
단성사 3월 26일자와 동일

동아 22.03.28 (3), 22.03.29 (2), 22.03.30 (3), 22.03.31 (1), 22.04.06 (4), 22.04.08 (4), 22.04.09 (3) 〈광고〉
단성사 3월 27일자와 동일

동아 22.03.29 (3) 흥행취체규칙 / 사월 일일에 발표
연극과 기타 활동사진 등을 취톄할 흥행취톄규칙(興行取締規則)을 경긔도 경찰부(京畿道 警察部)에서 정하야 도령(道令)으로 발표할 터이라함은 이미 보도한 바어니와 그 규칙은 사월 일일에 발표하야 오월 일일부터 시행케 할 예뎡이라더라.

매일 22.03.31 (4) 광주 위생선전영화
광주 경찰서에서는 래월(來月) 삼십일일 오후 칠시브터 당지(當地) 소학교 강당에셔 무료관람으로 위생 선전활동사진회를 개최한다는대 다수히 본관(本觀)하기를 희망한다더라. (광주)

동아 22.04.01 (7) [모임] 종로 청년회 활동사진회
금일 하오 팔시 그 회관에서. (회비 사십 전)

매일 22.04.01 (3) 청년회 활동사진 / 오늘 밤에 연다고

중앙 긔독교 청년회(中央 基督教 靑年會)에셔는 금 수월 일일 즉 토요일 오후 여덜시에 활동사진회를 긔최하야 활비극의 자못 자미가 진々한 사진을 영사하는대, 당일 회비는 수십견으로 회원에게는 특별히 반익이라더라.

동아 22.04.02 (1) [특별광고] 동아일보 발긔 재외동포 위문회 / 전조선 순회 환등 영사 대강연회

(동아 22.03.01 (1) 특별광고와 본문은 거의 같음. 일정은 아래와 같음)

제이회 순강 일정 (차회 추차(追次) 발표)

사월 육일 부산 칠일 동래 팔일 울산 십일 경주 십일일 대구 십이일 밀양 십삼일 김해 십사일 마산 십오일 통영 십칠일 삼천포 십팔일 진주 십구일 하동 이십일일 거창 이십이일 김천 이십오일 예천 이십팔일 영동 이십구일 조치원
오월 일일 청주 이일 공주 삼일 천안 사일 안성 오일 수원 육일 이천 팔일 원주 구일 춘천

매일 22.04.02 (1) 〈광고〉

전조선 순회활동사진

본사는 독자위안의 일방법으로 래(來) 사월 십오일브터 제일막을 부산에서 영사하고 전선(全鮮) 각지를 순회하야 활동사진을 영사하게 되엿습니다. 영사의 휘이룸은 아사(我社) 독창의 것과 촬영 후 최초의 봉절인 사진이 되야 기(其) 흥취와 정치(情致)는 맹철코 독자 제언의 기대 이상이 될 줄로 확신합니다. 휘이룸의 종류 순회의 일정 급(及) 장소는 여좌(如左)홉니다.

영사 종류

동경에셔 목하 개회중인 평화박람회의 실황 (최장척물)

본사원 팔도유당(八島柳堂)씨 작 사회극『애의 극(愛의 極)』(전오권)

기타 실사, 활극, 골계물 등 수종

순회일할(巡廻日割)

사월 십오일 부산(주야이회) 동십육일 마산 동십칠일 대구(주야이회) 동십팔일 김천 동십구일 대전 동이십일 강경 동이십일일 군산 동이십이일 전주 동이십삼일

정읍 동이십사일 광주 동이십오일 목포 동이십육일 이리 동이십칠일 조치원 동이십팔일 공주 동이십구일 청주 동삼십일 천안 오월일일 수원 이일삼일사일 경성(사일ᄭ지 삼일간) 동오일 용산 동육일 영등포 동칠일 인천 동팔일 철원 동구일 원산 동십일 함흥 동십일일(휴식) 동십이일 개성 동십삼일 사리원 동십사일 황주 동십오일 겸이포(兼二浦) 동십육일 평양 동십칠일 진남포 동십팔일 정주 동십구일 신의주 동이십일 의주 동이십일일 안동현

매일신보 독자위안회

매일 22.04.02 (3) 흥행취체규칙 실시 / 사일부터 실시의 흥힝 취톄규측 / 변ᄉᄂ 면허증이 업스면 안 된다

경긔도 흥힝쟝과 밋 흥힝취톄규측은 오는 사월 사일부로 도령(道令)으로 공포되며 그 날브터 실시하기로 되얏는대, 본측상으로브터 흥힝쟝이라 하는 것은 극쟝 활동사진 상설관, 연예쟝과 밋 관람쟝(觀覽場)은 업지만은 쟝뢰 될는지도 몰으깃는대 지금은 업스며 ᄯ라서 본측도 긔설 흥힝상에 관한 것이 쥬쟝인 모양이다. 그러서 본 도닉에서 흥힝을 하고자 하는 자는 첫지는 흥힝자의 쥬쇼, 씨명, 년령과 둘지는 흥힝의 쟝쇼와 세지는

흥힝의 종별, 예뎨, 각본과 ᄯ는 설명서, 활동사진에 잇서서는 휘이룸의 검열증과 넷지는 흥힝의 긔간에 하로 안에 흥힝 회수와 그 기폐 시ᄀ이며, 다섯지는 닉디인 측의 것임으로 략하고, 여섯지는 흥힝 종목이 뎐긔와 ᄉ회 약류기리 쪽 발음을 사용하는 ᄌᆡ는 그 설비의 밋 사용법이며, 일곱지는 영리를 목뎍지 안는 흥힝인 ᄌᆡ는 그 쥐지 목뎍과 돈 것우는 집금 쳐분의 방법과 밋 슈지기산셔와, 여덜지는 비우의 감찰과, 아홉지는 가설 흥힝쟝에서 하는 흥힝은 그 구죠설비와 흥힝쟝 이외의 긔설 건물을 사용하는 자는 그 가설 흥힝 주위와 그 안을 그린 략도(略圖)와 밋 관긱 뎡원 ᄯ는

설비의 대요 등을 ᄌ셰히 긔록하야 쇽한 경찰셔쟝에게 쳥원하야 허가를 밧는 것은 ᄌ로히 하고 죵닉와 변하지 안엇는대, 그 뎨십륙됴에서 활동사진의 흥힝은 경긔도뎡의 검열을 치른 휘이룸과 밋 설명셔에 인한 것이 안이면 흥힝치 못하는 것은 지금ᄭ지 쇼할 경찰셔에서 검열하야 온 것을 경긔도뎡과 경찰부 보안과에서 하기로 된 바 이것이 변한 것이오. ᄯ 휘이룸 검열은 흥힝자가 주쇼 씨명 뎨목의 일홈과 휘이룸의 제죠한 곳과 휘이룸의 기리와 밋 권수가 ᄌ셰한 설명셔를 정부(正副) 두 가지를 뎨츌하면 도주 무과에서 검열한 후 지장이 업다고 인뎡하는 ᄌᆡ는

휘이룸 검열셔와 및 셜명셔의 졍본에 놀인만 후 이를 츌원ᄌ에게 하부하는 터이며 활동사진을 셜명하는 변사도 이번에 시로히 본젹, 주쇼, 씨명, 년령과 밋 리력셔를 만드러 경긔도텽에 원츌하야 면허장을 밧고 셜명홀 쎄는 언의 쎄던지 이것을 가지々 안으면 안 되겟스며, 쏘 흥힝 시간에 관한 졔한은 아참브터 밤 열두시々지로 하고 흥힝 활동사진은 네시간, 기타 흥힝은 아홉시간 이상이나 흥힝하는 일은 안 되겟스며, 쏘 갓흔 놀에 두번 흥힝하는 쎄는 흥힝이 맛친 후 혼시간 이상을 지닉지 안으면 그 다음 흥힝을 못하게 하는 규뎡이더라.

매일 22.04.02 (4) [흑 / 백]
▲ 지는 이십구일 밤 시닉 단셩사 일등셕에셔 참 별꼴을 다 보앗셔요. 졀문 사람들이 술 잘 먹엇스면 그대로 쇠이지 안코 구경을 왓스면 그대로 안졋거나, 별별 잡쇼리를 다 하면셔 부인셕을 보고 젼후 못된 욕셜과 잡담을 하는 것을 보고 들엇지만은, 흥힝 취례규측이 싱기는 이 쎄에 쏙 경치기 알맛던걸요. (목도생(目睹生))

매일 22.04.02 (4) 〈광고〉
사월 일일브터 삼일々지 삼일간 사진젼부교환
실사 **나이이라 폭포수** 젼일권
희극 **마록의 철포(馬鹿의 鐵砲)** 젼이권
미국 도라이안풀 회사 작
인졍활극 **젼진(戰塵)** 젼오권
미국 메도루 회사 특작
인졍극 **(夢)의 소로메** 젼칠권
차주(次週)브터 가경기괴(可驚奇怪)의 신연속사진 래(來)
경셩 수은동
단셩사 젼화 구오구번

동아 22.04.03 (1), 22.04.04 (1) [특별광고]
동아일보 발기 재외 동포 위문회(젼조선 순회 환등영사 대강연회) 4월 2일자와 동일

매일 22.04.03 (4), 22.04.05 (4), 22.04.07 (4), 22.04.08 (3), 22.04.10 (4), 22.04.12 (1), 22.04.13 (3), 22.04.14 (4), 22.04.15 (3), 22.04.16 (4) 〈광고〉

단성사 4월 2일자와 동일

동아 22.04.05 (3) 극문회(劇文會) 창립

조선의 연극을 개량하고자 동경 일본대학(日本大學)에서 연극을 공부하든 최승일(崔承一)군 외 여러 청년이 극문회(劇文會)를 조직하야 사무소를 사직동 일백팔십칠번디에 두고 사업을 진행 중인대, 목뎍은 동서연극의 연구 시연(試演)과 가무 연극에 대한 강연과 연극에 대한 잡지 발행이라더라.

매일 22.04.05 (1), 22.04.06 (1), 22.04.08 (1), 22.04.09 (1), 22.04.10 (1), 22.04.11 (1), 22.04.14 (1), 22.04.14 (1) 〈광고〉

매일신보 독자위안회 4월 2일자와 동일

매일 22.04.05 (3) 흥행쥬와 관객 단속 / 규측에 위반하면 빅원 이하의 벌금 쏘는 구류 과료에 쳐훈다

경긔도 흥힝쟝과 밋 흥힝취례규측이 수일브터 발표훈 것은 작보에 게지하엿거니와 사일브터 발표하드러도 실시는 오일브터 하기로 쟉뎡 연긔되엿다는대 흥힝즁인 활동사진 기타 흥힝의 죵별에 인하야 극쟝니를 암흑케 훌 필요가 잇는 씨는 흥힝쥬가 관긱의 얼골을 알어보기 쉬울 만한 뎡도 불멸등(不滅燈)을 켜지 안으면 안 되겟고, 쏘 극쟝 안은 쳥결을 쥬쟝삼아 변쇼에는 시々로 방취제(防臭劑)를 산포하고 다른 설비 쏘는 쥬위를 명령하는 바, 첫지는 휴게 시간은 챵, 기타

문을 열어노코 바롬과 볏을 드릴 일과, 흥힝을 맛친 씨마다 쟝내 소졔를 훌 일이오, 비상구 기타 문은 용이히 기방하도록 쟝치하고 비상구와 밋 통로 쏘는 쥬위의 보안터에 위험 쏘는 쟝히가 될 물건을 두지 말 일과 비상구와 밋 쇼화젼, 쇼화긔가 잇는 곳에는 뎍당히 표시를 하고 밤에는 붉은 등을 켜게 훌 일과, 명의의 여하는 물론하고 허가 업시 요힝의 방법을 쓰고 쏘는 예뎨(藝題)를 속여셔 하는 것과 기타 사긔뎍 방법으로 관긱을 유인치 못훌 일이오. 뎡원 외에 긱을 입쟝치 못훌 일과, 관긱을 무대 쏘는 악긔 잇는 곳에 드러가게 하고 쏘는 비우나 변사를 긱셕에 안지 못하게 훌지며, 림검 경찰관리가

각본 쏘는 설명셔, 비우 감찰을 보여달나고 하는 쎄는 직시 응죵홀 것이며, 화토와 담비 지트리 및 기타 화지의 원인 될 념녀가 잇는 물품은 흥힝을 맛친 후 불긔가 업게 하야 둘 일이며, 근쳐이나 동일흔 부면내에셔 불이 는 것을 알거던 직시 관긕에게 알녀줄 일이오. 기타 경찰셔의 특히 명령하는 사항이라 하면 또 흥힝쥬는 흥힝즁 관긕이 보기 쉬운 쳐쇼에 긱이 주수홀 수항과 입쟝료, 기타 관긕의 부담홀 금익 등을 게시흔 것은 물론이오. 매양 흥힝의 한시간 이닉에셔 오분 이상의 휴게 시간을 둘 일과 남녀의 긱셕을 각각 엄즁히 구별하고 동반하야 오는 남녀에 대하야는 특히

가족셕을 베풀지 안으면 안 될 일이다. 그 다음에 쟝녀에셔는 일반에 아러와 갓흔 각 항을 주의하고 쥰슈치 안으면 안 된다. 첫지는 쇼리를 놉혀 이약이를 하야 쎠들고 쏘는 외람히 쟉구 일어스며 기타 다른 사롬에게 미안케 하며 쏘는 방히하는 힝위을 하지 못홀 일과, 둘지는 음악대 잇는 곳에 츌입하고 무대에 올나스며 쏘는 기연즁 하나 밋지[33]를 비회치 못홀 일과 셰지는 활동사진 흥힝쟝에셔는 남녀 가족셕의 구별을 쥰수홀 일이라는대, 만약 이에 위반하고 쏘는 공안 풍쇽을 문란하는 쎄는 림쟝경찰관이 퇴쟝을 명령하기로 되얏다. 그러셔 본측의 벌측으로는

흥힝쟝의 건셜샹에는 구죠샹 흥힝에 관한 츌월, 공안 풍속을 방히하는 흥힝, 미검열 흥힝, 검열셔를 반랍하지 안은 자, 면허증의 하부를 밧지 안은 자, 면허증의 무계 힝위, 흥힝쥬가 의무를 쥰슈하지 안는 쎄나 쏘는 위반한 경우와 밋 쟝녀 규명의 위반자 혹은 규명에 의하야 즐겨하지 안는자, 무고히 검소 혹은 림감을 항거하거나 방히하는 자 등은 빅환 이상의 벌금 혹은 구류나 과료에 쳐한다는대, 특히 흥힝쟝의 건셜자 혹은 흥힝 허가를 밧은 자는 그 대리인 가죡 고인 기타 죵업원이 본측을 위반하면 자긔가 지휘하지 안음이라던가 자긔가 잇지 안엇슴으로 아지를 못하얏하는 등의 리유로셔 본측의

쳐벌을 면하지는 못혼다 하며, 최후로 활동사진 설명에 죵사하는 자로셔 본측 시힝 후 다시 그 업을 계속 하라하는 자는 본측을 시힝한 날로브터 삼십일 이닉로 당텽에 츌원하야 면허를 밧지 안으면 안 된다는 바, 변사는 오는 사월 삼십일꺼지 수속을 리힝하야 면허증을 밧어야만 한다더라.

---

33) 일본어로 하나미치(花道)는 일본 가부키 극장에서 추가적으로 쓰이는 무대이다. 하나미치는 극장 뒤쪽 중심에서 왼쪽으로 길게, 돋우어 올려져 있다. 관람석을 가로질러 중앙 무대까지 연결된 통로 형태로 되어 있어 배우들이 드나들 때 사용한다.

매일 22.04.06 (3) 조선데[34] 평화박람회 데이회장에

평화박람회 됴션협찬회(朝鮮 協贊會) 주최하에 오는 팔일에 평화박람회 데이회장 안에서 동양 활동사진을 중심으로 하야 됴션데—를 홀 예뎡인대, 당일 동양 활동사진관의 영사는 오젼브터 밤ᄭ지는 단슌흔 됴션 사진을 영ᄉ하는대 그 사진은 금강산의 실경과 기성들의 무도 그타[35] 풍경 산업 교육샹터의 실디를 영사하고 관ᄂᆡ에는 총독부와 밋 본ᄉ 모집의 됴션 션면 『쏘스—』를 진렬하야 당일 입쟝에 대하야 됴션 소졍이며 그림엽셔를 쥬고 ᄯᅩ 됴션관에서는 일원 이샹의 물품을 사는 자에게는 됴션단밤(甘栗)을 션샤로 쥬며 됴션 식당에서는 그림 엽셔를 일반 손님에게 한 쟝식을 난우어 주는 등 그 외에도 여러가지 여흥이 잇슬 터이라더라.

매일 22.04.06 (3) 조선극문회(朝鮮劇文會) 창립

됴션에 연극다운 연극이 업슴을 유감으로 싱각하든 여러 쳥년이 극문회(劇文會)를 죠직하야 사무쇼를 사직동 일빅팔십칠번디에 두고 사업을 진힝중인대 목뎍은 동셔 연극의 연구 시연(試演)과 가무 연극에 대한 강연과 연극에 대한 잡지 발힝을 한다더라.

동아 22.04.07 (4) 위생 선전 활동사진

삼월 이십사일 전남도 위생과의 활동사진대가 내담(來潭)하야 동일(同日) 하오 칠시부터 영사를 시(始)하는 일방으로 백(白) 군수, 태전(太田) 경찰서장, 본군(本郡) 청년회 위원장 한기열(韓琦烈) 제씨의 위생에 대한 간절한 강연은 청중 천여의 환영을 수(受)하얏더라. (담양)

매일 22.04.08 (4) 경북도(慶北道) 문화선전

경상북도 사회과에서는 팔일브터 십삼일ᄭ지 육일간 봉화, 영주 양군(兩郡) 관내에 문화선전 활동사진을 영사홀 예정인대 기 일할(其 日割)은 여좌(如左). (대구)
사월 팔일 봉화군 상운면(祥雲面), 구일 봉성면 원둔리(鳳城面 遠屯里), 십일 내성면 사저리(乃城面 渺底里), 十日[36] 영주군 부석면(浮石面), 십이일 영주 읍내, 십삼일 평

---

34) 조선의 날(조선 Day)
35) '기타'의 오식
36) '十一日'의 오식

은리(平恩里)

동아 22.04.09 (3) 광고 자동차가 아해를 치어 소동

작일 오후 두시경에 단성사 광고 자동차가 뒤를 이어 종로통으로 광고를 쑤리면서 가다가 종로 재판소 압을 지나 갈 째에 시내 당주동 일백오십삼번디 량희의 댱남 진교운(唐珠洞 梁姬 長男 陳交雲)이라는 아해가 광고를 어드려고 압헤 가는 일백이십삼호 자동차에 덤비엇스나 광고지를 엇지 못하얏슴으로 그 다음에 오는 일백이십이호에 매여 달니엇다가 한참동안 쓸녀가서 응덩이를 상하얏슴으로 즉시 그 근처 종로병원(鐘路病院)에 입원식히어 응급으로 주사를 식히엇는데, 별로 중상이 아님으로 즉시 그 아해의 집으로 다려다 주엇다더라.

매일 22.04.10 (4) 경북 위생선전 영사

경상북도 사회과에셔는 팔일브터 십삼일까지 육일간 봉화, 영주 양군에셔 문화선전 활동사진을 영사하고 경(更)히 계속하야 십오일브터 이십일일ᄭ지 청송군 각면을 선전홀 예정인대 차(此)에 겸하야 경북 경찰부 위생과 주최로 위생활동사진을 동시에 영사하야 위생의 사상을 고취코져 혼다더라. (대구)

매일 22.04.11 (3) 횡빈(橫濱)[37] 극장 전소 / 손히 ᄉ십여만원

지나간 구일 오후 셰시 사십분에 횡빈극장(橫濱劇場)에셔 불이 나셔 함박 타셔 바렷다는대 손히는 사십만원에 달하얏다 하며 원인은 아직 미상이라더라. (횡빈)

동아 22.04.13 (3) 〈광고〉

송욱제천화(松旭齋天華)양 일행 내도(來到)
래(來) 십오일부터 오일간 (일요일 주야 이회)
낭자군 육십명의 분투하는 것슬 쏙 보시오
－－－ 연제(演題) －－－
◎ 대가극(大歌劇) ◎ 대마기술(大魔奇術) 수번(數番) ◎ 단스(역광선 응용)

---

37) 요코하마

◎ 대모험곡예 ◎ 양악 대합주 급(及) 독창
경성 영락정 일정목 (상품진열관 전(前)) 중앙관

매일 22.04.13 (3) 경화권번 연주회 / 십오일브터 단성사

오난 십오일브터 삼일 동안을 부니 단성사(團成社)에서 경화권번(京和券番) 기싱이 출연홀 터인대, 주미잇는 가무가 만을 것은 물론이고 뎨일 흥미가 진々하야 보는 스룸에게 무한흔 유쾌를 줄 것은 불텰주야하고 비운 신출귀몰흔 괴술(奇術) 마슐(魔術) 외 여러가지로셔 흔다 하며 후원으로 각 권번 기싱이 다슈 출연흔다더라.

동아 22.04.14 (1) 〈광고〉

평안극장 건물 매각 광고
一, 건평 구십평
一, 일천인 집회 가능
一, 회당, 회관, 집회소로 사용하기 적의(適宜)함
우(右)를 염가로 매각함
평양부 전향리(展鄕里) 육사번지
최정서(崔鼎瑞) 백

동아 22.04.14 (3) 〈광고〉

중앙관(송욱재천화 일행) 4월 13일자와 동일

매일 22.04.14 (3) 본사 활동사진을 / 제등(齊藤)총독이 특히 관람 / 이번 본사에셔 만든 활동사진을 총독 관뎌에셔 영사한다고

본사에셔는 이번에 독즈 여러분을 위안키 위하야 특별히 본소 주최로 전됴션 슌회 활동스진을 영사흔다 흠은 임의 본지의 사고로 널니 보도된 바와 굿거니와, 십오일부터 각디로 슌회하며 여러가지 활동사진을 영사홀 터인 바 십삼일 하오 여덜시에 사진 즁 뎨일 자미잇시 만든 애의극(愛의 極)이라는 사진을 총독 관뎌에셔 영사흔다는대 당일은 지등총독ᄭᆞ지 림셕하야 관람하기로 되얏는대 오는 십오일은 부산 디방으로 가셔 동디 국계관(國際館)에서 주야 이회로 난우어셔 활동사진을 영사하고 그 잇흔날 즉 십륙일에는 마산도좌(馬山都座)에셔 밤에 영사홀 예뎡이더라.

매일 22.04.15 (1) 〈광고〉

송욱제천화(松旭齊天華)양 일행 래도(來到)

래 십오일부터 오일간 (일요일 주야 이회)

낭자군 육십명의

분투하는 것을 꼭 보시오

연제(演題)

● 대가극(大歌劇) ● 대마기술(大魔奇術) 수번(數番) ● 단스(역광선(逆光線) 응용)

● 대모험 곡예 ● 양악대합주 급(及) 독창

경성 영락정(永樂町) 일정목(상품진열관 전(前)) 중앙관

▲ 송죽제천화 일행 공연 광고

매일 22.04.15 (3) 본사 사진영사 야(夜)에 / 총독부부 기타 국과장 등의 삼빅 관람 곡이 비상히 칭찬 / 금일브터 전조선 순회영사

각쳐에셔 열광뎍으로 바라고 기다리는 본사의 독자 위안 죠션슌회 활동사진은 금 십오일브터 부산 국제관(釜山 國際館)에셔브터 시작하야 졈차 슌셔에 의하야 각쳐에셔 영소케 되얏다. 이 사진의 니용은 본지 사고에 대강 쇼기훈 바임으로 일반이 긔억홀 바이어니와 이 사진은 본사에셔 특이 챵작훈 것이요 이번에 처음으로

공기 영사하는 것인 바, 목하 동경에서 기최중인 평화박람회의 실황과 본사 수원 팔도류당(八島柳堂)씨의 걸작 『이의 극』(愛의 極)이란 사진은 관람자로 하야금 가히 감동의 눈물을 흘리지 안이치 못홀 사회극을 위시하야 기타 영국 황터자 면하의 실사, 서양극, 활극, 희극 등과 금강산과 기타 됴션에 유명혼 명승디를 비경으로 하고 촬영혼 것인대 십삼일 왜성대 총독관뎌에서 봉절 영사(封切映寫) 하얏섯슬 찌에 총독부々々를 위시하야 견미국 츈츄원 각 국과장, 고등관의 부々, 영양, 영식 등 삼빅 명으로브터 희락과

이가 겸견혼 감동한 갈치가 만이 잇섯는 바 이로브터 각 디방에셔 다대한 인샹을 셋치는 동시에 공전의 대환영을 밧을 것은 물언 가샹이더라.

매일 22.04.15 (3) 〈광고〉
오날 전조선순회 활동사진회
주야 이회 – 부산 국제관에셔
십육일야(夜) 일회 마산 도좌(都座)에셔
회비불요(會費不要)

동아 22.04.16 (4) 〈광고〉
평안극장 매각 광고 4월 14일자와 동일

매일 22.04.16 (2) 〈광고〉
중앙관 4월 15일자와 동일

매일 22.04.16 (3) 〈광고〉
오날
전조선순회 활동사진회
야(夜) 일회 – 마산 도좌에셔
십칠일야 일회 대구 대구좌에셔
회비불요

매일 22.04.17 (3) 아사(我社) 독자위안 활동사진 대회 / 부산 초일(初日)의 대성황 / 삼천의 관람긱이 뎡각 전브터 됴수 밀듯호 미증유의 뒤성황

본사 쥬최의 독자위안 슌회활동사진대회(本社主催 巡廻活動寫眞大會)는 예뎡한 일뎡과 갓치 십오일 오후 한시브터와 동 오후 일곱시브터 주야 이회에 분하야 부산 안본뎡(釜山 岸本町) 활동수진 상설관 국제관(國際館)에셔 쳐음으로 기최하얏는대 신문지의 쇼긔로도 임의 일반의 인긔를 박동케 되얏는대 이놀 아참에 자동차로 션뎐디를 다슈히 산포하얏슴으로

부산 시민의 인긔는 일층 열광뎍으로 화올얏다. 본사와 경성일보사의 쳥홍긔는 츈풍의 나부기여 양々혼 의긔를 발휘하는 중에 관긱은 뎡각 전에 국제관 근변으로 모혀들어 인산인히가 되야 어셔 밧비 기관되기를 희망하는대, 위션에 쇼학교 싱도 이쳔여 명을 입장케 하고 다음에 관긱 동업하야 삼쳔여명에 달하얏는대 극장에는 립츄의 여디가 업시 대만원으로 시쟉되얏는 바, 쳐음에 본수 부산지국장의 간단호 기회사가 잇슨 후

본사에셔 신속히 근사혼 영국 황태자 뎐하의 횡빈어착[38]의 장엄한 광경과 경성 등 불원과의 실

▲ 매일신보 부산 독자위안 활동사진대회

황과 기타 인졍극, 활극, 희극 등을 일일이 영사하얏는대 박수가릭의 환영 소릭는 국제관이 문허지는 듯 굉장하얏고 밤 열시 삼십분에 폐회하얏다더라. (부산)

매일 22.04.17 (3) 김소랑 일행의 연쇄활동사진 / 십팔일브터 단셩사에셔 쳐음 기막

모든 신파가 다각기 련쇄활동사진을 박엿지만은 유독 김쇼랑 일파는 실연으로 하야

---

38) 요코하마 도착

오다가 이번에 김쇼랑 군은 슈천여원의 돈을 드려 참신한 활동사진을 박혀 일전에 완성되얏슴으로 지금 기성 연주회 맛치는 그 잇흔놀 십팔일 밤브터 단성사에서 쳐음으로 샹장한다는대, 실수로는 쳐음 보는 것으로만 박여셔 동물원과 탑골공원 안의 실황과 기외 공중에 날은 비힝긔이며 정극으로도 막막이 박인 스진으로 흥힝혼다는 바, 이 사진 박기는 사진 잘 박는 본사 활동사진 박은 기사가 특히 박인 것이 되야 참으로 볼 만하고도 선명혼 품이 셔양 활동사진과 손익이 업다하며 고대 쇼셜 춘향가 연극을 기방하야 활동사진을 박이엿다는 것이 특쇠인대 전북 남원셔 치르던 광경도 자못 장관이라더라.

매일 22.04.17 (3) 〈광고〉
오날 전조선순회 활동사진회
야 일회 – 대구 대구좌에셔
십팔일야 일회 김천 김천좌에셔
회비불요

동아 22.04.18 (3) 천화(天華) 일행 흥행
녀자 마술가로 유명한 텬화 양(天華孃) 일행이 경성에 온 것을 긔회로 지나간 십오일부터 시내 중앙관(中央舘)에서 마술과 가극을 개연하는 중인대, 텬화 양의 마술은 일즉이 경성에서도 여러 번 흥행이 잇섯슴으로 구경한 사람들은 다 아는 바어니와 이번에는 마술 외에 찬란하게 차린 어엽분 녀자대의 가극이 매우 번화하고 흥미가 만타는 바, 십구일 밤까지 흥행한다더라.

매일 22.04.18 (3) 영(英)태자의 휘이롬 전소(全燒) / 일본셔논 믜우 미안혼 일이 쏘 싱기얏다
뎨국호텔의 화지로 인하여 영국의 『마데스쑤』쇼좌의 박인 영국 황퇴즈 뎐하에 관혼 활동사진 휘이룸이 젼부 타셔 바린 것은 더욱 안 된 일이오. 면목이 업시 되얏다더라.

매일 22.04.18 (3) 〈광고〉
오날 전조선순회 활동사진회
야 일회 – 김천 김천좌에셔

십구일야 일회 대전 대전극장에셔
회비불요

금 사월 십팔일브터 개연
교육, 인정극의 선구자
사화(謝化), 가정극의 신개척
연쇄극 취성좌 김소랑 일행
구연(口演)
금번에는 각처 유명훈 산하를 배경삼어셔 조화적 연극을 연쇄로 촬영훈 것이옵고 기타 실사도 장관이외다
경성부 수은동
단성사 전화 본국(本局) 구오구번

동아 22.04.19 (4) 〈광고〉
사월 십팔일부터 개연(開演)
교육인정극 선구자
조화(調化)가정극 신개척
연쇄극 취성좌 김소랑 일행
금번에는 각처 유명한 산하를 배경 삼아서 조화적 연극을 연쇄로 촬영한 것이옵고
기타 실사도 출＊(出＊)이외다
경성 수은동
단성사 전화 본국 구오구번

매일 22.04.19 (3) 〈광고〉
오날 전조선순회 활동사진회
야 일회 – 대전 대전극장에셔
이십일 야 일회 강경 대정관에서
회비불요

매일 22.04.19 (4) 전주서 대선전 / 강화와 활동사진

전주경찰서의 주최로 거(去) 십오일 오후 육시브터 전주좌에서 위생, 교통, 화재예방의 삼대 선전 강화 급(及) 활동사진회를 개최하얏는대, 관람은 일반에 무료이며 당야(當夜) 시민측에서도 차(此)를 후원하야 일선(日鮮) 유지씨(有志氏)가 다수희 출석 강연하야 파(頗)히 성황을 정(呈)하얏더라. (전주)

매일 22.04.19 (4) 대구 군(軍) 교육 위생극

대구 재향군인분회 우(又) 대구 교육회 주최로 당지(當地) 각 신문사의 후원 하에 군인사상의 함양(涵養), 동험(動儉), 저축심(貯蓄心)의 양성 급(及) 기타에 관하야 십팔일부터 사일간 당지(當地) 대구좌에서 매일 오후 칠시부터 군사교육위생극 개최더라. (대구)

동아 22.04.20 (3), 22.04.21 (3), 22.04.23 (4), 22.04.24 (2), 22.04.25 (4) 〈광고〉

단성사 4월 19일자와 동일

동아 22.04.20 (3) 〈광고〉

남녀 연예부원 모집
래(來)하라!! 민중예술에 희생자가 될 분이여!
남 만 십팔세 이상 삼십세까지
녀 만 십육세 이상 이십오세까지
(학력) 중등 정도 이상의 품행 방정한 자로 모집함
一, 모집에 응하는 분은 좌기(左記) 주소로 본인 내담(來談)하시오
(단, 오전 십일시부터 오후 오시까지)
一, 응모자의 기능에 의하야 매월 사십원 이상 일백이십원의 생활비를 지급함
경성부 사직동 일팔구
극문회(劇文會) 창립 사무소 내 연예부 백(白)
규(叫)하라 !! 신극운동의 신기원의 건설되기를!

매일 22.04.20 (3) 아사(我社) 독자위안 활동사진 대회 / 관중의 심각호 인상 / 초저녁브터 셩황을 극호 대구 독쟈 위안 순회 활동사진 대회

본사 주최 전션인 독자 위안의 활동사진대회(讀者慰安 巡廻 活動寫眞大會)는 부산 마산(釜山 馬山) 등디의 위안을 마치고 지는 십칠일에 우리 대구에 잇는 이독쟈 졔씨를 위안코자 오후 일곱시부터 당디 대구좌(大邱座)에셔 뎨 삼회의 막을 열게 되얏다. 임의 지면으로 쇼기호 바와 갓치 대구에셔는 미신경일(每申 京日)을 구분하야 주야 이회홀 예정이얏스나 장쇼의 관계와 기타 여러가지 사정에 인하야 두 신문의 독자를 한쩌번에 관람식히게 되얏다. 당일 아참부터 미신 경일 량지국(每申 京日 兩 支局)에셔는 시너 독자 졔위에게

초대권과 광고지를 비부하야 수천명의 독자는 오후 여섯시 되기를 일각이 삼츄갓치 기다리다가 뎡각이 되자 됴슈갓치 모혀드는 독자 졔씨는 압셔기를 닷토아 살도하야 광활혼 상하층 극장에 입츄의 여디가 업시 대만원을 일우엇다. 이윽고 좌々본 경일지국쟝(左左本 京日支局長), 김 미신지국총무(金 每申支局 總務)로브터 각각 독자에 대하야 긔회사를 겸하야 간절한 례사가 잇신 후 텬디가 진동하는 듯한

박수성리에셔 첫 막이 열이여 리왕직 동물원(李王職 動物園)이 낫다나고[39] 막이 밧귀여 수막의 우슘거리의 사진이 영사되야 장너는 졸져에 우슘판으로 변하얏고 다시 막이 밧귀여 영황티자 횡빈 상륙(英皇太子 橫賓 上陸)과 동경어착(東京御着)의 광경이 나오미 만쟝의 관긱은 그 신속히 촬영하얏슴에 놀나 박수갈치셩은 뇌셩벽력이 나는 듯 하야 본사의 긔민호 활동을 탄복하고 그 다음 평화박람회 됴션관(朝鮮館)이 차례로 영화되어 수천 관중에게 무한한 인상을 쥬고 밤 열한시에 공젼의 셩황으로 폐회되얏더라. (대구)

매일 22.04.20 (3) 〈광고〉

오날 전조선순회 활동사진회
야(夜) 일회 – 강경 대정관에셔
이십일일야(夜) 일회 정읍 소학교에셔
회비불요

---

39) '낫타나고'의 오식

래(來)하라!! 민중예술에 희생자가 될 분이여!!

남: 만십팔세 이상 삼십세ᄭᅡ지

녀: 만십육세 이상 이십오세ᄭᅡ지

(학력) 중등 정도 이상의 품행방정훈 자로 모집홈

남녀 연예부원 모집

一. 모집에 응하ᄂᆞᆫ 분은 좌기(左記) 주소로 본인 내담(來談)하시오. (단, 매일 오전 십일시브터~오후 육시ᄭᅡ지)

一. 응모자의 기능에 의하야 매월 사십원 이상 일백이십원의 생활비를 지급함.

경성부 사직동 일팔칠번지

극문회(劇文會) 창립 사무소 내 연예부 백(白)

규(叫)하라!! 신극 운동에 신기원의 건설 되기를!!

매일 22.04.20 (4), 22.04.22 (4) 〈광고〉

단성사 4월 18일자와 동일

동아 22.04.21 (3) [모임] 종로청년회 환동 강연회

금 이십일 일 하오 팔시에 환등강연회를 연다는대, 입장은 무료.

매일 22.04.21 (3) 〈광고〉

오날 전조선순회 활동사진회

야(夜) 일회 – 정읍 소학교에셔

이십이일 야 일회 전주극장에셔

회비불요

매일 22.04.22 (3) 〈광고〉

오날 전조선순회 활동사진회

야(夜) 일회 – 전주극장에셔

이십삼일 야(夜) 일회 군산 군산좌에셔

회비불요

래(來)하라!! 민중예술에 희생자가 될 분이여!!

女い 만십육세 이상 이십오세ꞏ지

(학력) 중등 정도 이상의 품행방정훈 자로 모집홈

여자 연예부원 모집

一. 응모자의 기능에 사(使)하야 매일 사십원 이상 일백이십원의 생활비를 지급함.

一. 모집에 응하는 분은 좌기(左記) 주소로 본인 내담(來談)하시오. (단, 매일 오전 십일시브터~오후 육시ꞏ지)

경성부 사직동 일팔칠번지

극문회(劇文會) 창립 사무소 내 연예부 백(白)

규(叫)하라!! 신극 운동에 신기원의 건설 되기를!!

동아 22.04.23 (3) 형설(螢雪)의 이역(異域), 해항(海港)에서 / 남녀 이십일명의 연예단 입경 / 그립든 고국에 온 그들의 깃붐

멀니 정다운 고국을 떠나 바람 차고 눈보라 심하고 풍랑 만흔 「시베아」 긔 한쪽에서 만흔 한숨과 만흔 눈물을 흘니며 언제나 한번 고국 쌍을 밟아볼가하고 밤낫으로 기다리고 고대하든 해삼위(海蔘威)[40]에 잇든 텬도교 청년회(天道敎 靑年會)에서는 남녀 이십일명이 각각 자긔의 배운 기술로써 연예단(演藝團)을 조직하야 가지고 지나간 십사일에 해삼위를 떠나 십팔일에 원산(元山)에 도착하야 잇흘동안 자미잇는 연극과 음악과 무도로써 만흔 환영을 밧고 재작 이십일일 오후 일곱시 이십오분에 남대문 착 경원선 렬차로 무사히 입경하얏는대, 일행 중에는 조선을 처음 온 이가 십여명이며 그들은 순전한 로서아 교육을 밧아

언어 힝동이 모다 로서아 식으로 되야 조선말을 아지 못하는 이가 만히 잇다는대, 그들의 얼골에는 고국의 산천을 대하매 무한한 감개를 늣기는 듯한 빗이 보이며 더구나 꼉장한 남대문을 바라보고는 이곳이 우리 조상들의 활동하든 곳이구나 하고 슯흠을 먹음는 듯한 빗이 보이엇다. 일행은 텬도교회와 개벽사(開闢社)에서 나온 여러 유지의 환영을 밧고 임의 예비하얏든 자동차로 호해여관(湖海旅舘) 뎐동여관(典洞旅舘)으로 향하얏다더라.

---

40) 블라디보스톡

이십오일부터 개연 / 텬도교당 안에서 음악 무도와 연극

해삼위 텬도교 청년회 연예단이 드러왓다함은 별항과 갓거니와 일행은 작년에 왔든 일행보다도 오히려 그 기술이 낫다하며 그 일행 중에는 로국 본국에 가서 무도와 음악을 전문한 사람도 잇고 방금 해삼위에서 음악교수로 잇든 이도 잇다는대, 오는 이십오 일부터 량일간 경운동 텬도교당에서 개연한다더라.

동아 22.04.23 (3) 과학 활동사진회!

시내 훈정동 이번디에 잇는 육영 강습소(薰井洞 育英 講習所)에는 현재 학싱이 륙백여 명인대 금 이십삼일 오후 일곱시부터 열한시까지 과학(科學)에 대한 활동사진을 빗칠 터인 바, 내용은 뎐긔 응용(電氣應用) 무선 뎐신 등, 죄 신과학의 실디를 소개하야 학싱에게 과학에 대한 취미를 기르게 할 것인 바, 그 강습소 학싱 외 다른 학싱에게는 이십전식 밧을 터이라고.

매일 22.04.23 (3) 천도교 청년 연예단 / 그 단의 특싴인 연예는 현듸극의 『인싱온 눈물』극이 걸작물

지작 이십일일 밤에 경원선(京元線) 렬차로 일로무양히 남대문역에 도착흔 텬도교 청년회 학생위 연예단(演藝團) 일힝 이십여명은 청년회 본부에서 나아온 슈다흔 청년 이하 여러 사람들의 쓰거운 환영을 밧아가며 임의 본지에서 준비하여 노앗던 자동차 수대에 논호아 탑승하고 뎐물(典物) 호히(湖海) 두 려관으로 도라가게 되얏는대 그들은 모다

히삼위 등디에서 상당한 직업과 밋 학싱의 신분을 가지고 잇는 유위한 사롬들로 그 중에는 흔참 꼿이냐 나뷔냐 혹민흔 녀즈 세 명과 빅발이 성성한 로인까지 한 사람 석기여셔 지는 십사일에 동디를 출발하야 원산(元山)에 도착하여 가지고는 십팔일, 십구일 량일동안을 그 곳 텬도교단 닉에셔 연극을 힝연하야 공전의 대환영을 박득흔 후 다시 경성으로 올나옴인 바 연극으로는 현대 됴션 사회의 일면을 그대로 표현식힌 『인싱은 눈물』이라 하는 팔막물의 극이라 하며 그 외에는 『러시아』무도와 관악, 현악, 성악 등의 음악이 잇다 하미 물론 우리의 상상 이상으로 슝고한 취미와

예슐뎍 가치가 복복히 흐른 것은 명확한 일이며 그 단원 중에 대긔는 동디에서 성장하야 특히 단장되는 이는 세상 밧게 나온 후 삼십사년이 되도록 됴션을 구경흔 젹이 업다하고, 그 외에도 됴션을 쩌는 지 가장 오러되지 안엇다는 사롬이 겨우 칠 팔년이

라 하나, 두 사람을 예호 외에는 됴션말을 무던히 아는 모양이다.

教育을 目的하고 / 회관서지 건稱차로 이번에 써나 왓다고 / 단장 한용헌 씨 담

그런대 특히 그 단장되는 이는 한슉치 못한 도선어로 거긔에 대하야 말하되 『그 곳에 거쥬하는 일반 됴션인의 현금 스샹계를 말하자면 교육열 이외에는 다시 아모 것도 업슴니다. 그리하야 우리 동지 몃 스람이 됴션 너디에 게신 동포 형뎨자미들의 짜뜻한 동정을 엇어 동디의 교육사업과 밋 청년 회관 건축 등을 목뎍하고 유의한 삼츈을 긔약하야 거연히 써는 것이올시다. 처음 고국 풍토를 대하는 감상이야 말로 무어라 표정하기가 어려우며 오즉 여러분 특히 귀사의 쓰거운 환영은 감격에 못견대는 바이외다. 아즉 예뎡 슌셔는 미뎡이오나 이로브터 됴션 안에 유슈한 도회디는 모다 슌회홀 싱각임니다』하고 말을 맛치는대 단원의 씨명은 다음과 갓더라. (생략)

매일 22.04.23 (3) [만리경(萬里鏡)]

됴션에는 됴션인의 연극쟝 혼아가 업서々 설움을 촉촉이 밧어가면서라도 돈은 돈대로 쥬고 연극을 하야 온 것은 삼십만 시민 산다는 대도회 대경셩으론

▲ 적지 안은 슈치이엿다. 무엇이던지 일소일물간에 셔로 대뎍되는 경징자가 싱기여 연예게 활동사진계를 실디로 혁명을 식혀 나아가는 것이 즉 연예계 정신이라 홀 만하다. ▲ 이제야 소동과 동편 건너편에 됴션인의 연극쟝 집이 싱기게 되야 역사를 시쟉하야 오십일 쟉명으로 준공혼단 말이 잇다. 인제는 연극장 집이 업셔 흥힝치 못하고 한만 품엇던 흥힝계는 ▲ 이로브터 대활긔가 가득하야 그 구차홈과 아니꼬움을 눈에 보지 안코 우리 됴션만의 숀으로 만든 극쟝에셔 활보로 좀 젼도를 기척하며 혁명을 하게 되얏다. ▲ 그런대 소동 황원균군의 극장은 유명혼 활동사진을 영사하야 슈의를 차지코져 하며 동관 건너편 윤교중군의 중앙극장은 됴션 자틱의 구연극을 이왕 원각사 모양으로 혼 판을 칠이고, 구 연극을 다시 잘 회복하려는 쥬의라 혼다. 너무나 감축.

매일 22.04.23 (3) 〈광고〉

본관(本館) 특별 대흥행
래(來) 이십구일부터 오일간
매일 오후 육시 개연 동 구시써지

입장권 발매

본관 초유의 대연예단 상연

대마기술(大魔奇術) 대가극 무용 기타

송욱제천화(松旭齊天華) 래(來)

천화 일행 육십여명의 대일좌(大一座)

이십구일 초일(初日) 연예 순서

○ 무용 ○ 소기술(小奇術) 정가극(正歌劇) ○ 독창

○ 골계 ○ 평민적 마기술(馬奇術) ○ 대모험 곡예

○ 골계영어(英語) ○ 대마술 아랏비야 궁전

경성 수은동 전화 본국 五九九[41] 단성사

매일 22.04.24 (3) 중앙극장 기공

윤교즁(尹敎重)씨의 명의로 작년도에 건축허가를 맛흔 즁왕극쟝은 그간 시셰에 의하야 연타되엇던 바 금번에 제반 쥰비가 완료되얏슴으로 샹사 등 긔디 닉에 잇는 장목젼이 철거하는 대로 곳 착수하야 장파되기 젼에 확셩되게 홀 예뎡이더라.

매일 22.04.24 (3), 22.04.25 (3) 〈광고〉

단성사 4월 23일자와 동일

매일 22.04.24 (3) 〈광고〉

오날 전조선순회 활동사진회

야(夜) 일회 — 광주극장에셔

이십오일 야 일회 목포극장에셔

회비불요

매일 22.04.26(8) 〈광고〉

어귀선봉영(御歸鮮奉迎)

경성 창덕궁 입구

---

41) '구오구'의 오식

모범적 활동사진 영사

단성사 전화 본국 구오구번

경성 무산정(貿傘町) 삼정목

조선구극 원조 광무대 박승필

동아 22.04.27 (4) 〈광고〉

본사 특별 대흥행

래(來) 이십구일부터 오월 사일까지 매일 오후 육시 개연 십이시까지

본사 초유의 대연예단 상연

대마기술(大魔奇術) 가극 무도(舞踏) 기타

송욱제천화(松旭齋天華) 래(來)

천화 일행 육십여명의 대일좌(大一座)

이십구일 초일 연예 순서

◎ 무도 ◎ 소기술(小奇術) 정(正)가극 ◎ 독창 ◎ 골계 ◎ 평민적 마기술 ◎ 대모험
곡예 ◎ 골계영화(英話) ◎ 대마술 아라비아 궁전

경성 수은동

전화 구오구 단성사

동아 22.04.28 (3) 〈광고〉

활동사진 무료 관람

七二ワ 석감(石鹼)[42](돈표 비누) 한 개의 빈 갑을 가지고 오시면 우미관 구경을 거저
하심내다

七二ワ 석감 우량 선전일

**동아 22.04.28 (4), 22.04.29 (4), 22.04.30 (4), 22.05.02 (1), 22.05.03 (4),
22.05.04 (1), 22.05.05 (4) 〈광고〉**

단성사 4월 27일자와 동일

---

42) 비누와 같은 말.

동아 22.04.29 (3) 통영 청년활동 / 금년에 재차 계획

경상남도 통영청년단(統營靑年團)에서는 교육 사상을 선전하며 그 수입 금익으로 실비를 제한 외에는 그 디방의 교육 긔관에 긔부할 목뎍으로 활동사진대(活動寫眞隊)를 조직하야 뎨일회로 작년 오월부터 구월까지의 사오개월 동안을 각처로 순회하얏슴은 아즉도 일반의 긔억이 사라지지 아니하얏는대, 금년에 뎨이회 순회를 시작하기로 하고 지금부터 준비에 분주한 중이라는 바, 작년에도 불가튼 더위를 무릅쓰고 교육 사업을 위하야 만흔 고초를 당하엿스며 각 디방에서 사진을 영사할 째마다 무단히 당국의 질시를 바듬이 만튼 그들이 그 곤난과 핍박을 무릅쓰고 다시 뎨이회 순회를 계획한다함은 매우 깃분 소식이며 금번에는 특별히 교육사상이 비교뎍 잘 보급되지 못한 산간 벽디로 순회할 예뎡이오, 사진도 전부 새로운 것을 사용하게 되리라더라. (통영)

매일 22.04.29 (3) 백우(白羽)선녀극 공연 / 동경 가무극에셔

동경 가무극협회(東京 歌舞劇協會)에셔는 오날브터 이일간 경셩 극쟝(京城劇場)에셔 미일 오후 여섯시브터 본사원 팔도류당(八島柳堂)씨의 창작인 빅우선녀(白羽仙女)란 각본으로 신극과 가극을 흥힝홀 터인대 관람료는 특등 이원, 일등 일원 오십젼, 이등 일원, 삼등 오십전인대, 미일 오후 한시브터는 시니 각 쇼학교와 녀학교의 학싱을 위하야 기연홀 터인대, 쇼학교 싱도에게는 십젼, 고등녀학교 싱도에는 이십젼 관람료를 밧는다더라.

매일 22.04.29 (4) 〈광고〉

단성사 4월 18일자와 동일

매일 22.04.30 (1) 〈광고〉

본관 특별 대흥행
래(來) 이십구일부터 오월 사일까지
매일 오후 육시 개연 십이시까지
본관 초유의 대(大) 연예단 상연
대마기술(大魔奇術) 대가극 무용 기타
송욱제천화(松旭齊天華) 래(來)

천화 일행 육십여명의 대일좌(大一座)

이십구일(廿九日) 초일(初日) 연예 순서

무용, 소기술(小奇術) 정가극(正歌劇), 독창

골계, 평민적 마기술(馬奇術), 대모험 곡예

골계영어, 대마술 아랏비야 궁전

경성 수은동

전화 본국 구오구 단성사

매일 22.04.30 (3) 촬영용허(撮影容許)의 어특전(御特典) / 리왕뎐하씌셔는 특히 진 렴하시와 각 신문사에 박히게

이번에 리왕셰자 뎐하 등 비뎐하와 밋 진뎐하의 귀셩에 대하야 보도 긔관인 본사에셔는 삼뎐하의 동횡에 대하야 상셰히 보도하고 십흔 욕망을 가지고 여러가지로 진력하여 오는 중이나 황송한 마음을 금하기 어렵더니 삼뎐하씌셔 이십륙일 남대문역 도착되셧슬 씨에 본사 사진반을 위시하야 각 소의 사진반이 촬영하려고 하미 삼뎐하씌셔는

평민뎍의 긔분을 가지시고 힝보를 멈으르신 후 촬영케 하야 일반이 모다 오히려 두려웁게 싱각하얏스며 쏘 삼뎐하씌셔 귀셩하시기 전에 왕뎐하씌셔는 본사에셔 이번에 식장 쏘는 원유회에 쓰실 궁뎐을 촬영하고져 하미 각 신문사에도 용허하사 일제히 촬영케 하셧더니 작 이십구일 오젼 아홉시에 왕뎐하 왕셰자 뎐하 동비 뎐하께셔 종묘에셔 묘현의 의식이 잇슬 새 최초에는 근시자로부터 종묘의 신문(神門) 안에 드러와셔 촬영홈은 불가하다 하얏던 것인대 총독부

활동사진반이 촬영을 하고져 하미 왕뎐하씌셔는 원러 사진에 취미를 두시는 바이지마는 이번에 그와 갓흔 중대훈 의식과 막중훈 종묘에 드러와셔 촬영케 허락하심은 실로 황량한 바이며 근시자도 심히 놀나웁게 싱각한다고 하더라.

동아 22.05.01 (3) [모임] 석조 탄강 축하 활동사진회

래 사일 하오 팔시부터 장곡 청년 불교대회 회관에서 활동사진회를 개최한다는대, 입장은 무료라고.

매일 22.05.01 (4), 22.05.02 (4), 22.05.03 (4), 22.05.05 (4) 〈광고〉

단성사 4월 30일자와 동일

동아 22.05.02 (4) 한용(漢勇) 청년 영사대회

인천 한용청년회 주최와 조선일보 인천지국, 동아일보 인천지국, 미신(米信)친목회, 개벽 인천지사 연합 후원으로 오월 일일로부터 삼일간 매야(每夜) 칠시 반부터 시내 연정(演町) 가무기좌에서 활동사진대회를 개최하는 바, 사진은 전부 태서(泰西)에서 유명한 걸작으로만 선택 영사할 터이라 하며 입장권은 백권(白券) 일원, 청권(靑券) 칠십전, 적권(赤券) 오십전으로 하야 기(其) 수입으로는 실비를 제한 외에는 해회(該會) 활동부 사업비에 충용할 터이라더라. (인천)

매일 22.05.02 (3) 혁신단 미거(美擧)

됴선 연예계의 혁신아 고 림셩구(林聖九)군이 설립하야 사회에 다대흔 공헌을 하던 혁신단 일힝은 그 아오되는 림용구(林容九)의 령솔하에 각디로 슌회힝연하다가 금회 슈원에 도착하야 본일ᄭ지 닷새 동안을 자미스러운 예뎨로 힝연하던 중 특히 보러온 당디 상업강습쇼(商業講習所)를 위하야 그 하로밤 수입을 긔부하기로 작뎡하고 힝연한 바, 관람 인즁이 다수히 와셔 극장이 좁아 거의 빈틈이 업는 대성황을 일우엇다더라. (슈원)

매일 22.05.03 (3) 본지 애독자 위안 / 활동사진대회ᄂ 단성사에 / 오월 오일 주야간 사진대회 / 본지 이독자 제씨를 위하야

본사가 만련하 독자 졔씨를 위하야 이번에 독쟈위안활동사진대회를 긔최하고 여러분을 하로 동안 위안하야 드릴 작뎡으로 일만 천여원의 거대흔 금익을 앗기지 안코 닉디에 유명흔 활동사진 촬영기사를 쵸빙하야다가 아모죠록 보시기 죠흔 것으로만 틱하야 박히엿는대 대뎨 사진이 선명하고 비경이 슈려한 즁에 특히 사회극『이의 극』젼 다섯권이 뎨일 볼만흔
비극인 바 쟝쳑들이오. 이번 영국 황티즈 뎐하쎄셔 일본에 오시기ᄭ지 또는 긔거 동경의 일졀과 젼시민의 봉영하ᄂ 실황을 쳘뎌히 박힌 것이며 동경에 평화박람회가 지금 열니여 잇지만은 실로 가셔보지 못하ᄂ 니ᄂ 젼경 실황 등을 다 박인 그것을 편안히 안져셔 다 볼 수가 잇다 하겟스며, 이외에 희극과 활극 등 여러가지 활동사진이 만허

셔 일젼브터 이독자 졔씨에게 입쟝권을 비부하야 드렷논대, 만도의 인사는 열광뎍으로 이 대회를 환영, 고대하며 본소에 주문이 답지하는 대셩황이올시다. 그고 전 묘션 각디로 단이며 슌회 흥힝을 하야 도쳐에 이독조를 위하야 공기하야 드리고 다대한 환영을 밧엇슴니다만은, 오는 오월 오일브터는 경셩의 독조졔씨를 위하야 특히 몃군데에셔 공기하겟는대, 오일 주야는 단셩소에셔 낫에 두번, 밤에 한번, 주야 삼회를 영소하야 만족하게 보여드리고져 하는 바, 임의 본지를 구독하시는 양반에게는 관람권을 돌녀드리얏지만은 그의 구경코자 하시는 이는 반드시 이 대회에 한번 참셕하야 쳐음 활동소진을 구경하시는 것도 본지의 광영일가 홈니다.

매일 22.05.03 (3) 〈광고〉
독자위안 활동사진 대회
오월 오일
주간 이회　자(自)　오전 십일시 지(至) 오후 이시ᄭ지
　　　　　　자　　오후 삼시 지(至) 동(同) 육시ᄭ지
야간 이회　자(自)　오후 칠시 지(至) 십일시ᄭ지
(주의) 입장무료 단(但) 하족료(下足料) 일인(一人) 금 오전을 밧슴니다.
단성사

매일 22.05.04 (3) 〈광고〉
독자위안활동사진대회 5월 3일자와 동일

매일 22.05.05 (3) 미술적(美術的)의 극장 / 사동에 식극장 / 삼층의 미술뎍 극쟝
지금 경셩 인사동에 이젼 연흥소 자리에 황원균(黃元均)군의 경영으로 짓는 활동소진관은 쥰공긔가 대략 칠일이면 완셩되여 가지고 즉시 쳐음으로 대동권번 기성이 츌연하기로 작뎡되얏다는대, 그 연극쟝의 셜계는 조못 미슐뎍으로 삼층의 대건물을 만들고 삼층에다 승강긔(昇降機)를 만들어셔 노코, 삼층에는 전문의 양료리 셕다뎜을 베풀고 삼십분 동안 휴식 시간에 그 승강긔로 오륙인식 타여셔 올나가 먹게 한다 하며, 전용 조동차 두 대를 비치하고 일등 특동[43]표 산 사람을 틔여 온다 하며, 사진

---

43) '특등'의 오식

은 유니바살 회사의 지정 특약을 하고 우수한 사진을 고가로 쳐셔 영화계에 일홈을 엇을 작명으로 만반 준비가 진힝된다는대, 이것이 준공되는 쌔는 실로 경성에 한낫 미관을 일우리라더라.

매일 22.05.05 (3) 금일 주야 단성사에 / 아사(我社) 독자위안 활동사진대회 / 시간전에 일즉이 단성샤로 오셔々 활동사진을 보시오

수만독자의 숀곱아 기다리던 본지 이독조 위안 활동사진대회는 비로쇼 오날브터 시니 동구안 단성ㅅ(團成社)에셔 열리게 되얏다. 못지 안이하고 사진의 선명홈과 니용의 풍부홈은 긔위 평판이 놉흔 바이오. 쏘흔 고샹한 예슐뎍 취미와 우리 사회의 반면을 고대로 모사한 극이 즁에 더구나 독자 제씨의 활안에 세계의 문화뎍 진샹을 축제하야 흔 곳에 모하노은 평화

박람회의 실황과 인간의 유익한 힝운아 영국 황티즈의 티묘 실황ᄭ지 절묘하게 영사한 쟝척들과 긔타의 희극, 활계극 등 수집종이 포홈되얏스미 소진의 빗쬐임을 ᄯ라 얼마나 한 열광의 환영을 밧을런지는 이제 시삼스러히 탐치 아니하여도 츄측홀 일이며 특히 됴션 활동사진계에 일류 변사인 김덕경(金德景) 우뎡식(禹定植) 양군이 특의의 셜명을 홀 터인 즉 더욱 취미무쌍흔 것은 무의한 비라 하겟다. 당일 사진 영화는 삼회로 눈호아, 오젼 열흔 시브터 오후 두시ᄭ지 일회, 오후 셰시브터 동 여섯시ᄭ지 이회

밤 일곱시 브터 열한시ᄭ지로, 분할야홀 터인대 별로히 입쟝료금은 업스나 하족료 오젼식은 반다시 잇으며 되도록은 시간 전으로 일즉이 와셔 만원으로 인하여 입장 사졀을 당하지 안음이라 하겟더라.

매일 22.05.06 (3) 〈광고〉

오월 육일브터 팔일ᄭ지 삼일간 특별대흥행 공개

신연속 대사진 래(來)

세계명우 위이룸-단 외씨(外氏) 주연

대분투 대활극 가인복수(佳人復讐) 십오편 삼십일권

(주의) 매일 십권식 파천황(破天荒)으로 영사하야 종편(終篇)을 곳막고 다시 와셔 잇는 신연속 사진을 영사하겟기 선이영백(先以迎白)홈

(기타 희극 실사 각 이권식)

국활만선(國活滿鮮) 특약

모범활동사진 단성사 전화 본국 구오구번

동아 22.05.07 (4) 한용 영사회 속보

기보와 여(如)히 인천 한용청년회 주최 조선일보 인천지국, 동아일보 인천지국, 개벽 인천지사, 미신친목회 연합 후원으로 거(去) 일일부터 시내 가무기좌에서 삼일까지 활동사진 대회를 개최 중 해회 사업비에 대한 기부금이 다액(多額)에 달한 바 씨명과 금액은 여좌(如左) (기부금 명부 생략)

매일 22.05.07 (4), 22.05.08 (4) 〈광고〉

단성사 5월 6일자와 동일

동아 22.05.08 (2) 일인(日人) 활동배우 / 손해배상 기소

일본인 활동배우 「조천설류(早川雪柳)」는 「콜」 활동사진회사에 대하야 突約[44] 위반 건으로 구만이천불의 손해배상 청구소송을 제기하얏는대, 동인(同人)은 일회 삼만불로 모집하는대, 영화를 작제(作製)할 약속으로 동 회사에 피＊(被＊)되얏던 바, 이 종(二種)의 영화를 제작하고 사만불의 지불을 수(受)한 후 해고를 당한 자라더라 (론싼겔쓰[45] 사일 발)

매일 22.05.08 (3) 〈광고〉

금(今) 팔일 − 인천 가무기좌(歌舞技座)에셔

독자위안활동사진대회

명(明) 구일 − 개성 개성극장에셔

동아 22.05.09 (3) 〈광고〉

금 구일부터 개연

신촬영 연쇄극 이대연극 상장

---

44) '契約(계약)'의 오식이다

45) 로스엔젤레스

예제

一, 두견화 전칠막 삼십팔장

一, 이역(異域) 전육막 이십구장

기타 실사 각종

배경은 교외의 춘색(春色)과 산하 ＊ ＊

연쇄극 취성좌 김소랑 일행

수은동 단성사 전화(본) 구오구번

매일 22.05.09 (3) 〈광고〉

오늘 독자위안활동사진대회

야(夜) 일회 – 개성극장에서

명(明) 십일 야(夜) 일회 사리원 욱좌(旭座)에셔

회비불요

매일 22.05.09 (3) 김소랑 일행 개연 / 새로 쏘 박힌 사진

신파 취셩좌 김쇼랑(金小浪) 일힝은 이번에 시로히 『무계화』(無開花)와 『이역』이라는 쇼셜을 활동사진으로 박혀셔 금 구일 밤브터 단셩사에셔 일주일간 특별흥힝을 한다 눈대, 이번 새로 박힌 스진은 져번 사진과 달너셔 미우 장척으로 박여셔 즈못 볼만하 다하며 식자는 문밧 볼 경치를 텬연셕으로 박여셔 관람즈에 졔공흔다 하며, 사진의 션명과 쇼셜의 내용이 자못 취미 진々하야 볼만흔 가치가 잇다더라.

매일 22.05.09 (4) 〈광고〉

동아일보 5월 9일자 단셩사 광고와 동일

매일 22.05.09 (3) 〈광고〉

오늘 독자위안활동사진대회

야(夜) 일회 – 사리원 욱좌(旭座)에셔

명(明) 십일 야(夜) 일회 황주(黃州) 소학교에셔

회비불요

동아 22.05.10 (3), 22.05.11 (1), 22.05.13 (1), 22.05.14 (4) 〈광고〉
단성사 5월 9일자와 동일

동아 22.05.11 (4) 저금 장려 활동사진
식산(殖産)은행 대전지점에서는 금월 십일일 오후 팔시부터 대전좌에서 저금 장려 활동사진을 영사한다는대, 입장은 무료라더라. (대전)

매일 22.05.11 (2), 22.05.12 (4), 22.05.13 (4), 22.05.14 (4) 〈광고〉
단성사 5월 9일자와 동일

매일 22.05.11 (3) 황금관 동화극 / 됴션의 녯 이약이 됴세 간 내이는 것
지난 말일브터 시니 황금뎡 황금관(黃金館)에셔는 주야 이회로 길뎐초봉(吉田楚峯)씨의 져작흔 됴션 동화(朝鮮 童話) 을희의사자(乙姬之使者)라는 가극을 상연하야 비상흔 환영을 밧앗다는대, 이 동화는 옛적에 토끼의 경주하야 이긴 거북이 그 공젹으로 용궁왕의게 수랑을 밧아 대신이 되어 마암이 퍽 교만하게 되얏는대, 그 째의 맛참 궁졍의 을희가 슉병으로 인하야 약셕이 무효로 회춘될 길이 망연하미, 거북 대신은 토기의 근을 먹이면 낫겟다 하고 조긔가 나아가셔 토기를 유인하야 용궁으로 다리고 간 됴션 녯 니야기 동화극인대, 미인들이 고기비늘 돗친 의상을 입고 출연하여 청아한 노리를 홈은 일층 예슐뎍이라 하겟고, 그 음악의 작곡자는 경성고등녀학교 ヽ유대장용지죠(大場勇之助) 씨라더라.

매일 22.05.11 (3) 〈광고〉
오날 독자위안활동사진대회
야(夜) 일회 – 황주 소학교에셔
명(明) 십일일 야(夜) 일회 겸이포(兼二浦) 겸이포좌에셔
회비불요

동아 22.05.12 (3) 통영활동대 / 이십일 경에 발뎡
경상남도 통영청년단(統營靑年團)에서는 그 단의 지육부(智育部) 사업으로 림시 활동사진대(臨時 活動寫眞隊)를 조직하야 작년 여름에 뎨일회로 전선 각처로 순회하고

금년에 다시 뎨이회로

산간벽디(山間僻地)까지 순회하기로 하야 목하 그 준비에 분망한 중이라 함은 본보에 임의 보도한 바어니와 금년에는 사진을 전부 교환하야 새로 사왓다는대, 그 사진은 전부 교육과 산업과 위성에 관한 것으로 실로 취미가 진진한 것이라 하며 그들은 오월 중순에 통영을 출발하야 처음에는 통영군의 각면(統營郡 各面)을 순회한 후 계속하야 다음에 긔록한 디방을 뎨이회 뎨일차(第二回 第一次)로 순회하고

뎨이차로 순회할 디방은 계속 발표하리라 하며 이번에 순회할 디방의 일자는 선발대(先發隊)가 가서 교정한다 하며 관람료로 수입되는 금전은 작년과 가치 실비를 제한 후에는 전부 그 디방 교육긔관에 보조한다더라.

순회 예정지 순서 (제일차) 통영 통영군 각면 고성 사천 삼천포 남해 하동 광양 순천 벌교 보성 장흥 강진 영암 영산포 나주 광주 담양 장성 정읍 이리 전주 임실 남원 운봉(雲峯) 함양 거창 협천(陝川) 삼가(三嘉) 의령 함안 창원 밀양 청도 경산 영천 경주 울산 언양 양산 동래 김해

매일 22.05.12 (3) 〈광고〉

오날 독자위안활동사진대회

야(夜) 일회 – 겸이포 겸이포좌에서

명 십삼일 야 일회 평양 가무기좌에셔

회비불요

동아 22.05.15 (3) [모임] 불교 선전 활동사진회

금 십오일 하오 열시부터 조선 불교대회 주최로 장곡천뎡 그 회관에서 활동사진회를 개최한다는대 회원은 무료로 입장식한다고.

동아 22.05.15 (4) 〈광고〉

오월 십삼일부터 전부 사진 교환

금(今) 본사의 대변천

특약은 대정 영화주식회사

기일(期日)은 일회 교환 오일간 사진은 매회 연속 부절(不絕)

대변천 광초차(廣初次) 흥행

이태리 정부 촬영반 영화

실사 **해상의 낭수(狼狩)** 전일권

해설자 오태선군

미국 홀막크사 작

희극 **데부군의 처** 전일권

해설자 우정식군

미국 콜도웡사 영화

작자 벤아메위리암씨

사회극 **대양의 귀(大洋의 鬼)** 전칠권

해설자 최종대 김덕경군

미국 세린크 회사 영화

연속활극 **미로의 비밀** 五十篇[46] 삼십권 내 제일회 전육권 상장

해설자 이병조 서상호군

경성 수은동

단성사 전화(본) 구오구번

동아 22.05.16 (1), 22.05.17 (1), 22.05.19 (4) 〈광고〉

단성사 5월 15일자와 동일

매일 22.05.16 (3) 평양의 독자위안회 / 뎡각젼브터 만원의 대셩황 / 평양인수의 열광덕 환호셩

본사와 경성일보사의 주최 독자위안활동사진대회(慰安活動寫眞大會)가 지는 십삼일에 평양 가무긔좌에서 영사한다는 쇼문이 나자 평양 전 시민은 손곱아 긔다리던 중에, 이 날은 예뎡과 갓치 오후 한시와 동 칠시에 두번을 영사하기로 하얏는대, 아참브터 비가 나리여 미우 걱졍이엿스나 흔시경브터는 졈々 기이게 되야 뒤를 니어 들어오는 관람자는 어느덧 만원의 셩황을 일우엇스며 길원(吉原)씨의 인사로 비롯하야 뎨일회의 위안회는 막이 열이여 박수와 갈치의 가운데 무사히 맛치엇스며, 오후 칠

---

46) '十五篇'의 오식이다

시의 데이회의 영수는 뎡각 젼브터 압흘 닷호아 드리밀니는 관즁은 제원이 밋쳐 인
도홀 여가이 업도록 혼잡하야 극장 문 압혜는 입장치 못하야 도라가는 사룸의 슈흅
을 역시 헤일슈가 업셧스며 쟝니의 샹하칭에는 무론 무대 뒤와 악대실(樂隊室), 변사
셕까지 갓쪽 갓득 드려안고 문 밧게셔는 여젼히 슈쳔의 관즁이 밀니여 막어 닷칠 써
지지 혼잡한 상퇴로 실로 젼에 업는 독자위안회는 무사히 맛치엇스나, 마즈막에는
부득이 만원이란 표를 니여 붓치고 입장을 사졀홈에 대하야는 미우 미안하얏더라.
(평양)

매일 22.05.16 (3) 〈광고〉

동아일보 단성사 5월 15일자 광고와 동일[47]

매일 22.05.18 (3) 각 극장 휴업 / 봉도의 쯧으로

작 십칠일은 고 리진 뎐하의 어장의를 거힝하는 놀임으로 시니에는 가가호호에 됴긔
(弔旗)를 셰우고 봉도하는 마음을 표하는 바 이 눌 밤에 시니 각 극쟝(劇場) 활동사진
관과 가곡을 물론하고 일졀 흥힝을 휴업하얏스며 각 료리집에는 가무를 금지하야 봉
도하는 쯧을 표하얏더라.

매일 22.05.18 (4), 22.05.19 (4) 〈광고〉

단성사 5월 16일자와 동일

매일 22.05.19 (3) 세자전하 활동사진 / 오는 이십수일 오후 네 시브터 총독부에

총독부에셔는 오는 이십사일 오후 네 시부터 총독 뎨이 회의실에셔 왕셰자 뎐하 어
일힝의 어귀셩 활동사진을 영수한다더라.

매일 22.05.20 (2) 〈광고〉

오월 십구일브터 사진전부 교환
본사 대변천 후 재차 사진은 하(何)?

---

47) 다만 해상의 낭수 해설자가 동아일보와 달리 오창선(吳昌善)으로 표기되어 있다.

미국 컹그린사 영화

실사 **이국의 앵화(異國의 櫻花)** 전일권

해설자 오태선군

미국 화스드 나쇼날사 영화

희극 **흑인의 하인** 전일권

해설자 최병룡군

미국 골도잉사 영화

작자 베나메 위리암씨

인정극 **쥬비로** 전육권

해설자 최종대, 김덕경 양군

미국 셰린크 회사 영화

작자 위리암 왕구씨

연속대활극 **미로의 비밀** 전십오편 삼십권내

제일회 사, 오, 육편 전육권 상장

제사편 복수의 성(聲) 제오편 사(死)의 추구 제육편 증오의 인(印)

주역 후란시스 화남씨 가론 호도워양 공연(共演)

해설자 우정식, 이병조 양군

대정활영회사 일수특약활영

단성사 전화 본국 구오구번

매일 22.05.20 (3) 한남기생 연주회 / 금일 밤브터 우미관

년례를 쌀아 한남권번에셔는 츈긔 온습대회를 금 이십일 밤브터 관텰동 우미관에셔 열혜 동안을 두고 흥힝을 한댜는대, 이번에는 특히 구운몽, 춘향가 등 연의는 폐지하고 그 외 력사극이라는 각본으로 썩 자미잇도록 긔연하야 환영을 밧고져 달포 동안을 연습하엿다는대, 가무 등도 이왕 것과는 전혀 다르게 하야 기성들의 별々 화극이 다 만타하며, 신구파 명하야 만든 연극도 잇셔셔 자못 볼 만흔 즁에 더욱이 쳐음의 가극이 잇다더라.

동아 22.05.21 (4) 저축 선전 활동사진

강경 식산은행에서는 오월 십일 하오 팔시부터 동 십이시까지 당 은행 운동장에서

저축 선전 활동사진을 흥행하얏는대, 남녀 참관자가 육백여명에 달하야 성황을 정(呈)하얏다더라. (강경)

동아 22.05.21 (4) 〈광고〉
매일신문 5월 20일 단성사 광고와 동일

매일 22.05.21 (4), 22.05.22 (1) 〈광고〉
단성사 5월 20일자와 동일

동아 22.05.22 (1) 〈광고〉
단성사 5월 21일자와 동일

동아 22.05.22 (3) 활동사진의 선전 / 저금을 권유코저
톄신국(遞信局)에서는 저금을 권면키 위하야 여러 가지로 선전을 하든 바, 이번에 동경 톄신셩(東京 遞信省)에서 현상으로 모집한 저금 장려의 활동사진을 가져다가 재작일 오후 여달 시부터 경성「호텔」에서 톄신국의 주최로 시내 각 중등학교 교댱과 각 경찰서댱을 초대하야 영사의 시험을 하얏는대, 그 활동사진은 다섯 종류에 난호아 모다 부지러니 로동하야 근검 저축의 사상을 이르킬만한 각본을 박힌 것이며 금일 밤과 명일 밤의 잇틀은 시내 댱곡 쳔뎡 공회당(長谷 川町 公會堂)에 공개하야 무료로 관람케할 터이며, 이십오 일은 개성(開城)을 비롯하야 서선 디방의 중요한 도회디로 도라다니며 저금 사상을 선전한 후 조선 전도를 차례로 돈다더라.

매일 22.05.22 (3) 저금장려의 활동사진 / 금명일은 공회당 톄신국에셔 공기
뎌금이란 우리 인싱의 독립싱활샹 가히 업지 안이치 못혼 바로 더욱이 우리 동포의 뎌축심이 발양함에는 어대ᄭᅡ지뎌든지 뎌금 장려(貯金 奬勵)를 선뎐홀 여디가 잇다. 그럼으로 이번에 톄신국에셔는 뎌금 쟝려하기 위하여 활동ᄉᆞ진대와 환등긔계를 사다가 오는 이십이일 오후 일곱시 반부터 경성을 위시하야 견션 주요훈 곳을 슌회하면셔 대대뎍으로 우편 뎌금의 장려를 하기로 되얏는대 더구나 톄신국에셔 이와 갓치 뎌금 쟝려하기 위하야 활동사진을
사용함은 이번이 최초의 시험인 ᄭᅡ닭에 쟝려 계원은 지는 일 이후 긔계의 쓰는 것과

샤진의 설명 등에 대하야 열심히 연구한 결과 쟉금에 니르러 쥰비가 완성되어 공기하는 놀에는 반다시 공즁의 대환영을 바들 예상으로 『휘림』도 만히 잇는 즁 뎌금극(貯金劇)인 산즁의 형데(山中의 兄弟) 젼이권은 톄신셩 현샹모집의 일등 당션된 사진으로 내디 각디에서도 다대한 호평을 어덧스며, 쏘 만화(漫畵) 즁에 합뎜뎍병위(合点的兵衛) 젼이권도 요졀홀 만흔 우슴거리를 싱각하난 동시에 뎌금에 필요한 씨다를 만한 취미 잇는 것도 잇스며, 이외에도 뎌금의 쟝려라는 만화도 잇고 교육영화의 『비닭이와 기암이』 『기암이와 귀도맘이』 『디구』 『동물게』 『우슴거리』등 쳐음 보는 사진이 만흔데 경셩은 물론이오, 디방 각디에서난 예샹 이외의 인긔를 어들 터인대, 이십일 오후 일곱시부터는 남산뎡 경셩 『호텔』에 잇는 각 신문, 통신, 잡지, 긔ᄌ단과 교육 관게자와 기타 빅수십 명을 초귀하야 시사회(試寫會)를 힝하야 극히 셩황 즁에 산회하얏스며 뎨일회의 쟝려계는 좌긔 일명에 의하야 슌회 강연을 혼다하며 입장은 무료이라더라

경셩(공회당) 오일 이십이일 이십삼일 ▲ 긔셩(긔셩좌) 이십오일 ▲ 히쥬(셰옥좌) 이십칠일 이십팔일 ▲ 겸이포(극장) 삼십일 삼십일일 ▲ 평양 유월 일일 이일 ▲ 진남포(항좌) 삼일 ▲ 의쥬(공회당) 오일 ▲ 신의쥬 육일 (믜일밤 일곱시 반브터)

매일 22.05.22 (4) 대구 체육선전영사

대구시민체육에 관한 공설운동장 설＊에 대하야 비상한 노력과 불소(不少)한 금력(金力)을 요하는 바 당국에서도 고려하는 바이어니와 부민(府民) 일반도 후원치 안이하면 목적에 달(達)하기 난(難)한지라. 대구교육회 주최로 체육선전활동사진대회를 대구 젼뎡(田町) 대숑관에서 십팔일로부터 이십일ᄭ지 삼일간 개최하야 관광과로 기금을 충(充)홀 계획이라더라. (대구)

동아 22.05.23 (4) 〈광고〉

오월 이십사일부터 사진 전부 차환
일기는 더웁고 낙화(洛花)함내다
＊충(＊虫)은 꼿을 차즈며 울기도 함내다. 녹음방초(綠陰芳草)의 산천 경개도 졷커니와 예술 중개 ＊관샹(＊關上) 단셩사 구경도 졷치요?
대정활영 주식회사 촬영
실사 **기부와 나라(岐阜**[48])**과 奈良**[49]) **풍경** 젼일권

미국 화스트내쇼날 회사 영화

희극 **공중의 미인** 전삼권

미국 메도로사 영화

작자 작크, 론돈씨

사회비극 **해상의 웅성(雄聲)** 전육권

주역 이제두 루이스씨 연(演)

해설자 김덕경 최종대 최병룡 오태선 사군(四君)

점점 가경(佳境)에 지(至)한 연속

미국 세린구사 영화

작자 위리암 왱구씨

연속활극 **미로의 비밀** 전십오편 내 제삼회 칠, 팔, 구편 육권 상장

제칠편 사의 영(死의 影) 제팔편 ＊건(＊健)한 용기 제구편 회색의 운명

주역 푸란시스 화남씨 카론 호－웨양 공연(共演)

해설자 서상호 이병조 우정식 삼군

대정활영회사 일수특약 활영

단성사 전화(본) 구오구번

동아 22.05.24 (1), 22.05.25 (1), 22.05.26 (4), 22.05.27 (4), 22.05.28 (1) 〈광고〉
단성사 5월 23일자와 동일

매일 22.05.24 (4) 〈광고〉
오월 이십사일부터 사진 전부 차환(差換)
대정활영주식회사 촬영
실사 **기부와 나라(岐阜과 奈良) 풍경** 전일권
미국 화스도 나쇼날사 영화
희극 **공중의 미인** 전이권

---

48) 일본 중서부 지역. 기후
49) 일본 지명. 나라.

미국 에도로사 영화

작자 작크 론돈씨

사회비극 해상의 웅성(雄聲)

주역 이계루 루이스씨 연(演)

해설자 김덕경군 최종대군 최병용군 오태선군

점점 가경(佳境)에 입(入)하는 연속(連續)

미국 셰린크 회사 영화

작자 위리암 왕구씨

연속대활극 미로의 비밀 전십오편 삼십권내

제삼회 칠, 팔, 구편 전육권 상장

제칠편 사의 영(死의 影) 제팔편 강건흔 용기 제구편 회색의 운명

주역 후란시스 화남씨 가론 호도위양 공연(共演)

해설자 서상호, 이병조, 우정식 삼군(三君)

대정활영회사 일수특약활영

단성사 전화 본국 구오구번

매일 22.05.25 (3), 22.05.26 (3), 22.05.27 (4), 22.05.28 (4) 〈광고〉
단성사 5월 24일자와 동일

매일 22.05.26 (3) 저금 선전 시사회 / 작일브터 디방에
금월 이십일 밤에 경성 『호텔』에서 시사회를 기최하고 그 후 계속하야 경성 공회당
에서 데일회의 공기 영사를 힝하야 다대한 성공을 어든 데신국의 뎌금션뎐 활동사진
대는 그 데일회 슌회를 좌긔 각원으로 죠직하야 작 이십오일 오전 열시 반 열차로 북
힝하얏는대 대원은 데신 무소무관 쇼도상셰(小島常世)씨, 데신국 촉탁 좌뎐팔랑(左田
八郎), 데신 셔긔 리뎔죵(李哲鍾), 동 평하일랑(平賀一郎)군이라더라.

**매일 22.05.27 (3) 왕세자 전하의 활동사진 시사 / 총독부 회의실에서 신문긔자
초대**
총독부에셔는 이십오일 오후 네시브터 총독부 데일 회의실에셔 각 신문 통신 긔자
를 초대하야 리왕셰자 동비 량뎐하와 밋 진뎐하끠셔 귀성하실 때에 부산 하륙 당시

봉영의 광경으로브터 텰도 연선의 봉영 광경과 놈대문 역 도착시의 봉영 광경이며 셕죠뎐으로 향하시던 일이며 그 후 근현례로브터 종묘 묘현과 각궁 묘현이며 각종 참비의 당시에 근사한 활동사진을 시샤하얏는대 사진이 미우 졍밀하야 실디 당한 감상이 싱기엿스며 그 다음에 동경에서 기최 중인 평화박룸회의 실사가 잇섯는대 삼뎐하 귀성시의 『휘림』은 금명간으로 곳 동경 리본궁가(梨本宮家)로 봉송하야 골젼의 봉영 광경과 쟝엄혼 의식의 실수를 영화한다더라.

매일 22.05.27 (3) 종두 사진 션젼 / 미신을 타파차로 종두 효력을 션뎐

됴션에는 고러로 미신을 슝샹하는 일이 만이 잇셔 사름의 길흉화복과 우환질고가 전부 미신에서 싱기는 것으로 알여, 금목슈화토와 일월셩신에 모도 자긔를 도와주는 무슨 신령한 귀신이 잇다 하야 집안에 죠고마한 사고가 잇스면 직시 귀신을 위하여 긔도를 하는 악습폐풍이 만은 중에 텬연두(天然痘)에 대하야는 그러한 미신이 일층 심하야 슈십년 이러에 종두(種痘)의 실시로 인하야 텬연두란 것이 한 셰균(細菌)의 뎐염으로 인연되는 일이 분명홈을 불고하고 지금에도 왕々히 텬연두를 『손님마마라』는 귀신이 잇셔 그와 갓치 뎐염을 식히며 인명을 히하는 것으로 알고 미신뎍 힝동을 하는 일이 만이 잇슴으로 총독부에서는 이러한 악습을 털뎌히 금지케 하기 위하야 이번에 약 오천원의 자금을 드리여 종두에 관한 활동수진을 만드러 각 도에 비부하야 각쳐에서 그 수진을 영사하야 일반의 미신을 타파케 하며 일변으로 종두의 판경과 효력을 션뎐키로 하고 지나간 이십사일에 위션 총독부 위생과에셔 그 사진을 시스(試寫)하얏는 바 슈일 니로 각 도에 비부할 터이라더라.

동아 22.05.29 (1) [특별광고] 동아일보 발기 재외동포 위문회 / 전조선 순회 환등영사 대강연회

(본문은 동아 22.03.01 (1) 자 [특별광고] 와 동 아래 일자만 다름.)

호남지방 순강 일정 (차회 추차(追次) 발표)
육월 삼일 목포 오일 지평(砥平) 칠일 나주 팔일 광주 십일 화순 십이일 능주 십삼일 보성 십오일 순천 십칠일 여수 십구일 광양 이십일일 동*(同*) 이십이일 창평(昌平) 이십사일 담양 이십육일 영광 이십칠일 장성 이십팔일 정읍 삼십일 * *
칠월 일일 이리 삼일 전주 오일 군산 칠일 강경 팔일 대전 십일 금산 십이일 수원

제주는 추후 경(更)이 일자를 정하야 발표함

동아 22.05.29 (4) 〈광고〉

오월 이십구일부터 사진 전부 차환

연속사진과 무자막 영화

미국 화스토, 나쇼날 회사 영화

무자막 영화 자연의 용＊＊(用＊＊) 「깁흔, 새음」 전육권

주역 쟈레스－레씨 출연

무자막 영화의 일등(一等) 사선(寫選)니 된 명우(名優) 쟈레스－레씨의 작(作)인 사진
은 여하(如何)?

해설자 김덕경 최종대군

대정활영회사 ＊사(＊寫)

실사 영국 **황태자 전하 봉영(奉迎)** 전일권

미국 세린구 회사 특작

연속활극 **미로의 비밀** 제사회 전 삼십일권 육권 상장

주연 후란시스 화남씨 공연(共演)

제십편 불사의(不思義) 저택 제십일편 파멸의 귀로 제십이편 ?

해설자 이병조 최병룡군

대정활영회사 일수특약활영

단성사 전화(본) 구오구번

매일 22.05.29 (3) 김소랑 기연

됴션 신파 련쇄극 취셩좌 김쇼랑(金小浪) 일힝은 이십사일브터 평양에 와셔 평안극
장에셔 기연하고 예뎨는 미일 변경하며 사진도 션명하야 미우 볼만 하다더라. (평양)

매일 22.05.29 (4) 〈광고〉

금번에는 오월 이십구일부터 사진 전부 차환

연속사진과 무자막 영화

미국 와스토 나소날 회사

무자막 영화 자연의 전원극 『깁흔세음』

주역 아레스-레씨 출연

무자막 영화의 일등 당선(當選)이 된 명우 자데스-테씨의 작(作)혼 사진은 여하(如何)?

해설자 김덕경군 최종대군

미국 셰린크 회사 영화

작자 위리암 왕구씨

연속대활극 미로의 비밀

전십오편 삼십권 내 제 사회 전육권 상장

주역 후란시스 화남씨 가론 호도워양 공연(共演)

제십편 불사의(不思議)의 저택 제십일편 파멸의 철로 제십이편 ?

해설자 이병조군 최병룡군

실사 대정활영회사 근사(謹寫) **영국 황태자 전하 봉영(奉迎)** 전일권

대정활영회사 일수특약활영

단성사 전화 본국 구오구번

동아 22.05.30 (3) 예수 연합청년 전도 순회 강연 / 활동사진을 가추어 래월 오일 출발 예뎡

경성 관수동 사십칠번디(觀水洞)에 잇는 예수교 청년련합회(耶蘇教 靑年會 聯合會)에서는 이번에 전 조선 각 디방을 순회하면서 예수의 복음(福音)과 그 회의 취지(趣旨)를 넓히 선전하기 위하야 전선 순회 활동사진 강연단을 조직하야 가지고 륙월 오일부터 칠월 륙일까지 약 일개월 간 예뎡으로 위선 뎨일대가 다음과 가튼 일자로 강원도, 함경남북도, 경긔도 일부로 순회한다는대, 디방에 잇는 각 예수교회와 남녀청년회에서는 특별한 후원을 하야 주기를 바란다하며 순회할 일자와 연사는 아래와 갓다더라. (순회 일정은 생략)

동아 22.05.30 (4) 천도(天道)청년 활동사진

천도교 함흥청년회에서는 동회에서 경영하는 강습소의 유지책과 *래(*來)학교를 설립할 목적 하에 만일의 조(助)를 득(得)할 계획으로 활동사진을 경영한 바, 오월 십팔일부터 향(向) 이일간 동 회관 구내에서 영사하얏는대 매야(每夜) 만장의 성황을 정(呈)하고 차(且) 유지(有志)의 동정금이 다(多)하얏다더라. (함흥)

동아 22.05.30 (4) 순회활동대 소식

교육선전의 목적으로써 제이회 전조선 순회의 도(途)에 등(登)한 통영청년 임시 활동사진대는 오월 이십사일과 이십오일에 당지 용＊면(龍＊面) ＊＊리(＊＊里)와 위평리(違坪里)에서 영사하얏는대 관객이 매야(每夜) 천여명에 달하야 자못 성황을 이루엇스며 당일에 수입된 금액은 위평강습소 외 수처(數處)에 분배 기탁하얏다더라. (통영)

동아 22.05.30 (4), 22.05.31 (4), 22.06.01 (3), 22.06.02 (4) 〈광고〉

단성사 5월 29일자와 동일

매일 22.05.30 (2), 22.05.31 (4), 22.06.02 (4) 〈광고〉

단성사 5월 29일자와 동일

매일 22.05.31 (3) 위생활동사진 공개 / 경성부에셔 무료로

일긔가 점々 더웁게 됨에 짜라 젼염병이 이곳 져곳에셔 발성하는 이 쌔에 위싱에 가쟝 쥬의하지 안이치 못홀 시긔임으로 경성부 위싱계에셔는 일반 시민에게 위싱사상을 고췌하야 만일의 불힝을 예방하기 위하야 위싱 션전활동사진을 영사홀 터인대 오는 륙월 삼일에 룡산 칠십팔련대를 위시하야 티졍 동경성 우편국 압과 갓흔 넓은 마＊을 리용하야 차례로 션전의 활동사진을 영사한다더라.

동아 22.06.02 (3) 위생 활동사진 / 경성에서 영사

경성부 위싱계(京城府 衛生係)에서는 차차 일긔가 더워지고 면염병이 류행할 쌔가 되얏슴으로 위싱사상을 션뎐키 위하야 위싱 활동사진을 시내 각처에서 영사할 예정인대, 아직 다른 면염병의 발싱은 업스나 초봄 이래로 텬연두 환자가 끈일 사이 업시 발싱함으로 수일 전부터 시내 각 경찰서에 위탁하야 집집에 건강 검사를 하는 중인즉, 그 결과 만일 텬연두 환자가 만히 발견되면 위싱 활동사진을 영사하는 처소에서 종두를 실시할 예정이라더라.

매일 22.06.02 (3) 봉산유원(鳳山遊園)에 연예단 / 대뷔우 줄타는 재조

여름 한철 교외 힝락디로 가히 한 번 쇼창홀 만한 곳은 경룡 부근 봉산유원(鳳山遊園) 밧게 업다. 그런대 륙월 이일브터 삼일 동안은 오젼 열시브터 오후 다섯시ᄭ지

시흥군 이천면 석정리(始興郡 異川面 石井里) 림종운(林鐘雲)의 일힝 중 방년 십일세의 꽂송이 갓흔 녀비우와 십삼세 되는 눕ㅈ 비우는 전긔 봉산유원 닉에셔 데일 관람자의 가삼을 죠리며 취미잇게 보는 쥴타기(網渡)를 하는 대 이번 쥴타기는 보통 광대들이 하는 거와는 대단 미묘한 재죠인 즉 참으로 가볼만 한 즁 더욱 편리한 것은 당일은 그곳에 각식 음식장사들이 잇셔셔 관람ㅈ의 편리를 준다더라.

동아 22.06.03 (1) 〈광고〉
육월 삼일 사진 전부 차환
하기특별 문예 명화대회
최종편 연속사진은! 부득이 차회 상장
미국 화스트나쇼날 회사 영화
사회풍자 **호접(胡蝶)의 잠** 전칠권
주역 아니다스, 짠아−도양 출연
해설자 김덕경 최종대군
대활(大活) 영사
실사 **영국관병식(觀兵式)** 전일권
(오케스도라 주악)
미국 고루도, 우잉 회사 영화
소년성공미담 **휘(輝)의 고아** 전이권
주역 잣구, 빗구화도씨 출연 원명 적군의 기(旗)
해설자 이병조 서상호군
미국 도라나양구루 회사 영화
소극 **비한 위간(飛한 違間)** 전일권
해설자 최병룡군
금번에는 입장료 보통
대정활영회사 일수특약활영
단성사 전화(본) 구오구번

동아 22.06.03 (4) 저금 선전 활동사진
식산은행 김제지점에서는 저금 선전키 위하야 오월 이십오일 오후 팔시부터 동 이십시까지 당지 심상(尋常)소학교 내에서 활동사진을 영사한 바, 남녀 관람자가 약 이천인에 지(至)한 성황을 정(呈)하얏는대, 차(此)의 결과 증가된 저금 구수(口數)는 이백삼십구요, 저금액은 구만이백원이엇더라. (김제)

매일 22.06.03 (3) 쟝미화원의 개방 / 지는 일々 밤브터

민년 이맘 째이면 됴션호텔 안의 쟝미화원(薔薇花園)을 기방하고 밤이면 쇼요 산도 하기에 덕당하던 터로, 본년도 역시 지나간 일々브터 기방하고 입장, 다과, 권갑까지 감하야 오십젼이던 것을 삼십젼으로 하고, 기쟝 시간은 오후 여섯시브터 동 십일시 까지 하고, 슈요 토요일은 특히 활동사진을 영소하며, 경셩악대의 음악도 륙월은 중 토요일 쑨만 흔다 하며, 사진에 대흔 변사의 설명이 잇슬 터이며 쟝미꼿이 지금 한창 퓌여 향긔가 그윽하다더라.

동아 22.06.04 (1), 22.06.05 (4), 22.06.06 (4), 22.06.07 (1), 22.06.08 (4) 〈광고〉

단성사 6월 3일자와 동일

매일 22.06.04 (4) 〈광고〉

동아일보 6월 3일 단성사 광고와 동일

동아 22.06.05 (4) 〈광고〉

육월 오일부터 전부 취환 매일 주야 이회 개관
하기특별 문예명화대회
유니바―사루 고메데
희극 **사자와 열차** 삼권
설명자 전중백룡(田中白龍)
에루포린간씨 주연
연속활극 **연(燃)하는 원반** 사권 제칠편 제팔편
해설자 ＊전수수(＊田秀水)
유니바―사 회사 특작
인정활극 서는 서(西는 西) 전오권

원작 유−지앤만라부로−씨 각색 조루지시−하로−씨 촬영 하리−후오라 씨

감독 이−이−시에−리−씨 주역 하와게리씨

해설자 생＊천뢰(生＊天雷) 남주공리(南洲公利)

대(大)몬로사루스베리씨 역연

＊＊명화 **시의 휘(屍의 輝)** 전오권

원작 조−지스이호두씨 각색 우오루데만얀구씨

감독 우이리아무우오루바도씨 촬영 하리−하리스씨 주역 몬로−사루스베리씨

해설자 석전욱화(石田旭花) 생＊천뢰(生＊天雷)

특별 보통 입장료 계상(階上) 육십전 계하 사십전

양극(洋劇)전문 유사 직영

황금관 전화 이육삼칠번

매일 22.06.05 (4), 22.06.07 (3), 22.06.08 (4), 22.06.12 (4) 〈광고〉

단성사 6월 4일자와 동일

동아 22.06.06 (4), 22.06.07 (1), 22.06.08 (4), 22.06.09 (1) 〈광고〉

황금관 6월 5일자와 동일

매일 22.06.07 (3) 신파단의 말로 / 신뎡에 빗을 지고 갑지 못하야 범죄

종로 오뎡목 일빅일번디의 원홍셩(元弘成)(三十)은 양평군 부용리(楊平郡 芙蓉里) 삼빅륙십사번디의 남상긔(南相基)(二六)와 원놈동 일빅삼십번디의 리슌구(李橓九)(二九) 등 셰명은 경극좌(京劇座)라 칭하는 신파극단(新派劇團)을 죠직하고 경셩과 밋 기셩 방면에서 흥힝즁이던 바 드듸여 실픠를 하고는 음울흔 마음을 위로하기 위하야 신뎡 망월루에 삼기월 동안이나 창러하며 졍신업시 소비한 채금이 젹지 안이홈으로 이를 반환홀 긔약이 업셔셔 근심하던 결과 별안간 악의를 품고 원홍셩(元弘成)의 슉모되는 종로통 소뎡목 소십일번디에 사는 홍보현(洪普賢)의 인감을 위죠하야 치훈셕(蔡勳錫)에게 통졍을 하고 홍보현의 토디를 스긔한 사건은 지는 오일에 공판에 붓치엿슨즉 불원간 공판이 기뎡되리라더라.

동아 22.06.09 (3) 민중극단 개연

윤교중(尹敎重)씨의 민중극단(民衆劇團)에서는 그동안 디방에서 다대한 환영을 밧고 한참동안 단원들이 수양을 하든 바, 이번에 각본의 공부를 맛치고 금일 밤부터 동구 안 단성사(團成社)에서 개연할 터인대, 동단의 배우들은 날로 기술이 숙련하야가며 이번에 상연하는 각본은 매우 흥미잇는 것이라더라.

동아 22.06.09 (3) 〈광고〉

육월 구일부터 오일간

민중극단

예제

윤백남 작 비극 등대직 전이막

윤백남 안(案) 정극 환희 전이막

윤백남 안 희극 주먹이냐 전일막

매일 예제 교환함

수은동 단성사 전화 본국 구오구번

동아 22.06.09 (4) 이기세 일행의 호의

육월 일, 이 양일 야(夜) 신파극 이기세군 일행은 은암리(銀岩里) 유치원을 위하야 당 지(當地)에서 흥행한 결과 다수의 입장료와 기부금을 득(得)하야 기중(其中) 실비를 제한 외에는 전부 동 유치원에 기부하얏다더라. (군산)

매일 22.06.09 (3) 민중극단 흥행

윤교중씨의 무대감독과 안광익군의 좌쟝인 민중극단(民衆劇團)은 그 동안 각 디방에 셔 흥힝하다가 달니 기량을 하야가지고 신파극계에 일홈을 닐일 차로 고심연구한 결 과 여러가지를 새로히 쥰비하야가지고 금 구일 밤브터 닷새 동안 단성사에셔 힝연흔 다는대 이번 예뎨는 현대뎍 사회극이 만하셔 즈못 즈미잇시 볼 만 흔 것이 만타더라.

동아 11.06.10 (4) 〈광고〉

황금관

육월 십일부터 향(向) 오일간

신축 육주년 기념 특별흥행 희극 대회

계상(階上) 계하 삼십전 균일

에루고 고메데

희극 여(女)천하 삼권

희극 투우 이권

설명 전중백룡(田中白龍)

희극 뎨부의 경업(輕業) 이권

희극 일등상 삼권

해설 생＊천뢰(生＊天雷)

연속 연(燃)하는 원반 사권 제구편 제십편

해설자 ＊전수수(＊田秀水)

소년 리부스이－슨군 역연

희비극 사의 곡(死의 谷) 오권

무류(無類)의 영화를 특선하야 사은키 위하야 삼십전 균일로 매일 주야

해설자 남향석전(南鄕石田)

매일 22.06.10 (3) 위생활동사진 / 경성부에셔 선전

경성부 위싱계에셔는 오난 십오일브터 이십일일ᄭ지 시너 잉뎡 쇼학교, 탑골공원, 룡산 삼각디 부근 기타 고양군텽에셔 근일 경무국에셔 민든 텬연두에 관호 활동사진과 기타 새로 사온 전염병에 관호 활동사진을 영사홀 예뎡인대, 한 장쇼에셔 이일식 기최하고 시간은 미일 오후 팔시브터 동 십일시ᄭ지고 또 위싱계에셔는 하긔(夏期)와 위싱(衛生)이라는 션전지를 민드러 전염병에 대한 강연을 ＊＊ 텽즁에게 산포하며 시내 각 요리음식뎜 기타 극빈즈에게 늡김업시 파리통을 비부하고 파리치도 김업시[50] 전염병 강연회에 출셕호 스롬에게 비부홀 예뎡이라더라.

매일 22.06.10 (3) 〈광고〉

민중극단

---

50) '남김없이'에서 '남'이 빠져 있음

육월 구일부터 오일간

예제(藝題) 윤백남 작 등대직(燈臺直) 전삼막

동안(同案) 환희(歡喜) 전삼막

동안(同案) 주먹이냐 전일막

수은동 단성사 전화 본국 구오구번

동아 22.06.11 (4) 입학 구제 활동사진

함흥 천도교 청년회에서는 입학난 구제의 목적으로 금월 일, 이 양일간 영흥에서 영흥청년구락부, 조선일보, 동아일보, 야소교회, 천도교청년회 등의 후원으로 활동사진을 연(演)하야 대환영을 박(博)하얏더라. (영흥)

동아 22.06.11 (4), 22.06.12 (4), 22.06.13 (4), 22.06.14 (4) 〈광고〉

황금관 6월 10일자와 동일

매일 22.06.11 (3) 저금선전 호과(好果) / 도쳐 환영이 성대

지는 달 이십오일에 디방으로 기성(開城)을 위시하야 슌업한 톄슌국 뎌금션뎐 활동사진대는 쇼도(小島) 부사무관 인솔로 삼쥬간의 일뎡을 맛츄고 구일에 귀국하얏는대 디방 관텽과 일반 민가의 죠력을 어더셔 도쳐에 비상훈 환영을 바덧스나 유감임은 장쇼가 협착하야 사졀훈 바도 불쇼다 하며 됴션인 측은 리텰종(李哲鐘) 셔긔가 담임하얏셧고 닉디인 측은 좌뎐(佐田) 쵹탁이 담임하야 디방의 호황은 아러와 갓더라.

▲ 기성극쟝에셔 약 천명 ▲ 히쥬극쟝에셔 일쳔이빅명 ▲ 겸이대극쟝에셔 일쳔이빅명 ▲ 평양공회당에셔 일쳔삼빅명 ▲ 진남포 쇼학교에셔 이쳔삼빅명 ▲ 의쥬 공회당에셔 일쳔오빅명 ▲ 신의쥬 극쟝에셔 일쳔육빅명이더라.

동아 22.06.14 (1) 〈광고〉

육월 십오일부터 향(向) 삼일간 사진차환

녹음은 하기의 자연이오

사진은 예술적 중개물일다

인생은 짜르고 예술은 길고 깁다

미국 쌔린구 회사 영화

연속활극 **미로의 비밀** 전십오편 삼십권 최종편 육권 상장

제십삼편 사(死)의 함정 제십사편 복면의 * 제십오편 비밀의 * *

해설자 서상호 이병조군

미국 나쇼나로사 영화

희극 **평화와 전쟁** 전이권

해설자 최병룡군

작자 나지오바 부인 삼대 작품 중 일

사회인정극 **사(死)보다 강함** 전칠권

해설자 김덕경 최종대 오태선군

연속사진의 최종편과 모범적 희극 병(並) 사회극. 시기를 일치 마시고 오시오.

예고

래(來) 십팔일부터 세계적 대모험 활극으로 제일류 맹연자(猛演者) 위리암 당칸씨 주연인 『남아의 철완(鐵腕)』이란 연속사진을 제공하겟사압.

경성부 수은동

대정활영주식회사 일수특약

단성사 전화 (본)구오구번

동아 22.06.14 (4) **위생 선전 활동사진**

마산 경찰서 주최로 거(去) 팔일 하오 팔시 마산구락부회관 정(庭)에서 위생선전에 관한 활동사진을 영사하얏는대 대부분 종두 선전에 관한 자(者)이며 당야(當夜) 관객을 무료 입장케 한 바, 만장의 성황을 정(呈)하얏다더라. (마산)

매일 22.06.14 (4) 〈광고〉

동아일보 6월 14일 단성사 광고와 동일

동아 22.06.15 (3) [모임] **불교대회 활동사진회**

금 십오일과 명 십륙일 이틀동안 매일 하오 칠시부터 당곡현명 그 회관에서 불교 선전 강연과 활동사진회를 개최한다는대, 첫날은 부인에게, 이튼날은 일반회원에게 관람케 한다하며 회원증을 가진 사람은 무료라고.

동아 22.06.15 (4) 신안(新安)학교 구급책

평북 정주군 읍내 기독교회 부속 사립 신안학교는 설립 이래 수십년을 해(該) 교회 보조로 ＊히 유지하야 오던 바, 금(今)에 생도가 일증월가(日增月加)하나 교사(校舍)의 협착(狹窄)와 내용이 불충실함으로 해교(該校) 당국자는 일야(日夜) ＊＊의 탄(歎)를 금치 못하더니 금반 해 교회기독청년회장 최준극(崔俊剋)씨와 동(同) 총무 유영석(劉永錫)씨는 구급의 방침을 협의한 결과 최신식의 환등을 순회 영사키로 작정하고 전선(全鮮) 각 교회와 청년회 급(及) 일반 유지를 방문하며 가정 상비약품 중 정가대로 사십전 이상 가치를 매상(賣上)하는 인사에게는 무료로 관람에 공(供)하야 기(其) 소득의 이익은 해(該) 신안학교에 기부하기로 하고 금월 이십일경에 순회차(巡回次)로 출발한다더라. (정주)

동아 22.06.15 (4), 22.06.16 (1), 22.06.17 (3) 〈광고〉

단성사 6월 14일자와 동일

매일 22.06.15 (3), 22.06.17 (4), 22.06.18 (4) 〈광고〉

단성사 6월 14일자와 동일

매일 22.06.15 (3) 강연사진 양회(兩會) / 십오륙 량일간에

됴션불교대회(朝鮮佛敎大會)에셔는 금 십오일 십륙일 잇흘 동안에 오후 일곱시브터 장곡천뎡 십칠번디 동회관 닉에셔 불교션뎐 강연과 밋 불교에 대한 활동사진회를 기최하는 바 첫날은 부인회원에게만 관람케 하고 그 다음날은 일인 회원에게 관람케 하는대 입장에 대＊는 회원증을 가진 자에게만 한하야 입쟝을 하기로 하엿는대 신입회쟈는 동회가 열니기 전에 오후 여섯시ㅅ지 사무쇼에 신립셔를 데출하면 회원증을 준다더라.

동아 22.06.16 (1) 〈광고〉

양극(洋劇) 전문
유사 직영 황금관
육월 십오일부터 주야 이회
하기 특별 흥행

실사 **유사 주보** 일권

스다 희극 **절부의 성명(切剖의 姓名)** 일권

유니바사루 영화

대돌진 전오권

에루모린간씨 주연

연속 **연(燃)하는 윈반** 사권

제십일편 다이나마이도의 도(道) 제십이편 화염의 수도(隧道)

● 특별 대명화 제공 ●

문예대영화 **결문 사람의 안(眼)** 전팔권

물질만 위력을 주(柱)하야 ＊인(＊忍) 냉정한＊ 등을 행하야 절문 여자의 말근 심사 (心思) 외기나의 랑(娘)은 부(父)의 파＊을 구하랴고 악＊ 등으로 인하야 여러가지 색 색 파란를 일으킨 피랑(彼娘)은 의무(義務) ＊심＊한 삼도(三道)을 주랴고 하얏스나 지＊(只＊)의 ＊청년 토목기사 베ー다 외의 엄서는 대비시적(大悲詩的) 영화이오 본 광고 절취하야 지래(持來)하시는 분은 동아일보 애독자로 인하야 반액.

동아 22.06.17 (3), 22.06.18 (4), 22.06.19 (1) 〈광고〉

황금관 6월 16일자와 동일

동아 22.06.18 (4) 〈광고〉

육월 십팔일부터

사진 전부 교환

세계 유일무이의 신연속탐정활극 제일류 맹연자(猛演者)의 출연

미국 바이다그랍 회사 영화

연속활극 **남아의 철완(鐵腕)** 전십오편 삼십권

주연 위리앙 당칸씨 에데스 죤숀양 공연(共演)

제이편 사권 상장

제십일편 청춘 제십이편 괴사(怪死)

해설자 이병조 서상호군

나쇼날 회사 영화

희극 **주점의 싸부링** 전일권

해설자 오태선군

미국 콜도윙 회사 영화

희인정극 **나는 지무다** 전육권

주연 위루로쟈스씨

해설자 김덕경 최종대군

미국 막그스넷트사 영화

희극 **권투가 데부** 전이권

해설자 최병룡군

경성부 수은동

대정활영주식회사 일수특약

단성사 전화 (본)구오구번

매일 22.06.18 (3) 위생활동 성황 / 관롬자가 만여명 파리치 한기식을

경성부 쥬최의 하긔 위싱 활동사진은 지는 십오일브터 잉졍(櫻井) 소학교에셔 십오일 십륙일 량일 동안을 기최하엿는 바 의외에 관롬ᄌ가 만여명에 이르러 대성황 중에셔 더욱 일반 관롬자에게 일々히 파리잡는 파리치 한긔식을 난우어 준 후 작 십칠에는 탑골공원에셔도 젼긔와 갓흔 활동ᄉ진이 잇섯더라.

동아 22.06.19 (4) 연합회 활동대 착남(着南)

조선 예수청년회 연합회 하기 순회 활동사진 강연단 일행 사명은 거(去) 육일 경부선 열차로 수원에 내착 동시 자동차로 남양에 내도(來到)하야 임청순(任廳淳)씨의 사회로 당일 오후 팔시 반부터 교회 광정(廣庭)에 천막을 장(張)하고 간사 윤근(尹槿)씨의 취지 설명이 유(有)한 후 김창준(金昌俊)목사의 자각이란 연제의 열변이 유하고 계속하야 야소 행적을 영사하야 신, 불신자에게 큰 감동을 주고 오후 십이시에 폐회하고 이에 엡윗청년 주최의 환영석에 임하야 자미잇는 담화가 만흔 중 상오 이시에 산회하얏더라. (남양)

동아 22.06.19 (4), 22.06.20 (4) 〈광고〉

단성사 6월 18일자와 동일

매일 22.06.19 (2) 〈광고〉

동아일보 6월 18일자 단성사 광고와 동일[51]

매일 22.06.19 (3) 위생강연 활동사진

경성부 위생계 주최 위생강연 활동사 진은 계속하여 십칠일 오후 팔시브 터 탑골공원에서 영사하얏는대 공원 넓은 마당은 일만오륙천의 사람 바 다로 변하야 발듸려 놀 틈이 업스며 소진 즁 최초에는 녯날 량구비[52]에게 비하야 죠금도 손식이 업슬만 흔 미 인이 텬연두에 걸니여 취악한 얼골노 변한 결과 무흔흔 사랑을 쥬던 놉자 의 이정이 차차 희박하게 되는 것을

▲ 경성부 위생계 주최 위생강화 활동사진 상영회

비관하야 몸을 한강물에 던지는 사진이 영사되미 군즁은 열광으로 박슈하야 은근히 위싱의 필요를 감동하얏고 오후 열한시에 산회하얏더라.

동아 22.06.20 (4) 위생 선전 활동사진

거(去) 십이일 하오 구시 포항 경찰서 주최로 위생에 대한 활동사진을 포항 공립보 통학교 내에서 영사하얏는대 관객 만장의 성황을 성하얏더라. (포항)

동아 22.06.20 (4) 예수연합회 순강단

예수교청년회연합회의 지방 순회활동사진 강연단 일행 간사 윤근(尹槿)씨 외 삼인 은 거(去) 팔일 이천으로부터 자동차편으로 여주에 도착되야 김홍제(金弘濟)씨의 안 내로 여주팔경을 상람(詳覽)하고 오후 칠시부터 당지 교회에서 목사 김치익(金致翼) 씨 사회하에 윤근씨의 취지 설명이 긋나자 김창준(金昌俊)씨의 자각이란 문제의 열 변이 유(有)한 후 야소 행적 외 수종의 활동사진을 영사하야 천여 관중의게 만흔 감

---

51) 다만 주점의 짜부링 해설자로 오태선이 아니라 오형보(吳亨昔)로 기재되어 있다.

52) 양귀비

동을 주고 오후 십이시에 폐회 (여주)

동아 22.06.20 (4) 〈광고〉

양극(洋劇) 전문

유사 직영 황금관

육월 이십일부터 신영화 제공

본 광고 절취하야 지래(持來)하시는 분은 동아일보 애독자로 인하야 반액

희극 **여분한 정주(餘分한 亭主)** 일권

쌔루쌔ㅡ도 영화

몬로ㅡ소ㅡ루스메리ㅡ씨 주연

삼림정화(森林情話) **농의 항(瀧의 響)** 전오권

에루모린간ㅡ씨 이역(二役) 역연

연속활극 **연(燃)하는 원반** 전사권 상영

제십삼편 함의 중(檻의 中) 제십사편 자색의 열선(紫色의 熱線)

유사 문예 대작품

사회인정비극 **절해의 명화(名花)** 전오권

에데이스로쌔ㅡ쓰양 주연

!매일 주야 이회 개관!

매일 22.06.20 (3) 관중 만여(萬餘)의 성황 / 위싱 활동사진 영사

경성부 위싱계 쥬최 위싱 강연 활동사진회는 계속하야 십팔일 오후 팔시부터 탑골공원에서 기최하얏는대 구경군은 약 이만에 달하얏는대 명각이 되미 군중에 박슈 쇼리 속에서 월천(越川) 위싱주임의 위싱 강연이 잇섯고 다음에 전염병에 관한 활동사진을 오후 열혼시까지 영사하얏더라.

매일 22.06.20 (4), 22.06.21 (1) 〈광고〉

단성사 6월 19일자와 동일

동아 22.06.21 (4) [각지 청년단체] 대구청년회 진흥책

대구청년회 진흥을 도(圖)하기 위하야 금반 서상일(徐相日)씨 외 십여 유지는 협의하

고 좌기(左記)와 여(如)히 활동사진 급(及) 강연회를 개(開)한다더라.

제일회 (이십일) (이십일일) 활동사진대회

제이회 (이십이일) (이십삼일) 음악대회

제삼회 (이십사일) 강연대회 (대구)

동아 22.06.21 (4) [각지 청년단체] 연합회 순활대 착춘(着春)

방금 북선(北鮮) 지방으로 순회하는 예수교 청년회연합회의 활동사진 강연단 일행 사명은 십오일 홍천(洪川)으로부터 자동차편으로 춘천에 도착되야 이관운(李觀運)씨 의 안내로 일행은 시내의 명소를 관람하고 오후 육시경부터는 당지 엡윗청년회와 일반사회 유지 제씨의 발기로 동 일행의 환영회를 개(開)하야 주빈간의 환담이 유 (有)하얏스며 동 구시부터 허문리(許文里)교회 내에서 활동사진 강연회를 개(開)할 새 송병＊(宋秉＊)씨 사회하에 정명(貞明)여학당 학생들 합창이 유(有)한 후 연사 윤 근(尹槿), 김창준(金昌俊) 양씨의 열변이 유(有)하얏고 계속하야 수종의 활동사진을 영사하는 중 특히 야소(耶蘇) 행적은 신, 불신자의게 만흔 감동을 주고 오후 십이시 에 폐회하얏는대 일행은 익조 자동차로 화천(華川)을 향하야 출발하얏더라. (춘천)

동아 22.06.21 (4), 22.06.22 (4), 22.06.23 (4) 〈광고〉

황금관 6월 20일자와 동일

동아 22.06.21 (4) 〈광고〉

육월 이십삼일부터

사진 전부 교환

제이회 연속사진과 남양정화극(南洋情話劇)을 구경오시오.

미국 콜도윙 회사 영화

희극 **주점의 짜부링** 전일권

주역 쟈레스 쟛부링씨 출연

해설자 최병룡군

실사 **모록고의 풍경** 전일권

주악

미국 구리휘니스 영화

남양정화극 갈앙(渴仰)의 무희 전칠권

주역 지랴도바듸루메스씨

작자 고-돈레-양-구씨

해설자 최종대 김덕경군

미국 쌔니다그라브 회사 대걸작

혈육용약(血치湧躍) 염향의 철완(喰響의 鐵腕) 전삼십권 내 사권 상장

제삼편 골격(骨格)복면 제사편 미술관

주역 위리니앙 담칸씨 맹연

해설자 이병조 서상호군

매일 오후 팔시 삼십분 개연

경성부 수은동

대정활영주식회사 일수특약

단성사 전화 (본)구오구번

매일 22.06.21 (3) 활동음악 강연 / 대구 청년회 활동 / 지는 십구일브터

대구청년회는 셜립 후 발셔 사기 상쟝을 지나 그동안 일반 사회의 만흔 동정도 밧아왓스나 그 반면에는 쏘 무한흔 고초도 밧아나오는 중이나 항상 이 셰상에서 누구이던지 부루지〃는 금젼 즉 경비의 곤난으로 경영하는 수업과 하고져 하는 활동을 못하게 됨으로, 이 경의의 쥬션칙으로 금년 봄에 그 회의 쥬최로 졍신뎍

동정을 밧는 동시에 물질뎍 원조나 밧을가 하고, 남션초유의 셕젼(素戰)을 시작하얏든 바 사회의 동정은 실수입의 비용보다 일쳔륙빅원의 마이나스를 일우어 목하 슈쳔원의 부치를 두엇스며 그 뿐 안이라 금년 하긔 휴가에 니외 각디로브터 운동단 혹은 강연단 각종의 단뎨가 오겟다는 지가 발셔 슈십 통에 달하얏슨 즉, 이러흔 단뎨의 니왕의 청년회와 자뎨로 안시키 불능하며 이를 일〃히 슈용할라면 금젼의 문뎨가 성기는 바이나, 대구 청년회는 이상의 현상에 잇셔 회의 운명이 됴셕에 잇슴으로, 금회 그 회 간부 제씨의 고안으로 지는

십구일부터 오일간 예뎡으로 당디 대구좌(大邱座)에 활동사진음악대회(活動寫眞音樂大會)를 기최하고 결하야 경성에 잇는 일류 명수 최한 김삼(崔韓 金三氏)를 고빙하야 시대에 뎍졀한 대강연회(大講演會)를 기최하얏는대 최초일의 광경은 만강의 동정으로 염증[53]을 불구하고 압흘 닷호아 살도하는 군중은 뎡각 젼에 대입 만원의 셩황

을 일우엇더라. (대구)

매일 22.06.21 (4) 철원(鐵原) 활사회(活寫會) 상황
대구 부식(扶植)농원에서는 본월 십육일 하오 칠시브터 자선 활동사진회를 철원공립
보통학교 내에셔 개관하얏는대 내선인(內鮮人) 관민 기타 다슈 참관자가 내집(來集)
하야 무전(無前) 성황을 정(呈)하얏더라. (철원)

동아 22.06.22 (3) 회관을 건축코자 / 동경 고학싱회에서 순회연극을 한다고
동경(東京)에 잇는 천여명의 우리 고학싱은 종래 경성에 잇는 고학싱 갈돕회 지회(支
會)라는 모임 아래에 서로 도옵고 서로 의지하야 지나왓는데 이번에 경성갈돕회와
의 관계를 끈코 다시 동경에 잇는 조선고학싱 갈돕회를 조직하얏는대, 그 회관을 짓
키 위하야 금번 여름에 순회연극단(巡廻演劇團)을 조직하야 가지고 내디로 와서 각
처로 순회하리라더라. (동경)

매일 22.06.22 (3) 〈광고〉
동아일보 6월 21일 단성사 광고와 동일

동아 22.06.23 (4) 진주 위생 활동사진
진주경찰서에서는 일반의 위생사상을 고취하기 위하야 육월 십삼일 하오 팔시 당지
심상(尋常)소학교에서 위생활동사진을 영사하얏는대, 관중이 수백인에 달하야 성황
을 정(呈)하얏더라. (진주)

동아 22.06.23 (4), 22.06.24 (4), 22.06.25 (4), 22.06.27 (4), 22.06.28 (2) 〈광고〉
단성사 6월 21일자와 동일

매일 22.06.23 (1), 22.06.25 (4), 22.06.26 (4) 〈광고〉
단성사 6월 22일자와 동일

---

53) 더위

매일 22.06.24 (4) 민중극단의 개연을 본 감상 / 윤기정(尹基鼎)

나는 민중극단을 위하야, 아니다 여명기에 잇는 우리 반도 극계를 위하야 일희일비의 려(慮)이 업지 안타.

하시(何時)를 기약하야 예술은 인생의 전식(轉食)이 되고 극은 우리에 유일인 생명이라고 혼 쎄가 예술의 진선미로 전개되려는지? 아마 운동중에 잇겟지요? 노력중에 잇겟지요. 수년 내로 신극운동의 신기원을 건설하고자 각 방면에 의식적 노력으로 과거에 보지 못하든 신국면(新局面)에 찬란혼 현상은 우리 민중으로서는 고함쳐 가하(可賀)혼 바이다. 보라! 극계의 현상이 여하(如何)한가?

연극예술에 필요혼 절규하는 문의(問議)에 각본의 통일을 기망(祈望)하며 가치잇는 각본의 위대한 제작이 잇기를 갈망하는 동시에 우리 극단에도『쓰피어』나『입센』이나『콜키』나『와일도』갓튼 극계에 ＊성(＊星)이 속속(速々)히 출생하기를 순간(瞬間)에 불양(不讓)하고 기대하는 바이 안인가. 민중극단이여 자중하라! 위기에 입(立)한 민중극단이여 자성하라! 민중극단이여 현대극이라는 미명하에 부절(不切)한 노력과 활동을 하지 말고 한 막의 극일지라도 진실혼 가치 잇는 극에 표현잇스라.

민중이란 이자(二字)가 여하히 중대한 쥴 아는가? 모로는가? 안다고 하면 하고(何故)로 시대 변천을 각우(覺優)치 못하고 감히 민중예술에 지배자가 되겟다고 자처하는가? 극에 대훈 아무 죄 업는 황경(荒慶)한 우리 극계이지만 민중의사라든지 관극자 자체를 무시하고 그 극단에 주의와 주장으로만 흥행혼다 하면 물론 신경(神驚)한 예술을 ＊＊하고 오손(汚損)홀 밧게 타도(他道)가 경＊(更＊)함이라. 아무리 희인(喜人)은 예술에 쥬＊고 극에 목말넛지만은 이런 극단은 절대로 요구치 안는 바이다.

극 혼 막에 울고 부르짓고 깁버하긴 산치(散置)하고 도리혀 불평과 불＊(不＊)을 늣긴다 하면 엇지 극의 본의를 다하얏다 하리오. 극의 본의를 망각하고 엇지쎠 예술적 가치가 잇겟다고 단언하겟는가? 극의 본의는 져거도 순간 순간의 예술적 위＊(慰＊)과 찰나찰나(刹那々々)의 말 홀 수 업는[54] 엇더혼 자극과 심절(深切)한 인상과 절대에 의문 이것이 극에 무엇보다도 귀중혼 생명임을, 사명이 중대한 민중극단이여 우리 극계를 위하야 자각홀 지어다.

민중극단이여 민중이란 자체가 여하(如何)이 중대한가를 부지(不知)하고 극이란 여

---

54) '업는'의 오식

하이 신성혼 줄을 철저히 이해치 못하고 중도에서 변경하는 상태이며 겸하야 민중이라는 아름다운 일홈을 매(賣)하는 명목적 간판적(看板的)에 불원(不遠)하는 영향이 효시(曉示)되니 신극운동 벽두에 *한 우리 반도 극계를 위하야 일균(一均)의 숙루(熟淚)을 불금(不禁)하노라.

민중극단에 작자 겸 무대감독으로 잇는 윤백남씨는 우리 극계에 업지 못홀 선구자이다. 그이에 이상이라든지 활동이라든지 실행에 대하야 치하홀 바를 아지 못한다. 나는 윤백남씨의 극에 대혼 관념이 희생적 헌신적임과 극에 이해가 철저하야 극을 자기에 생명보다 일층 귀중히 생각혼다 홈은 미래에 반도 극계를 위하야 숭배하는 동시에 그를 우리 극단에 『쎅쓰피어』라고 홀 슈 밧게 업다. 그러나 가하(可賀)홀 일은 가하홀 일이고 논박홀 사실은 논박홀 사실이다. 그러하기에 윤백남씨가 무책임혼 행동에 대하야 일언(一言)을 발하고자 한다. 이러케 말하면 인신공격이라고 홀눈지 모르나 민중극단의 개연을 본 사롬으로는 나와 동일한 불평과 불만이 업지 아니홀 것이다. 엇지 하야 무대감독이 잇다고 하는, 시대에 요구인 극계에서 그와 갓치 무조리(無條理)하고 불합리한 것이라는지 모순되는 것은 일일히 매거(枚擧)키 난(難)한 것을 보고 한번 상상하면 윤백남씨가 무대 후면(後面)에 잇지 안엇나 하는 생각이 든다. 모순중에 한두 가지를 지적하여 말하고자 하는 것은 단지 한 곳에 아무 표적이 업시 무대에 등장하야 일반 관중에 불만을 어든 것과 전도사가 흡연하는 것 갓든 것은 무대감독이 잇섯다 하면 이 실책에 중대혼 책임을 누구에게로 돌려 보닉려 하는가?

이것은 도시 윤백남씨의 성의 여하 문제에 물여보닐 수밧게 업다. 나는 윤백남씨가 우리 극계에 선구자요 민중의 생명인 민중극단을 위하야 더한층 철저혼 행동을 취하얏스면 하는 것이 이 글을 쓴 동기며 목표이다. 우리 극계에 업지 못홀 윤백남씨여!!! 진심으로 사회적 사업을 하려거든 먼져 민중에 관극 정도가 포이(捕移)함을 철저하게 이해하고 여론에 각성홈이 잇스라. 이것이 민중에 요구며 절규이로다.

최후에 일언을 발하고자 하는 것은 소위 민중극단 단장 안광익(安光翊)군은 시대 배치되고 오(吾)의 요구에 적합지 안이혼 추*(醜*) 배우임으로 비평홀 치(値)가 업다. 나는 무엇보다도 여명기에 재(在)혼 우리 극계를 위하야 민중단에 발전을 만강(滿腔)의 환희로써 기대 불기(不己) 하노라. 一九二二, 六, 一一, 야(夜) 반명월 하(半明月 下)

< 417 >

매일 22.06.24 (4) 대구에 위생활사(活寫)

경북 경찰서 위생과에서는 거(去) 이십일 오후 팔시부터 당지 본정 제이 소학교에서 두창병(痘瘡病), 기타 전염병 예방 활동사진을 영사하얏는대 관람인 무려 오천명의 입＊(入＊)이 유(有)하얏고 본부 경찰국 천안지청의 위생에 대한 강연이 유(有)하야 만장(滿場) 관중에게 무한흔 감동을 흥(興)하얏더라. (대구)

동아 22.06.25 (2) 〈광고〉

유사 직영

양극(洋劇) 전문 황금관

육월 이십오일부터 신영화 제공

납량(納涼) 사은키 위하야 차(此) 광고를 절취하야 어(御)지참하시는 분에 한하야

대인 − 삼십전 균일 학생 − 십오전 균일

실사 **주보** 전일권

희극 **사한 남(捨한 男)** 전일권

문로−사류스베리씨 주연

삼림활극 **강자의 위력** 전오권

린간−씨 대모험

연속활극 **연(燃)하는 원반** 전사권

제십오편 해독의 수(害毒의 水) 제십육편 ＊진(＊進)의 야수

극의 전＊(展＊)은 익익(益益) 급하고 사건은 대사막을 무릅쓰고 인도인의 집＊(集＊)에 전개하야가는……

에데이스로파쓰양 주연

사계(社界)비극 **니사(尼寺)의 백합** 전오권

(매야(每夜) 주야) ＝ (사십전 균일) ＝

동아 22.06.25 (3) 영화 검열 개시

경긔도 경찰부(京畿道 警察部)에서는 흥행물 취톄 규측을 발표하야 실시 중이라함은 임의 보도한 바어니와 활동사진 필름도 경긔도텽에서 검렬하게 되야 영사실(映寫室)을 건축 중이든 바, 요사이 거의 락성이되야 칠월 일일부터 검렬을 실시한다더라.

동아 22.06.26 (4), 22.06.27 (4), 22.06.29 (4), 22.06.30 (4) 〈광고〉

황금관 6월 25일자와 동일

동아 22.06.28 (4) 대구 이오(二五)극장 신설

대구부 경정(京町) 일정목 조선관 기지(基址)에 대구 유력자 십이인이 합명하야 극
장을 건설하고 기명(其名)을 이오관이라하야 활동사진까지 겸영(兼營)하리라더라.
(대구)

동아 22.06.29 (3) 관성(觀城)연예단 / 동경에서 내디에 고학싱의 연극단

동경(東京)에 잇는 우리 고학싱으로 조직된 관성연예단(觀城演藝團)에서는 고학싱을
위하야 긔숙사를 짓고자 금년 여름에 연예단을 조직하야 가지고 조선 내디에 도라
와서 각처로 순회할 터이라는대, 내디의 동포는 일반으로 만흔 후원을 하야주기를
바란다더라.

동아 22.06.29 (4) 〈광고〉

육월 이십구일부터
사진 전부 교환
점점 가경(佳境)으로 드러가는 세계 유일무이한 연속
미국 쌔니다그라브 회사 작
연속활극 염향의 철완(唸響의 鐵腕)
십오편 삼십권 중 제이회 사권 상장
제오편 불화수소(弗化水素) 제육편 명화(名畵) ＊ ＊
해설자 이병조 서상호군
미국 화스드나쇼날 회사 영화
희극 병중에 병 전이권
미국 메도로 회사 작
인정극 그날 밤의 참회 전육권
남녀의 생활상 교훈 모범극으로 두 번 다시 업을 극중에 극다온 인정극이외다. 한번
와보시오
주역 아리스레기양 주연

해설자 최종대 최병룡 김덕경 오형선(吳亨善)군

이상 실사도 잇슴

경성부 수은동

대정활영주식회사 일수특약

단성사 전화 (본)구오구번

동아 22.06.30 (2), 22.07.01 (1), 22.07.03 (1) 〈광고〉

단성사 6월 29일자와 동일

동아 22.06.30 (4) 민중극단 래양(來壤) 흥행

유치한 조선의 극계를 개혁하야 시대에 적절한 연극으로 사회교화상에 일조를 짓고
저하는 반도문예사의 민중극단 안광익 외 이십명 일행은 육월 이십삼일부터 평양
평안극장에서 흥행한다는대, 재래의 극보다는 개량된 점이 만음으로 다대한 환영을
밧는다더라. (평양)

매일 22.06.30 (4) 〈광고〉

동아일보 6월 29일 단성사 광고와 동일[55]

동아 22.07.01 (1) 〈광고〉

법욱조사(法旭潮師), 욱자(旭子), 욱강(旭江)

양극전문 황금관

육월 삼십일부터 특별대흥행

본회에 한하야 종래 발행한 초대권 입장권 할인권은 사절합니다.

일등 이원 이등 일원

(매야(每夜) 주야 개관)

차(此) 광고를 절취하야 어(御)지참하지는 분에 한하야 반액

＝(반도 설명자 대회)＝

해설자 십오명 출연 대경연

---

55) 여기서는 앞의 '오형선'이 '오형보'로 표기되어 있다.

희극 **마지막 결혼** 일권

유니바사 초특작 문예영화

웅대한 대영화 **성금(成金)** 전육권

수백만의 군집(群集_에 취권(取卷)되야 미국 전 대학의 경쟁하는 장쾌무비의 후－도쏀루[56] 대회를 발단하야 생(生)한 대심각극

최종연속활극 **연(燃)하는 원반** 사권 해＊(解＊)편

＊진(＊進)하야 래(來)한 야수로 인하야 에루모는 휴(休)하게 되고…… 우(又)는 전도(前途)에 횡(橫)한 파멸의 선로(線路)－불가사의한 머－다사이구러스도는 수(誰)?

대정활영회사 제공

미(美)의 비애 **미인시(美人市)** 전칠권

남(男)은 기처(其處)에 휴양을 구(求)하고 여(女)는 기처에 지위(地位) 외 편＊(片＊)과 장래의 영화(榮華)과를 구하여 남의 부와 여의 미가 교환된 차(此) 대미인시장 그 화미(華美)가 소극(笑劇)의 생면(生面)에는 다수한 번민과 암루(暗淚)가 잠재하니…… 희(嘻)…… 미인시장……

동아 22.07.01 (4) 주일학교 사진회

진남포부 신흥리 감리교회당 내 주일학교 주최로 육월 이십이, 삼 양일간 동 예배당 내에서 야소 일대 활동사진회를 개최하얏는대 일반 관객은 무려 팔백명에 달하야 일대 성황을 정(呈)하얏더라. (진남포)

매일 22.07.01 (2), 22.07.04 (1) 〈광고〉

단성사 6월 30일자와 동일

매일 22.07.01 (4) 〈광고〉

신파연쇄극 취성좌

이 김소랑 일행이 해주 ＊＊좌에셔 흥행중은 하시(何時)던지 이 우대권을 사용홀 슈 잇슴니다.

매일신보 독자우대권

---

56) 'football(풋볼)'의 당시 표기인 듯하다

오대연극 상장
육월 이십팔일부터 각등 반액
매일신보 해주지국

동아 22.07.02 (3) 영화 초(初) 검열

경긔도 경찰부(京畿道 警察部)에서는 각 활동사진 상설관에서 영사하는 「필림」을 일일히 검열할 터이라함은 이미 보도한 바이어니와 작 일일 오전에는 제일차로 경찰부 시영장(試映場)에 만야경부(晩野警部) 외 기타 관계 검열관이 참석하고 금일부터 우미관(優美舘)에서 영사할 「장년의 길」이라는 인정극과 기타 활극을 검열하얏는대 일로부터 시내 각 상설관에서 공개할 사진을 일일히 검열을 한 후에 허가할 터이라더라.

매일 22.07.02 (4) 〈광고〉

매일신보 독자위안회 7월 1일자와 동일

동아 22.07.03 (4) 경북 위생 활동사진

경북 경찰부 위생과에서는 호열자와 두창(痘瘡)에 대한 위생보급 사진을 영사하기 위하야 청도 지방으로 출발하얏다는대 구역과 일할(日割)을 여좌(如左).
육월 삼십일 청도군 대성면(大成面)
칠월 일일 동군(同郡) 해전면(海田面)
동 이일 동군 금산면(錦山面)

동아 22.07.03 (4), 22.07.04 (4), 22.07.05 (4) 〈광고〉

황금관 7월 1일자와 동일

동아 22.07.04 (4) 〈광고〉

칠월 사일부터 사진 전부 교환
미국 쌔니다그라부 회사작
연속사진계 명우(名優) 위리암 당완씨 주연
탐정활극 **염향의 철완** 전십오편 삼십권 중

제사회 제칠편 저수탑(貯水塔) 제팔편 기차추격 전사권

해설자 서상호 이병조군

궁중(宮中)비행과 기차 중 대활극 점점 가경(佳境)의 지(至)하며 사진은 세계 유일무이

대정활영주식회사 촬영

실사 **동경명소** 전일권

미국 유닛트아데이스드[57] 회사 작

희연소극(喜戀笑劇) **견행(堅行)의 결과** 전육권

주역 도구라스 화야방그[58]씨 주연

미국 멧사네이사 영화

희극 보리스

주역 차레스 쟈부링씨 주연

해설자 최종대 김덕경 최병룡 오형선(吳亨善)

경성부 수은동

대정활영회사 일수특약

단성사 전화 (본)구오구번

매일 22.07.04 (3) 변사 상식 시험에 세명이 락데해

지는 달 이십칠일 경긔도 경찰부(京畿道 警察部)에셔 활동사진 변수들의 샹식 시험을 보인 일이 잇셧슴에 대하야 작 삼일에는 그 시험 셩적을 발표하얏는대 슈험자(受驗者) 닉션인 사십명 중에 셰사람이 락데되고는 모다 합격이 되얏다 하며 금번에 락데된 사룸은 두달 동안의 여유를 주어 충분히 상식을 함양하여 가지고 다시 시험을 보힌다는대 그 동안 변사의 직업을 못하는 것은 안이라 하며 특히 이번 시험에 가장 긔특혼 것은 녀변사 네명이 모다 합격되얏슴이라더라.

동아 22.07.05 (3) 재외동포위문회 / 청년의 열성 환영 / 전주 디방의 위문 강연회

이일에 전주청년회(全州靑年會)에셔는 자동차를 가지고 이리(裡里)까지 마지러 왓슴으로 삼일 오전 열한시경에 전주의 명소인 덕진(德津)에 도착하야 이곳 유디의 주최

---

57) United Artists
58) 더글라스 페어뱅크스(Douglas Fairbanks)

로 열니인 환영회에 출석하얏다가 오후 아홉시에 전주좌(全州座)에서 김창희(金昌熙)씨의 사회로써 강연회를 열고 김동성(金東成)씨의 환등의 설명과 신구범(愼九範)씨의 위문회에 관한 설명이 잇슨 후 계속하야 송진우(宋鎭禹)씨의 약 한시간 동안의 강연이 잇서 매우 성황을 일우엇더라. 이곳에 잇는 뎐등회사는 사회를 위하야 잇는 것이 아니라 관료식을 너무 절치어 뎐력을 잘 대이지 아니하는 까닭에 여러 가지로 교섭을 하다가 필경은 뎐긔가 잇는 도회디에 와서 부득이 『깨스』를 사용하야 겨우 환등을 영사하얏는대, 여러 곳에서 환등을 영사하얏스나 일즉이 이와갓치 변통성이 업는 곳은 처음 당하야 보는 바이다. 일로 인하야 청중은 매우 곤난을 격것스며 분개하는 사람도 만히 잇섯슴은 매우 미안히 여기는 바이다. 이곳 청년회는 사정이 잇서서 한참 동안 해산하얏섯스나 요사이 다시 조직하야 매우 열성으로써 발뎐에 노력한 즉 장래에는 가장 유망하며 이곳은 누구나 다 아는 바어니와 고대 백제(百濟)의 도읍하든 곳이요, 또 전라도의 수부임으로 다른 곳에 비하면 매우 문화의 발달이 진보되얏스며 산수의 경치도 매우 화려하고 물산으로는 조희, 붓채 등이 가장 유명한지라, 일전에 광주(光州)에서 강연을 할 째에 회장을 설비할 포목을 중국 사람인 조춘여(趙春汝) 씨가 림시로 긔부한 일이 잇섯는대 이러한 전례는 일즉이 업섯다.

동아 22.07.05 (3) 금일 부산의 초막(初幕)으로 / 동경 고학생 순회 연극단 / 간도 디방까지 방문 계획

동경에 잇는 우리 고학싱 갈돕회에서 금년 여름에 연극단을 조직하야 가지고 조선 내디에 드러와서 각처로 순회하며 한편으로 문화를 선뎐하는 동시에 그 회관을 짓기 위하야 다수한 동정을 엇고자 한다함은 임의 보도한 바어니와 그 단톄는 지난 이일에 임의 동경을 써나 금 오일부터 부산(釜山)에서 처음 막을 열기 시작할 터이라는대, 흥행할 각본과 일명과 단원은 다음과 갓흐며 각처의 청년회와 기타의 단톄나 유지의 후원이 잇기를 간절히 바란다더라.

흥행할 각본

이규송(李奎宋) 작 비극 선구자의 보 * (報 *) (전이막)

이제창(李濟昌) 작 사회극 신생의 요광(新生의 曜光) (전이막)

이제창 역 희극 * 권 제재(* 拳 制裁) (전이막)

(순극단원 씨명과 흥행지 일정은 생략)

동아 22.07.05 (4), 22.07.06 (4), 22.07.07 (2), 22.07.08 (1) 〈광고〉
단성사 7월 4일자와 동일

매일 22.07.05 (1) 〈광고〉
칠월 사일부터 사진전부차환
탐정활극 **염향의 철완(唸響의 鐵腕)** 전십오편 삼십권 중
제사회 제칠편 저수탑(貯水塔) 제팔편 기차추격 전사권
대정활영주식회사 촬영
실사 **동경명소(東京名所)** 전일권
미국 유닛트아데이스도 회사 작
희＊＊＊(喜＊＊＊) 견행(堅行)의 결과 전육권
주역 도구라스 화야밤그씨
미국 멧사네이사 영화
희극 **보리스** 전이권
주역 차레스 자부링씨
경성부 수은동
대정활영회사 일수특약활영 단
성사 전화 본국 구오구번

동아 22.07.06 (4) 문화선전 활동영사
경북도에서는 문화선전 사진대를 파유(波遺)하야 각지에서 좌기(左記) 일정과 여(如)
히 영사한다더라.
청도군 육월 삼십일로 칠월 사일
성주군(星州郡) 칠월 육일로 십일일
칠곡군 칠월 십이일로 십오일 (대구)

매일 22.07.06 (1) 〈광고〉
단성사 7월 5일자와 동일

동아 22.07.07 (1) 〈광고〉

양극전문 황금관

칠월 오일부터 제공 대정활영 특약 기념 흥행

유니바사루 영화

활극 **권투가의 애(拳鬪家의 愛)** 장척(長尺)

에고-루 영화

희극 **대요(大凹)** 이권

부류바-도 특작

인정극 **중심번민(中心煩悶)** 오권

명화(名花) 두스구리쓰후오도양 주연

근내(近內) 내조(來朝)한 문제 구리쓰후오도양의 출연한 명화. ＊＊도(＊＊都)에서 정평이 유(有)한 청조극(靑鳥劇)

히리소게리 주연

활극 **혈성남아(血性男兒)** 오권

남성적 서부의 대자연에 기(起)하려는 장쾌한 모험 대활극

대정활영 최선의 노력 촬영

특작신파희극 **일본의 부자** 오권

현대을 피육(皮肉)에 ＊자(＊刺)하고 우(又) 사계(社界)의 표현을 교묘히 출현하는 초월한 영화의 제작에 고심하는 것슨 말할 것도 업시 근소한 세월로 이양(異樣)의 발달과 문명화한지라 활동사진계에…… 상(尙) 현대 향상하는 인사(人士)의 요구에 생출(生出)한 대활영화극을 쏙 보시오.

본 광고 절취 지래(持來)하시는 분에 한하야 특히 계상(階上) 오십전, 계하 삼십전으로 할인함.

동아 22.07.08 (4), 22.07.09 (1), 22.07.10 (1), 22.07.11 (4) 〈광고〉

황금관 7월 7일자와 동일

동아 22.07.09 (2) 〈광고〉

칠월 팔일부터 사진전부차환

대정활영주식회사 촬영

실사 **북해도 명소 실황** 전일권

미국 바니다그랍사 특작

세계 명우 투장(鬪將) 위리암 당칸씨 주연

탐정활극 **염향(唸響)의 철완** 전십오편 삼십권 중

제오회 제구편 감옥 제십편 문정관(聞亭館) 전사권

해설자 이병조 우정식군

미국 아로 회사 작

희극 **옥상의 화성(花聲)** 전이권

미국 화스트 나쇼닐 회사작

인정극 **각인(刻印)호 여자** 전칠권

주연 노─마다루마치양 주연

해설자 최종대 김덕경 최병룡군

경성부 수은동

대정활영회사 일수특약

단성사 전화 (본)구오구번

동아 22.07.09 (4) 무료 활동사진 영사

당국 후원의 교통 방화(放火) 선전 활동사진은 본월 이일 오후 구시경부터 십이시경 까지 전북 익산군 이리 경찰서 정(庭)에서 동 경찰서 급(及) 당지 소방조(消防組)의 주최로 관객 약 이천오백명의 대성황리에 영사하얏다더라. (익산)

동아 22.07.10 (4) [각지 청년단체] 활동사진대 출발

목포청년회 주최로 동경에 유학하는 조선 고학생의 학자(學資)를 보조할 목적으로 활동사진대를 조직하야 남선(南鮮) 각지를 순회하게 된 바 각지 청년회와 기타 단체 의 후원이 잇기를 희망한다더라.

▲ 각지 도착 일정

칠일 목포 발 십일 *주 십일일 영광 십이일 이리 십삼일 군산 십오일 전주 십 육일 강경 십칠일 논산 십팔일 공주 십구일 조치원 이십일 청주 이십일일 대전 이십이일 김천 이십삼일, 이십사일 대구 이십오일, 이십육일 부산 이십칠일 동래 이십팔일 김해 이십구일 마산 삼십일 통영 삼십일일, 팔월 일일 진주 이일, 삼일

하동 사일 광양 오일 순천 육일 여수 제주도 성내(城內) 조천(朝天) (未定)

일정은 형편에 의하야 변경할 수도 유(有)함 (목포)

동아 22.07.10 (4), 22.07.11 (4), 22.07.12 (4), 22.07.13 (4) 〈광고〉

단성사 7월 9일자와 동일

매일 22.07.11 (2) 〈광고〉

동아일보 7월 9일자 단성사 광고와 동일[59]

동아 22.07.12 (3) 조흥세(助興稅)는 의연(依然) 증가 / 쌀갑이 올느면 부랑자의 세상 / 일반 물정과 반대되는 화류계

돈이 귀하다는 것은 어제 오날에 처음으로 듯는 소리는 아니지마는 금년 봄 이래로는 전황하다는 소리가 더욱 심하든 중에 일긔가 오래 가물든 영향으로 빈한한 사람 사이에는 싱활 곤난이 일층 더욱 심하야진 것은 일반이 다 아는 바이나 하로에 두 찌 밥을 어더먹지 못하야 아츰 저녁으로 쩔쩔매이고 도라다녀야 어듸에 가서

좁쌀 한 되 팔어먹을 돈 한 푼 변통할 수가 업는 가련한 사람이 태반이나 되는 이째에 화류계의 수입으로 보면 작년 이째보다 도로혀 시세가 낫다 한다. 어느 나라나 어느 째나 화류계에 헛되인 금전을 허비하는 부랑한 분자가 업슬 것은 아니지마는 대개는 일반 경제의 변천에 짜라서 돈이 풍성할 째에는 화류계에서도 수입이 만흘 것이오, 전화할 째에는 역시 그 영향을 입어 화류계에도 한젹할 것인대 지금 경성 화류계는 그 반대로 일반은 돈이 귀하나

화류계에는 도리혀 흥청거린다한다. 날마다 저녁 째가 되면 밤과 낫을 밧구어 지내는 부랑자들은 동대문(東大門) 밧 청량리(淸凉里)나 한강텰교(漢江鐵橋)로 휘발유의 연긔와 몬지를 피이며 자동차에 기싱을 싣고 뿅뿅거리며 도라다니는 패들이 만은 중에 그들 사이에는 별별 이상스러운 디명(地名)을 지어내인 자가 잇다한다. 청량리 홍릉 속에 「오즘고개」가 잇다는 것은 누구나 단정한 사람은 다 모를 것이다. 그러나 자동차 운젼수나 기싱이나 부랑자 사이에는 이 「오즘고개」라는 것을 모르는 사람이

---

59) 다만 동아일보에서 '각인(刻印)훈여자'였던 제목이 매일신보에서는 '인각(印刻)훈 여자'라 표기되어 있다.

업서서 자동차를 틱「하고 오즘고개」로 달려라 하면

운면수는 분부가 무섭게 청량리로 행한다한다. 이와가치 부랑자 사이에 유명한「오즘고개」란 것은 과연 엇더한 곳을 가리쳐서 하는 말인가. 홍릉 어구에서 큰 길로 한참 드러가면 중간에 조고마한 돌다리가 잇서 그 곳이 좀 놉흔 고로 부랑자들이 자동차를 타고 그곳을 달니면 별안간에 출넝하는 바람에「오즘」이 나온다하야 일 업는 부랑자들 사이에는 이와가치 고약한 별명을 지어낫다 한다. 이와갓치 귀한 돈을 내여버리어 도라나디는 자들은 날이 가물어서 쌀갑이 올나간 까닭에 디방에 잇는 부자집 자식들이 볏섬을 파러가지고 허비하는 자와 주식판에 출입하는 축들이 증가하는 까닭에 화류계에는

작년보다 수입이 만타하며 무엇보다도 경성부에서 조사한 조흥세를 보면 작년 륙월에는 한달 동안에 기성의 시간수가 일만 이백이십팔본(本)이덧든 것이 금년 륙월에는 일만 이천륙백칠십이본에 달하야 이천사백사십사본이 증가하얏고 기성 수효가 작년 이 째보다 사십팔명이 증가하야 현재 삼백삼십륙명이라는대, 일본인 편의 화류계에는 경제의 대세를 싸라 작년 이째보다 금년에는 수입이 훨신 감하얏스나 신뎡(新町)에 잇는 창기가 조금 나은 모양이라더라.

동아 22.07.12 (4) 〈광고〉

유사 대활(大活) 고급 영화 황금관

실사 **주보** 일권

희극 **처군의 서(妻君의 恕)** 일권

인정비극 **주장의 녀(酒場의 女)** 전오권

바의 여가 매루의 만짓구의 사세(事世)을 교묘히 각색. 현대비극

＊＊영화비극 **야명의 가(夜明의 歌)** 전오권

심지가 조치 못한 ＊삼랑(＊三郎)과 악＊(惡＊)의 횡전(橫田)과의 악＊(惡＊) 중에 인(人)이라 하는 신(信)일의 미(美)하고 ＊＊ 애화(哀話). 신일의 ＊주(＊姝)은 신일(信一)과 ＊＊＊ ＊＊＊하마고 신일과 ＊가 진(眞)의 ＊에 生하기까지의 파＊(波＊)에 부(富)한 일장(一場)의 ＊＊비극.

연속활극 **사－가스왕** 전삼십육권 내

제일편 살인의 념(念) 제이편 기＊의 집환(奇＊의 執丸)

사－가스왕 대연속극은 증(曾)히 쏘로씨가 곡마단에 잇슬 당시을 말하는 것으로 하

(何) 히쌘로가 *기(*奇)하고 우(又) 모험적이며 쏘 신비한 극적 경험을 *한 지……

서부삼림대대활극 맹목의 도(道) 전육권

혜렌을 사(死)로부터 구한 마진지는 피녀(彼女)의 약을 수(受)하여 결혼하고 격동으로 인하야 맹목이 된 *에 대한 피녀의 애(愛)는 결코 **가 잇는 경(慶)리고 무(無)한지라 피녀는 허영의 녀(女)이 잇섯다.

천박한 심(心)을 *한 피녀의 *는 자(自)*에 *하고 물욕이 유(有)한 안(眼)을 외(外)에 향하게 되엿다…… 마메루의 안중에 진(眞)의 애(愛)와 평화을 *취(取)한 것을 득하기까지 대비극……

매일주야

본 광고 절취 지래(持來)하시는 분에 한하야 특히 계상(階上) 오십전 계하 삼십전으로 할인함.

매일 22.07.12 (3) 대대적으로 조선 선전 / 오쳔원의치 됴선 산품의 특별 경품

평화박람회도 본월 말로써 폐회를 하게 되야 마지막의 됴션 대션면을 하기 위하야 총독부와 밋 됴션협찬회 련흡하에 오는 십수일 대규모의 됴션일을 기최하기로 결뎡하엿다는대, 당일은 가격 오빅원의치 되는 호랑이 가죽을 비롯하야 표범의 가죽과 돈피, 긔타 라면세공과 고려쇼솟병 등, 총익 오쳔원의 복인을 경품으로 하야 오만여 명의 공첨이 업시 됴션물산의 반포에 로력하며 쏘 됴션관은 밤에 기장을 하고 솟불을 빅기를 붙인 지반에서 쳐올닌다는 바 뎨일 꾕대흔 솟불로는 남대문의 야경(夜景)과 밋 닭을 만든 솟불이며 긔타 당일의 입쟝자에게는 구만쟝의 쇼년쇼녀 소용의 시간표에 됴션 々젼문을 인쇄흔 것을 비포하며 쏘 수빅쟝의 그림엽셔 션면지 등도 갑 업시 비포하겟고, 일변 동양협회 쥬최의 활동사진관에서는 이와 련흡하야 십수일, 오일 량일은 됴션 쑨의 영화만 영수하야 대々뎍으로 됴션々면을 한다더라. (동경)

매일 22.07.12 (4), 22.07.16 (4), 22.07.17 (4), 22.07.19 (4), 22.07.20 (4), 22.07.22 (4) 〈광고〉

단성사 7월 11일자와 동일

동아 22.07.13 (4) 예수교 활동사진대

경성 예수교 기독청년회 연합회 주최 순회강연대 일행은 거(去) 육일 철원으로부터 연천(漣川)에 래(來)하얏는대 엡윗청년회 후원으로 오후 구시부터 당지 예배당에서 *영수(永洙)씨 사회로 간단한 식사(式辭)가 유(有)한 후 연사 윤근씨는 청년연합회의 취지 설명이 잇섯고 김지환(金智煥)씨는 향상(向上)이란 연제로 열변이 유한 후 야소 행적 활동사진을 영사하얏는대 다수한 회중에게 무한한 감동을 주고 동 십일시에 폐회한 후 엡윗청년회 주최로 환영회가 역(亦) 유(有)하얏다더라. (전곡(全谷))

동아 22.07.13 (4), 22.07.14 (4) 〈광고〉

황금관 7월 12일과 동일

동아 22.07.14 (3) 위생활동사진 / 금일은 동막에서

금 십사일 밤에는 룡산 경찰서(龍山 警察署)와 경긔도 위싱과(京畿道 衛生課)의 주최로 서대문 밧(西大門 外) 동막리(東*里)에서 위싱 활동사진을 영사하야 일반 위싱사상을 선뎐할 터인대 입장은 무료요, 오는 십팔일에는 인천(仁川)에서 또 영사할 터이라더라.

동아 22.07.14 (4) 순활(巡活) 출발 일할(日割) 지연

목포청년회 순회 활동사진대 출발 일정은 임의 본보에 게재하얏거니와 우천으로 인하야 각처 도착 일할이 사일간식 지연되얏다더라. (목포)

동아 22.07.14 (4) 〈광고〉

칠월 십사일부터

사진 전부 교환

빙글빙글 희극대회

미국 *회사 특작인 *종의 교훈적 희극 합 십권을 금반 특별 상장하겟사오며 출연자는 희극 명우 데부 이외 총출연이오니 시기 물실(勿失)코 오시오. 애극가 제씨여 본사로?

해설자 이병조 최종대 우정식 최병룡 오*선 군

미국 바니다그랍 회사 특작

세계상연속사진계 명우인

＊장 위리암 공완씨 주연

연속활극 염향의 철완 전십오편 삼십권 중

제육회 제십일편 사막 제십이편 포로

해설자 김덕경 서상호군

경성부 수은동

대정활영회사 일수특약

단성사 전화 (본)구오구번

동아 **22.07.15 (4), 22.07.16 (4), 22.07.17 (4), 22.07.18 (4), 22.07.19 (1),**

22.07.20 (4), 22.07.21 (4), 22.07.22 (4), 22.07.23 (4) 〈광고〉

단성사 7월 14일자와 동일

동아 22.07.15 (4) 〈광고〉

유사 대활(大活) 고급영화 황금관

실사 **주보** 일권

대활극 연(燃)하는 산도(山道) 오권

위대한 대삼산(大森山)을 배경으로 하야 발명가 쎄긴스 반생(半生)의 대활극……

모험대연속극

에데이 쏘로 **사가스왕** 제이회 목(目) 공개

전율한 대활극의 막은 낙(落)하야 가공할 쏘ー로의 대활극……

대활초특작 문예대영화

상전추성(上田秋成)씨 작 곡기동일랑(谷崎潤一郎) 각색

고전극(古典劇) **사성의 형(蛇性의 婬)** 전십권

어사(漁師)의 이남(二男) ＊＊이 사성(蛇性)의 녀에게 뇌위(惱僞)되야 운명에 조롱되

고 반생을 적막하게 독신으로 종(終)하는 애(哀)영화극……

문부성 추선 교육영화

사회비극 부지(不知)하는 처(妻) 오권

어치스로쌔쓰양 주연 우이리안오신도씨 감독

신앙이 독(篤)한 부(父)에게 양육된 일(一) 소녀가 정(町)에 출(出)하야 미정(美情)과

온심(溫心)으로써 출옥자(出獄者)의 일청년을 정당한 사람 민드는 실로 미거(美擧)의 이야기이라……

=(매일주야)=

본 광고 절취 지래하시는 분에 한하야 특히 계상 오십전 계하 삼십전으로 할인함.

동아 22.07.16 (1), 22.07.17 (4), 22.07.18 (4), 22.07.19 (1), 22.07.20 (4), 22.07.21 (4) 〈광고〉

황금관 7월 15일자와 동일

동아 22.07.17 (4) 지방 개량 활대(活隊) 내하(來河)

경상남도청에서는 지방개량 활동사진대를 조직, 순회하든 바, 본월 구일 하동에 도착하야 당지 공립보통학교 정원에서 영사한 바, 그 종류는 육해군 전투 실습과 평화박람회의 실사 급(及) 일본의 산업, 임업 기타 수종인대 관객이 천여에 달하야 성황을 정(呈)하얏다더라. (하동)

동아 22.07.18 (3) 〈광고〉

물망(勿忘)하시오 수요일 야(夜)

조선호텔 장미화원

칠월 십오일 제이회 푸로그람

매(每) 수요일, 토요일 급(及) 일요일 하오 팔시 개연

희극 **다망(多忙) 리부** 일권

희극 **부부의 싸홈** 일권

희극 **자번뇌(子煩惱)** 이권

특별희극 **휘(輝)의 고아** 육권

입장료 오십전에 청량 미＊(味＊)의 음료 제공이 유(有)하옵내다.

활동사진 공급자 쏘지 알 알렌

매일 22.07.19 (3) 야구 경기도 취체(取締)호 / 입장료를 밧는 야구단 경기는 흥힝물 취톄와 갓치 단속혼다

학싱의 전문기예로 볼 만한 야구(野球)는 최근 각 방면을 미우 넓히 퍼져셔 니다나 됴

션을 물론하고 베스쓀이라면 운동 중에 업지 못할 오죽 흐아되는 운동으로 알어셔 무시로 이곳 져곳에서 베쓰쏠 경기가 왕셩히 류힝되는 바 외국 야구단이 동경에 드러오는 쎠는 입쟝료를 밧기 위하야 그 곳에 폐해가 일어나셔 무슨 연극을 버리고 흥힝하는 모양이 잇다 하야 경시쳥 보안과에서도 샹당히 주의와 연구를 게을니 안이하던 바 불원에 야구경기 췌테령(野球競技 取締令)이 는다는 말이라. 그런대 특히 학셩의 경기도 입쟝료를 징수하는 쎠는 흥힝물 췌톄령의 임의에 들는지 안 들는지 고안 즁인대 당국은 밝히되 쎄쓰쏠 운동은 엇던 방면으로 보던지 훌륭한 운동인대 이로브터 피국과 갓치 직업뎍의 야구단이 되면 이것을 보통 흥힝물과 한가지로 보아셔 췌톄홀 필요가 잇슬 쥴로 싱각하오. 학셩단이 외국의 학셩 야구단을 초빙하야 경기를 하는 일은 다쇼의 제해도 잇는 바 려비 일정의 것을 이편에서 지판하게 되면 입쟐료를 밧어도 홀 수 업는 일이다. 금년 가을 미국에서 직업 야구단이 온다고 하는대 이는 무론 흥힝물로 취급하게 되겟는 바 엇더론지 죠만간에 야구 췌톄규측이란 것이 공포된다고 말하는대 이것을 두고 볼진대 됴션에도 장차 그갓흔 야구췌톄령이 반드시 싱길 쥴로 안다고, 모 유식자의 말이 잇더라. (동경뎐)

매일 22.07.19 (3) 동경유학생의 연예단 / 본샤 후원 아릐에 첫 막은 우미관에

동경(東京) 류학싱계에서 그렇타 손곱는 이들로만 십여명을 망라하야 젹막호 살림살이에 시드러가는 됴션 민즁의 압폐 셩대호 향업을 베풀어 놋코 젹으나 대예슐(藝術)의 위대한 맛을 맛보여주고져 분연히 극단을 죠직한 관셩연예단(觀城演藝團) 일힝은 학챵의 여가에 세계와 더브러 보도를 병진하는 동경 뎐디에셔 『극』이라는 예슐을 만히 보고 비호고 연구하야 엇은 그 기능과 그 포부를 가지고 지쟉일에 입셩하얏는대 이 단에서 가지고 단이는 극은 암야의 셩(暗夜의 城)이라는 구막물과 아－피의 싱명(阿－彼의 生命)이라는

칠막물외에 여러가지인 바, 이 두 가지는 황금 세상에셔 돈 업는 불힝한 경애에 쳐호 엇던 쳥년이 운명 기쳑을 목뎍하고 딕담히 동경에 건너가셔 모진 바롬 험한 파도에 구을고 부닥기는 싹한 경상을 고대로 표현하는 비극며, 단원 중에 단쟝되는 죠도뎐 대학[60] 정치경제과싱 강계동(姜濟東)군과 화형(花形)으로 유명한 독일어학교 졍일셥

---

60) 와세다 대학

(鄭日燮)군의 기능은 더욱이 현묘하다 흔다. 그 일힝은 본사(本社)의 후원 아러 이십일 밤과 이십일々 밤은 시니 관텰동 우미관(優美舘) 니에셔 힝연을 홀 터이오. 글로브 터는 다음과 갓흔 일뎡으로 다음과 갓흔 쳐쇼를 슌회하리라더라.

▲ 경성 이십일 이십일일 ▲ 원산 이십이일 이십삼일 ▲ 함흥 이십사일 이십오일 ▲ 홍원(洪原) 이십육일 ▲ 북청읍 이십팔일 ▲ 신창(新昌) 이십구일 ▲ 성진(城津) 삼십일일 팔월 일일, 청택(淸澤) 팔월 삼일 사일, 나남(羅南) 동오일 ▲ 회녕 동육일 칠일 ▲ 웅기 동구일 십일 ▲ 용정(龍井) 동 십삼일 ▲ 국자가(局子街) 동 십사일 ▲ 두도구(頭道溝) 동 십오일 ▲ 차호(遮湖) 동 십팔일 십구일 해산

동아 22.07.20 (4) 목포 활동사진대

목포청년회에서는 해외 고학생을 원조할 목적으로 활동사진대를 조직하야 각 지방을 순회한다는 사(事)는 예(豫)히 보도하얏거니와 해(該) 일행은 단장 서광조(徐光朝)씨 인솔하에 거(去) 십삼일 상오 구시 목포를 출발하야 *주(*州)로 향하얏다더라. (목포)

매일 22.07.20 (3) 대성공의 죠션데! / 입쟝쟈가 오만여명의 다수 / 됴션 션뎐의 대셩황 대셩공

됴션 명물의 호피의 경품으로 대평판을 밧던 됴션데-는 지는 십팔일에 예뎡과 갓치 기최되엿는대 시즁에는 사롬이 예일 만히 왕린하는 길목쟝이마다 기성들이 호피를 들고 잇는 그림 션뎐지를 놉히 달엇슴으로 일흔 아참브터 드리밀니는 입쟝자는 무려 오만명에 달하야 입쟝권은 삽시간에 전부 다 팔렷스며 식쟝 안에는 붉은 바탕에 흰 것으로 됴션데-라고 물드린 긔를 놉히 달은 외에도 더욱 일반 관람즈에게는 모다

됴션 사졍의 쇼췩자(小册子)를 분비하는 일방으로는 그림엽셔를 느우어 쥬는 등 식쟝 안은 젼혀 됴션을 직접 대하는 감샹이 가득하며 됴션 관졍문에는 만국 국긔를 달어 찬란히 쟝식하얏는 고로 관긱의 문즈와 갓치 립츄의 여디가 업시 대만원을 이루어는 즁 또 동양협회 활동사진관에셔는 아참브터 일반 관람즈의게 됴션 산업 교통과 교육, 위싱, 명쇼고젹 등의 활동사진을 영수하여 보이며 강연과 쇼췩자의 비부 등으로 하야 협회원 일동은 대분쥬를 하얏는대 또 됴션 경품은 예일회쟝의 무화촌으로 보내게 되는 고로 그 쟝쇼는 아참 열시 경브터 모힌

오만명의 관람즈 중 한 사람도 공첨은 업섯슴으로 극히 대혼잡 즁에셔 장사하는 로 파는으로 빅원의 가치 되는 호피가 당첨되어 깃붐에 히여가지고 갓스며 그 외도 계속하야 늑대 가쥭이니 사자 가쥭 갓흔 것에 당첨되야 모다 환희 만면하엿고 그 다음에는 밤으로 들니여 불인지(不認池)로 빅발의 려화로 남대문에 나타는 려화에는 또다시 경품을 부치여 찬란한 놉대문은 황홀히 빗치여 대갈치를 하는대 당일은 아참에 비가 죠금 왓지마는 정오에 일으려셔는 다시 기엿다가 또 져녁 씨에 이르러셔 쇼낙이가 다쇼간 왓스나 려화에는 조곰도 샹치가 업시 대셩공을 이루엇더라. (동경)

동아 22.07.22 (4) 위생활동사진 영사

인천 경찰서와 인천부청 주최로 거(去) 십팔일 하오 팔시부터 사정(寺町)소학교 운동장에서 위생선전 활동사진을 하얏는대, 당일은 조조(早朝)부터 자동차로써 각 동리에 선전하얏슴으로 정각 전부터 모혀든 관중은 너른 교정에 입추의 여지가 무(無)하엿스며 종두＊, 호열자 예방 등 위생에 관한 것과 여흥으로는 금강산 실경, 평화박(平和博) 등의 사진을 영사하고 십일시 경에 산회하얏다더라. (인천)

동아 22.07.22 (4) 〈광고〉

유사 대활(大活) 고급 영화 황금관
당 이십이일부터 특별 흥행
희극 **집치감(集治監)** 이권
유니바사루氏[61] 특작
대활극 **공권(空拳)** 오권
명사수 하리－의 통쾌한 대활극
연속모험 **사－가스왕** 제삼회 목(目)
오편 흑색포(黑色袍) 육편 사자의 조아(爪牙)
메리마구라렌양 주연
교비극(敎悲劇) **경(耕)하는 을녀(乙女)** 오권
고(固)한 부(父)에 양육된 메리은 매(妹)에게 공부식키기 위하야 몸을 희생하야 연

---

61) '사(社)'의 오식인 듯.

(戀)까지 매(妹)에 양(讓)한 가련한 물어(物語)……

문부성 추선(推選) 교육 영화

전대미문의 대교훈극

희생미담 황국의 휘(皇國의 輝) 오권

제사십오 연대 삼개 중대 출동

각 소학 아동 칠백인 영화에 출현

＊아국현(＊兒局縣)에 기(起)한 삼개의 애화(哀話)

미(美)하고 비(悲)한 훈도(訓導)의 희생에 사(死)

아자(我子)의 사(死)을 망(忘)한 순사(巡査). 순사(殉死)의 미덕. 전선에 형의 사(死)를 문지(聞知). 편완(片腕)을 실(失)한 전쟁애화……

＝(매일주야)＝

본 광고 절취 지래(持來)하시는 분에 한하야 특히 계상 오십전 계하 삼십전으로 할인함.

매일 22.07.22 (3) 관성연예단의 초일흥힝 / 초일의 관성연예 / 관성연예단 대성황 / 우미관의 첫날 기막

만인의 손곱아 기다리던 동경류학싱 관성연예단(觀城演藝團)의 연극은 본사(本社)의 후원 아러 지는 이십일 밤에 시너 우미관에셔 열리얏다. 물론 극에 대한 쇼양이 충분하야 그 심원한 예슐미와 한슉한 기능이 극계에 신긔록이 될 줄을 일변이 예기하얏던 터라 일즉이 맛보아 보지 못하던 셩대한 예슐의 향연에 셰례를 밧고져 하는 일반 군중은 초져녁브터 구름 모히듯 하야 우미관 문밧에는 사롬의 바다를 일으엇고 그로 브터 압흘 닷호아 가며 입장하는 사롬은 어느덧 쟝너에 보인 즈리가 업는 공전의 셩황을 일우엇는대 이윽고 명각인 여덜시에 니르러 단장 강제동(姜濟東)군의 간략한 인스겸 기회사가 잇고 막은 곳 열리얏다. 이 밤에 상쟝훈 것은 암야의 셩(暗夜의 星)이라는 전 구막물의 걸작물이라. 말마다 만쟝 박슈 갈치는 물론이려니와 주인공 김츈식(金春植)으로 분장훈 강제동군의 독특훈 과작(科作)의 대사(臺詞)는 관중의 눈물과 한슘을 긋업시 자아내다가 동 열한시 경에 긋막을 닷고 폐회하얏다더라.

매일 22.07.22 (3) 예슐학원 시뒤 요구사업 / 예슐 발휘의 진가치

이번에 예슐계에 더명한 김동한(金東漢) 김영한(金永漢) 현텰(玄哲) 삼씨는 전텩임을 가지고 우리의 싱활이 참다웁지 못흠은 확실한 의의가 잇지 못흠이매 이것을 근뎨 잇고 의의가 잇는 싱활을 하랴면 무엇보다도 우리의 민족은 각각 그 의력과 판단력을 양성치 안이치 못하겟고 양성하랴면 예술(藝術)의 힘을 빌지 안이홀 수가 업다고 하야, 죽쳠뎡 일뎡목 사십번디에 예슐학원(藝術學院)을 설립하야 무도(舞蹈)와 음악(音樂)과 연극(演劇)을 교슈하는대 보통과는 무도는 삼기월, 음악과 연극은 각각 일기년에 교수하며 쏘 연구과를 두어셔 각각 일기년 식으로 긔한을 뎡하야 이샹 삼씨가 칙임을 가지고 교수혼다는대, 보통과의 무도반은 가뎡무도, 보통 사교무도를 가라치며, 음악반은 성악부에는 성악과 악리를, 긔악부에는 『피아노』『쌔이오린』『기짜라』악리를 가라치고 연극반에는 각본랑독과, 실연과, 동양연극의 변쳔과 셔양연극사와 쇼셜긔요와 각본요지와 분장술과 세계연극사됴와 음악과 무도를 가라치며 연구반에는 그 이샹 뎡도로 가라친다더라.

동아 22.07.23 (4) 저축 선전 활동사진

식산은행 김천지점 주최의 저축 선전 활동사진을 거(去) 십육일부터 김천좌에서 이 일간 천여인(千餘人)에게 공람(供覽)한 바, 차(此)에 인하야 저축 예금 * 입자가 칠십 인에 근하얏다더라. (김천)

동아 22.07.23 (4), 22.07.24 (4), 22.07.25 (4), 22.07.26 (4), 22.07.27 (4), 22.07.28 (1) 〈광고〉

황금관 7월 22일자와 동일

매일 22.07.23 (3) 환등으로 대성황 / 북간도 위문강연단

북간도 위문 강연단은 지난 십칠일 오후 아홉시에 함흥텬도교 청년회 후원 하에 텬도교구실 안에 강연회를 열고 연소 박용릐(朴容來)씨는 광막혼 텬디에 나를 구원홀 자가 누구냐는 문뎨로 텬도교 청년회장 사회 하에 장시간의 열변을 토하야 천여명 텽중에게 무한흔 감동을 주고 인속하야 환등회를 열고 즈미잇고 실디의 비흘 교육자료의 환등 영사로써 긋을 맛친 후 대성황 중에 폐회하얏다더라.

매일 22.07.23 (3) 인단(仁丹) 위생전람

그동안 각 디방에셔 기최하야 환영을 밧은 인단 위싱 뎐롬회는 금 이십삼일브터 명치뎡 공설시장 이웃이 왕한성병원 조리에서 기최하고 일반의 죵롬을 허혼다더라.

동아 22.07.24 (4) 〈광고〉
칠월 이십사일부터 사진전부차환
미국 콜도잉 회사 영화
사회극 **백은(白銀)의 무리** 전칠권
주역 후레속그스단돈씨 연(演)
희극 **불요(不要)의 걱정** 전일권
차레스 쟈붕링씨 연(演)
해설자 서상호 최종대 김덕경 최병룡군
신연속사진 제공
미국 세렉트 회사 영화
연속활극 **암호의 사미인(四美人)** 전십오편 삼십권 중
주연 반월숀씨 네브짜브양 공연(共演)
제일회 제일편 부지의 유산(不知의 遺産) 제이편 복수의 염(焰) 제삼편 악마의 혈(穴)
해설자 이병조 우정식군
경성부 수은동
대정활영회사 일수특약
단성사 전화 (본) 구오구번

동아 22.07.25 (3) 극장에서 도박 / 테포된 극장 주인
지난 이십삼일 오후 오시 경에 대뎐 춘일뎡 일뎡목(大田 春日町 一丁目)에 잇는 대뎐 좌(大田座) 주인 중촌극등(中村克登)은 리웃 사람을 모아놋코 자긔 극장 안에서 일을 맛치고 돈내기 화투를 하얏든 바, 이것을 탐지한 경찰서에서는 경관 오명이 출장하야 중촌극등 외 삼 명을 테포하야 본서로 호송하얏다더라. (대뎐)

동아 22.07.25 (4) 포항의 장저(獎貯) 활사(活寫)
조선식산은행 포항지점 주최로 금월 이십일 오후 팔시부터 포항보통학교 내에서 저축 선전 활동사진을 영사하얏는대 관람자이 이백여명에 달하얏더라. (포항)

동아 22.07.25 (4), 22.07.26 (4), 22.07.28 (2) 〈광고〉

단성사 7월 24일자와 동일

매일 22.07.25 (3) 본지 독자 우대 / 대정관의 대명화 / 입쟝료눈 반익식

요사히눈 여러가지 활비극 등이 만히 류형되야 피로하엿던 정신과 복잡하던 두뢰를 슈양하기에 가장 뎍당한 즁 쟉 이십사일브터 이십륙일 밤 삼일 동안은 대정관(大正館) 활동사진관에서 종교뎍 예수 그리스도의 고졔되는 『요와네』가 일노브터 이빅여년 전에 쟝차 압흐로 도라올 일을 예언하야 말하던 그 즁 대략을 취하야 문예시뎍으로 만던 묵시록의 사긔ㅅ(默示錄의 四騎士)의 십일권인 바 촬영비용은 륙빅만원이요 출쟝인파는 십여만원을 넘기고 박히눈데도 특별히 젼셜흔 일층＊을 소실ㅅ지한 대명화인대 문동 『이바니에스』씨의 구가하던 세계 흔 편의 대참희비시(大懺悔悲詩) 등으로 이 사진은 응용화셕과 염셕의 미려션명한 것은 도뎌히 이번 긔회가 아니면 보기 어려운 사진이요 그의 활비극이 만타는대 이 할인하야 이 죠흔 ㅅ진을 한번 본지 이독자를 위하야 구경식혀 드리기로 쟉뎡흔 결과 삼일간은 당일 입쟝료에 대하야눈 일등은 일원이요, 이등은 륙십젼으로 대뎡되얏눈 바 특별히 본지 독자를 위하야 본 지난 회에 박힌 활인권을 버혀가지고 가시눈 니에게눈 반익으로 일등은 오십젼 이등은 삼십젼으로 하엿더라.

매일 22.07.25 (3) ◇영사막◇

▲ **단성사** 이십사일브터 사진을 교환흔 바 사회극 『빅온의 무리』 칠권과 신련속 사진 『암호의 네 미인』 삼십권 즁 륙권을 영사흔다는대 미오 흥미잇는 탐뎡대활극이요. 그 외 실사 희극 등이 잇셔 볼 만하다고.

▲ **대정관** 본지 독자우대로 이십사일브터 삼일간 반익으로 관람케 하눈대 열한권짜리 『묵시록의 네긔사』의 사진이 뎨일인대 이 사진은 누구던지 한번 볼 것이요. 세계뎍 대명화로 평판이 내외에 ㅈ자한 사진이며, 그 외의 희극 활극 등이 잇다고.

매일 22.07.25 (3) 〈광고〉

칠월 이십사일브터 삼일간 어(於) 대정관
성역젼긔(聖譯傳記) **묵시록의 사긔사(四騎士)** 젼십일권
독자우대할인입쟝권

입장료 일원 일등 이등 육십전
할인료 오십전 삼십전

매일 22.07.25 (3) 〈광고〉

수요일 밤을 잇지 마시오
조선호텔에 장미화원
매 토요, 일요 급(及) 수요일 하오 팔시 삼십분 개연
칠월 이십이일 제삼회 푸로그람
실사 **교육사진** 전일권
갈나리 강의 귀부인과 륜돈(倫敦)[62] 동물원의 동물에게 음악 사용
희극 **한참 쉬자** 전이권
닉슌낼사에 특별 제작
연애극 **황야의 화(花)** 전칠권
원명은 호접에 숙(蝴蝶에 宿)으로 가쟝 취미진々한 영사(특히 경성악대(京城樂隊)에
주악이 유(有)홈)
안타스리워트씨 주연
단 입장료는 오십전에 대하야 상쾌 청량훈 음료(飲料)를 진정(進呈)홈 ＊ ＊ ＊ ＊
『사진공급자』 쪼지 알 알렌

매일 22.07.25 (4) 〈광고〉

7월 24일 동아일보 단성사 광고와 동일[63]

매일 22.07.26 (3), 22.07.27 (4), 22.07.28 (4) 〈광고〉

대정관 7월 25일자와 동일

동아 22.07.27 (4) 활동사진대 내공(來公)

목포청년회에서는 재동경 고학생을 원조하기 위하야 활동사진대를 조직하고 각지

---

62) 런던
63) 다만 매일신보 광고에는 변사명이 없음.

를 순회하던 바 본월 이십이일 공주에 내도(來到)하얏는대 당지 청년단과 동아일보 지국 후원으로 금강관(錦江舘)에서 개막하얏는 바 좌(左)와 여(如)히 동정금이 유(有)하얏더라. (공주) (동정 명부와 액수는 생략)

매일 22.07.27 (3) 원산의 제일막 / 원산 인수의 환영

경성에서 환영 밧든 동경류학싱으로 죠직흔 관성연예단(觀城演藝團) 일힝은 지나간 이십이일 오전 일곱시에 원산역에 하차하야 그 날은 휴게하고 동 이십삼일 오후 여덜시에 원산청년회 후원 하에 *락좌에서 기막을 흔 바 명각 전브터 구름갓치 모혀드는 수의 관즁은 쟝니외에 살도하야 실로 혼잡을 하엿스며 예뎨는 『아—져 성명』이란 것으로 기연하엿는대 끈일새 업는 손벽치는 쇼러는 쟝니를 진동하는 즁에 밤 열두시에 무수히 폐회하얏다더라.

동아 22.07.29 (2) 〈광고〉

유사 대활(大活) 고급 영화 황금관

당 이십구일부터 사대 영화

=독특의 우수(憂愁) 영화=

희극 부로니군 이권

충견 부로니의 대활극……

문부성 추천 영화

데기사스의 소영웅 이권

서부 고원에 기(起)한 교훈적 대활극

가메루마이아스양 주연 자구고너씨 감독

사회극 **법의 랑(法의 娘)** 오권

보로씨 대역연 제사회 목(目)

연속활극 **사—가스왕** 사권 상영

칠편((정상(町上)에서) 팔편 (*도(*道))

일본 영화계의 거성 비상정부(非上正夫)씨 보품(保品)

신파순영화극 **한춘(寒椿)** 오권

=(추천 영화와 학생 우대)

(매야(每夜) 주야) (요금 보통)

점중(店中) 휴면중(休眠中) 십삼세 이하 십전 균일

동아 22.07.29 (4) 〈광고〉
칠월 이십구일부터 사진전부차환
미국 콜도윙 회사 영화
실사 **모브, 찻트의 산물** 전일권 (주악)
미국 나쇼날 회사 영화
희극 **일수지몽(一睡之夢)** 전이권
미국 바이다그랍 회사작
인정활극 **남방의 벽혈(碧血)** 전칠권
해설자 최종대 최병룡 김덕경 서상호군
미국 세렉트 회사 영화
연속활극 **암호의 사미인(四美人)** 전사권 상장
주역 반월숀씨 가브레브양 공연(共演)
제이회 제사편 사의 예도(死의 銳刀) 제오편 운명의 인질
경성부 수은동
대정활영회사 일수특약
단성사 전화 (본) 구오구번

매일 22.07.29 (2) 〈광고〉
동아일보 7월 29일 단성사 광고와 동일

매일 22.07.29 (3) ◇영사막◇
▲ **단성사** 금 이십구일부터 사진 전부를 교환한 바 련속사진 『암호의 네 미인』인은
데이회지로 평판이 죠흐며 이 외 희극 『한번 죠오는 꿈』 두권이 우슘거리이며 인정
활극에 『남방의 벽혈』 칠권도 곡진기정흔 인정싱활이 낫하나는 사진으로 실수도 볼
만하다고.

동아 22.07.31 (1), 22.07.31 (4), 22.08.02 (1), 22.08.03 (4), 22.08.04 (4) 〈광고〉
황금관 7월 29일자와 동일

동아 22.07.31 (1), 22.07.31 (4), 22.08.02 (4) 〈광고〉
단성사 7월 29일자와 동일

동아 22.07.31 (3) 교풍회(矯風會)인가 부랑협잡회인가 / 회장 송병준 백(宋秉畯 伯)의 기괴한 운동 / 풍긔를 개선하는 교풍회가 목뎍을 저바리고 기생이나 츌동계를 수증에 넛코 롱락할 계획

일진회를 거느리고 일한 합병을 주창하야 그 공로로 귀족의 칭호를 가지고 그 덕턱으로 루거만의 자산을 가지게 된 송병준(宋秉畯)씨는 기간 별일이 업슴이든지 대정권번(大正券番)이라는 기성조합의 뒤배이나 보아주고 대성사(大成社)라는 간판으로 취리이나 하더니 삼작년에 조선독립운동이 폭발되닛가 동경에 건너가서 여러달 두류하는 동안에

정무총감을 운동한다는 말이 각 신문에 현자히 전하얏스나 그것도 실현되지 안코 그대로 도라온 후에는 다시 민중(民衆)의 세력을 리용하야 볼 싱각이 잇섯든지 배면에서 유민회(維民會)를 후원하고 정면으로 소작인상조회(小作人相助會)라는 것을 조직하야 표리 두 방면으로 다수한 사람을 망라하야 경향 각처에서 활동을 하며 조승용 일파의 대정친목회(大正親睦會) 긔관으로 창간되얏든 조선일보(朝鮮日報)를 마타다가 매삭 불소한 금전을 던져가면서 경영을 하는 한편으로는 중추원 고문(中樞院顧問)이라는 명의를 가지고

총독이나 정무총감의게 신용이 매우 잇다고 세상에서 쪄드는데 최근에는 가명의 륜긔를 바르게 하고 사회의 풍긔를 개선하야 민풍을 함양(民風涵養)한다는 목뎍으로 조직된 경성교풍회(京城矯風會)에도 회장이 되얏는데 다른 사업에 관계하는 의사는 과연 엇더한지 이것은 일부러 론의할 필요가 업거니와 새로히 회댱된 교풍회를 중심으로 삼아 최근에 긔괴한 활동을 개시하게 되야 사회에 큰 문뎨를 일으키게 되얏더라

기생과 통계(篜契)를 장중(掌中)에 / 너흐랴는 놀나울 그 계획

사건의 시초는 이십팔일 저녁에 교풍회댱 송병준씨가 교풍회의 모모 간부를 다리고 경긔도 경찰부의 수뢰자와 경성 모모 경찰서의 수뢰자를 욱뎡(旭町)에 잇는 일본 료리뎜 백수로 청하야 자긔가 회장에 취임하얏다는 피로연을 여른 일이 잇섯는데 당시 교풍회에서 새로히 하겟다는 사업이라고

경찰편의 찬성과 원조를 바란다하고 당초에 설립된 목뎍과는 정반대되는 여러가지 조목이라. 이제 그 조건을 대강 소개하건대

본래 교풍회에서 정악전습소를 경영하야 조선 정악을 가르치는 터이닛가 경성 각 권번의 기성도 전부 정악전습소에 와서 정악을 배호게 할 일.

기성으로 하야금 음악을 공부하게 하되 다른 곳에 가지 못하게 하고 반드시 정악전 습소로 오게하되 정악전습소의 수업증서를 첨부하야 청원하지 아니하면 기성의 영업장을 내여주지 아니할 일.

한번 폐업하얏든 기성의게 다시 영업장을 줄 쌔에는 교풍회에서 가정을 조사하야 부득이한 것 이외에는 주지 아니할 일과 기성의 복장은 일종 특별한 것을 뎡하야 그것만 입게할 일.

기성이 이 권번 저 권번으로 왕래하지 못하도록 현재 잇는 권번의 승낙이 업시는 다른 권번으로 가지 못하게 할 일.

종래 기성의 시간갑은 료리점에서 일할오분을 먹고 권번에서 일할을 쪠엿는데 권번에서 쪠이는 것을 일할오분으로 고쳐서 오분은 교풍회로 바치게 할 일.

유부기와 무부기를 구별하야 유부기는 유부기대로 무부기는 무부기대로 권번을 만들게 할 일.

의 몃가지인대 이것은 교풍회가 아니라 기성의 총조합을 만들랴 함이나 다름업고 기성의 마음대로 권번을 밧고지 못하게 함과 유부기 무부기로 조합을 구별한다 함은 송씨와 관계가 깁흔 대정권번의 리익을 위함인 듯하며

쏘 한 가지는 경성에 출통계가 칠, 팔백이나 되는데 이러한 계의 출통은 반드시 교풍회에 와서 행하게 할 일이라 함은 유해무익하고 협잡에 갓가온 출통계와 쏘 무슨 관계를 매즈랴 함이라. 기성과 출통계에 폐해가 잇스면 각기 법령에 의지하야 경찰관서에서 단속할 것인대 무슨 싸닭인지 명식이 교풍회라하면서 기성의 시간 삭이나 벗겨 먹고 출통계의 총감독 노릇을 하랴는지 그 심사는 실로 괴괴하다 하겟더라.

동아 22.07.31 (4) 미선(米撰) 야학 순회 활사(活寫)

군산 각 정미공장 미선노동조합에서 적성(赤誠)야학을 설립한 지 이개년간 미선노동자 아동 삼백여명을 교육하든 바 금번 하기 휴학을 이용하야 사립 계화(桂花)여학당과 연합하야 수일 후에 양악 급(及) 교육 활동사진대를 조직하야 가지고 전남북 각 지방을 순회할 터이라더라. (군산)

동아 22.08.01 (4) 군산 활동사진대

기보(旣報)한 바와 여(如)히 군산 미선조합에서는 해(該) 조합의 경영하는 적성야학
교와 군산계화여학교생을 합동하야 교육장려순회활동사진대를 조직하고 호남선 방
면을 일일히 순회코저 하는대 당지 교육후원회, 진남구락부, 동아일보 지국, 초*
(初*)조합 사개 단체의 후원을 득(得)하야 칠월 이십일일 군산을 출발하야 좌기(左
記)와 여(如)히 순회 흥행한다더라.

김제, 부안, 만포, 정읍, 고창, 영광, 나주, 목포, 제주, 해남, 강진, 영암, 장흥, 보성,
흥양, 여수, 광양, 순천, 구례, 곡성, 담양, 광주, 남원, 운*(雲*), 장수, 진안, 무주,
금산, 대전, 논산, 강경, 익산, 전주 (군산)

매일 22.08.01 (4), 22.08.02 (4) 〈광고〉

단성사 7월 29일자와 동일

매일 22.08.02 (3) 〈광고〉

조선호텔 장미화원
매 토요, 일요 급(及) 수요 하오 팔시 삼십분
활동사진
팔월 이일 제사회 푸로그람
1, 희극 **아바클에 치애(痴愛)** 전일권
1, 실사 **북미행각(北米行脚) 제오** 전일권
호도(胡桃)회사 제유(製油)실황
1, 신가정희극 전이권
1, 실사 **이태리의 산** 전일권
1, 특별사회극 **고산화(故山花)** 전오권
마가렛트 뷔린취양 주연
입장료 오십전에 청량음료를 진정(進呈)하오며 경성 악대에 주악이 유(有)홈
사진공급자 쪼지 알 알렌

매일 22.08.02 (4) 해삼위(海蔘威) 연예단 내함(來咸)

해삼위 천도교 학생연예단은 함흥 천도교 청년회 이하 다수 단체의 후원하에 거(去)

이십구일 하오 팔시 반브터 함흥 천도교구 실내에셔 이일간에 긍(亘)혼 음악무도(舞蹈)대회가 잇섯더라.

동아 22.08.03 (4) 〈광고〉
팔월 삼일부터 사진전부차환
이대 사진 특별 공개
원작, 문학가 아셀메례스씨의 걸작인 원명『룩서리』라눈 소설을 각색 촬영한 것인대
세계적 명작으로 다대훈 찬성을 밧은······
미국 아ー로 회사 영화
인정극 **영화의 극(榮華의 極)** 전육권
점々 가경(佳境)의 지(至)혼 근일 연속 사진계 제일위 점자(點者)
미국 세렉트 회사 영화
연속활극 **암호의 사미인(四美人)** 전십오편 삼십권 중
제삼회 제육편 기회의 고도(孤島) 제칠편 반항의 소란
제팔편 선중(船中)의 격투 전육권
경성부 수은동
대정활영회사 일수특약
단성사 전화 (본)구오구번

매일 22.08.03 (2) 〈광고〉
동아일보 8월 3일자 광고와 동일

동아 22.08.04 (4) 영흥(永興) 식산 활동사진
식산은행 영흥지점에서는 칠월 삼십일 오후 팔시부터 영흥공립보통학교 내에서 활동사진회를 개(開)하고 일반 저금사상을 환기 (영흥)

동아 22.08.04 (4), 22.08.05 (4), 22.08.07 (3), 22.08.08 (1) 〈광고〉
단성사 8월 3일자와 동일

매일 22.08.04 (4) 간도 고학생 연예회!

사랑 만흐신 부모의 슬하를 써나 짜뜻훈 고국 산천을 등지고 서백리아(西伯利亞)[64]에셔 취래(吹來)하는 냉냉훈 맹풍(猛風)에 천행만고를 금의옥식(錦衣玉食)으로 감수하면셔 만리전정(萬里前程)의 낙원을 차즈려고 악전고투로 간도에 유학하는 아(我) 북선(北鮮) 고학생 십육명은 금반(今般) 하계를 이용하야 귀성차에 연예회를 조직하야 가지고 거(去) 이십오일 오후 팔시브터 당지(當地) 만년좌(萬年座)에서 『금전의 한(金錢의 恨)』이라는 예제로 연예를 흥행하야 부형제씨(父兄弟氏) 외 각지 유학생에게 다대훈 감상과 유익을 주엇는대 종막에 관람자의 환영을 표하는 박수성리(裡)에서 일일을 연장하야 이십육일까지 흥행하게 되얏는대 이십오일 야(夜) 좌기(左記)의 동정금이 유(有)하얏다더라. (회령)

오원식(式) 회령 기독청년회, 수상(水商)조합, 이원식 정기모(鄭機模), 유철용(俞哲溶), 윤순갑(尹順甲), 일원오십전식 최만재(崔晩載) 김용범(金用範) 일원식, 오기석(吳基錫), 유한주(俞漢周), 최성종(崔星鍾), 무명씨

매일 22.08.04 (4), 22.08.05 (3), 22.08.06 (4), 22.08.07 (3), 22.08.08 (4) 〈광고〉

단성사 8월 3일자와 동일

동아 22.08.05 (4) 〈광고〉

유사 대활(大活) 고급 영화 황금관

당 팔월 오일부터 명화대회

희극 **십삼호** 일권

희극 **화란용(和蘭踊)** 이권

활극 **서부는 됴흔 곳** 이권

훗도기부손씨의 장쾌극

사회극 **금색의 몽(金色의 夢)** 오권

레오나는 수십만에 모(母)의 유산보담도 귀중한 애(愛)를 지(知)하기까지에 대사계극(大社界劇)

연속활극 **사−가스왕** 제오회 목(目)

---

64) 시베리아

구편 다이나마이도 십편 신통력

사계활비극 **화(花) 이바라** 오권

조폭(粗暴)한 피녀(彼女)가 일 잡지를 독(讀)하고 미적 방면에 입(入)하야 하이도 청
년의 애(愛)에 의하야 신생활을 하는 활비극

＝(매야(每夜) 주야 이회)＝

서중(暑中) 휴면중 십삼세 이하 십전 균일

본 광고 절취 지참자는 십전 할인함.

동아 22.08.06 (4), 22.08.08 (1), 22.08.09 (4), 22.08.10 (4), 22.08.11 (4) 〈광고〉

황금관 8월 5일자와 동일

매일 22.08.06 (3) 위생활동사진 / 오륙 량일간에

룡산경찰셔 쏘는 경성부 출쟝쇼는 홍슈 후의 위싱사샹을 철뎌히 하기 위하야 오일
륙일 량일에 마포 공립 보통학교에서 위싱 활동사진을 기최홀 터대인[65] 량일 밤은
오후 팔시브터 기최혼다더라

매일 22.08.06 (3) 흥행계

▲ **단성사** 삼일브터 사진 전부를 교환하야 만원이 되는대 문학가의 걸작인 々정극
『영화의 극진』 여섯막과 련속사진 『암호의 네 미인』 여섯권이 이대 사진이요 그 외
희극 실사로 자미진 々 하다고

▲ **국제제일극단** 금륙일브터 경성극장에셔 시로 기연한다는 대일류 비우로 죠직된
터로 목덕은 닉션융화를 표방하고 실제의 모범 교훈극 갓흔 것을 흥힝혼다고

▲ **반도극좌** 이것도 새로 죠직된 바 남녀 비우 십여명이 단흡하야 오는 팔일 니로 전
됴션 슌업에 나아갈 터인대 시 각본 『셜중혈』이란 예뎨로 흥힝혼다고

동아 22.08.07 (4) 함흥 저축 선전 활동

조선식산은행의 주최인 저축선전 활동사진대는 팔월 일, 이 양일간 하오 팔시 반부
터 진사좌(眞砂座)에서 영사하얏는대 우천임도 불고하고 관람자가 다수 입장하야 성

---

65) '터인대'의 오식

황을 정(呈)하얏다더라. (함흥)

매일 22.08.07 (4) [흑백]

▲ 수동셔 지금 굉쟝히 짓는 연흥사 터젼의 시 극장집은 완성하기 젼에 보아도 연극쟝 즁에 뎨일인 듯 하여요. 그러나 그 흥힝 권리를 엇던 량반에게 넘기엿단 말이 잇셰요. 사실이면 그것도 바라던 것이 허사가 되고 말엇습듸다. 졍말인가 좀 알어 쥬셰요. (일(一)배우)

동아 22.08.08 (3) 육시간의 대정전 / 암흑한 대구 시가 / 연극장의 대혼잡

대구에서는 지난 사일 오후 칠시경부터 전부 명면이 된 바 대구 전 시가는 암흑 세계가 되야 각 상뎜이나 료리집에서는 전부 초불을 켜고 뎐긔 오기만 고대하며 시시로 뎐화를 걸어 우편국 교환수는 놀 여가가 업시 분주하엿고 뎐긔회사에서는 몃 사람이나 뎐화긔계에 부터서서 쎠날 시간이 업시 되엿스며 각 연극장에서는 륙, 칠백 명의 관객이 입장하엿스나 뎐긔가 업서 힝연을 하지 못하게 되야 관객에게 입장료를 밧고아 주엇다는대, 일시에는 큰 복잡을 이루엇스며 명면된 시간은 오후 칠시부터 오일 오전 일시 반까지 약 륙시간인대 대구에서 뎐긔회사가 설립된 후 처음으로 전 시가가 캄캄하게 되여 큰 곤난을 당하엿스며 각 상뎜의 손해도 적지 아니한 모양인대 뎐긔회사에 대한 불평이 만타더라. (대구)

동아 22.08.08 (3) 괴질 예방 활동사진 / 부천 등디에서 영사

경긔도 경찰부(京畿道 警察部) 위싱과에서는 중국 영구(營口) 방면에서 괴질(怪疾)이 류행하는 까닭에 특히 해변에 사는 어부(漁夫)들에게는 예방주사를 너흘 필요가 잇다 하야 방금 실행 중이라함은 임의 보도한 바어니와 예방의 주의를 털저하게 선전키 위하야 괴질 예방 활동사진대를 파견하야 위선 강화(江華), 부천(富川), 김포(金浦) 등 해안 디방에서 영사할 터인대 금 팔일 밤부터 부천에서 시작하야 십일 밤 강화의 차례로 순회할 터이라더라.

동아 22.08.09 (4) 〈광고〉

팔월 팔일 사진전부차환
미국 나쇼날 회사 영화

실사 **아루푸스 산의 설경** 전일권 (주악)

미국 콜도잉 회사작

희극 **자식의 번뇌** 전이권

미국 도라이알글 회사작

사회극 **황금과 연애** 전오권

미국 마세넷트사 영화

희극 **데부의 간계** 전일권

미국 에지손 회사 영화

인정활극 **남자다온 남자**

경성부 수은동

대정활영회사 일수특약

단성사 전화 (본)구오구번

동아 22.08.10 (2), 22.08.11 (4), 22.08.12 (4), 22.08.13 (3) 〈광고〉

단성사 8월 9일자와 동일

매일 22.08.10 (3) 순회극단 환영 / 도쳐의 동정금 답지

반도 고학성 친목회의 젼됴션 슌회극단은 칠월 십륙일에 쳐음으로 수원에 도착하야 그 곳 유지의 후원으로 수원에셔 초막을 열엇는대 당일 오젼브터 비가 와셔 밤ᄭ지 긋치지 안이하엿난대 비옴도 불고하고 만쟝 환영 속에 긋ᄭ지 맛치게 되엿는대 그 날 유지의 동정금은 김동철 김셩텬 무명씨 각 오원과 우셩현씨의 일원과 동아일보 지국의 삼원이엿고, 동 십칠일은 텬안에 도착하야 당디 유지의 후원으로 텬안좌에 셔 기막하게 되얏는대 이 눌도 역시 비가 기이지 안코 와셔 길이 수렁이 되얏셔도 명 각 젼에 만원이 되야 셩황 즁에 폐회한 바 그 눌 동정금은 텬안군수 황덕슌씨의 오원 과 심의쇼씨 삼원이며 강헌쥬 졍루모씨의 각 이원과 김쥰호 안쥰셕 셩사경 리씨 류 한긔 진우림 리만죵 류명렬 리경식 졔씨의 일원이엿셧더라.

매일 22.08.10 (3) 〈광고〉

예술학원 학원(學員) 모집

무도과(舞蹈科) 음악과 연극과

각과 남녀학원을 모집하오니 상세사항은 경성부 죽첨정(竹添町) 일정목 사십번지 예술학원으로 내문(來問)하시오

책임자 무도 김동한(金東漢) 음악 김영환(金永煥) 연극 현철(玄哲)

개학은 팔월 십오일

내문 시간은 상오 십시로부터 하오 오시ᄭᅡ지

동아 22.08.11 (3) 갈돕회 순극단 / 함경도 방면 일뎡

고학싱 갈돕회 디방 순회 연극단 관동대(巡廻演劇團 關東隊)는 예뎡한 일뎡에 의하야 당전(長箭)ᄭᅡ지 흥행하얏스나 교통이 불편한 관계로 연극을 계속하야 할 수 업슴으로 관동 디방의 연극은 중지하고 그곳은 강연을 하기로 하얏스며 그 연극단은 함경도 디방으로 가게 되얏는대, 일뎡은 다음과 갓다더라

관동강연단

연사 김낙선(金樂善) 이계면(李桂冕)

함경도 순극단 (단원은 이전 동)

▲ 팔월 칠일 원산 ▲ 팔일 ＊원 ▲ 구일 문천 ▲ 십일 고원 ▲ 십일일 함흥 ▲ 십삼일 홍원 ▲ 십오일 북청 ▲ 십육일 신포 ▲ 십팔일 성진 ▲ 이십일 길주 ▲ 이십이일 명천 ▲ 이십사일 경성(鏡城) ▲ 이십오일 ＊남 ▲ 이십육일 청진 ▲ 이십칠일 회령 ▲ 이십구일 용정 ▲삼십일 종성

(형편에 의하야 변동도 유(有)함)

매일 22.08.11 (2) 〈광고〉

팔월 팔일 사진전부교환

미국 나쇼날 회사 영화

실사 **아루푸스 산의 설경** 전일권 (주악)

미국 콜도잉 회사 영화

희극 **자식의 번뇌** 전이권

해설자 오태선군

미국 도라이알글 회사 작

사회극 **황금과 연애** 전오권

해설자 일, 이권 이병조 삼권 최병룡군 사, 오권 김덕경

미국 막세넷트사 영화

희극 **데부의 간계** 전일권

해설자 최병룡군

미국 에지손 회사 영화

인정활극 **남자다온 남자** 전오권

해설자 일, 이권 우정식 삼, 사, 오권 최종대군

대정활영회사 일수특약활영

단성사 전화 본국 구오구번

매일 22.08.11 (4) 동린구락(同隣俱樂) 소인극

재(在) 동경 동린구락부(同隣 俱樂部)의 주최인 소인연극단은 함흥 기독청년회 이하 다수 단체의 후원하에 거(去) 이일브터 삼일간 진사좌(眞砂座)에셔 흥행하얏눈대 극제(劇題)는 제일야(第一夜) 『나는 져곳으로』, 제이야 『파선』, 제삼일 야 『무정』으로 야(夜) 만원의 성황으로 대환영리에 무사 종료 하얏더라. (함흥)

동아 22.08.12 (4) 〈광고〉

유사 대활 고급 영화 황금관

당 십이일부터 특선사(特選寫) 제공

희활극 **도망하는 천막** 일권

희활극 건(鍵)의 혈(穴)로부터 일권

서부대활극 **국경의 협위(脅威)** 이권

후로키부슨씨의 대활약

인정대활극 **만추의 애별(哀別)** 오권

과거의 죄악을 지(知)하고 **을 애별하고 재래(再來)의 춘(春)에 쾌청한 광명을 *함 쏘로씨 역연 제육회

연속모험 **사－가스왕** 사권

사계(社界)활극 **배금광(拜金狂)** 오권

과 두취(頭取)의 랑(娘)이 활동함으로 혜(惠) * 두취와 *사(*士)을 대추적하여 해결을 견(見)하는 통쾌극

＝(매야(每夜) 주야 이회)＝

서중(暑中) 휴면중 십삼세 이하 십전 균일
본 광고 절취 지참자는 십전 할인함.

매일 22.08.12 (4), 22.08.13 (2) 〈광고〉

단성사 8월 11일자와 동일

동아 22.08.13 (4) 만경관(萬鏡舘) 건축 착수

대구부 경정(京町) 일정목(一丁目) 전(前) 조선관 적(跡)에 조선인 십여명 일본 일명
이 합명하야 이오(二五)극장을 건설하기로 준비중이라 함은 기보(旣報)와 여(如)하거
니와 기후(其後) 이오극장이라하는 명칭을 만경관이라 개칭하고 수일 전부터 건축
공사에 착수하야 방금 연와제(煉瓦製) 양옥 삼층을 건축하야 조선인 연극과 활동을
전문으로 할 터이라더라. (대구)

동아 22.08.13 (4), 22.98.14 (1), 22.08.15 (1), 22.08.16 (4), 22.08.17 (4) 〈광고〉

황금관 8월 12일자와 동일

매일 22.08.14 (4) 관성연예단 내홍(來洪)

재동경 유학생 관성연예단 일행은 거(去) 칠월 이십구일에 단장 강제동(姜濟東)군 인
솔하에 본지(本地)에 내착하야 익(翌) 삼십일 삼십일일 양일간 개막하얏는대 본지 인
사의 다대훈 찬성이 유(有)하얏고 그 후원으로 본사 홍원(洪原)지국, 천도교청년회,
동아일보 분국(分局), 기독교청년회에셔 막배경(幕背景)의 설비ᄭ지 기여(寄與)하얏
스며 동시 관중의게 무한훈 감흥을 여(與)하얏더라. (홍원)[66]

동아 22.08.15 (1) 〈광고〉

매일신보 8월 15일자 단성사 광고와 동일[67]

---

66) 함경남도 홍원군 홍원읍
67) 다만 매일신보와 달리 변사명이 없음.

동아 22.08.15 (3) 〈광고〉

조선호텔 로스까덴

매 토요일, 일요일 급(及) 수요일 하오 팔시 삼십분

활동사진 특별 순서

팔월 십육일 상장

미국 메투로 회사작

사회극 **인인의 휘성(因人의 輝星)** 전육권

멧트라이＊씨 쎅듸팔＊트씨 공연(共演)

작년중 대성황을 정(呈)한 ＊＊적 영화

미국 골도윙 회사작

사회희극 **모친의 외출** 전이권

만니＊＊씨 ＊＊＊＊씨 공연

미국 비손＊ 회사작

사회모험 **모곌산의 불가사의** 전일권

미국 기넷도 회사작

실사 **우리의 동무** 전일권

장미화원 다과권(茶果券) 금 구십전에 청량음료를 진정(進呈)하옵고 특히 경성악대의 음악과 활동사진을 완상(玩賞)하시게 하옵이다.

사진공급자 쪼지 알 알렌

매일 22.08.15 (2) 〈광고〉

팔월 십삼일 사진전부교환 오일간 공개

실사 나이야가라 폭포 전일권 (주악)

미국 콜도윙 회사 작

희극 **은배(銀盃)를 취(取)코자** 전이권

해설자 오태선군

미국 애도로 회사 영화

변화극 **우후의 월(雨後의 月)** 전칠권

해설자 김덕경 최병용 우정식

미국 셰렉투 회사 작

연속활극 **암호의 사미인(四美人)** 십오편 삼십권 중
제사회 구편 숙명의 가(家) 십편 사멸의 광선 전사권 상장
해설자 이병조 최종대
대정활영회사 일수특약활영
단성사 전화 본국 구오구번

매일 22.08.15 (3) 대구극장에 건축 / 쥰공은 십일월경

남선에 유일훈 도회디로 됴션인 호수 팔천여, 인구 사만을 포위한 대구에셔 일차 됴
션관(朝鮮舘)이 쇼실된 이후로는 아직까지 됴션인 경영의 극장 호아이 업셔 달은 디
방으로부터 극돈이 오거나 당디 각 단톄에셔 쇼인극을 기최홀 째나 혹은 강연 강화
등 기타 각종의 집회를 요홀 시에는 반다시 하로 밤에 팔십구원 내지 일빅 사오십원
식의 료금을 내이고 니디인 경영의 극장을 빌게 됨은 일반 사회에 대하야 호갓 슈치
라 안이치 못홀 바이라. 그럼으로 금반 당디 됴션인 십여명의 발긔로 수만오쳔원의
주식을 모집하야 경뎡 일뎡목 구됴션관 터를(京町 一丁目 舊朝鮮舘 跡)에 벽돌 삼층
의 극장 겸 활동사진 샹셜관(劇場 兼 活動寫眞 常設舘)을 건츅케 되야 목하 공사 중인
대 그 쥰공은 오는 십일월 경에 되리라더라.(더구)

동아 22.08.16 (2), 22.08.17 (2), 22.08.18 (2), 22.08.19 (4) 〈광고〉

단성사 8월 15일자와 동일

매일 22.08.16 (1), 22.08.17 (4), 22.08.18 (1), 22.08.19 (4), 22.08.20 (1) 〈광고〉

단성사 8월 15일자와 동일

매일 22.08.16 (2) 전기활동사진 영사 결과 / 길촌(吉村)과장 담(談)

원산부에셔 개최되얏던 조선전기협회에 임석(臨席)하얏다가 십오일에 귀래(歸來)한
체신국 전기과장 길촌＊일랑(吉村＊一郎)씨는 어(語)하야 일협회(日協會)의 주요한
협의로는 활동사진으로써 전기의 필요흔 것을
선전하며 기(其) 영화는 고촉광(高燭光)으로 인하야 인(人)을 구흔 실례나 혹은 『에듸
손』씨의 전기 발명 고심 등을 시사하야 상당한 성적을 수(收)하얏슴으로 금후는 젹
당한 기회를 엇어 각지에 선전권유홀 것과 우(又)는 협회의 희망 결의로써 전기 십기

(什器)[68] 검정을 무료로 하며 전기법규 개정에 밋쳐, 시비(是非)를 전기 사업자에 자문홀 것 등이얏는대 전기십기의 무료 검정은 현시(現時) 조선 사정으로 보면 제반의 문명적 설비에 반(伴)하야 요금은 내지에 비하야 령(寧)히 고(高)홈에 불구하고 오즉 십기의 검정만을 내지 요금의 하(下)로 낙하(落下)홈은 조선 내 재정에 조(照)하야 셔로 곤난홀 바이다. 우(又)

법규 개정에 선(先)히 자문을 하는 것은 당국자의 참고로 되는 의미에서 지극(至極) 동감인 고로 이에 대하야 상당히 고려홀 자(者)이라고 하더라.

동아 22.08.17 (3) 각 권번에 경고 / 기성의 풍긔 단속

요사이 경성 시내에는 부랑자가 점점 느러가서 백주에 기성을 자동차에 싯고 거리로 도라다니며 쏘는 밤이면 본뎡(本町) 근처에 잇는 일본 려관으로 기성을 다리고 와서 좃치 못한 일을 하는 등 시히 풍긔 상에 좃치 못한 영향을 씨침으로 작 십륙일 오전에 본뎡 경찰서에서는 그 관내에 잇는 한성(漢城), 대정(大正), 경화(京和) 세 권번의 주무자와 기타 관계자를 불너 이후부터는 기성으로 하여금 백주에 자동차를 타고 시가로 도라다니든지 쏘는 려관이나 기타 남의 집에 무단히 출입하는 등 이러한 일이 업도록 잘 단속하라고 엄중히 주의를 식혓다는대, 이로부터 시내 각 경찰서에서는 사히의 풍긔를 위하든지 쏘는 경성 시가의 톄면으로 보든지 기성으로 백주에 자동차를 타고 쏘는 려관에 무단히 출입하며 더러운 힝동을 하는 등 이러한 일은 그저 볼 수가 업슴으로 엄즁히 취톄코저 한다더라.

매일 22.08.17 (4) 〈광고〉

소선일거(蘇仙一去) 후에 적벽이 기경추(幾經秋)오. 금년 음(陰) 칠월 기망(旣望)이 임무(壬戊) 육십주(六十周)라. 호남 동복현(同福縣)에 적벽의 범주(泛舟)하니 명월(明月) 천재하(千才下)에 금견고금류(今見古風流)라. 천하유지사(天下有志士)는 대월원동유(帶月願同遊) 하노라.

호남 동복 적벽범주대회(赤壁泛舟大會)

一, 시일(時日) 구월 육일브터 동팔일ㅼ지 삼일간

(음(陰) 칠월 십오일브터 동십팔일ㅼ지)

---

68) じゅうき[什器] 집기. 일상적으로 사용하는 가구나 도구를 말함

一, 시율(詩律) 천천연현선(天川烟縣仙)

一, 활동사진 본사 영사 최신건(最新件)

一, 낙화(落火) 천인절벽(千仞絕壁)에 만발(萬發)의 유화(流火)가 의시구천낙래(疑是九天落來)

一, 조선 예기 청가(淸歌) 묘무(妙舞)를 각반정재(各般呈才)

주최 매일신보 전남지국 동복청년회

매일 22.08.17 (4) 해주학생단 가극회

해주학생친목회에서는 고학생을 구제하기 위하야 거(去) 십사일브터 향후 삼일간 당지(當地) 세성좌(笹星座)에서 가극회를 개최하얏는대 여학생의 음악과 남학생의 소인극 등 대단 자미(滋味)잇섯다더라. (해주)

동아 22.08.18 (3) 건축중의 조선극장

시내 인사동(仁寺洞)에 새로 건축하는 조선극장(朝鮮劇場)은 황원균(黃源均)씨의 명의로 허가되야 만흔 자본을 드리어 금년 봄부터 공사를 진행하든 바, 요사이는 거의 준공이 되야가는 중인대 내부의 설비도 종래 경성에 잇는 불완전한 극장의 제도를 개량하야 관람객의 편의와 화려한 장치를 하얏스며 특별히 삼층에는 가족뎍 관람석을 설치하야 승강긔로 오르내리게 한다는대 이 극장은 조선 사람의 관람객을 전문으로하야 유수한 조선 연극을 상연할 터이라더라.

매일 22.08.18 (4), 22.08.22 (4), 22.08.23 (4) 〈광고〉

적벽범주대회 8월 17일자와 동일

동아 22.08.19 (4) 〈광고〉

유사 직영 고급 영화 황금관

당 십칠일부터 사은 납량 흥행

희극 **사자와 여(女)** 이권

서부극 암흑으로부터 광명에 이권

가-메루마이아-스양 주연

사회극 **요부가 처녀가** 오권

연속모험 **사 - 가스왕** 사권 상장

십삼편 대력전(大力戰) 십사편 공중으로부터

후란구메요 - 씨 주연

활극 **맹호의 용(勇)**오권

교훈사실농담 시사애화 **희소야훈도**(噫小野訓導) 전(全)

본년 칠월 칠일 백석천(白石川)에서 익사하랴는 삼인의 생도을 구조하고자 수(遂)히

훈도 소야(小野) 삿기 여사은 직(職)에 순(殉)하야 익사한 애화 미담

＝사은 입장료 반액＝

계상 사십전 계하 이십전

매일 22.08.19 (3) 위생전람회 개최 / 도텽의 후원으로 데이 녀보고에셔

지나간 십칠일브터 평양 남신뎡 데이 녀주 보통학교 광활한 교장 닉에셔 위싱뎐롬회를 기최하얏는 바 기최 당일에도 구름갓치 모혀드는 관롬긱이 무려 수쳔에 달하엿스며 더욱이 이번 뎐람회로 말하면 도텽 위싱과(道廳 衛生課)에 후원으로써 대대뎍 설비를 하여놋코 일반의 위싱사샹에 향상을 목뎍하야 한 바인대, 동 뎐람회에 츌품흔 덤슈는 빅뎜 이샹이나 된다는 바 그 즁에는 모형과 그림이 만흐며 쏘는 평양 주혜병원에서 실디로 환자의 사진을 박히엿든 것도 다수히 출뎜하얏는 바, 미일 오젼 팔시에 기회하야 오후 네시에 폐회홀 터이며 야근에는 위싱에 관흔 활동사진도 그곳에셔 촬영홀 터이라더라. (평양)

동아 22.08.20 (1), 22.08.21 (4), 22.08.24 (2), 22.08.25 (1) 〈광고〉

황금관 8월 19일자와 동일

동아 22.08.20 (3) 부영(府營) 도서관은 / 내월 즁순에 개관

경성부(京城府)에서는 명치뎡(明治町)에 도서관(圖書舘)을 설시한다함은 임의 보도한 바어니와 요사이 동경으로 주문하얏든 서척도 점차로 도착하는 즁이며 도서관 안에도 서척의 현판을 민드는 등 매우 분망한 즁인대, 지금 현상으로 진행하면 느저도 팔월 즁순까지는 개관을 하게 될 터이오, 개관을 하면 매일 아츰 아홉시부터 야간에도 절긔에 짜라서 오후 아홉시 혹은 열시까지 개관하야 그 부근 각 상뎜에서 고용하는 뎜원들이 아모조록 만히 열람하도록 할 터이나 입장권의 제한이 업스면 독서도 아

니하고 공연의 한 유희장과 갓치 무상시로 분주히 출입을 하면 진심으로 공부를 하려는 사람들에게는 도로혀 폐단이 되기 까닭에 당초에는 입장을 총히 무료로 하려든 것을 변경하야 열두살 이하 아해들은 무료로 하고 십이세 이상은 한 사람에게 이전식을 밧게 되얏다더라.

매일 22.08.20 (3) 리원(利原)에서 관성연예(觀城演藝)

동경류학싱들이 죠직한 관성연예단(觀城演藝團) 일힝은 리원(利原) 청년회의 후원으로 지는 십일 십이 량일간에 당디 선원 각지에서 기연훈 바, 데일일 관즁은 팔빅여명에 달하얏고 데이일은 쳔여명에 달하야 셩황을 이루엇스며 의연금도 답지하얏더라.

동아 22.08.21 (4) 저축 선전 활동사진

래(來) 이십사일 오후 팔시 강화읍 금융조합 전(前) 시장에서 조선식산은행 주최의 저축 선전 활동사진을 영사할 터이라는대 다수 관광을 환영한다더라. (강화)

동아 22.08.21 (4) 활동사진대 내고(來固)

통영청년단 활동사진대는 거(去) 십일일 고성에 도착하야 고성청년단 급(及) 고성기독교청년회, 동아일보 고성분국 후원하에 고성유치원을 원조할 목적으로 가설극장에서 십일일 급(及) 십이일 간 영사하얏는대 관객은 *장을 일우어 박수성이 부절(不絶)하얏스며 동정금을 희사한 자이 다(多)하얏는 바, 유치원에 원조한 금액은 약 팔십원이오, 특별히 동(同) 대장 박봉삼(朴奉杉)씨가 유치원을 사랑하는 뜻으로 경(更)히 금 십오원을 동정하얏더라. (고성)

동아 22.08.22 (2) 〈광고〉

팔월 이십일 사진전부차환
미국 바이다그립 회사
실사 **과학과 운동** 전일권
미국 콜도윙 회사작
사회극 **세계와 여자** 전칠권
해설자 오태선 김덕경 최종대
미국 막크세넷트 회사

희극 **점원의 자리** 전이권

해설자 최병룡

미국 세렉트 회사작

연속활극 **암호의 사미인(四美人)** 십오편 삼십권 중

제오회 십일편 보궤(寶櫃) 십이편 괴촌(怪村)

해설자 우정식 이병조

경성부 수은동

대정활영회사 일수특약

단성사 전화 (본)구오구번

매일 22.08.22 (2) 〈광고〉

동아일보 8월 22일자 단성사 광고와 동일

매일 22.08.22 (4) 여수순극단(麗水巡劇團) 내제(來濟)

여수 지방 청년회 지육부(智育部)에서 노동야학회 유지비를 보조홀 목적으로 소인극부를 특설하고 지방의 동정을 득(得)하기 위하야 순회흥행하는 중 본월(本月) 십사일 상오 십일시에 본도(本島) 산지항(山池港)에 도착하얏는대 당지(當地) 청년단체에서 부두ᄭᆞ지 출영(出迎)하야 천리원래(千里遠來)의 행고(幸苦)홈을 위로하고 흥행에 대하야 후원은 고사하고 열々(烈々)호 전심(專心)으로써 동정(同情)을 표한다더라. (제주)

동아 22.08.23 (2), 22.08.24 (2) 〈광고〉

단성사 8월 22일자와 동일

매일 22.08.23 (3) 동복적벽(同福赤壁)의 범주대회(泛舟大會) / 오는 음력 긔망에 다수 문인 대환영

오는 구월 륙일은 음력으로 칠월 십오일로 쇼동파 선성이 적벽강에서 션유하던 임슐의 긔망이다. 그리고 또 동파 션성의 적벽선유로브터 륙십쥬년의 임슐긔망임으로써 화슌군(和順郡) 니의 광쥬역(光州驛) 동편 무등산(無等山) 아러에 잇는 동복 적벽강(同福赤壁江)에 삼일간 범주대회(泛舟大會)를 기최홀 터인대 이날은 사회에서 질겨하는 활동사진 락화(落花) 됴션긔싱의 가무와 밋 음악의 여흥도 잇고 또 시률에 대하야는

일등 오원, 이등 삼원, 삼등 이원 상품을 증명홀 터임으로 경성 방면에서도 다슈의
문인이 리회하기를 희망한다더라.

매일 22.08.23 (3) 위생활동사진
경기도 경찰부 위싱과와 밋 동대문서 위싱계 쥬최로 이십이일밤에 쑥셤(纛島)에셔 위
싱활동사진을 영사혼다는대 즈미로온 것이 미우 만타하며 일반 관롬은 무료라더라.

동아 22.08.24 (4) 사회교화 위생 선전
강화군에서는 거(去) 십사일 오후 팔시 본읍(本邑) 금융조합 전(前) 시장에서 사회교
화 위생선전에 대하야 장시간에 긍(亘)한 강연 급(及) 활동사진이 유(有)하얏는대, 당
일 청중은 무려 수천에 달하야 파(頗)히 성황을 정(呈)하얏스며 계속하야 하점읍(河
占邑) 길상면(吉祥面) ＊＊도(＊＊島)에서도 이상과 여(如)히 활동사진 급(及) 강연이
유(有)하얏다더라. (강화)

동아 22.08.24 (4) 장연(長淵) 위생 활동사진
팔월 십오일 오후 팔시부터 장연경찰서에서 위생에 관한 활동사진 급(及) 전람회를
개한 바 각면 인민이 다수 관람하야 다대한 상식을 주엇다더라. (장연)

매일 22.08.24 (4) 〈광고〉
단성사 8월 22일자와 동일

동아 22.08.25 (4) 〈광고〉
팔월 이십사일 사진전부교환
＝금전는 하(何)? 연애는 하?＝
연애는 목적의 근본이오…… 금전는 목적의 중개다……
미국 도라이앙글 회사
군사활극 **제일향(蹄一響)** 전오권
미국 콜도잉 회사
희극 **실부와 모모(失婦와 母母)** 전이권
미국 세렉트 회사작

연속활극 **암호의 사미인(四美人)** 제육회 최종편
십삼편 사의 경(死의 境) 십사편 비행기의 구원 십오편 사(砂)의 가책
경성부 수은동
대정활영회사 일수특약
단성사 전화 (본)구오구번

매일 22.08.25 (3) 〈광고〉
팔월 이십사일 사진전부교환
미국 도라이알글 회사 작
군사활극 제일향(蹄一響) 전오권
해설자 김덕경 최병룡
미국 콜도잉 회사 영화
희극 실부와 모모(失婦와 母母) 전이권
해설자 오태선
미국 셰렉트 회사 영화
최종편 연속대활극 **암호의 사미인(四美人)**
제육회 십삼편 사의 경(死의 境) 십사편 비행기의 救授[69] 십오편 사(砂)의 가책
해설자 우정식 이병조 최종대
대정활영회사 일수특약활영
단성사 전화 본국 구오구번

매일 22.08.25 (4) 통영 사진대 내함(來咸)
통영 청년단 활동사진대는 거(去) 십육일 함안에 도착하야 함안청년 급(及) 함안 기
독교 청년단 후원으로 당지(當地) 사립안신(安新)학교를 원조하기 위하야 우교(右校)
구정훈(具正勳)씨 사회 하에셔 십칠 십팔 양일간 우교 내 가설극장에셔 흥행하얏난
대 관객은 정각 전부터 만장(滿場)을 일우어 취미진々훈 사진을 영사훌 째마다 박수
성이 부절(不絕)하얏스며 동정금을 희사한 자가 다(多)하얏고 동 사진대 일행은 익
(翌) 십구일 오전 자동차로 진주군 문산면을 향하야 출발하얏다더라. (함안)

---

69) 구원(救援)의 오식인 듯하다.

동아 22.08.26 (4) 하령회(夏令會) 환등강연

용정 야소교 장로파에서 금하(今夏)에 하령회를 개하얏든 바, 금월 십이일부터 일주간 예정으로 당지 예배당 내에서 매일 오후 육시에 환등 급(及) 강연을 행하얏는대 연사는 윤화수(尹和洙), 김두식(金斗植), 강＊우(姜＊羽), 강의환(姜義煥) 제씨요, 청중은 매일 육, 칠백명에 달하여 성황을 정(呈)하얏다더라. (간도)

동아 22.08.26 (4) 하기 활동사진대회

문화사업 기본금을 모집하기 위하야 전주＊조회(＊潮會) 주최, 전주청년회 후원으로 본월 십칠, 팔, 구 삼일간 전주좌에서 하기 활동사진대회를 개최하얏는대 유지의 다수한 의연금이 잇섯다더라. (전주)

동아 22.08.26 (4), 22.08.27 (2), 22.08.28 (4) 〈광고〉

단성사 8월 25일자와 동일

동아 22.08.26 (4) 〈광고〉

유사 직영 고급 영화 황금관

당 이십오일부터 특별 흥행

국제시보 일권

희극 **자승자득(自乘自得)** 일권

활극 **제삼열차** 이권

기차의 대충돌을 구조한 대모험

계급타파 **결혼의 함정** 오권

＊잇는 부(夫)을 망(忘)하야라는 피녀(彼女)도 이해잇는 부(夫)로 인하야 애(愛)는 자각한……

쏀－로 대활극 **사－가스왕** 사권

십오편 흑장(黑裝)부인 십육편 사(死)의 ＊＊

흑기정화(黑騎情話) **왕후기심중(皇后﨑心中)** 오천척

서＊(西＊)하는 칠월 삼일 미로의 ＊과 소멸된 청년 남녀의 사(死). 비주(悲呪)의 반생을 영사한 대활극

＝(매야 주야 이회)＝

본 광고 절취 지참자는 십전 할인함

매일 22.08.26 (2), 22.08.27 (3) 〈광고〉
단성사 8월 25일자와 동일

동아 22.08.27 (1), 22.08.28 (4), 22.08.29 (4), 22.08.30 (4), 22.08.31 (4) 〈광고〉
황금관 8월 26일자와 동일

매일 22.08.27 (3) 개성에셔 위생사진
금월 삼십일 삼십일々 량일간에 경긔도 경찰부 위싱과 쥬최로 개셩(開城)군 니에셔
위싱 활동스진을 무료로 영수혼다는대 쟝쇼는 대긔 보통학교가 될 듯하다 하며, 일반
관람은 극히 환영혼다는 바 미우 볼만혼 것이 만타더라.

동아 22.08.28 (4) 활동사진대 귀착(歸着)
목포청년활동사진대에서는 각지를 순회하기 위하야 당지를 출발하얏다함은 기(旣)
히 보도하얏거니와 순사(巡寫)중 각지 인사의 동정을 박득(博得)하얏슴으로 동대(同
隊)는 물론 동 청년회 일동은 감사 불기(不己)한다하며 단원 일행은 거(去) 이십이일
정오에 귀착하얏다더라. (목포)

동아 22.08.29 (4) 〈광고〉
팔월 이십구일 사진전부교환
신연속 제공
미국 바이다그랍 회사작
대모험대활극 **신비의 환영** 전십오편 삼십권 중
제일회 일편 실험실, 이편 별장 전사권 상장
미국 아로 회사작
사회극 **비조(飛鳥)와 갓치** 전오권
주연자 네브ᄭ바양
미국 바이다그랍 회사
사회극 **정의의 력(力)** 전오권

미국 아-로 회사

실사 **네브가바의 일상생활** 전일권

경성부 수은동

대정활영회사 일수특약

단성사 전화 (본)구오구번

매일 22.08.29 (3) 〈광고〉

동아일보 8월 29일자 단성사 광고와 동일

동아 22.08.30 (4), 22.08.31 (4), 22.09.01 (1), 22.09.02 (4) 〈광고〉

단성사 8월 29일자와 동일

매일 22.08.30 (1), 22.08.31 (3), 22.09.02 (3) 〈광고〉

단성사 8월 29일자와 동일

매일 22.08.30 (3) 경성도서관 / 구월 중순 기관

경성부 도셔관(京城府 圖書館)은 목하 기관 준비중으로 목촌(木村) 됴사 주임 이하가 미우 분망흔 모양으로 약 삼쳔의 도서를 분류하얏는 바 기관식 거힝은 구월 즁슌 이후일 듯 하다고 하며, 경성부 상삼(上杉) 됴사게는 말하되 『겨우 도셔의 분류는 죵료 되얏스나 아직 사면 기타가 도착지 못흔 것이 잇슴으로 예명과 갓치 구월 십일꺄지에는 도셔의 목록이 다 긔입홀 계획이오, 이 날에 기관하기는 도뎌히 어려운 일이라고 하며 이층은 열람실로 하야 칙상 갓흔 것은 특별히 연구하야 졔작하얏고 아러층은 아동실로 하야 활동스진도 영사홀 계획이오, 기관식은 관민 각위를 쵸대하는 동시에 아동도 쵸대하야 아동션뎐을 홀 계획이라』고 말하더라.

동아 22.08.31 (1) 〈광고〉

장미화원

활동사진 프로그람

팔월 삼십일 하오 팔시

실사 **산간기행(山間紀行)** 전일권

미국 류리잉글사 작

일(日)희극 **신부의 위난** 전이권

미국 내순닐사 작

희극 **설중(雪中)에 격투** 전일권

미국 돔쓰아이쓰사 작

군사활극 **제에 향(蹄에 響)** 전오권

우리앵셰쓰몬드씨 주연

각처마다 대환영하던 원명 매듸오하라 올시다.

매 토요, 일요 급(及) 수요일 하오 팔시는 반다시 개연함. 입장료 오십전에 청량음료를 잡숫고 청아한 곡조를 드르심니다.

사진공급자 안련(安連)[70] 씨

조선호텔

동아 22.09.02 (4) 안악(安岳) 위생 활동사진

황해도 경찰부의 순회 위생 활동사진은 팔월 이십오일 안악에 도착하야 당일 하오 칠시 반부터 본읍 훈련장에서 영사한 바 입장자가 천여명이엇고 이십육일은 공보교(公普校) 내에서 전람회를 개하얏더라. (안악)

매일 22.09.02 (4) 저축 선전 사진 성황

저축열이 부족혼 인(人)의게 경제적 생활에 저축의 장려를 선전하기 위하야 주식회사 식은행(植銀行) 주최로 활동사진반을 조직하야 각지방에 흥행중이던 바 팔월 이십육일 오후 칠시브터 당지(當地) 봉래좌(蓬萊座)에셔 개최하얏는대 정각 전부터 운집(雲集)하는 인사는 입추의 여지가 무(無)히 대성황을 이루엇는대 동 은행 지점장 판교승기(板橋勝己)씨의 저축에 관혼 설명이 유(有)한 후 제태언(諸泰彦)씨의 열변이 유(有)하얏는대 청중의 갈채는 장내를 진동케 하얏스며 동 십일시에 영사를 맛치고 십이시 경에 폐회하얏더라. (통영)

---

70) 조지 알렌의 한자식 표기인 듯하다.

동아 22.09.03 (4) 문예극 활동사진대

전북 미선조합(米撰組合) 적성(赤誠)야학교에서 조직된 문예극 활동사진대 일행은 팔월 이십칠일 오후 오시 목포에 도착하야 청년회 급(及) 동아일보 지국의 후원하에 이십팔일 오후 육시 반부터 상반좌(常盤座)에서 개극(開劇)되얏는대 관람자가 다수하야 만장을 정(呈)하얏다더라. (목포)

매일 22.09.03 (1) 〈광고〉

구월 삼일 사진전부교환

실사 **무쎄 이십삼호** 전일권

미국 콜도잉 회사 영화

희극 **바데의 공명(功名)** 전오권

미국 골도잉 회사 영화

북방애화(北方哀話) **광명의 빙원(氷原)** 전육권

랏설 십부손씨 보링스 다—크양 공연(共演)

미국 바이다그랍 회사 영화

대모험대활극 **신비의 환영** 전십오편 二十卷[71] 중

제이회 삼편 사편 사권 상장

대정활영회사 일수특약활영

단성사 전화 본국 구오구번

매일 22.09.03 (4) 개성 위생전람회

경기도 경찰부 위생계 주최로 팔월 삼십일 삼십일일 양일간 개성 제일공립보통학교 내에서 위생전람회를 개최하얏는대 부원 급(及) 당지(當地) 경찰서원의 친절흔 안내와 상세흔 설명으로 제일일 입장자 일선(日鮮) 남녀 칠천백오명이요, 제이일 오전 십일시ᄭᅢ지에 이천오백십삼명이요 오후 입장자는 미상(未詳)하고 야간에는 활동사진으로 일반 공중의 무료시각(無料視覺)을 환영하얏다더라. (개성)

---

71) '삼십권'의 오식인 듯하다.

매일 22.09.03 (4) 〈광고〉

소선일거(蘇仙一去)후에 적벽이 기경추(幾經秋)오. 금년 음(陰) 칠월 기망(旣望)이 임무(壬戌) 육십주(六十周)라 호남 동복현에 적벽의 범주(泛舟)하니 명월(明月) 천재하(千才下)에 금견고풍류(今見古風流)라. 천하유지사(天下有志士)는 대월원동유(帶月願同遊) 하노라.

호남 동복 적벽범주대회

一, 장소 화순군 내인대 광주역에서 동편에 방(方)하야 광주 무등산의 동록(東麓)으로 구(舊) 동복읍에서 약 일리쯤 광주역에셔 자동차의 편이 잇슴니다

一, 시일(時日) 구월 육일브터 동팔일까지 (음력 칠월 십오일브터 동십칠일까지)

一, 연락 경성 기타 호남선을 경유하는 빈(賓)의 편의를 도(圖)하기 위하야 남조선 철도회사와 교섭하야 본회 초대권 휴래자에 한하야 송정리(松汀里) 광주역 간 기차임 삼할인(三割引)

一, 현상시율(懸賞詩律) 천,천,형,현,선(天,川,炯,縣,仙)

우(右)에 대하야 일등에 일인 오원, 이등 이인 각 삼원, 삼등 삼인 각 이원(단 현장 제술(題述)에 한홈)

一, 여흥 활동사진 본사에셔 영사한 참신기발의 것

낙화(落火) 천인절벽(千仞絕壁)에 만발(萬發)의 유화(流火)가 의시구천낙래(疑是九天落來)인가 의심케 홀 것

조선예기 급(及) 음악 청가(淸歌) 묘무(妙舞)를 각반 정재(各般 呈才)가 유(有)홈

주최 매일신보 전남지국 동복청년회

후원 동복유력가 제씨

동아 22.09.04 (3) 희극 배우 데부군(君)

뚱뚱보로 세계에 유명한 미국 활동사진 배우 「데부」라는 별명이 잇는 「알 쎅키」는 시베리아환(＊＊利亞丸)이란 배에 타고 이일 아침 일곱시 삼십분에 횡빈(橫濱)에 도착하얏는대 일본 씨름군가치 뚱뚱한 몸에 감삭의 양복을 입고 호들갑스럽게 손에 붕대를 감고 각 신문사 사진반에 「렌쓰」를 바드며 시＊을 지나 「그랜드호텔」로 드러갓는대 횡빈서는 ＊시＊원에 드러가리라더라. (횡빈 뎐보)

매일 22.09.04 (4), 22.09.05 (4), 22.09.06 (4) 〈광고〉
단성사 9월 3일자와 동일 적벽범주대회 9월 3일자와 동일

동아 22.09.05 (2) 〈광고〉
매일 9월 3일자 단성사 광고와 동일

동아 22.09.06 (1) 〈광고〉
장미화원
구월 오일
활동사진 프로그람
1 모험극 **헬렌의 모험** 전일권
미국 콜도원사 작
1 희극 **이웃집 아해** 전이권
회리레온씨 도로비웩쓰트양 공연(共演)
미국 애불노사 작
1 희극 **쪼시오크러비** 전오권
바이올나다나씨 주연
1 실극(實劇) **하숙의 싸푸링** 전일권
찰리 싸푸링씨 주연
1 희극 **우치와 철환(愚恥와 鐵丸)** 전이권
그러케 더웁든 더위도 몃칠이 나면 만구(萬口) * *으로 아침디히게 되엿슴을 좃차
우리의 로쓰싸덴도 맛치게 되옵는 회시에 *미진진한 활동사진도 긋치게 되오니 참
찹한 마음을 마지못하겟삽는 고로 * *에 특히 *제위(*諸位) 현*(現*)을 공(供)
하오니 * * 광림하심을 쾌걸(快乞).
사진공급자 안련(安連)씨
조선호텔

동아 22.09.06 (4) 〈광고〉
단성사 9월 5일자와 동일

매일 22.09.06 (4) 대성좌(大成座) 지방 순행

신조직된 대성좌에서는 금반(今般)에 전국을 순회 흥행홀 차로 좌장 이정우(李鼎雨) 군의 인솔 하에 작일(昨日) 상오에 북선(北鮮) 지방으로 향하얏다더라.

동아 22.09.07 (4) 저축 선전 활동사진

금반 식산은행에서는 근검저축의 사상을 고취하고 기(其) 실행을 선전하기 위하야 저축선전 활동사진대를 조직하야 각지로 순회하든 바, 동대(同隊) 일행은 고성, 통영 등지를 경(經)하야 팔월 삼십일일 오후 칠시 반부터 진주소학교에서 활동사진 영사를 행한 바 관람자가 수천에 달하야 성황을 정(呈)하얏다더라. (진주)

동아 22.09.07 (4) 〈광고〉

구월 팔일부터 사진 전부 교환
미국 기네도사 영화
실사 **견(犬)의 박람회** 전일권
미국 메도로사 영화
설원극(雪園劇) **태양아(太陽兒)** 전육권
미국 코크고메듸사 영화
희극 **밋바진 금고** 전이권
미국 바이다클랍사 영화
연속활극 **신비의 환영** 제삼회 전사권 상장
경성부 수은동
대정활영회사 일수특약
단성사 전화 (본)구오구

매일 22.09.07 (4) 〈광고〉

단성사 9월 3일자와 동일

매일 22.09.08 (4) 〈광고〉

구월 팔일 신순서
미국 기네도사 영화

실사 **견(犬)의 박람회** 전일권

미국 메도로사 영화

설원극 **태양아(太陽兒)** 전육권

미국 코크고메듸사 영화

희극 **밋쌔진 금고** 전이권

휴식

미국 바이다크랍사 영화

대모험대활극 **신비의 환영** 제삼회 전십오편 二十卷一[72] 중

해설자 이병조 최병룡 최종대 김덕경

대정활영회사 일수특약활영

단성사 전화 본국 구오구번

동아 22.09.09 (2), 22.09.10 (4), 22.09.11 (4) 〈광고〉

단성사 9월 7일자와 동일

매일 22.09.09 (2), 22.09.10 (4), 22.09.12 (4) 〈광고〉

단성사 9월 8일자와 동일

매일 22.09.09 (4) 경북도(慶北道) 문화선전

경상북도 사회과에셔는 래(來) 구일브터 이십일일까지 경주 경산 양군내 각면에 문화선전 활동사진을 영사혼다는대, 기일할(其日割)은 구일 경주군 서면, 십일 산내, 십일일 경주, 십이일 견곡(見谷), 십삼일 강서, 십사일 강동, 십오일 천북(川北), 십칠일 경산군 하양면(河陽面), 십팔일 자인(慈仁), 십구일 용성(龍城), 이십일 남산, 이십일일 안심(安心) 등 각면

동아 22.09.12 (3) 〈광고〉

대활(大活) 송죽(松竹) 합동사 특약 고급영화

매일 주야 황금관

---

72) '삼십권'의 오식인 듯하다.

당 십일일부터 특별 선정 영화 제공

실사 **이십이호** 일권

고루도인사 특작 영화

레지다루도바기씨 감독

북방애화 **광명의 빙원** 칠권 (원명 망월(望月))

아라스가 화설곡(火雪溪)을 배경으로 연출한 사계(社界) 비화(悲話)

전율모험활극 신비연속 **대맹호** 제삼편, 사편

과학 박사 도구다의 선악 양성의 전율할만한 대맹 * 유유(愈愈) 백열(白熱)의 고 *

(高 *)에 달함

미국 메점(占)사 작

사계(社界)활극 **태양아(太陽兒)** 육권

맨주로이쓰씨 주연

산은 빙설로써 경(更)하고 월(月)은 교교하야 아(迓)하는 아리스가의 사(死)함과 여

(如)히 대금 *(大金 *)에 표연(飄然)히 현(現)하야 등(燈)하는 일광(日光)이라 호(呼)하

는 광적 금 * * 구자(金 * * 求者)에 의하야 기약지 아니하고 연출한 인정미담

독자우대

광명의 빙원 칠권

태양아 육권

명실 * * 반액권 (일야(一夜) 일명)

본권 절취 지래(持來) 하시는 분은 각등 반액

황금관

동아 22.09.13 (4) 위생 활동사진

충남 경찰부 순회 위생선전 활동사진반 일행은 본월 오일 조치원에 도착하야 오, 육

양일에 긍(亘)하야 일반에게 공개 영사한 바 관중 만장의 성황을 정(呈)하얏다더라.

(조치원)

동아 22.09.13 (4) 〈광고〉

황금관 9월 12일자와 동일

동아 22.09.13 (4) 〈광고〉

구월 십삼일부터 사진 전부 교환

미국 고루도우잉 회사작

가다−데헤움 부부 주연

희극 산(山)?? 해(海)?? 전이권

아라스가 기담 **이소페루** 전칠권

하우스비−다−씨 역연

미국 우아어다구라부 특선 영화

제사회 **신비의 환영**

제칠편 제팔편 전사권

경성부 수은동

대정활영회사 일수특약

단성사 전화 (본)구오구

동아 22.09.14 (3), 22.09.16 (4), 22.09.17 (4) 〈광고〉

단성사 9월 13일자와 동일

매일 22.09.14 (3) 예술사진 전람 / 경성 명쇼 사진 모집 / 십월 이십오일 발표

됴션스진협회(朝鮮寫眞協會)의 주최로 뎨일 흥미잇는 경성의 명쇼(名所) 설은 다섯 곳의 경승을 박인 예슐 사진을 것우기로 작뎡인대, 출품하는 수효는 졔혼이 업고 회비는 혼명 오십전식 츌품자에게 밧는다는대 그 사진을 일반에 뎐람키 위하야 진렬하기로 뎡하얏고 입상(入賞) 등급은 일등 오십원, 이등 삼십원, 삼등 십오원, 사등 십원, 오등 오원으로 분하며, 일등에셔 가작(佳作)싸지의 것 삼십오쟝은 고로다이푸[73] 판에 박여셔 희망자에게 반포홀 예뎡임으로 희망자는 미리 신쳥홀 일이고, 다만 실비 삼원 내외의 예뎡이라는대 츌품 마감일은 십월 이십일싸지요 발표는 십월 이십오일이라 하며, 그 예슐사진은 이십오일브터 잇흘간 뎍당혼 쳐쇼에셔 관람케 하며 심

---

73) Collotype, 콜로타이프. 정교한 사진 제판의 한 가지

소원은 암뎐졍(岩田鼎), 이등츄묘(伊藤秋畝)[74], 무졍텬양(武井天羊)씨로 뎡하엿다 하며 후원은 경성 즁촌사진지료 무대퇴 상뎜, 사진지료뎜 그 외 몃 곳이라더라.

동아 22.09.15 (3) [모임] 불교대회 활동사진회

금 십오일 하오 팔시부터 당곡천뎡 그 회관에서 법화 회원 위로 활동사진회를 연다는대, 입장은 무료라고.

매일 22.09.15 (1) 〈광고〉

동아 9월 13일자 단성사 광고와 동일

매일 22.09.15 (3) 법화회원(法華會員) 위로 / 활동사진으로

됴션 불교대회에서는 일주일 간 예뎡으로 법화회(法華會)를 성대히 거힝하엿는대 금 십오일 오후 여덜시부터는 쟝곡천뎡 십칠번디 본 회관에서 법화회원 위로 활동사진회(法華會員 慰勞 活動寫眞會)를 기최하는 바 당일은 특별히 입쟝을 무료로 한다더라.

매일 22.09.15 (4) 저축 선전 활동사진

조선식산은행에서 일반 민중의게 저축 장려를 위하야 각지로 순회하든 저축 선전 활동사진대는 거(去) 구일에 진남포에 내도(來到)하야 구, 십 양일간을 당지(當地) 항좌(港座)에서 저축에 대훈 사진을 영사하얏는대『게으른 병(兵) 육(六)』이라는 교훈극과 실사『일본 체육회 삼십년 기념』은 일반 관중으로 하야금 대다(大多)훈 각성과 흥미를 주엇더라. (진남포)

동아 22.09.16 (3) [모임]

▲ 중앙 긔독교 청년회 사교부에서는 금 십륙일 오후 여달시에 활동사진회를 열고 자미잇는 사진을 빗칠 터인대 입장료는 삼십전 식이라더라.

---

74) 한글 독음은 '이등추무'이지만, '이등츄묘'라고 표기되어 있음.

동아 22.09.17 (3) 환등과 연쇄극으로 / 수해 구제의 운동 / 광주 인사의 열심

광주(光州) 인사 중에는 본사에 루차 보도된 황해도 재녕 봉산(黃海道 載寧 鳳山) 디방의 동포가 수해를 당한 비참한 소식을 드른 이래 그를 구조코저 활동하려는 싱각을 가진 사람이 적지 아니하엿스나 한달 동안이나 계속된

광주 부근의 큰 감을로 역시 본 디방 인심도 매우 흉흉한 시긔이엿슴으로 다만 관망 중에 잇섯든 바, 지난 팔일 하오 여섯시경에 한 시간이나 계속하여 오는 비에 농사에 해갈이 되는 동시, 인심도 저윽이 풀니게 되얏다. 그 이튼날 아츰 일즉히 광주청년회(光州靑年會), 본보 광주지국, 광주 긔독교(基督敎)청년회, 조선 로동공제회 광주지회(朝鮮 勞動共濟會 光州支會)의 각 대표가 광주 청년회관에 모히어 의론한 후 즉시 수해를 당한 황해도 형데를 구조키 위하야 동정을 구하는 선전서를 배포하며 각 단데의 대표가 쏘다지는 비를 마저가며

가상연설(街上演說)로 일반의 동정을 고취하며 동시에 한편으로 맛츰 광주에서 흥행 중인 혁신단(革新團)과 교섭하야 그의 후원을 어드며 또한 본보의 지상에 박히엿든 수해참상에 대한 사진 전부를 환등(幻燈)으로 영사하며 아울너 활동사진 련쇄극(連鎖劇)으로 긔부 흥행을 이틀동안 광주좌에서 하얏는대, 실비를 제한 외에 수입은 모다 황해도 수재 구제사업에 원조한다더라. (광주)

매일 22.09.17 (4), 22.09.18 (1) 〈광고〉

단성사 9월 15일자와 동일

동아 22.09.18 (3) 건축중의 조선극장

시내 인사동(仁寺洞)에 새로 건축하는 조선극장(朝鮮劇場)은 황원균(黃源均)씨의 명의로 허가되야 만흔 자본을 드리어 금년 봄부터 공사를 진행하든 바, 요사이는 거의 준공이되야 가는 중인대, 내부의 설비도 종래 경성에 잇는 불완전한 극장의 제도를 개량하야 관람객의 편의와 화려한 장치를 하얏스며 특별히 삼층에는 가족뎍 관람석을 설치하야 승강긔로 오르내리게 한다는대, 이 극장은 조선 사람의 관람객을 전문으로하야 유수한 조선 연극을 상연할 터이라더라.

동아 22.09.18 (4) 〈광고〉

구월 십팔일브터 사진 전부 교환

미국 키스돈 회사 영화

희극 **이웃집 애기** 전이권

미국 바이다클납사

운명정화(運命情話) **나팔도(喇叭島)** 전칠권

미국 바이다클납사

제오회 **신비의 환영** 전사권

금회부터 오후 칠시 삼십분부터 영사홈니다.

경성부 수은동

대정활영회사 일수특약

단성사 전화 (본)구오구

매일 22.09.18 (3) 전기보급 활동사진 / 입장은 무료라고

경성면기 쥬식회사 쥬최로 면기보급 활동소진(電氣普及 活動寫眞)을 영사하는대 일짜와 및 장쇼는 대기 작 십칠일 오후 일곱시브터 경운동 교동 보통학교 교명에셔 데일막을 열고 금 십팔일에는 일츌쇼학교 교명에셔 또 명 십구일에는 룡산 소학교에셔 하고 이십일에는 봉리명 동면기회사 신츅장에셔 맛칠 터이라는대 입쟝은 무료라더라.

동아 22.09.19 (1), 22.09.20 (4), 22.09.21 (1), 22.09.22 (4), 22.09.23 (4) 〈광고〉

단성사 9월 18일자와 동일

매일 22.09.20 (3) 활동사진회 개최 / 경찰협회 쥬최로

경찰과 민중 소이에 접촉을 하기 위하야 경찰협회 쥬최 하에 오는 이십삼일 오후 일곱시부터 광화문통 경찰관 강습소 안에셔 활동사진회(活動寫眞會)를 긔최하고 가쟝 유익흔 영화를 션퇴하야 일반에 관롬케 홀 터인대, 당일은 시간도 과히 밧분 쩌가 안인 즉 될 수 잇는대로 만히 참가하여 쥬로 묘션 부인네들이 만히 관람하야 쥬기를 기대하며 당일 만일 비가 오면 다른 놀노 연긔혼다더라.

매일 22.09.21 (3) 총독부의 절약 선전 / 션뎐데 - 긔최와 긔타를 실힝 / 일반히 보고 졀약을 쥬장홀 일

총독부에셔는 물가 됴절칙에 대하야 그 실힝과 및 실힝 방법을 연구 즁이더니 아러와 갓흔 항목으로써 절약 션뎐을 긔시하기로 하고 이십일부로써 각 도 디사의게 통첩하얏다더라.

일반에 대하야

一, 생활을 규율적으로 하고 간이 질소(質素)[75]를 주로 홀 사(事)

二, 의복은 유행에 주(走)치 말고 질소와 위생과 활동을 본위로 하야 조제(調製)홀 사

三, 양복은 실용적 긔제품(旣製品)을 사용홀 사

四, 조선복에 색물(色物)을 장려홀 사

五, 식물은 가렴(價廉)하고도 자양(滋養)이 풍부훈 것을 선발하로 장려홀 사

六, 가옥은 통풍채광 등 위생을 주안으로 하야 상주(常住)의 실(室)을 주(主)로, 객간(客間)을 종으로 하고, 허식을 피하고 실용을 본위로 홀 일
가구는 견뢰(堅牢)를 주로 하고 조도품(調度品)은 질소를 *주(*主)홀 일

七, 가계부의 사용을 장려홀 사

八, 금주, 금연을 장려홀 사

九, 형식의 증답품(贈答品) 병(並) 송영(送迎) 급(及) 연회 등을 폐지홀 사
관혼상제의 제비(諸費)와 미신에 긔(基)한 제비(諸費)를 폐지홀 사

十, *칭(*秤)을 비부(備付)하고 일용품을 매입홀 시마다 긔(其) 양목(量目)을 검사홀 사

十一, 외상(外上)을 말고 아모죠록 현금 질품(質品)을 홀 사

十二, 상인은 점매(店賣) 현금가를 정하야 차(此)를 표시하고 외상과 배달매(配達賣) 등의 별(別)에 차(此)를 구분홀 사
배달물품에 대하야는 양목을 표시홀 사

十三, 절약『데ー』의 실행. 단 실행에 관하야는 전차, 활동사진관, 긔석(寄席), 이발옥(理髮屋), 음식점, 기타 인(人)의 내집(來集)이 다(多)한 장소에 소비절약의 선전지를 살포하고 우(又)『쌘스타』를 게(揭)하는 외 강연회를 개최하고 우(又)는 활동사진 영사를 홀 사

이하 생략

---

75) 꾸밈이 없고 수수함.

매일 22.09.21 (4) 봉화군 선전 세납(稅納)

경북 봉화군에셔는 금회 세금 직납(直納)의 관습을 함양코자 납기 내에 직납훈 동리에는 포상기(褒賞旗)를 부여하야 부역을 면제케 하얏눈대 차(此)를 선전키 위하야 당지(當地) 청년회로써 교육, 납세, 위생 등 문예연극을 개최케 하고 차(此) 협회를 이용하야 군수 이하 군직원이 각 방면 주요 부락을 순회하여 직접 자납(自納)의 취지를 설명훈 바, 면민(面民)은 차에 감각(感覺)하야 목하 납기인 호세(戶稅)는 기(旣)히 직납으로 완납된 동리가 다(多)하고 여외(餘外) 각 방면 동리도 군면직원의 출장 독려를 사(俟)치 아니하고 근々(近々) 완납될 여망(餘望)이 유(有)하다더라. (대구)

매일 22.09.21 (4) 〈광고〉

동아 9월 18일자 단성사 광고와 동일

매일 22.09.22 (2), 22.09.23 (4) 〈광고〉

단성사 9월 21일자와 동일

매일 22.09.23 (3) 수해구제의 활동사진과 음악대회 / 뎡동 보호녀회에셔 리지동포를 위하야

시내 뎡동 감리교회 례비당(貞洞 監理教會 禮拜堂) 보호녀회(保護女會)에셔는 이번 슈히의 참상을 당훈 황해도(黃海道)의 동포들을 구졔하기 위하야 리 이십오일 밤에 뎡동 비지 고등보통학교(培材 高等普通學校) 내에셔 활동사진 겸 음악회를 기최한다 눈대 사진도 훌융하고 츌연 악사들도 일류 눔녀의 음악가들 쑌이라더라.

매일 22.09.23 (4) 해주 위생선전 활동

황해도 경찰부 위생과에셔는 본월 십오일브터 십칠일자지 추기(秋期) 위생을 선전키 위하야 활동사진과 전람회를 개최하고 일반 인민에게 친람(親覽)케 한 후 각군에도 선전키 위하야 활동사진 선전대를 파견하눈대 기(其) 일할(日割)은 좌(左)와 여(如)하더라. (해주)

구월   이십육일 재령군 활동사진
동(同)   이십칠일 동(同)   전람회
동   이십구일 신천군 활동사진

동	삼십일	동	전람회
십월	삼일	사리원	활동사진 전람회
동	사일	동	활동사진 전람회
십월	육일	황주군	활동사진
동	칠일	동	전람회
동	십일	겸이포	전람회 활동사진
동	십일일	동	전람회 활동사진

동아 22.09.24 (2) 〈광고〉

구월 이십삼일브터 사진 전부 교환

미국 기네도사

실사 **기네도 제오호** 전일권

미국 콜도윙사

사회극 **통쾌한 시장(市長)** 전육권

미국 콜도잉사

동아극(童兒劇) **엄마 엄난 새** 전이권

미국 바이다클납사

제육회 연속 **신비의 환영**

십일, 십이 전사권 상장

영사시간은 칠시 삼십분으로 개정홈.

경성부 수은동

대정활영회사 일수특약

단성사 전화 (본)구오구

매일 22.09.24 (2) 〈광고〉

동아 9월 24일 단성사 광고와 동일[76]

---

76) 다만 동아일보에서 〈엄마 엄난 새〉라는 제목이 매일에서는 〈엄마업는 씨〉로 표기되어 있다.

동아 22.09.26 (4) 대구의 절약 선전

대구 상업회의소에서는 생활개선의 절약일을 매월 일일, 土[77]오일의 이회로 정하고 매월 양회(兩回)로 선전할 터이라는대, 특히 내월 십사, 오 양일간은 대구 우편국과 합동하야 십사일은 강연회를, 십오일은 활동사진을 개최하야 대대적으로 선전할 예정이라더라. (대구)

동아 22.09.26 (4), 22.09.27 (1), 22.09.28 (4) 〈광고〉

단성사 9월 24일자와 동일

매일 22.09.26 (2), 22.09.27 (4) 〈광고〉

단성사 9월 24일자와 동일

매일 22.09.27 (3) 수해구제 활사(活寫)음악회 / 최활란 녀亽 사회로

시내 명동 례비당 보호녀회(保護女會) 쥬최로 이십오일 밤에 비지학당 닉에셔 슈히구제 활동사진 겸 음악회를 기최한다 홈은 긔보혼 바어니와, 그 모임은 예뎡대로 대성황 속에셔 열게 되얏다. 뎡각인 오후 일곱시 반브터 최활란 녀亽의 사회로 아름다운 슌셔가 진힝되며 비지학싱 홍지유(洪載裕), 김샹준(金相駿) 량군의 양금 단쇼 홉쥬와 김인식(金仁湜)씨의 독창 등이 잇슨 후 리화 학당 림비셰(林培世)양의 청아하고도 가는 독창과 그 얼골에 넘치는 표졍은 슈히에 져쥬된 빅셩들의 령을 위로하는 듯 이외에 여러 가지의 자미로운 슌셔를 맛치고 열시 경에 폐회하얏다더라.

동아 22.09.28 (3) 추기 위생 전람 / 래 십월 사일부터 상품진렬관에서

총독부 위싱과(總督府 衛生課)와 경긔도 위싱과(京畿道 衛生課)와 적십자사 조선지부(赤十字社 朝鮮支部) 등의 련합 주최로 시내 영락뎡(永樂町) 상품진렬관(商品陳列舘)에서 십월 사일부터 일주일간 추긔 위싱뎐람회(秋期衛生展覽會)를 열 터인대, 방금 상품진렬관 안에는 물가조절 실행회(物價 調節 實行會)가 열니며 쏘 종래 진렬한 상품도 만히 잇서 장소가 협착함으로 이번에 여는 위싱뎐람회는 본관 오른편의 일부

---

77) '십(十)'의 오식인 듯하다.

를 차용하야 아래칭과 이칭에 수백여 종의 보건위싱(保健衛生) 뎐염병위싱(傳染病衛生)과 화류병 위싱에 관한 실물과 표본, 그림 등을 진렬할 터이며 관람은 물론 무료로 하야 매일 오전 아홉시부터 오후 다섯시까지로 하고 개관하는 동안은 그 압 중앙관(中央舘)에서 위싱 활동사진을 매일 낮에 영사하야 그 입장권도 역시 무료로 당일 뎐람회에 입장한 사람들에게 배부할 터이라더라.

매일 22.09.28 (3) 민중극단 개연

금년 봄에 단성사에서 다대호 갈치를 바엇던 민중극단(民衆劇團)은 그 동안 디방 슌연을 맛치고 다시 오는 십월 초하로놀브터 동구안 돈성사에서 흥힝한다는대 각본은 전에 올니지 아니하든 참신하고 뜻이 잇는 것으로써 극게 권위의 디위를 획득코자 방금 준비중이라더라.

매일 22.09.28 (4) 남포 전기선전 활사(活寫)

전기보급, 전기에 관한 지식을 보급하며 전기 수용자(需用者) 위안으로 각지로 순회하든 전기선전 활동사진대는 진남포에 내도(來到)하야 금월(今月) 이십오일 오후 칠시브터 당지(當地) 전기회사 전(前) 광장에서 영사대회를 개최하얏는대 내관자(來觀者) 다수이얏더라. (진남포)

동아 22.09.29 (1) 〈광고〉

구월 이십팔일브터
사진 전부 교환
미국 메도로, 스구링구라식구사 영화
인정극 **재생의 서광** 전칠권
미국 우이아이다그랍우사 영화
연속활극 **신비의 환영**
최종편 제십삼, 제십사, 제십오편 상장
실사 가나다 수력 전기 전일권
경성부 수은동
대정활영회사 일수특약
단성사 전화 (본)구오구

동아 22.09.29 (3) 궤도에 치석(置石) 빈빈(頻頻) / 활동사진의 영향인가 / 아해들의 대담한 작란

이십칠일 오후 네시 삼십분 경에 남대문에서 북행으로 가는 긔차가 쩌나갈 시각이 림박하얏는대 남대문 명거장에서 몃 간 안되는 서수문 밧 의주통 파출소(義州通 派出所) 근처 텰도 길에 다수한 아해들이 모히어 다섯 군대에 돌 십여개를 군대군대 느러노아 긔차를 탈선 식히려 하는 것을 행순하든 순사가 발견하고 즉시 톄포하여 서대문 경찰서에서 취조중인대 아마 작란삼아 그리한 듯하다. 이에 대한 그 경찰서 모 계원의 말을 들으면 몃칠 전에 광화문 통에서는 아해들이 뎐차 길에 돌을 노와 뎐차를 탈선식히려 하더니 이번에는 또 십여명의 아해들이 텰도길에 돌을 노아 긔차를 탈선 식히려 하엿소. 그런대 그 아해들이 무슨 큰 목뎍이 잇서 그러느냐 하면 그런 것은 아니요, 다만 작란삼아 하는 것이라. 어린 아해들이 그런 대담한 작란을 하는 것을 보면 활동사진 가튼 데서 아해들이 돌을 텰로에 노아 긔차를 뒤집어 업는 일을 구경하고 그대로 하야보려는 호긔심에서 싱긴 것이라. 그러나 이것을 그대로 두면 위험한 일이닛가 엄벌할 필요가 잇스며 이번에 텰로에 돌을 노은 아해들의 괴수로 잡은 아해는 본적 고양군 은평면 록번리 현주 시내 합동 김삼봉(高陽郡 恩平面 碌磻里 金三奉)(一七)이란 아해인대 차차 조사를 진행하겟다고 하더라.

동아 22.09.29 (3) [모임] 종로청년회 환등회

금 이십구 일 하오 팔시에 종로 청년회관에서 「와싱튼 일대기」와 「아부라함 링컨 일대기」의 사진을 빗최인다고.

매일 22.09.29 (2) 〈광고〉

동아 9월 29일자 단성사 광고와 동일

매일 22.09.29 (3) 장미원(薔薇園)의 성적 / 래년은 더 잘 할 터

됴션호텔 안의 장미원의 본년 성적은 기원 놀슈가 이십팔일 중에 활동을 영사한 놀수가 십륙일인 바, 갑잇시 입쟝호 자의 총계가 이천오빅칠십팔명이오, 수입 긔산은 삼천륙빅여원이 되얏는대 전년과 비교하면 하로 평균 수입과 입쟝자가 모다 약 삼비가 되얏다는 죠흔 성적을 보이엿는대, 그 호텔에서는 래년은 다시 활동의 영사와 음악의 연쥬회수를 증가하며 가을 화초 나무도 만히 심을 계획이며 또 환졀이 되게되면 원넉에서 반듸불 잡는 회도 기최하리라더라.

매일 22.09.29 (3) 소년부 환등회

중앙긔독교 청년회 쇼년부에서 본월 이십구일 하오 여덜시에 환등회(幻燈會)를 기최하고 와싱톤 일대긔와 아부라홈 링커언 일대긔를 빗최여 구경케 한다더라.

동아 22.09.30 (1), 22.10.04 (4), 22.10.05 (4), 22.10.06 (4), 22.10.07 (4) 〈광고〉

단성사 9월 29일자와 동일

매일 22.10.01 (3), 22.10.02 (4), 22.10.03 (4), 22.10.04 (4), 22.10.05 (1), 22.10.06 (1), 22.10.07 (4), 22.10.08 (4) 〈광고〉

단성사 9월 29일자와 동일

동아 22.10.02 (4) [각지 청년단체] 활사대(活寫隊) 보성 착발(着發)

구월 십팔일 통영청년단 활동사진대 일행은 벌교포로부터 보성청년회원과 유치원 급(及) 여자강습소 생도 일동의 환영중에 오후 이시 당지에 도착하야 읍내 이철(李喆)씨의 정원에서 동 팔시 반부터 청년회원 임병철(林炳喆)씨 사회하에 여자 야학생 일동의 합창이 잇슨 후 당지 경찰서장의 위생 강연으로 개막하야 대장 박봉삼씨가 사진대 취지를 설명하고 『오륜(五倫)의 자각』 전칠권을 영사하얏는대 남녀노유 육백여 관객으로 파(頗)히 성황이엇다. 익일에는 청년회 위원장 최창순(崔昌淳)씨 사회하에 유치생도 합창, 안신행(安信行)양 독창, 박대장 강연 등으로 전야(前夜)와 동양(同樣)의 성황이엇는 바 『해오(海懊)의 광명』 전오권을 출연하야 박수 갈채를 박(博)하얏는대, 이일간 동정금은 십전부터 십원 이내까지의 합계가 백구십여원이라 실비를 제한 잔액 팔십사원 칠십육전은 당지 청년회 경영하의 유치원 급(及) 여자강습소에 기증한 후 이십일 장흥군으로 발향 (보성)

동아 22.10.02 (4) 〈광고〉

송죽기네마 직영 주야 이회 황금관
당 이십구일부터 ◎빙글∧대회◎
실사 오호(五號) 일권

희활극 **고향을 출(出)하야** 오권

연속모험신비활극

신비소설 **대맹호** 팔권

제구, 십, 십일, 십이편 영사

정희극 **통쾌한 시장(市長)** 전육권

금주정(町)의 신(新) 시장으로 당＊한 우인로는 대주음(大酒飮)의 무폭(無暴)청년이 엿스나 연인 아—노루도의 애(愛)의 력(力)으로 감화식켜 수(遂)히 시민의 존경을 수(受)한 이상적의 시장이라고 하는 사계(社界) 희극

본 광고 절취 지래(持來)의 제씨는 각등 대할인

(일등 삼십전에 삼등 이십전에 할인함)

매일 22.10.02 (3) 조선극장 쥰성(竣成) / 현대식의 삼층 극쟝 / 숭강긔ㅅ지 만드러

사회에는 삼대교육이 잇스니 첫지는 학교 교육이며, 둘지는 신문 잡지의 교육이며, 셋지는 극(劇)의 교육이라. 그리하야 일반 스회로 하여금 극이라는 위대흔 예슐을 맛보게 흠에 가히 업지 못흘 극쟝에 대하야는 누구나 하로 밧비 사회의 병진흘 만한 완젼 무결흔 것이 쥬셩되기를 깁히 바라는 바이다. 인류는 나날이 향상되야 부졀히 시로온 것만을 욕구하는 이 쌔에 머지 안이흔 이 달 안으로 경성 인스동 됴션극쟝(朝鮮劇場)이라는 활동사진 상셜관이 가쟝 시로운 면목으로 기관을 하게 되얏스니 이것이 곳 이십셰긔의 현대식 극쟝이라 한다. 시내 인사동 안에 삼층집이 나라가는 듯흔대 민 위층에는 숭강긔를 만드러 오르고 나리게 하며 거기에 식당과 실뇌 오락기구를 갓초아 구경 드러오지 안는 사롬이라도 맘대로 놀게 한다 하고, 무대는 퍽 크게 하야 뎐긔로 인죠 광션ㅅ지 쟝치하얏다 하며, 관람셕에 대하야는 두 팔ㅅ지 의지흘 교좌를 놋코 좌우로 난간을 막는 판쟝을 잇게 하야 관긱이 업는 쌔에는 눕히며 두되, 잇는 쌔에는 맘대로 내리며 남녀셕에 구별이 업시도 미우 편리케 하얏다는대 셔양에 유명흔 활동스진회사와 특약을 하고 가장 자미로운 것만으로 영스를 흘 터이라 하며 처음 기관흘 쌔에는 기성 연쥬ㅅ지 흘 터이라는 바, 이 극쟝을 큰 힘으로 건축하며 극계를 발뎐코져 하는 이 극장의 주임은 다년 극계에 공헌이 만흔 황원균(黃元均)씨라더라.

매일 22.10.02 (3) 〈광고〉

금일 개연

민중극단

어(於) 단성사

동아 22.10.03 (3) 위생전(衛生展)은 금일부터 일반에게 공개 / 활동사진까지

조선적십자사(朝鮮赤十字社)와 경무국 위성과(警務局 衛生課)와 경긔도 위성과(京畿道 衛生課)의 련합 주최로 영락명 상품진렬관(永樂町 商品陳列館)에서 추긔 위성면람회를 연다 함은 임의 보도한 바어니와 그 동안에 모든 준비가 완성되야 금 사일 오후 한시부터 공개하야 일반 관람객을 드릴 터이라는대 장래는 일천 수백 점의 진렬품을 순서로 진렬하고 화류병 예방, 면렴병 예방, 수축 위싱(獸畜 衛生) 등에 관한 표본과 혹 실물을 갓추어 보통 사람이 보아도 명료하게 알도록 설명서까지 붓치어 위성사상을 선면하는데에 매우 필요한 면람회이라는대 개회하는 시간은 장소의 관계로 오후 한시부터 오후 네시 반까지 무료로 관중을 입장케 하며 륙일까지 삼일간을 개회하는 동안은 그 압 중앙관(中央館)에서 매일 낫에 위성에 관한 활동사진을 무료로 보인다더라.

동아 22.10.03 (3) 십육명 소화(燒火) / 연극장 화재로 / 일본 청삼현에서

삼십일 밤에 일본 청삼현 북진경군 오소하원명(青森縣[78] 北津輕郡 五所河原町)에 잇는 조일좌(朝日座)에서는 그곳 우편국의 주최로 저금활동사진회를 열어 구경군 이천여명이 싹々하게 모히엿는대 돌연히 활동사진을 영사하는 긔계실에서 불이 나서 것잡을 사이 업시 맹렬한 불길이 사면으로 들니어 구경군들은 검은 연긔 사이에서 피신할 곳을 일코 허둥지둥 하는 중에 그 활동사진관은 다 타버리고 그 엽헤 잇는 텰도관사까지 태이고 그 잇튼날 아츰에야 겨우 진화하얏는대 불에 타버린 재 속에서 끄내인 시톄가 십륙명이오 기타 부상한 사람이 삼십륙명에 달하야 참혹한 화재를 내이엇는대 손해는 약 사만원 가량이라더라. (청삼 면보)

---

78) 아오모리 현

동아 22.10.03 (4) 저금선전대 내선(來宣)

식산은행 저금선전 활동사진대는 구월 이십칠일 선천에 도착하야 동일 하오 팔시부터 식산은행 선천지점장 도부태삼랑(渡部太三郎)씨의 사회하에 당지(當地) 공립보통학교 운동장에서 활동사진을 영사하야 일반의게 저금방법과 기타를 선전하고 동 십이시에 폐회되얏는데 관람자가 무려 수천 (선천)

매일 22.10.03 (3) 영사중 발화되야 / 사상자 수십명

지나간 삼십일 밤 아홉시 십분에 청삼현 북진경군(靑森縣 北津輕郡) 오쇼 천원명 연극장 욱좌(旭座)에서 션대 톄신국 보험션전을 하는 활동사진회를 기최하고 약 일쳔명의 관즁이 잇섯는대 그 대다수는 쇼학싱으로 대혼잡이 되얏던 바 오후 구시에 갑작이 긔계실로브터 발화되야 잠시간에 불은 그 쟝닉에 퍼져셔 불텬디가 되미 도망하야 나갈 길이 전혀 업셔셔 타죽은 소롬이 십륙명이오 즁경샹쟈가 수십명이엿다더라. (청삼 뎐)

매일 22.10.03 (4) 전남 애림활사(愛林活寫) 개최

전라남도 산림회, *농회(*農會) 양회(兩會)에셔는 일본 산림회로브터 산림사업에 진기흔 활동사진을 차입하야 일반 애림사상을 환기홀 목적으로 본월 이십일부터 광주, 나주, 함평, 영광, 무안, 해남, 강진, 장흥 각군에 순회 활동사진회를 개최한다더라. (광주)

매일 22.10.04 (3) 수해구제 연극 / 고학싱 갈돕회에셔

됴선고학싱 갈돕회에셔는 황히도 수지에 대하야 물질의 구원은 못홀지라도 육톄와 정신을 오로지 하야 한 줌에 눈물을 이바지코져 금년 하긔 디방 슌극단으로써 오는 오일(陰 八月 十五日) 종로 중앙청년회관에셔 연극을 하야 그 수입금으로 다쇼를 불계하고 긔부코져 흔다는대 연뎨는 승리(勝利)라는 전삼막으로 흥힝흔다 하며 입장료는 보통 오십전 삼십젼이고 학싱은 이십전식이라더라.

동아 22.10.05 (3) 박춘재(朴春載) 일행 구미에 / 미국 모 활동사진회사와 계약 후 이년동안 구라파로 슌회할 계획

잡가로 유명한 시내 인의동(仁義洞)에 사는 박춘재(朴春載) 외 노래 잘하고 춤 잘 추는 기싱 두명과 그 외 광대 다섯명의 일단은 요사이 미국(米國)에 잇는 모 활동사진 회사와 이개년 동안 계약하고 미국 각 도시를 위시하야 영국 『론돈』 등 구주(歐洲) 각 도회로 도라다니며 조선의 고유한 음악 무도(音樂 舞蹈)를 넓히 서양 각국에 선뎐 할 터이라더라.

동아 22.10.05 (4) 〈광고〉
황금관 10월 2일자와 동일

매일 22.10.05 (3) 개회 초일의 위생전람 / 관람자는 물결갓고 진렬품은 천수빅뎜
됴선 적십자사(朝鮮 赤十字社)와 경무국 위생과(警務局 衛生課)와 경긔도 경찰부 위싱과(警察部 衛生課) 등 셰 곳의 련합 쥬최로 환졀긔인 위험한 재를 당하야 일반의게 위싱사상을 선뎐 보급식히고져 쟉 사일브터 시니 영락뎡(永樂町) 상품진렬관(商品陳列館)에서 위싱면람회를 기최하엿는대 회쟝문 어구에는 일쟝기를 교차하야 오는 스람을 마져드리며 기회 벽두브터 구경코져 모혀드는 사람들은 물밀 듯 하야 미우 혼잡흔 광경인대 그 은에 진렬품은 보건(保健), 슈츅(獸畜), 위생(衛生) 뎐염병 예방(傳染病 禮房) 화류병예방(花柳病) 등 그타 천슈빅뎜에 달하고 그 우에는 각々 셜명셔가 붓허잇셔 누구나 보고 알기 쉬웁게 하엿스며 또는 낫에는 즁앙관(中央館)에셔 무료로 위싱활동사진을 영사하야 역시 관롬자가 다슈하엿다는대 전긔 위싱뎐롬회도 무료 관람임으로 누구나 이 됴흔 시기를 일치 말고 한번 가셔 봄이 죳타 하겟더라.

동아 22.10.06 (4) 저금선전 활동사진
인천 우편국에서는 예년 차기(此期)마다 시내에 호별방문을 하며 저금을 권유하든 바 금년에는 특히 인천부청과 연합하야 저금선전 활동사진을 거(去) 삼, 사 양일간 주야 이회식 가무기좌에서 영사한 바, 주간에는 각 학교 학생의게만, 야간에는 일반에 입장권을 배부하야 지참자에게 관람을 허하얏는데 무비(無非) 성황을 정(呈)하엿다더라. (인천)

동아 22.10.06 (4) [각지청년단체] 청년활동사진대
통영청년단 임시 활동사진대 일행은 구월 십육일 고흥에 도착하야 당지 청년회 기독청년 면려회(勉勵會), 본사 분국의 후원으로 야소교 예배당 전정(前庭)에서 이일간 영사한 바 입장료 급(及) 동정금이 불소(不少)하얏는데 실비를 제한 외에는 전부 당지 노동야학회와 여자야학회에 기증하얏다더라. (고흥)

동아 22.10.06 (4) 〈광고〉
송죽기네마 직영 매일 주야 황금관
당 육일부터 송죽 직영 기념 흥행
실사 **녹(鹿)과 비하** 일권
심각한 사계(社界)극 **모단쇄모(牡丹刷毛)** 육권
지식계의 두뇌자 호-러스와 십만불 소유자 마-씨의 로만스
대연속 공중대활극 맹수모험 **청호(靑狐)** 전삼십권의 내 사권
신파대비극 **야(野)에 피는 화(花)** 전구권
만도(滿都)의 사녀(士女)를 열광케 하고 전국 공전의 호평이 된 송죽 대특작 영화. 가련 등자(澄子)의 신(身)에 관한 운명?
보는 사람은 모다 눈물 흘이게 됨.
본 흥행은 종래의 입장 초대권 무효
일등 육십전 이등 오십전 삼등 사십전

매일 22.10.06 (4) 상주 절약 선전
금회 경북 주최 근검저축절약선전 강연회논 거(去) 사일 오후 일시부터 상주 공립보통학교에셔 개최되얏는대 해(該) 군청에셔는 사오일 전부터 선전광고지 일만매를 인쇄하야 시내에 배부혼 바, 당일은 예정 시간 전부터 수천명 군중이 회합하얏는대 신(申)군수의 개회사가 유(有)한 후 도청으로부터 출장한 윤(尹)참여관, 유(兪)사회과장, 죽림(竹林) 이재(理財)과장, 기타 제씨로브터 근검저축절약에 대한 강연이 잇셔 만장 청중에게 다대(多大)혼 감상(感想)을 여(與)한 후 동 오시에 산회하고 동 칠시브터 경(更)히 문화선전활동사진을 영사하여 공전(空前)의 성황을 정(呈)하고 동(同) 십일시에 폐회하얏다더라. (대구)

동아 22.10.07 (4), 22.10.08 (4), 22.10.09 (4), 22.10.10 (1), 22.10.11 (4) 〈광고〉
황금관 10월 6일자와 동일

매일 22.10.08 (3) 삼권번 기생의 대여흥 / 호남 대동 대정 세 기성

여흥은 루차 쇼기하엿지만은 경성에 잇는 호남 대동 대정(漢南 大同 大正) 세 권번 기성 수십명이 특히 본사 습율대회를 위하야 밤동산 시로 쟝치한 무대에셔 온갖 가무를 츌연하야 여러분에게 위안을 하야드릴 작뎡이오. 기성의 자미로운 신파극도 셰막을 하야 아죠 희극뎍으로 일단의 흥치를 도아드리기로 되엿는대 갓득이나 회원이 만원된 즁에 쇡치다른 기성군들이 총츌하는 재문에 얼마나 그 회쟝 내외가 번화하여질가 무대에셔 츔과 노릭는 더 말홀 것 업시 만죡히 츌연하기로 작뎡한 외에 여러분에 대하야 짜뜻혼 차 한쟌식 달아드리기로 되엿숩니다.

동아 22.10.09 (4) 〈광고〉

십월 칠일부터 사진 전부 교환
맹수대활극 **청호(靑狐)** 제일편 제이편
인정극 **애의 영광(愛의 靈光)** 전오권
정희극 **쥰구스** 전오권
실사 **지비얏도 이십일호** 최장척
대정활영주식회사 일수특약
단성사 전화 (본)구오구

동아 22.10.09 (4) 저금선전대 회령 착

조선식산은행 저금선전 활동사진대는 구월 이십칠일 회령에 도착하야 이십칠팔 양일간을 당지 만년좌(萬年座)에서 영사하얏는대 관람자가 다수하야 성황이엇다더라. (회령)

동아 22.10.10 (1), 22.10.11 (4) 〈광고〉

단성사 10월 9일자와 동일

매일 22.10.10 (1) 〈광고〉

동아 10월 9일자 단성사 광고와 동일[79]

---

79) 다만 동아일보에서 〈쥰구스〉라는 제목이 매일신보에서는 〈진쑤스〉로 표기되어 있다.

동아 22.10.12 (4) 활동사진대 내영(來霊)

경남 통영청년단 주관 활동사진대는 구월 이십칠일 영암에 내도하얏는대 본군 청년
회 동 소년단 급(及) 기독교청년회, 본사 영암분국의 후원으로 구월 이십팔, 구 양일
간 영사회를 개최한 바 관람자는 천여명에 달하얏스며 수입고는 사백팔십원에 지
(至)한 지라. 차(此)에서 실비를 제한 외는 전부 본군 유치원 기성회에 의연(義捐)하
고 동대는 익일 영산포에 향하얏다더라. (영암)

매일 22.10.13 (4), 22.10.14 (4), 22.10.15 (3) 〈광고〉

단성사 10월 10일자와 동일

동아 22.10.14 (4) [각지 청년단체] 통영 활동대 강진 착

통영청년단 활동사진대 일행은 구월 이십이일 강진에 도착하야 당지 청년회, 기독
청년회, 여자회, 소년의용단, 노동청년회, 본사 분국 후원으로 이일간 흥행한 바 천
여명 관중에게 만흔 감각을 주엇스며 동시에 유지(有志) 제씨의 동정금과 입장료를
합하야 삼백여원에 달하얏는대 이십원을 당지 여자회에 기부(강진)

매일 22.10.14 (3) 한남기(妓) 연주회 / 릭 십구일브터셔

한남권번에서 금년 슈히 리지민을 구죠홀 목뎍으로 본사 후원하에 연쥬회를 오는 이
십이일에 하기로 결뎡되야 쟉일 본지에서지 보도되엿는 바 동권번의 수졍상 부득이
날즈를 몃칠 닥어서 오는 십구일브터 우미관 닉에셔 일주일 간을 계속하야 연쥬회를
기최하는대 이번에 슈입되는 금익 전부는 슈해 구졔에 보닌다더라.

동아 22.10.15 (1) 〈광고〉

십월 십이일부터 사진 전부 교환
미국 골도윙 사
아동극 **학교친구** 전일권
미국 메도로 사
상징극 **암굴의 기연** 전육권
미국 아로 사 영화협회
제이회 연속 **청호(青狐)** 전오권 삼십권

제삼편 괴상한 수인(囚人) 제사편 무서운 추적 전사권 상장

시간에 의하야 희극 이권을 첨가하겟삽

대정활영주식회사 일수특약

단성사 전화 (본)구오구

송죽기네마 직영 매일 주야 황금관

당 십삼일부터 송죽 특별 영화 제공

실사 **무비-잣도**[80] 일권

사계(社界)인정극 **애의 영광(愛의 靈光)** 전오권

자식을 일어바린 노부인은 악인재문에 자식과 유사한 남자를 데불고 와서 재산을
탈취코자 하엿스나 랑(娘)의 애력(愛力)으로 선량한 인(人)이 된 묘극(妙劇).

맹수모험활극 **청호(靑狐)** 사권 상장

삼편 불사의한 수인(不思義한 囚人) 사편 사(死)의 추격

신파대비극 **해의 극(海의 極) えマデ**[81] 전오권

북해도의 신아경(神我境)수도원을 배경으로 한업는 연애와 사회의 이면(裏面)을 엄
히 피육으로 현출한 종교적 색채로서 흥미를 유(有)한 현대의 대비극

매일 22.10.15 (3) 〈광고〉

동아 10월 15일자 단성사 광고와 동일

동아 22.10.16 (3) 〈광고〉

백화구전(百貨俱全) 종로 권상장(勸商場)

극계 일류 여명극단과 교육 참고품 진열회

배계시하(拜啓時下) 추냉(秋冷)에 각위(各位) 청목(淸穆)하심을 봉하(奉賀)하나니다.
진자(陳者) 본장(本場) 내에 오락관을 신설하옵고 반도 극계에 저명한 여명극단을 초
빙하와 출연하옵는 바 본장을 ＊＊하신 대방(大方)제위씌 사은코저 특별이 본장 내

---

80) 무비 차트(movie chart)

81) ~에까지, 즉 바다의 끝에까지

상점에서 물품을 구매하시는 제현(諸賢)쯰는 무료 관람권을 진정(進呈)하오니 다수 내임(來臨)하심을 무망(務望).

십월 십사일부터 오후 이시 – 육시

매일 주야 이회 동(同) 칠시 – 십일시

관람료 상등 이십전 보통 십전

종로 권상장 오락관

여명극단 일행

동아 22.10.16 (4), 22.10.19 (4) 〈광고〉

황금관 10월 15일자와 동일[82]

동아 22.10.16 (4) 〈광고〉

십월 십육일부터 사진 전부 교환

미국 나쇼날 회사

희극 **미인도착** 이권

미국 유나이딋트 영화협회 제공

불국 문호 아렉산다 듀마씨 원작

문예신비극 **콜시가의 형제** 전육권

미국 킷튼 영화

한크민 희극 **골쇽 미인** 전이권

미국 아로 영화

제삼회 맹수활극 **청호(靑狐)** 제오, 육편 전사권 상장

대정활영주식회사 일수특약

단성사 전화 (본)구오구

매일 22.10.16 (3) 저금 선전 활동회 / 일대논 임의 서내나

톄신국 뎌금 션뎐 활동사진대눈 뎨오회의 슌회영사를 좌긔 각디에셔 하랴고 십이일 쇼도(小島) 부사무관의 인솔 아러 일대눈 츌발하얏다더라.

---

82) 海의 極えマデ 제목이 해의끗까지로 바뀜

십삼일 대구, 십오일 금천, 십육 칠일 대전, 십구일 공주, 이십일일 청주, 이십삼일
조치원, 이십오일 수원

매일 22.10.16 (4) 〈광고〉
십월 십육일브터 사진차환
미국 나쇼날 회사
희극 **미인도착(美人到着)** 전이권
미국 유나이디트 영화협회 제공
불국(佛國) 문호 알넥산다 쥬마씨 원작
문예신비극 **골시가의 형제**[83] 전육권
미국 킷돈 영화
한크만희극 **골속 미인(美人)** 전이권
미국 아로사 영화협회
제삼회 연속 **청호(靑狐)** 십오편 삼십권
영사시간은 칠시 삼십분으로 개정홈
대정활영회사 일수특약활영
단성사 전화 본국 구오구번

매일 22.10.17 (4), 22.10.19 (4), 22.10.21 (3), 22.10.22 (4), 22.10.23 (4) 〈광고〉
단성사 10월 16일자와 동일

동아 22.10.18 (4), 22.10.19 (4) 〈광고〉
단성사 10월 16일자와 동일

동아 22.10.19 (3) 〈광고〉
근고(謹告)
근계시하(謹啓時下)에 익々 건강하심을 경하하오며 금번 홍수로 피해된 동포를 위하
야 자선 연주회를 개최하옵는 바 각위(各位)에 동정을 앙망하옵는 동시에

---

83) 코르시카의 형제

예제

옥루몽연의 장자고분성도(莊子叩盆成道)

홍문연연의 춘향전연의

기타 정재(呈才) 급(及) 무도(舞蹈)

로써 본월 십구일로 이십삼일까지 오일간 시내 단성사에서 흥행하겟사오니 일차 광림하심을 복망(伏望)

대정 십일년 십월 십팔일

대정권번 백(白)

장소 단성사

동아 22.10.19 (4) [각지청년단체] 통영 활사대(活寫隊) 착발(着發)

통영청년단 교육선전 활동사진대 일행은 금월 사일 오후 이시 나주청년회, 안식교회 강습소 급(及) 유치원 생도의 환영중에 영산포(榮山浦)에 래(來)하야 동 팔시부터 청년회관 내에서 청년회 총무 박봉의(朴鳳儀)씨의 사회로 유치원 생도 일동의 합창과 양효순(梁孝順) 여사의 독창이 잇슨 후 대장 박봉삼씨의 취지 설명으로써 개회하야 『해오(海懊)의 광명』 전오권을 영사하얏고 익일에는 오후 팔시부터 『오륜(五倫)의 자각』을 영사한 바, 매야(每夜) 관객의게 다대한 감상을 주엇스며 동시에 유지의 동정금이 백삼십여원에 달하야 차(此)에서 실비를 제한 잔액은 나주청년회강습소 남녀부, 안식일교회강습소 여자부 급(及) 유치원에 기부하고 동대(同隊)는 익일 영광으로 출발하얏다더라. (영산포)

매일 22.10.19 (3) 대정기(大正妓) 연주회 / 오눌 밤 단성사에셔

금 십구일브터 닷시동안 예명으로 대정권번(大正券番)에셔는 금년 수히에 폐지난을 맛나 막대한 곤는을 밧으며 의식쥬를 부르짓는 동포를 구죠하며 위로하기 위하야 그 권번의 일류 기성 빅여명이 동관 읍 단성소에셔 츌연하야 이 써끼지 별노 보지 못하든 자미스런 가무를 홀 터인대 오일간 수입하는 돈 젼부는 리지 동포 구죠금에 보츙한다더라.

매일 22.10.19 (3) 〈광고〉

근계시하(謹啓時下)에 익익(益益) 건강되심을 경하하오며 금번 홍수로 피해된 동포

를 위하야 자선 연주회를 개최하옵는 바, 각위(各位)에 동정(同情)을 앙망하옵는 동시에 예제(藝題)는

옥루몽연의(玉樓夢演義) 장자고분성도(莊子叩盆成道)

홍문연연의(鴻門宴演義) 춘향전연의

기타 정재(呈才) 급(及) 무도(舞蹈)로써 본월 십구일로 이십삼일까지 오일간 시내 단성사에서 흥행하겟샤오니 일차 광림(光臨)하심을 복망(伏望)

대정 십일년 십월 십팔일

대정권번 백

장소 단성사

매일 22.10.21 (3) 한남기(漢南妓) 연주 / 초일 만원 / 기성 빅여명의 츌연 / 대성황의 첫날 광경

령남에 유수한 지능 특이한 기성으로만 죠직된 한남권번(漢南券番)에서는 지는 십구일 첫날의 연예를 우미관에서 열엇셧는대 그 놀 밤에 관긱은 무려 일천여명에 달하야 상하층 관람석에는 쌕々이 드러안진 성황이엿고 무대 우에는 기성 빅여명이 번가라 츌연하야 여러가지 연예를 한 바, 더욱이 볼만한 것은 민 나죵에 특별히 각쇽흔 춘향연의(春香演義)이 ＊＊엿는대 대목대목이 포복절도홀 장면이 만히 잇셔셔 이젼에 하던 것과는 대단 볼만하다는 갈치가 야단이엿스며 김츄월(金秋月)의 방자노름과 명창노리며 됴홍련(趙紅蓮)의 익살스런 지담화극은 더욱 관긱의 우슴을 자아내엿는대 이번에 기성들의 분발로 연쥬회를 발긔하야 그 슈입금으로 수히동포를 구졔코져 하는 아름다온 뜻은 가상스런 칭찬이 업지 못하더라.

매일 22.10.22 (3) 추계 위생전람 / 각 디방민에 대하야

경긔도 경찰부 위싱과(警察部 衛生課)에서는 디방 인민의게 츄계 위싱사상을 션뎐코져 십일월 일일브터 이십일까지의 사이에 리쳔군을 위시하야 뎐람회를 기최흔다는대 특히 활동사진까지 잇셔 미우 자미스러우리라더라.

매일 22.10.22 (3) 대정기(大正妓) 연주회에 동정금 오뵉원

대정권번에서 수히동포를 위하야 연주회를 기최한다 홈은 임의 본지로 널니 쇼기되야 그의 아름다온 자비한 마음은 일반이 다 갓치 동정하며 찬성하는 바이지만은 그

후 지는 십구일브터 동 연쥬회는 시작되얏는대 다른 씨 보통 연쥬회보다는 그의 의미가 깁고 단슌한 동포를 사랑하는 의미로 열니는 연쥬임으로, 일반은 기성들의 연쥬를 보는 것보다도 수해 동포를 셩각하는 마음으로 첫놀브터 관즁은 무려 수천명에 이르러 식쟝은 송곳 쏘질 여디가 업시 대만원에 혼잡을 이른 즁 더욱 감사한 것은 좀쳐럼 긔부를 질기지 안는 됴션 수회인사들노 당일은 별노 청하지도 안은 긔부금이 하로 밤에 젹지 안이하야 오날꺼지 잇흘동안에 긔부금이 오빅여원이나 모혀쓴 즉 예명대로 닷시동안을 게속 홀 것 갓흐면 츄측컨대 다익의 금익이 되겟더라.

매일 22.10.22 (3) 〈광고〉
사(賜) 각궁전하(各宮殿下) 대람지영(臺覽之榮)
기간 자(自) 십월 이십일일 지(至) 십월 이십사일 사일간
주야이회 매일 예체(藝替)
세계적 대천일(大天一) 대마기술단(大馬奇術團) 래(來)
입장료 대인 삼십전, 소인 이십전
종로권상장(勸商場)
오락관
관람제위(諸位)에게 백홍분(白紅粉) 일갑(一甲) 무료 진정(進呈)
단 매일선착인 오백명에 한함.

매일 22.10.22 (4) 청년 활사대(活寫臺) 귀환
통영청년단에셔 임시 활동사진대를 조직하야 작년은 경향 각지 각 교통편리할 도회지로 순회하야 교육사업에 막대한 공헌이 유(有)하고 다대(多大)한 동정을 수(受)한 바, 금년은 제이회 순업(巡業)으로 금하(今夏)브터는 교통 불편한 산간벽지 각 촌리로 순회하야 도처마다 찬성을 만히 밧고 금번 특히 전라 각 군면을 순회하야 처々(處々) 환영을 박수(博受)하던 바, 금번 통영 수산품평회 기일(期日)이 도래흠을 짜라 거(去) 십육일 오후 십시 기선으로 귀착(歸着)하얏더라.

동아 22.10.23 (4) [각지청년단체] 통영 활동대 귀환
통영청년단 임시활동대는 기간(其間) 경남, 전남 각지의 산간벽지를 순회 영사하야 그 실비를 제한 외의 금전은 전부 기(其) 지방의 교육기관에 기증하엿슴으로 도처마다 열

광적 환영을 바다 성적이 매우 우량하든 바 본월 이십일일부터 십일간 당지에서 수산품평회를 개(開)함으로 기(其) 시기에는 통영에서 영사키로 본월 십팔일 오후 구시 반 입항 발동선으로 귀통(歸統)한 바 부두에는 청년단 간부 급(及) 단원 수백명의 출영(出迎)이 잇섯스며 기간(其間) 순회중에 예(預)이 일할(日割)을 통지하고 가지 못한 지방에는 당지 수산품평회 종료 후 제삼회로 순회 영사할 내정(內定)이라더라. (통영)

활동사진대 소식
통영청년회 주최 전선(全鮮)순회 활동사진대 일행은 금번 영산포에 도착하야 영산포(榮山浦)청년회 급(及) 본사 영산포 분국 후원으로 당지 청년회관에서 교육에 관한 사진을 영사한 바 이일간 수입된 입장료와 유지 제씨로부터 기증된 동정금이 백여원에 달하얏는대 동대(同隊)의 실비를 제한 잔액은 당지 사설 강습소에 기증. (영산포)

동아 22.10.24 (4) [각지청년단체] 청년활사대(活寫隊) 영광(靈光) 착(着)
통영청년단 활동사진대 일행은 거(去) 육일 영광에 도착하야 당지 청년회 외 육개 단체의 후원으로 동 청년회관에서 이일간 영사하얏는데 관람자가 매일 천여에 달하야 성황을 정(呈)한 바 관람료 급(及) 동정금에서 실비를 제한 외 잔액은 전부 당지 유치원에 기증. (영광)

매일 22.10.24 (1) 우리 민중이여 / 극의 이해를 가집시다 (상) / 천계생(天溪生)
필자는 일즉이 문예단이 장한몽극을 행연홀 쌔 일반 관객으로브터 불합리한 태도로 동극(同劇)을 대홈으로, 필자는 그를 공격―아니 우리 민중에게― 극이 우리에게 여하흔 관계로써 기하(幾何)의 이익을 쥬는 줄 홈쯰 각오하자고 동아일보를 통하야 애소(哀訴)흔 일이 잇섯다. 삼년이라는 과거를 지닌 오늘々에 쏘다시 동일한 의사 하에 이 종히와 붓을 대하게 되얏스니, 이 일이 필자의 바라는 바이 안이지만 애소의 붓을 쏘 잡는다.
첫지로 민중극에게
연극은 오대 예술이 종합되여 성립한 것이라 한다. 경제의 허락을 득(得)치 못하야 완전한 극을 행연치 못흔다고 한치 말지어다. 남과 갓치 기백 기천원 심지어 만금을 투(投)하야 십원 이상의 입장료로 행연홈을 우리는 바랄 쌔가 못된다. 다만 그대들의 힘자라는 대로 홀 수 잇는 것만 가지고 오대 예술의 홍낙만 내얏드라도 안이 근사(近

似)하게 하얏스면 이것이 우리의 바람이오 그대들의 의무일가 하노라.

보라, 연극이 오대 미술을 포옹(抱擁)하얏다 홀진대 그대들이 능한 미술적 표현을 하얏는가 못 하얏는가?

가튼 것 가지고도 미술적 관념이 잇는 자일 것 가트면 그 배치라든지 사용방법이 현수(懸殊)홀 것이 안일가. 그네들의 이 점의 대혼 무관념홈을 혼두가지 적기(摘記) 하고자 혼다.

무대면(面)의 수(垂)혼 막(幕). 이것은 극＊(劇＊) 정신 중 가쟝 중임을 대(帶)하얏다고 필자는 호언혼다. 극의 제일 요소는 일반 관객으로 하여금 환희심을 갓도록 홈이다. 그러치 안은가. 관객이 극과 초(初) 대면하는 것은 막─ 이것이다. 이 막을 처음 대홀 째에 염증이 생(生)혼다든지 불쾌를 감(感)혼다든지 하면 다음의 대면홀 극 전생명(全生命)의 기하간(幾何間) 손실이 잇슬 것이 안인가.

아즉 우리 사회에 색조의 대한 관념이 젹다 하야도 과언이 아이지마는 그러타고 무작법(無作法)혼 행동을 취홀 것인가? 필자는 또혼 이갓치 사(思)혼다. 상장극(上場劇)의 종류를 짜러서 막의 색조라든지 장식이라든지 그 극의 합리하도록 힘써야 하겟다. 이에 대한 세론(細論)은 여기 씌울 수 업셔 후일로 미룬다. 이번 민중극단의 막은 자흑색(紫黑色)이얏다. 이 막의 용처는 비극의 근사(近似)하다고 하겟다.

그러나 경제상 뜻과 갓치 못혼다 하드러도 동일한 막을 가지고 배치와 사용법의 의하야 관중의게 악감, 환희를 구별하야 줄 수 잇슬 것이 안인가. 그러면 전기(前記) 막의 배치는 엇더하얏던고…… 무대고(高)보다 막의 장(長)이 단소(短小)하야 대(竹)쪽에다. 아─ 민중극단이여 철저히 노력하라.

ᄉ랑의 환영을 밧도록

예술이라는 관념을 우리 민중이 각오하도록.

다음 일반 관중에게

극을 이해하는가 못하는가. 극이 우리의 ＊전(＊全)혼 오락물이 안이고 威大혼[84] 책임을 부(負)하고 잇는 사회교육기관임을 아는가 모르는가? 예술은 사회의 보물이요 문화의 생활과 예술 개전(開展) 여부는 짜라서 사회 흥망 발전를 지배하는 줄 아는가 모르는가.

아─ 우리 민중이여 극의 이해를 가집시다.

---

84) '偉大한'의 오식인 듯함.

아– 우리 민중이여 극의 상식을 가집시다.

우리 민중이 극에 대흔 태도를 여하히 취하얏던가. 이하의 적기(摘記)하야 독자의 반성을 촉(促)하며, 아울너 참작(參酌)에 공(供)하려 혼다.

쌔논 십월 육일 야(夜)이엿다. 민중극단의 행연(行演) 쳐음 예제논

一, 사회극 폭풍

쳐음 막이 열니자 폭풍과 호우가 심하얏다. 전기 응용이 훌용하얏다. 모든 관객은 박수갈채한다. 엇지하야 이 호우의 전광을 보고 박수를 하논가. 이 호우로 인하야 엇더한 비극이 이러날 줄 짐작하고셔 박수를 하논가? 말정혼 날 더군다나 무대상에 폭우가 일어남이 신기하야 박수를 하논가. 만약 그러타 하면 관객의 몰상식홈이 아니일가. 필자는 폭우 전기응용의 박수홀 가치가 업다 혼다. 그러고 나셔 노어부의 처가 자기 자식의 시체를 붓잡고 실성통곡한다. 잇쩌 관객석으로브터 대곡(大哭)의 성(聲)이 듣일 수이가 업다. 그 쑨 안이라 훤화(喧譁)[85]가 심하얏다. 이가치 하야 전삼막은 우슴으로 맛치얏다.

매일 22.10.24 (1) 〈광고〉

십월 이십사일 (화요) 사진차환

미국 회드나쇼늘 영화

희극 **쑹々이 작란** 전일권

미국 화드나쇼날 회사 영화

인정극 **황태풍(黃颱風)** 전육권

미국 아로사 영화

맹수활극연속 **청호(靑狐)** 십오편 삼십권

제사회 제칠편 제팔편 전사권 제오회 제구편 제십편 전사권 전팔권 상장

대정활영회사 송죽사(松竹社) 특약

단성사 전화 본국 구오구번

매일 22.10.24 (3) 경주 어시찰(御視察) 영사 / 한원궁 시찰하실 씨

총독부에셔논 호원궁 뎐하끠오셔 경쥬 어시찰 하압신 것을 활동사진으로 박히어 임

---

85) 시끄럽게 떠듬.

의 완성되얏슴으로 작 이십삼일에 시스를 하얏눈대 성적이 미우 량호하다더라.

매일 22.10.24 (3) [만리경]

요사히 본명서에눈 엇전 무긔명 투셔가 만히 드러오눈지 젼슈구챵으로 만드리 * 리
눈 것만 수십쟝이고 셔쟝에게로 가눈 것도 여러 쟝이라 혼다. ▲ 그런대 그런 투셔의
니용을 히부하여 볼쟉시면 별로 신긔치 안타눈 말이다. 활동사진관이나 목욕탕, 기
타 기성이 포쥬에 대혼 비난과 집셰 만히 밧눈 불평이 대부분이요, 별로 신긔치 안타
고 ▲ 이러한 투셔가 미일 답지하미 젹지 안은 고통거리로 맛당히 직쳑상 혼번 됴사
눈 하여 보겟지만은 도대톄 용수통으로 드러가눈 투셔가 거위 될 터이며 인신 공격
의 투셔눈 ▲ 더구나 즁상뎍이 만혀셔 귀를 드러 알 필요도 업슬 뜻 하나 셰상이 밝
어가닛가 이런 일도 작구 새삼스럽게 느러가눈지, 참 알 수가 업눈 일이라 하겟다.
▲ 경북도에셔눈 관니 빅셩에게 지식을 게발키 위하야 신문 잡지를 사셔 보게홀 목
뎍으로 현샹문을 지어 보내눈 자에게 일등 오원을 준다눈 발표가 잇셧다. 시대를 쪼
챠 신문 잡지 보눈 권쟝문이 모집됨은 가타홀 일.

매일 22.10.24 (4) 소비절약 선전

물가 조절에 대하야 강원도의 시설 방침은 대략 긔보와 여하거니와 물가 조절을 반
하야 생활 개선상 필요로 인하눈 소비절약에 대하야눈 좌긔와 여히 선전 요항을 관
내 각 관쳐에 시달하야 철저적차의 실행을 긔한다더라. (춘천)

선전 요항

일, 일반에 대하야

(가) 생활을 규율적으로 하되 간이 질소(質素)를 주지(主旨)로 홀 사(事)

(나) 의복은 유행에 부주(不走)하고 질소와 위생과 활동을 본위로 하야 조제홀 사

(다) 양복은 실용적 기제품(旣製品)을 사용홀 사

(라) 조선복은 색물을 장려홀 사

(마) 식물(食物)은 안가(安價)로 자양(滋養)에 부(富)한 것으로 선택홈을 장려홀 사

(바) 가옥은 외견에 불구하고 통풍채광 등 위생을 주안으로 하되 상주실(常住室)을
주로 하야, 객문(客間)을 종으로 하고, 허식을 피하고 실용을 본위로 홀 사

가구는 견뢰(堅牢)를 주로 하며 조제품은 질소를 주지로 홀 사

(사) 가계부의 사용을 장려홀 사

(아) 금주 금연을 려행(勵行)홀 사

(자) 형식의 증답품 병(並) 송영(送迎) 급(及) 연회, 관혼상제의 공비(公費), 미신에 기(基)한 제비(諸費)를 폐지홀 사

(차) *칭(*秤)을 비부(備付)하야 일용품 구입에 기(其) 양목(量目)을 검(檢)홀 사

(카) 괘매(掛買)를 불위(不爲)하고 가성(可成) 현금매(買)로 홀 사

(타) 상인은 점매(店賣) 현금가격를 정하야 차(此)를 표시하고 괘매과 배달매에는 별(別)로 차(此)를 구분홀 사

(파) 절약 실행에 관하야는 전차, 활동사진관, 기석(寄席), 이발옥, 음식점, 기타 인(人)의 내집(來集)이 다(多)한 장(場)에 소비절약의 선전문을 살포하고 우(又)는 『포스타-』를 게(揭)하는 외(外) 강연회를 개최하고 우(又)는 활동사진 영사를 위(爲)홀 사
이하 생략

동아 22.10.25 (1) 〈광고〉
매일 10월 24일 단성사 광고와 동일

동아 22.10.25 (4) [각지청년단체] 활사대(活寫隊) 도처 호적(好績)
통영청년회 활동사진대 일행은 대장 박봉삼씨 인솔하에 거(去) 팔일 오후 사시 함평(咸平)청년회, 본사 함평지국원 환영리(裡)에 내함(來咸)하야 읍내 서상기(徐相基)씨 정원에서 동 팔시 반부터 회장 이**씨 사회로 함평청년회 병(並) 유치원생 일동의 합창이 잇슨 후 홍순남(洪順南) 여사의 독창이 맛침애 『오륜(五倫)의 자각』 전칠권을 영사하얏는대 남녀관중이 근 오백명에 달하얏고 익일에는 『해오(海懊)의 광명』 전오권을 출연한 바 양일간 동정금 합계가 이백이십칠원 오십전이라. 실비를 제한 잔액 백십구원 구십일전은 당지 청년회 경영인 유치원 급(及) 여자야학부에 기증하얏더라. (함평)

매일 22.10.25 (1) 우리 민중이여 극의 이해를 가집시다 (중) / 천계생(天溪生)
사회극(실은 대비극)을 희극으로 안이 그보다 더하게 우슴으로 폐막하얏다. 이것이 져- 민중극단 소망이며 일반 관객의 본의(本意)일가? 필자는 그 박수와 대소(大笑)의 쯧을 알 수 업다. 남은 안이 우리 동포는 우는데 그들은 엇지 하야 대소(大笑)를 하는가. 져- 우리 동포의 일부분은 대비애의 함(陷)하얏는데 그들은 깃거하여야만

죠흘 일인가. 우리 동포의 비애를 가튼 동포에게 동정을 구(求)치 안코 언으 곳의 구홀가. 말 다르고 풍속 다른 져 이국(異國) 친구가 우리 참경(慘境)을 동정홀 리가 잇는가? 아— 우리 민중이여! 동포를 사랑하는 열루(熱淚)가 잇는가. 동포에게 동정을 줄 만한 뜻거운 피가 잇는가? 아니 동포들 그대가 아는가 모르는가? 이것을 안다 홀진대 전기(前記) 폭풍극을 그가치 몰상식하게 대하지 안을 것이 안인가?

폭풍…… 폭풍…… 우리에게 만흔 인상을 쥬고 동시에 골수에지 압흐고 쓰림을 주는 사회비극이엿다. 범상하게 등한시홀 것이 안이엿다. 과연 이 폭풍극은 범상흔 문사(文士)의 필재(筆才)로 인생을 모의묘사(模擬描寫)흔 보통작품이 안이엿다. 현 사회 우리 동포의 비참 실황을 배경삼아 극으로 화(化)케 한 피(彼) 윤백남씨의 명철흔 노력의 결정이엿다. 이에 그 폭풍극의 발단을 잠기(暫記)하면— 져 동남방 포항의 일개 사리(私利)만 알고 무인정(無人情)흔 선주가 잇셔셔 폭풍 호우 중의 사복(私腹)을 충(充)키 위하야 위험! 아니 황금 불역(不易)의 중인(衆人)의 생명을 불고하고 어부 수십명으로 포어(浦魚)작업에 취(取)케 하얏다.

불행타. 어부들은 광풍이 대작(大作)하고 노도가 흉용(洶湧)하는 이 씨에 이쳐롭다. 수중 원혼이 되고 말엇다. 즉 선주의 사복(私腹)을 치워쥬는 희생이 되얏다. 몰인정한 선주는 자기로 인하야 이갓튼 비극을 연출하고도 오히려 만족지 못흔 냉냉한 태도로 피(彼) 漁天[86]들에 유족을 대하얏다. 이러한 불인(不忍)의 행동으로 인하야 자기의 애지중지하든 여양(女孃)으로 자기의 대과(大過)를 사(謝)하는 제물로 밧치엿다. 이것이 사실이 안이고 모의(模擬)의 작(作)이라 홀 지라도 그리 몰상식하고 불합리흔 태도로 대흠이 불가하지 아니흔가. 이 일이 오즉 어업간에만 잇슬 쏜가. 안이라. 도처마다 이러흔 자본가의 폭학(暴虐)으로 무산자의 빈약과 충돌이 이러놈은 놀노 보도하는 신문지 삼면에서 만흔 증거를 득(得)홀 수 잇슬 것이 안인가. 필자는 결코 당일 야(夜)의 특등이나 일등석의 안져 황금만능의 권위를 한업시 부리는 그네들에게 이 극! 아니 이러한 동포의 비애를 싱각하야 달나고 십지 안타. 다만 그와 갓흔 처지의 생활하는 형제들에게 동정의 루(淚)를 앗기지 말나는 것이 필자의 바람이다. 동극을 통하야 현 사회의 해독을 쥬는 기생충이 잇는 쥴 각오(覺悟)하는 동시에 극의 철저흔 이해와 상식이 추호라도 잇기를 바라는 바이다.

---

86) '漁夫'의 오식

二, 신극 파륜(破倫)

폭풍극을 다 치고 파륜을 개막홀 홀 사이가 좀 동안이 쎳다. 이것이 무리라 홀 슈 업다. 전술홈과 가치 대(臺)의 설비가 완전치 못혼 극장이고 겸하야 등장 인원의 부족으로 변장을 요하는 상당혼 시간을 여(與)하지 안으면 안이 되겟다. 당시 觀容[87]들은 이를 알고도 그러는지 모르고 그럼인지 개막이 늣다고 최촉(催促)의 박수가 심하얏다. 안이 박수로나 최촉을 하야스면 몰상식타고 안이하겟다. 여기 져기셔 것잡을 수 업게 욕설로 박수를 대신하얏다. 이리고야 엇지 상식잇는 인사의 행동이라 하겟스며, 더욱이 극의 이해가 잇는 자의 취홀 바리요.

난언폭욕(亂言暴辱) 중에 맛참나 개막이 되얏다. 동극은 져ー 일본셔 대환영을 바덧다 하는 극으로 윤백남씨가 우리 사회의 적합하도록 각색혼 일막의 극이니 내용은 ー 엇더혼 가정의 삼부자와 모녀가 잇셧는데, 그 부＊(父＊) 일즉이 엇더혼 창부에게 혹하야 처자를 빈고(貧苦) 중에 눕게 두고 출가하얏다가 십년 후에 걸인이 되야 넷 처자 츠졋다. 그의 장자는 그 부친이 자기 형제들과 모친에게 고통의 종자를 씨쳐 쥬엇다는 이유로 그 부친의 입가홈을 비난한다. 그리하야 그 부(父)는 참회의 루(淚)를 씻지 못하고 재차 출문(出門)하얏다. 그 장자는 다시 그 무엇을 각오하고 출문한 부친을 입가케 하고자 하얏다. 느졋도다. 그 부친은 수(水)에 익사하얏다…… 이 극이 부(父)를 경계홈이라 홀 슈도 잇고 자(子)를 경계홈이라 홀 슈도 잇다. 환언하면, 부자를 홈쯰 경계하얏다고도 홀 수 잇다. 이 극이 일본극을 역(譯)하얏다 하더라도, 이러한 사실이 조선에인들 업스리라고 단언홀 수 업다. 피(彼) 윤백남씨가 이 파륜(破倫)을 각색홀 쎄 한갓 취미만 취(取)혼 것이 아니인 줄 쎠다러 쥬어야 하겟다. 그러면 관객은 엇더한 행동으로 동극(同劇)을 대하얏든고…… 극중에 식사의 광경이 잇셧다. 객석으로브터『잘 먹는다!』……『이것은 밥 먹는 연극이야. 고만 먹어라!』소리가 상하층을 분별홀 수 업다. 이 엇지 몰상식한 취(取)치 못홀 행동이 안이리요. 또한 등장 인물의 일언일동(一動)을 쎄여 놋치 안코 관객은 비난한다. 그 공격하는 주지(主旨)를 살필 수 업다.

아! 우리 민중이여, 우리의 손으로 된 예술을 사랑홉시다.

아! 우리 민중이여 져 츔츄고 노러하는 무리를 스랑홉시다.

---

87) '觀客'의 오식

매일 22.10.25 (3) 관람료를 징수하는 / 운동경기에 과세설 / 동경셔 흥힝물로 인 덩ㅎ고 충분 됴ᄉᄒ 후 결뎡ᄒ다고 / 운동정신을 몰각(沒覺)하는 이유로

현지 류힝이 절뎡에 달하는 야구 시합은 셰상의 일반을 열광케 하는 즁인대 이에 대하야 관롬료는 일반 관극물에 비교하야 손익이 업는 징수를 하고 경기의 방법과 운동의 근본뎍 정신을 몰각하고 다만 흥힝뎍 경향만 보이며 불가 몃 학교 학ᄉ 야구단을 졔한 외에는 거위 반대로 영리뎍 인물이 잠지하여 잇슴을 보게 이르럿다. 이와 갓치 하여 일반 영리뎍 운동 시합으로 아모 긔탄 업시 불원간 보게 된 샹터에 이르러슴으로 흥힝을 맛찬가지로

관람셰를 부과하라는 쇼러가 미우 이젼브터 이러는 모양이다. 그런 고로 이에 대하야 경시텽에셔는 학ᄉ경기라는 리유 하에 그대로 묵시하지 아니하고 미구 불원에 각 야구단의 죠직과 밋 각 션슈의 셩적과 밋 관람료 쳐분 방법 등을 죠사ᄒ 후 야구계에 대ᄒ 무슨 방법을 강구하는 즁이며 이에 대하야 경시텽 당국에셔는 말하되『야구경기의 관람료에 관하야는 학ᄉ들의 운동경기인 즉 될 슈잇는 대로 묵허 방침을 슈용하엿는대 혹은 반대로 진졍하는 쟈가 잇기 시작하야 졈졈 직업뎍 단톄로 들어가는 경향이 보이는 동시에

입장료도 쟝니 졍리라는 등 여러 가지 문뎨를 만들어 다익의 관람료를 징슈하며 각 대학 야구단에셔는 갓흔 쟝쇼에다가 갑을의 구별을 붓치여 갑장쇼에는 그만ᄒ 다익의 료금을 밧는 등 ᄯ로는 원졍(遠征)이니 무삼 긔본 즈금에 긔부라 칭하고 일종의 디방 슌업을 힝하는 터인즉 엇더ᄒ 방법으로던지 그의 취톄를 털뎌히 강구ᄒ 필요가 잇다. 현지 야구 시합은 당국에 별노 보고홈이 업시 그대로 하엿지만은 흥힝취톄 규측 즁에는 임의 이에 관한 뎍용ᄒ 규뎡이 잇는 ᄭ닭에 진실ᄒ

학ᄉ단의 경기에 직업뎍 셩질이 포함하여 잇는지 업는지를 극히 셰밀하게 됴사하야 운동 정신을 존즁하는 의미하에 상당ᄒ 취톄를 ᄒ 싱각』이라 말하엿는대 일노브터는 경시텽에셔는 야구 시합을 흐낫 흥힝물노 인뎡하고 징셰ᄭ지 하게 될 모양인 즉, 그러케 되면 젼국에 이르기ᄭ지 그와 갓흔 일이 밋치게 되겟다더라. (동경)

동아 22.10.26 (4) [각지청년단체] 수해 效濟[88] 활동사진

통영청년단에서는 목하 각지를 순회 강연하는 황해도 수해구제회 실행위원 유원봉

---

88) '救濟'의 오식

(柳遠鳳) 외 양씨(兩氏)의 내통(來統)을 기하야 본월 십구일 오후 팔시 당지 봉래좌(蓬來座)에서 황해도 수재구제의 목적으로 그 단에 비치한 활동사진을 영사하얏는대 총수입금의 백사십칠원 오십전인 바 기중에서 제반 비용 이십이원 칠십전을 제한 잔금 백이십사원 팔십전은 황해도 수해구제회에 기증하기로 하얏다 하며, 당일 동정금을 연출(捐出)한 제씨는 좌기(左記)와 여(如)하고 차외(此外)에 이삼 여학생의 의복 증품(贈品)이 유(有)하얏다더라.

(이하 생략)

동아 22.10.26 (4), 22.10.27 (2), 22.10.28 (4) 〈광고〉

단성사 10월 25일자와 동일

매일 22.10.26 (1) 우리 민중이여 극의 이해를 가집시다 (하) / 천계생(天溪生) / 종(終)에 학생제군에게

현금 우리 사회에서 극의 이해를 추호라도 유(有)한 자가 기인(幾人)인가? 차문(此問)에 대하야 필자는 주저안코! 『오즉 중등 정도 이상에 잇는 학생』이라고 하겟다. 그럿치 안은가. 신사조에 물드럿다는 학생이 극의 이해가 업스면 어대가셔 즐수[89] 잇슬가?

그러나 극의 이해를 가젓다 홀지라도 일층 고사(考思)홀 필요가 잇다 하노라. 져─ 풍부한 이국(異國)의 예술은 사랑홀 줄 알면셔 동포의 쥬린 가삼을 부여갑고 생명의 물굽이에서 해미이며 간난(艱難)의 환경 속에서 근신히 자아내인 순전한 우리의 예술은 엇지하야 사랑홀 줄 모르는가. 일본인의 손을 혈관삼아 구미인(歐米人)에게 흘너드러가도록 생명수를 쥬면셔 다른 나라 예술은 샤랑홀 줄 알면셔, 아모리 생명수를 다과(多寡)히 줄지라도, 부절(不絶) 순환하는 우리의 예술은 엇지 하야 동정홀 줄 모르는가?

맹수가 비약하고 악한이 선인을 잡어가고 기차와 자동차가 경주하는 져─ 활동사진은 금전을 앗가와 홀 줄 모르고 보는 학생 제군이여! 그 곳에셔 무삼 포부가 잇셧던가가?[90] 무삼 수득(收得)이 잇셧든가. 일시적 오락에 지니지 못하고 장래 경제전의

---

89) '즐길 수'의 오식
90) '잇셧던가'의 오식

열패(劣敗)홀 고통의 종(種)만 시(蒔)홀 것이 안인가. 져- 본국(本國)에서도 저급적(低級的)의 예술로 인정하는 활극은 사랑홀 줄 알며 제군의 사랑만 가득홀 것 가트면 우리도 져 이상 가는 고급의 예술품을 작(作)홀 수 잇는 희망 잇는 우리의 예술품은 엇지하야 기를(育) 줄을 모르는가. 고급 사진은 우리에게 오지 못하고 하급 사진으로만 공급하야 우리의 경제를 쇠퇴케 하는 져- 서양의 예술을 여지업시 배절(排折)[91] 하고 우리의 예술을 고급적이 되도록 사랑홀지어다.

긋흐로 일언(一言)을 여(與)코자 흠은 -이 일이 학생 전체는 안이지만 그 중 일부분이지만- 우리의 예술을 사랑치는 못혼다 홀 지라도 섭々하겟거늘 난폭의 행동을 취흠에야 엇지 하랴. 당일 야(夜)에도 학생 제군 가운데 동극(同劇)을 비난하야 무수한 욕설도 가하엿거니와, 무수혼 지설(紙屑)[92]를 무대상의 난투(亂投)하야 갓득이나 무색(無色)혼 장면을 더욱 궤란(潰亂)케 하얏다. 이 엇지 학생의 본의(本意)이며 신사조를 맛보앗다 홀 수 잇스리요.

아- 학생 제군이여 다른 예술보다 우리 예술을 사랑하소서
아- 학생 제군이여 극의 이해와 상식을 철저히 하소서

매일 22.10.26 (4), 22.10.27 (4), 21.02.8 (1) 〈광고〉

단성사 10월 24일자와 동일

매일 22.10.28 (4) 본사 독자위안 활사(活寫)

본사 독자위안 활동사진대는 거(去) 이십사일에 진남포에 도착하야 동(同) 오후 오시와 동 팔시와 이십오일 오전 십시, 이상 삼회로 본사지국과 경일지국 주최로 독자위안 활동사진을 당지(當地) 항좌에서 영사하게 되얏는대 당일에 정각 전브터 모여드는 관중은 잠시간에 만원이 되야 부득이 입장을 불허하게 되미 장외에 입장치 못한 수백의 관중은 홀 일 업시 섭섭히 도라가게 되야 주최자 일동은 유감천만이얏스며, 장내 상하층에는 실로 입추의 여지가 업시 되얏고 정각이 되미 본사 지국장 김＊성(金＊性)씨와 경일지국장 전본(畑本)씨의 간단흔 개회사가 잇슨 후 차제로 사진을 영사하얏는대 대구중학교 교유(教諭) 고(故) 풍전일랑(豊田一郎)씨의 사적(事蹟)인 (사

---

91) '배척(排斥)'의 오식
92) 종이 부스러기

(死)의 광휘)라는 막이 낫타놀 찌에는 일반 인사는 실지로 보는 듯한 비참혼 광경에 자연히 소사나는 한줄기의 눈물을 쑤려 조위(弔慰)를 하게 됨으로 장내에는 비운(悲雲)이 가득하얏더라. (진남포)

매일 22.10.29 (1) 〈광고〉

십월 이십구일(일요) 사진차환

실사 **화려혼 파리**

미국 바이다그립 영화

희극 **독갑이**[93] **자동챠** 전이권

미국 영화협회 제공

문예풍자 **호상의 일야(湖上의 一夜)** 전육권

휴식

미국 아로사 영화

맹수활극연속 **청호(靑狐)** 십오편 삼십권

제육회 제십일편 제십이편 전사권 상장

고평(高評)을 접흔 연속 청호극은 그 여히 내주 일회 최종

대정활영회사 송쥭사 특약

단성사 전화 본국 구오구번

동아 22.10.30 (4) 위생선전 환등대회

강원도청 위생과에서는 십월 이십일 오후 칠시 이천(伊川)공립보통학교 내에 위생환등대회를 개최한 바 관람자가 사백여명에 달하얏더라. (이천)

동아 22.10.30 (4) 〈광고〉

매일 10월 29일자 단성사 광고와 동일

매일 22.10.30 (4), 22.10.31 (1), 22.11.02 (4) 〈광고〉

단성사 10월 29일자와 동일

---

93) 도깨비

동아 22.10.31 (1), 22.11.02 (2) 〈광고〉

단성사 10월 30일자와 동일

동아 22.10.31 (4) [각지청년단체] 활동대의 도처 미거(美擧)

통영청년단 활동사진대 일행 육명이 십월 십일 무안에 래착하야 무안청년회와 동아일보 함평지국 후원으로 당지 공립보통학교 내에서 하오 팔시 반 이도＊(李道＊)씨 사회하에 『오륜의 자각』과 『해오(海懊)의 광명』합 십이권을 흥행한 바 간々 당지 청년회 여자강습생 급(及) 기독교 여자학생의 합창 우(又)는 전윤정(田允貞)양 박정순(朴正順)양의 합창이 잇섯는대 유지(有志)의 동정금이 이백여원이라 실비를 제한 후 백십원은 무안청년회 경영인 학술강습소에 기부하얏다더라. (함평)

매일 22.10.31 (3) 활동사진 촬영 / 처참흔 모든 광경과 관민의 아리싸운 뎜

별항과 갓치 로국 사롬들의 광경이 쳐참하며 원산 관민의 동정이 젹지 안이하며 총독부에는 활동사진을 촬영하기 위하야 사진반을 특파하야 이십칠일 오젼 열시 반브터 각쳐 각종의 참담흔 실경과 아리싸운 부민의 동정하는 광경이며 젹십자샤의 활동하는 것을 촬영하얏는대 홈북도텽에셔도 이십칠일 밤에 통하뎐(桶下田) 디방과장과 암구(岩口) 셔무과쟝이 원산에 와셔 이십팔일은 홈의 현장을 시찰한 후 총독부에 대하야 그 샹황을 보고하기 위하야 동일 밤 열 흔시 발 렬차로 경성으로 향하얏더라. (원산뎐)

동아 22.11.01 (1) [사해섬광(四海閃光)] 천리구(千里駒) / 활동사진

활동사진의 역사는 영국인 『로겟』박사로부터 비롯하얏나니, 박사가 일일은 문틈으로 지나가는 마차를 내여다 보다가 고개를 올니고 내릴 쌔에 좁은 틈으로 보는 싸닭으로 마차륜(輪)이 움직이지 앗는 것 갓치 보이엇다. 이로써 의사를 어더가지고 각 방면으로 연구하다가 일팔팔오년에 『그린』씨가 지금 우리가 보는 활동사진을 제출하엿다. 그러나 활동사진의 원조인 『그린』씨는 자기가 발명하고도 돈 한푼을 득(得)치 못하고 부채로 인하야 『부릭스톤』 감옥에까지 투입되엿다. 기후(其後) 미국이 『에듸손』씨의 발명품이 『그린』씨의 그것보다 우량하엿다. 최초의 상업적 활동사진은 영국 남(南)『켄싱톤』시에서 공개되엿스며 『폴』씨가 연구를 가하야 더욱 정밀한 기계를 제작한 후 일팔구육년 『알함브라』시에서 공개하엿다. 근세에 이와 가치 졸부가

된 사업이 업것마는 최초의 『그린』씨는 *만 썩이엇고 보수는 호말(毫末)도 업섯다. 세계문화를 위하야 노력하는 자는 보수에만 목적하면 성공이 못되는 것 갓다.

동아 22.11.01 (3) 환영밧는 매란방 / 대총통보다 낫다
광동(廣東)에 개최 중의 유명한 배우 매란방(梅蘭芳)의 연극단은 비상한 화영을 밧는 중인대, 중국 대총통보다도 세력이 상々 하다더라. (광동 뎐보)

동아 22.11.01 (4) 활동사진으로 활동
평안남도에서는 민심을 진*(鎭*)하고 시정을 선전함에 활동사진이 크게 유효함을 *견(*見)하고 작년에 활동사진기를 구입하야 각 지방을 순회하며 대々적으로 활동을 하야 오는대 근일에는 갱(更)히 활동사진 촬영기까지 구입하야노코 더욱 활동하는 중인 바 금번에는 진남포의 무역전람회 개최를 기회로 하야 십월 이십구일부터 삼일간 진남포 상공학교정에서 활동사진을 영사할 터인대 사진은 평화박람회 사진과 도사정 선전 사진이라더라. (평양)

매일 22.11.03 (3) 〈사진〉 조선극장 낙성
경성 인사동에 굉연히 지어노은 됴션극장은 총공비 오만여원으로 다섯달 만에 이번에 락성되야 오는 륙일브터 문을 열고 성대흔 락성 축하식을 흔다는대 당일 축하 출연홀 것은 오권번 기성 전부와 현대극 만파회와 터셔명화 활동사진이 잇고 사회 유지 기타를 초대하며 극쟝 축하 그림엽셔와 삼층에 모의뎜까지 설비하고 성대히 축하식을 거힝흔다는대(사진은=락성흔 됴션극장과 쥬인되는 황원균씨)

매일 22.11.03 (3) 〈광고〉
십일월 삼일 (금요) 사진차환
미국 영화협회 제공
인정극 련과 보옥(戀과 寶玉) 전오권
미국 골도잉 영화
인생애화(人生哀話) 자연아(自然兒) 전육권
미국 아로사 영화
맹수활극연속 청호(靑狐) 십오편 삼십권

朝鮮劇場落成

경성인사동여ᄒᆞᆼ엽면히지어노는표 션극
장은 총공비 오만여원으로다 젹을바이오
ᄂᆞᆯ류일브터 문을열고 셩대ᄒᆞᆯ락셩츅하식을ᄒᆞᆫ다ᄂᆞᆫ대 당일
츅하출연ᄒᆞᆯ것은 오권번기셩젼부와 현ᄆᆞ극만 ᄆᆡ회와 틱셔
명화활ᄂᆞᆼ사진이 잇고 사회유지가라ᄅᆞᆯ 초ᄃᆡᄒᆞ며 극장츅ᄒᆞ
그림얍쇠와 삼ᄎᆞᆼ에 모의뎜션지 셜비ᄒᆞ고 셩대ᄒᆞᆫ 츅하식을
거ᄒᆡᆼ홀다ᄂᆞᆫ대 (寫眞은박셩호표션 劇場과 쥬인되ᄂᆞᆫ 황원
均씨)

▲ 조선극장과 황원균

최종편 제십삼편 제십사편 제십오편 전육권 상장
고평(高評)을 득(得)ᄒᆞᆫ 연속 청호극의 최종 해결편은 과연 여하(如何)?
대정활영회사 송죽사 특약
단성사 전화 본국 구오구번

동아 22.11.03 (4) 〈광고〉
매일 11월 3일자 단성사 광고와 동일

매일 22.11.03 (4) 민중극을 보고 / 전주 일 관객
필자는 극에 대ᄒᆞᆫ 아모 포부와 상식이 업ᄂᆞᆫ 일서생이다. 그럼으로 무엇인지 ᄯᅩ는 엇
더ᄒᆞᆫ 것인지 안이 엇더ᄒᆞᆫ 위력을 가지고 잇는 것인 줄을 모른다. 그러나 극이 우리
인류 사회에 업지 못ᄒᆞᆯ 것인 쥴은 알며 ᄶᅡ라서 그것을 배양하여야 ᄒᆞᆯ 것인 줄은 안
다. 이와 갓흔 의미에 잇셔서 필자는 우리 반도 사회에도 극이 만이 출생하기를 심
축(心祝)하며 갈망하얏섯다. 행이라 ᄒᆞᆯ눈지 불행이라 ᄒᆞᆯ눈지는 모르나 하여간 십수
년 이래로 과연 필자의 갈망하든 바에 만족ᄒᆞᆯ 만치 극단의 수가 우후죽순과 여(如)

〈 509 〉

히히[94] 산출되야 혹은 혁신 혹은 문예 혹은 취성(聚星)으로 각각 그 단명(團名)을 미려 또는 고상케 지여가지고 각지를 순회홀 시 아마 우리 전주에도 거의 다 과문불입(過門不入)은 안이한 듯하다. 상술홈과 갓치 필자는 극에 대하야는 더욱히 문외한이라, 가히 평판과 논단을 홀만 흔 상식은 업스나 그러나 필자의 관찰에 의하면 혹 오해인지는 모르나 절실히 인생을 늦기며 동시에 위대흔 암시를 일반 관중에게 줄만흔 극다운 극은 업슨 줄로 안다. 그럼으로 필자는 다시 갈망하든 반면에 잇셔셔 도로혀 실망과 낙담을 하야본 젹도 업지 아니하다. 그러나 이러한 싱각이 눌 젹 마나 섭々한 마음을 피키 위하야 억계로 『오냐— 장차……』하는 시로온 희망에 힘을 주며 지내여 왓더니 향자(向者)[95] 동명(東明)[96] (잡지) 일권 육호에서 전일(前日)에 듯지 못하든 시로운 일홈을 씌인 민중극이라는 극단이 잇는 줄을 을앗다. 그리고 그 논평을 자셔히 일것스며, 그 후 다시 매일신보 제이면에서 민중극에 대한 천계생(天溪生)의 평론을 일글 기회를 어덧섯다. 그로브터 필자는 민중극단을 잘 아랏스며 싸라셔 긔리워 하지 안일 슈 업셧다. 그러나 필자는 불원간 멀이 해외로 써나게 된 형편이라 민중극과 악수(握手)의 인연이 업슬 줄 짐작하미 스스로 유감천만이더니, 의외에 발정(發程)의 사오일을 전(前)하야 민중극단 일행이 우리 전주에 내착(來着)하야 흥행을 시(試)한다는 희소식을 문(聞)하고 여러가지 호기심에 쓰을여 여광여취(如狂如醉)하야 아니 가볼 수가 업셧다. 그로 좃차 삼사일간을 계속하야 부지런히 단이며 잘 구경을 하얏다. 희곡은 대기 윤백남군의 역(譯)과 작(作)인 바, 모—두가 사회극을 중심으로 하얏스며, 역자(役者)는 남녀를 물론하고 다 중학 정도 이상이라 혼다. 기예에 대하야셔는 자셔히 모르거니와 그 열연(熱練)흔 점에 잇셔셔는 오히려 재래의 역자에 비하야 양보(讓步)홀 점도 업지 못흔 듯 하얏다. 그러나 그 반면으로 동작과 어조 갓튼 것은 자연스러워쓰며 정숙한 줄을 발견홀 수 잇셧다. 취중(就中)에도 안해천(安海天)군의 노인식(式)과 문수일(文秀一)군의 차부역(車夫役) 갓튼 것은 일반 관중으로 하야금 놀닉지 아니치 못홀 만치 능쳥스러웟다. 그리고 여우(女優) 이월화(李月華)양의 거짓 업는 동작은 과연 바라든 바에 넘치는 늣김을 어덧다. 필자는 양의 출연을 볼 써에

---

94) '如히'의 오식
95) 지난번
96) 1922년 9월 3일 창간된 주간지. 편집인 겸 발행인 진학문(秦學文), 주간(主幹) 최남선(崔南善). 타블로이드판(版) 22면으로 간행되었다. 1923년 6월 3일 제2권 23호(통권 41호)로 종간하였고, 같은 해 7월 《시대일보(時代日報)》로 바뀌었다. 네이버 백과사전 참고.

일본의 성자(聖子)나 중국의 유희규(柳喜奎)양을 연상하얏다. 그리셔 무한히 깃거워하얏다. 그리고 양의 그 자신을 위하야 안이 우리 조선 극단를 위하야 미래의 성공을 축하하며, 찬미하얏다. 그러나 다시 머리 속에 번기갓치 지닉가는 것은 그러면 양의 성격이 져 성자나 희규와 갓치 고상혼가, 안이 예술에 대한 철저혼 각오와 위대한이상의 포부를 가지얏는가? 이것엿다. 이것이 물론 쓸대업는 잔쇼리의 한 긋헤 지닉지 아니하는 줄은 안다. 그러면셔도 필자는 이 점에 잇셔셔 공연히 번민하며 괴로워하얏다. 될 수만 잇스면 두 숀을 쑥 쥐고라도 좀 무러보고 십기ᄭ지 하얏셧다. 하여간 이로부터 수양만 잘 하얏스면 우리 극계에 명화(名花)가 될 가능성이 만흔 줄로밋는다. 구체적으로 말하면 민중극단은 여러가지 점에 잇셔셔 재래의 다른 극단과갓치 대우홀 수는 업는 줄로 안다. 적어도 우리 조선극계에셔는 제일위의 석(席)을 점득(占得)홀 위권자(威權者)가 될 줄로 안다.

물론 이것으로 만족이라 홀 슈 업스나 필자는 그 장래가 만히 잇슴을 경하홈과 동시에 넘치는 시로운 깃붐을 마지 못하겟다. 그러나 한 편으로 다시 쓰리게 싱각한 바는관중에 대한 늣김이얏다. 관중이라 하면 노유와 남녀를 물론하고 통괄한 명칭이니가 정도와 차별의 문제가 업지 못하겟지만은 대체로 보면 관극의 정 * (程 *)가 너무나 유치하다 안일 수 업스니, 무엇보다도 어이업슨 것은 비극을 볼 쎠에 동정하기는고사하고 토로 혀우슴 웃는 것이며 정극(正劇) 갓흔 것을 대홀 쎠에는 취미가 업다고배척을 하며 희극이나 활극갓흔 것을 요구하는 것이얏다. 필자는 싱각만 하야도 한심한 타면(他面)에는 고욕이 남을 면(免)치 못하겟다. 누구나 다 극 구경한 자로는 가히 짐작홀 줄을 밋음으로 차라리 말을 안이하려 하거니와 이와 갓흔 몰상식한 추태를 보임은 아마 우리 전주 쑨만 안이라 도처 일반이 될 줄 아노니 엇지 죠고만치라도 싱각이 잇는 자로셔야 태식(太息)을 금홀 바랴.

筆는[97] 무엇을 평하려 홈이 안이다. 스사로의 늣김을 쓰고자 하얏스나 사실 신경이민첩치 못홀 쑨 안이라 시간상 관계가 젹지지[98] 안이홈으로 이만 긋치려 하거니와 최후에 일언으로 민중극단을 향하야 고하노니, 민중극단 제군이여, 이에셔 만족하지말고 더욱 더욱 분투하며 노력하야 쓸々한 우리 조선극계의 압길을 지도하며 개척하기에 게을이 말지어다. 물론 제군의 압길에는 만흔 희망이 잇슬지나, 그 내면에는

---

97) '筆者는'에서 '者'가 빠짐.

98) '적지'의 오식

무수한 파란도 업지 못홀 지니, 그럴사록 더욱 마음과 뜻을 굿게 가지고 용진하기를 바라노니, 천마백단(千馬百鍛)의 절(切)이 업시 엇지 완전호 성공을 기대홀 수 잇스랴. 세수(細水)도 장류(長流)하면 견석(堅石)을 능천(能穿)이요, 준마도 불편(不鞭)하면 지＊(遲＊)를 불급(不及)이라는 고시(古詩)를 기억하는가. 우리 극단의 청흑(晴黑)을 쳐서 파(破)홀 자 그 누구이냐, 제군이여 분투하라. 노력하라, 그러면 미구에 승리의 월계관이 제군의 머리에 나리리라.

동아 22.11.04 (1), 22.11.06 (1), 22.11.07 (4) 〈광고〉
단성사 11월 3일자와 동일

매일 22.11.05 (4) 전남 위생 전람 / 래(來) 십일일부터
전남위생과에셔는 좌기(左記) 각소(各所)에서 경찰 위생전람회를 개최홀 터인대, 개최 요항(要項)은 경찰서 소재지의 소학교, 보통학교, 공회당 기타의 공용 건물을 회장으로 충당하고 전람품은 위생, 보안, 사법 기타 경찰서를 일반 민중에게 이해케 하도록 적당히 모형, 회화, 도표 등의 참고품 등으로셔 개회 시간은 매일 오전 팔시브터 오후 육시까지로 하고 오후 칠시부터 위생 활동사진을 영사홀 터이라 하며 개최지 급(及) 개최일은 좌(左)와 여(如)하다더라. (광주)
▲ 광주 십일월 십일일브터 사일간 ▲ 나주 십일월 십구일브터 삼일간 ▲ 목포 십일월 이십오일부터 삼일간 ▲ 강진 십이월 일일브터 삼일간 ▲ 곡성 십이월 육일브터 이일간 ▲ 장성 십이월 십일브터 삼일간 ▲ 원천(願天) 십이월 십이일브터 삼일간

매일 22.11.05 (4), 22.11.06 (3), 22.11.07 (4) 〈광고〉
단성사 11월 3일자와 동일

동아 22.11.06 (3) 조선극장 개연 / 금일 정오부터 개시
인사동(인사동)에 새로 건축 락성한 조선극장(朝鮮劇場)은 그동안 내부의 설비와 무대의 장치에 분망하든 바 작일까지에 완성되야 금일 오정부터 락성식을 겸하야 다수한 관민 유지를 초대하고 처음 흥행을 할 터이라는대 집도 출륭하려니와 이번에 상연하는 연극은 유명한 『쨘발쨘』의 두 막을 윤백남(尹白南)씨의 감독으로 열 터임으로 매우 환영 중에 개막이 될 터이라더라.

매일 22.11.07 (3) 조선극장의 개관식 / 작일 오후 ᄒᆞ시브터 / ᄻᅥᆼ대하계 거힝ᄒᆞᆺ다

이번에 셔로 건축ᄒᆞᆫ 부내 인사동 됴선극장(朝鮮劇場)은 예뎡ᄒᆞᆫ 바와 갓치 작 륙일 오후 ᄒᆞ시브터 동 극장에셔 기관식을 거힝하엿ᄂᆞᆫ 바 인사동 드러가ᄂᆞᆫ 어구로브터 극장 ᄭᅡ지ᄂᆞᆫ 만국긔와 오쇠긔며 뎐등으로 챤란하게 장식하엿고 극장 안에ᄂᆞᆫ 칠빅여명의 리빈이 상하층에 가득하얏더라. 관쥬 황원균(黃元均)씨의 기관식사와 여러 변사와 극가의 예슐과 극장에 대ᄒᆞᆫ 말이 잇셧고 그 후에ᄂᆞᆫ 경셩 오번권 기셩의 가무와 밋 셔양춤이며 원내 일류 명창 리동빅(李東伯)의 독창과 현대극계의 권의인 만파회(萬波會)의 신극 츌연이 잇셧고 계속하야 활동사진을 영사하야 리빈의 이목을 즐겁게 하고 동 오후 네시에 폐회하얏ᄂᆞᆫ대 리빈에게ᄂᆞᆫ 긔렴품ᄭᅡ지 쥬엇ᄂᆞᆫ 바 극장에 쟝관스러운 셜비와 챤란한 쟝치ᄂᆞᆫ 됴선에 쳐음이라 하겟다더라.

동아 22.11.08 (1) 〈광고〉

아래의 순회일정 외에는 3월 1일자 특별광고와 동일

함경지방 순강(巡講) 일정
십일월 십육일(목) 회령 십팔일(토) 청진 이십일(월) 성진 이십이일(수) 북청
이십사일(금) 홍원(洪原) 이십오일(토) 함흥 이십칠일(월) 정평(定平)
이십팔일(화) 영흥 삼십일(목) 원산 십이월 일일(금) 철원
래(來)하라 아(我) 동족 상애(相愛)의 자각을 촉(促)하는 회합에

동아 22.11.08 (3) 단성사 연쇄극

금 팔일부터 동구안 단성사에서는 신극좌 일행의 련쇄극(連鎖劇)을 개연한다더라.

동아 22.11.08 (4) 〈광고〉

십일월 팔일(수요) 공개
조선에서 처음으로 시작된 활동사진과 연쇄
연쇄활극 **명천(明天)** 一百五百尺[99] 전십오장
사회일화 **경은중보(輕恩重報)** 팔백척 전십칠장

---

99) '일백 오십'의 오식

연쇄연화(連鎖戀話) 춘화(春花) 일천이백척 전십육장

향토극 사시절(四時節) 전육막

활극 의외 전오막

신극좌는 사계(斯界)의 공헌자라는 것은 누구나 공인하는 것이외다. 각지 순업 후 새로히 발견한 이상과 그들의 찬란한 기예를 공개합니다.

신극좌 일행 고백(告白)

단성사 영업부

매일 22.11.08 (3) 신극좌의 개연 / 금일 밤 단성사에셔

그동안 각 디방을 순업 흥힝을 하야 도쳐 환영을 밧던 고 김도산(故 金陶山) 일힝의 신극좌(新劇座)는 이번에 경성에 올나와셔 그간 참신흔 새 각본과 시로 만히 박은 련쇄활동사진으로 금 팔일브터 닷새동안 단성소에셔 기연을 하게 되엿는대 신파 사진이 볼 만한 것이 만타 하며 ᄌ미스런 새 각본이 만흔 중에 실디흔 연극이 잇다더라.

매일 22.11.08 (4) 〈광고〉

동아 11월 8일자 단성사 광고와 동일

동아 22.11.09 (4), 22.11.10 (4), 22.11.11 (4), 22.11.12 (4) 〈광고〉

단성사 11월 8일자와 동일

동아 22.11.10 (3) 조선극장의 초연(初演)을 보고(상)

▲ 조선극장은 당초부터 활동사진을 영사하는 상설관으로 하야 당국의 허가를 어덧든 것을 중도에 그 목적을 확대하야 이왕 새로 건축을 하는 터이니 연극도 상연하도록 **를 설치하는 것이 일거양득의 이익이 되겟다는 의미에서 극장의 형식을 추가한 것이라 한다. 당초의 동기부터 이와 가치 전문적이 아닌 것을 지금 극장으로서의 완전한 시설을 촉망(囑望)하는 것은 넘어 과한 주문이라 하겟지마는 기(旣)히 십여만원을 드려서 건축을 하는 곳이니 내친 겨를에 좀더 무대와 객석에 고려하야 극장의 기분을 농후케 하도록 힘을 썻드라면 하는 생각을 이르킨다. 여하간 현재 경성 극장 중에는 일본인측의 경성극장을 제한 외에 가장 훌륭하다 할 수밧게 업스나 그러나 조금 시일이 경과하면 이보다 나은 극장이 생길 것이요, 그 다음에는 쏘 그보

다도 나흔 것이 출현하기를 밋는다. 만일 우리의 체내에도 남과 갓치 생(生)의 리즘이 끈어지지 아니하고 흘는다 하면, 머지 아니한 장래에 참으로 우리의 생활을 표현할 우리의 예술을 자랑할 모범적 조선 극장이 출현할 것이다.

▲ 나는 이러한 의미에서 이번에 조선극장이 준공＊을 축하는 동시에 쏘 이번에 새로 조성된 만파회(萬派會)가 그 극장에서 처음으로 개연케 된 것을 무엇보다도 실지로 젹지 아니한 ＊＊를 가지고 보앗다. 그리고 『희무정(噫無情)』을 상연케 된 것도 물론 선택한 結某[100]이라 하겟지마는 민족적으로 『짠발짠』과 가튼 박해를 밧는 우리가 무대상에 올는 개인으로의 『짠발짠』의 고민을 다시 보게 된 것은 우연이 아니라 하겟다. 여하간에 각본은 연극이 가장 발달된 구주(歐洲)에서도 용이히 상연키 어렵다 한다. 그 원인은 극장의 설비가 부족하다든지 쏘는 배우들이 소＊을 ＊＊치 못한다는 의미가 아니라

▲ 원래 『희무정』은 소설로＊ 걸작이요, 각본으로서의 걸작이 아닌 *까닭*이라 한다. 즉 다시 말하면 ＊으리는 걸작이요, 듯(聽)거나 보라는(視) 걸작이 아닌 *까닭*이라 한다. ＊＊『유고』는 누구나 다 아는 바와 가치 극작의 재질도 겸＊한 문호이나 『희무정』은 연극으로 즉 연극의 재료로 창작한 각본이 아니라 어댓가지 소설로의 가치를 발휘한 것임으로 그 광막하고 ＊＊한 내용의 전부를 불과 기막(幾幕)의 간명한 각색으로는 ＊저히 그 진의를 표현키 어렵다는 것이 한 이유라 한다. 그럭타고 구주 극계에서라든지 기타 ＊처에＊ 지금까지 상연한 전례가 절대로 업다는 것은 아니다. 종々 상연을 하얏스나 그 결과가 소설로 발표한 그 가치의 소분(小分)만치도 극으로는 표현함을 엇지 못하얏다 한다. (운정(雲汀))

매일 22.11.10 (4), 22.11.11 (1), 22.11.12 (1), 22.11.13 (2), 22.11.14 (4), 22.11.14 (4), 22.11.18 (4), 22.11.19 (4), 22.11.20 (4) 〈광고〉
단성사 11월 8일자와 동일

매일 22.11.11 (3) 금야(今夜)의 조선극장 / 수진신파를 교환
시내 인소동 됴션극장에셔는 기관이러 대성황을 일우는 중인대 금 십일々브터는 사진 전부와 만파회(萬派會)의 예데 전부를 교환한다는 바 사진은 『발란타인』이라는

전륙권의 탐정대활극과 『 쟈손』이셰라는 삼십륙권의 대활극 련속소진이라 하며 만 파회의 연극『루이』십륙셰라는 전일막의 가장극으로 가치가 잇는 소극이라 하며 또 하나는 『희망의 눈물』이라더라.

매일 22.11.12 (2) 식은(殖銀) 저축선전

식산은행에셔는 본월 이십오일브터 좌기(左記) 일할(日割)로써 공회당 급(及) 경룡좌 (京龍座)에서 저축선전활동사진회를 개최하고 공중의 관람에 공(供)홀 터인대 기(旣) 히 각 방면에 초대권을 ＊송(＊送)하얏고 십이일 이강(以降)[101] 우(右) 활동사진 개최 ᄶ지 동행(同行)에 친히 저금흔 인(人) 급(及) 현(現)에 현금취인(貯金取引)이 유(有)한 인(人)에게는 소장(逍帳)을 지참하면 초대권을 증정한다더라.
좌기(左記)
이십오일 이십육일 공회당
이십구일 경룡좌

매일 22.11.12 (4) 강경(江景) 저금선전

강경면 급(及) 강경 우편국 주최로 십일월 사, 오 양일간 저금선전활동사진회를 대 정좌(大正座)에서 개최하고 강경시민 전부를 무료 관람케 하얏는대 체신국 부사무관 기타 제씨(諸氏)의 格切한 강화(講話)에 청강 군중은 감복홈을 불기(不己)하얏슴으로 장래 다대흔 향영이 유(有)하겟다더라. (강경)

매일 22.11.13 (3) 전 독제(前獨帝)가 친재(親裁) 감독흔 / 구주전(歐洲戰)의 대영화 / 본사 후원 하에 영락뎡 데국관에셔 십ᄉ일브터 뒤 뎍 영ᄉ

별항 샤고와 갓치 오는 십사일브터 본샤 후원 하에 독일 참모본부의 활동사진반이 고심참담으로 얼마의 위험을 무롭쓰고 촬영한 구쥬대전란의 실사 활동소진을 쥬야 셰번에 는호아 영락뎡 데국관(이전 중앙관)에서 공기를 하게 되엿다. 이 사진은 전 독일 황뎨 카이젤 폐하가 전 독일 활동사진반의 총동원을 힝하고 그 ᄌ신의 대 야심 의 실현의 한낫 긔록으로셔
후셰에 젼하기 위하야 촬영한 사진인대, 전투 사년간 류혈의 대희셩을 너여셔 혹은

---

101) '이후'와 같은 말.

포뢰에서 혹은 비힝긔 위에서 젼졍쟝의 젼황을 촬영한 오빅권 이십오만쳑이라는 세계 무비의 쟝대한 휘이룸으로 그 즁 특히 우수훈 부분의 영수권(십오권 이만쳑)을 일본 교육활동사진회사가 획득하고 내디에서는 동경, 대판,[102] 경도[103]의 샴대 도시에셔 특등 십원이라는 고익인 입쟝료를 밧어셔 흥힝긔간 즁 만원이 된 우수훈 대명화이라. 이번 강본숑조(岡本松造)씨가 만셕의 흥힝권을 획득한 것을 죠흔 긔회로 하야 본샤는 젼긔 휘이룸이 교육샹의 죠흔 참고ᄌ료가 되고

독일국민셩의 일단을 엿볼 수가 잇슴을 싱각한다. 특히 흥힝자칙에 교셥한 후 별항과 갓치 본지 독자, 군민, 학싱은 열사람 이상의 단톄를 우대하야 관롭케 하기로 쟉명하엿쇼이다. 셰계를 통일코져 하던 젼 독일의 황뎨의 가삼에 웅노의 야심을 비밀히 감초인 실샹을 보혀셔 력사뎍의 영화를 만드럿슴으로 누구던지 한번 볼 만 한 사진이더라.

매일 22.11.13 (3) 경화기(京和妓) 연주회 / 기싱의 쟝화홍련극 / 십오일브터 단셩사

그동안 시내 각 권번이 수해구졔를 하ᄌ는 싱각에셔 일어나셔 연쥬회를 열고 사회 동졍금을 모집훈 일은 잇섯스나 경화권번(京和券番)은 엿텻것 아모 쇼식이 업던 바 그 권번 임원과 모든 기싱의 발의로 슈히 동포를 구졔하여 보ᄌ는 결의를 한 결과 오는 십오일 밤브터 닷새 동안 동구안 단셩사에셔 연쥬회를 긔최하기로 쟉명하엿다는대 이 경화권번의 연쥬회는 다른 것과 방식이 달녀셔 젼부 기싱이 돈을 만히 드려 일신훈 남ᄌ복식으로 졍극 신파극(新派劇)을 하기로 된 바 여러 가지 비우 즁에 데일 됴션의 이약이 쇼셜의 비극인 쟝화홍련젼(薔花紅蓮傳)을 실디쳐럼 한달 동안 련습을 하야 미우 능란하미 훈번 볼만훈 기싱의 신파극이 환영을 밧을 터이며 그 외 기슐과 츔, 노러 등이 풍부하야 ᄌ못 경화권번으로는 특쇠인 쟝긔이라더라.

매일 22.11.13 (3) 〈광고〉

본사 후원
젼 독제(前獨帝) 카이제루 폐하가 감독한 역사적 영화
구주(歐洲)대션 실사 활동사진 대회

---

102) 오사카
103) 교토

래(來) 십사일브터 주야 삼회 제국관에셔 공개(전 중앙관)

입장료

보통입장료 특등 貳圓 五〇 일등 二,〇〇 이등 一, 五〇

본지 애독자 특등 二圓 〇〇 일등 一, 五〇 이등 一,〇〇

군인과 학생 보교생(普校生) 〇,一〇 소학생 중학생 〇,二〇 군인단체 〇,三〇

동아 22.11.14 (3) 위생활동사진회 / 당곡쳔뎡 공회당에셔

전조선의생(醫生)회 약종상(藥種商)들이 모히어 재 * 일 * 작일에 련합대회를 열엇
다 함은 임의 보도한 바어니와 경긔도 *할부 위생과(京畿道 **部 衛生課)에셔는
이번에 이 련합회를 긔회로 하야 작일 오후 칠시부터 시내 당곡쳔뎡 경성공회당(長
谷川町 京城公會堂)에셔 위생활동사진을 영사하야 의생과 약종상에게 관람케 하야
위생사상을 선젼한다더라.

매일 22.11.14 (3) 영화계의 신긔록 / 재견(再見)치 못홀 구주전(歐洲戰)의 사진 / 단톄신쳥이 비상히 답지하는 대성황 중에 학교가 더욱 만허

본사 후원으로 구쥬 대전란 활동사진대회는 금일브터 영락뎡 뎨국관에셔 공연한다
홈은 긔보호 바와 갓거니와 이 사진은 보통의 터셔극(泰西劇)과는 다른 것이며 영화
는 광고(曠古)에 대한 야심가로써 셰계 통일을 꿈꾸든 근대한 유의 셩격의 쇼유자 전
독일황뎨가 친재한 영화이며 그리기도 빅권 즉 이십오만척이나 되는 긴 것 즁으로
뎨일 로력드린 부분 십오권(이만척)을 영사홀 터이라 셰계인류로 영구히 긔념되며
긔억에 놉아 잇슬만한
참화를 극한 구쥬대전의 실샹이 관긱의 안젼에 낫하는 것이다. 이 사진의 공기를 발
표하자마자 부늬 각 쇼학교며 보통학교, 즁학교, 고등녀학교, 전문학교로부터 단톄
관람의 쳥원이 잇스며 군대에셔도 단톄관람을 홀 듯 홈으로 금일브터 영사하는 사진
은 경셩 긔네마게에 신긔록이 될 듯 하며 공기 시간은 뎨일부가 아참 아홉시브터 시
쟉되며 뎨이부가 오후 두시브터요 뎨삼부가 오후 여셧시로브터 시작되는 고로 하로
에 셰번식의 공기이라.

매일 22.11.14 (3) 할인권 / 홀인권은 본지늬노외 박혓스니 쎄여가오

이번 본사 후원으로 영사하는 사진은 각계 급 인사들의 비샹히 긔대하는 터임으로

공기 삼일간 전 구회가 모다 대단히 혼잡홀 듯 홈으로 본소에서는 특히 이독즈 졔씨의 편의를 싱각하야 작일의 요항을 쓴 『푸로그롬』을 분비하엿스며 본지 이독자 홀인권도 금일 란외에 박히엿스며 좌긔 판미뎜에서도 작일부터 일제히 입장권을 판미하오니 희망하시는 이는 쌜리 사시기를 바라며 단톄관롬을 희망하는 단톄는 본사 셔무부(庶務部)나 혹은 연에계(演藝係)에 지금 교섭하기를 바라노라.
본정(本町) 이정전(二町田) 신문포(新聞舖) ▲ 태평통 이(二) 성문당 신문포 ▲ 수표정 정전 지점 ▲ 용산 성문당 지점 ▲ 동(同) 정전 지점 ▲ 종로 一 동아부인상회 ▲ 남대문 * 일 화평당 약방 ▲ 본사 수부(受付) ▲ 제국관

매일 22.11.15 (3) [만리경]

▲ 금일 밤브터 단성소에서 경화권번 기싱의 신파극 장화홍년전이 볼만하게 상연이 된다는대 실디 슉달됨이 놉즈 이상이라는 신파극이오. 더욱이나 기싱들의 신파이닛가 적지 안은 환영!

매일 22.11.15 (3) 〈광고〉

당 십일월 십오일 특별공개
만추(晩秋) 재견(再見)치 못홀 기생의 신파극 상연
경화권번 기생 일동 출연
一, 초일(初日) 예제
장화홍련젼 전팔막
수해동포 구제 자선대회
단성사

매일 22.11.16 (3) 구주전 사진온 / 금야(今夜) 조선극장 / 됴션인 관긱을 위하야

지는 십수일브터 시내 영락뎡(永樂町) 뎨국관(帝國館)에서 본사 후원으로 구주전란의 실사를 영사한다 홈은 임의 본지 상에 홀인권서지 박히여 자셔한 뉘용을 보도호 바어니와 지는 십사일, 십오일 량일간에 뉘일 삼회가 모다 대만원으로 다대호 환영을 밧어왓는 바 금일브터는 특히 됴션인 관람자를 위하야 인사동(仁寺洞) 됴션극쟝(朝鮮劇場)에서 삼일간 공기홀 터이며 역시 본지에 홀인권을 사용하게 되엿스니 이 긔회를 놋치지 말고 관람홀 일이더라.

매일 22.11.17 (1) 〈광고〉
단성사 11월 15일자와 동일

매일 22.11.17 (2) 〈광고〉
신극계의 권위 여명(黎明)극단의 출연를
당 십육일브터
미국 쌔이다그리프 회사 명작
전쟁활극 **국가를 위하야** 전오권
연전(年前) 구주대전을 배경으로 하여 심오한 인간미를 자미닉인 영화극계의 자랑품
이올시다.
기타 실사, 희극 수종,
연극 예제
해설자
김조성(金肇盛) 이병호(李丙昊) 김파영(金波影) 우정식
제일일 윤백남 작 비희극 기연(奇緣) 전사막
제이일 안광익 각색 비극 몽외(夢外) 전오막
제삼일 윤백남 번안 사회극 심기일전 전이막
활극 부운(浮雲) 전삼막
예제는 매야(每夜) 새 것을 상장홈니다
입장료
특등 일원 오십전 일등 일원 이등 칠십전 삼등 사십전
군인학생 삼등 이십전
인사동 조선극장 전(電) 본(本) 三六二〇

매일 22.11.17 (3) 구주전 사진은 / 제국관에셔 / 됴션극쟝에셔 하기로 한 것은 고 만두어
지난 십소일브터 시내 영락뎡(永樂町) 데국관(帝國館)에셔 본소 후원으로 구주대련란
의 실사 활동사진을 영소홈에 대하야 임의 본지 상에 할인권까지 련일 발힝하야 오
는 바이며 특히 구 시가의 독자 졔씨를 위하야 십륙일 밤부터 인사동(仁寺洞) 됴션극
쟝에셔 영사하려고 작뎡하고 작지에 보도 하얏슷스나 불힝히 됴션극쟝은 돌연히 영

수치 못홀 수고가 싱기여 부득이 십팔일ᄭᅡ지 전긔 뎨국관에셔 미일 삼회식 계속하야 영사하기로 되얏고 또 작지에 발힝한 홀인권은 뎨국관에셔 통용하기로 되얏기로 이에 보도하노라.

매일 22.11.17 (3) 〈광고〉

연일 연야 만원
이후 이일간 십팔일ᄭᅡ지 오전 오후 야간 삼회 어(於) 제국관 원(元) 중앙관
주최 강본송조(岡本松造)
후원 매일신보사
전 독일 황제 가이졔루 폐하 친재(親裁)
독일 참모본부 활동사진반 촬영
대판, 경도, 동경에셔 백열적(白熱的) 대환영을 박(博)한
구주대전쟁 실사 대활동사진 공개
광세의 대영걸 가이졔루가 전 독일 활동사진반의 총동원을 행ᄒᆞ야 전투 사년 유혈미육(流血靡肉)의 대희생을 불(拂)하야 촬영혼 사진으로 기 장(其長)이 전 오백권 이십오만척에 궁(亘)하야 현대에셔 세계 제일의 대영화로 세계 각국 정부가 역사적 진장(珍藏)혼 대사진이라. 금회 기중(其中) 최우수혼 부분을 선발ᄒᆞ야 차(此)를 천하에 공개하노라.
전 구주(全歐洲)의 민심을 공포(恐慄) 전율케 혼 전화(戰禍)의 대영화 일본 급(及) 영 영토(英領土)에셔 영화권리 이십만원
구주대전란 활동사진 (십오권 이만척)
입장료
특등 이원 오십전, 일등 이원, 이등 일원 오십전
본지 쇄입(刷込) 애독자 우대권 절발(切拔) 지참에 한ᄒᆞ야
특등 이원, 일등 일원 오십전, 이등 일원
오전 오후ᄂᆞ 입장 예약이 잇기에 사절하나이다.

매일 22.11.18 (1) 〈광고〉

제국관 11월 17일자와 동일

매일 22.11.18 (3) 〈광고〉

인천 표관(瓢館)에셔 영화

구주대전쟁 실사진

대활동사진회 공개

십구, 이십일 양일간

주최 강본송조(岡本松造)

후원 경성일보사

매일 22.11.18 (4) 〈광고〉

신극계의 권위 여명 극단의 출연를

당 십육일브터

미국 쌔이다그러프 회사 명작

전쟁활극 **국가를 위하야** 전오권

기타 실사, 희극 수종,

연극 예제

제일일 윤백남 작 비희극 기연 전사막

제이일 안광익 각색 비극 몽외 전오막

제삼일 윤백남 번안 사회극 심기일전 전이막

활극 부운 전삼막

조선극장 전 본(本) 三六二〇

매일 22.11.19 (1), 22.11.20 (1) 〈광고〉

인천표관 11월 18일자와 동일

매일 22.11.19 (3) 구쥬전란 사진은 / 오늘브터 인쳔에셔

데국관에셔 본샤 후원의 구쥬전란 활동대사진은 밤낫으로 공기하야 련일 대만원의
셩황을 극하얏는대 작 십팔일로써 경성 공기는 맛치고 직시 인쳔으로 나려가셔 금
십구일, 이십일 량일 밤낫 두 번에 인쳔 가무기좌에셔 본사 후원 하에 공기혼다더라.

매일 22.11.19 (4), 22.11.20 (4) 〈광고〉
조선극장 11월 18일자와 동일

매일 22.11.20 (3) 관객 칠명 추락 / 극장 근쳐 화지로
지나간 십오일 밤에 평북 뎡주군 읍닉(平北 定州郡 邑內) 극장 부근에셔 발화되야 맛
참 극장에셔 활동사진을 영사중이얏슴으로 불이 낫다 홈으로 극쟝 내에서는 대혼잡
을 이루어 됴션인 관긱 일곱명은 이층에서 쩌러져 몃명에 부상자를 니엿다더라.

동아 22.11.21 (4) 〈광고〉
극계신(劇界新)[104]의 권위 여명극단의 출연
당 십육일부터
미국 쌔이다그래프 회사 명작
전쟁활극 국가를 위하야 전오권
기타 실사 희극 수종
연극 예제
제일일 윤백남 작 비희극 기연(奇緣) 전사막
제이일 안광익 각색 비극 몽외(夢外) 전오막
제삼일 윤백남 번안 사회극 심기일전 전이막
활극 부운(浮雲) 전삼막
조선극장 전 본(本) 三六二〇

십일월 이십일부터 사진전부교환
바이다클넙 영화
희극 무대의 소동(騷動) 전이권
바이다클넙 영화
인정극 섭시(囁市) 전오권
메도로사 영화

---

104) '신극계(新劇界)'의 오식이 아닌가 싶다.

문예극 **연의 화제(緣의 花祭)** 전육권

경성부 수은동

대정활영주식회사 일수특약

단성사 전화 (본)구오구

매일 22.11.21 (3) 〈광고〉

동아 11월 21일 단성사 광고와 동일

매일 22.11.22 (3) 22.11.23 (4) 〈광고〉

단성사 11월 21일자와 동일

매일 22.11.21 (3), 22.11.22 (3), 22.11.23 (1) 〈광고〉

조선극장 11월 18일자와 동일

동아 22.11.22 (1) 〈광고〉

단성사의 감사일!

바이다클넙 영화

희극 **무대의 소동** 전이권

바이다클넙 영화

인정극 **섭시(囁市)** 전오권

메도로사 영화

문예극 **연의 화제(緣의 花祭)** 전육권

금번 폐사는 평소의 권애(眷愛) 제씨에 대하야 감사의 보답으로 미력이지만은 십일월 이십이일, 이십삼일, 이십사일의 삼일간 유명 가정상비약을 입장자 매 일인에 일대식(一袋式) 증정하옵고 관람료도 좌기(左記)와 가치 특별 할인하얏사오니 배전의 래장(來場)하심을 복망(伏望)함

입장료

계상 금 사십전 균일 가정상비약 정가 오십전 일인 일대식 진정(進呈)

계하 금 이십전 균일 우동약(右同藥) 정가 오십전 일인 일대식 진정

동아 22.11.23 (2), 22.11.24 (1), 22.11.26 (4) 〈광고〉

단성사 11월 21일자와 동일

동아 22.11.23 (4), 22.11.24 (1) 〈광고〉

조선극장 11월 21일자와 동일

매일 22.11.23 (3) 본지 독자위안 활동사진 / 이십소일에 두 번 진남포 지국 쥬최

본사 진남포 지국(鎭南浦 支局)에서는 금월 이십소일 오후 네시와 일곱시 두 번에 동
디 항좌(港座)에서 본지 독자위안 활동사진회(本紙 讀者慰安 活動寫眞會)를 기최한다
는대 입쟝은 무료로 독자는 다슈 입쟝홈을 바란다더라.

동아 22.11.24 (4) 우저(郵貯) 장려 활동사진회

목포 우편국에서는 저금 장려를 선전키 위하야 본월 십오, 십육 양일 야간 당지 상
반좌(常盤座)에서 활동사진회를 개최하얏더라. (목포)

매일 22.11.25 (1) 〈광고〉

연쇄극 신극좌 특별대흥행

당 이십오일부터 본월 삼십일써지

연극부

예제

활극 천명

정극 경은중보(輕恩重報)

활극 의형제

비극 운명의 조류

비극 누교(淚橋)

정극 파란(波亂)

비극 누구의 죄냐?

기타 희극 수종

활동사진부

미국 쓰레프 회사 작

실사 **철봉기예** 전일권

이태리 아다라 회사 작

골계극 **색광(色狂)** 전이권

입장료 일등 일원 이등 칠십전 삼등 사십전 학생 소아 반액

경성부 인사동

본전(本電) 三六二○ 조선극장

십일월 이십오일 신사진 교환

희극 **눈(雪)은 긋쳐도** 전이권

문예극 **기가의 녀(其家의 女)** 전칠권

명우 빌트레드 히리스양 주연

신연속 대영화

연속탐정대활극 **마의 진주** 전십오편 삼십권

제일, 이, 삼편 육권 상장

대정송죽활영 주식회사 특약

단성사 전화 본국 구오구번

이십오일부터 특별대흥행

송죽   キネマ[105] 특작 대명화

文豪 미기홍엽(尾崎紅葉)씨 필세(畢世)의 대작품

(신파대비극) (전십권)

장한몽

이수일…… 명우 제구토구(諸口土九)씨

심순애…… 명우 천전방자(川田芳子)孃

연속탐정활극 魔ノ[106]珍珠 삼십권 내

황금관

---

105) 기네마

106) 'の'의 가다카나. '~의'라는 의미로 전체 제목은 '마의 진주'라는 의미가 됨.

매일 22.11.25 (3) 활동사진 어람(御覽) / 한원궁 뎐하의 동졍을 박힌 수진을 어람

지난 십월 팔일 일본 젹십자샤 됴션본부 총회에 한원 총지궁 뎐하(閑院 總裁宮 殿下)
씌셔 대림하셧슴에 대하야 총독부에셔 활동샤진반으로 하야곰 총회 당일과 밋 경성
톄지 당시 각쳐 슌시에 대하여 촬영하얏스며 쏘 경성에셔 츌발하샤 경주 고젹 시찰
당시에도 일々히 촬영하얏는대 젼긔 휘이룸을 쟉 이십수일 밤 일곱시브터 리옹뎐하
와 동비뎐핫긔 뵈이여 드리기 위하야 창덕궁 인정뎐(仁政殿)에셔 영사하얏는대 량뎐
하를 위시하야 어친쳑과 동직 고등관 일동이 배셕하얏더라.

매일 22.11.25 (3) [영사막]

◇**단셩샤** 금 이십오일 밤브터 사진 젼부를 교환하얏는대 문예극 칠권을 비롯하야
련속 탐정대활극『마의 진주』삼십권 즁에셔 여섯권을 영수하며 실수 희극이 잇다고
◇**됴션극장** 금 이십오일브터 신극좌 일힝의 힝연과 련쇄극이 잇고 그 외 실수 희극
의 활동수진으로 젼부 교환 공기한다고
◇**황금관** 금 이십오일 밤브터 송쥭 기네마 대명화의 신파 대비극『쟝한몽』과 련속수
진『마의 진쥬』를 영사한다는대 늬디 유명흔 비우가 리슈일 심슌이 극을 흔 영화

동아 22.11.26 (3) 〈광고〉

이십오일부터 특별 대흥행
송쥭キ年マ 특작 대명화(大名畵)
문호 미기홍엽(尾崎紅葉)씨 필세(畢世)의 대작품
신파대비극 전십육권 장한몽
이수일 명우 제구십구(諸口十九)씨
심순애 명우 천전방자(川田芳子)양
연속탐정활극 마의 진주 삼십권 내
황금관

동아 22.11.26 (4) 〈광고〉

매일 11월 25일 조선극장 광고와 동일

매일 22.11.26 (3) 〈광고〉
황금관 11월 25일자와 동일

매일 22.11.26 (4) 위생사상 선전 / 활동사진을 영사하면서
함경남도 경무부 위생계에셔는 인인(人人)이 위생에 대한 관념이 절실케 하기 위하야 활동사진을 가지고 도내 각지를 순행하면서 영사하야 무료 참관케 하고 위생상 주의홀 바는 요건을 설명홈에 노력하는 바, 본월 이십일일 야(夜) 북청공회당 내에셔 사진을 영사하얏는데 참관자 무려 천명 이상에 달하야 대성황을 일우엇더라. (북청(北靑))

매일 22.11.26 (4), 22.11.28 (4), 22.11.27 (3), 22.11.29 (4), 22.11.30 (4), 22.12.01 (1) 〈광고〉
단성사 11월 25일자와 동일

매일 22.11.26 (4), 22.11.27 (2), 22.11.28 (4) 〈광고〉
조선극장 11월 25일자와 동일

매일 22.11.27 (3) 연극연구소 신설 / 됴션인도 신쳥해
퇵정연극연구쇼(澤正演劇硏究所)는 여러가지 사회 조직을 연극으로 치입하야 연구홀 챠로 아죠 연구싱을 모집하기로 되엿는대 임의 희싱은 지금꺼지 신청하야 온 즁에셔 됴션 사룸 두명이 잇다더라. (동경)

동아 22.11.28 (2) 〈광고〉
조선극장 11월 26일자와 동일

동아 22.11.28 (2) 〈광고〉
매일 11월 25일 단성사 광고와 동일

동아 22.11.28 (3) [모임]
▲ 수표교 례배당에서는 오는 이십팔일 화요일 오후 일곱시에 야소행적도(耶蘇行蹟

圖)라는 활동사진이 잇스리라더라.

매일 22.11.28 (3) 대동권번기(妓) 연주회 / 오놀 밤부터 단셩사에

시내 대동권번(大同券番)에셔는 첫겨울을 맛는 대연쥬회를 금 이십팔일 져녁부터 동구안 단셩사(團成社)에셔 기최혼다눈대 참신한 기성들의 가무는 물론이오 만히 련습한 현대극(現代劇)도 샹쟝하야 매우 볼 만 하다더라.

동아 22.11.29 (1) ⟨광고⟩

금일부터 신극좌의 신희곡

당 이십구일브터 공개순서

활동사진부

미국 영화제조회사 작

남북전쟁미담 **최후의 일각** 전오권

연극부

一, 연성(演星) 작

비극 파난(波難) 전이막

윤송제(潤松齊) 작

二, 희극 헛풍 전이막

연성 작

三, 누교(淚橋)(비극) 전사막

양재응(梁在應) 작

四, 비극 누구의 죄 전삼막

근々중 삼층상(上)에 식당 개업

승강기 사용도 개시

영업시간 자(自) 오전 구시 지(至) 오후 십이시

경성부 인사동

조선극장 전 본(本)三六二〇

동아 22.11.29 (2), 22.12.01 (2) ⟨광고⟩

단성사 11월 28일자와 동일

매일 22.11.29 (4) 〈광고〉

동아 11월 29일자 조선극장 광고와 동일

동아 22.11.30 (2), 22.12.01 (2), 22.12.02 (1), 22.12.04 (1) 〈광고〉

조선극장 11월 29일자와 동일

동아 22.11.30 (3) 재외동포 위문회 / 생명의 로(路), 멸망의 로 / 덩펑 읍내의 위문 회 강연

강연대 일행은 함흥을 쩌나 이십칠일 오전 열한시에 덩펑 덩거장에 이르럿는대 덩펑읍내에서 오십리나 되는 이곳까지 다수한 유지의 환영이 잇섯다. 덩거장에 나려 마차(馬車)를 *아

덩펑 읍내에 잇는 분국에 들어가서 잠간 쉬인 뒤에 오후 일곱시부터 긔독교 남산례배당(南山禮拜堂)에서 당디 청년회댱 원뎡준(元定俊)씨의 사회 하에 찬미대의 합창으로써 개회하고 일곱시 반부터 환등을 영사하얏는데 일반 텽중의 감동이 매우 깁흔 듯 하얏스며 장내는 극히 정숙하야 조고만한 소리도 업섯다. 아홉시에 이르러 환등을 맛치고 오설익(吳卨翊)씨의 사현금(四絃琴) 독주가 잇슨 뒤에 회원을 모집하니 일반 유지의 다수한 응모자가 잇섯다. 이어서 리정숙량(李正淑孃)의 청아한 독창이 끗나자

생명의 길과 멸망의 길(生命의 路와 滅亡의 路)이라는 연뎨로 열한시 반까지 강연을 무사히 마치엇다. 텽중이 약 이백여명이나 되얏는데 그리 크지 못한 읍내로 보아서는 오히려 대성황이라 할 것이다. 당디는 호수가 약 오백이며 뎡거장에서 오십리나 쩌러저 잇는 싸닭으로 당디 군텽(郡廳)을 신상(新上)으로 옴긴다는 의론이 잇슴으로 자못 쇠퇴하여 가는 긔분이 잇다. 그럼으로 읍내에서는 군텽을 뎡거장 근처에 옴겨서 장래 발뎐을 도모하려는 계획이 잇다한다. 읍내에는 청년회가 잇서서 강습소(講習所)를 설립하야 방금 백여명의 아동을 그 회관에 수용하고 힘을 다하야 가르친다는데 교육에 대하야 이가치 열심함은 참으로 감탄할 일이다. 열두시부터 청년회관에서 련릴 다수한 청년들의 다과회(茶菓會)에 참석하야 흉금을 헤치고 주객이 서로 즐거운 이야기를 주고밧다가 새로 한시에 만강의 깃붐으로써 산회하얏더라. (덩펑 특뎐)

홍원 북청 양처(兩處)는 래월 사오 량일에

배편이 업서々 중지한 홍원(洪原)은 래월 사일에 북청(北靑)은 오일에 강연을 하기로 결뎡하얏더라. (영흥 뎐보)

매일 22.11.30 (3) 상고생 출연의 외어극(外語劇) / 오눈 이일 공회당에셔 외국말로 연극대회를

러월 이일 오후 여섯시부터 시닉 공회당에셔 고등샹업학교 학싱의 외국어극대회(外國語劇大會)가 잇슬 터인대 당일 밤 시연홀 연극은 근리 특히 일반의 쥬의하눈 이란(愛蘭)[107] 문학의 빅미(白眉) 즉 허언쳔리라눈 희극으로 신임 경찰부장이 공을 셰우고져 하던 슷혜 여러 가지 실패를 당혼 것이며 뎨이눈 수옹사극(沙翁史劇)으로 이것은 등장인물의 셩격이 여러 가지인 동시에 비극뎍이 포홈되야 최후ᄭ지 관극의 흥미를 긴쟝케 홀 것이며 뎨삼은 지나어극으로 현종의 마음(玄宗의 心)이라하눈 일막짜리인 안록손의 파란을 비경으로 한 현종 황뎨와 양귀비(楊貴妃)와의 비극이며 최후에 『돈 ᄭ호-데 셰라몬샤』눈 소위 셰계에서 일홈 놉흔 셰가지 명뎌의 한아로 즁셰게의 무사도를 풍자한 것인대 만연희 이것을 보면 단지 혼 가지의 희극에 지나지 못하는 듯하나 깁히 이것을 싱각홀 쎠에는 큰 비극으로 여기에셔 흥미가 잇는 것이다. 쏘 동교에서는 각 관계 방면에 초대권 비부하얏스나 일반관극 희망자는 동교 외국어극 대회를 말홈을 바란다더라.

매일 22.11.30 (4), 22.12.01 (1), 22.12.02 (3), 22.12.05 (3), 22.12.04 (3), 22.12.06 (3), 22.12.07 (4), 22.12.08 (4) 〈광고〉

조선극장 11월 29일자와 동일

조선 22.12.01 (4) 〈광고〉

동아 11월 29일자 조선극장 광고와 동일

동아 22.12.02 (3) 〈광고〉

이전, 확장, 학원 증모(增募)

---

107) 아일랜드

예술학원 종로 이정목 육칠번지

제일운동구 상회 이계(二階)

무도과(舞蹈科), 음악과, 연극과, 양화과(洋畫科)

매일 22.12.02 (3) 〈광고〉

십이월 일일 신사진 교환

희극 **황한 자(荒한 者)** 전이권

남양정화(南洋情話) **남국(南國)의 악마** 전육권

신연속대영화 제이회

연속탐정대활극 **마의 진주** 전십오편 삼십권

제사, 오, 육편 육권 상장

주식회사 대동권번 예기온습회(溫習會)

대정송죽활영 주식회사 특약

단성사 전화 본국 구오구번

동아 22.12.03 (1) 〈광고〉

예술학원 12월 2일자와 동일

동아 22.12.03 (1) 〈광고〉

매일 12월 2일자 단성사 광고와 동일

매일 22.12.03 (4), 22.12.05 (3) 〈광고〉

단성사 12월 2일자와 동일

조선 22.12.03 (1) 〈광고〉

매일 12월 2일자 단성사 광고와 동일

조선 22.12.03 (3) 민중극단을 환영 / 신설한 지주좌에셔 / 본보 이독가 위안극

진주군 미축디(晉州郡 埋築地)에 신설한 진주좌에서 신축락성식을 하기 위하야 우리 조선극계에 권위를 가지고 도쳐마다 렬광적 디환영을 밧는 민중극단이 도착하야 지

난달 이십구일부터 흥힝하게 되얏는디 당일은 「사랑의 싹」이란 예뎨와 「영각의 처
(永却의 妻)」이란 두 예뎨로 첫막이 열니게 되미 기다리고 기다리든 이 민즁극단을
환영하는

수쳔관긱의 박수소리는 널은 장내의 공긔를 긴장케 하얏다. 이 민즁극단의 일힝을
말하면 기인기인이 그 기예의 능란함에는 과연 우리 민즁극계에서 두번 보지 못하든
예술을 가졋섯다. 쏘한 그 즁에도 리월화양(李月華孃)의 그 능수능란한 기예와 텬진
란만한 자틴는 과연 보는 사람으로 하야금 감탄을 마지안케 하얏고 극의 진힝함을
싸라 수쳔관긱을 능히 웃기며 능히 울니기를

마음디로 하야 관즁으로부터는 여츌일구로 「아! 참 잘한다」 「장릭에 유명한 예술가
의 자격이 잇다」하며 부르짓는 소리는 장닉을 뒤집을 듯하고 「주먹이야!」라는 희극
의 막으로 폐회하게 되니 십이시 반경이 지닉이엿섯스며 현장에서 이 민즁극단에게
열렬한 동졍을 표하신 제위는 아릭와 갓더라.

본보진주지국 십원 윤증현(尹曾鉉)씨 이십원

제이일의 위안극 / 본보 이독가를 위하야 / 독자 위안디회를 기최

이 민즁극단이 우리 조선극계의 권위를 가지고 흥힝 도쳐에 디환영을 밧는다고 함은
수만독자 제씨의 이미 짐작하신 바어니와 이 극단 일힝이 금번 진쥬에 도착한 긔회
를 어더 본보 진쥬지국에서는 이독가 제씨의 성의를 위하야 만일의 위안이라도 드
리고자 하야 지난 이십구일부터

독자위안디회를 기최하고 본보 독자 제씨에 한하야는 각등을 특별 디할인으로 뎨공
하얏는데 이 날은 특히 우리 예술계에 명성이 자자한 동 극단의 무디감독 윤빅남씨
의 걸작한 심긔일뎐(心機一轉)이란 예뎨와 조일제 선생의 번역한 고지광(苦之光)의
젼삼막과 쏘 우리 예술계에 고명한 리긔세선생의 번역하신 책임이란 젼이 막등으로
흥힝흔 바 이날은 특히 전날보다도 디성황을 이루엇다더라. (진쥬)

조선 22.12.03 (4), 22.12.04 (4), 22.12.05 (4), 22.12.07 (1), 22.12.08 (4) 〈광고〉
조선극장 12월 1일자 광고와 동일

조선 22.12.03 (4) 〈광고〉
십일월 칠일부터 신필넘 상영

미국 유사 연구실 영화

실사 유사 주화보 육의 사십호 전일권

미국 유사 쓰타– 영화

희극 화해 전일권

미국 유늬버셀 회사

에릭이 쏘로씨 주연

활극 생사지경 전이권

미국 유늬버셀 회사

에바노바쓰양 주연

인정극 표박의 을녀(漂泊의 乙女) 전오권

이드에이코트씨 리버푸레쏘튼양 공연(共演)

연속 백마의 기수 전십팔편 삼십육권

사회 제칠편 무궁에 현(懸＊) 제팔편 위난에 혈(穴)

경성 관철동

우미관 전화 일이이육번

동아 22.12.04 (1) 〈광고〉

단성사 12월 3일자와 동일

조선 22.12.04 (4), 22.12.05 (4), 22.12.05 (4) 〈광고〉

단성사 12월 3일자 광고와 동일

동아 22.12.05 (3) 활동사진회 개최 / 금일 밤 공회당에서

원산에 와잇는 아라사 피난민 구제에 대하야 시민의 동정을 일으키고자 일본인 경성 긔독교 련합위원회(京城 基督敎 聯合委員會)에서는 금 오일 하오 일곱시에 당곡천명 공회당(長谷川町 公會堂)에서 그들의 실정을 활동사진으로 빗칠 터인대 입장은 무료며 다수히 와 보기를 바란다더라.

동아 22.12.06 (3) 〈광고〉

십이월 육일부터 신사진 전부 교환

미국 콜도잉 영화

에도가 희극 **함을넷도** 전이권

휀리 우올솔씨 걸작

인정극 **심판일** 전칠권

제삼회 연속활극

연속활극 **마의 진주** 전육권 상장

제칠편 비음(屁蔭)에셔 제팔편 동박(東薄)을 벗고 제구편 악희(惡戱)의 안면

경성부 수은동 송죽특약

단성사 전화 (본)구오구

매일 22.12.06 (3) 〈광고〉

동아 12월 6일자 단성사 광고와 동일[108]

조선 22.12.06 (4) 연합위생전람회

기보(旣報)와 여(如)히 전남 곡성군에서는 군경 양관서의 주최로 인접군 담양, 구례 양군과 연합하야 금월 육일부터 팔일ᄭ지 삼일간 당지(當地) 공립보통학교 내에서 위생전람회를 개최하게 되얏던 바 제반설비상 형편에 의하야 본 팔일부터 십일까지 삼일간으로 개최기일을 *사(*史)하고 대々적으로 개최할 터인바 동 팔일 오전 십일시부터 개회식을 거행한다는더 금일ᄭ지의 군내 각면 유지의 기부금이 천여원에 달하얏다 하며 여흥으로 위생에 관한 활동사진과 소인극이며 각희(脚戱)대회 등이 유(有)하야 대성황을 정(呈)하리라는더 목하 양관서에서는 제반준비에 분망중이라더라. (곡성)

동아 22.12.07 (1) 〈광고〉

고대하시는 우리의 선물!

깃버하여 주십시오!

제씨 압헤 감히 자랑코자 합니다

---

108) 다만 동아일보에는 '송죽특약'으로, 매일신보에는 '대정송죽활영주식회사 특약'으로 표기되어 있다.

영화극계의 최고 권위를 잡고 잇는

송죽 키네마 대정활영 회사의 특상품

영화를 특약하엿슴니다

영화는 현대민중에게 가장 적절한 작품을 선발!

만흔 희망과 깁흔 포부를 끼고 예술의 저재『市』로 자임하고 현출한 우리 극장의 부르지즘을 헛되지 안케 하여 주시오.

내주 상연

경성 인사동

조선극장 전화 본국 三六二〇번

동아 22.12.07 (2), 22.12.09 (2) 〈광고〉

단성사 12월 6일자와 동일

매일 22.12.07 (1) 〈광고〉

문화활동사진단 전국 순회 영화대회

세계적 문화 연속 인도애사(哀史)『마의 독수』전십편

변사 운궁(雲宮)군 독연(獨演)

처소 대구부 대구좌 금월 팔일부터 사일간

차회(次回)는 마산

매일 22.12.07 (3) 〈광고〉

동아 12월 7일 조선극장 광고와 동일

매일 22.12.07 (4), 22.12.08 (4), 22.12.09 (3), 22.12.10 (4) 〈광고〉

단성사 12월 6일자와 동일

조선 22.12.07 (3) 〈광고〉

동아 12월 7일 조선극장 광고와 동일

매일 22.12.08 (1), 22.12.09 (4), 22.12.10 (4), 22.12.11 (2) 〈광고〉
문화활동사진단 12월 7일자와 동일

조선 22.12.08 (4) 미인극단 내개(來開)
경성 경화권번 예기로 조직된 조선 신파미인극단 일행은 거(去) 오일부터 개성군 개
성좌에셔 흥행중인바 연일 대만원의 성황을 정(呈)한다더라. (개성)

조선 22.12.08 (4) 〈광고〉
동아 12월 6일자 단성사 광고와 동일

매일 22.12.09 (3) 〈광고〉
현대극 권위 만파회(萬波會)의 출연
당 칠일브터 공개 순서
이태리 도리노 미라노 회사 작
사회극 **혈소(血笑)** 전삼권
연극부
이기세 작 희비극 빈한하지만 전일막
이기세 작 사회극 희망의 눈물 전이막
근근중(近々中) 삼층상에 식당 개업 승강기 사용도 개시
래(來) 십일일브터 주야흥행
경성부 인사동
조선극장 전(電) 본국 三六二〇번

조선 22.12.09 (1), 22.12.10 (4) 〈광고〉
우미관 12월 3일자 광고와 동일

조선 22.12.09 (4) 〈광고〉
현대극 권위 만파(萬波)회의 출현
당 칠일부터의 공개 순서
활동사진부

이태리 도리노삐라 회사 작

사회극 **혈소(血笑)** 전＊권

연극부

이기세 작

희비극 **빈한하지만** 전일막

이기세 작

사회극 **희망의 눈물** 전이막

근々 중 삼층상에 식당개업 승강기 사용도 개시

래 십일일부터 주야흥행

경성 인사동

조선극장 전화 본국 三六二〇번

조선 22.12.09 (4), 22.12.10 (4) 〈광고〉

단성사 12월 8일자와 동일

매일 22.12.10 (4) 〈광고〉

조선극장 12월 9일자와 동일

조선 22.12.10 (3) 조선극장의 주야흥행 / 래 십일일부터 / 주야 양회흥힝

시닉 인사동에 시로 건축한 조선극장에셔는 그동안 그 극장관주 황원균(黃元均)씨가
일본에 가서 송죽기네마 활동사진주식회사와 특약을 한 결과 그 회사에서 제작한
사진중 가장 취미잇는 것으로만 수입하게 되얏슴으로 명 십일일부터 밤낮으로 흥힝
한다더라.

조선 22.12.10 (4) 〈광고〉

조선극장 12월 9일자 광고와 동일

**조선 22.12.11 (3) 재계 공황을 증명하는 / 수면상태의 화류계 / 재계 공황의 기우
러지는 형세는 / 맑은 노뤼 묘흔 춤도 당치 못흔다**

경부, 경의 텰도 간선은 조선반도의 남북을 종관하고 기타 각 지선도 각디를 통과하

야 교통이 딘단히 편리하게 되얏슬뿐 안이라 수년 이러 경제계의 상황은 급속의 발달을 일우어 금융이 딘단히 원활하얏슴으로 디방 각쳐의 부호자뎨와 부랑자가 향곡의 젹막한 쑴을 끼치고 경성의 번화한 빗을 탐하야 쳔리의 힝*을 멀니 여기지 안이하고 삼라산하 돌구멍으로

올나와셔 주사쳥루(酒肆靑樓)에 졉신이 취하야 귀한 세월과 금전을 허비하든 사람이 젹지 안이하얏슴으로 경성의 화류계도 이에 쌸어 비상한 활긔를 늬이게 되야 붉은 우산을 실은 련력거 자동차는 련락부졀에 널니고 각 료리뎜의 장고소리는 젼 시가를 울니게 되야 그 당시에는 세월이 졍말 죠왓드니 구라파 디륙에 디포소리가 그치고 각국이 모다 평화와 경제회복에

급급하는 바람에 우리 조선의 금융도 쑬々 말니게 되얏는디 재개의 상티 여하를 조차 영향의 감촉이 가장 예민한 화류게가 그 쎄부터 타격을 밧기 시작하야 오든 바 근일에 이르러셔는 그 버리가 더욱 한산하고 령셩하야 말이 되지 못하는 모양이라. 시녀 다섯권번의 약 사뵉명의 예기와 기타 다수한 미츈부들이 모다 젼일의 헛된 영화만 쑴을 쑤게 되얏는디 약력[109] 세말에

각 관텽과 은힝, 회사에서 흘너오는 상여금의 여퇵도 례년과 가치 풍부치 못할 모양이오, 쏘한 음력 세말이 불원하고 경제의 회복은 언제나 될지 아쥭도 예측키 어려움으로 수심에 싸인 눈섭을 패이지 못하는 얼골이 젹지 안이한지라. 영웅호걸의 텰셕가튼 간장을 능히 녹이든 맑은 노러, 묘한 춤도 져계 공황의 기우러지는 형세는 뎌당치 못하는 모양이더라.

조선 22.12.11 (4) 위생전람회 계획

전남 장셩경찰셔에셔는 위생션전키 위하야 본월 십일부터 동 십이일ᄭ지 삼일간 위생전람회를 개최하기로 예정이고 겸하야 위생강연회를 거행하고 야간에는 활동사진을 무료로 일반인민에게 관람케 할 터이라는디 동 셔장 대인젼시태(大仁田市太)씨는 위생션전 준비에 열심 노력즁이라더라. (장셩)

조선 22.12.11 (4) 〈광고〉

당 십일일(월요일)부터

---

109) 양력

특별사진 주야 대공개 순서

활동사진부

미국 바이다그러프 회사 특작품

대연속활극 **강철아**(鋼鐵兒) 일, 이, 삼편 육권 상장

미국 바이오그러프사 작

사회극 **영혼의 불멸** 전칠권

미국 바이타그러프사 작

희극 **대골계** 전이권

미국 키넷트사 작

희극 **데부군의 고심** 전일권

미국 키넷트사 작

희사(喜寫) **커넷트레유** 전일권

경성 인사동

조선극장 전화 본국 三六二〇번

십이월 십일일(월요) 신순서

미국 불다스 영화

희극 **도망자** 전일권

세계최고 교육을 수(受)한 명원(明猿) 출연

미국 골도윙 영화

사회극 **천벌** 전칠권

해설자 김영환군 김덕경군

미국 막센넷트 대희물

빙글빙글 **결혼생활** 전오권

해설자 성동호(成東鎬)군 최병룡군

제사회 연속

탐정활극 **마의 진주** 전사권 상장

제십편 인각된 상(印刻된 像) 제십일편 유령의 (夫)

해설자 이병조군 서상호군

수은동 단성사 본국 전 구오구번

동아 22.12.12 (2) 〈광고〉

조선 12월 11일자 단성사 광고와 동일

동아 22.12.12 (2) 〈광고〉

조선 12월 11일자 조선극장 광고와 동일

매일 22.12.12 (3) 사진업자 신조합 / 김경집씨가 죠합장

시대의 진보를 짜라 사진술이 점점 발달되야 사진관이 날노 증가되는대 이것을 통일
홀 긔관이 업셔 불편이 적지 아니하던 바, 이번에 경성 시내 각 사진업자들이 모혀셔
사진업 죠합을 죠직혼 바 죠흡장은 김경집(金敬執)씨가 취임하고 사무쇼는 인사동 금
옥당 사진관 안에 두엇는디 이번 죠흡 셜립에는 김경집 씨가 적지 안이한 활동을 하
얏다더라.

매일 22.12.12 (3) 〈광고〉

조선 12월 11일자 단성사 광고와 동일

동아 22.12.12 (2) 〈광고〉

조선 12월 11일자 조선극장 광고와 동일

매일 22.12.12 (4) 지방순회 사진단

경남도청 지방계 주최로 지방개량 순회 활동사진단 일행이 거월(去月) 십사일브터
이십일ᄭ지 의령군 각면에셔 흥행하얏는대 순서는 좌(左)와 여(如)하얏더라. (의령)
칠곡면, 의령면, 정곡면, 유곡면, 봉수면, 부림면 등지를 순회하얏는대 관중이 전부
팔천여명에 달하고 영화는 교통, 수양, 애의 극(愛의 極), 내지사정, 인천입항이고,
간々 본군 서무과장 송환(松丸)씨가 생활개선, 소비절약, 농사개량, 화재예방 등의
강연이 유(有)하얏는대 일반 민중은 현대 문명의 이기에 다대(多大)혼 감상이 유(有)
하얏스며 흥행은 예정대로 종(終)하고 이십일일에 귀청.

동아 22.12.13 (2), 22.12.14 (2) 〈광고〉

조선극장 12월 12일자와 동일

매일 22.12.13 (4), 22.12.14 (4), 22.12.15 (3), 22.12.16 (4) 〈광고〉

단성사 12월 12일자와 동일

매일 22.12.13 (4), 22.12.14 (4), 22.12.15 (3), 22.12.16 (4) 〈광고〉

조선극장 12월 12일자와 동일

조선 22.12.13 (4) 〈광고〉

십이월 십일일부터 향(向) 오일간 신필님

개관 십일주년 기념흥행

일본 대정활영회사 영화

실사 영국황태자전하 횡빈 상륙실황 전일권

미국 쌔이다구라후 회사 안다스토유우이트양 주연

사회극 여(女)의 택할 도(道) 전오권

미국 바이다구라후 회사 코링크리쑤이트양 주연

사회극 슬푸다 그 보석 전오권

미국 유늬버셀 회사 특작품

윌랑쎗득크양 주연

쏘씨지스쑤로씨 조연

이트와트갈씨 감독

모험연속 다아야몬트 여왕 전십팔편 삼십육권

제일편 복수의 서약 제이편 운명의 낙하

미국 급(及) 남아불리가(南亞弗利加)[110]를 배경으로 한 지상과 공중에 대모험 활극?

맹수 유(有)? 비행기 유(有)? 식인종 유(有)? 참으로 차(此) 대표적의 연속영화를?

개봉기념을 축하키 위하야 요금 대할인함니다.

임시요금

일등 금사십전 소인 금삼십전

이등 금삼십전 소인 금이십전

---

110) 남아프리카

삼등 금이십전 소인 금십전
경성 관철동
우미관 전화 이삼이육번

조선 22.12.13 (4), 22.12.14 (4), 22.12.15 (4), 22.12.16 (4) 〈광고〉
단성사 12월 11일자 광고와 동일

조선 22.12.13 (4), 22.12.14 (4), 22.12.15 (4), 22.12.16 (4) 〈광고〉
조선극장 12월 11일자 광고와 동일

동아 22.12.14 (2), 22.12.15 (1) 〈광고〉
단성사 12월 12일자와 동일

조선 22.12.14 (4), 22.12.15 (4) 〈광고〉
우미관 12월 13일자 광고와 동일

조선 22.12.16 (4) 경찰서 위생전람회
전남 곡성 경찰서 주최의 경찰위생전람회는 기보(旣報)와 여(如)히 약 일개월 전부터 관민간 일시 협력하야 협찬회를 조직하고 서무, 접대, 장식, *도(*度), 여흥의 각 계로 분담하야 이래(爾來) 제반설비에 노력중이던 바 거(去) 8일부터 10일까지 삼일간 계속하야 당지(當地) 공립보통학교 내에셔 개최하게된 바 회장은 제일, 제이, 제삼, 특별의 사구(四區)로 분(分)하야 혹은 모형으로 혹은 회화로 혹은 통계로 경찰위생에 관한 각종 출품을 만장진열하야 매일 오전 팔시부터 오후 육시ᄭᅵ지 공람(供覽)케 하얏스며 외부 교정에는 삼림, 산야, 전택산(田宅算)을 모조한 과촌(果村) 생활의 산업모형을 설치하야 일반 종람(縱覽)[111]에 공(供)하얏는디 운집한 관람객은 견(肩)을 마(摩)하고 종(踵)을 접히야 인산인해를 성(成)하얏다. 팔일 오전 십일시 경에 수만관중의 포위리에 장엄한 개회식을 거행한 후 오찬회의 회가 잇섯고 여흥으로 연삼일

---

111) 공장이나 시설 따위를 마음대로 구경함.

위생극과 각희전(脚戲戰)이 잇섯스며 야간에는 활동사진을 영사하야 공전절후의 대
성황을 정(呈)하얏더라. (곡성)

동아 22.12.17 (2) 〈광고〉
십이월 십육일(토요일)부터
사진 전부 교환
미국 키네도사 작
실사 **키네도 제팔호** 전일권
미국 앗트 영화
가정극 **적성의 심(赤誠의 審)** 전오권
미국 골도잉 영화
전쟁여담 **암운(暗雲)시대** 전칠권
제오회 연속극
연속탐정활극 **마의 진주** 전사권 상장
제십이편 문틈에 끼여 제십삼편 산송장
경성부 수은동
송죽특약 단성사 전화 (본)구오구

당 십이월 십육일(토요일)부터
신사진 전부 교환
미국 키넷트사 영화
실사 **키넷트 제이호** 전일권
미국 키넷트사 영화
희극 **난사난격(亂射亂擊)** 전이권
미국 퍼스트 내슌알사 영화
활극 **빙원의 혈성(血聲)** 전육권
미국 바이다그래프사 특작품
연속대활극 **강철아(鋼鐵兒)** 사, 오편 사권 상장
매일 주야 흥행
경성부 인사동

송죽특약 조선극장 전 (본)三六二〇번

동아 22.12.17(8) 산업 장려 활동사진
전남도청 주최로 산업을 장려키 위하야 본월 오일 오후 칠시 장성＊ 전(前) 창고에서 활동사진을 영사하얏더라. (장성)

매일 22.12.17 (3) 〈광고〉
동아 단성사 12월 17일자 광고와 동일

매일 22.12.17 (3) 〈광고〉
동아 조선극장 12월 17일자 광고와 동일

조선 22.12.17 (4) 〈광고〉
동아 단성사 12월 17일자 광고와 동일[112]

조선 22.12.17 (4) 〈광고〉
동아 조선극장 12월 17일자 광고와 동일

동아 22.12.18 (1) 〈광고〉
조선극장 12월 17일자와 동일

동아 22.12.18 (3), 22.12.19 (2), 22.12.20 (2) 〈광고〉
단성사 12월 17일자와 동일

매일 22.12.18 (4), 22.12.19 (4), 22.12.20 (4) 〈광고〉
단성사 12월 17일자와 동일

---

112) 동아와 매일에서는 '적성의 심(赤誠의 審)', 조선일보에서는 '적성의 심(赤誠의 心)'으로 표기됨.

매일 22.12.18 (4) 〈광고〉

조선극장 12월 17일자와 동일

조선 22.12.18 (4), 22.12.19 (4), 22.12.20 (4) 〈광고〉

단성사 12월 17일 광고와 동일

조선 22.12.18 (4) 〈광고〉

십이월 십팔일부터 제이회 신필님 상영

미국 유사 연구실 영화

실사 **후인레 – 야수와 야금(野獸와 野禽)** 전일권

미국 유사 센쭈리 – 영화

희극 **견의 다망(犬의 多忙)** 전이권

미국 유사 씨유엘 영화

밀드레트하리스양 알레 – 씨 공연(共演)

인정극 **가정(家庭)** 전육권

미국 유늬버셀 회사 걸작

일링씻독크양 주연 쪼찌지스쑤로씨 조연 이트와트칼씨 감독

모험연속 **다이야몬트 여왕** 전십팔편 삼십육권

제삼편 *림(*林)의 위험 제사편 증오의 화염

경성관철동

전화 이삼이육번 우미관

십이월 십육일(토요)부터

신사진 전부 교환

미국 쌔이타그립프 회사 특작품

연쇄대모험활극 **강철아** 사, 오편(이회) 사권 상장

기타 실사, 희극, 인정극 수종

금일부터 삼층 식당개업

승강기도 사용(일인 십전) 단 특등, 일등객은 무료 승강

현상대회

연속사진 강철아 화면 중 신출괴몰하는 복면 괴부(怪婦)는 수하(誰何)?

체절(締切)[113]기일 대정 십이년 일월 십일

추첨기일 대정 십이년 일월 십오일

당선자 자(自) 일등 지(至) 십등 상품 제공

매일주야흥행

경성 인사동

송죽 특약 조선극장 전화 본국 三六二〇번

동아 22.12.19 (2) 〈광고〉

당 십육일(토요일)부터 신사진 전부 교환

一, 연속대모험활극 강철아(鋼鐵兒)

一, 현상대회

一, 식당 개업

一, 승강기 사용

경성부 인사동

송죽특약 조선극장 전 본(本)三六二〇번

매일 22.12.19 (3) 조선극장 영화 / 송죽회사와 특약

경성 인사동에 잇는 됴선극장(朝鮮劇場)은 본대 쥬톄가 연예샨 안이라 활동샤진을 본위로 삼은 지닭에 그동안 관쥬 황원균(黃元均)씨가 대판에 가셔 고급 영화만 수입하야 각쳐에 분비하는 『송죽 기네마』 회샤와 특약을 하고 우슈 영화를 가져다가 활동수진 죠와하는 사람에게 관람케 하기로 되야 지는번브터 그 회샤의 고급영화를 가져다가 비로쇼 샹장한다 하며 삼층 식당도 지는번브터 기업을 하는 동시에 승강귀도 시작하야 미우 번화하다더라.

매일 22.12.19 (3) 〈광고〉

조선 12월 18일자 조선극장 광고와 동일

---

113) 시메키리, 원고마감 기한의 일본말.

조선 22.12.19 (4), 22.12.20 (4), 22.12.21 (4), 22.12.22 (4), 22.12.23 (4) 〈광고〉

우미관 12월 18일 광고와 동일

조선 22.12.19 (4), 22.12.20 (4), 22.12.21 (4) 〈광고〉

조선극장 12월 18일 광고와 동일

동아 22.12.20 (1), 22.12.21(5) 〈광고〉

조선극장 12월 19일자와 동일

매일 22.12.20 (4), 22.12.21 (4), 22.12.22 (4) 〈광고〉

조선극장 12월 19일자와 동일

동아 22.12.21 (2) 〈광고〉

십이월 이십일일(목요)부터

실사 **키네도 제팔호**

미국 휘도내쇼날 영화

빙글빙글 **천하태평** 전오권

문제의 대영화

미국 연합제작자 회사 작품

현대 표현파 수바가리드 선생 저

향토극 **일기당천의 남** 전칠권

최종편 연속극

대탐정대활극 **마의 진주** 전사권 상장

여러분에 무량하심을 빌고져 이에 사쥬년 긔렴을 자축홉니다. 겸하야 적은 뜻이나마 삼일간 발힝한 립쟝권으로 또 흔번 수용하게 되오니 어린 뜻을 귀엽게 싱각하시옵쇼셔.

경성부 수은동

송죽특약 단성사 전화 (본)구오구

매일 22.12.21 (4) 〈광고〉

십이월 이십일일(목요) 신사진 교환

제사주년 기념일을 절규하든 명화와

이십일일로 이십삼일까지 매득(買得)한 입장권으로 무료 입장

실사 **키네도 제팔호**

훼도나쇼날 영화

빙글빙글 **천하태평** 전오권

문제의 대영화

미국 연합제작자[114] 회사 작품

현대 표현파 수바가리드 선생 저

향사극(鄕土劇) **일기당천의 남(男)** 전칠권

최종편 연속

연속탐정대활극 **마의 진주** 십사, 십오편 전사권

여러분에 무량하심을 빌고져 이의 사쥬년 긔렴을 자츅홈니다. 겸하야 젹은 뜻이나마 삼일간 발힝한 립쟝권으로 또 혼번 수용하게 되오니 어린 뜻을 귀엽게 싱각하시옵쇼셔.

대정송죽활영 주식회사 특약

단성사 전화 본국 구오구번

조선 22.12.21 (4) 〈광고〉

매일 12월 21일 단성사 광고와 동일

매일 22.12.22 (4) 전주 지방개량 선전

전주에셔는 납세강화(講話) 급(及) 지방개량 선전하기 위하야 십칠일은 조촌면(助村面) 인민을 동산보통학교에 회집하고 등곡(藤谷)군수 주내(酒匂)재무과장이 출장하야 납세 강화 후 동야(同夜) 지방개량 선전의 활동사진을 개(開)하얏스며 거(去) 십팔일은 삼례면(參禮面)에 동양(同樣)으로 보통학교에 인민을 집합, 강화 후 활동사진을

---

114) United Artists

개(開)하기 위하야 주내(酒內) 재무과장 급(及) 판구(坂口) 속(屬)이 출장하얏스며 우
(又) 십구일은 고산면(高山面)에서 시행하얏는대 등곡(藤谷)군수 주내 재무과장이 출
장하얏더라. (전주)

매일 22.12.22 (4), 22.12.23 (4), 22.12.23 (4), 22.12.24 (4), 22.12.25 (2) 〈광고〉
단성사 12월 21일자와 동일

조선 22.12.22 (4), 22.12.23 (4), 22.12.24 (4), 22.12.25 (4) 〈광고〉
단성사 12월 21일 광고와 동일

조선 22.12.22 (4) 〈광고〉
십이월 이십일일(목요일)부터
신사진 전부 교환
실사 **동경의 교(橋)** 전일권
희극 **아해(兒孩)를 생(生)하얏다** 전일권
활극 **북방을 향하야** 전오권
활극 **미개지인(未開地人)** 전육권
연속대모험활극 **강철아(鋼鐵兒)** 육, 칠편(삼회) 사권 상장
현상대회
당선자 자(自) 일등 지(至) 십등 상품 제공
체절(締切)기일 대정 십이년 일월 십일
추첨기일 대정 십이년 일월 십오일
식당개업 승강기 사용
매일 주야흥행
경성 인사동 송죽 특약
조선극장 전화 본국 三六二〇번

동아 22.12.23 (1), 22.12.24 (2), 22.12.25 (4) 〈광고〉
단성사 12월 21일자와 동일

동아 22.12.23 (1) 〈광고〉
조선 12월 22일자 조선극장 광고와 동일

매일 22.12.23 (4) 〈광고〉
조선 12월 22일자 조선극장 광고와 동일

조선 22.12.23 (4), 22.12.24 (4), 22.12.25 (4) 〈광고〉
조선극장 12월 22일자와 동일

동아 22.12.24 (2), 22.12.25 (4) 〈광고〉
조선극장 12월 23일자와 동일

매일 22.12.24 (4), 22.12.25 (2) 〈광고〉
조선극장 12월 23일자와 동일

조선 22.12.24 (4) 〈광고〉
십이월 이십사일부터 제삼회 신필님 상영
미국 유늬버셀 회사 걸작
일링씻득크양 주연 쏘찌지스쌀로씨 조연 이트와트칼씨 감독
모험연속 **다이야몬트 여왕** 전십팔편 삼십육권
제오편 운명의 조류 제육편 격심한 경쟁
미국 유늬버셀 회사
푸링크매요씨 모리마론양 공연(共演)
인정활극 **사선을 건너셔** 전오권
미국 유사 바이승 영화
닐–하트씨 일링씻트크양 공연(共演)
대활극 **공봉(空奉)** 전이권
미국 유사 희극 **완고한 백부** 전일권
미국 유사 연구실 영화
실사 **스크링마카칭 팔십사호** 전일권

경성 관철동

전화 이삼이육번 우미관

조선 22.12.25 (4) 〈광고〉

우미관 12월 24일 광고와 동일

동아 22.12.26 (1) 〈광고〉

미국연예단 대출연 당 이십육일 화요부터

경천동지할 미증유의 일청미(日淸米) 삼국인 합동연예단

모텔 무용극의 패왕

윌이앰, 쪼-라이양의

독특한 예풍(藝風)을 소개합니다

경성부 인사동 조선극장 전화 본국 三六二〇번

동아 22.12.26 (2) 〈광고〉

십이월 이십육일(화요) 신순서

영국 키네도사 작

실사 **모록고의 풍경** 전일권

미국 뮤쥬알사

활극 **공포의 주(呪)** 전이권

미국 콜도잉사 화(畵)

사회극 **신(新) 칼멘** 전칠권

미국 우이스부리사스느마사

맹수활극 **대(大) 다-산** 전십오편 삼십일권

주연자 레모린캉씨

거상(巨象) 사자 성성(猩猩)

제일회 제일편, 제이편 오권 상장

경성부 수은동 송죽 대정 특약

단성사 전화 (본) 구오구

십이월 이십육일(화요)부터 연예단 대출연

마기술계의 권위

천욱제광(天旭齋光) 천사(天師) 특별 출연

모델 무용의 패왕 월이앰, 쏘-라-양의 신예(神藝)

여흥

중화민국의 곡예 마기술(魔奇術) 응용 희극

자전차 곡승(曲乘) 일륜차(一輪車) 곡승 털줄타기

대마술 수종

두 번 보시기 어려운 지미스러운 구경거리올시다

경성부 인사동 송죽특약

조선극장 전본(電本) 三六二〇번

매일 22.12.26 (1) 〈광고〉

동아 12월 26일자 단성사 및 조선극장 광고와 동일

매일 22.12.26 (3) 미(米) 연예단 출연 / 오늘밤 됴선극장에셔

인사동에 잇는 됴선극장에서는 이번에 특히 망년대흥힝으로 미국에셔 명셩이 자々하던 미국 연예단(米國演藝團) 일힝을 불너다가 일반에 관롬케 한다는대 흥힝하기는 금 이십륙일브터 시작혼다 하며 닉디인과 청국 미국 사롬의 합동 연예돈임으로 미우 자미잇겟고 미국 유명한 쳐녀의 독특한 츔과 경텬동디의 희비극이 잇셔셔 누구던지 볼만 하겟더라.

매일 22.12.26 (3) 유사(社) 활동 대화(大火) / 촬영부의 화지로 빅만쳑이 소실

활동스진 회소로는 미국에셔 일홈잇는『유니바살』활동스진 회사 사진 박는 촬영부에 화재가 일어나셔 휘이롬 빅만쳑을 티워바렷고 또 부샹자도 약근이 싱기엿다는대 숀히는 삼십오만 도루[115]에 달하엿다더라.

---

115) 달러

매일 22.12.26 (3) 〈특별광고〉

미국연예단 대출연 당 이십육일(화요)부터

경천동지할 미증유의

일, 청, 미 삼국인 합동 연예단

모델[116] 무용극의 패왕

윌이앰, 쇼 ─ 라 ─ 양의

독특훈 예풍(藝風)를 소개홈니다

경성부 인사동 조선극장 전화 본국 三六二〇번

동아 22.12.27 (4), 22.12.28 (4), 22.12.29 (4), 22.12.30 (4) 〈광고〉

단성사 12월 26일자와 동일

동아 22.12.27 (4), 22.12.28 (4), 22.12.29 (4) 〈광고〉

조선극장 12월 26일자와 동일

매일 22.12.27 (1), 22.12.28 (3), 22.12.29 (3), 22.12.30 (3) 〈광고〉

단성사 12월 26일자와 동일

매일 22.12.27 (1), 22.12.28 (3), 22.12.29 (3) 〈광고〉

조선극장 12월 26일자와 동일

매일 22.12.29 (3) [연예게]

됴션극쟝 이십구일 밤브터 사진 전부를 교환훈 바 송쥭회스 데공의 탐졍극 『미인의 죽엄』과 련속 스진 『강털아』라눈 사진의 희극 실사가 잇고 대여흥으로 미국 연예단 일힝의 자미잇눈 연예가 잇다더라.

---

116) 모던

동아 22.12.30 (4) 〈광고〉

십이월 이십구일(금요일)부터

신사진 공개와 천욱제광(天旭齋光) 천사(天師) 출연

이태리 이다라사 영화

탐정극 **미인의 사(死)** 전이편 팔권 내 사권 상장

미국 바이다그래프 회사 특작

제사회연속 **강철아(鋼鐵兒)** 전십오편 삼십권 내 팔편, 구편 사권 상장

＊장 안토니오씨 주연

팔편 닐푸 청년의 대활약 구편 복면괴부(怪婦)의 대고심

중화민국인의 곡예

우슴거리 수종

자전차 곡승

현상대회 강철아 화면 중 복면괴부 수하(誰何)?

주야 이회 개장

경성부 인사동 송죽특약

조선극장 전 본(本)三六二○번

매일 22.12.30 (3) 〈광고〉

동아 12월 30일자 조선극장 광고와 동일

조선 22.12.31 (4) 〈광고〉

동아 12월 26일자 단성사 광고와 동일

조선 22.12.31 (4) 〈광고〉

동아 12월 30일자 조선극장 광고와 동일

조선 22.12.31 (4) 〈광고〉

일월 일일부터 주야 오일간 특선영화 공개

미국 유사 연구실 영화

실사 **후인레 – 천연색 제구호** 전일권

미국 유사 센쭈리 영화

희극 **사자와 원(猿)** 전이권

미국 유사 씨유일 영화

에데－쏜－로씨 주연

활극 **공탄(空彈)** 전이권

미국 유니버셀 회사 테이뿡 영화

구라라깅쑬양크양 주연 씨에푸링크크렝톤씨 조연

연애비극 **장미화** 전육권 「원명 라휘아엘을 위하야」

미국 유늬버셀 회사 걸작품

일링씻득크양 주연 쏘찌지스쑤로씨 조연 이트와트칼씨 감독

모험연속 **다이아몬트 여황** 전십팔편 삼십육권

제사회 제칠편 놀날만한 최후통첩 제팔편 무자비의 조아(爪芽)[117]

팔십사호 전일권

경성 관철동

전화 이삼이육번 우미관

_____

117) 爪牙(발톱과 어금니(송곳니))의 오식인 듯하다.

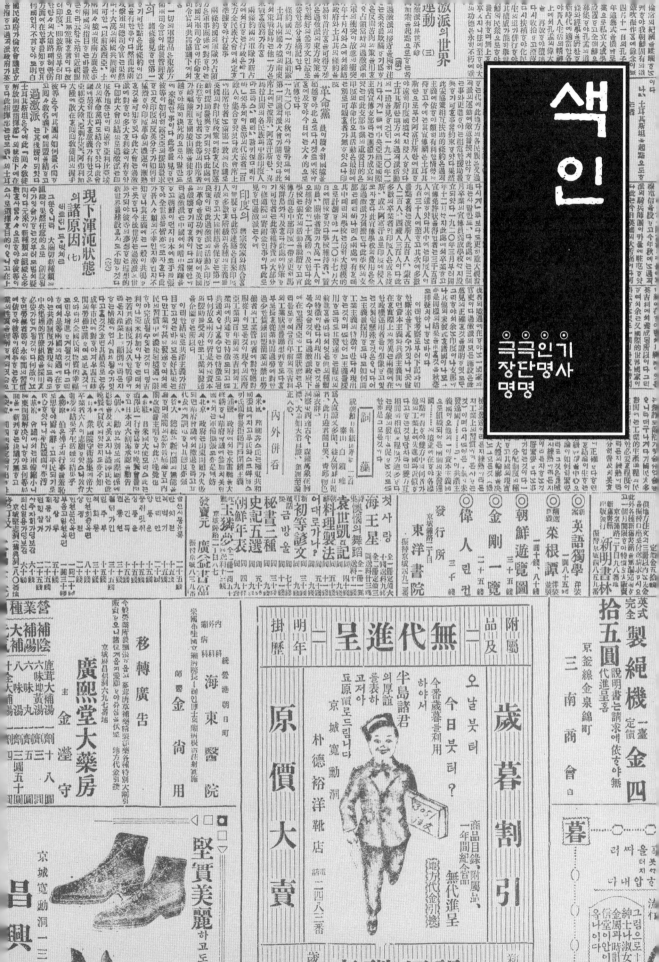

색인

극극인기
장단명사
명명

색인(기사)

부록

부록

색인(인명)

색인

【ㅈ】

색인(극단명)

색인(극장명)

＊단성사, 우미관, 조선극장, 황금관의 광고 지면은 해당 없음

찾아보기

일제강점기 영화자료총서 — 03

신문기사로 본
조선영화

1921~1922

초판 인쇄   2010년 12월 10일
초판 발행   2010년 12월 15일

기획 및 발간   한국영상자료원
펴낸이   이병훈

펴낸곳   한국영상자료원
주소   서울시 마포구 상암 DMC단지 1602
출판등록   2007년 8월 3일 제313-2007-000160호
대표전화   02-3153-2001
팩스   02-3153-2080
이메일   kofa@koreafilm.or.kr

편집 및 디자인   현실문화연구(02-393-1125)
총판 및 유통   현실문화연구

2010 ⓒ 한국영상자료원 www.koreafilm.or.kr

값 35,000원

ISBN 978-89-93056-28-0
       978-89-93056-09-9(세트)